東洋古典譯註叢書 72

武經七書直解 2

譯註 六韜直解 三略直解

劉寅 直解
成百曉 李鍾德 譯註

전통문화연구회

國譯委員

譯註　成百曉 李鍾德
潤文　尹銀淑
校訂　南賢熙 姜保承
出版　金主賢
管理　咸明淑
普及　徐源英

東洋古典譯註叢書를 발간하면서

우리의 古典國譯事業은 민족문화 진흥의 기초사업으로 1960년대부터 政府 支援으로 古文獻 現代化 작업을 추진하여 많은 成果를 거두었다. 당시 이 사업 추진의 先行課題로 東洋古典이라 일컬어지는 중국의 基本古典을 먼저 飜譯하여야 한다는 學界의 주장이 있었음에도 불구하고 우리 고전이 아니라는 일부의 偏狹한 視角과 財政 事情 등으로 인하여 배제되어 왔다.

전통적으로 중국의 기본고전은 우리 歷史와 함께 숨쉬며 각종 교육기관의 敎科書로 활용됨은 물론이고 지식인들의 必讀書가 되어 왔으며, 우리 文化의 基底에 자리잡고 거의 모든 방면의 體系와 根幹을 형성하여 왔다. 그래서 학문연구의 기본서 역할을 해 왔을 뿐만 아니라 오늘날에도 우리의 國學徒 및 東洋學 研究者들에게 같은 역할을 하고 있음은 주지의 사실이다. 그럼에도 불구하고 中國古典은 우리 것이 아니라 하여 專門機關의 飜譯對象에 포함하지 않음으로써, 대부분 原典에서의 직접 번역이 아닌 重譯이나 拔萃譯의 방식이 주를 이루면서 敎養水準으로 出版되어 왔다.

오늘날 東洋 三國 중에서 우리의 東洋學 연구가 가장 부진한 이유는, 東洋基本古典에 대한 폭넓은 이해의 부족과 漢文古典 讀解力의 저하에 기인함을 우리는 솔직히 인정하여야 한다. 따라서 이들 중국고전에 대한 신뢰할 만한 國譯이 이루어지는 것이 한국학 연구를 촉진시키는 시급한 先行課題라 할 수 있다.

이에 韓國學 및 東洋學의 연구와 古典現代化의 基盤構築을 위해서는, 전문기관으로 하여금 동양고전을 단기간에 각 분야의 專門 研究者와 漢學者가 상호 협동하여 연구번역하여 飜譯의 傳統性과 效率性, 研究의 專門性을 높일 수 있도록 政策的 配慮가 있어야 한다.

이에 本會에서는 元老 및 中堅 漢學者와 斯界의 專攻者로 하여금 協同研究飜譯하여 공부하는 사람들이 믿고 引用하거나 깊이 있는 註釋 등을 활용할 수 있게 하고, 知識人들의 敎養을 증진시켜 줄 수 있는 東洋古典의 國譯書 간행을 지속적으로 추진해 왔다. 근래에 다행히 이 사업에 대하여 각계 지도층의 폭넓은 이해와 지원에 힘입어 2001년도부터 國庫補助를 받아 東洋古典譯註叢書를 간행하게 되었다. 이를 계기로 우리 先學의 註釋과 見解를 반영하는 등 국역사업의 內實을 기하게 되었음을 이 자리를 빌려 衷心으로 감사드리며, 아울러 國譯에 參與하신 관계자 여러분의 勞苦에 깊은 謝意를 표한다.

끝으로 우리의 이러한 작업은 오랜 역사 위에 축적된 先賢들의 業績과 現代學問을 이어주는 튼튼한 架橋와 礎石이 되어 진정한 韓國學과 東洋學 발전에 기여할 것을 굳게 믿으며, 21세기를 우리 文化의 世紀로 열어 가는 밑거름이 되도록 우리의 力量을 本 事業에 경주하고자 한다. 江湖諸賢의 부단한 관심과 지원을 기대해 마지않는다.

社團法人 傳統文化硏究會 會長 李啓晃

≪六韜直解≫ 解題

金成愛*)

太公望 呂尙

≪六韜≫는 周나라 文王·武王과 太公望이 兵事에 대해 문답하는 형식으로 기술된 6권의 兵書이다. 흔히 '六韜三略', '韜略'이라 하여 ≪三略≫과 함께 병칭되어 병서나 병법의 대명사처럼 쓰였는데, ≪六韜≫의 韜는 '숨기다, 감추다'의 뜻으로 활집을 뜻하는 弢자와 같은 의미이니, ≪삼략≫의 略과 같이 병법 책략이란 의미로 쓰인 것이다. 현재 전하는 ≪육도≫의 구성은 〈文韜〉, 〈武韜〉, 〈龍韜〉, 〈虎韜〉, 〈豹韜〉, 〈犬韜〉 6권 60편으로 이루어져 있으며, 분량은 약 16,800여 자로 다른 병서와 비교해볼 때 꽤 많은 분량이다.

≪육도≫의 저자는 周나라 太公望 呂尙으로 알려져 있으므로 저자만으로 볼 때 武經七書 중 가장 오래된 셈이다. 그러나 ≪육도≫의 저자와 그 저작 시기에 대해서는 중국의 여타 古書들처럼 논란이 있어왔다. ≪육도≫는 兵學의 始祖라 할 수 있는 太公의 사상을 바탕으로 戰國時代와 漢나라를 거치면서 당시 병법을 연구하던 사람들의 의견이 보태지기도 하고 산삭되기도 하여 현재와 같은 60편으로 정리되었다. 儒家, 法家, 道家 등 諸家 사상을 아우른 통치서의 성격을 띠고 있는 ≪孫子≫와 달리 ≪육도≫는 攻守와 防禦, 用兵에서 실전적으로 도움이 될 기술을 자세히 거론하여 장수가 익혀야 할 필수과목으로 그 가치를 인정받아왔으므로 위서 논란에도 불구하고 무경칠서의 하나로 뽑힌 것이다.

1. ≪六韜≫의 전래와 僞書 논란

≪육도≫란 서명이 처음 문헌에 보이는 것은 ≪莊子≫ 〈徐無鬼〉편이다. 徐無鬼가 제왕을 설득하는 논리를 펼 때 詩, 書, 禮, 樂과 함께 '金版 六弢'란 책을 언급하였는데, ≪經典

*) 한국고전번역원 책임연구원.

釋文≫에는 여기의 ≪六弢≫가 바로 太公의 ≪六韜≫인 文・武・虎・豹・龍・犬을 말하는 것이라고 하였다. 그렇다면 최소한 전국시대 말기에는 이미 ≪육도≫라는 이름의 병서가 통행하고 있었다고 볼 수 있다. 그런데 班固의 ≪漢書≫ 〈藝文志〉에는 兵家流에 태공의 ≪육도≫가 실려있지 않고, 儒家流에 '周史六弢 六篇'이란 목록이 실려있어 주나라 사관이 기술한 것으로 되어있으며, 그 저작 연도를 주나라 惠王과 襄王 사이, 혹은 顯王이나 孔子 시대에 지어진 것으로 추정하였다. 이는 곧 기원전 676~619년이거나, 공자 생존기로 볼 때 기원전 551~479년, 현왕의 재위 기간은 기원전 368~321년이니, 이르면 춘추시대 초기, 늦어도 전국시대 후기까지 저작 연도가 내려오게 된다. ≪한서≫ 〈예문지〉 병가류에는 또 "太公의 병법 237편에 謀가 81편이고, 言이 71편이고, 兵이 85편이다."라고 하여 '周史六弢'와는 별도로 태공의 병법서가 전하는 것처럼 기술하였다.

이후 ≪隋書≫ 〈經籍志〉 兵家流에 처음으로 '太公六韜 五卷 周文王師 姜望 撰'이라고 기록하였으며, 그 뒤로 역대 史書의 志도 이를 따르고 있다. 이를 보면 ≪육도≫를 강태공의 저서로 보기에는 〈예문지〉의 기록에서부터 저자와 저작 연대에 대한 모순이 생긴다. 기원전 1100년경에 활약한 강태공이 지었다는 병서가 서명으로 등장한 것이 전국시대 말기이며, 이 또한 강태공의 ≪육도≫를 가리키는 것인지 불확실하기 때문이다.

≪육도≫가 僞書라는 의심은 그 내용적인 면에서 더 강하게 제기되었다. ≪육도≫는 내용과 규모가 광범위하고 역사적 사실이 많이 수록되어 있는데, 일부 내용은 주나라 이후의 사실이라는 것이다. 宋나라 王應麟(1223~1296)은 〈漢書藝文志考證〉에서 ≪육도≫가 ≪孫子≫나 ≪吳子≫보다 내용적으로 더 이후의 저술이라고 보았으며, 胡應麟(1551~1602) 또한 ≪육도≫는 태공을 사칭해 위조한 것이 확실하다며 魏晉 시대 이후 고대 병서 중 남은 것을 정리해 지은 것이라고 단정하였다. 淸代의 고증학자인 崔述(1740~1816)도 ≪考信錄≫에서 ≪육도≫는 秦漢 시대 사람이 고서를 빌려 지은 것이라고 보았으며, 姚際恒(1647~?1715)도 위서라고 판단하였다. 이처럼 송대 이후 明淸代 고증학자들에 이르기까지 ≪육도≫를 후대의 위서라고 판정하였으며, 이러한 견해를 반영한 것이 ≪四庫全書總目提要≫이다.

≪사고전서총목제요≫에 의하면, ≪육도≫는 일단 詞意가 천근하여 古書 같지 않고, 〈龍韜〉의 〈立將〉篇에 보이는 왕이 장수를 임명할 때 '避正殿(正殿을 피함)'한다는 표현은 전국시대 이후의 일이며, '將軍'이란 용어도 ≪春秋左氏傳≫에 보이는 주나라 초기에는 이런 명칭조차 없었으니, 강태공의 저작이 될 수 없다는 것이다. 더욱이 〈龍韜〉 중 〈陰符〉篇에서 陰符를 군사의 符節로 해석하였는데, 이는 편찬자가 음부의 뜻을 잘못 안 것으로 더더욱 그 허술함을 드러낸 위서의 증거로 해석하였다. 그 외에 전국 말기에나 나오는 궁노수, 投

機 등의 병기가 언급된 점이나 주나라 때는 전차병 위주였는데 전국시대 이후에야 나오는 步兵, 騎兵에 대한 전술이 언급된 점, 전국시대의 대표적인 전법인 攻城戰에 대해 논한 것 등은 본서가 후대의 위서라는 고증학자들의 견해를 뒷받침해준다고 볼 수 있다.

이처럼 僞書로 취급받던 ≪육도≫에 대한 재평가가 이루어진 계기는 1972년 4월 山東省 銀雀山의 竹簡이 발견되면서부터이다. 은작산 묘는 西漢 초기인 기원전 140~118년 사이에 축조된 것으로 보이는데, 여기서 ≪孫子兵法≫과 ≪吳子≫ 등 다른 병서와 함께 ≪육도≫ 14편의 죽간이 발견되었다. 죽간의 분량은 약 4,000여 자이고 그 내용은 〈文韜〉의 〈文師〉篇, 〈六守〉篇, 〈守土〉篇, 〈守國〉篇, 〈武韜〉의 〈發啓〉篇, 〈文啓〉篇, 〈三疑〉篇 등이다. 그렇다면 종전에 魏晉 시대에 위조되었을 것이라고 추정한 ≪육도≫의 성립연대는 적어도 전국시대 말기이거나 서한 초기까지 올라갈 수 있다. 죽간의 발견으로 현대 역사학자들은 ≪육도≫의 성립 연대가 魏나라 惠王과 襄王 사이라고 한 班固의 의견이 정확하다고 보고 있다. ≪육도≫는 결코 위작이 아니며 책의 성립 시기가 이르기 때문에 복잡한 전승과정을 거치면서 바뀐 부분이 많아 초기 내용을 정확하게 파악할 수 없을 뿐이라는 것이다.

현재 전하는 ≪육도≫는 송나라 무경칠서 판본만 남아있어 본래의 모습을 찾아보기 어렵다. 하지만 銀雀山 漢墓에서 출간된 죽간으로 이 책의 성립 연대를 증명할 수 있으며, 또 일부 유실된 부분이 보충됨으로써 ≪육도≫의 원본에 더욱 가까운 내용을 살펴볼 수 있다.

이외에 1973년 河北省 定縣에 소재한 中山懷王 劉修의 묘에서도 1,400여 자의 太公 竹簡이 출토되었다. 유수는 한나라 宣帝 五鳳 3년(B.C. 55)에 졸하였으므로 이 죽간이 쓰인 연대도 그 이전일 것이다. 은작산 한묘나 중산회왕의 묘에서 ≪육도≫의 내용이 나온 것으로 보아 ≪육도≫는 한나라 이전이나 한초에 광범위하게 유포되었음을 알 수 있다. 따라서 위진 시대의 위작이란 설은 잘못된 것이다.

≪육도≫는 周 文王의 스승인 太公의 병가 사상을 주나라 史官이 기록한 것이며, 이후 전국과 진・한을 거치며 수많은 전투를 경험한 학자들이 이를 바탕으로 부연하여 저술한 것이 수백 편이나 있었다. 이후 한나라 때 黃石公이 이를 바탕으로 연구해 張良에게 전승된 것이 ≪三略≫이고, 주요 내용만 간추려 편찬해 전승된 것이 ≪六韜≫ 60편이라 볼 수 있다.

≪六韜直解≫를 편찬한 劉寅은 서문에서, 한나라 成帝 때 任宏이 兵書를 논하는 말 중에는 ≪육도≫가 포함되지 않았고, 당나라 李靖의 말에 비로소 나타난다고 하면서 "아마도 ≪六韜≫와 ≪三略≫은 먼저는 본래 太公이 남긴 책이었는데, 周나라 사관과 黃石公이 미루어 부연하여 더 추가한 것인 듯하다. 謀와 言과 兵은 모두 ≪六韜≫ 가운데 있으니, 아마도 후세 사람들이 삭제하고 중요하게 사용할 내용을 취하여 다만 60편을 남겨두었는가 보

다. 이제 모두 상고할 수가 없다."[1]라고 하였다.

유인은 본서가 한나라 이전의 책이라는 점에는 의심을 표하였지만, 강태공의 사상을 담은 책이 전승되는 과정에서 부연되고 산삭되는 과정을 거치면서 일부 변개가 있었으리라고 하여 나름대로 합리적인 추측을 한 것이다.

2. 姜太公과 ≪六韜≫의 思想

≪한서≫ 〈예문지〉에 太公의 병법으로 謀가 81편, 言이 71편, 兵이 85편으로 모두 237편이 전한다고 하였는데, 이외에도 역대 병서 중 태공의 저술로 표기되어 있는 것이 많다. ≪隋書≫ 〈經籍志〉에도 ≪太公六韜≫ 외에 ≪太公陰謀≫, ≪太公金匱≫, ≪太公兵法≫, ≪太公三宮兵法≫ 등 10여 종의 병서가 전한다. 이 많은 병서가 모두 태공의 저작이라기보다는 후대인들이 태공의 이름을 가탁했을 가능성이 더 많다. ≪六韜≫ 또한 앞에서 살펴본 바와 같이 태공의 사상을 바탕으로 하여 후인들의 添削이 부단히 이루어진 결과물이라고 할 수 있다.

그렇다면 병가에서는 무엇 때문에 태공을 추숭해왔는지 태공은 어떤 이미지 때문에 병가의 시조가 되었는지 살펴볼 필요가 있다. 唐나라 때에 文廟에 孔子를 모시고 武廟에 太公을 모시기도 하였는데, 이는 후인들이 인식하는 태공의 역사적 위상을 가장 잘 드러낸 것이다. 태공의 사적에 대해서는 ≪史記≫와 몇몇 野史에 수록된 것 외에는 알려진 것이 별로 많지 않으므로 ≪사기≫와 후대의 기록, ≪육도≫에 나온 내용을 중심으로 태공의 행적과 사상에 대해 간략히 살펴보겠다.

일단 명칭부터 살펴보자면 太公은 성이 姜이고 이름은 牙이니 姜牙이다. 문왕이 그를 만난 뒤 자신의 태공 즉 古公亶父가 항상 바라던 인재라 하여 太公望이라 불러서 이를 줄여 太公, 또는 姜太公이라 불렀다. 무왕이 즉위한 뒤에는 軍師로 모셔 師尙父라고 불렀으며, 태공의 조상이 과거에 呂 땅에 봉해졌다는 이유로 呂尙이라고도 하였다. 그는 東海人으로 선조가 四嶽을 맡아 禹임금의 치수를 도왔다고 하므로 상당한 귀족이었을 것이다.

태공이 문왕을 만나게 된 일화를 ≪사기≫에서는 두 가지로 소개하고 있다. 먼저 널리 알려진 대로 渭水 가에서 낚시를 하다가 사냥을 나온 문왕을 만나 천하의 일을 논하면서 마음이 맞아 바로 초빙하였다는 일화가 있다. 또 하나는 태공이 일찍이 殷나라 紂王을 섬겼는데 그의 무도함을 보고 떠난 뒤 제후들을 유세하였으나 받아들여지지 않자 주나라 문

1) 劉寅, 〈六韜直解序〉. "豈六韜三略 其先本太公遺書 周史黃石公 推演而增加之歟 曰謀 曰言 曰兵 六韜中 俱有之 豈後人刪取要用 止存此六十篇歟 今皆不可考"

왕에게 돌아갔다는 것이다. 또 문왕이 羑里에 구금되어 있을 때 散宜生, 閎夭 등과 모의하여 미녀와 재물을 주왕에게 바치고 구출해왔다는 일화가 있다.

어떤 경유로든 태공은 문왕과 무왕의 군사가 되었으며, 은나라 정권을 무너뜨리기 위해 權謀와 奇計를 내었다. 때문에 후세에 兵事에 대해 말하는 자들이나 주나라의 계책에 대해 논하는 자들은 모두 태공이 모든 모의를 주도했다고 하여 문왕이 천하의 3분의 2를 차지하게 된 것도 태공의 계획 덕분이라고 평가하였다. 이렇게 모의를 통해 적국을 이간하고 적국의 백성을 회유하는 것은 바로 ≪六韜≫의 〈文韜〉에 있는 내용과 일치하는 면이 있다.

무왕이 즉위한 뒤에 800여 제후들과 盟津에 모여 세력을 확인하였으나 아직 때가 아니라고 판단하고, 2년 후에 다시 殷나라 정벌에 나선다. 이때에 거북의 점이 불길하고 폭우가 내려 거사를 망설이자 태공이 강권하여 정벌에 나섰고 결국 큰 성공을 거둔다. 이후 곡식을 풀어 빈민을 구제하고 箕子를 풀어주어 인심을 무마하는 등 주나라의 천하로서 정권을 공고히 하는 데에도 역시 태공의 도움이 컸다. 태공은 齊나라에 봉해져 자기 나라에 간 뒤에 그 지역의 풍속을 따르고 禮를 간략히 하며 商工業을 흥기시키고 魚鹽의 이익으로 백성들을 풍족하게 만들어 결국 제후국 중에 강대국이 되었다. 이런 정사는 바로 ≪六韜≫ 〈文師〉편에 나오는 백성과 이익을 함께하면 천하가 귀의해 복종한다는 사상을 실천한 것이라 할 수 있다. 이후 제나라에서 일찍부터 管子, 孫武, 司馬穰苴 등 法家와 兵家의 뛰어난 인물이 많이 배출되었던 것도 태공의 사상적 영향이 적지 않았을 것이다.

주나라 문왕과 무왕 시기는 중국 역사에서 획기적인 전환기였다. 이 시기에 무력을 통해 이를 수행하는 데 주도적인 역할을 한 사람이 태공이었으므로, 그는 후세에 武功을 통해 역사를 바꾼 성공 사례로 兵家의 始祖로 여겨졌다. 이러한 성공의 경험은 춘추전국 시대라는 치열하고도 혼란한 국가의 생존경쟁 시기를 거치면서 가장 간절한 바람이었을 것이고, 수많은 전략가들은 저마다 새로운 태공이 되기를 꿈꾸었을 것이다. 때문에 태공의 사상이 주나라 사관에 의해 기록되고, 이후 병학을 연구하는 자들도 저마다 태공의 이름을 가탁하여 자신의 저작을 첨가하거나 새로이 태공이란 이름으로 저술을 남겼던 것이다. 따라서 ≪육도≫에 보이는 사상은 태공 이후 春秋戰國, 秦漢 시기에 무력을 통해 세상을 바꾸고자 하는 이들의 연구를 집대성한 것이라 볼 수 있다.

3 ≪六韜≫의 내용과 구성

≪육도≫는 기본적으로 병서이기 때문에 결국 전쟁에서 승리를 취하는 법에 대해 논한

것이지만, ≪육도≫에서 전쟁을 바라보는 시각은 후대의 병서와 달리 훨씬 깊이가 있다. 일단 ≪육도≫는 ≪孫子≫의 義疏라고 불릴 만큼 손자의 사상을 계승하면서 그를 다양한 방면에서 구체적으로 부연하여 기술한 대목이 많이 보인다.

예컨대 ≪손자≫에는 "兵이라는 것은 속이는 방도이다.〔兵者 詭道也〕"[2]라는 대명제를 기술하였을 뿐, 상식과 원칙을 강조하여 실천적인 방책을 구체적으로 논한 부분이 많지 않다. 반면 ≪六韜≫ 〈武韜 文伐〉篇에서는 전투가 아닌 謀略으로 적을 속여 승리를 취하는 열두 가지 방법을 논하면서 美人計, 離間計, 賂物과 買收 등 각종 속임수를 나열하여 그 구체적인 방법을 제시하고 있다. ≪손자≫에는 전쟁은 나라의 대사라고 보아 되도록 피해야 할 일로 보고 있는데, ≪육도≫에는 천하의 어지러움과 다툼을 화합시키는 하나의 수단으로 긍정적인 면을 제시하고 있다. 이에 평소 전쟁준비의 바탕이 되는 농업, 상업, 공업 등 경제활동을 중요시하고 정권의 도덕적 명분과 백성의 자발적인 참여를 강조한다.

또 ≪육도≫에서는 전통적인 유가의 가치를 중시하는 사상이 곳곳에 보인다. 특히 〈文韜 明傳〉篇의 "義가 욕심을 이기면 창성하고 욕심이 義를 이기면 망하며, 恭敬이 怠慢함을 이기면 길하고 태만함이 공경을 이기면 멸망한다."[3]란 구절은 태공이 武王에게 올렸다는 〈丹書〉의 유명한 문장과 일치한다.

마지막으로 ≪육도≫에는 전국시대의 흔적이 곳곳에 보인다. 당시 널리 퍼져있던 陰陽五行說을 바탕으로 하는 요소들이 많으며, 전국시대에 주로 쓰이던 철제병기와 쇠뇌, 步兵과 騎兵을 중시하였다. 또 〈五音〉과 〈兵徵〉에서 음양오행설로 적의 정세를 판단하고 공격을 결정하는 등 다소 현실적이지 못한 논의를 하고 있다. 이러한 면 때문에 위서의 논란이 있기도 했지만 춘추전국 시대의 수많은 전쟁을 거치면서 얻은 역사적 교훈과 제가의 사상이 융합되었을 뿐 아니라, 奇計와 詭謀까지 녹아들어간 것이 오히려 ≪육도≫의 가치를 높여준다고 볼 수도 있다. 이하에서 각 권의 대략적인 내용을 살펴보도록 하겠다.

≪육도≫의 구성은 앞에서 말한 대로 6권 60편으로 이루어져 있는데, ≪육도직해≫에는 각 편의 첫머리에 내용을 요약 정리해두어 내용의 전반적인 이해를 돕고 있다. 편명은 대개 편의 주제를 나타내는 것으로 편중에 나오는 구절에서 따왔다.

제1권 〈文韜〉에는 〈文師〉, 〈盈虛〉, 〈國務〉, 〈大禮〉, 〈明傳〉, 〈六守〉, 〈守土〉, 〈守國〉, 〈上賢〉, 〈擧賢〉, 〈賞罰〉, 〈兵道〉 등 12편이 실려있다. 文王이 처음에 태공 呂尙을 만나 스승으로 삼게 된 경위와 이후 문답을 통해 천하를 취하고 다스리는 방략, 민심을 수습하고

2) ≪孫子≫ 〈始計〉에 나온다.
3) ≪六韜≫ 〈文韜 明傳〉. "義勝欲則昌 欲勝義則亡 敬勝怠則吉 怠勝敬則滅"

인재를 등용하는 방법, 상벌을 분명히 시행하고, 통일된 지휘권과 군 체계를 정립하는 내용이 실려있다. 11편까지는 文王과의 문답이고 〈兵道〉만 武王과의 문답이어서 내용상 이 부분은 같은 무왕과의 문답인 〈武韜〉의 〈三疑〉篇에 있어야 한다는 견해가 있다. 당시 시대적 상황은 은나라와 주나라의 교체기로 천하의 주인이 바뀌는 시기였으므로 어떻게 천하를 취할 것인가는 문왕과 무왕의 가장 주된 관심사였을 것이다.

제2권 〈武韜〉는 〈發啓〉, 〈文啓〉, 〈文伐〉, 〈順啓〉, 〈三疑〉 5편으로, 앞의 4편은 문왕과의 문답이다. 〈무도〉는 전략적 시각에서 修德과 安民의 이치를 논하고 있다. 민심을 얻고 기회를 잡아 적을 붕괴시켜서 최소의 대가로 승리를 거두는 것이 바로 전쟁의 목표인 것이다. 이를 위해 〈文伐〉篇과 〈三疑〉篇에서는 모략을 써서 전쟁하지 않고도 승리하는 12가지 방법과 3가지 계책을 기술하였는데, 뇌물을 아끼지 말고 풀어서 적국의 군신간을 이간하고 미인과 음악으로 지배층의 욕망을 자극하며 적국의 백성에게 은혜를 베풀어 회유하는 것 등이다.

제3권 〈龍韜〉는 〈王翼〉, 〈論將〉, 〈選將〉, 〈立將〉, 〈將威〉, 〈勵軍〉, 〈陰符〉, 〈陰書〉, 〈軍勢〉, 〈奇兵〉, 〈五音〉, 〈兵徵〉, 〈農器〉 등 13편이다. 이하는 모두 무왕과의 문답이다. 앞부분은 군제의 편성이 자세히 설명되어 있고 이어서 장수의 선발, 평가, 임명, 권위 부여와 군대의 사기를 진작하는 방법 등 구체적인 군의 운용방식이 실려있다. 이 중 〈陰符〉篇은 군주와 장수가 서로 은밀하게 통신할 때 쓰는 8종류의 符節을 음부라고 하고 암호문서를 陰書라고 하여 암호문을 만드는 방법까지 제시하였다. 그러나 고대의 음부는 대개 道家나 신선술과 관련된 符籍 등을 의미하는 경우가 많아, 이 편은 후대의 찬자가 잘못 찬입한 부분이라는 설도 있다. 〈奇兵〉편은 지세와 상황에 따라 어떤 전술과 어떤 무기를 써야 할지 구체적으로 기술한 편으로 이 부분은 당시의 작전경험이 풍부하게 반영되어 있다고 평가받고 있다.

제4권 〈虎韜〉는 〈軍用〉, 〈三陳〉, 〈疾戰〉, 〈必出〉, 〈軍略〉, 〈臨境〉, 〈動靜〉, 〈金鼓〉, 〈絶道〉, 〈略地〉, 〈火戰〉, 〈壘虛〉 등 12편이 실려있다. 〈호도〉는 출병할 때 필요한 군의 병기와 장비, 진법과 작전 요령 등에 관해 언급한 부분인데, 특히 첫 번째 〈軍用〉篇은 당시 군사기술의 수준을 반영한 편이라 볼 수 있다. 疾戰과 必出은 적의 포위망을 뚫고 빠져나가기 위한 전략이고, 이하는 성을 공격하거나 보루를 구축할 때, 국경에서 대치하고 있는 경우, 적지에서 교전하는 상황, 보급로의 단절시 대처 요령, 화공을 계획할 때 등 다양한 전술이 실려있다.

제5권 〈豹韜〉는 〈林戰〉을 비롯하여 〈突戰〉, 〈敵强〉, 〈敵武〉, 〈烏雲山兵〉, 〈烏雲澤兵〉, 〈少衆〉, 〈分險〉 등 8편이 실려있다. 〈표도〉에는 산림수택에서의 작전 원칙과 적의 침입을 당했을 때, 기습공격에 대비하는 방법 등이 자세히 실려있다. 〈烏雲山兵〉은 산 위에 진을 쳐야 할 때, 〈烏雲澤兵〉은 늪에서 적과 대치할 때 자유자재로 변화할 수 있는 烏雲陣을 이용해 승리하는 비법을 논한 것이다. 〈少衆〉은 적은 군대로 많은 적을 상대할 때의 방법이고, 〈分險〉은 험지에서 대적할 경우의 작전을 기술한 것이다.

제6권 〈犬韜〉는 〈分合〉, 〈武鋒〉, 〈練士〉, 〈教戰〉, 〈均兵〉, 〈武車士〉, 〈武騎士〉, 〈戰車〉, 〈戰騎〉, 〈戰步〉 등 10편이 실려있다. 〈견도〉는 군의 조직과 훈련방법, 특히 전차병, 기병, 보병의 특징에 따른 편성과 운용방법을 자세히 열거한 편이다. 〈分合〉과 〈武鋒〉은 흩어져 있던 진영을 합하고 적의 14가지 변화를 살펴 공격하는 방법을 논하였다. 정예병의 선발을 논한 〈練士〉에서는 무력이 뛰어난 용사뿐 아니라 복수심이나 부귀공명을 이루기 위해, 신분을 상승하기 위해, 죄를 代贖하기 위해 전공을 세우고자 하는 이들까지 모두 유별로 구분하여 선발할 것을 제시하고 있다. 〈教戰〉, 〈均兵〉에서는 명령을 이해하고 무기를 다루는 법, 전진하고 후퇴하는 제식훈련 등의 훈련방법과 지형에 따라 戰車 1대가 80명의 步兵을 상대하고 騎兵 1기가 8명의 步兵을 상대할 수 있다고 전력을 비교하며 구체적인 부대조직까지 언급하고 있다.

이처럼 ≪육도≫에는 용병의 철학뿐 아니라 직면한 상황에 따라 당장에 응용할 수 있는 전략과 전술이 구체적으로 기술되어 있기 때문에 역대 장수들의 필수 교과서로 중시되었다. ≪육도≫를 僞書라고 평가했던 丘濬도 ≪大學衍義補≫에서 "〈龍韜〉 이하 43편은 여러 상황에 조리있게 계획하고 방어를 미리 설비하는 내용이니, 모두 병사를 다스리는 자가 강습해야 할 것이다. ≪孫子≫의 의론은 매우 수준이 높아서 헤아릴 수 없으나, 이 43편은 매우 자세하고 시행 사항이 잘 갖추어져 있어서 마치 ≪손자≫의 義疏와 같다."[4]라고 하여 ≪육도≫의 실용적인 가치를 높이 평가하였다.

4. 우리나라의 ≪六韜直解≫와 번역서

우리나라에 ≪六韜≫와 ≪三略≫이 언제 수입되었는지는 알 수 없으나 문헌을 통해 보면 고려 초부터 兵書의 대명사로 쓰였다. 고려 王融이 지은 金傅에게 내리는 교서에 ≪육도≫와 ≪삼략≫을 흉중에 품고 있다는 표현을 썼으며, 李奎報의 ≪東國李相國集≫에는 〈龍韜〉의 계책을 익혔다는 구절이 나온다.

조선시대에 들어서는 태종 때 ≪육도≫와 ≪삼략≫을 무경칠서의 하나로 존중하여 무과

4) 丘濬, ≪大學衍義補≫ 권142. "自龍韜以後 四十三篇 條畫變故豫設方禦 皆爲兵者所當講習 孫子之論 至深而不可測 此四十三篇 繁悉備擧 似爲孫子義疏也"

의 시험과목으로 삼아서 그 가치를 공식적으로 인정하였다. 때문에 여러 차례 무경칠서의 하나로 간행되었으며, 무학을 익히는 무인뿐 아니라 문인도 文武의 견식을 겸비한다는 입장에서 ≪孫子≫와 함께 널리 읽어왔다. 그러나 학자들 사이에서는 ≪육도≫가 太公의 실제 저작이라고 생각하지는 않았던 듯하다.

洪奭周는 ≪淵泉集≫ 〈諸子精言跋〉에서 "≪육도≫와 ≪삼략≫은 모두 한나라 이후의 책이다. 그러나 ≪육도≫의 글은 지루하고 ≪삼략≫의 글은 간략하며, ≪육도≫는 병사의 일에 대해 언급한 것이 많고 ≪삼략≫은 치국에 대해 논한 것이 많으며, ≪육도≫는 권모술수를 숭상하였으나 ≪삼략≫은 오히려 정도에 가깝다."[5]라고 하여 ≪육도≫보다 ≪삼략≫을 높이 평가하고 있지만, 둘 다 한나라 이후의 위서라고 보는 시각은 명청대 고증학자들의 견해를 따른 것이라고 할 수 있다.

우리나라에서는 전통시대에 ≪육도≫가 무경칠서의 하나로 유통되었을 뿐 ≪손자≫와는 달리 별다른 주석이나 연구가 이루어지지 않았고, 현대에도 그에 대한 연구는 활발하게 이루어지지 않은 듯하다. 오히려 임진왜란 이후에 중국 고대의 병서보다는 明代 이후에 나온 ≪紀效新書≫ 같은 병서의 연구와 간행에 힘쓰고 무인들에게도 중국 고대의 병서보다는 새로운 병서를 익힐 것을 권장하였다. 이는 시대가 바뀜에 따라 전쟁의 양상과 군력, 군비가 달라지면서 그에 걸맞는 전략 전술이 개발되기 때문에 나온 당연한 현상이라 할 수 있다.

≪孫子≫는 武經의 상징으로 계속 주목받았지만, 구체적이고 실전에 응용할 수 있다는 강점을 가졌던 ≪육도≫는 그 실전의 상황이 바뀌자 고대의 군사 자료로서만 가치를 갖게 된 것이다. 다만 중국 고전의 하나로서 번역은 일찍부터 이루어져서 10여 종의 번역서가 있는데, 원문 위주로만 번역되었고 武經七書直解를 대본으로 하여 주석까지 모두 번역한 것은 본 번역서가 최초이다. 본 번역서에서는 직해를 완역했을 뿐 아니라 직해에서 거론한 역사적 사례에 대해서도 모두 자세한 주해를 붙이고 각 편의 머리에 해당 편의 대의를 소개하여 독자들의 이해를 돕도록 하였다. 따라서 무경의 고전으로서 ≪六韜≫ 본문에 대한 이해와 아울러 명대의 학자가 본서를 어떤 시각으로 받아들였는가에 대한 점도 흥미 있게 살펴볼 수 있을 것이다.

---

5) 洪奭周, ≪淵泉集≫ 〈諸子精言跋〉. "六韜三略 皆漢以後書也 然六韜之文支 三略之文簡 六韜多言兵 三略多論治國 六韜專尙權詐 而三略則猶爲近正"

≪三略直解≫ 解題

金成愛*)

張良

≪三略≫은 ≪孫子≫, ≪吳子≫ 등과 함께 武經七書의 하나로서 중국의 대표적 병서로 평가되어 왔다. 흔히 ≪六韜≫와 병칭되어서 韜略이라 불려 병법의 대명사처럼 쓰이기도 했는데 ≪육도≫와 ≪삼략≫은 전혀 다른 책으로, 공통점이 있다면 둘 다 太公의 병법이라고 알려져 있다는 점 정도일 것이다.

黃石公三略이라고도 불리는 본서는 세 가지 책략이란 의미로 책의 구성 자체가 〈上略〉, 〈中略〉, 〈下略〉으로 이루어져 있는 4,000여 자의 적은 분량이다. 秦漢 교체기에 漢나라 책사였던 張良이 전수받은 黃石公의 병서라고 한다. 兵書라고 하지만 다른 병서와는 달리 전쟁이나 용병의 전술이 아니라 古書를 인용해 천도를 따르고 현인을 등용하고 인재를 선발하는 중요성을 기술한 부분이 많아 治國 養民의 통치서와 같은 성격을 띠면서 儒家와 法家, 道家의 사상을 전부 아우르고 있다. 적은 분량에 유가의 통치사상을 요약해놓았다는 특징으로 인해 무경칠서 중 널리 애독된 병서이다.

1. ≪三略≫의 著者와 傳來

≪史記≫ 〈留侯世家〉에 張良이 兵書를 전수받은 내용이 이렇게 나온다. 장량이 秦始皇 암살 계획에 실패하고 下邳에 숨어살던 시절에 다리 위에서 한 老父를 만났는데 며칠 뒤에 다시 만나자 한 편의 책을 주며 "이 책을 읽으면 왕자의 스승이 될 수 있을 것이고 10년이 지난 후에 흥기할 것이다. 13년이 지난 뒤 그대가 나를 濟北에서 만날 것이니, 穀城山 아래 黃石이 바로 나이다."라고 하고 사라졌다. 장량이 그 책을 보니 바로 太公兵法이었다. 장량

*) 한국고전번역원 책임연구원.

은 그 후 항상 이것을 외우고 익히다가 10년 뒤에 沛公(漢 高祖)을 만나 수하가 되었는데, 태공병법으로 패공을 설득하니 패공이 항상 그의 계책을 따랐다고 한다. 이때 장량이 받은 태공병법이 바로 후대의 ≪삼략≫이라는 것이다.

그러나 이런 추론은 예전부터 많은 의심을 받아왔다. 일단 황석공의 존재부터 아무런 행적도 밝힐 수 없는 신비한 인물로 매우 의심스러운 데다 설사 그런 병서가 있었다 할지라도 그 태공병법이 지금의 ≪삼략≫인지 확인할 수 없다는 것이다.

≪漢書≫ 〈藝文志〉의 목록에는 당시 병가의 서목이 총정리된 과정이 실려있는데, 한나라가 개국된 뒤에 張良과 韓信이 兵書를 정리하여 모두 182家 중에 중요한 것만을 취해서 35家로 정하였고, 이후 武帝 때 楊僕이 빠진 병서를 모아서 兵錄을 올렸으나 아직도 다 갖추지 못하였고, 成帝에 이르러 任宏이 병서를 技巧, 陰陽, 形勢, 權謀의 4종으로 편차하였다고 한다. 그런데 이 〈예문지〉에는 孫子, 吳子, 韓信 등의 서목은 전하지만 황석공, 장량의 병서는 전하지 않는다.

한편 ≪隋書≫ 〈經籍志〉에는 ≪黃石公內記敵法≫, ≪黃石公三略≫, ≪黃石公三奇法≫, ≪黃石公陰謀行軍秘法≫, ≪黃石公兵書≫ 등의 목록이 있으며, 이후 ≪唐書≫나 ≪宋史≫의 志에도 ≪黃石公三略≫이나 ≪校定三略≫, ≪三略秘要≫ 등의 목록이 보인다. 따라서 太公 - 黃石公 - 張良으로 이어지는 ≪삼략≫의 진위는 의심할 수밖에 없으며, 이 또한 魏晉 이후의 僞書라는 의견이 많았다.

이처럼 ≪삼략≫ 자체를 위서라고 보는 견해가 있는 한편, 작자를 분명히 알 수는 없으나 후대의 위서는 아니고 한나라 때에 정리된 병서라고 보는 견해도 있다. 그 근거는 ≪後漢書≫ 〈臧宮傳〉에 나오는 光武帝의 詔書 중 "黃石公記曰 柔能制剛 弱能制强……"이란 구절이 바로 ≪三略≫의 〈上略〉에 나오는 글과 일치한다는 것이다. 때문에 ≪삼략≫이란 서명으로 전하지는 않았어도 적어도 漢代에는 현재 ≪삼략≫의 내용이 통행하고 있었다고 볼 수 있다.

또 근래 발굴된 漢簡 등을 보아도 〈예문지〉에 실려있지 않은 서목들이 나오기 때문에 〈예문지〉에 보이지 않는다고 해서 그 존재가 부정될 수는 없으며, ≪삼략≫의 내용에 五霸 시대 이후부터 秦漢 시대 군웅이 할거하는 시국이 묘사되어 있으므로 전국 이후 병가들이 활약하면서 축적된 사상이 한나라 때 정리되었던 것이라고 볼 수 있다는 것이다.

眞德秀는 〈三略序〉에서 "≪삼략≫은 先秦 때의 책이니, 비록 강태공이 직접 지은 것은 아닐지라도 반드시 그 遺法을 담고 있다. 내가 깊이 살펴보니, 그 治國 養民의 법도를 말한 것이 儒者의 뜻과 어긋나지 않고 斂藏退守하여 남보다 앞서지 않는다는 뜻은 黃老의 유언이다."[1]라고 하였으며, 丘濬도 "〈≪삼략≫은〉 광무제 때 이미 그 말을 인용해 조서를 짓고 黃石公記라고 말하였으니, 魏晉 이후의 사람이 가탁한 것이 아님을 알 수 있다. 그 내용은 모두 道義를 근본으로 하고 陰謀와 秘計를 쓰지 않았다."[2]라고 하며 내용이 모두 古人의 말을 부연한 것이라 높이 평가하였다.

하지만 宋나라 이후 疑古派나 明淸代의 고증학자들은 대체로 본서의 진위를 의심하는 편이었다. ≪尙書古文疏證≫에서 蘇軾의 말을 인용하여 "≪李衛公問對≫는 阮逸의 僞作이고, ≪三略≫은 순전히 老子의 遺意를 표절하여 우활하고 지리해서 채용하기에 부적절하다. '知足戒貪'이란 말은 張良의 明哲保身을 따라서 만든 말이지, 장량이 도리어 이 책에서 터득한 것이 아니다.……光武帝의 조서에 본서의 글이 인용되었지만 ≪삼략≫을 지은 자가 도리어 광무제의 조서를 갖다 채워 넣은 것이 아니라고 어떻게 장담할 수 있겠는가."[3]라고 한 말이 위서로 보는 시각을 대표한다고 할 수 있다.

위서 논란이 있어도 ≪삼략≫은 중국 고대의 수많은 병서 가운데 오랜 기간 그 가치를 인정받았고 武經七書의 하나로 채택되어 송나라 이후 국가의 공인을 받아 오늘날까지 전해지게 되었다. ≪삼략≫이 작자의 진위도 불확실하고 그 전래과정에서 후대의 첨삭으로 얼마나 변이되었는지 지금 와서 단정할 수는 없다. 다만 후대 학자들의 검토를 통해 볼 때 대체로 西漢 시기에 병법을 연구하고 張良의 고사를 잘 알고 있던 無名人이 전대의 古書를 인용하여 편찬하였을 가능성이 가장 높다고 하겠다. 하지만 태공의 병법이나 황석공의 편찬이 아니라고 해서 그 가치가 쇠퇴하는 것은 아니다. 丘濬의 다음 말이 僞書 논란이 있는 武經七書에 대한 자세를 대변한다고 볼 수 있겠다.

"옛날에는 兵書가 구름처럼 많았지만 후세에는 모두 남아있지 않고 지금 전하는 것은 겨우 七書뿐이다. 논란하는 자들은 그 대부분이 후인이 가탁한 책으로 진위가 반반이라고 하지만, 지금 보건대 진위가 반반일 뿐 아니라 그 득실 또한 반반이다. 잘못된 부분을 제거하고 옳은 것을 보존해둔다면 아예 없는 것보다는 나으니, 그 장점을 취할 수 있다면 모두 쓸 만할 것이다."[4]

---

1) 眞德秀, ≪西山文集≫ 권36 〈跋張平仲注三略〉. "三略先秦書 雖非鷹揚翁自作 要必其遺法 予嘗深咏之 其言治國養民法度 與儒者指意不誖 而斂藏退守不爲物先之意 則黃老遺言也"

2) 丘濬, ≪大學衍義補≫ 권141. "光武時已引其言以爲詔 卽以黃石公記爲言 其非魏晉以後人假託可知也 其言皆本道義 而不用陰謀秘計"

3) ≪尙書古文疏證≫ 권8. "問對是阮逸僞作 三略純是剽竊老氏遺意 迂緩支離 不適於用 其知足戒貪等語 盖因子房之明哲而爲之辭 非子房反有得於此也……安知非作三略者反用漢光武詔以充入之乎"

이에 반해 무경칠서를 直解한 劉寅은 ≪삼략≫이 太公의 병법을 바탕으로 하고 일부분은 黃石公이 후대에 부연 설명한 것이라 믿었다. 때문에 전국시대 越王 句踐의 投醪 고사가 나와 태공의 저작이라 설명하기 힘들게 되자, 이는 黃石公이 부연한 것이거나 句踐 이전에 혹 비슷한 고사가 있었을지도 모른다는 식으로 도피하였던 것이다. 하지만 내용 중 상당수가 戰國 이후 秦漢까지의 시대적 상황을 전제로 기술된 것이기에 태공의 병법이라고 믿었던 유인도 直解 곳곳에서 진한 시대의 고사를 인용해 본문을 설명하는 모순을 범하게 되었다.

2. ≪三略≫과 ≪素書≫의 관계

≪삼략≫에 대해서 논할 때는 항상 ≪素書≫라는 책이 같이 언급된다. ≪素書≫는 ≪황석공소서≫라고도 불리는데, 황석공이 지은 책이 오랫동안 失傳되었다가 후에 발견되어 송나라 張商英이 주를 낸 것으로 되어있다. 일부는 이 책이 바로 ≪삼략≫이라고 보기도 한다. ≪소서≫는 모두 6편으로, 〈原始〉, 〈正道〉, 〈求人之志〉, 〈本德宗道〉, 〈遵義〉, 〈安禮〉의 이름으로 되어있다. 장상영의 序에 의하면 "前漢 黃石公이 下邳의 다리에서 張良에게 전해준 것이 ≪소서≫이니, 세상 사람들이 대부분 이를 ≪삼략≫이라고 생각하는 것은 잘못 전해진 것이다. 후에 晉나라의 난리 때 도둑이 장량의 무덤을 도굴하다가 玉枕 안에서 이 책을 발견하였으니, 모두 1,336字이다. 이 책의 위에, 不道 不仁 不聖 不賢한 사람에게 전해서는 안 되니, 만일 전수받은 이가 올바른 사람이 아니면 반드시 재앙을 만나며, 올바른 사람인데 전수하지 않아도 역시 그 재앙을 받을 것이라는 秘戒가 있었다."[5)]라고 하여, 본서가 바로 장량이 전수받은 비결인 것처럼 기술하였다.

하지만 西晉 이후 나온 책이라면 ≪隋書≫ 〈經籍志〉 등에 실렸을 법한데, ≪소서≫란 제명은 "黃石公三略三卷 又素書一卷 張良所傳"이라 하여 ≪宋史≫ 〈藝文志〉에야 처음 보인다. 송나라 때 晁公武를 비롯한 대부분의 학자는 장상영의 말을 믿지 않고, ≪소서≫를 위서라고 판단하여 인정하지 않았다. 장상영이 ≪古三墳≫이란 책을 위작하여 고서를 위작하는 일과 관련이 많았던 것도 이런 불신에 일조했을 것으로 보인다.

---

4) 丘濬, ≪大學衍義補≫ 권142. "兵之爲書在古者亦雲多矣 後世皆不複存 今所傳者僅七書焉耳 說者謂其類多假託之書 眞贋相半 然以今觀之 非但眞贋相半 而其得失亦相半也 去其非而存其是 有之終勝於無 能取其長皆可用也"

5) 張商英, 〈黃石公素書原序〉. "前漢黃石公圯橋所授子房素書 世人多以三略爲是 蓋傳之者誤也 晉亂有盜發子房塚 於玉枕中獲此書 凡一千三百三十六言 上有秘戒 不許傳於不道不神不聖不賢之人 若非其人必受其殃 得人不傳亦受其殃"

黃震은 ≪日抄≫에서, ≪소서≫의 본문은 道德仁義禮를 일체로 보고 卑謙損節을 위주로 하여 이치에 어긋난 것이 별로 없는데, 張商英이 노자의 뜻을 따라 함부로 주석을 내어 망쳐놓았다고 하며, ≪소서≫를 의심하기보다는 장상영의 주를 비난하였다. 하지만 胡應麟은 이 책의 내용이 모두 道家와 佛典의 천근한 것이라며 장상영이 일찍이 불교를 배웠던 것을 지적하고, 전후 주석과 본문도 한 사람의 손에서 나온 것으로 장상영의 僞撰이 분명하다고 단정하였다.

劉寅은 〈三略直解序〉에서 ≪소서≫를 소개하면서 후대의 위서가 분명하지만 ≪삼략≫과 일정 관련이 있다고 보았다. ≪삼략≫의 내용과 ≪소서≫를 일일이 비교하며, 〈原始〉篇에서 제일 처음 道德仁義禮를 논하였는데, 이는 ≪삼략≫ 〈하략〉의 글을 근본으로 삼아 부연 확장한 것이고, 그 이하의 문장도 대부분 ≪삼략≫의 全文을 약간 변개한 것이며, 이후의 5편도 古書의 말을 뒤섞어 취하여 엮었으니, 秦漢 이전의 책이 아니라고 판단하였다. 하지만 자신이 확신할 수는 없으니, ≪삼략≫의 직해를 달면서 ≪소서≫의 관련 내용을 달아서 참고하도록 한다고 밝혔다. 실제 직해를 보면 ≪소서≫를 인용한 부분은 〈下略〉에 모두 다섯 곳이 나오는데, ≪삼략≫의 내용을 어떻게 변개하였는지 보여주기 위해 본문을 그대로 다 轉載해놓았다.

위에서 언급한 바와 같이 ≪소서≫는 漢代의 黃老 사상과 ≪三略≫에 대해 잘 알고 있던 후대의 인물이 ≪삼략≫과 ≪史記≫ 등 고서의 내용을 주워 모아 편찬한 僞書라고 할 수 있다. 따라서 일부 내용이 ≪삼략≫과 중복되거나 비슷한 면이 있지만, 상호간에 계통이 있거나 영향을 주거나 한 것은 아니므로 ≪삼략≫ 연구에 있어서 반드시 참고해야 할 서책은 아니다.

3. ≪三略≫의 내용과 그에 대한 평가

≪삼략≫은 상·중·하의 3편으로 구성되어 있으며, 분량은 ≪六韜≫와 비교하면 4분의 1에 불과할 정도의 적은 편이다. 기술 체제도 ≪육도≫가 文王·武王과 太公의 문답으로 주제를 풀어간 반면, ≪삼략≫은 주로 ≪軍讖≫과 ≪軍勢≫라는 古書를 인용하여 자신의 주장을 직설적으로 기술하였다.

〈上略〉, 〈中略〉, 〈下略〉이란 구분도 각 권마다 주장하는 바가 있기는 하지만 크게 내용상의 구별이 있는 것은 아니다. 다만 〈中略〉 뒷부분에서 각 편의 내용과 효용에 대해 다음과 같이 정리한 점은 주목할 만하다.

"〈上略〉은 현자를 예우하고 상 주는 일을 진설하고 姦雄을 변별하고 성패의 자취를 드러냈으며, 〈中略〉은 德行을 구별하고 權變을 살폈으며, 〈下略〉은 道德을 말하고 安危를 살피고 현인을 해치는 잘못을 밝혔다. 그러므로 人主가 〈상략〉을 통달하면 國政을 현자에게 맡기어 적을 사로잡을 수 있고, 〈중략〉을 통달하면 장수를 어거하여 무리를 거느릴 수 있고, 〈하략〉을 통달하면 盛衰의 근원을 밝게 알고 나라를 다스리는 기강을 살필 수 있을 것이다."[6)]

이는 마치 책 안에서 요점 정리를 한 듯하여 본문인데도 주해와 같은 느낌을 준다. 유인도 이 구절부터 〈중략〉의 마지막까지는 黃石公이 부연한 말인 듯하다고 설명을 덧붙였다.

≪삼략≫의 내용에 대한 평가도 그 진위에 대한 판단처럼 사람마다 차등이 있다. 鄭瑗처럼 위서로 판단하는 쪽은 ≪老子≫의 표절로 쓸 만한 것이 없다고 보기도 하고, 四庫全書에서도 그 문장이 秦漢 시대의 문장과 비슷하지 않다며 北宋 이전의 舊本이라고 저평가하였다. 반면 ≪韻補≫에서는 ≪삼략≫은 문장이 간략하고 예스러우며 古韻을 많이 사용하였으니, 진한 시대 사람이 지을 수 있는 바가 아니라고 하고, 반면 ≪六韜≫는 문장과 운자를 쓴 것이 ≪삼략≫에 훨씬 미치지 못한다고 하였다.

우리나라 학자인 洪奭周도 〈三略精言跋〉에서 "≪육도≫와 ≪삼략≫은 모두 漢나라 이후에 지어진 책이지만, ≪육도≫의 문장이 지리한 반면 ≪삼략≫의 문장은 간략하다. ≪육도≫는 兵事에 대해 말한 것이 많고 ≪삼략≫은 治國을 논한 것이 많으며, ≪육도≫는 전적으로 권모술수를 숭상하고 ≪삼략≫은 오히려 正道에 가깝다. ≪삼략≫에서 아첨하는 간신과 강성한 귀족의 폐해를 말한 부분은 매우 절실하고 분명하니, 백대가 지나더라도 폐할 수 없을 것이다."[7)]라고 하여, ≪육도≫와의 비교에서 ≪삼략≫을 훨씬 좋게 평가하였다.

黃震 역시 ≪日抄≫에서 ≪三略≫이 '柔弱不貪'을 주장한 것은 老子의 설이고, ≪六韜≫가 '猶豫狐疑'를 경계한 것은 吳子가 했던 말이니, ≪육도≫와 ≪삼략≫ 모두 태공의 병법이라고 믿을 수 없다고 보았다. 그러나 ≪삼략≫ 중 "향기로운 낚싯밥 아래에는 반드시 죽는 물고기가 있고, 무거운 상 아래에는 반드시 용맹스러운 장부가 있다.〔香餌之下 必有死魚 重賞之下 必有勇夫〕" 등의 구절은 人口에 널리 회자되었고, "여유롭고 침착하여 서둘러 나아가지 않는 것은 사람과 물건을 해치는 일을 어렵게 여겨 신중히 하기 때문이다. 兵器란 상

---

6) ≪三略≫ 〈中略〉. "上略 設禮賞 別姦雄 著成敗 中略 差德行 審權變 下略 陳道德 察安危 明賊賢之咎 故人主深曉上略 則能任賢擒敵 深曉中略 則能御將統衆 深曉下略 則能明盛衰之源 審治國之紀"

7) 洪奭周, ≪淵泉集≫ 권21 〈諸子精言跋 三略精言跋〉. "六韜三略 皆漢以後書也 然六韜之文支 三略之文簡 六韜多言兵 三略多論治國 六韜專尙權詐 而三略則猶爲近正 至其言佞臣强宗之害 深切著明 雖百世不可廢也"

서롭지 못한 器物이니, 天道가 미워하지만 부득이하여 사용하니, 이것이 天道이다.〔所以優游恬淡而不進者 重傷人物也 夫兵者 不祥之器 天道惡之 不得已而用之 是天道也〕"라는 구절은, 어진 사람이 군대를 쓰는 본심을 정확히 밝힌 것이라고 평가하였다. 즉 황진은 ≪삼략≫의 眞僞와 관계없이 본서의 비유와 핵심을 담은 뛰어난 名句가 널리 회자되고 인용되어온 만큼 역사적 가치를 지니고 있다고 본 것이다.

각 편의 내용을 간략히 살펴보자면, 〈上略〉은 주로 逸失된 古書인 ≪軍讖≫의 말을 인용하여 治國과 統軍에 있어서의 기본원칙을 말한 것인데, 그것은 禮義를 닦고, 民意를 중시하고, 賞罰을 분명히 밝히며, 간사한 이들을 물리쳐야 한다는 것이다.

〈中略〉은 三皇과 五帝, 霸者의 시대에 각각 통치술이 어떻게 변화하며 민심이 어떻게 부응하는지 설명한 뒤 ≪軍勢≫의 말을 인용하여 장수와 인재를 부리는 방법을 상세하게 기술한 내용이다. 말미에 "높이 나는 새가 죽으면 좋은 활이 감춰지고, 적국이 멸망하면 도모하는 신하가 망하니, 망한다는 것은 그 몸을 잃는 것이 아니요, 그 위엄을 빼앗기고 그 권세를 잃음을 말한 것이다."[8]란 말은 바로 ≪史記≫ 〈淮陰侯列傳〉에서 韓信이 자신의 처지를 한탄하며 뱉은 말을 인용하고 그에 대해 설명한 것이다. 이어서 영웅호걸을 통제하는 것이 바로 〈중략〉의 勢라고 하면서 군주가 세를 비밀히 간직하여야 한다고 하였는데, 이는 ≪韓非子≫의 영향을 받은 듯하다.

〈下略〉은 道家와 儒家 사상을 뒤섞은 黃老思想의 면모가 가장 잘 드러난 편이다. 인덕으로 나라를 다스리고 백성들과 휴식하는 것이 바로 부국강병의 관건이라 주장하면서 인정을 베풀고 인심을 얻되 무엇보다 어진 인재를 등용하는 것이 가장 중요하다고 하였다. 또 전쟁을 수단으로 삼는 것을 경계하여 "병기란 상서롭지 못한 기물이니, 천도가 미워한다. 어쩔 수 없는 경우에야 사용하는 것이니, 이것이 천도이다."[9]라는 부분은 바로 ≪老子≫의 "좋은 兵器는 상서롭지 못한 물건이요 君子가 사용하는 기물이 아니니, 부득이하여 사용한다."[10]란 구절을 거의 그대로 인용한 것이다.

사실 ≪三略≫의 내용이 諸家의 사상과 다른 특징이 있다거나 ≪孫子≫처럼 兵事를 통해 조직과 인간의 심리를 꿰뚫는 보편적인 원칙이 보인다거나 하는 독특한 면은 없다. 하지만 黃老 사상이 유행하던 西漢 시대에 나와서 王霸竝用을 추구하여 儒家, 法家, 道家의 사상이 국가의 통치와 용병이라는 주제 하에 융합되어 있고, 또 이를 적절한 명구로 표현하여

---

8) ≪三略≫ 〈中略〉. "高鳥死 良弓藏 敵國滅 謀臣亡 亡者 非喪其身也 謂奪其威 廢其權也"
9) ≪三略≫ 〈下略〉. "夫兵者 不祥之器 天道惡之 不得已而用之 是天道也"
10) ≪老子≫ 31장. "夫佳兵者 不祥之器 非君子之器 不得已而用之"

오랫동안 마음에 남게 되는 것이 특징이라 할 수 있다.

4. 우리나라에서의 ≪三略≫ 刊行과 諺解

우리나라에서는 일찍부터 武經七書를 무과의 시험과목으로 삼았기 때문에 조선 초기부터 꾸준히 ≪삼략≫도 무경의 하나로 간행되어왔다. 조선이 건국되던 1392년 태조의 즉위 교서에서부터 武經七書로 講武하라는 내용이 실려있고, 이후 역대 왕들은 무경에 정통한 자를 선발하라는 전교를 내렸으므로 당연히 무경칠서와 함께 ≪삼략≫도 여러 차례 간행되었다.

崔恒의 〈武經跋〉에 의하면, 무경칠서 중에 ≪孫子≫만 11家註란 주해가 있었지만 잘못된 부분이 오히려 많았고 나머지 6서는 주해가 없었는데, 세조 9년(1463)에 왕이 직접 口訣을 정하고 신하들에게 校讎를 하고 註解를 짓도록 하니, 이에 잘못된 것이 바로잡히고 어려운 의미가 밝혀져서 이 책을 배우는 자들이 올바른 방향을 알게 되었다고 하였다. 따라서 유인의 武經七書直解本 외에 국내에서 구결과 주해를 달아 간행한 본도 있었음을 알 수 있지만, 현재 전하는 간본이 없어 확인할 수 없다.

숙종 때 학자인 白湖 尹鑴도 〈三略跋〉에서 본서의 내용이 衰世의 모략으로서 霸道로 천하를 얻는 방법이니, 聖人이 나오지 않은 시대에 나름 알맞은 해결책이라고 효용성을 인정하였던 것을 보면, 朝鮮에서 ≪삼략≫이 단순한 병서로만 취급받지 않았음을 알 수 있다.

현재 우리나라에 남아있는 ≪삼략≫의 여러 판본에 대해서는 〈三略의 刊行과 板本研究〉11)에 자세한 내용이 실려있다. 본고에 의하면, 임진왜란 이후 ≪三略直解≫, ≪黃石公三略直解≫, ≪新刊增註三略直解≫ 등의 제목으로 1577년부터 19세기 후반까지 목판과 활자로 13차례 이상 간행되었으며, 濟州道, 平壤, 星州, 全州 등 다양한 지역에서 이루어졌다.

주목할 점은 18세기 이후부터 增註本이 나타난다는 점이다. 내용상 直解本과 增註本의 가장 큰 차이는, 직해본에는 劉寅의 주해만 달렸는데, 증주본은 유인의 주해 외에 小字雙行으로 자세한 주석이 추가되었다는 점이다.

예를 들면, 〈上略〉 본문의 첫 구절인 "힘써 영웅의 마음을 거두다.〔務攬英雄之心〕"에 "攬은 잡음이다. 풀의 精秀를 英이라 하고, 짐승 중에 무리를 거느리는 놈을 雄이라 한다.〔攬 摠持也 草之精秀者爲英 獸之將群者爲雄〕"라고 상세하게 설명해주고 있으며, 또 유인의 주에 "혹자는 말하기를 '好와 惡는 모두 去聲이다.' 하였으니 누가 옳은지 모르겠다.〔或曰 好惡皆去聲

---

11) 남권희, 〈三略의 刊行과 板本研究〉, ≪한국도서관 정보학회지≫ 제33권, 2002.

未知是否]"라고 한 것에 대해서도 "살펴보건대 '여러 사람과 좋아함을 함께하고 싫어함을 함께한다.'는 것은 바로 '백성들이 좋아하는 바를 좋아하고 백성들이 싫어하는 바를 또한 싫어한다.'는 뜻이니, 劉寅의 註에 '여러 사람들과 함께 나쁜 일을 한다.'고 한 것은 本意를 잃은 듯하다.〔按 與衆同好同惡 卽民之所好亦好之 民之所惡亦惡之意 劉註以爲與衆人同作惡事 似失本意〕"라 하여 유인의 주해 중 잘못된 부분까지 지적하고 있다.

이렇게 기존 주해의 부족한 면을 보충하는 작업이 언제 누구에 의해서 이루어졌는지 확실하지 않으나, 조정에서 이를 위해 노력한 기록을 찾아볼 수 있다. 正祖는 특히 ≪삼략≫에 대해 다른 병서와 달리 나라를 다스리는 점도 볼 만한 것이 많다고 평가하면서 무경칠서를 교정할 때 유인의 주뿐 아니라, 朱墉이 찬집한 ≪彙解≫와 丁洪章이 편찬한 全解를 小註로 편입하도록 지시하였다.12)

增註本 외에 특히 주목되는 것은 諺解本이다. 무경 중 특히 ≪삼략≫은 다양한 언해본이 전해오고 있는데 몇 가지만 소개하자면, 가장 시기가 빠른 간본으로 1711년에 간행된 ≪新刊三略諺解≫가 있다. 영조 5년 진사에 합격했던 李商徵이 언해하고 洪州 新坪에서 개간되었는데, 서문에 의하면 옛날 언해본에 잘못된 곳이 많아서 무과의 講에서 떨어진 뒤 자신에게 물어보는 사람이 많았다며 다른 병서를 참고하여 잘못된 곳을 바로잡아 오랫동안 교정한 뒤에 출간한다고 하였다. 학문도 깊지 않고 글공부를 많이 하지 못한 무인들이 무경을 공부하기 위해 언해를 주로 참고하였던 것이었다.

두 번째로 1805년에 간행된 ≪新刊增補三略直解≫가 있다. 권수에 劉寅의 원서가 있고 이어서 〈閱史釋義〉라 하여 전쟁용어에 대한 간단한 정의가 있는데, '죄를 드러내어 성토하는 것을 伐이라 하고, 두 병기가 서로 부딪치는 것을 戰이라 하고, 적의 國都로 쳐들어가는 것을 入이라 한다.〔聲罪致討曰伐 兩兵相接曰戰 造其國都曰入〕' 등과 같이 ≪春秋≫의 예를 본받아 20여 자에 대한 용어를 정의해둔 것이다.

또 增補凡例를 두어 본서의 정리과정을 언급하였으니, 먼저 전주판과 활자판 등 당시에 통행하던 판본을 비교해 章下註와 小註의 잘못된 점을 舊本에 따라 교정한 점, 〈上略〉 軍讖의 衍字를 교정한 점, 과거시험에서 강할 때 끊어 읽어야 할 곳, 武學精舍 언해와 頭註를 모아서 章下註나 小註, 書頭에 첨가한 점이다.

본문의 체제는 한글현토가 첨가된 ≪삼략≫ 본문에 소주를 달고 이후 한글로 언해하였으며, 직해는 언해하지 않고 현토와 소주만 달려있다. 소주의 내용은 대부분 인물이나 용어 설명, 내용설명, 직해에서 인용한 구절에 대한 설명 등 단순한 것들이다. 頭註에서는 다른

12) 正祖, ≪弘齋全書≫〈日得錄 文學〉.

판본과의 차이를 기록하였다.

이후에도 여러 차례 언해본이 간행되었는데, 대부분 증보본의 체제를 따르고 있다. 남권희씨는, ≪삼략≫이 17세기에 들어서면서 官板이 아닌 私板과 飜刻本들이 다수 나타났다고 하며, 李商徵 언해본 이후 나타난 다수의 언해본에 대한 계통을 정리하여 설명하였다. 특히 ≪삼략≫이 무경칠서 중 유일하게 여러 차례 언해가 이루어져서 直解本 이외에 增註本, 諺解本, 增補本을 거치며 본문과 소주, 언해가 많이 변화해왔다는 것을 특징으로 보고 있다.[13]

이처럼 ≪삼략≫이 여러 차례 언해되고 간행된 이유는 그만큼 수요가 많았기 때문이다. 오랫동안 무과의 시험과목으로 채택되면서 다른 병서에 비해 내용적으로 중요한 통치철학을 담고 있다는 점과 함께 비교적 분량이 적어 공부하고 암기하기에 편리했다는 면도 작용했으리라 생각된다. 이에 무인들이 공부하기 쉽게 諺解와 小註가 달린 본이 많이 유통되었던 듯하다.

이번에 번역된 ≪삼략직해≫는 직해본을 번역한 것이지만, 기존 소주의 내용은 물론 그 외에 文意나 인물 설명이나 역사적인 사실까지 이해하기 쉽도록 자세한 주해를 달아 독자의 이해를 도왔으므로 중국 역사에 밝지 않은 독자라 할지라도 편하게 독해할 수 있을 것이다.

13) 남권희, 앞의 논문.

凡 例

1. 본서는 東洋古典譯註叢書의 武經七書直解 ≪譯註 六韜直解・三略直解≫이다.
2. 본서의 저본은 ≪六韜直解≫(劉寅(明) 直解, 國會圖書館 所藏本)와 ≪三略直解≫(劉寅(明) 直解, 國會圖書館 所藏本)로 하고, ≪景印明本武經七書直解≫(中國兵書集成編委會 編, 中國兵書集成 10-11, 解放軍出版社 遼沈書社, 1987~1998) 등을 참고하였다.
3. 본서는 원전의 傳統性과 번역의 現代性을 구현하기 위해 노력하였다.
4. 본서는 ≪六韜≫・≪三略≫ 經文과 明나라 劉寅의 直解에 懸吐하고 번역하였다.
5. 原文의 分節은 저본을 따랐다.
6. 飜譯은 原義에 충실하게 하되, 이해가 어려운 부분은 意譯 또는 補充譯을 하였다.
7. ≪六韜≫의 篇名은 直解를 참조하여 번역하였다.
8. 飜譯文은 한글과 漢字를 混用하였으며, 맞춤법과 띄어쓰기는 한글 맞춤법과 표준어 규정을 따르는 것을 원칙으로 하였다.
9. 譯註는 校勘, 인용문의 出典, 故事, 難解語, 異說, 전문용어, 그리고 사건의 역사적인 배경, 人物, 官職 등에 관한 사항을 밝혔다.
10. 校勘은 원문의 誤字, 脫字, 衍字, 倒文 등을 대상으로 하였으며, 校勘의 근거는 譯註에서 밝혔다.
11. 본서에 사용된 주요 符號와 略號는 다음과 같다.

“　”: 對話, 각종 引用
‘　’: “　” 안에서 再引用, 强調
「　」: ‘　’ 안에서 再引用
(　): 원문에서는 讀音이 특수한 글자나 僻字의 音
　　　번역문에서는 간단한 譯註
≪　≫: 書名, 出典
〈　〉: 篇章名, 作品名, 補充譯

〔 〕: 번역문과 뜻은 같으나 音이 다른 漢字 및 字句, 譯註에서 인용하여 번역한 原文, 저본의 脫字 補充

( )〔 〕: (저본의 誤字)〔교감한 正字〕

( ): 저본의 衍字

參考書目

◇ 底本 관련자료

- ≪六韜直解≫, 劉寅(明) 直解, 국립중앙도서관 소장본.
- ≪三略直解≫, 劉寅(明) 直解, 국립중앙도서관 소장본.
- ≪景印明本武經七書直解≫, 中國兵書集成編委會 編, 中國兵書集成 10-11, 解放軍出版社 遼沈書社, 1990.
- ≪新刊增註三略直解≫, 국립중앙도서관 소장본.
- ≪新刊增補三略諺解≫, 국립중앙도서관 소장본.
- ≪懸吐六韜直解≫, 匯東書館 編, 匯東書館, 1917.
- ≪六韜直解≫, 漢文大系(增補版 第5刷) 제13권, 富山房, 1984.
- ≪三略直解≫, 漢文大系(增補版 第5刷) 제13권, 富山房, 1984.

◇ 兵書 관련자료

- ≪孫武子直解≫, 孫武(周) 著, 劉寅(明) 直解, 국립중앙도서관 소장본.
- ≪吳子直解≫, 吳起(周) 撰, 劉寅(明) 直解, 국립중앙도서관 소장본.
- ≪唐太宗李衛公問對直解≫, 劉寅(明) 直解, 국립중앙도서관 소장본.
- ≪司馬法直解≫, 司馬穰苴(周) 著, 劉寅(明) 直解, 국립중앙도서관 소장본.
- ≪尉繚子直解≫, 尉繚(周) 著, 劉寅(明) 直解, 국립중앙도서관 소장본.
- ≪兵學指南演義≫, 戚繼光(明) 著, 李象鼎(朝鮮) 演義, 국립중앙도서관 소장본.
- ≪武備志≫, 茅元儀(明) 撰, 中國兵書集成編委會編, 解放軍出版社, 1989.

◇ 經 部

- ≪論語集註大全≫, 朱熹(宋) 集註, 胡廣(明) 等 編, 朝鮮 內閣本, 影印本, 成均館大 大東文化硏究院.
- ≪大學章句大全≫, 朱熹(宋) 集註, 胡廣(明) 等 編, 朝鮮 內閣本, 影印本, 成均館大 大東文化硏究院.
- ≪孟子集註大全≫, 朱熹(宋) 集註, 胡廣(明) 等 編, 朝鮮 內閣本, 影印本, 成均館大 大東文化研究院.
• ≪中庸章句大全≫, 朱熹(宋) 集註, 胡廣(明) 等 編, 朝鮮 內閣本, 影印本, 成均館大 大東文化研究院.
• ≪書傳大全≫, 蔡沈(宋) 集傳, 胡廣(明) 等 編, 朝鮮 內閣本, 影印本, 學民文化社.
• ≪詩傳大全≫, 朱熹(宋) 集傳, 胡廣(明) 等 編, 朝鮮 內閣本, 影印本, 學民文化社.
• ≪律呂新書≫, 蔡元定(宋) 撰, 影印本, 商務印書館, 民國72(1983).
• ≪周禮注疏≫, 鄭玄(漢) 注, 賈公彦(唐) 疏, 阮元(淸) 校刻, 淸 嘉慶刊本, 影印本, 中華書局, 2009.
• ≪周易傳義大全≫, 程頤(宋) 傳, 朱熹(宋) 本義, 胡廣(明) 等 編, 朝鮮 內閣本, 影印本, 學民文化社.
• ≪春秋經傳集解≫, 左丘明(周) 傳, 杜預(晉) 註, 林堯叟(宋)・朱申(宋・元) 附註, 朝鮮 金屬活字本(戊申字), 影印本, 保景文化社.

◇ 史 部

• ≪舊唐書≫, 劉昫(後晉) 等 撰, 標點校勘本, 中華書局, 1975.
• ≪史記≫, 司馬遷(漢) 撰, 中華書局, 1959.
• ≪宋名臣錄≫, 朱熹(宋) 撰, 諸橋轍次 編, 明德出版社, 昭和47(1972).
• ≪宋史≫, 脫脫(元) 等修, 국립중앙도서관 소장본, 1739.
• ≪宋史紀事本末≫, 宋史紀事本末 馮琦(明) 原編, 臺灣商務印書館, 民國57(1968).
• ≪新唐書≫, 歐陽脩(宋)・宋祁(宋) 撰, 標點校勘本, 中華書局, 1975.
• ≪列女傳≫, 劉向(漢) 撰, 影印本, 국립중앙도서관 소장본, 1924.
• ≪資治通鑑≫, 司馬光(宋) 撰, 胡三省(元) 音註, 中華書局, 1956.
• ≪晉書≫, 房玄齡(唐) 等 撰, 국립중앙도서관 소장본.
• ≪通典≫, 杜佑(唐) 撰, 국립중앙도서관 소장본, 1902.
• ≪漢書≫, 班固(漢) 撰, 凌稚隆(明) 輯校, 古活字本, 국립중앙도서관 소장본, 1674~1720.
• ≪漢書辨疑≫, 錢大昭(淸), 影印本, 上海古籍出版社, 2006.
• ≪後漢書≫, 范曄(宋) 著, 張奧・王鏊叟 等 校, 국립중앙도서관 소장본, 刊寫年未詳.

◇ 子 部

• ≪管子≫, 管仲(周) 著, 掃葉山房, 1934.
• ≪道德經≫, 韓國古典國譯委員會 譯註, 高麗大學校 民族文化硏究所, 1960.
• ≪素書≫, 黃石公(漢), 서울 世昌書館, 1964.
• ≪荀子≫, 荀況(周) 撰, 文淵閣四庫全書, 影印本, 臺灣商務印書館, 1983~1986.

• ≪黃帝內經素問≫, 馬蒔(明) 撰, 吳崑(明) 注, 張志聰(淸) 集注, 影印本, 續修四庫全書編纂委員會 編, 上海古籍出版社, 1995.
• ≪淮南子≫, 劉安(漢) 著, 高誘 注, 上海書店, 1986.

◇ 集 部

• ≪白湖集≫, 尹鑴(朝鮮), ≪韓國文集叢刊≫ 제123집, 民族文化推進會 刊, 2005.
• ≪范文正集≫, 范仲淹(宋), 影印本, 臺灣商務印書館, 1986.
• ≪星湖僿說≫, 李瀷(朝鮮), ≪韓國文集叢刊≫ 제199집, 民族文化推進會 刊, 2005.
• ≪晦菴集≫, 朱熹(宋) 撰, 影印本, 商務印書館, 民國72(1983).

◇ 硏究論文 및 飜譯書

• 姜舞鶴, ≪三略新講≫, 瑞文堂, 1976.
• 곽낙현, 〈武經七書를 통해서 본 조선전기 武科試取에 관한 연구〉, ≪동양고전연구≫34, 동양고전학회, 2009.
• 南權熙, 〈三略의 刊行과 版本 硏究〉, ≪한국도서관정보학회지≫33-3, 2002.
• 南權熙, 〈三略 板本과 諺解本 3種 比較〉, ≪국어사연구≫3, 2002.
• 南權熙, 〈新刊三略諺解(1711년)의 서지 분석〉, ≪嶺南學≫2, 영남문화연구원, 2002.
• 南晩星, ≪六韜三略≫, 현암사, 1972.
• 朴根, 〈六韜와 三略의 仁義思想 硏究〉, 군산대 석사학위논문, 2012.
• 成百曉, ≪武經七書≫, 國防部戰史編纂委員會, 1987
• 禹鉉民, ≪六韜三略≫, 박영사, 1975.
• 유동환, ≪六韜三略≫, 홍익출판사, 2005.
• 李基奭, ≪六韜三略≫, 홍신문화사, 1991.
• 李相玉, ≪六韜三略≫, 명문당, 2000.
• 林東錫, ≪六韜≫, 동서문화사, 2009.
• 曺康煥, ≪六韜三略≫, 자유문고, 1995.

◇ 데이터베이스(DB) 자료

• 한국고전종합DB (http://db.itkc.or.kr)
• 동양고전종합DB (http://db.cyberseodang.or.kr)
• 電子版 文淵閣四庫全書, 上海古籍出版社.
• 상우천고 (http://www.s-sangwoo.kr)

目 次

六韜直解

六韜直解 1권 文韜

六韜直解 2권 武韜

六韜直解 3권 龍韜

六韜直解 4권 虎韜

六韜直解 5권 豹韜

六韜直解 6권 犬韜

三略直解

六韜直解

六韜直解序　≪六韜直解≫의 서문

六韜者는 文韜, 武韜, 龍韜, 虎韜, 豹韜, 犬韜 凡六十篇이니 韜之爲言은 藏也라 按漢藝文志[1)]云 周史六弢[2)]六篇이라한대 師古[3)]云 卽今之六韜也라하니 蓋言取天下及軍旅之事라 注言周史生於惠襄之間이라하고 或曰 生於顯王時라 藝文志에 又云 太公二百三十七篇에 謀八十一篇이요 言七十一篇이요 兵八十五篇이라한대 注曰 尙父는 本有道者니 或者近世有以爲太公術者所增加也라하니라 漢興에 張良[4)], 韓信[5)]이 序次兵法하고 孝成時에 任宏[6)]論次兵書에 俱不載所謂六韜者하고 唐李靖[7)]獨言張良所學은 太公六韜三略이 是也라하니 豈六韜三略이 其先本太公遺書어늘 周史, 黃石公[8)]이 推演而增加之歟아 曰謀, 曰言, 曰兵이 六韜中에 俱有之하니 豈後人刪取要用하여 止存此六十篇歟아 今皆不可考라 姑卽其文하여 而爲之直解云이라 中間傳寫差訛者는 悉依舊本正之하고 見於逐條下하니 學者詳焉이라

1) 漢藝文志 : ≪漢書≫는 後漢의 班固가 지은 역사책으로, 여기의 〈藝文志〉는 中國 최초의 書誌라 할 것이다. 前漢 말기 劉歆의 ≪七略≫을 인용하였는데, 현재 ≪七略≫은 전하지 않으며 오직 이 〈藝文志〉가 있을 뿐이다. 그리고 후세의 것으로는 ≪隋書≫ 〈經籍志〉가 유명하다.
2) 弢 : 韜와 같다.
3) 師古 : 顔師古(581~645)로 ≪漢書≫에 註를 단 인물이다.
4) 張良 : ?~B.C. 186. 秦나라 말기의 전략가로 智謀가 뛰어나 沛公인 劉邦을 도와 漢나라를 일으키고 蕭何・韓信과 함께 開國三傑로 알려졌으며, 자청하여 작은 封邑인 留 땅에 봉해져 留侯로 불렸다. 본래 韓나라 사람으로 아버지와 할아버지가 모두 韓나라의 정승이었는데, 秦 始皇帝에 의해 韓나라가 멸망하자, 복수하기 위해 滄海의 力士를 시켜 博浪沙에서 始皇帝를 저격하였으나 실패하고, 下邳의 흙다리에서 黃石公으로부터 太公의 兵書를 전수받으니, 이를 ≪三略≫ 혹은 黃石公의 ≪素書≫라 한다.
5) 韓信 : ?~B.C. 196. 秦나라 말기 淮陰 사람으로 젊었을 때에 불우하였으나, 蕭何의 천

거로 劉邦에게 大將으로 발탁되어 魏・趙・齊를 차례로 평정하였다. 垓下의 一戰으로 楚나라의 項羽를 자살하게 하고 開國三傑에 올라 楚王에 봉해졌으나, 高祖(劉邦)의 의심을 받고 淮陰侯로 강등된 뒤에 반역을 도모하다가 三族이 멸하는 禍를 당하였다.

6) 任宏 : 前漢 成帝 때의 사람으로 벼슬이 步兵校尉였는데, 成帝의 명에 따라 劉向과 함께 兵書 4편을 교정하였다.

7) 李靖 : 571~649. 唐 太宗의 명장으로 많은 戰功을 세우고 衛國公에 봉해져 李衛公으로 불렸다. 兵法에 밝아 太宗과 함께 兵法을 問答한 것이 ≪李衛公問對≫로, 武經七書 가운데 하나이다.

8) 黃石公 : 張良이 下邳의 흙다리 위에서 太公의 兵法을 전수받은 老人인데, 뒤에 누런 돌로 변했다 하여 '黃石公'이라 한다. 그의 무덤에서 ≪素書≫라는 책이 나왔다 하는데 내용이 ≪三略≫과 비슷한바, 劉寅의 〈三略直解序〉에 자세히 보인다. 흙다리 위의 老人은 張良에게 兵法을 전수하고 姓名도 알려주지 않고는, 14년 뒤에 穀城山을 지날 때 그곳에 있는 黃石이 자신일 것이라고 하였다. 그 후 張良이 그곳을 지나는데 과연 黃石이 있으므로 절하고 지나갔으며, 張良이 죽자 이곳에 장례하고 黃石에게 함께 제사 지냈다고 한다.

≪六韜≫는 〈文韜〉・〈武韜〉・〈龍韜〉・〈虎韜〉・〈豹韜〉・〈犬韜〉 등 모두 60篇이니, 韜라는 말은 감춘다는 뜻이다. ≪漢書≫ 〈藝文志〉에 이르기를 "周나라 史官의 ≪六弢≫ 6편이 있다." 하였는데, 顔師古가 말하기를 "바로 지금의 ≪六韜≫이다." 하였으니, 천하를 취하는 방법과 군대의 일을 말하였다. 注에 이르기를 "周나라 史官은 惠王과 襄王의 사이에 태어났다(활동하였다)." 하였고, 혹자는 말하기를 "顯王 때에 태어났다." 하였다.

〈藝文志〉에 또 이르기를 "太公의 병법 237편 중에 謀가 81편이고 言이 71편이고 兵이 85편이다." 하였는데, 注에 이르기를 "尙父(姜太公)는 본래 道가 있는 자이니, 아마도 근세에 太公의 兵術을 연구한 자가 추가한 것인 듯하다." 하였다.

漢나라가 일어날 적에 張良과 韓信이 병법을 차례로 엮었고, 孝成皇帝 때에 任宏이 차례로 兵書를 논하였는데, 여기에 모두 이른바 ≪六韜≫라는 것이 실려있지 않았으며, 唐나라 李靖이 홀로 말하기를 "張良이 배운 것은 太公의 ≪六韜≫와 ≪三略≫이다." 하였으니, 아마도 ≪六韜≫와 ≪三略≫은 먼저는 본래 太公이 남긴 책이었는데, 周나라 史官과 黃石公이 미루어 부연하여 더 추가한 것인 듯하다. 謀와 言과 兵은 모두 ≪六韜≫ 가운데 있으니, 아마도 후세 사람들이 삭제하고 중요하게 사용할 내용을 취하여 다만 이 60편을 남겨두었는가 보다. 이제 모두 상고할 수가 없다.

우선 그 글을 가지고 곧바로 해석하였는바, 중간에 傳寫가 잘못된 것은 모두 舊本에 따라 수정하고 조목조목 아래에 말하였으니, 배우는 자가 자세히 살펴야 할 것이다.

文韜

文이란 仁義와 道德을 숭상하여 만민을 교화시키며, 백성들에게 仁政을 베풀어서 국가의 화합과 경제적 부강을 누리게 하는 바탕이다. 이 편에서는 文王이 太公 呂尙과 처음 만나 그를 스승으로 삼게 된 경위와, 두 사람이 문답 형식으로 治國의 大道, 인재의 등용, 軍의 올바른 체제 등에 관한 문제를 토론한 내용이 수록되어 있다.

文師 第一 제1편 文王의 스승

文師者는 文王田於渭南이라가 遇呂尙與語하고 說(열)之하여 乃載與俱歸하여 立而爲師也라

文師란 文王이 渭水 남쪽에서 사냥하다가 呂尙을 만나 함께 말을 나누고 기뻐해서 마침내 수레에 태우고 함께 돌아와 세워 스승으로 삼은 것이다.

文王將田할새 **史編**이 **布卜曰 田於渭陽**하시면 **將大得焉**하리니 **非龍非彲**(리)요 **非虎非羆**(비)요 **兆得公侯**[1)]라 **天遣汝師**하여 **以之佐昌**[2)]하여 **施及三王**하리이다

1) 兆得公侯 : 公·侯는 諸侯의 칭호로 ≪孟子≫ 〈萬章 下〉에 "公과 侯는 영토가 모두 方100리이고 伯은 70리이고 子와 男은 50리이다.〔公侯皆方百里 伯七十里 子男五十里〕"라고 보인다. 姜太公은 뒤에 武王을 도와 周나라 王朝를 세우고 齊나라의 公으로 봉해졌는바, 이 占卦의 조짐에 맞는 것이라 한다.
2) 昌 : 文王의 이름으로 姓은 姬이다. 殷나라 紂王 때에 西伯이 되어 마음대로 정벌할 수 있는 권한을 부여받고 천하를 셋으로 나눌 적에 그 둘을 소유하였으나, 끝까지 殷나라에 복종하여 孔子로부터 '지극한 德'이란 찬사를 받았다.

文王이 사냥하러 갈 적에 史官인 編이 점을 쳐보고 말하였다.

"渭水 북쪽에서 사냥하시면 장차 크게 얻을 것이니, 龍도 아니고 뿔 없는 용도 아니며 범도 아니고 큰 곰도 아니요, 公侯를 얻을 조짐입니다. 하늘이 그대(임금님)에게 스승을 보내어 姬昌을 보좌해서 三王에 미치게 할 것입니다."

文王은 后稷[1]十二世孫이니 周西伯姬昌也라 文은 諡號也요 王은 追稱之也라 史編은 周太史名編이니 掌卜者也라 田은 狩獵之總名이라 渭水는 出南谷山하니 在鳥鼠山西北하고 東流入于河라 水北曰陽이라 龍彲虎羆는 皆獸名이라 龍은 鱗蟲之長이니 有鱗曰蛟龍이요 有翼曰應龍이요 有角曰虯(규)龍이요 無角曰螭(리)龍이라 彲는 與螭同하니 亦作離라 周紀曰 如豺如離 是也라 虎는 解見吳子書[2]하니라 羆는 形似熊하니 被髮人立하며 絶有力하여 虎亦畏之라 舊本에 作非熊非羆하니 爲是라 此는 言文王將出獵할새 史編布卜하여 而得其兆하고 曰 田於渭水之陽하면 將大有所得焉이니 其所得者는 非龍彲虎羆四猛獸요 其兆將得公侯라 盖天遺汝師하여 以之佐昌而施及於三王焉이라 三王은 謂文王, 武王, 成王[3]也라 或曰 前夏商二代를 稱王하니 今周將與之하여 共爲三王也라하니 未知是否로라 舊本은 非熊非羆下에 有兆得公侯四字하니 今從之하노라

1) 后稷 : 周나라의 始祖인 棄를 이른다. 원래 帝嚳의 妃인 姜嫄의 소생인데, 姜嫄이 아들을 얻기 위해 기도하러 가다가 巨人의 발자국을 보고 그대로 따라갔는데 그 후 임신하여 棄를 낳았다. 사람들은 不吉하다 하여 버렸는데, 새와 짐승들이 모두 보호해주므로 다시 데려다가 기르고, 이 때문에 이름을 棄라 했다 한다.

어려서부터 농사짓기를 좋아하여 堯·舜 때에 后稷이란 農官을 지내고 邰나라에 봉해졌는데, 후손인 古公亶父가 邠에서 岐周로 도읍지를 옮기고 周나라로 개칭하였다.

2) 虎解見吳子書 : ≪吳子≫ 〈圖國〉에 "비유하건대 둥지에 엎드려 알을 품고 있는 암탉이 살쾡이와 싸우고, 새끼를 낳아 젖을 먹이는 어미개가 범(호랑이)에게 대드는 것과 같다.〔譬猶伏鷄之搏狸 乳犬之犯虎〕" 하였는데, ≪直解≫에 "범은 밤에 보면 눈에 광채가 있고, 갈비뼈 사이와 꼬리 끝에는 길이가 한두 치쯤 되는 一字 모양의 뼈가 있으니, 바로 이것이 범의 위엄이다.〔虎夜視 目有光 脅間及尾端 有骨如一字 長一二寸 卽其威也〕"라고 보인다.

3) 文王武王成王 : 周나라를 일으킨 祖·子·孫 3代로 文王은 이름이 昌인데 서쪽 제후의 우두머리가 되어 西伯으로 불렸으며, 武王은 이름이 發로 文王의 뒤를 이어 즉위하고 殷의 紂王과 牧野에서 싸워 승리함으로써 천하를 통일하였다. 成王은 이름이 誦으로,

어린 나이에 武王의 뒤를 이어 즉위하여 叔父인 周公 旦의 보필을 받아 賢君이 되었다.

文王은 后稷의 12세손이니, 周나라 西伯 姬昌이다. 文은 謚號이고 王은 추존하여 칭한 것이다. 史編은 周나라 太史로 이름이 編이니, 점치는 것을 관장한 자이다. 田은 狩獵의 총칭이다. 渭水는 南谷山에서 발원하니, 鳥鼠山 서북쪽에 있고 동쪽으로 흘러 黃河로 들어간다. 물의 북쪽을 陽이라 한다.

龍과 彲(뿔 없는 용), 범과 羆(큰 곰)는 모두 짐승의 이름이다. 龍은 비늘이 달린 짐승의 우두머리이니, 비늘이 있는 것을 蛟龍이라 하고, 날개가 있는 것을 應龍이라 하고, 뿔이 있는 것을 虯龍이라 하고, 뿔이 없는 것을 螭龍이라 한다. 彲는 螭와 같으니, 또한 離로도 쓴다. ≪史記≫ 〈周本紀〉에 이르기를 "豺狼과 같고 뿔 없는 용과 같다."는 것이 이것이다. 범은 해석이 ≪吳子≫에 보인다. 큰 곰은 모습이 곰과 비슷한데 머리를 풀어 산발하고 사람처럼 서있으며, 매우 힘이 있어서 범 또한 두려워한다. 舊本에는 "곰도 아니요, 큰 곰도 아니다.〔非熊非羆〕"라고 되어있으니, 이것이 옳다.

이는, 文王이 나가서 사냥하려 할 적에 太史인 編이 점을 쳐서 그 조짐을 얻고 말하기를 "渭水의 북쪽에서 사냥하면 장차 크게 얻는 바가 있을 것이니, 여기에서 얻는 것은 용과 뿔 없는 용과 범과 큰 곰의 네 가지 맹수가 아니요, 그 조짐이 장차 公侯를 얻을 것입니다. 이는 하늘이 그대(임금님)에게 스승을 보내주어서 그로써 姬昌을 보좌하여 三王에 미치게 할 것입니다."라고 한 것이다.

三王은 文王과 武王, 成王을 이른다. 혹자는 말하기를 "예전의 夏나라와 商나라 두 왕조를 王이라 칭하였는데, 지금 周나라가 장차 이들과 더불어 三王이 된다."라고 하였으니, 이것이 옳은지는 알지 못하겠다. 舊本에는 "곰도 아니요, 큰 곰도 아니다.〔非熊非羆〕"라고 한 아래에, "公侯를 얻을 조짐이다.〔兆得公侯〕"라는 네 글자가 있으니, 이제 이것을 따른다.

文王曰 兆致是乎아 **史編曰 編之太祖史疇 爲(禹)〔舜〕**[1]하여 **占得皐陶**(고요)할새 **兆比於此**하니이다

1) (禹)〔舜〕: 저본의 '禹'는 ≪直解≫에 의거하여 '舜'으로 바로잡았다.

文王이 말씀하였다.
"예전의 점괘의 조짐 중에 이런 것이 있었는가?"
太史인 編이 말하였다.
"저의 太祖인 太史 疇가 舜임금을 위하여 점을 쳐서 皐陶를 얻었을 적에 점괘

의 조짐이 이와 같았습니다."

文王曰 前之卜兆 曾致是乎아 史編對曰 編之太祖名史疇者 與舜占하여 得皐陶하여 兆比於此라하니라 孔子曰 舜有天下에 選於衆하여 擧皐陶하시니 不仁者遠[1)]이라하시니라 今本에 皆曰 爲禹占得皐陶兆라하니 盖傳寫之誤니 宜正之라 舜은 (禹)〔虞〕[2)]帝니 姓姚(요)氏니 瞽叟[3)]之子라 皐陶(요), 禹는 皆舜臣名이라 禹後受舜禪하여 爲天子하고 國號夏라하니 姓姒(사)氏라

1) 孔子曰……不仁者遠 : 이 내용은 ≪論語≫ 〈顔淵〉에 보인다.
2) (禹)〔虞〕 : 저본의 '禹'는 漢文大系本에 의거하여 '虞'로 바로잡았다.
3) 瞽叟 : '瞽瞍'로도 표기하는바, 虞나라 舜임금의 아버지이다. 舜임금의 어머니가 일찍 세상을 떠나자, 瞽叟는 後妻를 얻고 後妻가 낳은 象과 함께 舜임금을 죽이려 하였으나, 舜임금의 지극한 효성으로 결국 감화되어 和樂한 父子間이 되었다. 당시 사람들은 孝子인 舜임금을 몰라보았다 하여 봉사란 뜻으로 瞽叟라 칭했다 한다.

文王이 물었다.

예전의 거북점 조짐 중에 일찍이 이러한 것이 있었는가?

太史인 編이 대답하였다.

나의 太祖인 太史 疇라 하는 분이 舜임금과 함께 점을 쳐서 皐陶를 얻을 적에, 점괘의 조짐이 이와 같았다.

孔子가 말씀하시기를 "舜임금이 천하를 소유함에 여러 사람 중에서 선발하여 皐陶를 등용하시니, 仁하지 못한 자가 멀리 사라졌다." 하셨다. 그런데 今本에는 모두 이르기를 "禹임금을 위해 점을 쳐서 皐陶를 얻은 조짐이다." 하였으니, 이는 傳寫의 잘못이니, 마땅히 '舜임금'으로 바로잡아야 할 것이다.

舜임금은 虞나라 임금이니, 姓이 姚氏로 瞽叟의 아들이다. 皐陶와 禹는 모두 舜임금의 신하 이름이다. 禹는 뒤에 舜임금의 禪讓을 받아 天子가 되고 나라 이름을 夏라 하였으니, 姓이 姒氏이다.

文王이 乃齋(재)三日하여 乘田車하고 駕田馬하여 田於渭陽이라가 卒見太公이 坐茅以漁하다

文王이 이에 3일 동안 齋戒하고서 사냥하는 수레를 타고 사냥하는 말에 멍에하여 渭水 북쪽에서 사냥하다가, 마침내 太公이 띠풀을 깔고 앉아 물고기 잡는 것

을 보았다.

齋之爲言은 齊(제)也니 所以齊思慮之不齊하여 而致其齊(재)也라 文王聞史編之言하고 乃齋三日하여 乘田獵之車하니 田車는 輕車也요 駕田獵之馬하니 田馬는 齊其足하니 取其追逐之疾也라 乃田於渭水之陽이라가 終見太公坐茅하여 垂釣於水濱以漁하니 漁는 謂捕魚也라 本作瀫하니 此蓋省(생)文耳라

齋란 말은 가지런히 한다는 뜻이니, 思慮가 가지런하지 않은 것을 가지런히 하여 齋戒를 지극하게 하는 것이다. 文王은 태사 編의 말을 듣고, 마침내 3일 동안 齋戒하고서 사냥하는 수레〔田車〕를 탔으니 田車는 가벼운 수레요, 사냥하는 말〔田馬〕에 멍에하였으니, 田馬는 발의 빠르기가 고르니 짐승을 빨리 쫓아감을 취한 것이다. 이에 渭水의 북쪽에서 사냥하다가 마침내 太公이 띠풀을 깔고 앉아 낚시를 물가에 드리워 물고기를 잡는 것을 보았으니, 漁는 물고기를 잡음을 이른다. 본래는 瀫로 썼으니, 이는 글자를 생략한 것이다.

文王이 勞而問之曰 子樂漁邪아 太公曰 君子는 樂得其志하고 小人은 樂得其事하나니 今吾漁甚有似也니이다

文王이 위로하며 물었다.
"그대는 물고기 잡는 것을 즐거워하는가?"
太公이 대답하였다.
"君子는 그 뜻을 얻음을 즐거워하고 小人은 그 일을 얻음을 즐거워하니, 지금 제가 물고기를 잡는 것이 이와 매우 유사합니다."

文王下車하여 勞撫而問之曰 子亦樂於捕魚邪아 太公對曰 君子는 樂得其所志하고 小人은 樂得其所事하나니 今吾漁釣 甚有所似也라 太公은 本姜姓이니 名尙이요 字子牙니 其先封於呂라 故로 又曰呂尙이라 文王遇之渭水하고 曰 吾先君太公이 望子久也라 故로 又號曰太公望이라하고 後爲太師하여 又號師尙父하니라

文王이 수레에서 내려 위로하여 어루만지며 물었다.
그대는 물고기 잡는 것을 즐거워하는가?
太公이 대답하였다.
君子는 그 뜻한 바를 얻음을 즐거워하고 小人은 그 일삼는 바를 얻음을 즐거워하

니, 지금 내가 낚시로 물고기를 잡는 것이 매우 유사한 바가 있다.

太公은 본래 姜姓으로 이름이 尙이고 字가 子牙이니, 그 선조가 呂 땅에 봉해졌으므로 呂尙이라고도 한다. 文王이 그를 渭水에서 만나서 말씀하기를 "우리 先君인 太公(古公亶父)이 그대를 기다린 지 오래이다." 하였으므로, 또 이름하기를 '太公望'이라 하였으며, 뒤에 太師가 되어서 또 '師尙父'라고 이름하였다.

文王曰 何謂其有似也오 太公曰 釣有三權하니 祿等以權하고 死等以權하고 官等以權하나니 夫釣는 以求得也라 其情深하여 可以觀大矣니이다

文王이 말씀하였다.

"어찌하여 유사하다고 말하는가?"

太公이 대답하였다.

"낚시에는 세 가지 權道가 있으니, 후한 祿俸을 차등하여 주어 사람을 취하기를 권도로 하고, 많은 녹봉을 가지고 결사적으로 싸우는 병사를 차등하여 취하기를 권도로 하고, 사람에 따라 관직을 차등하여 맡기기를 권도로 합니다. 낚시는 물고기 얻기를 구하는 것이므로, 그 實情이 깊어서 큰 것을 살펴볼 수 있습니다."

文王問曰 何謂其有似也오 太公對曰 釣有用權道者三하니 祿等以權은 謂以餌取魚가 似以祿取人也요 死等以權은 謂香餌之下에 必有死魚하니 似重祿之下에 必有死士也요 官等以權은 謂魚之大小 各異其用하니 似賢才之大小 各異其任也라 夫釣는 以求其所得也라 其情深하여 可以觀之니 而所謂情者亦大矣라

文王이 물었다.

어찌하여 유사하다 하는가?

太公은 대답하였다.

낚시에는 權道를 사용하는 것이 세 가지가 있으니, '祿俸을 차등하여 주어 사람을 취하기를 권도로써 한다.'는 것은 낚싯밥으로 물고기를 취함이 녹봉을 가지고 사람을 취하는 것과 같음을 말한 것이요, '많은 녹봉을 가지고 결사적으로 싸우는 병사를 차등하여 취하기를 권도로써 한다.'는 것은 향기로운 낚싯밥 아래에는 반드시 죽는 물고기가 있으니, 많은 녹봉 아래에는 반드시 결사적으로 싸우는 병사가 있는 것과 같음을 말한 것이요, '사람에 따라 관직을 차등하여 맡기기를 권도로써 한다.'는 것은 물고기의 크고 작음이 각각 그 쓰임이 다르니, 어짊과 재주의 크고 작음이 각각 그 맡김을 달리하는 것과 같음을 말한 것이다.

낚시는 그 얻는 바를 구하는 것이다. 그 실정이 깊어서 관찰할 수 있으니, 이른바 '실정'이란 것 또한 큰 것이다.

文王曰 願聞其情하노라 **太公曰 源深而水流**하니 **水流而魚生之**는 **情也**요 **根深而木長**하니 **木長而實生之**는 **情也**요 **君子情同而親合**하니 **親合而事生之**는 **情也**니 **言語應對者**는 **情之飾也**요 **言至情者**는 **事之極也**라 **今臣言至泰**하여 **不諱**하리니 **君其惡**(오)**之乎**신저

文王이 말씀하였다.

"그 實情을 듣기를 원하노라."

太公이 대답하였다.

"根源이 깊으면 물이 흐르니 물이 흐르면 물고기가 생기는 것이 실정이요, 뿌리가 깊으면 나무가 자라니 나무가 자라면 열매가 맺히는 것이 실정이요, 君子가 情이 같으면 친하여 서로 합하니 친하여 서로 합해서 일이 생기는 것이 실정입니다. 言語와 應對는 실정의 文飾이요, 지극한 실정을 말하는 것은 일의 지극함입니다. 지금 臣이 드리는 말씀이 지극히 放肆하여 실정을 忌諱하지 않을 것이니, 임금께서 아마도 이를 싫어하실 것입니다."

文王問曰 願聞其所謂情者如何오 太公對曰 泉源深而水則流하니 水流浩蕩而魚生之는 情也요 植根深而木則長하니 木長茂盛而實生之는 情也요 君子若情相同이면 則親而相合하니 親而相合하여 乃事生之는 情也라 情者는 性之所發이요 言語應對者는 皆情之文飾也니 與人言至情者는 亦事之至極也라 今臣之言이 至泰肆하여 無所諱忌하리니 君其憎惡之乎아하니라 此는 太公欲言至情에 恐文王惡之라 故로 先設此以嘗之也라

文王이 물었다.

그 이른바 '實情'이라는 것이 어떤 것인가를 듣고 싶노라.

太公이 대답하였다.

샘물의 근원이 깊으면 물이 흐르니 물이 넓게 흐르면 물고기가 생기는 것이 실정이요, 나무뿌리가 깊게 심어지면 나무가 자라니 나무가 자라 무성하면 열매가 맺히는

것이 실정이요, 君子가 만약 情이 서로 같으면 친하여 서로 합하니 친하여 서로 합해서 마침내 일이 생기는 것이 실정이다. 情은 性에서 나오고, 言語와 應對는 모두 情의 文飾이니, 사람(남)과 지극한 정을 말하는 것은 또한 일의 지극함이다. 지금 臣의 말이 지극히 교만하고 放肆하여 숨기고 꺼리는 바가 없을 것이니, 임금께서 이것을 싫어하실 것이다.

이는 太公이 지극한 실정을 말하고자 하면서 文王이 싫어할까 염려하였으므로 먼저 이것을 가설하여 시험한 것이다.

文王曰 惟仁人이라야 能受正諫하고 不惡至情하나니 何爲其然이리오

文王이 말씀하였다.

"오직 仁한 사람이어야 정직한 諫言을 받아들이고 지극한 實情을 〈듣는 것을〉 싫어하지 않으니, 내 어찌 그러하겠는가?"

文王曰 唯仁德之人이라야 能容受正諫하고 不憎惡至情하나니 吾何爲其獨惡至情如此哉리오

文王이 말씀하였다.

오직 仁德이 있는 사람이라야 능히 정직한 간언을 용납하여 받아들이고 지극한 실정을 듣는 것을 싫어하지 않으니, 내 어찌하여 홀로 지극한 실정을 듣기 싫어하기를 이와 같이 하겠는가?

太公曰 緡微餌明엔 小魚食之하고 緡綢餌香엔 中魚食之하고 緡隆餌豐엔 大魚食之하나니

太公이 대답하였다.

"낚싯줄이 가늘고 낚싯밥이 밝으면(환히 보이면) 작은 물고기가 먹고, 낚싯줄이 조금 굵고 낚싯밥이 향기로우면 중간의 물고기가 먹고, 낚싯줄이 굵고 낚싯밥이 풍성하면 큰 물고기가 먹습니다.

太公對曰 緡之絲微하고 鉤之餌明하면 小魚來食之라 緡은 魚繫也니 以絲爲之하니 詩曰 維絲伊緡[1)]이라하니라 緡之絲綢하고 鉤之餌香하면 中魚來食之하고 緡之絲隆하고 鉤之餌豐하면 大魚來食之라

1) 詩曰 維絲伊緡 : 이 내용은 ≪詩經≫ 〈召南 何彼穠矣〉에 보인다.

太公이 대답하였다.

낚싯줄이 가늘고 낚시의 미끼가 밝으면 작은 물고기가 와서 먹는다.

緡은 물고기가 매달리는 줄로써 실로 만드니, ≪詩經≫에 "실로 낚싯줄을 만든다.〔維絲伊緡〕" 하였다.

낚싯줄이 조금 굵고 낚시의 미끼가 향기로우면 중간 물고기가 와서 먹고, 낚싯줄이 굵고 낚시의 미끼가 풍성하면 큰 물고기가 와서 먹는다.

夫魚食其餌하면 **乃牽於緡**하고 **人食其祿**하면 **乃服於君**이니이다

물고기가 이 낚싯밥을 먹으면 마침내 낚싯줄에 끌려가고, 사람이 이 녹봉을 먹으면 마침내 군주에게 복종합니다.

夫魚食鉤上之餌하면 乃牽制於緡하여 而不能脫이요 人食國家之祿하면 乃服從於君하여 而不忍去라

물고기가 갈고리 위의 낚싯밥을 먹으면 마침내 낚싯줄에 끌려가서 벗어나지 못하고, 사람이 국가의 녹봉을 먹으면 마침내 군주에게 복종하여 차마 떠나가지 못하는 것이다.

故로 **以餌取魚**면 **魚可殺**이요 **以祿取人**이면 **人可竭**이요 **以家取國**이면 **國可拔**이요 **以國取天下**면 **天下**를 **可畢**이니이다

그러므로 낚싯밥으로 물고기를 취하면 물고기를 잡을 수 있고, 祿俸으로 사람을 취하면 사람을 모두 취할 수 있고, 자기 食邑(卿大夫의 采地)으로 남의 나라를 취하면 남의 나라를 점령할 수 있고, 자기 나라로 천하를 취하면 천하를 다 복종시킬 수 있습니다.

故로 以香餌取魚면 魚可殺而食之요 以爵祿取人이면 人可盡而用之라 以家而取人之國이면 則其國을 可拔而有之요 以國而取人之天下면 則天下를 可盡得而服之라

그러므로 향기로운 낚싯밥으로 물고기를 취하면 물고기를 잡아서 먹을 수 있고, 官爵과 祿俸으로 사람을 취하면 사람을 모두 거두어 쓸 수 있는 것이다. 자기 食邑으로 남의 나라를 취하면 그 나라를 점령하여 소유할 수 있고, 자기 나라로 남의 천하를

취하면 천하를 다 얻어 복종시킬 수 있는 것이다.

嗚呼라 **曼曼綿綿**이나 **其聚必散**하고 **嘿嘿昧昧**나 **其光必遠**하나니 **微哉**라 **聖人之德誘乎**여 **獨見樂哉**니 **聖人之慮**는 **各歸其次而立斂焉**이니이다

아! 〈적군이〉 나무의 가지가 길게 뻗고 잎이 넓게 무성한 것과 같으나 그 모임을 반드시 흩을 수 있고, 군주가 광채와 자취를 감추고 숨겨서 어둡고 어두우나 그 광채가 반드시 원대하니, 은미합니다. 聖人이 德으로 유인함이여! 홀로 보고 홀로 즐거워하니, 聖人의 생각은 각각 백성들이 자기 자리로 돌아가서 人心을 收斂하는 법을 세우는 것입니다."

嗚呼는 嘆辭라 太公又嗟嘆而言호되 人衆之曼曼綿綿者는 其叢聚雖盛이나 後必散亂而莫救라 曼曼綿綿은 言其枝葉之延施(이)脩廣也라 如夏桀, 昆吾, 韋, 顧 一本而生三蘖[1]하여 其叢聚盛矣로되 成湯[2]載旆(패)秉鉞而往征之하시니 則散而莫救라 人君能嘿嘿昧昧하여 遵養時晦하면 其後光華昭著하여 必遠被矣라 嘿嘿昧昧는 欲其韜光隱迹하여 以成就夫遠大者라 此는 文王所以不大聲色하고 不長夏革하고 不識不知하여 順帝之則[3]이로되 而其後如日月之照臨하여 光于四方하고 顯于西土矣[4]라 又言微妙哉라 聖人之德이 誘人而人歸之也여 德誘는 如孔子循循然善誘人[5]之誘니 惟能以德誘人이면 而人心之歸 自不容已也라 文王三分天下에 有其二[6]는 其以德誘之乎인저 聖人以德誘人하여 不大聲色하니 此는 衆人所不能見而樂之요 而聖人獨見獨樂之耳라 聖人之慮는 天下各歸其次하여 而立收斂人心之法焉이라 次는 舍也라 言人心各有所歸之處하니 聖人當立收斂人心之法하여 而不使之他適也라 收斂人心之法은 卽下文仁德義道也라 一本에 作時斂하니 未知是否로라

1) 夏桀昆吾韋顧 一本而生三蘖 : 夏桀은 夏의 桀王으로 殷의 紂王과 함께 중국 역사상 가장 포악한 군주로 알려져 桀·紂로 병칭된다. 昆吾와 韋와 顧는 桀王의 黨이었다. ≪詩經≫ 〈商頌 長發〉에 湯王의 功德을 칭송하여 "한 뿌리에 세 싹이 났는데 악한 뜻을 이루지 못하고 통달하지 못하여 九有(九州)가 완전히 돌아오므로 韋와 顧를 이미 정벌하시고 昆吾와 夏桀을 치셨다.〔苞有三蘖 莫遂莫達 九有有截 韋顧旣伐 昆吾夏桀〕" 하였는데, 이에 대한 ≪集傳≫에 "苞는 뿌리이고 蘖은 옆에서 난 싹이니, 한 뿌리에

세 싹이 남을 말한 것이다. 뿌리는 夏桀이고, 싹은 韋·顧·昆吾이니, 모두 桀의 黨이다.〔苞 本也 蘖 旁生萌蘖也 言一本生三蘖也 本則夏桀 蘖則韋也顧也昆吾也 皆桀之黨也〕" 하였다.

2) 成湯 : 商나라를 일으킨 湯王으로 이름은 履이고 또 다른 이름은 天乙인데, 諸侯로 있다가 名臣인 伊尹을 얻어 70里의 작은 나라로 강대국을 이룩하고, 포악한 夏의 桀王을 鳴條에서 공격하여 천하를 통일하였다. 武功으로 이룩하였다 하여 成湯이라 했다 한다. 夏의 禹王과 周의 文王·武王과 함께 三王으로 일컬어져 賢君의 대명사가 되었다.

3) 文王所以不大聲色……順帝之則 : ≪詩經≫ 〈大雅 皇矣〉에 보이는 내용으로, 文王의 功德을 칭송한 것이다.

4) 如日月之照臨……顯于西土矣 : 文王의 德을 칭송한 것으로, ≪書經≫ 〈周書 泰誓下〉에 "아! 우리 文考께서 해와 달이 굽어 비추듯이 하시니, 사방에 빛나시고 서쪽 지역에 드러나셨다.〔嗚呼 惟我文考 若日月之照臨 光于四方 顯于西土〕"라고 보인다. 文考는 武王이 아버지인 文王을 높여 칭한 것이며, 서쪽 지역〔西土〕은 周나라를 가리킨 것이다.

5) 孔子循循然善誘人 : 循循은 차례가 있는 모양이다. 孔子의 제자인 顔淵이 孔子를 칭찬하여 "夫子께서 차근차근 사람을 잘 유인하시어, 나를 文으로써 넓혀주시고 나를 禮로써 요약하셨다.〔夫子循循然善誘人 博我以文 約我以禮〕"라고 하였는데, ≪集註≫에 "나를 文으로써 넓혀주셨다는 것은 致知와 格物이고, 나를 禮로써 요약하셨다는 것은 克己復禮이다.〔博我以文 致知格物也 約我以禮 克己復禮也〕" 하였다. 이것을 博文과 約禮로 축약하여 사용하는데, 致知와 格物은 知工夫이고 克己復禮는 私慾을 이겨 禮로 돌아가는 것으로 行工夫에 해당한다. ≪論語 子罕≫

6) 文王三分天下 有其二 : ≪論語≫ 〈泰伯〉에 "天下를 셋으로 나눔에 그 둘을 소유하시고도 복종하여 殷나라를 섬기셨으니, 周나라(文王)의 德을 지극한 德이라고 할 만하다.〔三分天下 有其二 以服事殷 周之德 其可謂至德也已矣〕"라고 한 孔子의 말씀이 보이는데, ≪集註≫에 "≪春秋左氏傳≫에 '文王이 商나라를 배반한 나라를 거느리고서 紂王을 섬겼다.' 하였으니, 天下에서 文王에게 귀의한 州가 여섯이니, 荊州·梁州·雍州·豫州·徐州·揚州이고, 오직 靑州·兗州·冀州만이 아직도 紂王에게 소속되어 있었다.〔文王率商之畔國 以事紂 蓋天下歸文王者六州 荊梁雍豫徐揚也 惟靑兗冀 尙屬紂耳〕"라고 하였다.

嗚呼는 감탄사이다. 太公이 또 감탄하고 대답하였다.

사람의 무리가 曼曼하고 綿綿한 것은, 여럿이 모임이 비록 성하나 뒤에 반드시 흩어지고 어지러워 구원할 수 없음을 말한 것이다.

曼曼과 綿綿은 나무의 가지와 잎이 길게 뻗어가고 넓게 무성함을 말한 것이다. 예컨대 夏의 桀王과 昆吾와 韋·顧의 뿌리가 하나였다가 세 개의 싹이 생겨 그 모임이 성하였으나, 成湯이 짓발을 신고 斧鉞을 잡고 가서 정벌하니 흩어져서 구원할 수 없는 것과 같은 것이다.

人君이 능히 어둡고 어두워서 역량을 기르면서 때를 기다리면 그 뒤에 빛나는 광채가 밝게 드러나서 반드시 멀리까지 미치게 되는 것이다. 嘿嘿과 昧昧는 그 광채를 감추고 자취를 숨겨서 원대한 것을 성취하고자 하는 것이다.

이는 文王이 목소리와 얼굴빛을 크게 하지 않고 회초리와 가죽 채찍을 제일로 여기지 않고, 아는 체하지 않고 지혜로운 체하지 아니하여 上帝의 법을 순히 따랐으나, 그 뒤에 해와 달이 굽어 비추듯이 하여 사방에 빛나고 서쪽 지방에 드러난 것과 같은 것이다.

또다시 이렇게 말하였다.

미묘하다. 聖人의 德이 사람을 유인하여 돌아가게 함이여!

德으로 유인한다는 것은 孔子가 차근차근 사람을 잘 유인했다는 것과 같으니, 오직 德으로써 사람을 유인하면 人心의 依歸함이 저절로 그칠 수가 없는 것이다. 文王이 천하를 셋으로 나눔에 그 둘을 소유한 것은 아마도 德으로 유인한 것일 것이다.

聖人은 德으로 사람을 유인하여 목소리와 얼굴빛을 크게 하지 않으니, 이는 보통 사람들은 보고 즐거워하지 못하는 바요, 聖人만이 홀로 보고 홀로 즐거워하실 뿐이다. 聖人의 생각은 천하 사람들이 각기 자기 자리로 돌아가서 인심을 수렴하는 법을 세우는 것이다. 次는 자리이다. 사람의 마음은 각기 귀의하는 곳이 있으니, 聖人이 마땅히 인심을 수렴하는 법을 세워서 다른 데로 가지 않게 함을 말한 것이다.

인심을 수렴하는 방법은 바로 아랫글의 仁·德·義·道이다. 一本에는 '收斂'이 '時斂'으로 되어있으니, 옳은지 모르겠다.

文王曰 立斂何若而天下歸之오

文王이 말씀하였다.

"〈人心을〉 수렴하는 법을 어떻게 세워야 天下 사람들이 귀의하는가?"

文王問立收斂人心之法을 **何如**라야 **而天下來歸之**오

文王이 물었다.

人心을 수렴하는 법을 어떻게 세워야 天下 사람들이 와서 귀의하는가?

太公曰 天下는 **非一人之天下**요 **乃天下之天下也**니 **同天下之利者**는 **則得天**

下하고 擅天下之利者는 則失天下니이다

太公이 대답하였다.

"天下는 君主 한 사람의 천하가 아니요 바로 천하 사람들의 천하이니, 천하의 이로움을 함께하는 자는 천하를 얻고, 천하의 이로움을 독차지하는 자는 천하를 잃습니다.

太公對曰 天下者는 非一人之天下요 乃天下人之天下也니 君能與人同天下之利者는 則必得天下요 專擅天下之利하여 而不與人共之者는 則必失天下라 愚謂孔子罕言利[1)]하시고 孟子不言利[2)]어시늘 太公은 聖人之流로되 而首以利言은 何哉오 蓋利者는 將欲利乎人也요 將欲利乎天下也라 若能利人하고 能利天下하여 而存夫天理之公이면 何爲而不可리오 若夫擅一己之私하여 而惟欲利乎己면 此孔子所以罕言이요 孟子所以不言也니 太公之言이 其有旨歟인저

1) 孔子罕言利 : ≪論語≫ 〈子罕〉에 "孔子께서는 利와 命과 仁을 드물게 말씀하셨다.〔子罕言利與命與仁〕"라고 보인다.

2) 孟子不言利 : 孟子가 처음 魏(梁) 惠王을 만나보자, 惠王은 "老人께서 천 리를 멀다 여기지 않고 오셨으니, 또한 장차 내 나라를 이롭게 함이 있겠습니까?〔叟不遠千里而來 亦將有以利吾國乎〕"라고 말하니, 孟子는 "王은 하필 이로움을 말씀하십니까? 仁義가 있을 뿐입니다.〔王何必曰利 亦有仁義而已矣〕"라고 대답하였고, 사람들이 이로움을 추구하는 폐해를 자주 강조하였으므로 '이로움을 말씀하지 않았다.'라고 한 것이다. ≪孟子 梁惠王 上≫

太公이 대답하였다.

천하는 君主 한 사람의 천하가 아니요, 바로 천하 사람들의 천하이니, 군주가 사람들과 천하의 이로움을 함께하면 반드시 천하를 얻고, 천하의 이로움을 독차지하여 남과 함께하지 않으면 반드시 천하를 잃는다.

내(劉寅)가 생각하건대, 孔子는 이로움을 적게 말씀하셨고, 孟子는 이로움을 말씀하지 않았는데, 太公은 聖人의 부류였는데도 첫 번째로 이로움을 말씀함은 어째서인가? 이로움이라는 것은 장차 남을 이롭게 하고자 하는 것이요, 장차 천하를 이롭게 하고자 하는 것이다. 만약 남을 이롭게 하고 천하를 이롭게 하여 天理의 공정함을 보존한다면 어찌하여 나쁘겠는가? 만약 자기 한 몸의 사사로움을 독차지하여 오직 자기에게만 이롭게 하고자 한다면, 이는 孔子가 적게 말씀하신 것이고 孟子가 말씀하지 않으신 것이니, 太公의 말씀에 깊은 뜻이 있는 것이다.

天有時하고 **地有財**하니 **能與人共之者**는 **仁也**니 **仁之所在**에 **天下歸之**하며

하늘에는 때가 있고 땅에는 재물이 있으니, 능히 때와 재물을 남과 함께하는 것이 仁이니, 仁이 있는 곳에는 天下 사람들이 귀의합니다.

天有歲時하고 **地有貨財**하니 **得其時**하여 **能與人同之**하고 **得其財**하여 **能與人共之者**를 **謂之仁**이니 **仁之所在**에 **天下來歸之**라

하늘에는 歲時가 있고 땅에는 財貨가 있으니, 그 때를 얻어서 남과 함께하고 재물을 얻어서 남과 함께하는 것을 仁이라 이르니, 仁이 있는 곳에는 天下 사람들이 와서 귀의하는 것이다.

與人同憂同樂하고 **同好同惡**(오)는 **義也**니 **義之所在**에 **天下赴之**하며

남과 근심을 함께하고 즐거움을 함께하며 좋아함을 함께하고 싫어함을 함께하는 것이 義이니, 義가 있는 곳에는 天下의 人心이 따라 달려옵니다.

與衆人으로 **同其憂**하고 **同其樂**하고 **同其所好**하고 **同其所惡**는 **此義也**니 **義之所在**에 **天下來赴之**라 **傳曰 民之所好**를 **好之**하며 **民之所惡**를 **惡之 此之謂民之父母**[1)]라하니 **卽此義也**라

1) 傳曰……此之謂民之父母 : 傳은 ≪大學≫으로, 傳 10章에 이 내용이 보인다.

여러 사람들과 근심을 함께하고 즐거움을 함께하며 좋아하는 바를 함께하고 싫어하는 바를 함께하는 것이 義이니, 義가 있는 곳에는 天下의 人心이 달려오는 것이다. 傳에 이르기를 "백성들이 좋아하는 바를 좋아하며 백성들이 싫어하는 바를 싫어하는 것, 이것을 일러 '백성들의 父母'라 한다." 하였으니, 바로 이 뜻이다.

凡人이 **惡**(오)**死而樂生**하고 **好德而歸利**라 **能生利者**는 **道也**니 **道之所在**에 **天下歸之**니이다

모든 사람들이 죽는 것을 싫어하고 사는 것을 좋아하며, 德을 좋아하고 이로운 데로 돌아갑니다. 능히 이로움을 낳는 것은 道이니, 道가 있는 곳에는 천하가 귀의합니다."

凡人이 莫不惡死而樂生하고 好德而歸利하나니 能生利者는 道也니 道之所在에 天下歸之라 如生財有大道[1] 是也니 生財有道故로 人歸之라 太公言利로되 而終歸於仁德義道하니 豈不博哉리오

1) 生財有大道 : ≪大學≫ 傳 10章에 "재물을 생산함이 큰 道(방법)가 있으니, 생산하는 자가 많고 먹는 자가 적으며 만들기를 빨리 하고 쓰기를 느리게 하면 재물이 항상 풍족할 것이다.〔生財有大道 生之者衆 食之者寡 爲之者疾 用之者舒 則財恒足矣〕"라는 말이 보인다.

모든 사람은 죽는 것을 싫어하고 사는 것을 좋아하며, 德을 좋아하고 이로움으로 돌아간다. 능히 이로움을 낳는 것은 道이니, 道가 있는 곳에는 천하가 귀의하는 것이다.

예컨대 '재물을 생산함에 큰 道(方道)가 있다.'는 것이 이것이니, 재물을 생산함에 道가 있기 때문에 사람들이 귀의하는 것이다. 太公이 이로움을 말하였으나 끝내 仁·德·義·道로 돌아갔으니, 어찌 넓지 않겠는가?

文王이 再拜曰 允哉라 敢不受天之詔命乎아하시고 乃載與俱歸하여 立爲師하시니라

文王이 재배하고 말씀하기를

"진실로 옳은 말씀이다. 내 감히 하늘이 가르치는 명령을 듣지 않겠는가."

하고는 마침내 수레에 太公을 태우고 함께 돌아와서 스승으로 세웠다.

文王이 再拜太公而言曰 信哉라 敢不受上天詔誥之命乎아하고 乃載太公하여 與俱歸하여 立爲師하고 號爲尙父하니라

文王이 太公에게 재배하고 말씀하였다.

진실로 옳은 말씀이다. 내 감히 上天이 가르쳐주는 명령을 받지 않을 수 있겠는가.

그리고는 마침내 太公을 수레에 태우고 함께 돌아와서 스승으로 세우고, 이름하여 '尙父'라 하였다.

盈虛 第二　제2편 人事의 盛衰

盈虛者는 氣化盛衰, 人事得失之所致也니 氣化盛하고 人事治 爲盈이요 氣化

衰하고 人事失이 爲虛라

盈虛란 氣化의 盛하고 衰함과 人事의 잘하고 잘못함이 만든 것이니, 氣化가 盛하고 人事가 다스려지는 것이 盈이 되고, 氣化가 衰하고 人事가 잘못되는 것이 虛가 된다.

文王이 問太公曰 天下熙熙[1)]하여 一盈一虛하고 一治一亂하나니 所以然者는 何也오 其君賢不肖不等乎아 其天時變化自然乎아

1) 熙熙 : 넓고 큰〔廣大〕 모양이다.

文王이 太公에게 물었다.

"天下가 熙熙하게 넓고 커서 한 번 차고 한 번 비며 한 번 다스려지고 한 번 혼란하니, 이렇게 되는 까닭은 어째서인가? 군주가 어질고 어질지 못함이 똑같지 않아서인가? 天時의 변화가 자연히 그러한 것인가?"

文王이 問太公曰 天下熙熙然而廣大하여 其一盈一虛하고 一治一亂하니 所以如此者는 何也오 其君人者 賢不肖不同等乎아 其天時變化之自然乎아

文王이 太公에게 물었다.

天下가 熙熙하게 넓고 커서 한 번 차고 한 번 비며 한 번 다스려지고 한 번 혼란하니, 이와 같이 되는 까닭은 어째서인가? 군주인 자가 어질고 어질지 못함이 같지 않아서인가? 天時의 변화에 따라 저절로 그렇게 되는 것인가?

太公曰 君不肖면 則國危而民亂하고 君賢聖이면 則國安而民治하나니 禍福在君이요 不在天時니이다

太公이 대답하였다.

"군주가 어질지 못하면 나라가 위태롭고 백성들이 혼란하며, 군주가 어질고 성스러우면 나라가 편안하고 백성들이 다스려지니, 禍와 福은 군주에게 달려있고 天時에 달려있지 않습니다."

太公對曰 人君不肖면 則國家危殆而生民擾亂하고 人君賢聖이면 則國家安寧而生民治平하니 禍福은 在人君之所致요 不在乎天時也라 謂人事動於下면 則天道

應於上矣라

太公은 대답하였다.

군주가 어질지 못하면 국가가 위태롭고 백성들이 소요하고 혼란하며, 군주가 어질고 성스러우면 국가가 편안하고 백성들이 고르게 다스려지니, 禍와 福은 군주가 하는 바에 달려있고 天時에 달려있지 않다.

이는 人事가 아래에서 動하면 天道가 위에서 응함을 말한 것이다.

王曰 古之聖賢을 可得聞乎아 太公曰 昔者帝堯之王天下는 上世所謂賢君也니이다

文王이 물었다.

"옛날의 聖君과 賢主에 대해서 들을 수 있겠는가?"

太公이 대답하였다.

"옛날 帝堯가 天下에 王 노릇한 것은 상고시대에 이른바 '賢君'이라는 것입니다."

文王曰 古聖賢之君을 可得而聞乎아 太公對曰 昔者帝堯之王天下는 上古之世所謂賢君也라 堯는 帝嚳(곡)[1]之子니 姓伊祈氏라 初爲唐侯라가 升爲天子하여 都平陽하고 國號唐하니 堯는 其謚也라 以身臨天下를 謂之王이라

1) 帝嚳(곡) : 五帝의 하나로 帝嚳高辛氏라 칭하는바, 堯임금(帝堯)의 아버지라 한다. 五帝는 여러 설이 있으나 대체로 少昊金天氏, 顓頊高陽氏, 帝嚳高辛氏, 帝堯陶唐氏, 帝舜有虞氏라 한다.

文王이 물었다.

옛날의 聖君과 賢主에 대해서 들을 수 있겠는가?

太公이 대답하였다.

옛날 帝堯가 天下에 王 노릇한 것은 상고시대에 이른바 '賢君'이라는 것이다.

堯는 帝嚳의 아들이니 姓이 伊祈氏이다. 처음 唐나라의 諸侯가 되었다가, 天子의 지위에 올라 平陽에 도읍하고 나라 이름을 唐이라 하였으니, 堯는 그 諡號이다. 자신이 직접 天下에 군림하는 것을 王 노릇한다고 한다.

文王曰 其治如何오 太公曰 帝堯王天下之時에 金銀珠玉을 不飾하고 錦繡文綺를 不衣하며 奇怪珍異를 不視하고 玩好之器를 不寶하며 淫佚之樂을 不聽하고 宮垣屋室을 不堊하며 甍桷(맹각)椽楹을 不斲하고 茅茨偏庭을 不翦[1]하니이다

1) 茅茨偏庭 不翦 : 띠풀과 찔레가 뜰 앞에 가득하였으나 잘라 제거하지 않은 것이다. 그러나 다른 곳에서는 茅茨는 띠풀로 만든 이엉으로, 띠풀로 지붕을 해서 이고 자르지 않은 것으로 더 알려져 있다. ≪史記≫ 〈李斯列傳〉에 "堯임금이 천하를 소유했을 적에 堂의 높이가 겨우 3尺이고 서까래를 깎아 다듬지 않았으며 띠풀로 엮은 이엉을 자르지 않았다.〔堯之有天下也 堂高三尺 采椽不斲 茅茨不翦〕"라고 보인다.

文王이 물었다.

"그 다스림을 어떻게 하였는가?"

太公이 대답하였다.

"帝堯가 天下에 王 노릇할 때에는 金銀과 珠玉으로 꾸미지 않고 錦繡와 문채 나는 비단옷을 입지 않았으며, 기이하고 괴이한 보물을 보지 않고 보기 좋은 기물을 보물로 여기지 않았으며, 음탕한 음악을 듣지 않고 궁궐의 담과 지붕과 방을 칠하여 꾸미지 않았으며, 지붕 용마루와 서까래와 기둥을 깎아서 다듬지 않고 띠풀과 蒺藜(찔레)가 뜰에 가득하였으나 제거하지 않았습니다.

文王問曰 帝堯之治天下 如何오 太公對曰 帝堯王天下之時에 金銀珠玉을 不以爲飾하고 錦繡文綺를 不以爲衣하며 奇怪珍異之物을 不視於目하고 玩好之器를 不以爲寶하며 淫佚之樂을 不聽於耳하고 宮之墻垣與屋室에 不施堊白之色하며 甍桷椽楹을 不雕斲爲文采하고 茅茨偏滿庭前而不翦除라 甍은 屋棟이니 所以承瓦也요 桷은 榱(최)也니 秦名爲椽하고 周名爲榱하고 魯名爲桷이라 楹은 柱也라 茅는 草名이요 茨는 蒺藜(질려)也라

文王이 물었다.

帝堯가 天下를 다스리기를 어떻게 하였는가?

太公이 대답하였다.

帝堯가 天下에 王 노릇할 때에는 金銀과 珠玉을 가지고 물건을 꾸미지 않았고 錦繡와 문채 나는 비단을 가지고 옷을 만들지 않았으며, 기이하고 보배로운 물건을 눈으로 보지 않고 보기 좋은 기물을 보배로 여기지 않았으며, 음탕한 음악을 귀로 듣지 않고 궁궐의 담과 지붕과 방에 白土를 칠하지 않았으며, 지붕의 용마루와 서까래와 기둥을 깎아 다듬어서 문채를 만들지 않았고 띠풀과 蒺藜가 뜰 앞에 가득하였으나 제거하지 않았다.

甍은 지붕의 용마루이니 기와를 받치는 것이요, 桷은 서까래이니 秦나라에서는 椽이라 하고 周나라에서는 榱라 하고 魯나라에서는 桷이라 하였다. 楹은 기둥이다. 茅는

풀이름이요, 茨는 蒺藜이다.

鹿裘禦寒하고 **布衣掩形**하며 **糲粱之飯**하고 **藜藿之羹**이요 **不以役作之故**로 **害民耕織之時**하여 **削心約志**하여 **從事乎無爲**하니이다

사슴 갖옷으로 추위를 막고 삼베옷으로 몸을 가리며, 거친 좁쌀로 밥을 지어 먹고 머위와 콩잎으로 국을 끓여 먹었으며, 부역하는 일로 백성들의 밭 갈고 베 짜는 시기를 방해하지 아니하여, 욕심을 줄이고 소원을 축소해서 無爲의 정치에 從事하였습니다.

以鹿皮之裘禦冬寒하고 以布衣掩形體하며 粗糲粱米爲飯하고 以藜藿之菜羹而食之라 粱은 穀名이니 似粟米而大하니 河北冀州之地에 有赤粱穀, 白粱穀이 是也라 藜는 草名이니 卽落藜也니 初生可食이라 藿은 菽之小者요 又曰 菽之葉也라 不以宮室役作之故로 害民耕織之時하여 削心約志하여 從事乎無爲之治라

사슴 가죽의 갖옷으로 겨울의 추위를 막고 삼베옷으로 몸을 가렸으며, 거친 좁쌀로 밥을 지어 먹고 머위와 콩잎으로 끓인 나물국을 먹었다.

粱은 곡식 이름으로 좁쌀과 비슷하나 더 크니, 河北과 冀州 지역에 있는 赤粱穀과 白粱穀이 이것이다. 藜는 풀이름이니, 바로 落藜로 처음 났을 때 먹을 수 있다. 藿은 콩 중에 작은 것이요, 또 콩의 잎이라고도 한다.

궁궐을 지어 부역하는 일로 백성들의 밭 갈고 베 짜는 시기를 방해하지 아니하여 욕심을 줄이고 소원을 축소해서 無爲의 정치에 從事하였다.

吏忠正奉法者는 **尊其位**하고 **廉潔愛人者**는 **厚其祿**하고 **民有孝慈者**는 **愛敬之**하고 **盡力農桑者**는 **慰勉之**하고 **旌別淑慝**(특)하여 **表其門閭**하니이다

관리 중에 충성스럽고 정직하여 法을 받드는 자는 爵位를 높여주고, 淸廉潔白하여 人民을 사랑하는 자는 祿俸을 많이 주며, 백성 중에 부모에게 효도하고 어린이를 사랑하는 자는 사랑하고 공경해주며, 농업과 뽕나무를 가꾸는 일에 힘을 다하는 자는 위로하여 권면하며, 선한 자와 악한 자를 구별하여 그의 門과 마을에 旌表하였습니다.

吏有忠正奉法者면 尊崇其爵位하고 有廉潔愛人者면 重厚其俸祿하며 民有孝父

母, 慈孤幼者면 則愛之敬之하고 盡力於農畝蠶桑者면 則慰之勉之하며 旌別淑善邪慝之人하여 表其門閭하여 使善者勸而惡者懲也라

관리 중에 충성스럽고 정직하여 법을 잘 받드는 자가 있으면 작위를 높여주고, 청렴결백하여 인민을 사랑하는 자가 있으면 녹봉을 많이 주며, 백성 중에 부모에게 효도하고 고아와 어린이를 사랑하는 자가 있으면 사랑하고 공경해주며, 농사와 밭두둑과 누에치기와 뽕나무를 가꾸는 일에 힘을 다하는 자가 있으면 위로하고 권면하며, 선한 자와 악한 자를 구별하여 그의 門과 마을에 표시해서, 선한 자를 권면하고 악한 자를 징계하였다.

平心正節하여 以法度禁邪僞하고 所憎者라도 有功必賞하고 所愛者라도 有罪必罰하며 存養天下鰥寡孤獨하고 賑贍(섬)禍亡之家하니이다

마음을 화평하게 하고 예절을 바르게 하여 법도로써 간사함과 속임을 금하며, 미워하는 자라도 功이 있으면 반드시 賞을 주고, 사랑하는 자라도 罪가 있으면 반드시 罰을 주며, 天下에 홀아비와 과부와 고아와 독신자를 보살펴 길러주고, 화를 당하고 망한 집안을 넉넉하게 구휼하였습니다.

平其心志하고 正其禮節하여 以法度로 禁止姦邪詐僞하고 平日所憎惡者라도 有功必賞하고 平日所親愛者라도 有罪必罰하며 存養天下鰥寡孤獨之人이라 孟子云 老而無妻曰鰥이요 老而無夫曰寡요 幼而無父曰孤요 老而無子曰獨이니 此四者는 天下之窮民而無告者어늘 文王發政施仁에 必先斯四者[1]라하시니라 又賑濟贍養有禍患喪亡之家라

1) 孟子云……必先斯四者 : 이 내용은 ≪孟子≫ 〈梁惠王 下〉에 보인다.

그(자신의) 심지를 화평하게 하고 예절을 바루어서 법도로써 간사함과 속임을 금지하였으며, 평소 미워하는 자라도 공이 있으면 반드시 상을 주고, 평소 친애하는 자라도 죄가 있으면 반드시 벌을 내리며, 天下에 홀아비와 과부와 고아와 독신인 사람을 보살펴 길러주었다.

≪孟子≫에 이르기를 "늙어서 아내가 없는 것을 鰥(홀아비)이라 하고, 늙어서 남편이 없는 것을 寡(과부)라 하고, 어려서 부모가 없는 것을 孤(고아)라 하고, 늙어서 자식이 없는 것을 獨(독신)이라 하니, 이 네 가지는 天下의 곤궁한 백성으로서 하소연할 데가 없는 자인데, 文王이 훌륭한 정사를 펴고 仁政을 베풀 적에 반드시 이 네 사람을 먼

저 하셨다." 하였다.

또 환란을 당해 망한 집안을 구제하고 넉넉하게 길러주었다.

其自奉也甚薄하고 **其賦役也甚寡**라 **故**로 **萬民富樂**하여 **而無饑寒之色**하여**百姓**이 **戴其君**을 **如日月**하며 **親其君**을 **如父母**하니이다 **文王曰 大哉**라 **賢德之君也**여

스스로를 봉양함이 매우 박하고 賦稅와 徭役이 매우 적었습니다. 그러므로 萬民들이 부유하고 즐거워하여 굶주리거나 추워하는 기색이 없어서, 백성들이 군주를 떠받들기를 해와 달과 같이 하고 군주를 친애하기를 부모와 같이 하였습니다."

文王이 말씀하였다.

"위대하다. 賢德이 있는 군주여."

其自奉於己也 甚微薄하고 其賦役於民也 甚寡少라 故로 萬民富足歡樂하여 無飢餓寒凍之色하여 百姓感戴其君을 如日月하고 親愛其君을 如父母라 文王聞之하고 乃曰 大哉라 此賢德之君也여

자기 몸을 봉양하는 것이 매우 박하고, 백성들에게 부세를 거두고 요역을 시키는 것이 매우 적었다. 그러므로 만민들이 풍족하고 즐거워하여 굶주리거나 추위에 떠는 기색이 없어서 백성들이 감동하여 군주를 떠받들기를 해와 달과 같이 하고 군주를 친애하기를 부모와 같이 한 것이다.

文王이 그 말을 듣고 말씀하였다.

위대하다. 이 賢德이 있는 군주여.

國務 第三　제3편 治國의 요체

國務者는 治國之大務니 如篇內所云愛民之道 是也라

國務란 나라를 다스리는 큰일이니, 예컨대 이 篇 안의 이른바 '백성들을 사랑하는 道'가 이것이다.

文王이 **問太公曰 願聞爲國之務**하여 **欲使主尊人安**하노니 **爲之奈何**오 **太公曰 愛民而已**니이다

文王이 太公에게 물었다.
"나라를 다스리는 일을 들어서 君主를 높이고 人民들을 편안하게 하려 하노니, 어떻게 하면 되겠는가?"
太公이 대답하였다.
"백성을 사랑할 뿐입니다."

文王이 問太公曰 願聞治國之大務하여 欲使爲主者尊하고 爲百姓者安하노니 爲之奈何오 太公對曰 治國之大務는 愛民而已矣라

文王이 太公에게 물었다.
나라를 다스리는 큰일을 들어서 군주 된 자로 하여금 권위가 높아지게 하고 백성 된 자로 하여금 편안하게 하고자 하노니, 어떻게 하면 되겠는가?
太公이 대답하였다.
나라를 다스리는 큰일은 백성을 사랑하는 것일 뿐이다.

文王曰 愛民을 **奈何**오 **太公曰 利而勿害**하며 **成而勿敗**하며 **生而勿(役)〔殺〕**[1)]하며 **與而勿奪**하며 **樂而勿苦**하며 **喜而勿怒**니이다

1) (役)〔殺〕: 저본의 '役'은 漢文大系本에 의거하여 '殺'로 바로잡았다.

文王이 물었다.
"백성을 어떻게 사랑해야 하는가?"
太公이 대답하였다.
"이롭게 해주고 해치지 말며, 이루어주고 무너뜨리지 말며, 살려주고 죽이지 말며, 주고 빼앗지 말며, 즐겁게 해주고 괴롭히지 말며, 기쁘게 해주고 분노하지 않게 하는 것입니다."

文王問曰 所謂愛民을 奈何오 太公對曰 均以田宅之利而勿傷害之하고 綏以成全之道而勿毁敗之하고 授以生養之方而勿殺伐之하고 厚以賜與之恩而勿侵奪之하고 慰其安樂之心而勿勞苦之하고 成其喜悅之意而勿忿怒之라 此曰 生而勿役이라하고

下文云 無罪而罰則殺之라하니 是生而勿役은 乃生而勿殺也니 今正之하노라

文王이 물었다.

이른바 '백성을 사랑한다.'는 것은 어떻게 하는 것인가?

太公이 대답하였다.

밭과 집의 이로움을 고르게 나누어주고 해치지 말며, 이루어주고 온전히 하는 방도로 편안히 해주고 훼손하고 무너뜨리지 말며, 낳고 기르는 방법을 가르치고 죽이거나 해치지 말며, 주는 은혜를 후하게 하고 침해하여 빼앗지 말며, 편안하고 즐겁게 마음을 위로하고 노고시키지 말며, 喜悅하는 마음을 이루어주고 분노하지 말게 해야 한다.

여기서는 '살려주고 사역하지 말라.〔生而勿役〕'고 하고, 아랫글에는 '죄가 없는데도 벌을 주면 죽이는 것이다.' 하였으니, 이 '살려주고 사역하지 말라.'는 것은 바로 '살려주고 죽이지 말라.〔生而勿殺〕'는 것의 잘못이니, 지금 바로잡는다.

文王曰 敢請釋其故하노라 **太公曰 民不失務**면 **則利之**요 **農不失時**면 **則成之**요 **薄賦斂**이면 **則與之**요 **儉宮室臺榭**면 **則樂之**요 **吏淸不苛擾**면 **則喜之**니이다

文王이 물었다.

"감히 옛일을 해석해주기를 청하노라."

太公이 대답하였다.

"백성들이 해야 할 일을 잃지 않게 하면 이롭게 해주는 것이고, 농사짓는 철을 잃지 않게 하면 이루어주는 것이고, 세금 거두는 것을 박하게 하면 주는 것이고, 宮室과 樓臺를 검소하게 하면 즐겁게 해주는 것이고, 관리들이 淸白하여 까다롭게 굴며 소란시키지 않으면 기쁘게 해주는 것입니다.

文王問曰 敢請解釋其故如何하노라 故者는 已然之迹也라 太公對曰 民不失蠶桑之務면 則利之也요 農不失耕穫之時면 則成之也요 薄其賦斂之物이면 則與之也요 儉宮室臺榭而不役使면 則樂之也요 爲吏者淸白하여 不苛刻擾害면 則喜之也라 按上文에 言愛民有六事어늘 今不釋生而勿殺者는 恐遺之也라

文王이 물었다.

감히 옛일이 어떤 것인지 해석해주기를 청하노라.

故라는 것은 옛날에 이미 그러한 자취이다.

太公이 대답하였다.

백성들이 누에 치고 뽕나무를 가꾸는 일을 잃지 않게 하면 이롭게 해주는 것이고, 백성들이 밭 갈고 수확하는 때를 잃지 않게 하면 이루어주는 것이고, 세금으로 거두는 물건을 박하게 하면 주는 것이고, 宮室과 樓臺를 검소하게 하여 부역시키지 않으면 즐겁게 해주는 것이고, 관리 된 자가 淸白하여 까다롭고 각박하여 소란시켜 해치지 않으면 기쁘게 해주는 것이다.

살펴보건대 윗글에 백성을 사랑하는 것이 여섯 가지가 있다고 말하였는데, '살려주고 죽이지 말라.'는 것을 해석하지 않은 것은 아마도 빠뜨린 듯하다.

民失其務면 **則害之**요 **農失其時**면 **則敗之**요 **無罪而罰**이면 **則殺之**요 **重賦斂**이면 **則奪之**요 **多營宮室臺榭**하여 **以疲民力**이면 **則苦之**요 **吏濁苛擾**면 **則怒之**니이다

백성들이 농사일을 잃게 하면 해치는 것이고, 농사에 제철을 잃게 하면 무너뜨리는 것이고, 죄가 없는데도 벌을 내리면 죽이는 것이고, 세금 거두는 것을 무겁게 하면 빼앗는 것이고, 宮室과 樓臺를 많이 경영하여 백성들의 힘을 피로하게 하면 괴롭히는 것이고, 관리들이 혼탁하여 까다롭고 소란시키면 분노하게 하는 것입니다.

民失其蠶桑之務면 則害之也요 農失其耕穫之時면 則敗之也요 民無罪而行罰이면 則殺之也요 重賦斂之物이면 則奪之也요 多營造宮室臺榭하여 以疲勞民力이면 則苦之也요 爲吏者昏濁苛刻하여 擾害其民이면 則怒之也라

백성들이 누에 치고 뽕나무 가꾸는 일을 잃게 하면 해치는 것이요, 농부가 농사 지을 적에 밭 갈고 수확하는 때를 잃게 하면 무너뜨려 해치는 것이요, 백성들이 죄가 없는데도 벌을 내리면 죽이는 것이요, 세금 거두는 물건을 무겁게 하면 빼앗는 것이요, 宮室과 樓臺를 많이 경영하여 백성들의 힘을 피로하게 하면 괴롭히는 것이요, 관리 된 자가 혼탁하고 까다롭고 각박해서 백성들을 소란하게 하고 해롭게 하면 분노하게 하는 것이다.

故로 **善爲國者**는 **馭民**을 **如父母之愛子**하고 **如兄之愛弟**하여 **見其飢寒**이면 **則爲之憂**하고 **見其勞苦**면 **則爲之悲**하며 **賞罰**을 **如加於身**하고 **賦斂**을 **如取於己**하나니 **此愛民之道也**니이다

그러므로 나라를 잘 다스리는 자(군주)는 백성들을 통제하기를 부모가 자식을 사랑하는 것과 같이 하고 형이 아우를 사랑하는 것과 같이 하여, 백성들이 굶주림과 추위에 떠는 것을 보면 걱정해주고, 백성들의 노고를 보면 슬퍼해주며, 賞과 罰을 자기 몸에 가하는 것처럼 여기고 세금 거두는 것을 자기 물건에서 취하는 것처럼 여기니, 이것이 백성을 사랑하는 방도입니다."

故로 善治國者는 馭民을 如父母之愛其子하고 如兄之愛其弟하여 見其飢餓寒凍者면 則爲之憂하고 見其勤勞困苦者면 則爲之悲하며 賞罰을 如加自己之身하고 賦斂을 如取自己之物하니 此乃惠愛人民之道也라

그러므로 나라를 잘 다스리는 자는 백성들을 통제하기를 부모가 자식을 사랑하는 것처럼 하고 형이 아우를 사랑하는 것처럼 하여, 백성들이 굶주림과 추위에 떠는 것을 보면 위하여 걱정하고, 백성들이 근로하여 곤궁하고 괴로워하는 것을 보면 위하여 슬퍼하며, 賞과 罰을 자기의 몸에 가하는 것처럼 여기고 세금 거두는 것을 자기의 물건에서 취하는 것처럼 여기니, 이것이 바로 人民을 은혜롭게 하고 사랑하는 방도이다.

大禮 第四　제4편 君臣간의 禮儀

大禮者는 論君臣之禮也니 取書內大禮二字하여 以名篇하니라

大禮란 君臣의 禮를 논한 것이니, 글 안의 '大禮' 두 글자를 취하여 篇名으로 삼은 것이다.

文王이 問太公曰 君臣之禮를 如何오 太公曰 爲上唯臨이요 爲下唯沈이니 臨而無遠하고 沈而無隱하며 爲上唯周요 爲下唯定이니 周則天也요 定則地也라 或天或地라야 大禮乃成이니이다

文王이 太公에게 물었다.
"君臣間의 禮를 어떻게 해야 하는가?"
太公이 대답하였다.

"위가 된 자는 군림해야 하고 아래가 된 자는 잠겨야(엎드려야) 하니, 군림하되 멀리하지 말고 잠기되 숨기지 말며, 윗사람이 되어서는 두루 사랑해야 하고 아랫사람이 되어서는 안정해야 하니, 두루 사랑함은 하늘이요 안정함은 땅입니다. 혹 하늘처럼 하고 혹 땅처럼 하여야 大禮가 마침내 이루어집니다."

文王이 問太公曰 君臣之禮를 如何오 太公對曰 爲君上者는 唯欲其臨民이요 爲臣下者는 唯欲其沈伏이니 臨民而無遠於民하고 沈伏而無隱於君이라 爲君上者는 唯欲其普遍하고 爲臣下者는 唯欲其安定이니 普遍則天也요 安定則地也라 或天或地라야 大禮乃成이라 易曰 天尊地卑하니 乾坤定矣요 卑高以陳하니 貴賤位矣[1]라하니 此君臣大禮之所以成也라

1) 易曰……貴賤位矣 : 이 내용은 ≪周易≫〈繫辭傳 上〉에 보인다. ≪周易≫에서 伏羲의 八卦는 乾이 위에 있고 坤이 아래에 있는데, 乾은 하늘이고 坤은 땅이므로 이렇게 말한 것이다. 그러나 文王의 八卦는 불을 상징하는 离가 위에 있고 물을 상징하는 坎이 아래에 있다. 伏羲의 八卦를 先天, 文王의 八卦를 後天이라 한다.

文王이 太公에게 물었다.

君臣間의 禮를 어떻게 유지해야 하는가?

太公이 대답하였다.

君上이 된 자는 오직 백성에게 군림해야 하고 신하가 된 자는 오직 잠겨 엎드리고자 하여야 하니, 백성에게 군림하되 백성을 멀리하지 말고 잠겨 엎드려 있되 군주에게 숨기는 것이 없어야 한다. 君上이 된 자는 오직 두루 사랑하고자 하고 신하가 된 자는 오직 안정하고자 해야 하니, 두루 사랑함은 하늘이요 안정함은 땅이다. 혹 하늘처럼 하고 혹 땅처럼 하여야 大禮가 마침내 이루어진다.

≪周易≫에 이르기를 "하늘은 높고 땅은 낮으니 乾과 坤이 정해졌고, 낮은 것과 높은 것이 진열되니 貴와 賤이 자리했다." 하였으니, 이로써 君臣의 큰 禮가 이루어지는 것이다.

文王曰 主位를 如何오 太公曰 安徐而靜하고 柔節先定하며 善與而不爭하고 虛心平志하여 待物以正이니이다

文王이 물었다.

"군주의 地位를 어떻게 해야 하는가?"

太公이 대답하였다.

"편안하고 서서히 하여 고요하며, 유순하고 절제하여 먼저 정하며, 주기를 잘하고 다투지 않으며, 마음을 비우고 뜻을 공평히 하여 사람들을 대하기를 바르게 하는 것입니다."

文王問曰 人主之位를 如何오 太公對曰 安徐而靜은 不妄動也요 柔節先定은 不剛猛也요 善與而不爭은 惠施流布也요 虛心은 不自滿也요 平志는 不私曲也요 待物以正은 不偏黨也라

文王이 물었다.

군주의 지위를 어떻게 해야 하는가?

太公이 대답하였다.

편안하고 서서히 하여 고요함은 망령되이 동하지 않는 것이요, 유순하고 절제하여 먼저 정함은 강하고 사납지 않은 것이요, 주기를 잘하고 다투지 않음은 은혜롭게 베푸는 것이 널리 펴짐이요, 마음을 비움은 자만하지 않는 것이요, 뜻을 공평히 함은 사사롭고 부정하지 않는 것이요, 사람들을 대하기를 바르게 함은 偏黨하지 않는 것이다.

文王曰 主聽을 如何오 太公曰 勿妄而許하며 勿逆而拒니 許之則失守요 拒之則閉塞이니 高山仰止하여 不可極也며 深淵度(탁)之하여 不可測也니 神明之德이 正靜其極이니이다

文王이 물었다.

"군주가 듣기를 어떻게 해야 하는가?"

太公이 대답하였다.

"함부로 허락하지 말고, 거슬러서 거절하지 말아야 하니, 함부로 허락하면 마음의 지킴을 잃고, 거슬러서 거절하면 귀를 막게 됩니다. 높은 산을 우러르듯 하여 다할 수 없이 해야 하며, 깊은 못을 헤아리듯 하여 측량할 수 없이 해야 하니, 神明의 德은 바르고 고요함을 지극히 해야 하는 것입니다."

文王問曰 人主之聽을 如何오 太公對曰 聽其言에 勿妄而許之하고 勿逆而拒之니 許之則失吾心之守하고 拒之則閉塞吾耳之聽이니 如高山在前에 仰之而不可盡也라 詩經에 作仰止[1]하니 止는 語助辭라 此는 對下文深淵度之而言하니 恐只是之字라

深淵在前에 度之而不可測也라 言人主之聽이 無有窮盡이요 事變之來를 不可測量이니 神明之德이 正而且靜이라야 乃其極也라 心者는 人之神明이니 號曰天君하여 而耳司聽하고 目司視가 皆從令者也라 吾心神明之德이 以正靜爲極이면 而耳目之視聽이 自無非僻之干矣라

1) 詩經 作仰止 : ≪詩經≫ 〈小雅 車舝〉에 "높은 산을 우러러보며 큰 길을 간다.〔高山仰止 景行行止〕"라고 보인다.

文王이 물었다.

군주가 듣는 것을 어떻게 해야 하는가?

太公이 대답하였다.

그 말을 들을 적에 함부로 허락하지 말고, 남의 말을 거슬러서 거절하지 말아야 하니, 함부로 허락하면 내 마음의 지킴을 잃게 되고, 거슬러서 거절하면 내 귀의 들음을 막게 된다. 높은 산이 앞에 있어서 우러러보나 다할 수 없는 것과 같이 하여야 한다.

≪詩經≫에는 '仰止'로 되어있으니 '止'는 語助辭이다. 이는 아랫글의 '深淵度之'를 상대하여 말하였으니, '止'는 바로 '之'자인 듯하다.

깊은 못이 앞에 있어서 헤아려도 측량할 수 없는 것과 같이 해야 하니, 이는 人主의 들음이 다함이 없고 事變이 옴을 미리 측량할 수가 없으니, 神明의 德이 바르고 또 고요하여야 비로소 그 지극해짐을 말한 것이다.

마음이란 사람의 神明이니, 天君이라 이름하여 듣는 것을 맡은 귀와 보는 것을 맡은 눈은 모두 마음의 명령을 따르는 것들이다. 내 마음의 神明한 德이 바르고 고요함을 지극히 하면, 귀와 눈의 보고 들음이 자연 그름과 간사함의 침범을 받지 않을 것이다.

文王曰 主明을 如何오 太公曰 目貴明하며 耳貴聰하며 心貴智니 以天下之目視면 則無不見也요 以天下之耳聽이면 則無不聞也요 以天下之心慮면 則無不知也니 輻湊竝進이면 則明不蔽矣니이다

文王이 물었다.

"군주의 밝음을 어떻게 해야 하는가?"

太公이 대답하였다.

"눈은 밝게 봄을 귀하게 여기고, 귀는 밝게 들음을 귀하게 여기고, 마음은 지혜로움을 귀하게 여깁니다. 天下의 눈으로 보면 보지 못하는 것이 없고, 天下의 귀로 들으면 듣지 못하는 것이 없고, 天下의 마음으로 생각하면 알지 못하는 것이

없으니, 輻輳하여 함께 나아가면 밝음이 가려지지 않게 됩니다.”

文王問曰 人主之明을 如何오 太公對曰 目貴乎明하고 耳貴乎聽하고 心貴乎智니 明은 無所不見也요 (聽)〔聰〕[1]은 無所不聞也요 智者는 心之神明이니 所以妙衆理而宰萬物者也라 人君이 以天下之目視면 則無所不見이요 以天下之耳聽이면 則無所不聞이요 以天下之心慮면 則無所不知니 輻湊竝進[2]이면 則人主之明이 不壅蔽矣리라 湊는 當作輳니 輻輳는 車輻共一轂也라

1) (聽)〔聰〕: 저본과 明本, 漢文大系本에도 모두 '聽'으로 되어있으나, ≪春秋左氏傳≫ 莊公 32년에 '神 聰明正直而壹者也'라고 보이는데, 林堯叟의 注에 "聰則無所不聞 明則無所不見"이라고 보이므로 여기에 의거하여 '聰'으로 바로잡았다.

2) 輻湊竝進 : 특정 인물만 군주를 뵙는 것이 아니고, 모두 몰려와서 군주에게 자유롭게 의사를 개진함을 말한 것이다.

文王이 물었다.

人主의 밝음을 어떻게 해야 하는가?

太公이 대답하였다.

눈은 밝게 봄을 귀하게 여기고, 귀는 밝게 들음을 귀하게 여기고, 마음은 지혜로움을 귀하게 여긴다.

明은 보지 못하는 바가 없는 것이요, 聰은 듣지 못하는 바가 없는 것이요, 지혜는 마음의 神明이니 여러 가지 이치를 妙하게 하고 만 가지 사물을 主宰하는 것이다.

人君이 天下 사람의 눈으로 보면 보지 못하는 것이 없고, 天下 사람의 귀로 들으면 듣지 못하는 것이 없고, 天下 사람의 마음으로 생각하면 알지 못하는 것이 없으니, 輻輳하여 함께 나아가면 人主의 밝음이 가려지거나 막히지 않을 것이다.

'湊'자는 마땅히 '輳'자가 되어야 하니, '輻輳'는 수레 輻(바퀴살)이 한 轂을 함께하는 것이다.

明傳 第五 제5편 지극한 道의 傳授

明傳者는 以至道之言으로 明傳之子孫也니 取書中明傳二字하여 以名篇하니라

明傳은 지극한 道의 말씀을 가지고 자손에게 분명하게 전해주는 것이니, 글 가

운데 '明傳' 두 글자를 취하여 篇名으로 삼은 것이다.

文王이 **寢疾**하여 **召太公望**하시니 **太子發**이 **在側**이라 **嗚呼**라 **天將棄予**일새 **周之社稷**을 **將以屬**(촉)**汝**하노니 **今予欲師至道之言**하여 **以明傳之子孫**하노라

文王이 병환으로 누워서 太公望을 부르니, 太子 發(武王)이 곁에 있었다.
〈文王이 말씀하였다.〉
"아! 하늘이 장차 나를 버리려 하므로 周나라의 社稷을 너에게 맡기고, 지금 내가 지극한 道의 말씀을 스승 삼아서 이것을 자손들에게 밝게 전해주고자 하노라."

昔者에 文王寢疾하여 召太公望할새 太子發이 在側하니 發은 武王名也라 文王嗟嘆而言曰 嗚呼라 今天將棄予故로 使予有疾也라 周家之社稷을 將以屬汝하노니 今予欲師至道之言하여 以明傳之子孫하노니 如何오 舊本에 厲汝를 作屬汝하니 如屬之子乎아 屬之我乎[1]之屬이니 今從之하노라

1) 屬之子乎 屬之我乎 : 屬은 맡김을 이른다. 吳起가 魏나라에 가서 많은 戰功을 세웠으나 魏나라에서는 吳起가 외국 사람이라 하여 그를 정승으로 삼지 않고 田文을 정승으로 삼으니, 吳起가 불쾌해하며 田文과 功을 논하자고 제의하였다. 吳起가 자신의 여러 功을 들자, 田文은 자신이 모두 吳起만 못하다고 인정하였다.
吳起가 "그러면 어찌하여 功은 나만 못하면서 地位는 나보다 위에 있는가?" 하고 따지자, 田文은 "군주의 나이가 젊고 나라가 의심스러운데, 大臣이 따르지 않고 百姓이 믿지 않으니, 이러한 때를 당하여 國政을 자네에게 맡기겠는가? 나에게 맡기겠는가?〔主少國疑 大臣未附 百姓不信 方是之時 屬之子乎 屬之我乎〕"라고 하였다. 吳起는 魏나라 사람으로 魯나라에서 戰功을 세웠으나 중상모략을 받고 魏나라에 왔으므로 魏나라에서 의심하고 국정을 맡기지 않은 것이었다. ≪史記 吳起列傳≫

옛날에 文王이 병환으로 누워서 太公望을 부를 적에 太子 發이 옆에 있었으니, 發은 武王의 이름이다.
文王이 탄식하여 말씀하였다.
아! 하늘이 장차 나를 버리려 하기 때문에 나로 하여금 병환이 있게 한 것이다. 周나라의 社稷을 장차 너(太子)에게 맡기려고, 지금 내가 지극한 道의 말씀을 스승 삼아서 자손들에게 밝게 전해주고자 하니, 어떠한가?
舊本에 '厲汝'를 '屬汝'로 썼으니, '그대에게 맡기겠는가? 나에게 맡기겠는가?〔屬之子乎 屬之我乎〕'의 '屬'자와 같으니, 이제 이것을 따른다.

太公曰 王은 何所問이시니잇고 文王曰 先聖之道에 其所止와 其所起를 可得聞乎아

太公이 대답하였다.
"임금께서는 무엇을 물으십니까?"
文王이 말씀하였다.
"先聖人의 道가 그치는 바와 일어나는 바를 들을 수 있겠는가?"

太公曰 王今何所問이시니잇고 文王曰 古先聖人之道에 其所止와 其所起를 可得而聞乎아

太公이 대답하였다.
지금 임금께서는 무엇을 물으십니까?
文王이 말씀하였다.
옛 先聖人의 道가 그치는 바와 일어나는 바를 들을 수 있겠는가?

太公曰 見善而怠하고 時至而疑하고 知非而處니 此三者는 道之所止也니이다

太公이 대답하였다.
"善을 보고도 태만하며, 때가 이르렀는데도 의심하며, 잘못을 알면서도 그대로 머무는, 이 세 가지는 道가 그치는 이유입니다.

太公對曰 見善不行而反生怠惰之心하고 時至不行而反有疑惑之意하고 知其事之非로되 不能避而反處之니 此三者는 道之所以止也라

太公이 대답하였다.
善을 보고도 행하지 않고 도리어 게으른 마음을 내며, 때가 왔는데도 행하지 않고 도리어 의심하는 생각이 있으며, 일의 잘못을 알면서도 피하지 못하고 도리어 그대로 머무는 것이니, 이 세 가지는 道가 그치게 되는 이유이다.

柔而靜하며 恭而敬하며 强而弱하며 忍而剛이니 此四者는 道之所起也니이다

부드러우면서도 고요하며, 공손〔恭〕하면서도 공경〔敬〕하며, 강하면서도 약하며, 참으면서도 굳센 것이니, 이 네 가지는 道가 일어나는 이유입니다.

柔而能靜則有守라 恭은 主容하고 敬은 主事하니 恭而能敬이면 則處己接物에 皆能

謹이라 强而能弱이면 則有容이요 忍而能剛이면 則有爲니 此四者는 道之所以起也라

부드러우면서도 능히 고요하면 지킴이 있는 것이다. 恭은 용모를 주장하고 敬은 일을 주장하니, 공손하면서도 능히 공경하면 처신하고 남을 대함에 모두 삼갈 수 있다. 강하면서도 능히 약하면 포용력이 있고, 참으면서도 능히 굳세면 훌륭한 일을 할 수 있으니, 이 네 가지는 道가 일어나는 이유이다.

故로 義勝欲則昌하고 欲勝義則亡하며 敬勝怠則吉하고 怠勝敬則滅이니이다

그러므로 義가 욕심을 이기면 창성하고 욕심이 義를 이기면 망하며, 恭敬이 怠慢함을 이기면 길하고 怠慢함이 恭敬을 이기면 멸망합니다."

故로 義勝乎欲者는 則國昌하고 欲勝乎義者는 則國亡하며 敬勝乎怠者는 則獲吉하고 怠勝乎敬者는 則必滅이라 義者는 心之制요 事之宜니 乃天理之公也라 欲者는 目之於色과 耳之於聲과 鼻之於臭와 口之於味와 四支[1]之於安佚이니 乃人欲之私也라 敬者는 整齊收斂하여 主一無適이니 聖學之所以成始而成終者也[2]라 怠者는 心志怠惰하여 處己接物에 皆不能致謹也라

1) 支 : 肢와 같다.

2) 聖學之所以成始而成終者也 : 聖學은 聖人의 學問으로, 때로는 帝王의 學問을 가리키기도 한다. 成始는 시작을 이루는 것으로 知工夫를 가리키며, 成終은 끝마침을 이루는 것으로 行工夫를 뜻하는바, 程朱學에서는 敬을 중요시하여 이렇게 표현하였다. 또한 "敬을 주장하여 근본을 세운다.〔主敬以立其本〕"라 하여, 敬을 하여야만 涵養을 하여 知行을 이룰 수 있다고 강조하였다. ≪晦菴集 권75 泉州同安縣學故書目序≫

그러므로 義가 욕심을 이기는 자는 나라가 창성하고 욕심이 義를 이기는 자는 나라가 멸망하며, 공경이 태만함을 이기는 자는 길함을 얻고 태만함이 공경을 이기는 자는 반드시 멸망한다.

義는 마음의 제재요 일의 마땅함이니, 바로 天理의 공정함이다. 欲은 눈이 색깔에 있어서와 귀가 음악에 있어서와 코가 냄새에 있어서와 입이 맛에 있어서와 四肢가 安佚에 있어서와 같은 것이니, 바로 人欲(慾)의 사사로움이다.

敬은 整齊하고 收斂하여 한 가지를 주장해서 다른 데로 감이 없는 것이니, 聖學의 시작을 이루고 끝을 이루는 것이다. 怠는 心志가 게을러서 처신하고 남을 대함에 모두 삼감을 지극히 하지 못하는 것이다.

六守 第六　제6편 여섯 가지 지킴

六守者는 以仁義忠信勇謀六者로 守之而不失也니 以書內有六守二字라 故로 取以名篇하니라

六守란 仁·義·忠·信·勇·謀 여섯 가지를 지키고 잃지 않는 것이니, 글 안에 '六守' 두 글자가 있으므로, 이를 취하여 篇名으로 삼은 것이다.

文王이 問太公曰 君國主民者 其所以失之者는 何也오 太公曰 不謹所與也니 人君이 有六守三寶하니이다

文王이 太公에게 물었다.

"國君으로서 백성의 군주가 된 자가 나라와 백성을 잃는 것은 어째서인가?"

太公이 대답하였다.

"상대하는 사람(신하)을 삼가지 못해서이니, 군주에게는 여섯 가지 지킴과 세 가지 보배가 있습니다."

文王이 問太公曰 凡國君主民者 其所以失國與民者는 何也오 太公對曰 人君不能謹其所與也니 人君이 有六守三寶하니 不可不致謹耳라

文王이 太公에게 물었다.

무릇 國君으로서 백성의 군주가 된 자가 그 나라와 백성을 잃는 것은 어째서인가?

太公이 대답하였다.

군주가 그 상대하는 사람을 삼가 가리지(선별하지) 못해서이다. 군주에게는 여섯 가지 지키는 것과 세 가지 보배가 있으니, 삼감을 지극히 하지 않으면 안 된다.

文王曰 六守는 何也오 太公曰 一曰仁이요 二曰義요 三曰忠이요 四曰信이요 五曰勇이요 六曰謀니 是爲六守니이다

文王이 물었다.

"여섯 가지 지킴이란 무엇인가?"

太公이 대답하였다.

"첫 번째는 仁이요, 두 번째는 義요, 세 번째는 忠이요, 네 번째는 信이요, 다섯 번째는 勇이요, 여섯 번째는 謀이니, 이것을 여섯 가지 지킴이라 합니다."

文王問曰 所謂六守者는 何也오 太公對曰 一曰仁이니 仁者는 本心之全德也요 二曰義니 義者는 處物而得其宜也요 三曰忠이니 忠者는 盡己之心也요 四曰信이니 信者는 以實之謂也요 五曰勇이니 勇者는 用也니 共用之謂勇이요 六曰謀니 謀君計也니 慮難之謂謀니 此謂之六守라

文王이 물었다.

이른바 '여섯 가지 지킴'이란 무엇인가?

太公이 대답하였다.

첫 번째는 仁이니 仁이란 본심의 온전한 德이요, 두 번째는 義이니 義란 사물을 대하여 그 마땅함을 얻는 것이요, 세 번째는 忠이니 忠이란 자기의 마음을 다하는 것이요, 네 번째는 信이니 信이란 진실함을 이르고, 다섯 번째는 勇이니 勇이란 쓰임〔用〕이니 함께 힘씀을 勇이라 이르고, 여섯 번째는 계책〔謀〕이니 군주의 계책을 도모하는 것으로, 어려운 일을 미리 생각함을 계책이라 이른다. 이것을 일러 '여섯 가지 지킴'이라 한다.

文王曰 謹擇六守者는 何오 太公曰 富之而觀其無犯하며 貴之而觀其無驕하며 付之而觀其無轉하며 使之而觀其無隱하며 危之而觀其無恐하며 事之而觀其無窮이니이다

文王이 물었다.

"여섯 가지 지킴을 삼가 가림〔擇〕은 어떻게 해야 하는가?"

太公이 대답하였다.

"〈신하를〉 부유하게 하여 범함이 없는가를 관찰하며, 귀하게 하여 교만함이 없는가를 관찰하며, 임무를 맡겨주어 마음이 바뀌지 않는가를 관찰하며, 일을 시켜서 숨김이 없는가를 관찰하며, 위태롭게 하여 두려움이 없는가를 관찰하며, 事變으로 물어서 궁하지 않음을 관찰하는 것입니다.

文王問曰 謹擇六守者는 奈何오 太公對曰 富之以財하여 而觀其無犯하며 貴之以爵하여 而觀其無驕하며 付託之重任하여 而觀其無轉하며 使之有所作爲하여 而觀其

無隱하며 危之以險難하여 而觀其無恐하며 問之以事變하여 而觀其無窮이라

文王이 물었다.

여섯 가지 지킴을 삼가 가림은 어떻게 해야 하는가?

太公이 대답하였다.

財物로 부유하게 하여 범함이 없는가를 관찰하며, 官爵으로 귀하게 하여 교만함이 없는가를 관찰하며, 重任을 맡겨 마음이 바뀜이 없는가를 관찰하며, 일을 시켜 作爲함이 있게 해서 숨김이 없는가(성실)를 관찰하며, 위험하고 어려운 일로써 위태롭게 하여 두려움이 없는가를 관찰하며, 事變으로써 물어서 궁함이 없음을 관찰하는 것이다.

富之而不犯者는 仁也요 貴之而不驕者는 義也요 付之而不轉者는 忠也요 使之而不隱者는 信也요 危之而不恐者는 勇也요 事之而不窮者는 謀也니이다

부유하게 해도 범하지 않는 것은 仁이요, 귀하게 해도 교만하지 않는 것은 義요, 중임을 맡겨도 바꾸지 않는 것은 忠이요, 일을 시켜도 숨기지 않는 것은 信이요, 위태롭게 해도 두려워하지 않는 것은 勇이요, 事變으로 물어도 궁하지 않는 것은 計謀입니다.

富之以財而不犯者는 仁也니 仁者는 存夫天理之公이라 故로 富之而不犯이요 貴之以爵而不驕者는 義也니 義者는 心有裁制而處事得宜라 故로 貴之而不驕라 付託以重任이로되 而心不轉移者는 忠也니 忠者는 盡心以事君故로 付之而不轉이요 使之有所施爲而無隱者는 信也니 信者는 凡事以實故로 使之而不隱이라 危之以險難而不恐者는 勇也니 勇者는 敢於前進故로 危之而不恐하고 問之以事變而不窮蹙者는 謀也니 謀者는 善於籌度(주탁)故로 事之而不窮이니 此皆用人之術이라 故로 曰 謹其所與也라하니라

재물로써 부유하게 해도 범하지 않는 것은 仁이니, 仁은 天理의 공정함을 보존하므로 부유해도 범하지 않는 것이다.

관작으로써 귀하게 해도 교만하지 않는 것은 義이니, 義는 마음에 제재가 있어서 일을 처리함에 마땅함을 얻으므로 貴해도 교만하지 않는 것이다.

重任을 맡겨도 마음이 바뀌지 않는 것은 忠이니, 忠은 마음을 다하여 군주를 섬기므로 임무를 맡겨도 바뀌지 않는 것이다.

일을 시켜 시행하는 바가 있게 해도 숨김이 없는 것은 信이니, 信은 모든 일을 성

실히 하므로 일을 시켜도 숨기지 않는 것이다.

험난함으로써 위태롭게 해도 두려워하지 않는 것은 勇이니, 勇은 전진함에 용감하므로 위태롭게 해도 두려워하지 않는 것이다.

사변으로써 물어도 궁하거나 위축되지 않는 것은 計謀이니, 計謀는 계책하여 헤아리기를 잘하기 때문에 사변으로 물어도 궁하지 않는 것이다. 이는 모두 사람을 등용하는 방법이다. 그러므로 "더부는 바를 삼간다." 한 것이다.

人君이 **無以三寶借人**이니 **借人**이면 **則君失其威**니이다

군주[illegible] 세 가지 보배를 남에게 빌려주지 말아야 하니, 남에게 빌려주면 군주가 그 [illegible] 잃게 됩니다."

[illegible] 無以三寶假借與人이니 以三寶借人이면 則君國者 失其威矣라

군주는 세 가지 보배를 남에게 빌려주지 말아야 하니, 세 가지 보배를 남에게 빌려주면 나라에서 군주 노릇을 하는 자가 그 권위를 잃게 된다.

文王曰 敢問三寶하노라 **太公曰 大農, 大工, 大商**을 **謂之三寶**니 **農一其鄕則穀足**하고 **工一其鄕則器足**하고 **商一其鄕則貨足**하니이다 **三寶各安其處**라야 **民乃不慮**하리니 **無亂其鄕**하며 **無亂其族**이니이다

文王이 물었다.

"감히 세 가지 보배에 대해서 묻노라."

太公이 대답하였다.

"큰 農夫와 큰 工人과 큰 商人을 세 가지 보배라 이르니, 농부가 그 고장을 떠나지 않고 한곳에서 오래 농사를 지으면 穀食이 풍족하고, 공인이 그 고장을 떠나지 않고 한곳에서 오래 器物을 만들면 기물이 풍족하고, 상인이 그 고장을 떠나지 않고 한곳에서 오래 장사하면 財貨가 풍족합니다. 세 가지 보배가 각각 그 처소를 편안히 여겨야 백성들이 우려하지 않을 것이니, 그 고장에서 어지럽게 살지 말게 하며 그 집안에서 어지럽게 모이지 말게 해야 합니다.

文王曰 敢問三寶는 如何오 太公對曰 大農, 大工, 大商을 謂之三寶니 爲農者一其鄕이면 則穀食足하고 爲工者一其鄕이면 則器用足하고 爲商者一其鄕이면 則貨財

足이니 三寶各安其所之라야 民乃無他慮라 農工商이 無使亂處其鄕하고 無使亂聚其族이라

文王이 물었다.

세 가지 보배는 어떠한 것인가?

太公이 대답하였다.

큰 農夫와 큰 工人과 큰 商人을 세 가지 보배라 이르니, 농사짓는 자(농부)가 그 고장을 떠나지 않고 한곳에서 오래 농사를 지으면 곡식이 풍족하고, 공인이 된 자가 그 고장을 떠나지 않고 한곳에서 오래 기물을 만들면 器用이 풍족하고, 장사꾼이 된 자가 그 고장을 떠나지 않고 한곳에서 오래 장사하면 재화가 풍족하니, 세 가지 보배가 각각 그 처소를 편안히 여겨야 백성들에게 딴 우려가 없는 것이다. 農夫와 工人과 商人들이 그 고장에서 어지럽게 살지 말게 하며 그 집안에서 어지럽게 모이지 말게 해야 한다.

臣無富於君하며 都無大於國이니 六守長이면 則君昌하고 三寶全이면 則國安이니이다

신하는 군주보다 더 부유하지 말고 都(지방의 도시)는 國邑(도성)보다 더 크지 말아야 하니, 여섯 가지 지킴이 잘되면 군주가 창성하고, 세 가지 보배가 온전하면 나라가 편안합니다."

臣無使富於君하고 都無使大於國邑이니 有先君之廟曰都요 人君所居曰國이라 若六守長이면 則君乃昌盛하고 三寶全이면 則國乃安寧이라

신하는 군주보다 더 부유하게 되지 말고 都는 國邑보다 크게 하지 말아야 하니, 先君의 사당이 있는 고을을 都라 하고 군주가 거주하는 곳을 國邑이라 한다. 만약 여섯 가지 지킴이 잘되면 군주가 마침내 창성하고, 세 가지 보배가 온전하면 나라가 마침내 안락한 것이다.

守土 第七 제7편 國土의 수비

守土者는 保守吾國之土疆也니 文王問守土故로 取以名篇하니라

守土란 내 나라의 강토를 보전하여 지키는 것이니, 文王이 강토를 지키는 것을 물었으므로, 이를 취하여 篇名으로 삼은 것이다.

文王이 **問太公曰 守土奈何**오 **太公曰 無疏其親**하며 **無怠其衆**하며 **撫其左右**하며 **御其四旁**[1)]이니이다

1) 旁 : 方과 같다.

文王이 太公에게 물었다.
"疆土를 지키려면 어찌해야 하는가?"
太公이 대답하였다.
"친척을 소원히 하지 말며, 무리(백성)를 소홀히 하지 말며, 좌우에 있는 신하를 어루만지며, 四方을 통제해야 합니다.

文王이 問太公曰 守吾國之境土를 奈何오 太公對曰 無疏遠其九族[1)]之親하며 無怠慢其天下之衆하며 撫綏其左右之人하며 控御其四方之士라

1) 九族 : 高祖 이하 高孫까지 9대에 걸친 모든 親戚을 가리킨다.

文王이 太公에게 물었다.
내 나라의 강토를 지키려면 어찌해야 하는가?
太公이 대답하였다.
九族의 친척을 소원히 하지 말며, 천하의 무리를 소홀히 하지 말며, 좌우에 있는 사람(신하)을 어루만지고 편안히 하며, 사방에 나가 있는 병사들을 통제하여야 한다.

無借人國柄이니 **借人國柄**이면 **則失其權**이요 **無掘壑而附丘**하며 **無舍本而治末**하며 **日中必彗**(혜)하며 **操刀必割**하며 **執斧必伐**이니 **日中不彗**면 **是謂失時**요 **操刀不割**이면 **失利之期**요 **執斧不伐**이면 **賊人將來**니이다 **涓**(연)**涓不塞**이면 **將爲江河**요 **熒熒不救**면 **炎炎奈何**오 **兩葉不去**면 **將用斧柯**니이다

남에게 나라의 권력을 빌려주지 말아야 하니 남에게 나라의 권력을 빌려주면 권위를 잃게 됩니다. 골짝을 파서 언덕에 붙이지 말고, 근본을 버리고 말단을 다스리지 말며, 해가 중천에 있거든 반드시 물건을 말리고, 칼을 잡았으면(뽑았으

면) 반드시 베고, 도끼를 잡았으면 반드시 쳐야 합니다.

해가 중천에 있을 때에 말리지 않으면 이것을 일러 때를 잃었다 하고, 칼을 잡고도 베지 않으면 이로운 시기를 잃고, 도끼를 잡고도 치지 않으면 해치는 사람이 장차 옵니다. 졸졸 흐르는 물을 막지 않으면 장차 江河가 될 것이고, 불씨가 반짝거릴 때 끄지 않으면 불타오르는 것을 어찌 막을 수 있겠으며, 두 잎일 때 제거하지 않으면 장차 도끼 자루를 사용하게 될 것입니다.

無假借人以國柄이니 國柄은 卽政柄也니 借人國柄이면 則失其威權이라 無掘壑而附丘니 壑은 深谷也요 丘는 大阜也라 壑已深矣어늘 而又掘之하고 丘已高矣어늘 而又附之는 如有權寵者而又以權寵與之니 後則不可制也라 無舍本而治末이니 中國은 本也요 四夷[1]는 末也며 農桑은 本也요 技巧는 末也[2]라 不治中國而治四夷면 則內虛矣요 不務農桑而務技巧면 則無儲矣라 日至中天이면 必熾熱而彗니 彗는 暴乾也라 操刀者는 必欲其割이요 執斧者는 必欲其伐이라 日至中天而不彗면 是謂失時矣요 操刀而不能割이면 則失便利之期矣요 執斧而不能伐이면 賊人將來害之矣라 涓涓之水를 不能窒塞이면 後來에 將爲江河而不可制矣니 涓涓은 水流貌라 熒熒之火를 不能救止면 後來에 將成炎炎之勢하여 而無可奈何矣리니 熒熒은 火光也라 兩葉初生而不能除去면 後來에 將用執斧柯而伐之矣리라 皆言其時之不可失이요 而事之不可不早圖也라

1) 四夷 : 사방 오랑캐란 뜻으로 東夷·西戎·南蠻·北狄을 이른다.
2) 農桑本也 技巧末也 : 技巧는 工人이 솜씨가 좋아 물건을 잘 만드는 것을 이른다. 옛날에는 '農者天下之大本'이라 하여 農業을 本業으로 보아 우대하고 商工業을 末業으로 보아 천시하였다.

남에게 나라의 정권〔國柄〕을 빌려주지 말아야 한다. 國柄은 바로 政柄(정치 권력)이니, 남에게 나라의 권력을 빌려주면 그 권위를 잃는다.

골짝을 파서 언덕에 붙이지 말아야 한다. 壑은 깊은 골짜기요, 丘는 큰 언덕이다. 골짝이 이미 깊은데도 또다시 파고 언덕이 이미 높은데도 또다시 붙이는 것은 권력과 총애를 소유하고 있는 자에게 또다시 권력과 총애를 주는 것과 같으니, 이렇게 되면 뒤에는 제재할 수가 없다.

근본을 버리고 말단을 다스리지 말아야 한다. 中國은 근본이고 四夷는 末(말단)이며, 농사짓고 누에 치는 것은 근본이고 기교 있는 솜씨는 末이다. 中國을 다스리지 않

고 사방 오랑캐를 다스리면 안이 비게 되고, 농사짓고 누에 치는 것에 힘쓰지 않고 기교에 힘쓰면 저축이 없게 된다.

해가 중천에 있으면 반드시 뜨거우므로 이때 물건을 말려야 한다. 彗는 햇볕에 말리는 것이다. 칼을 잡은 자는 반드시 베고자 하고, 도끼를 잡은 자는 반드시 치고자 한다. 해가 중천에 이르렀는데도 물건을 말리지 않으면 이것을 일러 때를 잃었다 하고, 칼을 잡고도 능히 베지 못하면 편리한 기회를 잃고, 도끼를 잡고도 치지 못하면 해치는 사람이 장차 와서 나를 해칠 것이다.

졸졸 흐르는 물을 막지 못하면 뒤에 장차 江河가 되어서 제재하지 못할 것이다. 涓涓은 물이 졸졸 흐르는 모양이다. 반짝이는 불씨를 끄지 못하면 뒤에 장차 불타오르는 기세를 이루어서 어쩔 수가 없을 것이다. 熒熒은 불빛이다. 두 잎이 처음 났을 때 제거하지 못하면 뒤에 장차 도끼 자루를 잡고서 치게 될 것이다.

이는 모두 제때를 잃어서는 안 되고 일을 일찍 도모하지 않으면 안 됨을 말한 것이다.

是故로 人君이 必從事於富니 不富면 無以爲仁이요 不施면 無以合親이니 疏其親則害하고 失其衆則敗라 無借人利器니 借人利器면 則爲人所害하여 而不終於世니이다

이 때문에 군주는 반드시 백성을 부유하게 하는 데 힘써야 하니, 부유하지 않으면 仁을 행할 수 없습니다. 은혜를 베풀지 않으면 친척을 모을 수 없으니, 친척을 소원히 하면 해롭고 무리(백성)를 잃으면 실패합니다. 남에게 利器(권력)를 빌려주지 말아야 하니, 남에게 利器를 빌려주면 남에게 해를 당하여 세상을 잘 끝마치지 못합니다."

是故로 爲人君者 必欲從事於富니 若不富면 則無以爲仁이라 富者는 非止於富國이요 在於富民也니 民富則爲仁矣니 所謂禮義生於富足[1)]이 是也라 孔子適衛할새 答冉有之問에 亦曰富之而後教之[2)]라하시니 若民貧이면 則救死不贍이어니 奚暇治禮義哉리오 人君不施與면 則無以合九族之親이니 疏其九族之親이면 則國有害요 失其天下之衆이면 則國必敗라 無假借人以利器니 假借人以利器면 則爲人所害하여 而不令終於世니 所謂倒持太阿하여 授人以柄者也[3)]라 喩人君不可以權假人이니 以權假人이면 反爲人所害라 如主父見囚於李兌[4)]하고 胡亥見殺於趙高[5)]之類 是也라

1) 所謂禮義生於富足 : 백성들의 生活이 부유하고 풍족해야만 禮義를 알아 행할 수 있음을 말한 것이다.

2) 孔子適衛……亦曰富之而後教之 : ≪論語≫ 〈子路〉에 "孔子께서 衛나라에 가실 때에 冉有가 수레를 몰았는데, 孔子께서 '백성들이 많구나.' 하셨다. 冉有가 '이미 백성들이 많으면 또 무엇을 더하여야 합니까?' 하고 묻자, '부유하게 하여야 한다.' 하셨다. '이미 부유해지면 또 무엇을 더하여야 합니까?' 하고 묻자, '가르쳐야 한다.' 하셨다.〔子適衛 冉有僕 子曰 庶矣哉 冉有曰 旣庶矣 又何加焉 曰 富之 曰 旣富矣 又何加焉 曰 教之〕"라고 한 내용을 가리킨 것이다.

3) 所謂倒持太阿 授人以柄者也 : 太阿는 名劍의 이름으로 '泰阿'라고도 표기한다. ≪漢書≫ 〈梅福傳〉에 "秦나라는 泰阿를 거꾸로 잡아 그 자루를 楚나라에 주었다.〔倒持泰阿 授楚其柄〕"라고 하였는데, 그 註에 "泰阿는 劍의 이름이니, 春秋時代 越나라의 名匠인 歐冶가 주조한 것이다. 이는 秦나라가 無道하여 楚나라의 陳涉과 項羽로 하여금 틈을 타고 봉기하게 하였으니, 이는 劍을 거꾸로 잡아 그 자루를 남에게 주었음을 비유한 것이다." 하였다.

4) 主父見囚於李兌 : 主父는 戰國時代 趙 武靈王이 아들인 惠文王에게 讓位한 뒤의 칭호이다. 武靈王은 肅侯의 아들인데, 태자인 章을 버리고 王子 何를 임금으로 세우고서 자기는 主父라고 호칭하였다. 그 후 태자의 난이 일어나자 趙나라 大臣인 李兌가 沙丘에서 그를 포위하여 마침내 沙宮에서 굶어 죽었다. 沙宮은 지금 趙郡의 鍾臺 남쪽에 있었다. ≪史記 권43 趙世家≫, ≪史記 권79 范雎蔡澤列傳≫

5) 胡亥見殺於趙高 : 胡亥는 秦 始皇帝의 작은아들인 二世皇帝이다. 長子 扶蘇가 直諫을 하다가 始皇帝의 노여움을 사고 북쪽으로 가서 蒙恬의 군대를 감독하고 있었다. 始皇帝가 동쪽 지방을 순행하다가 갑자기 병이 나서 위독하므로 급히 扶蘇를 불러 자신의 뒤를 잇게 하였는데, 始皇帝가 급히 서거하자 胡亥의 사부로 있던 趙高가 농간하여 李斯와 함께 扶蘇를 살해하고 胡亥를 세웠다. 그 후 趙高는 李斯를 제거하고 폭정을 일삼다가 사방에서 반란이 일어나자, 二世皇帝가 자신의 실책을 물을까 두려워한 나머지 二世皇帝를 시해하고 子嬰을 王으로 세웠다. 그러나 趙高는 子嬰에게 처형당하고, 子嬰은 즉위한 지 56일 만에 劉邦에게 항복하여, 秦나라는 끝내 멸망하였다.

이 때문에 군주가 된 자는 반드시 부유하게 하는 데 힘써야 하니, 부유하지 않으면 仁을 행할 수가 없는 것이다. 富라는 것은 나라를 부유하게 함에 그치지 않고 백성을 부유하게 함에 있는 것이니, 백성이 부유하면 仁을 행하게 된다. 이른바 '禮義는 부유하고 풍족함에서 생긴다.'는 것이 이것이다.

孔子가 衛나라에 가실 적에 冉有의 질문에 대답하시기를 "부유하게 한 뒤에 가르친다." 하셨다. 만약 백성들이 가난하면 죽음을 구제하기에도 부족하니, 어느 겨를에 禮

義를 챙기겠는가?

군주가 은혜를 베풀지 않으면 九族의 친척을 모을 수 없으니, 九族의 친척을 소원히 하면 나라에 해가 있고, 天下의 무리를 잃으면 나라가 반드시 패망한다. 남에게 利器를 빌려주지 말아야 하니, 남에게 利器를 빌려주면 남에게 해를 당하여 세상을 잘 끝마치지 못한다. 이것은 이른바 '太阿를 거꾸로 잡아서 남에게 칼자루를 준다.'는 것이다.

군주가 권력을 남에게 빌려주어서는 안 되니, 권력을 남에게 빌려주면 도리어 남에게 살해당함을 비유한 것이다. 主父가 李兌에게 포위를 당하고 胡亥가 趙高에게 살해를 당한 것과 같은 것이 이것이다.

文王曰 何謂仁義오 **太公曰 敬其衆**하며 **合其親**이니 **敬其衆則和**하고 **合其親則喜**니 **是謂仁義之紀**니이다

文王이 물었다.
"무엇을 仁과 義라 하는가?"
太公이 대답하였다.
"무리를 공경하고 친족을 모으는 것이니, 무리를 공경하면 和하고 친족을 모으면 기뻐하니, 이것을 '仁義의 紀綱'이라 합니다.

文王問曰 何謂仁義오 **太公答曰 敬其衆而不怠**하고 **合其親而不疏**라 **敬其衆**이면 **則一國和**하고 **合其親**이면 **則九族喜**니 **此所謂仁義之紀**라 **仁主於愛**하고 **義主於宜**라 **故**로 **以敬其衆, 合其親言**하니 **皆仁義之用**이요 **非仁義之體也**라

文王이 물었다.
무엇을 仁과 義라 하는가?
太公이 대답하였다.
무리를 공경하여 소홀히 하지 않고 친족을 모아 소원히 하지 않는 것이다. 무리를 공경하면 온 나라가 和合하고 친족을 모으면 九族이 기뻐하니, 이것이 이른바 '仁義의 紀綱'이란 것이다.

仁은 사랑을 주장하고 義는 마땅함을 주장하므로 무리를 공경하고 친족을 모으는 것으로 말하였으니, 이는 모두 仁義의 用이요, 仁義의 本體는 아니다.

無使人奪汝威니 **因其明**하고 **順其常**하여 **順者**는 **任之以德**하고 **逆者**는 **絶之以力**하여 **敬之勿疑**하면 **天下和服**하리이다

남으로 하여금 그대(군주)의 權威를 빼앗지 못하게 하여야 하니, 人心의 밝음을 따르고 天道의 떳떳함을 순히 하여, 순종하는 자는 德으로써 맡기고 거스르는 자는 힘으로써 끊어서, 공경하고 의심하지 않으면 天下가 화합하고 복종할 것입니다."

無使人侵奪汝威니 威는 卽權也라 首曰無借人國柄이라하고 中曰無借人利器라하고 此曰無使人奪汝威라하니 甚言其權之不可失也라 主權一失이면 則如三家之於魯와 六卿之於晉[1)]矣니 此太公所以拳拳而致誡也라 因其人心之明하고 順其天道之常하여 順者는 任之以德이니 如小邦懷其德[2)]이 是也라 逆者는 絶之以力이니 如伐崇而是絶是忽[3)]이 是也라 人君能敬其事而無疑면 則天下之人心和服矣리라 孔子論道千乘之國에 而首曰敬[4)]하시니 亦此意也라

1) 三家之於魯 六卿之於晉 : 三家는 春秋時代 魯나라의 權臣인 孟孫氏(仲孫氏)・叔孫氏・季孫氏를 이른다. 이들은 모두 桓公의 후손이므로 三桓이라고도 칭하였는데, 대대로 國政을 독단하여 魯나라의 公室은 유명무실하였다.

六卿은 晉나라의 魏氏・趙氏・韓氏・范氏・中行氏・智氏이다. 이들은 대대로 六卿을 맡아 權力을 나누어 가졌는데, 范氏・中行氏・智氏는 차례로 멸망하고, 魏氏・趙氏・韓氏가 晉나라를 나누어 소유하다가 周 威烈王 23년(B.C. 403) 魏斯와 趙籍・韓虔을 제후로 삼으니, 이들은 氏를 國號로 삼아 魏・趙・韓의 三國이 되고 '三晉'이라 칭하였다.

2) 小邦懷其德 : ≪書經≫ 〈周書 武成〉에 文王의 德을 칭송하여 "큰 나라는 그 힘을 두려워하고 작은 나라는 그 德을 그리워한 지가 9년이었다.〔大邦畏其力 小邦懷其德 惟九年〕"라고 보인다.

3) 伐崇而是絶是忽 : 崇은 나라 이름으로 ≪史記≫ 권4 〈周本紀〉에 "崇侯 虎가 西伯(文王)을 紂王에게 참소했다." 하였다.

≪詩經≫ 〈大雅 皇矣〉에 "臨衝이 느릿느릿 움직이니 崇나라 城이 높고도 크도다. 신문할 자를 계속하여 잡아오며 귀를 베어 바치기를 천천히 하도다. 이에 類제사를 지내고 禡제사를 지내어 이에 오게 하며 따르게 하시니, 四方에서 업신여기는 이가 없도다. 臨車가 단단하고 크니 崇나라 성이 견고하도다. 이에 정벌하고 이에 군대를 풀어놓으며 이에 끊고 이에 멸망시키시니, 사방에서 어기는 이가 없도다.〔臨衝閑閑 崇墉

言言 執訊連連 攸馘安安 是類是禡 是致是附 四方以無侮 臨衝茀茀 崇墉仡仡 是伐是肆 是絶是忽 四方以無拂〕" 하였다. 이는 文王이 崇나라를 정벌하면서 급히 서두르지 않고 서서히 공격하였으나 천하에 업신여기거나 어기는 자가 없음을 말한 것이다.

4) 道千乘之國 而首曰敬 : 千乘은 兵車 1천 대로, 큰 제후국을 이른다. ≪論語≫ 〈學而〉에 "千乘의 나라를 다스리되 일을 공경하고 미덥게 하며, 재물 쓰기를 절도 있게 하고 사람을 사랑하며, 백성 부리기를 제때(농한기)에 하여야 한다.〔子曰 道千乘之國 敬事而信 節用而愛人 使民以時〕"라고 한 孔子의 말씀이 보이는데, '敬事'가 맨 앞에 있으므로 이렇게 말한 것이다.

남으로 하여금 군주의 權威를 빼앗지 말게 하여야 하니, 威는 바로 權威이다.

처음에는 "남에게 나라의 권력을 빌려주지 말라." 하였고, 중간에는 "남에게 利器를 빌려주지 말라." 하였고, 여기서는 "남으로 하여금 군주의 權威를 빼앗지 못하게 하라." 하였으니, 권력을 잃어서는 안 됨을 극진히 말한 것이다. 군주가 권력을 한번 잃으면 三家가 魯나라에 있어서와, 六卿이 晉나라에 있어서와 같게 되니, 이 때문에 太公이 간곡하고도 극진하게 경계한 것이다.

人心의 밝음을 따르고 天道의 떳떳함을 순히 하여, 순종하는 자는 德으로써 맡기니, 작은 나라가 그 德을 사모하는 것과 같은 것이 이것이다. 거스르는 자는 힘으로써 끊으니, 文王이 崇나라를 정벌하여 끊고 멸한 것과 같은 것이 이것이다.

군주가 능히 그 일을 공경하고 의심함이 없으면 天下의 인심이 화합하고 복종할 것이다. 孔子가 千乘의 나라 다스림을 논하면서 첫 번째로 敬을 말씀하셨으니, 또한 이 뜻이다.

守國 第八　제8편 國家의 수호

守國은 保守國家之道也니 文王問守國故로 取以名篇하니라

守國은 국가를 지키는 방도이니, 文王이 나라를 지키는 방도를 물었으므로, 이를 취하여 篇名으로 삼은 것이다.

文王이 問太公曰 守國을 奈何오 太公曰 齊(재)[1]하소서 將語君天地之經과 四時所生과 仁聖之道와 民機之情호리이다

1) 齊(재) : 齋와 같다.

文王이 太公에게 물었다.

"군주가 나라를 지키려면 어떻게 해야 하는가?"

太公이 대답하였다.

"목욕재계하소서. 장차 임금님께 天地의 떳떳한 이치와 四時의 낳는 바와 仁聖의 道와 백성의 기틀의 情을 말씀드리겠습니다."

文王이 問太公曰 人君保守國家를 其道奈何오 太公對曰 君今齋하소서 將告君以天地經常之理와 四時之所生과 及仁聖隱見(현)之道와 民機發動之情이라

文王이 太公에게 물었다.

군주가 국가를 보전하여 지키려면 그 방법을 어떻게 해야 하는가?

太公이 대답하였다.

임금께서는 이제 목욕재계하라. 신이 장차 군주에게 天地의 떳떳한 이치와 四時의 생성하는 것과 仁聖의 숨고 드러나는 방도와 백성의 기틀이 발동하는 情을 아뢰겠다.

王이 齋七日하시고 北面再拜而問之하신대 太公曰 天生四時하고 地生萬物하고 天下有民을 聖人牧之니이다

文王이 7일 동안 재계하고 북향하여 재배하고 묻자, 太公이 대답하였다.

"하늘은 四時를 낳고, 땅은 萬物을 낳고, 天下의 백성을 聖人이 맡아 기릅니다.

文王乃齋七日하고 北面再拜太公而問之라 太公曰 天生四時以成歲하고 地生萬物以養人하고 天下有民을 聖人爲君而司牧之라

文王이 마침내 7일 동안 재계하고 북향하여 太公에게 재배하고 물으니, 太公이 대답하였다.

하늘은 四時를 낳아서 한 해를 이루고, 땅은 萬物을 낳아서 사람을 기르고, 聖人은 군주가 되어서 天下의 백성을 맡아 기른다.

故로 春道는 生하여 萬物榮하고 夏道는 長하여 萬物成하고 秋道는 斂하여 萬物盈하고 冬道는 藏하여 萬物靜하나니 盈則藏하고 藏則復起하여 莫知所終하며 莫知所始라

聖人이 配之하사 以爲天地經紀하시니이다

그러므로 봄의 道는 낳아서 만물이 영화롭고, 여름의 道는 자라게 하여 만물이 이루어지고, 가을의 道는 거두어서 만물이 가득 차고, 겨울의 道는 감추어서 만물이 고요한 것이니, 가득하면 감추고 감추면 다시 일어나서, 끝날 바를 알지 못하고 시작할 바를 알지 못합니다. 聖人이 여기에 배합하여 天地의 經紀(經緯와 紀綱)로 삼습니다.

故로 春道는 主生하여 萬物得以榮하고 夏道는 主長하여 萬物得以成하고 秋道는 主斂하여 萬物得以盈하고 冬道는 主藏하여 萬物得以靜이라 萬物盈則藏하고 藏則復起而生하나니 衆人은 莫知其所以終하고 莫知其所以始라 聖人配之하여 以爲天地之經하고 以爲天地之紀라 經은 謂經緯니 縱者爲經이요 橫者爲緯[1)]며 紀는 謂綱紀니 大者曰綱이요 小者曰紀라

1) 經謂經緯……橫者爲緯 : 옛날 베나 비단을 짤 때에 실을 바디에 넣어서 만든 날줄을 經이라 하고 북으로 짜는 씨줄을 緯라 하므로, 세로를 經이라 하고 가로를 緯라 한 것이다. 經은 한번 정하면 바꿀 수 없으므로 經常, 즉 不變의 뜻이 있고, 緯는 촘촘하게(치밀하게) 짤 수도 있고 성기게 짤 수도 있어 可變의 뜻이 있다.

그러므로 봄의 道는 낳는 것을 주장하여 만물이 영화롭고, 여름의 道는 자라는 것을 주장하여 만물이 이루어지고, 가을의 道는 수렴함(거둠)을 주장하여 만물이 가득 차고, 겨울의 道는 감추는 것을 주장하여 만물이 고요하다. 만물이 가득하면 감추고 감추면 다시 일어나 생겨나니, 보통 사람들은 끝나는 바를 알지 못하고 시작하는 바를 알지 못한다. 聖人이 여기에 배합하여 이를 天地의 經緯로 삼고, 이를 天地의 紀綱으로 삼는다.

經은 經緯를 이르니 세로를 經이라 하고 가로를 緯라 하며, 紀는 綱紀를 이르니 큰 것을 綱이라 하고 작은 것을 紀라 한다.

故로 天下治면 仁聖藏하고 天下亂이면 仁聖昌하나니 至道其然也니이다

그러므로 天下가 잘 다스려지면 미천한 仁者와 聖者가 모습을 감추고, 天下가 혼란하면 미천한 仁者와 聖者가 창성해지니, 지극한 道가 그러합니다.

故로 天下治면 仁聖之在側微者 皆隱藏而不見하고 天下亂이면 仁聖之士皆出하여

撥亂世而反之治하니 至道其如此也라 如夏亂而伊尹出하고 殷亂而太公出[1)]하니 是所謂天下亂而仁聖昌也라

1) 夏亂而伊尹出 殷亂而太公出 : 夏의 桀王이 포악한 정치를 자행하자 伊尹이 나와 商의 湯王을 보좌해서 새로운 왕조를 만들었고, 殷의 紂王이 포악한 정치를 자행하자 姜太公이 나와 周의 文王과 武王을 보좌해서 새로운 왕조를 만들었으므로 이렇게 말한 것이다.

그러므로 天下가 잘 다스려지면 仁者와 聖人으로서 미천한 지위에 있는 자가 모두 숨어서 나타나지 않고, 天下가 혼란하면 어질고 성스러운 人士가 모두 나와서 亂世를 바로잡아 治世로 돌이키니, 지극한 道가 이와 같은 것이다.

예컨대, 夏나라가 혼란함에 伊尹이 나오고 殷나라가 혼란함에 太公이 나온 것과 같으니, 이것이 이른바 '天下가 혼란하면 미천한 仁者와 聖者가 창성한다.'는 것이다.

聖人之在天地間也는 其寶固大矣라 因其常而視之면 則民安이니 夫民動而爲機하고 機動而得失爭矣니이다

聖人이 天地의 사이에 있음은 그 보배로 여김이 진실로 소중합니다. 떳떳한 道를 인하여 살펴보면 백성이 편안해지니, 백성들이 動하면 기틀이 되고, 기틀이 발동하면 得失이 있어 다투게 됩니다.

聖人之在天地間也는 其所寶者 固大矣니 因其恒常之道而視之면 則民安이라 上言所寶하고 下言安民하니 民은 其國家之寶乎인저 夫民動而爲機하고 機一動而有得失이면 則爭矣라

聖人이 天地의 사이에 있음은 그 보배로 여기는 것이 진실로 소중하니, 떳떳한 道를 인하여 살펴보면 백성이 편안한 것이다.

위에서는 보배로 여기는 것을 말하였고, 아래에서는 백성을 편안히 함을 말하였으니, 백성은 바로 국가의 보배인 것이다.

백성들이 動하면 기틀이 되고, 기틀이 한번 동하여 得失이 있으면 다투게 되는 것이다.

故로 發之以其陰하며 會之以其陽하여 爲之先唱이면 而天下和之니이다 極反其常이니 莫進而爭하고 莫退而遜하나니 守國如此면 與天地同光하리이다

그러므로 陰으로써 發하고 陽으로써 모아서, 先唱을 하면 天下가 화합하는 것입니다. 너무 지극하면 常道를 위반하니, 나가서 다투지도 않고 지나치게 물러나서 양보만 하지도 않습니다. 나라를 지키기를 이와 같이 하면 天地와 더불어 광채를 함께합니다."

陰은 兵刑也요 陽은 德澤也니 陰慘而陽舒하고 陰殺而陽生이라 民機動而爭故로 發之以陰하고 會之以陽하니 謂刑以伐之하고 德以合之也라 聖人爲之先唱에 而天下從而和之라 凡物極則反其常이라 故로 莫進而與之爭하고 莫退而與之遜하여 務得其中和之道하니 守國을 若能如此면 則與天地同光矣라

陰은 兵과 刑罰이요 陽은 德澤이니, 陰은 참혹하고 陽은 편안하며, 陰은 죽이고 陽은 살린다. 백성의 기틀이 움직이면 다투므로 陰으로써 발동하고 陽으로써 모으니, 형벌로써 정벌하고 덕으로써 모음을 말한 것이다.

聖人이 先唱을 하면 天下 사람들이 따라 화답한다. 모든 사물은 너무 지극하면 常道를 위반하게 된다. 그러므로 〈聖人은〉 나아가서 다투지도 않고 물러나서 양보만 하지도 않아서, 되도록 힘써 그 中和의 道를 얻는 것이니, 나라 지키기를 만약 이와 같이 하면 天地와 더불어 그 빛남을 함께할 수 있을 것이다.

上賢 第九 제9편 賢者에 대한 존중

上賢者는 以賢者爲上하고 以不肖者爲下也라 以書內有上賢二字故로 取以名篇하니라

上賢이란 賢者를 上으로 삼고 不肖한 자를 下로 삼는 것이다. 글 안에 '上賢' 두 글자가 있으므로, 이를 취하여 篇名으로 삼은 것이다.

文王이 問太公曰 王人者 何上何下하며 何取何去하며 何禁何止오

文王이 太公에게 물었다.

"人民의 王이 된 자는 누구를 上으로 삼고 누구를 下로 삼으며, 무엇을 취하고 무엇을 버리며, 무엇을 금하고 무엇을 그치게 하여야 하는가?"

文王이 問太公曰 王人者 以何者爲上하고 何者爲下하며 何所取하고 何所去하며 何所禁하고 何所止오

文王이 太公에게 물었다.
人民의 王이 된 자는 어떤 사람을 上으로 삼고 어떤 사람을 下로 삼으며, 무엇을 취하고 무엇을 버리며, 무엇을 금하고 무엇을 그치게 하여야 하는가?

太公曰 上賢, 下不肖하며 取誠信, 去詐僞하며 禁暴亂, 止奢侈라 故로 王人者 有六賊七害하니이다

太公이 대답하였다.
"賢者를 上으로 삼고 不肖한 자를 下로 삼으며, 忠誠스럽고 信實한 선비를 취하고, 속이고 거짓을 행하는 자를 버리며, 포악함과 혼란한 단서를 금하고 사치한 마음을 그치게 해야 합니다. 그러므로 인민의 王이 된 자에게는 여섯 가지 해침〔六賊〕과 일곱 가지 폐해〔七害〕가 있습니다."

太公對曰 以賢爲上하고 不肖爲下하며 取誠信之士하고 去詐僞之人하며 禁暴亂之端하고 止奢侈之心이라 故로 王人者有六賊七害하니 不可不知也라

太公이 대답하였다.
賢者를 上으로 삼고 不肖한 자를 下로 삼으며, 忠誠스럽고 信實한 선비를 취하고, 속이고 거짓을 행하는 사람을 버리며, 포악하고 혼란한 단서를 금하고 사치한 마음을 그치게 해야 한다. 그러므로 인민의 王이 된 자에게는 六賊과 七害가 있으니, 알지 않으면 안 된다.

文王曰 願聞其道하노라 太公曰 夫六賊者는 一曰 臣有大作宮室池榭하여 遊觀倡樂者면 傷王之德이니이다

文王이 말씀하였다.
"그 방도를 듣기 원하노라."
太公이 대답하였다.
"六賊이라는 것은, 첫째, 신하 중에 궁실과 연못과 누대를 크게 만들어 놓고 구

경하고 노래하며 즐기는 자가 있으면 王의 德을 손상시킵니다.

文王曰 願聞其道如何오 太公曰 夫所謂六賊者는 其一曰 臣下有大作宮室池榭하여 以遊觀倡樂者면 則傷王之德이라

文王이 말씀하였다.
그 방도가 어떠한 것인가 듣기를 원하노라.
太公이 대답하였다.
이른바 '六賊'이라는 것은, 첫 번째, 신하 중에 궁실과 연못과 누대를 크게 지어서 놀고 구경하고 노래하며 즐기는 자가 있으면 王의 덕을 손상시킨다.

二曰 民有不事農桑하고 任氣游俠[1)]하여 犯歷法禁하고 不從吏教者면 傷王之化니이다

1) 任氣游俠 : 任氣는 意氣에 맡겨 마음대로 행동하는 것이고 游俠은 돌아다니며 豪俠함을 이른다. ≪史記≫ 〈游俠傳〉에 "荀悅은 '기개를 세우고 위엄과 복을 만들며 사사로운 친교를 맺어 세상에 강함을 세우는 자를 游俠이라 한다.〔立氣齊 作威福 結私交 以立彊於世者 謂之游俠〕'라고 했다." 하였다. 위엄과 복을 만든다는 것은 남에게 위협을 가하여 禍害를 내리고 남을 도와주어 잘살게 함을 이른다.

두 번째, 백성 중에 농사짓고 누에 치는 것을 일삼지 않고, 意氣에 맡겨 游俠을 해서 법과 금령을 범하고 관리들의 가르침을 따르지 않는 자가 있으면, 王의 德化를 손상시킵니다.

次二曰 民有不事農桑之業하고 任氣游俠하여 犯歷國之法禁하고 不聽從吏教者면 則傷王之化라

다음 두 번째, 백성 중에 농사짓고 누에 치는 생업을 일삼지 않고, 意氣에 맡겨 마음대로 행동하고 游俠해서 나라의 법과 금령을 범하고 관리들의 가르침을 따르지 않는 자가 있으면, 왕의 德化를 손상시킨다.

三曰 臣有結朋黨[1)]하여 蔽賢智하고 障主明者면 傷王之權이니이다

1) 朋黨 : 자기들끼리 편당을 지어 국가의 이익을 돌보지 않고 오직 자기들의 집단만 생각하는 행위를 이른다. 그러나 朋黨은 군주가 가장 싫어하는 것이므로 小人들이 君子의 집단

을 모함할 때에도 朋黨이란 말을 빌려 士類들을 일망타진하였으니, 後漢 말기 宦官들이 李膺・陳蕃・范滂 등의 名士들을 朋黨한다고 모함하여 금고시켰고, 北宋 元祐 연간에는 章惇・呂惠卿 등이 司馬光과 程頤와 蘇軾 등을 朋黨한다고 모함하여 '元祐黨人'이라 하였다.

세 번째, 신하 중에 朋黨을 맺어서 어진 이와 지혜로운 이를 은폐하고 군주의 총명을 가리는 자가 있으면, 王의 權力을 손상시킵니다.

次三曰 臣有交結朋黨하여 壅蔽賢智하고 遮障主明者면 傷王之權이라

다음 세 번째, 신하 중에 서로 朋黨을 맺어서 어진 이와 지혜로운 이를 은폐하고 군주의 총명을 막고 가리는 자가 있으면, 王의 권력을 손상시킨다.

四曰 士有抗志高節로 以爲氣勢하며 外交諸侯하고 不重其主者면 傷王之威니이다

네 번째, 선비 중에 뜻을 고상히 하고 절개를 높이는 것을 氣勢로 삼으며, 밖으로 諸侯들과 교제하고 자기 군주를 소중히 여기지 않는 자가 있으면, 왕의 威嚴을 손상시킵니다.

次四曰 士有抗志不屈하고 自負高節하여 以爲氣勢하며 外則私與諸侯交結하고 不自重其主者면 則傷王之威라

다음 네 번째, 선비 중에 뜻을 고상히 하여 굽히지 않고 스스로 높은 절개를 자부하여 기세로 삼으며, 밖으로는 사사로이 諸侯들과 교제하고 자기 군주를 소중히 여기지 않는 자가 있으면, 王의 위엄을 손상시킨다.

五曰 臣有輕爵位, 賤有司하여 羞爲上犯難者면 傷功臣之勞니이다

다섯 번째, 신하 중에 爵位를 하찮게 여기고 有司(담당관)를 천하게 여겨서 윗사람을 위해 어려운 일을 하는 것을 부끄러워하는 자가 있으면, 功臣의 功勞를 손상시킵니다.

次五曰 臣有輕人君之爵位하고 賤有司之職任하여 恥與君上犯難而前者면 則傷功臣之勞라

다음 다섯 번째, 신하 중에 군주가 내린 爵位를 가볍게 여기고 有司의 직임을 비천

하게 여겨서 君上을 위해 어려운 일을 하여 앞으로 나서는 것을 부끄러워하는 자가 있으면, 功臣의 공로를 손상시킨다.

六曰 强宗侵奪하여 **陵侮貧弱**하면 **傷庶人之業**이니이다

여섯 번째, 강한 宗親이 서로 침략하고 빼앗아서 가난하고 약한 자를 능멸하고 업신여기면, 庶民들의 生業을 손상시킵니다.

次六曰 强大之宗이 相侵相奪하여 陵侮貧弱之民이면 則傷庶人之業이라

다음 여섯 번째, 강대한 宗親이 서로 침략하고 서로 빼앗아서 가난하고 약한 백성을 능멸하고 업신여기면, 서민들의 생업을 손상시킨다.

七害者는 **一曰 無智略權謀**어늘 **而重賞尊爵之**라 **故**로 **强勇輕戰**하여 **僥倖於外**어든 **王者謹勿使爲將**이니이다

七害라는 것은, 첫 번째, 智略과 權謀가 없는데도 그에게 중한(많은) 상을 내리고 높은 관작을 내리는 것입니다. 그러므로 강하고 용맹하여 가볍게 싸워서 밖에서 요행을 바라거든, 王者는 삼가 이런 사람을 장수로 삼지 말아야 합니다.

所謂七害者는 其一曰 無智略權謀之人而重之以賞하고 尊之以爵이라 故로 强勇輕戰者 皆僥倖於外하니 王者愼勿使此等之人爲將이라

이른바 '七害'란, 그 첫 번째는 지략과 권모가 없는 사람인데도 그에게 상을 많이 내리고 높은 관작을 내리는 것이다. 그러므로 강하고 용맹하여 가볍게 싸우는 자가 모두 밖에서 요행을 바라니, 王者는 삼가 이러한 사람을 장수로 삼지 말아야 한다.

二曰 有名無實하여 **出入異言**하며 **掩善揚惡**하며 **進退爲巧**어든 **王者謹勿與謀**니이다

두 번째, 虛名만 있고 실제가 없어서 나가고 들어옴에 괴이한 말을 하며, 남의 善을 가리고 남의 惡을 드날리며 나아가고 물러남에 교묘한 일을 하거든, 王者는 삼가 이러한 사람과 함께 모의하지 말아야 합니다.

次二曰 有虛名하고 無實行하여 出入에 造爲異言하며 掩人之善하고 揚人之惡하며

進退에 爲巧好之事니 王者愼勿與之同謀라

다음 두 번째, 虛名만 있고 실제의 행실이 없어서 나가고 들어옴에 괴이한 말을 만들어내며, 남의 善을 가리고 남의 惡을 드날리며 나아가고 물러남에 교묘한 일을 하니, 王者는 삼가 이런 사람과 함께 도모하지 말아야 한다.

三曰 朴[1)]其身躬하고 惡其衣服하며 語無爲以求名하고 言無欲以求利면 此는 僞人也니 王者謹勿近이니이다

1) 朴 : 樸과 같다.

세 번째, 몸을 질박하게 하고 의복을 나쁘게 하며, 無爲를 말해서 명예를 구하고 욕심이 없음을 말해서 이익을 구하면 이는 거짓된 사람이니, 王者는 삼가 이러한 사람을 가까이하지 말아야 합니다.

次三曰 質朴其身躬하고 麤惡其衣服하며 語無爲以求虛名하고 言無欲以求厚利면 此는 虛僞之人也니 王者愼勿近之라

다음 세 번째, 몸을 질박하게 하고 의복을 추악하게 하며, 無爲를 말해서 헛된 명성을 구하고 욕심이 없음을 말해서 많은 이익을 추구하면 이는 거짓된 사람이니, 王者는 삼가 이러한 사람을 가까이하지 말아야 한다.

四曰 奇其冠帶하고 偉其衣服하며 博聞辯辭하고 虛論高議하여 以爲容美하며 窮居靜處하여 而誹時俗이어든 此는 姦人也니 王者謹勿寵이니이다

네 번째, 冠과 띠를 기이하게 하고 의복을 거룩하게 하며, 聞見이 넓고 말을 잘하며 허황된 담론과 높은 의논을 하여 용모의 아름다움으로 삼으며, 곤궁하게 살고 고요히 거처하면서 時俗을 비방하면 이는 간사한 사람이니, 王者는 삼가 총애하지 말아야 합니다.

次四曰 奇異其冠帶하고 卓偉其衣服하며 廣博其聽聞하고 辯給其言辭하여 虛論高議하여 以爲容美可觀하며 窮居靜處하여 而誹謗時俗하면 此는 姦邪之人也니 王者愼勿寵之라

다음 네 번째, 冠과 띠를 기이하게 하고 의복을 거룩하게 하며, 듣고 본 것이 해박

하고 言辯이 좋으며 허황된 담론과 높은 의논을 하여 용모가 아름다워 볼만한 것으로 삼으며, 곤궁하게 살고 고요히 거처하면서 時俗을 비방하면 이는 간사한 사람이니, 王者는 삼가 총애하지 말아야 한다.

五曰 讒佞苟得하여 以求官爵하며 果敢輕死하여 以貪祿秩하여 不圖大事하고 貪利而動하며 以高談虛論으로 說(열)[1]於人主어든 王者謹勿使니이다

1) 說(열) : 悅과 같다.

다섯 번째, 남을 참소(모함)하고 말을 잘하는 자가 구차히 얻으려 해서 官爵을 구하며, 과감하여 죽음을 가볍게 여겨서 祿俸과 品階를 탐하여, 큰일을 도모하지 않고 이익을 추구하여 행동하며 고상한 담론과 허황된 의논으로 군주를 기쁘게 하거든, 王者는 삼가 부리지 말아야 합니다.

次五曰 讒佞之人이 務於苟得하여 以求官爵하고 果敢之人이 輕易於死하여 以貪祿秩하여 不圖謀大事하고 但貪利而動하며 以高談虛論으로 取說於人主니 王者愼勿使之라

다음 다섯 번째, 참소하고 말 잘하는 사람이 구차히 얻음을 힘써서 관작을 요구하며, 용감한 사람이 죽음을 가볍게 여겨서 녹봉과 품계를 탐하여, 큰일을 도모하지 않고 다만 이익을 추구하여 행동하며 고상한 담론과 허황된 의논으로 군주에게 기쁨을 취하거든, 王者는 삼가 부리지 말아야 한다.

六曰 爲雕文刻鏤와 技巧華飾하여 而傷農事어든 王者必禁이니이다

여섯 번째, 조각한 文飾과 아름다운 새김과 뛰어난 기교로 화려한 꾸밈을 만들어서 농사를 해치거든, 王者는 반드시 금지하여야 합니다.

次六曰 務爲雕文刻鏤技巧華飾之物하여 而傷害農事어든 王者必禁之라

다음 여섯 번째, 조각한 文飾과 아름답게 새긴 무늬와 뛰어난 기교로 화려하게 꾸민 물건을 힘써 만들어서 농사를 해치거든, 王者는 반드시 금지해야 한다.

七曰 僞方異技와 巫蠱(무고)左道不祥之言[1]으로 幻惑良民이어든 王者必止之니이다

1) 巫蠱(무고)左道不祥之言 : 巫蠱는 무당들의 呪術이며, 左道는 異端과 같은 말로 사이비 宗教의 惑世誣民하는 말을 이른다.

일곱 번째, 거짓된 방법과 기이한 기예와 巫蠱와 左道의 상서롭지 못한 말로 良民을 현혹시키거든, 王者는 반드시 막아야 합니다.

次七曰 僞方異技와 及巫蠱左道不祥之言으로 幻惑良善之民이니 王者必止之라
僞方異技巫蠱左道는 如漢武時에 李少君, 文成, 五利, 謬忌, 董偃[1]之流와 及巫蠱之禍[2] 是也라

1) 李少君文成五利謬忌董偃 : 李少君은 前漢 武帝 때 사람으로 부엌 神에게 제사하면 不老長生한다 하여 武帝의 신임을 받았다. 일찍이 말하기를 "부엌에 제사하면 신기한 물건을 가져올 수 있고 이 물건을 구하면 丹砂를 黃金으로 변화시킬 수 있으며, 이 黃金으로 마시고 먹는 음식의 그릇을 만들어 사용하면 東海 가운데 있는 蓬萊山의 神仙을 만날 수 있다." 하였는바, 황당무계함이 대체로 이와 같았다.

文成은 文成將軍 少翁으로, 귀신이나 영혼을 다시 만날 수 있다 하여 文成將軍에 제수되었으나 효험이 없어 武帝에게 죽임을 당하였다.

五利는 五利將軍 欒大로 少翁과 同門이라 하여 五利將軍에 봉해지고 귀함이 천하를 진동하였으나 끝내 군주를 속인 죄로 腰斬刑을 당하였다.

謬忌는 亳(박) 땅 사람으로 '亳忌'로도 표기하는바, 太一神에게 제사하는 방법을 주장한 方術士이다.

董偃은 본래 어머니와 함께 眞珠를 팔며 살다가 13세 때에 어머니를 따라 武帝의 姑母인 館陶公主의 집에 들어갔는데, 얼굴이 예뻐 과부로 있던 公主의 총애를 받았으며, 公主를 통해 武帝를 알현하고 총애를 받아 郡國의 名犬과 名馬, 方術士 등이 그의 집에 폭주하였으나 東方朔의 諫言으로 총애를 잃고 30세에 요절하였다.

이들은 대부분 중국의 東海에 인접한 齊・燕 지방 사람들로 不老長生을 기원하는 武帝의 총애를 받았다.

2) 巫蠱之禍 : 巫蠱는 무당의 詛術로 자기가 싫어하는 사람을 제거함을 이른다. 武帝는 衛夫人에게서 太子를 얻고는 이들 母子를 몹시 총애하였는데, 나이가 들면서 점점 소원하게 대하였다. 宮女들이 황제의 사랑을 차지하기 위해 木人(나무로 만든 인형)을 만들어 詛術을 행하였는데, 때마침 武帝가 병을 앓았다. 사람들은 이것이 詛術 때문이라 하여 수색한 결과 太子宮에서 木人이 다수 발견되었다.

武帝는 江充으로 하여금 太子宮을 철저히 조사하여 죄상을 밝히게 하였는데, 江充이 武帝의 신임을 믿고 太子를 무리하게 몰아붙이니, 太子는 宮中을 수비하는 병력을 동원하여 江充을 살해하였다. 太子의 이러한 행동은 반역으로 비춰져, 결국 太子는

자결하고 太子의 집안은 모두 禍를 당하였다.

뒤에 武帝는 田千秋의 諫言을 듣고는 太子의 억울함을 가엾게 여기고 思子宮을 호숫가에 지어 '歸來望思臺'라 하여 자식을 그리워하는 심정을 나타내었으며, '戾太子'라는 諡號를 내렸다.

다음 일곱 번째, 거짓된 방법과 기이한 기예와 巫蠱와 左道의 상서롭지 못한 말로 선량한 백성을 현혹하는 것이니, 王者는 반드시 이것을 막아야 한다.

거짓된 방법과 기이한 기예와 巫蠱와 左道는 漢 武帝 때의 李少君, 文成, 五利, 謬忌, 董偃 같은 부류와 巫蠱의 禍가 이것이다.

故로 **民不盡力**이면 **非吾民也**요 **士不誠信**이면 **非吾士也**요 **臣不忠諫**이면 **非吾臣也**요 **吏不平潔愛人**이면 **非吾吏也**요 **相不能富國强兵**하고 **調和陰陽**하여 **以安萬乘之主**하며 **正群臣, 定名實**하며 **明賞罰, 樂萬民**이면 **非吾相也**니이다

그러므로 백성들이 힘을 다하지 않으면 나(군주)의 백성이 아니요, 士가 충성하고 信實하지 않으면 나의 士가 아니요, 신하가 충성으로 諫하지 않으면 나의 신하가 아니요, 관리들이 공평하고 결백하여 인민을 사랑하지 않으면 나의 관리가 아니요, 정승이 나라를 부유하게 하고 군대를 강하게 하고 陰陽을 조화시켜 萬乘의 군주를 편안하게 하지 못하며 群臣을 바로잡고 명분과 실제를 결정하며 상과 벌을 분명히 시행하고 만민을 즐겁게 하지 못하면 나의 정승이 아닙니다.

故로 民不盡力於農畝면 非吾國之民也요 士不誠信以事上이면 非吾國之士也요 臣不能忠諫其主면 非吾國之臣也요 吏不均平靜潔而愛人이면 非吾國之吏也라 相不能富國而强兵하고 調和天地之陰陽하여 以安定萬乘之主하며 又不能正群臣하여 使不邪枉하고 定名實하여 使無虛僞하며 明賞罰하여 使善惡分하고 樂萬民하여 使不失業이면 非吾國之相也라

그러므로 백성들이 농사와 밭두둑에 힘을 다하지 않으면 내 나라의 백성이 아니요, 士들이 충성하고 신실하여 윗사람을 섬기지 않으면 내 나라의 士가 아니요, 신하가 군주에게 忠諫하지 않으면 내 나라의 신하가 아니요, 관리들이 공평하고 고요하고 결백하여 인민을 사랑하지 않으면 내 나라의 관리가 아니다. 정승이 나라를 부유하게 하고 군대를 강하게 하고 天地의 陰陽을 조화시켜서 萬乘의 군주를 안정시키지 못하며, 또 여러 신하들을 바로잡아서 간사하지 못하게 하고 명분과 실제를 결정해서 허

위가 없게 하고 상과 벌을 밝혀서 善과 惡을 분별하고 만민을 즐겁게 하여 이들로 하여금 생업을 잃지 않도록 하지 못하면, 내 나라의 정승이 아닌 것이다.

夫王者之道는 **如龍首**하여 **高居而遠望**하며 **深視而審聽**하며 **示其形**하고 **隱其情**하며 **若天之高**를 **不可極也**며 **若淵之深**을 **不可測也**니이다

王者의 道는 용의 머리와 같아서 높은 데 있으면서 멀리 바라보고 깊이 살펴보면서 자세히 들으며, 그 형체를 보이고 그 실정을 숨기며, 하늘의 높음을 다할 수 없는 것과 같게 하고 못의 깊이를 측량할 수 없는 것과 같게 하는 것입니다.

夫王者之道는 如龍首하니 龍은 陽物也라 故로 以比王者之道라 龍首는 居高而遠望하고 視深而聽審하며 示其形하여 使人知所畏하고 隱其情하여 使人不可測하며 又若天之高遠而不可窮極也하고 又若淵之深浚而不可度(탁)量也라

王者의 道는 龍의 머리와 같으니, 龍은 陽의 물건이므로 王者의 道에 견준 것이다. 龍의 머리는 높은 데 있으면서 멀리 바라보고 깊이 살펴보면서 자세히 들으며, 형체를 보여주어서 사람들로 하여금 두려워할 바를 알게 하고, 그 실정을 숨겨서 사람들로 하여금 측량하지 못하게 하며, 또 하늘이 높고 멀어서 다할 수 없는 것과 같게 하고, 못이 깊어서 헤아려 측량할 수 없는 것과 같게 하는 것이다.

故로 **可怒而不怒**면 **姦臣乃作**하고 **可殺而不殺**이면 **大賊乃發**하고 **兵勢不行**이면 **敵國乃强**이니이다 **文王曰 善哉**라

그러므로 군주가 노여워해야 하는데 노여워하지 않으면 姦臣이 마침내 일어나고, 군주가 죽여야 하는데 죽이지 않으면 큰 역적이 마침내 발동하고, 군주가 군대의 형세를 행하지 않으면 적국이 마침내 강성해지는 것입니다."

文王이 말씀하였다.

"좋은 말씀이다."

故로 其人可怒而不怒면 姦臣乃作하고 其人可殺而不殺이면 大賊乃發하니 若漢元帝之於弘恭, 石顯[1)]이 是也라 兵勢若不能行이면 敵國乃强盛而不可制矣라 文王曰 公言善哉라

1) 漢元帝之於弘恭石顯：弘恭과 石顯은 前漢 말기의 간사한 宦官으로 元帝의 총애를 믿고, 直言을 하던 元帝의 師傅 蕭望之를 압박하여 자살하게 하였다. 元帝는 蕭望之의 죽음을 몹시 애도하여 눈물을 흘리기까지 하였으나 이들을 처벌하지 못하여 宦官이 전횡하는 禍를 불러오고, 결국 國運이 기울어 前漢이 망하게 되었다.

그러므로 그 사람이 노여워할 만한 잘못을 저질렀는데도 군주가 노여워하지 않으면 姦臣이 마침내 일어나고, 그 사람이 죽여야 할 죄를 지었는데도 군주가 죽이지 않으면 큰 역적이 마침내 발동하니, 漢 元帝가 弘恭과 石顯에 있어서와 같은 것이 이것이다.

군주가 군대의 형세를 만약 행하지 못하면 적국이 마침내 강성하여 제재할 수가 없다.

文王은 "公의 말이 좋다." 하였다.

擧賢 第十　제10편 인재의 등용

擧賢者는 擧用賢才也니 以文王問擧賢故로 取以名篇하니라

擧賢이란 훌륭한 재주가 있는 사람을 등용하는 것이니, 文王이 擧賢을 물었으므로, 이를 취하여 篇名으로 삼은 것이다.

文王이 問太公曰 君務擧賢이로되 而不能獲其功하고 世亂愈甚하여 以致危亡者는 何也오

文王이 太公에게 물었다.

"군주가 어진 사람을 등용하기를 힘쓰는데도 그 功效(효험)를 얻지 못하고 세상의 혼란이 더욱 심해져서 위태로움과 멸망에 이르는 것은 어째서인가?"

文王이 問太公曰 君務擧賢이로되 而不能獲其功하고 世亂愈甚하여 以至危殆亡滅者는 何也오

文王이 太公에게 물었다.

군주가 어진 사람을 등용하기를 힘쓰는데도 그 功效를 얻지 못하고 세상의 혼란이 더욱 심해져서 위태로움과 멸망에 이르는 것은 어째서인가?

太公曰 擧賢而不用이면 是는 有擧賢之名이요 而無用賢之實也니이다

太公이 대답하였다.
"어진 이를 들어 쓰면서도 제대로 등용하지 못하면 이것은 賢者를 들어 썼다는 이름만 있고 賢者를 등용한 실제가 없는 것입니다."

太公對曰 擧賢而不能用이면 是는 有擧賢之虛名이요 而無用賢之實效也라

太公이 대답하였다.
어진 이를 들어 쓰면서도 제대로 등용하지 못하면 이것은 어진 이를 들어 썼다는 虛名만 있고 어진 이를 등용한 실제의 효험이 없는 것이다.

文王曰 其失이 安在오 太公曰 其失在君하니 好用世俗之所譽하고 而不得其賢也니이다

文王이 물었다.
"그 잘못이 어디에 있는가?"
太公이 대답하였다.
"그 잘못은 군주에게 있으니, 世俗에서 칭찬하는 자를 쓰기 좋아하고 참된 賢者를 얻지 못했기 때문입니다."

文王問曰 其失安在오 太公對曰 其失在人君하니 好用世俗之所稱譽者하고 而不得其眞賢也[1)]라

1) 好用世俗之所稱譽者 而不得其眞賢也 : ≪兵學指南演義≫ 〈旗鼓定法 1 將論篇〉에는 "사람의 인품과 재주와 기국은 각기 다르게 마련이니, 인품의 고하에 따라 직책을 맡기고 능력에 따라 등용하여, 把總・哨官・騎隊總들이 모두 직책을 잘 수행해서 단 한 명이라도 헛되이 직함만 갖고 있다는 비난이 없은 뒤에야 직책과 인물이 서로 합당하다고 이를 수 있는 것이다." 하고, 이 부분을 인용하여 장수 선발의 중요성을 강조하고 있다.

文王이 물었다.
그 잘못이 어디에 있는가?
太公이 대답하였다.
그 잘못은 군주에게 있으니, 世俗에서 칭찬하고 기리는 자를 쓰기 좋아하고, 참된

현자를 얻지 못했기 때문이다.

文王曰 何如오 **太公曰 君以世俗之所譽者爲賢**하고 **以世俗之所毁者爲不肖**하면 **則多黨者進**하고 **少黨者退**하리니 **若是**면 **則群邪比周而蔽賢**하여 **忠臣**이 **死於無罪**하고 **姦臣**이 **以虛譽取爵位**라 **是以**로 **世亂愈甚**이면 **則國不免於危亡**이니이다

文王이 물었다.

"어떠한가?"

太公이 대답하였다.

"군주가 世俗에서 칭찬하는 자를 어질다고 여기고 世俗에서 훼방하는 자를 不肖하다고 여기면 徒黨이 많은 자가 등용되고 徒黨이 적은 자가 물러갈 것이니, 이와 같이 되면 여러 간사한 자들이 빌붙고 친하여 어진 신하를 은폐해서 忠臣은 죄 없이 죽고 姦臣은 헛된 칭찬으로 관작과 지위를 취합니다. 이 때문에 세상의 혼란이 더욱 심해지면 나라가 위태로움과 멸망을 면치 못하는 것입니다."

文王問曰 此說何如오 太公對曰 君以世俗之所稱譽者로 爲賢하고 以世俗之所謗毁者로 爲不肖라 世俗은 無知人之明하여 所譽者未必賢이요 所毁者未必不肖어늘 人君不能別白이면 則多樹朋黨者進하고 少樹朋黨者退하리니 如此면 則群邪相比周而隱蔽賢人하여 忠藎之臣이 皆死於無罪하고 姦詐之臣이 以虛譽取君之爵位라 是以로 世亂愈甚이면 則國家亦不免於危亡矣라

文王이 물었다.

이 말이 어떠한가?

太公이 대답하였다.

군주가 世俗에서 칭찬하고 기리는 자를 어질다고 여기고, 世俗에서 비방하고 헐뜯는 자를 不肖하다고 여긴다. 그러나 세속 사람은 사람을 알아보는 밝은 지혜가 없어서 칭찬받는 자가 반드시 어질지는 않고, 훼방받는 자가 반드시 不肖하지는 않은데, 군주가 이것을 구별하여 밝히지 못하면 朋黨을 많이 세운 자가 등용되고 朋黨을 적게 세운 자가 물러갈 것이다. 이와 같이 되면 여러 간사한 자들이 서로 빌붙고 친하여 賢人을 은폐해서 충성하는 신하가 모두 죄 없이 죽고 간사한 신하가 헛된 칭찬으로 관작과 지위를 취한다. 이 때문에 세상의 혼란이 더욱 심해지면 국가 또한 위태로움과 멸망을 면치 못하는 것이다.

文王曰 擧賢을 **奈何**오 **太公曰 將相分職**하여 **而各以官名擧人**호되 **按名督實**하고 **選才考能**하여 **令實當其名**하고 **名當其實**이면 **則得擧賢之道也**니이다

文王이 물었다.

"賢者를 등용하기를 어떻게 해야 하는가?"

太公이 대답하였다.

"장수와 정승이 직책을 나누어서 각기 관직명으로 사람을 등용하되, 관직의 명칭에 따라 실제를 책임 지우고 인재를 선발하여 능함을 살펴서, 실제가 그 이름에 합당하고 이름이 그 실제에 합당하게 하면, 賢者를 등용하는 방도를 얻을 수 있습니다."

文王曰 擧賢之道奈何오 太公曰 將與相分職하여 而各以其官名擧人호되 按其名以責其實하고 選取人才하여 而考試其能否하여 使實必當其名하고 名必當其實이니 名實相孚면 則得擧用賢才之道也라

文王이 물었다.

賢者를 등용하는 방도는 어떻게 하는 것인가?

太公이 대답하였다.

장수와 정승이 직책을 나누어서 각각 그 관직명으로 사람을 등용하되, 관직의 이름에 따라 실제를 책임 지우고 인재를 가려 뽑아 그가 능한가 능하지 않은가를 살피고 시험해서, 실제가 반드시 그 이름에 합당하고 이름이 반드시 그 실제에 합당하게 하여야 하니, 이름과 실제가 서로 부합하여 진실하면, 賢才를 들어 등용하는 방도를 얻게 된다.

賞罰 第十一　제11편 信賞必罰

賞罰者는 賞有功而罰有罪也니 以文王問賞罰之道故로 以名篇하니라

賞罰이란 功이 있는 자에게 賞을 주고 罪가 있는 자에게 罰을 내리는 것이니, 文王이 賞罰의 방도를 물었으므로 이를 篇名으로 삼은 것이다.

文王이 **問太公曰 賞**은 **所以存勸**이요 **罰**은 **所以示懲**이니 **吾欲賞一以勸百**하고 **罰一以懲衆**하노니 **爲之奈何**오

文王이 太公에게 물었다.

"賞은 善을 권장하는 방도를 보존하기 위한 것이요, 罰은 惡을 징계하는 방도를 보이기 위한 것이다. 내가 한 사람을 賞 주어서 백 사람을 권면하고, 한 사람을 벌주어서 여러 사람을 징계하고자 하노니, 어찌해야 하는가?"

文王이 問太公曰 賞賜는 所以存勸善之道요 刑罰은 所以示懲惡之道라 吾欲賞一人以勸百人하고 罰一人以懲衆人하노니 將爲之奈何오

文王이 太公에게 물었다.

賞을 주는 것은 善을 권면하는 방도를 보존하기 위한 것이요, 刑罰은 惡을 징계하는 방도를 보이기 위한 것이다. 내가 한 사람을 賞 주어서 백 사람을 권면하고, 한 사람을 벌주어서 여러 사람을 징계하고자 하니, 장차 어찌해야 하는가?

太公曰 凡用賞者는 **貴信**이요 **用罰者**는 **貴必**이니 **賞信罰必於耳目之所聞見**이면 **則所不聞見者 莫不陰化矣**리이다 **夫誠**은 **暢於天地**하고 **通於神明**이온 **而況於人乎**잇가

太公이 대답하였다.

"무릇 賞을 사용하는 자는 信(신용)을 貴하게 여기고, 罰을 사용하는 자는 期必함을 貴하게 여기니, 자신(군주나 장수)이 늘 보고 듣는 사람에게 信賞必罰을 하면 자신이 듣고 보지 못한 자들 중에 저절로 교화되지 않는 이가 없을 것입니다. 진실〔誠〕은 天地에 통하고 神明에 통하는데 하물며 사람에게 있어서이겠습니까."

太公對曰 大凡用賞者는 貴乎信하고 用罰者는 貴乎必하니 賞信罰必於吾耳目之所聞所見이면 則耳目所不聞不見者 莫不陰爲之變化矣라 夫誠은 暢達於天地하고 通徹於神明이어든 而況於人에 有不化之者乎[1)]아

1) 夫誠……有不化之者乎 : ≪兵學指南演義≫ 〈場操程式 3 賞罰篇〉에는 '賞罰은 장수의 가장 중요한 임무로써 도리에 맞게 시행하지 않으면 禍의 근원이 됨'을 경계하면서, 이 대목을 인용하여 君權을 쥐고 있는 자들에게 상벌의 시행을 신중히 할 것을 경

계하고 있다.

太公이 대답하였다.

무릇 賞을 사용하는 자는 信을 貴하게 여기고, 罰을 사용하는 자는 期必함을 貴하게 여기니, 자신이 늘 보고 듣는 사람에게 信賞必罰을 하면, 자신이 듣고 보지 못한 자들 중에도 은연중 교화되지 않는 이가 없을 것이다. 진실은 天地에 통하고 神明에도 통하는데 하물며 사람에 있어서 변화하지 않는 자가 있겠는가.

兵道[1] 第十二　제12편 用兵의 大道

1) 兵道 : 이 편이 뒤의 제16 〈順啓〉편 다음에 있어야 한다는 견해가 있다.

兵道者는 用兵之道也니 以武王問兵道故로 以名篇하니라

兵道란 用兵하는 방도이니, 武王이 兵道를 물었으므로 이를 篇名으로 삼은 것이다.

武王이 問太公曰 兵道何如오

武王이 太公에게 물었다.
"用兵하는 방도는 어떻게 해야 하는가?"

周武王이 克商而有天下하고 始稱王하니 武는 諡也라 昔日에 武王이 問太公曰 用兵之道何如오

周 武王이 商나라를 이겨 天下를 소유하고 비로소 王이라 칭하였으니, 武는 시호이다. 옛날에 武王이 太公에게 물었다.
用兵하는 방도는 어떻게 해야 하는가?

太公曰 凡兵之道는 莫過乎一하니 一者는 能獨往獨來니이다 黃帝曰 一者는 階於道하고 幾於神이라하니 用之在於機하며 顯之在於勢하며 成之在於君이니이다 故로 聖王이 號兵爲凶器하여 不得已而用之하니이다

太公이 대답하였다.

"무릇 用兵하는 방도는 한결같음〔一〕에 지나지 않으니, 한결같은 자는 능히 홀로 가고 홀로 올 수 있습니다. 黃帝가 말씀하기를 '한결같은 자는 道에 오를 수 있고 神에 가깝다.' 하였으니, 이것을 쓰는 것은 기회에 달려있고, 이것을 드러내는 것은 형세에 달려있고, 이것을 이루는 것은 군주에게 달려있습니다. 그러므로 聖王은 兵을 凶器라 이름하여 부득이한 경우에만 사용하였습니다.

太公對曰 凡用兵之道는 莫過乎一이니 一者는 誠實而專一也라 惟其誠實而專一이라 故로 能獨往獨來하니 猶言獨出獨入하니 謂無敵也라 昔者에 黃帝有曰 一者는 階於道라하니 謂道不過乎一也요 幾於神이라하니 謂神不越乎一也라 用之는 在乘其機하고 顯之는 在因其勢하고 成之는 在君之心이라 故로 聖王이 號兵爲凶惡之器하여 不得已而後用之라

太公이 대답하였다.

무릇 용병하는 방도는 한결같음에 지나지 않으니, 한결같다는 것은 誠實하고 專一한 것이다. 오직 誠實하고 專一하기 때문에 능히 홀로 가고 홀로 올 수 있으니, 이는 홀로 나가고 홀로 들어온다는 말과 같으니 대적할 자가 없음을 말한 것이다.

옛날 黃帝가 말씀하기를 "한결같은 자는 道에 오를 수 있다." 하였으니, 이는 道가 한결같음에 지나지 않음을 말한 것이요, "神에 가깝다." 하였으니, 이는 神이 한결같음에 지나지 않음을 말한 것이다.

이것을 사용함은 기회를 탐에 달려있고, 이것을 드러냄은 형세를 이용함에 달려있고, 이것을 이룸은 군주의 마음에 달려있다. 그러므로 聖王이 兵을 흉악한 器物이라 이름하여 부득이한 뒤에야 사용하신 것이다.

今商王은 知存而不知亡하며 知樂而不知殃하니 夫存者는 非存이요 在於慮亡이며 樂者는 非樂이요 在於慮殃이니이다 今王이 已慮其源하시니 豈憂其流乎잇가

지금 商王은 보존될 줄만 알고 망할 줄은 알지 못하며, 즐거움만 알고 殃禍를 알지 못하니, '보존'은 보존에 빠져있는 것이 아니요 망함을 우려함에 달려있으며, '즐거움'은 즐거움을 탐닉하는 것이 아니요 殃禍를 우려함에 달려있습니다. 지금 임금께서 이미 그 근원을 염려하시니, 어찌 그 末流를 근심할 것이 있겠습니까."

今商王受[1] 但知國之存하고 而不知國之亡하며 但知身之樂하고 而不知身之殃하니 夫所謂存者는 非泥於存也요 在乎能慮其亡耳며 所謂樂者는 非耽於樂也요 在乎能慮其殃耳라 今王이 已慮及其源하시니 又豈憂其流乎잇가

1) 商王受 : 殷나라 紂王을 가리킨다. 商나라는 偃師로 遷都한 뒤에 殷나라라고 칭하였으며 受는 紂王의 이름이다.

지금 商王 受는 나라가 보존될 줄만 알고 나라가 망할 줄은 알지 못하며, 자신의 즐거움만 알고 몸의 殃禍를 알지 못한다. 이른바 '보존'이라는 것은 보존에 빠지는 것이 아니요 능히 그 망함을 우려함에 달려있을 뿐이며, 이른바 '즐거움'이라는 것은 즐거움을 탐닉하는 것이 아니요 능히 그 殃禍를 우려함에 달려있을 뿐이다. 이제 임금께서 이미 염려함이 그 근원에 미쳤으니, 어찌 또 그 末流를 근심할 것이 있겠는가?

武王曰 兩軍相遇에 彼不可來하고 此不可往하여 各設固備하여 未敢先發이면 我欲襲之호되 不得其利하리니 爲之奈何오

武王이 말씀하였다.
"두 군대가 서로 만났을 적에 저들이 올 수 없고 우리가 갈 수 없어서 각각 견고한 대비를 설치하여 감히 먼저 발동하지 못하면, 내 저들을 습격하고자 하나 그 이익을 얻지 못할 것이니, 어찌해야 하는가?"

武王問曰 若兩軍相遇에 彼不可得而來하고 此不可得而往하여 各設固守之備하여 而未敢先發이어든 我欲襲而取之호되 不得其便利하리니 當爲之奈何오

武王이 물었다.
만약 두 군대가 서로 만났을 적에 저들이 올 수 없고 우리가 갈 수 없어서 각각 굳게 수비태세를 갖추어 감히 먼저 발동하지 못하거든, 내가 습격하여 취하고자 하나 그 편리함을 얻지 못할 것이니, 마땅히 어찌해야 하는가?

太公曰 外亂而內整하고 示飢而實飽하고 內精而外鈍하며 一合一離하고 一聚一散하여 陰其謀하고 密其機하며 高其壘하고 伏其銳士하여 寂若無聲이면 敵不知我所備하리니 欲其西어든 襲其東이니이다

太公이 대답하였다.

"겉으론 혼란하면서도 안으론 정돈되고, 굶주린 것처럼 보이면서도 실제로는 배부르고, 안은 정예로우면서도 겉은 무딘 체하며, 한 번 모이고 한 번 떠나며 한 번 집합하고 한 번 해산하여 그 계책을 숨기고 機微를 은밀히 하며, 보루를 높이 쌓고 精銳兵을 숨겨서 조용하여 소리가 없는 것처럼 하면, 적은 우리가 대비하는 줄을 알지 못할 것이니, 적이 서쪽으로 오고자 하거든 우리는 그 동쪽을 습격하는 것입니다."

太公對曰 吾外若亂而內實整하고 **示以飢而實飽**하고 **內實精而外若鈍**하며 **使士卒**로 **一合而一離**하여 **如無節制**하고 **一聚而一散**하여 **如無統紀**하여 **陰秘其攻戰之謀**하고 **深密其發動之機**하며 **高其壁壘**하여 **使不得而入**하고 **隱伏其精銳之士**하여 **寂若無聲**하여 **使不得而測**이라 **敵旣不知我所備**하리니 **彼欲其西**어든 **吾則襲其東**이라

太公이 대답하였다.

우리 군대가 겉으로는 혼란한 것 같으나 안으로는 실제로 정돈되고, 굶주린 것처럼 보이나 실제로는 배부르고, 안은 실제 정예로우면서도 겉은 무딘 듯이 보이며, 병사들로 하여금 한 번 모이고 한 번 떠나가서 절제(통제)가 없는 것처럼 보이고, 한 번 집합하고 한 번 해산하여 統紀(기강)가 없는 것처럼 보여서 공격하고 싸우는 계책을 숨기고 발동하는 機微를 은밀히 하며, 성벽과 보루를 높이 쌓아서 적으로 하여금 들어올 수 없게 하고, 정예병을 숨기고 매복시켜서 고요하여 소리가 없는 것처럼 하여 적으로 하여금 측량할 수 없게 하여야 한다. 이렇게 하면 적은 우리가 대비하는 것을 알지 못할 것이니, 적이 서쪽으로 오고자 하거든 우리는 그 동쪽을 습격하는 것이다.

武王曰 敵知我情하고 **通我謀**면 **爲之奈何**오 **太公曰 兵勝之術**은 **密察敵人之機**하여 **而速乘其利**하고 **復疾擊其不意**니이다

武王이 말씀하였다.

"적이 우리의 실정을 알고 우리의 계책을 통달하고 있으면 어찌해야 하는가?"

太公이 대답하였다.

"군대가 승리하는 방법은 적의 기밀을 은밀히 살펴 편리한 틈을 신속히 타고, 다시 적이 예상하지 않은 곳을 급히 공격하는 것입니다."

武王曰 敵人이 若知我之情하고 通我之謀면 將爲之奈何오 太公對曰 兵家取勝之術은 務要密察敵人發動之機하여 而速乘其便利하고 復要疾擊其不意라야 乃可勝也라

武王이 물었다.

적이 만약 우리의 실정을 알고 우리의 계책을 통달하고 있으면 장차 어찌해야 하는가?

太公이 대답하였다.

兵家들이 승리를 쟁취하는 방법은 되도록 적의 발동하는 기밀을 은밀히 살펴 그 편리한 틈을 신속히 타고, 다시 적이 예상하지 않은 곳을 급히 공격하여야 비로소 승리할 수 있는 것이다.

武韜

武란 과감한 결단성과 꿋꿋한 의지로 적에게 위엄을 보여 不義를 타파하고 혼란을 바로 잡아 국가의 기강을 세우는 바탕이다. 이 편에서는 천하를 다스리는 要諦와 적국을 쳐서 패망시키는 책략 등을 주로 언급하였다.

發啓 第十三　제13편 救民 방책의 開發

發啓者는 開發啓迪其憂民之道也니 取書中發字啓字하여 以名篇하니라

發啓란 백성을 근심하는 방도를 開發하고 啓導하는 것이니, 글 가운데 '發'자와 '啓'자를 취하여 篇名으로 삼은 것이다.

文王在酆하사 召太公曰 嗚呼라 商王虐極하여 罪殺不辜하나니 公尙助予憂民이니 如何오

文王이 酆邑에 있으면서 太公을 불러 말씀하였다.
"아! 商王의 포학함이 이미 지극하여 무죄한 사람을 죄주어 죽인다. 公은 부디 백성을 근심하는 나를 도와주어야 하니, 어떻게 해야 하겠는가?"

文王在酆邑하여 召太公問曰 嗚呼라 今商王暴虐已極하여 罪殺無辜之人하니 如斮(작)朝涉之脛하고 剖賢人之心之類[1]니 所以文王嗟嘆而言之也라 公尙助予憂天下之民이니 其道如何오

1) 如斮(작)朝涉之脛 剖賢人之心之類 : 이 내용은 ≪書經≫ 〈周書 泰誓 下〉에 보이는데, 孔安國은 "紂王은 아침에 물을 건너가는 자의 정강이를 찍어보고 어진 사람의 배

를 갈라 심장을 도려내었다."라고 하였다. ≪史記≫ 권3 〈殷本紀〉에 "比干이 紂王의 잘못을 강력히 간하자, 紂王은 노하여 말하기를 '내 들으니, 聖人의 심장에는 일곱 개의 구멍이 있다 하는데, 실제인가 보고 싶다.' 하고 마침내 比干의 배를 갈라 죽였다." 하였다.

文王이 酆邑에 있으면서 太公을 불러 물었다.

아! 지금 商王의 포학함이 이미 지극하여 무죄한 사람을 죄주어 죽이니, 이는 아침에 물을 건너가는 사람의 정강이를 찍어보고 賢人의 심장을 갈라보는 따위와 같은 것이다. 이 때문에 文王이 서글퍼하여 탄식하고 말씀한 것이다.

公은 부디 천하의 백성을 근심하는 나를 도와야 하니, 그 방도는 어떻게 해야 하는가?

太公曰 王其修德하사 **以下賢惠民**하사 **以觀天道**하소서 **天道無殃**이면 **不可先倡**이요 **人道無災**면 **不可先謀**니이다

太公이 대답하였다.

"임금께서는 부디 德을 닦으시어 賢者에게 몸을 낮추고 백성들에게 은혜를 베푸시면서 天道를 관찰하소서. 天道가 재앙이 없으면 먼저 倡導할 수가 없고, 人道가 재앙이 없으면 먼저 도모할 수가 없습니다.

太公對曰 王其修德하사 **以下賢士**하고 **子惠兆民**하여 **以觀天道**니 **天道無殃**이면 **不可先倡而爲之**요 **人道無災**면 **不可先謀而起之**라

太公이 대답하였다.

임금께서는 德을 닦아서 어진 선비에게 몸을 낮추고 만백성을 자식처럼 사랑하면서 天道를 관찰하여야 하니, 天道가 재앙이 없으면 먼저 倡導하여 할 수가 없고, 人道가 재앙이 없으면 먼저 도모하여 일으킬 수가 없는 것이다.

必見天殃하고 **又見人災**라야 **乃可以謀**요 **必見其陽**하고 **又見其陰**이라야 **乃知其心**이요 **必見其外**하고 **又見其內**라야 **乃知其意**요 **必見其疏**하고 **又見其親**이라야 **乃知其情**이니이다

반드시 하늘의 재앙을 보고 또 사람의 재앙을 보아야 비로소 도모할 수 있으며, 반드시 陽(밝은 곳)을 보고 또 陰(숨겨진 곳)을 보아야 비로소 그 마음을 알 수 있

으며, 반드시 밖을 보고 또 안을 보아야 비로소 그 뜻을 알 수 있으며, 반드시 소원한 자를 보고 또 친근한 자를 보아야 비로소 그 人情을 알 수 있습니다.

必見上天之降殃하고 又見下民之生災라야 乃可以謀而爲之라 天殃은 如日月失明, 星辰逆行, 夏霜冬雷, 春凋秋榮之類가 是也요 人災는 如五穀[1]不熟하여 饑饉荐臻(천진)하며 盜賊滋熾하고 姦宄(귀)[2]竊發之類가 是也라 陽은 顯明之地요 陰은 幽暗之處라 顯明之地에 所爲者皆暴虐之事요 幽暗之處에 所爲者皆淫惡之行이면 乃知其心之昏惑也라 必見其外之所行하고 又見其內之所養이니 外之所行者 皆賊虐之政이요 內之所養者 皆邪僻之非면 乃知其意之迷亂也라 如紂外則殺忠賢而賊諫輔하고 內則肆酖(짐)昏而耽色慾[3]하니 心神昏惑하고 志意迷亂을 從可知矣라 必見其疏遠者離叛하고 又見其親近者放逐이라야 乃知其情之向背也라 如紂遠則江沱(타)汝漢之間에 悉從文王之化하고 近則微子去하고 箕子奴[4]하니 人情之向背를 亦從可知矣라

1) 五穀 : 다섯 종류의 곡식을 이른다. ≪周禮≫ 〈天官 疾醫〉에 "五味와 五穀과 五藥으로 질병을 요양한다.〔以五味五穀五藥養其病〕" 하였는데, 鄭玄의 註에 "五穀은 깨〔麻〕·기장〔黍〕·피〔稷〕·보리〔麥〕·콩〔豆〕이다." 하였으며, ≪孟子≫ 〈滕文公 上〉에 "오곡을 심었다.〔樹藝五穀〕" 하였는데, 趙岐의 註에는 기장 대신 벼〔稻〕가 들어있다.

2) 姦宄(귀) : 姦과 宄는 모두 나쁜 짓을 자행하는 것으로, 안에 있는 것을 姦이라 하고, 밖에 있는 것을 宄라 한다.

3) 外則殺忠賢而賊諫輔 內則肆酖(짐)昏而耽色慾 : 忠賢은 紂王에게 忠告한 鄂侯를 가리키고, 諫輔는 比干을 가리킨다. 紂王은 西伯 姬昌(文王)과 九侯와 鄂侯를 三公으로 삼았는데, 九侯가 直言을 일삼자 죽여서 젓을 담그니 鄂侯가 강력히 간쟁하였다. 紂王은 더욱 노하여 鄂侯를 죽여 함께 脯를 떴으며, 西伯이 諫하자 다시 羑里라는 곳에 가두었다. 또 직간하는 比干을 죽이고 酒池肉林에 빠졌으며 妲己라는 여인에게 미혹되어 포악한 짓을 자행하였다. ≪史記 권3 殷本紀≫

4) 江沱(타)汝漢之間……箕子奴 : 江·沱·汝·漢은 네 물의 이름으로 江은 長江(揚子江)을 가리키며, 나머지 셋은 長江의 지류이다. 殷나라 말기 이 주위에 있던 제후들은 紂王을 배반하고 文王의 敎化에 따랐다.

≪論語≫ 〈微子〉에 "微子는 떠나가고 箕子는 종이 되고 比干은 간하다가 죽었다.〔微子去之 箕子爲之奴 比干諫而死〕" 하였는데, ≪集註≫에 "微와 箕는 두 나라 이름이고, 子는 爵位이다. 微子는 紂王의 庶兄이고 箕子와 比干은 紂王의 諸父(叔父)이다. 微子는 紂王이 無道한 것을 보고 떠나가서 宗祀를 보존하였고, 箕子와 比干은 모두

간하였는데, 紂王이 比干을 죽이고 箕子를 가두어 종으로 삼으니, 箕子는 인하여 거짓으로 미친 체하고 치욕을 받았다." 하였다.

반드시 위의 하늘에서 재앙을 내리는 것을 보고, 또 아래 백성들이 재앙을 낳는 것을 보아야 비로소 도모하여 공격할 수 있는 것이다.

하늘의 재앙은 해와 달이 밝음을 잃고 별이 거꾸로 가며 여름에 서리가 내리고 겨울에 우레가 치며 봄에 가뭄이 들어 草木이 마르고 가을에 꽃이 피는 것과 같은 따위가 이것이요, 사람의 재앙은 五穀이 익지 못하여 饑饉이 거듭 이르며 盜賊이 더욱 치성하고 姦宄가 은밀히 나오는 것과 같은 따위가 이것이다.

陽은 드러나고 밝은 자리이고, 陰은 그윽하고 어두운 곳이다. 드러나고 밝은 자리에서 하는 것이 모두 포학한 일이고, 그윽하고 어두운 곳에서 하는 것이 모두 음탕하고 나쁜 행실이면, 비로소 그 마음의 어둡고 미혹됨을 알 수 있는 것이다.

반드시 밖에서 행하는 바를 보고 또 안에서 기르는 바를 보아야 하니, 밖에서 행하는 것이 모두 해치고 포학한 정사이며 안에서 기르는 것이 모두 간사하고 편벽된 잘못이면, 비로소 그 뜻이 미혹되고 혼란함을 알 수 있는 것이다. 예컨대 紂王이 밖으로는 忠臣과 賢士를 죽이고 諫言하고 보필하는 자를 해치며, 안으로는 멋대로 술에 빠져 어둡고 色慾을 즐긴 것과 같으니, 心神이 어두워 혹하며 의지가 미혹되고 혼란함을 따라서 알 수 있는 것이다.

반드시 소원한 자가 離叛함을 보고 또 친근한 자가 추방당함을 보아야 비로소 人情의 향배를 알 수 있다. 예컨대 紂王이 멀리는 江水와 沱水와 汝水와 漢水의 사이에 사는 백성들이 모두 文王의 교화를 따르고, 가까이는 微子가 떠나가고 箕子가 종이 되었으니, 인정의 향배를 또한 따라서 알 수 있는 것이다.

行其道면 **道可致也**요 **從其門**이면 **門可入也**요 **立其禮**면 **禮可成也**요 **爭其强**이면 **强可勝也**니이다

그 道를 행하면 道에 이를 수 있고, 그 門을 따르면 門에 들어갈 수 있고, 그 禮를 세우면 禮를 이룰 수 있고, 그 强함을 다투면 强함을 이길 수 있습니다.

行其道면 道可得而致也요 從其門이면 門可得而入也요 立其禮면 禮可得而成也요 爭其强이면 强可得而勝也라

그 道를 행하면 道에 이를 수 있고, 그 門을 따르면 門에 들어갈 수 있고, 그 禮를 세우면 禮를 이룰 수 있고, 그 强함을 다투면 强함을 이길 수 있는 것이다.

全勝은 不鬪요 大兵은 無創이라 與鬼神通하나니 微哉微哉니이다 與人同病相救하며 同情相成하며 同惡(오)相助하며 同好相趨라 故로 無甲兵而勝하고 無衝機而攻하고 無溝塹而守니이다

완전한 승리는 싸우지 않고, 큰(훌륭한) 군대는 상처를 입지 않습니다. 귀신과 통하니, 미묘하고 미묘합니다. 사람들과 앓는 병이 같으면 서로 구원해주고, 정이 같으면 서로 이루어주고, 미워함이 같으면 서로 도와주고, 좋아함이 같으면 서로 달려갑니다. 그러므로 갑옷과 병기가 없이도 승리하고, 衝車와 機牙가 없이도 공격하고, 도랑과 참호가 없이도 지키는 것입니다.

全勝은 不在戰鬪하고 在勝於無形하며 大兵은 無欲傷殘하고 在完吾士衆이니 能勝於無形하여 而兵無傷殘이면 是其智與鬼神通이니 所以重言微哉微哉하여 而嘆其妙也라 與人同病而相救援하고 同情而相成就하고 同惡而相扶助하고 同好而相趨向이라 故로 無甲兵而能勝人하고 無衝機而能攻擊하고 無溝塹而能固守라 衝은 衝車니 從旁衝擊者也요 機는 弩牙也라

온전한 승리는 전투에 있지 않고 형체가 나타나지 않았을 때의 승리에 있으며, 훌륭한 군대는 부상당하지 않고 우리 병사들을 완전히 함에 있다. 형체가 나타나지 않았을 때에 승리하여 병사들이 부상당하지 않으면, 이는 그 지혜가 귀신과 통하는 것이니, 이 때문에 거듭 "미묘하고 미묘하다."라고 말하여 그 미묘함을 감탄한 것이다.

사람들과 앓는 병이 같으면 서로 구원해주고, 정이 같으면 서로 성취해주고, 미워함이 같으면 서로 부조해주고, 좋아함이 같으면 서로 향하여 달려간다. 그러므로 갑옷과 병기가 없이도 적을 이길 수 있고, 衝車와 機牙가 없이도 능히 적을 공격할 수 있고, 도랑과 참호가 없이도 능히 굳게 지킬 수 있는 것이다. 衝은 衝車이니 옆에서 충돌하여 공격하는 것이요, 機는 쇠뇌의 機牙이다.

大智는 不智요 大謀는 不謀요 大勇은 不勇이요 大利는 不利니 利天下者는 天下啓之하고 害天下者는 天下閉之니이다

큰 지혜는 지혜롭지 않은 것처럼 보이고, 큰 계책은 계책답지 않은 것처럼 보이고, 큰 용맹은 용맹스럽지 않은 것처럼 보이고, 큰 이로움은 이롭지 않은 것처럼 보이니, 天下를 이롭게 하는 자는 天下가 열어주고, 天下를 해치는 자는 天下

가 막습니다.

大智는 人不見其智하고 大謀는 人不見其謀하고 大勇은 人不見其勇하고 大利는 人不見其利하나니 利天下者는 天下之人이 皆開啓之하고 害天下者는 天下之人이 皆閉塞之라

큰 지혜는 사람들이 그 지혜로움을 보지 못하고, 큰 계책은 사람들이 그 계책다움을 보지 못하고, 큰 용맹은 사람들이 그 용맹을 보지 못하고, 큰 이로움은 사람들이 그 이로움을 보지 못하니, 天下를 이롭게 하는 자는 天下 사람들이 모두 열어주고, 天下를 해롭게 하는 자는 天下 사람들이 모두 막는다.

天下者는 非一人之天下요 乃天下之天下也라 取天下者는 若逐野獸하여 而天下皆有分肉之心하니 若同舟而濟하여 濟則皆同其利하고 敗則皆同其害니 然則皆有以啓之요 無有閉之也니이다

天下라는 것은 군주 한 사람의 天下가 아니요, 바로 天下 사람들의 天下입니다. 天下를 취하는 것은 들의 짐승을 쫓는 것과 같아서, 天下 사람들이 모두 고기를 나누어 가지려는 마음을 갖고 있으니, 마치 한 배를 타고 건널 적에, 물을 건너가면 모두 함께 그 이익을 얻고 실패하면 모두 함께 그 해로움을 받는 것과 같습니다. 이렇게 하면 모두 열어줄 것이요 막는 자가 있지 않을 것입니다.

天下者는 非一人之天下요 乃天下人之天下也라 其取天下者는 若追逐野獸하여 而天下皆有分肉之心하니 若同舟濟水하여 旣濟則皆同得其利하고 若敗則皆同受其害니 如此면 則天下皆有以開啓之요 無有以閉塞之也라

天下란 군주 한 사람의 天下가 아니요, 바로 天下 사람들의 天下인 것이다. 天下를 취하는 것은 들의 짐승을 쫓는 것과 같아서, 天下 사람들이 모두 고기를 나누어 가지려는 마음을 갖고 있으니, 마치 한 배를 타고 물을 건너갈 적에, 무사히 물을 건너가면 모두 함께 그 이익을 얻고 만약 실패하면 모두 함께 그 해로움을 받는 것과 같다. 이와 같다면 天下 사람들이 모두 열어주고 막지 않을 것이다.

無取於民者는 取民者也니 無取民者는 民利之하고 無取國者는 國利之하고 無取

天下者는 天下利之니이다

백성에게서 취함이 없는 자는 실제는 백성을 취하는 자이니, 백성에게서 취함이 없는 자는 백성이 이롭게 해주고, 나라에서 취함이 없는 자는 나라가 이롭게 해주고, 천하에서 취함이 없는 자는 천하가 이롭게 해줍니다.

人君이 無取於民者는 其實은 取民者也니 取於民者는 奪民之利也요 取民者는 得民心之歸也라 民心歸면 豈有不利者哉아 所謂行仁義而自無不利者也라 故로 無取於民者는 民利之하고 無取於國者는 國利之하고 無取於天下者는 天下利之라 民利之者는 民歸之也요 國利之者는 一國歸之也요 天下利之者는 天下之人歸之也라 民歸之하고 一國歸之하고 天下歸之하니 此所以天下啓之也라

군주가 백성에게서 취함이 없는 자는 실제는 백성을 취하는 자이니, '백성에게서 취한다.'는 것은 백성의 이익을 빼앗는 것이요, '백성을 취한다.'는 것은 백성의 마음이 돌아옴을 얻는 것이다. 백성의 마음이 돌아오면 어찌 이롭지 않은 것이 있겠는가. 이른바 '仁義를 행하면 스스로 이롭지 않음이 없다.'는 것이다.

그러므로 백성에게서 취함이 없는 자는 백성들이 이롭게 해주고, 나라에서 취함이 없는 자는 나라가 이롭게 해주고, 천하에서 취함이 없는 자는 천하가 이롭게 해주는 것이다.

'백성들이 이롭게 해준다.'는 것은 백성들이 돌아오는 것이요, '나라가 이롭게 해준다.'는 것은 온 나라가 돌아오는 것이요, '천하가 이롭게 해준다.'는 것은 천하 사람들이 돌아오는 것이다. 백성이 돌아오고 온 나라가 돌아오고 천하가 돌아오니, 이는 天下 사람들이 열어주는 것이다.

故로 道在不可見이요 事在不可聞이요 勝在不可知니 微哉微哉니이다 鷙鳥將擊에 卑飛斂翼하고 猛獸將搏에 弭耳俯伏하며 聖人將動에 必有愚色이니이다

그러므로 道의 묘함은 보통 사람들이 볼 수 없는 데에 있고, 일의 치밀함은 보통 사람들이 들을 수 없는 데에 있고, 승리의 공교로움은 상대방이 알 수 없는 데에 있으니, 미묘하고 미묘합니다. 사나운 새가 장차 공격하려 할 적에는 낮게 날면서 날개를 거두고, 맹수가 장차 공격하려 할 적에는 귀를 붙이고 엎드려 있으며, 聖人이 장차 출동하려 할 적에는 반드시 어리석은 기색이 있습니다.

故로 道之妙는 在衆人之不可見이요 事之密은 在衆人之不可聞이요 勝之巧는 在衆人之不可知라 微哉微哉는 嘆其妙之至也라 鷙疾之鳥 將有所擊이면 必卑飛而收斂其翼하고 威猛之獸 將有所搏이면 必弭耳而俯伏其身하고 明聖之人이 將有所動이면 必有如愚之色하니 此盖欲文王遵養時晦[1]以待之耳라

1) 文王遵養時晦 : 遵養時晦는 道를 따라 힘을 기르고 때로 감추는 것으로 ≪詩經≫〈周頌 酌〉에 "아, 성대한 王의 군대는 道를 따라 힘을 기르고 때로 감춘다.〔於鑠王師 遵養時晦〕" 하였는데, ≪集傳≫에 "이는 武王을 칭송한 詩이다." 하였다. 그러나 여기서는 이것을 文王의 일로 인용한 것이다.

그러므로 道의 묘함은 보통 사람들이 볼 수 없는 데에 있고, 일의 치밀함은 보통 사람들이 들을 수 없는 데에 있고, 승리의 공교로움은 보통 사람들이 알 수 없는 데에 있는 것이다.

'微哉微哉'는 묘함이 지극함을 감탄한 것이다.

사나운 새가 장차 공격하려 할 적에는 반드시 낮게 날면서 날개를 거두고, 위엄이 있고 사나운 짐승이 장차 공격하려 할 적에는 반드시 귀를 붙이고 몸을 굽혀 숨기며, 밝고 성스러운 사람이 장차 출동하려 할 적에는 반드시 어리석은 듯한 기색이 있다. 이는 文王이 時勢에 따라 순응하여 역량을 기르고 때로 감추어서 時機를 기다리게 하고자 한 것이다.

今彼有商은 衆口相惑하여 紛紛渺渺하며 好色無極하니 此는 亡國之證也니이다

지금 저 商나라 군주는 사람들의 말이 서로 미혹되어 紛紛하고 渺渺하며 女色을 좋아함이 끝이 없으니, 이는 亡國의 징후입니다.

今彼有商之君은 衆口互相惑亂하여 紛紛渺渺하며 好色之心이 無有窮極하니 此乃亡國之證也라 紛紛은 紊亂之貌요 渺渺는 無窮之貌라

지금 저 商나라의 군주는 여러 사람들의 말이 서로 미혹되고 어지러워 紛紛하고 渺渺하며 여색을 좋아하는 마음이 다함이 없으니, 이는 바로 亡國의 징후이다.

紛紛은 문란한 모양이고, 渺渺는 끝이 없는 모양이다.

吾觀其野호니 草菅勝穀하고 吾觀其衆호니 邪曲勝直하고 吾觀其吏호니 暴虐殘

(疾)〔賊〕[1)]하며 敗法亂刑호되 上下不覺하니 此는 亡國之時也니이다

1) (疾)〔賊〕: 저본의 '疾'은 漢文大系本에 의거하여 '賊'으로 바로잡았다.

제가 저들의 田野를 살펴보니 풀과 왕골이 곡식을 이기고, 제가 저들의 人民을 살펴보니 간사한 자와 부정한 자가 정직한 사람을 이기고, 제가 저들의 관리들을 살펴보니 포학하고 잔인하며 법을 무너뜨리고 형벌을 어지럽히되 윗사람과 아랫사람이 깨닫지 못하니, 이는 亡國의 시기입니다.

吾觀其田野호니 草菅勝五穀하고 吾觀其人衆호니 邪曲勝正直하고 吾觀其爲吏者호니 惟務暴虐殘(疾)〔賊〕하며 敗亂國之刑法호되 上下皆不覺悟하니 此乃亡國之時也라

내가 저들의 田野를 살펴보니 풀과 왕골이 五穀을 이기고, 내가 저들의 인민을 살펴보니 간사하고 부정한 자가 정직한 사람을 이기고, 내가 저들의 관리가 된 자들을 살펴보니 오직 포학함과 殘賊(해침)에 힘쓰며, 나라의 형벌과 법을 무너뜨리고 어지럽히되 윗사람과 아랫사람이 모두 깨닫지 못하니, 이는 바로 亡國의 시기인 것이다.

大明發而萬物皆照하고 大義發而萬物皆利하고 大兵發而萬物皆服하나니 大哉라 聖人之德이여 獨聞獨見이니 樂哉니이다

큰 밝음이 나오면 만물이 모두 밝아지고, 큰 義가 발동하면 만물이 모두 이롭고, 大軍이 출동하면 만물이 모두 복종하니, 위대합니다. 聖人의 德이여! 홀로 듣고 홀로 보니, 즐거워할 만합니다."

大明은 日也라 大明發而萬物皆得其照하고 大義發而萬物皆得其利하고 大兵發而萬物皆服其心이라 大哉라 聖人之德이여 有人所不及聞見이요 而已獨聞獨見하여 自得其樂哉인저

큰 밝음은 해이다.

큰 밝음이 나오면 만물이 모두 光明을 얻고, 큰 義가 발동하면 만물이 모두 이로움을 얻고, 대군이 출동하면 만물이 모두 마음으로 복종하는 것이다. 위대하다. 聖人의 德이여! 사람들은 미처 듣고 보지 못하는 바가 있고, 聖人만이 홀로 듣고 홀로 보아서 스스로 그 즐거움을 얻는 것이다.

文啓 第十四　제14편 文德에 의한 啓導

文啓는 以文德起迪其民也니 蓋取書中之義하여 以名篇하니라

文啓란 文德으로써 백성을 일으키고 인도하는 것이니, 글 가운데의 뜻을 취하여 篇名으로 삼은 것이다.

文王이 **問太公曰 聖人**은 **何守**오 **太公曰 何憂何嗇**이리오 **萬物皆得**이요 **何嗇何憂**리오 **萬物皆遒**(주)니이다

文王이 太公에게 물었다.
"聖人은 무엇을 지키는가?"
太公이 대답하였다.
"무엇을 근심하고 무엇을 아끼겠습니까. 萬物을 모두 얻습니다. 무엇을 아끼고 무엇을 근심하겠습니까. 萬物이 모두 모여듭니다.

文王이 問太公曰 聖人은 何所守오 太公對曰 何用憂而何用嗇乎아 萬物皆可得也요 何用嗇而何用憂乎아 萬物皆可遒也라 嗇은 吝也요 遒는 聚也라 詩曰 百祿是遒[1]라한대 集傳에 訓聚하니라

1) 詩曰 百祿是遒 : 이 내용은 ≪詩經≫ 〈商頌 長發〉에 보인다.

文王이 太公에게 물었다.
聖人은 무엇을 지키는가?
太公이 대답하였다.
무엇을 근심하고 무엇을 아낄 것이 있겠는가. 萬物을 모두 얻을 수 있다. 무엇을 아끼고 무엇을 근심할 것이 있겠는가. 萬物이 모두 모여든다.
嗇은 아낌이요, 遒는 모임이다. ≪詩經≫에 '온갖 福祿이 이에 모인다.〔百祿是遒〕'라고 하였는데, ≪集傳≫에 '遒'를 '聚'로 訓하였다.

政之所施에 **莫知其化**하고 **時之**(可王)〔所在〕[1]에 **莫知其移**라 **聖人守此**하여 **而萬物化**하나니 **何窮之有**리오 **終而**(主)〔復〕[2]**始**니이다

1) (可王)〔所在〕: 저본의 '可王'은 漢文大系本에 의거하여 '所在'로 바로잡았다.
2) (主)〔復〕: 저본의 '主'는 漢文大系本에 의거하여 '復'로 바로잡았다.

정사를 시행하는 바에 그 교화를 알지 못하고, 시절이 있는 곳에 그 바뀜을 알지 못합니다. 聖人이 이것을 지켜서 만물이 교화되니, 어찌 다함이 있겠습니까. 끝이 나면 다시 시작됩니다.

政之所施에 而人莫知其化하고 時之所在에 而人莫知其移라 所謂聖人無爲而成治하고 天道無爲而成事也라 聖人守此無爲之政하여 而萬物自化而爲善하니 何有窮盡이리오 亦如天道之終而復始하여 循環無極也라

정사를 시행하는 바에 사람들이 그 교화되는 줄을 알지 못하고, 시절이 있는 곳에 사람들이 그 바뀌는 줄을 알지 못한다.

이는 이른바 '聖人은 함이 없이〔無爲〕 다스림을 이루고, 天道는 함이 없이 일을 이룬다.'는 것이다.

聖人은 이 無爲의 정사를 지켜서 만물이 저절로 교화되어 善을 하니, 어찌 다함이 있겠는가. 이는 또한 天道가 끝나면 다시 시작되어서 순환하여 끝이 없는 것과 같은 것이다.

優而游之하야 展轉求之니 求而得之면 不可不藏이요 旣以藏之면 不可不行이요 旣以行之면 勿復明之니이다

넉넉히(여유롭게) 노닐어서 展轉하여 구해야 하니, 구해서 얻으면 은밀한 마음속에 감춰두지 않을 수 없고, 이미 마음속에 감춰두면 남에게 행하지 않을 수 없고, 이미 남에게 행했으면 다시 밝히지 않습니다.

優游는 自如之貌라 承上文而言호되 聖人之所以無爲者는 優游自如耳라 故로 當展轉求之라하니 展者는 轉之半이요 轉者는 展之周니 欲其反覆而求之也라 求而能得之면 不可不藏之於密이요 旣以藏之於密이면 又不可不行之於人이요 旣以行之於人이면 勿復自彰明之라

'넉넉히 노닌다〔優游〕는 것'은 자유로운 모양이다. 윗글을 이어 말하기를 "聖人이 無爲自然인 까닭은 넉넉히 노닐어 자유로울 뿐이다. 그러므로 마땅히 展轉하여 구해야 한다." 하였으니, 展은 轉의 半이요, 轉은 展의 한 바퀴이니, 그 반복하여 구하고자

한 것이다.

구하여 능히 얻으면 이것을 은밀한 마음속에 감춰두지 않을 수 없고, 이미 은밀한 마음속에 감춰두었으면 또 이것을 남에게 행하지 않을 수 없고, 이미 남에게 행하였으면 다시 스스로 밝히지 말아야 하는 것이다.

夫天地不自明故로 能長生하고 聖人不自明故로 能名彰이니이다

하늘과 땅이 스스로 밝히지 않기 때문에 능히 만물을 생장하고, 聖人이 스스로 밝히지 않기 때문에 능히 명예가 드러나는 것입니다.

夫天地惟其不自明也라 故로 能長生萬物하고 聖人惟其不自明也라 故로 能名譽彰顯이라 醫書에 有云 天明則日月不明[1)]이라하니 言天不自明故로 日月得而明也니 若天之精氣呈露而自明이면 日月亦不能明矣라 謂天地隱德弗曜하여 而萬物得以長生하고 聖人隱德弗曜하여 而名譽得以彰顯也라

1) 醫書有云 天明則日月不明 : 醫書는 醫學 서적을 이르는바, 이 내용은 ≪黃帝內經素問≫ 권1에 보인다.

하늘과 땅이 스스로 밝히지 않기 때문에 능히 만물을 생장하고, 聖人이 스스로 밝히지 않기 때문에 능히 명예가 밝게 드러나는 것이다.

醫書에 이르기를 "하늘이 밝으면 해와 달이 밝지 못할 것이다.〔天明則日月不明〕" 하였다. 하늘이 스스로 밝지 않기 때문에 해와 달이 밝음을 말한 것이니, 만약 하늘의 정기가 크게 드러나서 스스로 밝다면, 해와 달은 밝지 못할 것이다.

이는 하늘과 땅이 덕을 숨기고 밝히지 않아서 만물이 생장하게 되고, 聖人이 덕을 숨기고 밝히지 않아서 명예가 크게 드러나게 됨을 말한 것이다.

古之聖人이 聚人而爲家하고 聚家而爲國하고 聚國而爲天下하여 分封賢人하여 以爲萬國하니 命之曰大紀니이다

옛날 聖人이 사람을 모아 집을 만들고, 집을 모아 나라를 만들고, 나라를 모아 천하를 만들어서, 어진 사람을 나누어 封하여 萬國을 만들었으니, 이를 명명하여 '大紀'라 합니다.

上古聖人이 聚人而爲之家하고 聚家而爲之國하고 聚國而爲之天下하여 分封賢德

之人하여 以爲萬國諸侯하니 命之曰大紀라하니 大紀者는 國家之大綱紀也라

上古의 聖人이 사람을 모아 집을 만들고, 집을 모아 나라를 만들고, 나라를 모아 천하를 만들어서, 어진 덕이 있는 사람을 나누어 封하여 萬國의 제후로 삼았으니, 이를 명명하여 '大紀'라 한다.

大紀는 國家의 큰 綱紀이다.

陳其政教하고 順其民俗하여 群曲化直하여 變於形容하고 萬國不通이나 各樂其所하여 人愛其上하나니 命之曰大定이니이다

政事와 教化를 펴고 백성의 풍속을 순종하여 여러 굽은 것이 곧아져서 형용이 변하고, 萬國의 풍속이 서로 통하지 못하나 각기 그 거처를 즐거워하여 사람들이 그 윗사람을 사랑하니, 이를 명명하여 '大定'이라 합니다.

敷陳其政事教化하고 順從其民之風俗하여 使群曲皆化爲直하여 而變於形容하고 萬國風俗이 雖不通이나 各得樂其所하여 人皆愛其上하나니 命之曰大定이라하니 大定者는 天下之大平定也라

정사와 교화를 펴고 백성들의 풍속을 순종해서 여러 굽은 자들로 하여금 모두 변화하여 정직해져서 형용이 변하게 하고, 萬國의 風俗이 비록 통하지 못하나 각기 제 사는 곳을 즐거워하여 사람들이 모두 그 윗사람을 사랑하니, 이를 명명하여 '大定'이라 한다.

大定이란 天下가 크게 平定되는 것이다.

嗚呼라 聖人은 務靜之하고 賢人은 務正之하고 愚人은 不能正이라 故로 與人爭이니 上勞則刑繁하고 刑繁則民憂하고 民憂則流亡하여 上下不安其生하여 累世不休면 命之曰大失이니이다

아! 聖人은 고요하기를 힘쓰고, 賢人은 바로잡기를 힘쓰고, 어리석은 사람은 바르지 못하므로 남과 다투니, 윗사람이 수고로우면 형벌이 많아지고, 형벌이 많아지면 백성들이 근심하고, 백성들이 근심하면 流離하고 도망하여 윗사람과 아랫사람이 사는 것을 편안히 여기지 못해서 여러 대 동안 편안히 쉬지 못하면, 이를 명명하여 '大失'이라 합니다.

嗚呼는 嘆辭라 嗟嘆而言호되 聖人은 務靜以待之하고 賢人은 務正以率之하고 愚人은 不能正以率下라 故로 與人必爭하나니 上之人勞면 則刑罰繁多하고 刑罰繁多면 則民心生憂하고 民心生憂면 則思流離逃亡하여 上下皆不能安其生하여 而累世不能休息하나니 命之曰大失이라하니 大失者는 國家之政令大失也라

嗚呼는 탄식하는 말이다. 탄식하고 다음과 같이 말하였다.

聖人은 고요히 기다리기를 힘쓰고, 賢人은 바름으로써 솔선하기를 힘쓰고, 어리석은 사람은 바름으로써 아랫사람에게 솔선하지 못하므로 남과 반드시 다투니, 윗사람이 수고로우면 형벌이 많아지고, 형벌이 많아지면 백성들의 마음에 근심이 생기고, 백성들의 마음에 근심이 생기면 유리하고 도망할 것을 생각하여, 윗사람과 아랫사람이 모두 그 사는 것을 편안히 여기지 못해서 여러 대 동안 편안히 휴식하지 못한다. 이를 명명하여 '大失'이라 한다.

大失이란 國家의 政令이 크게 잘못된 것이다.

天下之人은 如流水하여 障之則止하고 啓之則行하고 靜之則淸이니이다

天下의 사람들은 흐르는 물과 같아서, 막으면 멈추고 열어놓으면 가고 고요하게 하면 깨끗해집니다.

天下之人情은 譬如流水하여 遮障之則停止하고 開啓之則通行하고 靜澄之則潔淸이라

天下의 人情은 비유하면 흐르는 물과 같아서, 막아놓으면 정지되고 열어놓으면 통행하여 흘러가고 고요하고 맑게 하면 깨끗해지는 것이다.

嗚呼神哉라 聖人은 見其始則知其終이니이다

아! 신묘합니다. 聖人은 그 처음을 보면 그 끝을 압니다."

又嗟嘆而言호되 嗚呼神妙哉라 聖人은 旣見其物之始면 則知其物之終이라하니 謂見其民之所以始면 則知其民之所以終也라

또 탄식하여 말하기를 "아! 신묘하다. 聖人은 이미 사물의 시작을 보면 그 사물의 종말을 안다." 하였으니, 이는 그 백성의 시작하는 바를 보면 그 백성의 끝마칠 바를

앎을 말한 것이다.

文王曰 靜之奈何오 **太公曰 天有常形**하고 **民有常生**하니 **與天下共其生**이면 **而天下靜矣**니이다

文王이 말씀하였다.

"고요하게 함은 어떻게 해야 하는가?"

太公이 대답하였다.

"하늘은 떳떳한 형체가 있고, 백성은 떳떳하게 살려는(낳는) 뜻이 있으니, 天下와 그 살려는 것을 함께하면 天下가 조용해집니다.

文王曰 聖人務靜之道奈何오 太公對曰 天有恒常之形體하고 民有恒常之生意하니 天之常形은 謂春而生, 夏而長, 秋而成, 冬而藏也요 民之常生은 謂春而耕, 夏而耘, 秋而斂, 冬而息也라 能與天下共其生生之理하면 而天下自靜矣라

文王이 물었다.

聖人이 고요함에 힘쓰는 방도는 어떻게 하는가?

太公이 대답하였다.

하늘은 떳떳한 형체가 있고, 백성은 떳떳하게 살려는 뜻이 있다.

하늘의 떳떳한 형체는 봄에 낳고 여름에 자라고 가을에 이루고 겨울에 갈무리함을 이르며, 백성의 떳떳한 삶은 봄에 밭 갈고 여름에 김매고 가을에 거두고 겨울에 쉼을 이른다.

능히 天下와 그 낳고 낳는 이치를 함께하면 天下가 저절로 조용해지는 것이다.

太上은 **因之**하고 **其次**는 **化之**니 **夫民化而從政**이라 **是以**로 **天無爲而成事**하고 **民無與而自富**하나니 **此聖人之德也**니이다 **文王曰 公言**이 **乃協予懷**하니 **夙夜念之不忘**하여 **以用爲常**호리라

太上(가장 좋은 것)은 그대로 백성을 따르는 것이고 그 다음은 백성을 교화시키는 것입니다. 백성들이 교화되어 정사를 따르기 때문에 하늘은 함이 없이 일을 이루고, 백성은 내려주는 것이 없이도 저절로 부유해지니, 이는 聖人의 덕입니다."

文王이 말씀하였다.

"公의 말이 바로 내 마음과 합하니, 내 밤낮으로 생각하고 잊지 않아서, 이것으로써 떳떳함을 삼겠노라."

太上者는 因民而成治하고 其次者는 用化以成俗하니 夫民化於下하여 而從人君之政이라 是以로 天道無爲而成事하나니 事는 猶物也라 民無所與而自致富하나니 謂不奪其時하고 薄其賦斂하여 使民安其田野하여 家給人足하니 是無與而自富니 此乃聖人之德也라 文王曰 公言이 乃協予之所懷하니 當早夜念之而不忘하여 用以爲治國之常道也라

太上은 그대로 백성을 따라 훌륭한 정치를 이룩하는 것이고, 그 다음은 교화를 써서 풍속을 이루는 것이다. 백성들이 아래에서 교화되어 군주의 정사를 따르기 때문에 天道는 하는 것이 없이 사물을 이루는 것이다. 事는 物과 같다.

백성들이 위에서 내려주는 것이 없이도 스스로 부유해지니, 이는 농사짓는 철을 빼앗지 않고 세금 거두는 것을 적게 하여, 백성들로 하여금 자신의 田野를 편안히 여겨 집집마다 풍족하고 사람마다 풍족함을 이르니, 이는 백성들이 위에서 내려주는 것이 없이도 스스로 부유해지는 것이니, 이는 바로 聖人의 덕이다.

文王이 말씀하였다.

公의 말이 바로 내가 생각하는 바와 같으니, 내 마땅히 밤낮으로 생각하고 잊지 않아서, 이로써 나라를 다스리는 떳떳한 방도로 삼겠다.

文伐 第十五 제15편 文事에 의한 征伐

文伐者는 以文事伐人하고 不用交兵接刃而伐之也라 以文王問文伐之法故로 取以名篇하니라

文伐이란 文事로 남(적)을 정벌하고, 병기와 칼날을 서로 접하여 정벌하지 않는 것이다. 文王이 文事로 남을 정벌하는 방법을 물었으므로, 이를 취하여 篇名으로 삼은 것이다.

文王이 問太公曰 文伐之法은 奈何오 太公曰 凡文伐이 有十二節하니이다

文王이 太公에게 물었다.
"文事로 정벌하는 방법은 어떻게 하는 것인가?"
太公이 대답하였다.
"무릇 文事로 정벌하는 것은 열두 가지가 있습니다.

文王이 問太公曰 以文伐人之法은 奈何오 太公對曰 凡文伐이 有一十二節이라

文王이 太公에게 물었다.
文事로 남을 정벌하는 방법은 어떻게 하는 것인가?
太公이 대답하였다.
무릇 文事로 정벌하는 것이 열두 가지가 있다.

一曰 因其所喜하여 以順其志면 彼將生驕하여 必有好事하리니 苟能因之면 必能去之니이다

첫 번째, 적국의 군주가 좋아하는 바를 따라서 그의 뜻에 순종하면 그가 장차 교만한 마음이 생겨서 반드시 일을 좋아하게 될 것이니, 진실로 이것을 잘 이용하면 반드시 제거할 수 있습니다.

一曰 因其彼國之所喜好하여 以順從其志意하면 彼將生驕慢之心이요 亦必有好事自起하리니 吾誠能因之면 彼必能去之라 如智伯喜地에 韓魏因而與之[1)]하고 東胡喜馬에 冒頓(묵특)因而獻之[2)] 是也라

1) 智伯喜地 韓魏因而與之 : 智伯은 春秋時代 말기 晉나라의 卿인 智伯 瑤로 시호는 襄子이다. 智伯은 卿의 지위를 세습하자, 당시 同列로 있던 韓康子와 魏桓子에게 封地를 할양해줄 것을 요구하여 각각 1만 戶의 큰 고을을 받았다. 智伯은 기뻐하여 또다시 趙襄子에게 蔡나라에서 점령한 皐狼의 封地를 달라고 요구하였으나, 襄子가 거절하자 전쟁을 일으켜 趙襄子를 궁지에 몰아넣었다. 智氏의 세력이 너무 강성해지는 것을 우려한 韓康子와 魏桓子는 趙襄子와 함께 연합하여 반격함으로써, 智伯은 결국 멸망하고 말았다.
2) 東胡喜馬 冒頓(묵특)因而獻之 : 東胡는 蒙古 高原 동부에 있던 수렵 민족들이 연맹한 부족국가로, 뒤에 冒頓에 의해 匈奴에 服屬되었다. 冒頓(재위 B.C. 209~174)은 蒙古 일대의 騎馬 民族을 통합하여 王國을 건설한 匈奴의 單于이다.
   冒頓이 처음 單于가 되자, 東胡가 冒頓을 시험하기 위해 사신을 보내 千里馬를 요

구하였는데, 신하들의 반대를 물리치고 冒頓은 千里馬를 내어주었다. 東胡가 다시 사신을 보내 單于의 애첩인 閼氏(연지)를 달라고 하자, 신하들이 모두 이에 반대하였으나, 이를 물리치고 冒頓은 또 애첩을 내어주었다. 이에 교만해진 東胡가 匈奴와의 경계에 있는 천여 리의 황무지를 달라고 요구하였는데, 신하들이 어차피 버려진 땅이니 주자고 하였으나, 冒頓은 "땅은 나라의 근본인데 어찌 땅을 내어줄 수 있단 말인가." 하고, 東胡를 급습하여 크게 무찔러 東胡의 왕을 죽이고 나라를 멸망시켰다. ≪史記 권110 匈奴列傳≫

첫 번째, 적국의 군주가 좋아하는 바를 따라서 그의 뜻에 순종하면 그에게 장차 교만한 마음이 생길 것이요, 또한 반드시 일을 좋아하여 土木工事를 스스로 일으킬 것이니, 우리가 진실로 이것을 잘 이용하면 적을 반드시 제거할 수 있을 것이다.

예컨대, 智伯이 땅을 좋아하자 韓氏와 魏氏가 순응하여 땅을 주었고, 東胡가 말을 좋아하자 冒頓이 순응하여 말을 바친 것이 이것이다.

二曰 親其所愛하여 **以分其威**니 **一人兩心**이면 **其中必衰**하고 **廷無忠臣**이면 **社稷必危**니이다

두 번째, 적국의 군주가 사랑하는 자를 친애하게 하여 그 나라의 위엄을 분산시키는 것이니, 한 사람이 두 마음을 품으면 그 中心(中央)이 반드시 쇠약해지고, 조정에 忠臣이 없으면 社稷이 반드시 위태롭게 됩니다.

次二曰 親其彼國之所愛者하여 **以分其國威**니 **一人而懷兩心**이면 **其中必然衰弱**하고 **若廷無忠臣以諍之**면 **社稷必至於危亡矣**라 **如張儀入楚**에 **楚欲殺之**어늘 **儀賂靳**(근)**尙**하여 **說鄭袖而免之**하고 **因勸楚**하여 **與諸侯連衡以事秦**[1]**之類 是也**라

1) 張儀入楚……與諸侯連衡以事秦 : 靳尙은 楚나라의 上官大夫로 懷王의 총애를 받고 屈原을 모함하여 귀양 보냈으며 뇌물을 받고 불법과 비리를 자행한 인물이다.

六國이 秦나라를 섬겨야 無事하다는 連衡論을 주장한 張儀는 동맹관계인 楚나라와 齊나라를 이간하기 위해 楚나라에 가서 齊나라와 斷交하면 秦나라의 靑山 땅 600리를 주겠다고 유인하였다. 懷王이 이 말을 믿고 齊나라와 관계를 끊고 땅을 요구하였으나, 張儀는 600리를 주기로 한 것이 아니고 6리라고 거짓말하였다. 懷王이 크게 노하여 秦나라를 공격하자, 張儀는 자신이 가서 해결하겠다고 자청하고 楚나라에 들어가 靳尙에게 많은 뇌물을 주었다. 靳尙은 懷王의 寵姬인 鄭袖를 통해 懷王에게 말하여 張儀를 풀어주게 하였으며 이에 반대하는 屈原을 모함하였다.

그 후 張儀는 楚나라에 권하여 제후들과 함께 秦나라를 섬기게 하였다. 懷王은 秦昭王과 회담하기 위해 秦나라의 武關에 들어갔는데, 땅을 떼어달라는 秦나라의 요구를 거절하다가 秦나라에 억류되어 죽었다. ≪史記 권70 張儀列傳≫

連衡의 '連'은 '橫'과 같다.

다음 두 번째, 저 적국의 군주가 사랑하는 자를 친애하게 하여 그 나라의 위엄을 분산시키는 것이니, 한 사람이 두 마음을 품으면 그 中心이 반드시 쇠약해지고, 만약 조정에 忠臣의 간쟁이 없으면 社稷이 반드시 위태롭고 멸망하게 될 것이다.

예컨대, 張儀가 楚나라에 들어가자 楚나라에서는 장의를 죽이려 하였는데, 장의가 靳尙에게 뇌물을 주고 鄭袖를 설득하여 죽음을 면하고, 이어서 楚나라에 권하여 諸侯들과 連衡해서 秦나라를 섬기게 한 것이 이것이다.

三曰 陰賂左右하여 得情甚深이니 身內情外면 國將生害하리이다

세 번째, 은밀히 적국 군주의 좌우 측근에게 뇌물을 주어서 그의 마음을 얻어 정이 깊어지게 하는 것이니, 몸은 안에 있고 마음은 밖에 있으면 나라에 장차 폐해가 생기게 됩니다.

次三曰 陰賂彼國之左右近臣하여 **得其情**하여 **與我甚深**이면 **彼身雖在內**나 **而情却在外**하여 **其國必將生害矣**라 **如秦人賂趙之郭開**[1]하고 **越人賂吳之(白)〔伯〕嚭**[2] **是也**라

1) 秦人賂趙之郭開 : 郭開는 趙나라의 大臣으로, 秦나라로부터 뇌물을 받고 趙나라의 명장인 廉頗와 李牧을 중상모략하여 제거해서 趙나라를 멸망하게 만들었다.
2) 越人賂吳之(白)〔伯〕嚭 : 伯嚭는 원래 楚나라 사람이었는데 할아버지인 伯州犁가 楚나라에서 죽임을 당하자 吳나라로 망명하여 太宰에 이르렀다. 越王 句踐이 吳王 夫差에게 會稽山에서 패하여 위기에 처했을 때, 伯嚭는 越나라의 뇌물을 받고 句踐을 놓아줄 것을 주장하였다. 한편 伍員은 이에 반대하였으나, 吳王 夫差는 듣지 않았다가 끝내 越나라에게 패망하였다

저본의 '白'은 ≪史記≫에 의거하여 '伯'으로 바로잡았다.

다음 세 번째, 적국 군주의 좌우에 있는 측근 신하에게 은밀히 뇌물을 보내어서 그의 마음을 얻어 우리와 정이 깊어지게 하면, 저들은 몸은 비록 안에 있으나 마음은 밖에 있게 되어서, 그 나라에 반드시 장차 폐해가 생길 것이다.

예컨대, 秦나라 사람이 趙나라의 郭開에게 뇌물을 주고, 越나라 사람이 吳나라의 伯

嚭에게 뇌물을 준 것이 이것이다.

四曰 輔其淫樂하여 **以廣其志**하며 **厚賂珠玉**하고 **娛以美人**하며 **卑辭委聽**하고 **順命而合**이면 **彼將不爭**하여 **奸節乃定**하리이다

네 번째, 음탕한 음악을 보내주어서 적국 군주의 태만한 마음을 넓히며, 珠玉을 많이 주고 미녀를 보내어 즐겁게 하며, 말을 낮추어 공손히 따르고 명령에 순종하여 영합하면 저들이 장차 우리와 다투지 아니하여 시끄러운 일이 마침내 평정될 것입니다.

次四曰 輔其淫樂하여 **以廣其荒怠之志**하며 **厚賂以珠玉**하고 **娛之以美人**하며 **卑其辭而委聽於彼**하고 **順其命而求合於君**이면 **彼將不與我爭而奸節乃定矣**라 **如越以西施獻吳**하고 **列士以上皆有賂**[1] **是也**라

1) 越以西施獻吳 列士以上皆有賂 : 西施는 중국 4대 美人의 하나이며, 列士는 계급이 낮은 벼슬아치들이다. 越王 句踐은 吳王 夫差를 미혹시키기 위해 西施를 吳王에게 바치고, 吳王 夫差가 맹주가 되어 黃池에서 회맹할 적에 吳나라의 지위가 낮은 列士들에게도 모두 선물을 주어 환심을 사려 하였다. 伍員은 이것을 받아서는 안 된다고 諫하였으나 吳王은 듣지 않고, 西施를 姑蘇臺에 두고 온갖 향락을 즐겼으며, 승리에 도취되어 제후들과 패권을 다투다가 越나라에게 멸망하였다.

다음 네 번째, 음탕한 음악을 보내주어서 적국 군주의 황폐하고 태만한 마음을 넓히며, 珠玉을 많이 주고 미인을 보내어 즐겁게 하며, 말을 낮추어 저들을 따르고, 명령에 순종하여 적의 군주에게 영합하면, 저들이 장차 우리와 다투지 아니하여 시끄러운 일이 마침내 평정될 것이다.

예컨대, 越나라가 吳나라에 西施를 바치고, 列士 이상에게 모두 뇌물을 준 것이 이것이다.

五曰 嚴其忠臣而薄其賂하며 **稽**(계)**留其使**하고 **勿聽其事**하여 **亟爲置代**하고 **遺以誠事**하여 **親而信之**하면 **其君**이 **將復合之**리니 **苟能嚴之**면 **國乃可謀**니이다

다섯 번째, 그 나라(적국)의 忠臣을 공경하고 그 나라(적국)에 주는 뇌물(선물)은 박하게 하며, 사신을 지체시켜 머물러두고 그 일을 들어주지 말아 빨리 교체시키게 하고 진실한 일을 보내주어서 〈새로 온 사신을〉 친애하고 믿게 하면 그

나라 군주가 장차 다시 와서 영합할 것이니, 진실로 적국의 충신을 공경히 존중하면 적국을 도모할 수 있습니다.

次五曰 嚴敬其忠臣而薄其賄(회)賂하며 稽留其來使하고 勿聽信其事하여 亟爲置代하고 而遺以誠事하여 求與親而信之하면 其君이 將復來合之하리니 誠能嚴之면 國乃可得而謀也[1)]라

1) 嚴敬其忠臣而薄其賄(회)賂……國乃可得而謀也 : 漢文大系本 ≪六韜直解≫의 頭註에는 이 글에 대해 다음과 같이 부연 설명하고 있다.
"이는 적국으로 하여금 忠臣을 의심하고 小人을 믿게 하는 술책이다. 적국의 충신에 대한 禮를 중히 하고 군주에 대한 재물을 박하게 하면, 적국의 군주는 반드시 그 충신을 아국과 사사로이 내통한다고 의심할 것이다. 적국의 忠良한 신하가 使者로 오면 이를 머물러두고 그의 말을 들어주지 않는다. 그리하여 적국의 군주가 그를 의심하고 다른 사람을 대신 바꾸어 보낼 경우, 이 사람에게는 지성으로 고하여 우리가 이 사람을 친히 여기고 믿는다는 것을 보여주면, 적국의 군주는 이 사람을 믿고 이 사람에게 영합할 것이다. 이로써 충신을 이간시키고 소인을 영합시켜 계책을 성공시킬 수 있다."

다음 다섯 번째, 적국의 忠臣을 극진하게 공경하고 적국에 주는 재물은 박하게 하며, 忠良한 사신이 오면 그를 지체시켜 머물게 하고 그의 일을 들어주지 말아서 빨리 교체시키게 하며, 〈새로 온 사신에게〉 친애하여 믿게 하면 적국의 군주가 장차 다시 와서 영합할 것이니, 진실로 적국의 忠臣을 공경하고 존중하면 적국을 비로소 도모할 수 있다.

六曰 收其內하고 間其外하여 才臣外相하고 敵國內侵이면 國鮮不亡이니이다

여섯 번째, 적의 안(조정)에 있는 신하와 연합하고 밖에 있는 신하를 이간질하여, 재주 있는 적국의 신하가 밖에서 우리를 돕고 〈제3의〉 적국이 안에서 침략하게 하면, 적국이 멸망하지 않는 경우가 적습니다.

次六曰 收其內臣而離間其外臣하여 使才臣在外하여 陰相於我하고 而敵國侵之於內하면 其國이 鮮有不亡者라 一本에 作收其外하고 間其內하여 才臣內相하고 敵國外侵이면 國鮮不亡하니 謂收其外臣而間其內臣하여 使才臣在內相之하고 而敵國在外侵之면 其國이 鮮有不亡者라 如秦使張儀相魏而以兵伐之하여 魏終以亡[1)]이 是也라

1) 秦使張儀相魏而以兵伐之 魏終以亡 : 張儀는 連衡을 주장한 辯士이다. 秦나라에서는 張儀를 첩자로 이용하여 魏나라에서 정승이 되게 하고는 군대를 동원하여 魏나라를 정벌함으로써, 張儀가 제후들을 거느리고 秦나라를 섬기도록 유도하였다. 그 결과 魏나라는 韓나라와 함께 秦나라에 땅을 떼어 바치고 조회하다가 끝내 망하였다.

다음 여섯 번째, 적국의 안에 있는 신하와 연합하고 밖에 있는 신하를 이간질하여, 재주 있는 적국의 신하로 하여금 밖에서 은밀히 우리를 돕게 하고 〈제3의〉 적국이 안에서 침략하게 하면, 나라가 망하지 않는 경우가 적다.

一本에는 "밖에 있는 자와 연합하고 안에 있는 자를 이간질하여 재주 있는 신하가 안에서 우리를 돕고 적국이 밖에서 그 나라를 침략하게 하면, 나라가 망하지 않는 경우가 적다."라고 되어있으니, 적국의 밖에 있는 신하와 연합하고 안에 있는 신하를 이간질하여, 적의 재주 있는 신하로 하여금 안에 있으면서 우리를 돕게 하고 적국이 밖에 있으면서 그 나라를 침략하게 하면, 나라가 망하지 않는 경우가 적음을 말한 것이다.

예컨대, 秦나라가 張儀를 시켜 魏나라의 정승이 되게 하고, 군대로 魏나라를 정벌하여 魏나라가 끝내 멸망한 것이 이것이다.

七曰 欲錮其心인댄 **必厚賂之**하고 **收其左右忠愛**하여 **陰示以利**하여 **令之輕業**하여 **而蓄積空虛**니이다

일곱 번째, 적국 군주의 마음을 속박하고자 하면 반드시 많은 뇌물을 보내고, 좌우에서 충성하고 사랑하는 사람을 거두어서 은밀히 이익을 보여주어 하여금 생업을 가볍게 해서 적국의 저축을 공허하게 만드는 것입니다.

次七曰 欲禁錮其心인댄 必厚賂之以利하고 收其左右忠愛之人하여 結其心하여 使爲我謀也라 結其心하고 而因示之以利하여 使彼輕其業하여 而蓄積空虛耳라

다음 일곱 번째, 적국 군주의 마음을 속박하고자 하면 반드시 이익으로 뇌물을 많이 주고, 그 좌우에서 충성하고 사랑하는 사람을 거두어 그의 마음을 결탁해서 하여금 우리를 위하여 도모하게 하는 것이다. 그 마음을 결탁하고 인하여 이익을 보여주어서, 저들로 하여금 생업을 가벼이 여겨 저축을 공허하게 만드는 것이다.

八曰 賂以重寶하여 **因與之謀**하고 **謀而利之**하여 **利之必信**이면 **是謂重親**이니 **重親之積**이면 **必爲我用**하리니 **有國而外**면 **其地必敗**니이다

여덟 번째, 큰 보물을 뇌물로 주고서 인하여 적과 도모하고 도모하여 이롭게 하면 이익을 탐하여 반드시 우리를 믿을 것입니다. 이것을 重親이라 하니, 重親이 쌓이면 반드시 우리의 쓰임이 될 것입니다. 나라를 소유하고도 마음이 밖에 있으면 반드시 그 땅이 피폐하게 됩니다.

次八曰 賂其臣以重寶하여 因與之通謀하고 謀而又利之하여 彼貪利而必信於我하면 是謂重親이니 重親之積이면 必能爲我之用하여 有國而外하리니 如此면 其地必至於敗矣[1)]라

1) 賂其臣以重寶……其地必至於敗矣 : 漢文大系本 ≪六韜直解≫의 頭註에는 "賂는 적의 군주에게 賂物을 주는 것이다. '有國而外'는 자기 나라의 주권을 행사함에 있어서 외국에게 聽從하는 것을 이른다. 虛名과 虛勢로써 적국의 군주를 높여 그의 잘난 체하고 오만한 마음을 조장함으로써 국세가 해이해짐에 이르게 한다." 하여, ≪直解≫와 약간 다르게 해석하였다.

다음 여덟 번째, 적국의 신하들에게 큰 보물을 뇌물로 주고서 인하여 계책을 통하고 계책하여 또 이롭게 해주면, 저들이 이익을 탐하여 반드시 우리를 믿게 될 것이니, 이것을 일러 重親이라 한다. 重親이 쌓이면 〈적국의 신하가〉 반드시 우리의 쓰임이 되어서, 나라를 소유하고도 마음이 밖에 있을 것이니, 이와 같으면 그 땅이 반드시 패망하게 될 것이다.

九曰 尊之以名하고 無難其身하여 示以大勢하고 從之必信하여 致其大尊하여 先爲之榮하고 微飾聖人이면 國乃大偸(투)니이다

아홉 번째, 중한 명성으로 높여주고 그 몸을 어렵게 하지 말아서 대세를 보여주고, 〈저들의 말을〉 따라 반드시 우리를 믿게 한 다음 적국의 훌륭함과 높음을 이루어주어서 먼저 영화롭게 하고 은밀히 聖人이라고 추켜세우면, 적국이 마침내 크게 안일에 빠지게 됩니다.

次九曰 尊之以重名하고 無艱危其身하여 示以大勢하고 從之以必信하여 致彼自大自尊하여 先爲之榮顯하고 而微飾以聖人이면 其國이 乃大偸矣라

다음 아홉 번째, 중한 명성으로써 높여주고, 그 몸을 어렵게 하거나 위태롭게 하지 말아서 대세가 적국에게 있는 것처럼 보여주고, 〈저들의 말을〉 따라 반드시 우리를

믿게 한 다음, 저들이 스스로 잘난 체하고 스스로 높은 체하도록 만들어주어서 먼저 영화롭고 현달하게 하고 은밀히 聖人으로 아름답게 꾸며 추켜세우면, 적국이 마침내 크게 안일에 빠질 것이다.

十曰 下之必信하여 **以得其情**하고 **承意應事**하여 **如與同生**하고 **旣以得之**어든 **乃微收之**니 **時及將至**면 **若天喪之**니이다

열 번째, 몸을 낮추어 섬기되 반드시 誠信으로 하여 적국의 실정을 알아내고, 적국의 뜻을 받들고 일에 응하여 함께 살려는 것처럼 하며, 이미 적의 실정을 알았거든 이에 은밀히 거두어야 하니, 때가 장차 이르게 되면 하늘이 망치는 것과 같이 됩니다.

次十曰 下之必信하여 以得彼國之情하고 承順其意하여 以應彼國之事하여 如與之同生이니 言其情好之密也라 旣以得彼之情이어든 乃微收之니 時及將至면 其國必敗하여 若天喪之也라 或曰下之必信下字는 乃示字之誤也라하니 未知是否로라

다음 열 번째, 몸을 낮추어 섬기되 반드시 誠信으로 하여 적국의 실정을 알아내고, 그들의 뜻을 받들고 순종해서 적국의 일에 응하여 저들과 함께 살려는 것처럼 하는 것이니, 이는 그 교분이 친밀함을 말한 것이다. 이미 저들의 실정을 알아냈으면 이에 은밀하게 거두어야 하니, 기회가 장차 이르게 되면 적국이 하늘이 망치는 것처럼 반드시 패하게 될 것이다.

혹자는 말하기를 "'下之必信'의 '下'자는 바로 '示'자의 誤字이다." 하니, 옳은지 알지 못하겠다.

十一曰 塞之以道니 **人臣**은 **無不重貴與富**하고 **惡危與咎**하나니 **陰示大尊**하고 **而微輸重寶**하여 **收其豪傑**하며 **內積甚厚而外爲(之)〔乏〕**[1]하고 **陰內**[2]**智士**하여 **使圖其計**하고 **納勇士**하여 **使高其氣**하여 **富貴甚足而常有繁滋**하고 **徒黨已具**면 **是謂塞之**니 **有國而塞**이면 **安能有國**이릿고

1) (之)〔乏〕: 저본의 '之'는 漢文大系本에 의거하여 '乏'으로 바로잡았다.
2) 內 : 納과 같다.

열한 번째, 道로써 적국을 막는 것입니다. 신하들은 富貴를 중시하고 위태로움

과 허물을 싫어하지 않는 자가 없으니, 은밀히 훌륭함과 높음을 보여주고 은밀히 많은 보물을 주어서 적국의 호걸들을 거두며, 자국 안에 축적이 매우 많으면서도 겉으로는 궁핍한 것처럼 꾸미고, 은밀히 지혜 있는 선비들을 받아들여 계책을 도모하게 하고, 용사들을 받아들여 사기를 높여주어서, 저들의 부귀가 매우 풍족하여 항상 남음이 있게 하고 우리의 徒黨이 이미 갖추어지게 하면 이것을 일러 '적국을 막는다.'라고 하는 것이니, 나라가 있으나 막히면 어찌 나라를 소유할 수 있겠습니까?

次十一曰 塞之以其道니 爲人臣者 無不重貴與富而惡危與咎하나니 陰示以大而且尊하고 微輸以重寶而賂之하여 收其豪傑之心이라 內之所積者甚厚로되 而吾自外爲(之)〔乏〕하고 陰內有智之士하여 使圖其計하고 納勇力之士하여 使高其氣하여 使彼富貴甚足而常有繁滋하고 吾之徒黨以具니 是謂塞之之道라 有國而爲人塞之면 安能有其國也리오

다음 열한 번째, 道로써 적국을 막는 것이다. 신하 된 자들은 富貴를 중요하게 여기고 위태로움과 허물을 싫어하지 않는 이가 없으니, 은근히 적국의 훌륭함과 또 높음을 보여주고 은밀히 많은 보물을 보내어 뇌물로 주어서 적국 호걸들의 마음을 거두는 것이다. 그리고 자국 안에 축적한 것이 매우 많으나 겉으로 궁핍한 체하고, 은밀히 적국의 지혜로운 선비들을 받아들여 계책을 도모하게 하고, 용력이 있는 장사들을 받아들여 사기를 높여주어서, 저들로 하여금 부귀가 매우 풍족하여 항상 남음이 있게 하고 우리의 徒黨들이 갖추어지게 하는 것이니, 이것을 일러 '적국을 막는 道'라 한다. 나라를 소유하고도 남에게 막힘을 당한다면 어떻게 그 나라를 소유할 수 있겠는가.

十二曰 養其亂臣以迷之하고 進美女淫聲以惑之하고 遺良犬馬以勞之하고 時與大勢以誘之하여 上察而與天下圖之니이다

열두 번째, 적국의 亂臣을 길러 군주의 마음을 미혹시키고, 미녀와 음탕한 음악을 바쳐 혹하게 하고, 좋은 사냥개와 말을 보내어 몸을 수고롭게 하고, 때로 大勢를 보여주어 유인해서 위로 살펴 天下와 더불어 도모하는 것입니다.

次十二曰 養其亂臣하여 以迷其心하고 進美女淫聲하여 以惑其志하고 遺良犬馬하여 以勞其形하고 時與大勢하여 以引誘之하여 上察其勢而與天下共圖之라 上察以

下는 疑有闕文誤字라

다음 열두 번째, 적국의 亂臣을 길러 군주의 마음을 미혹시키고, 미녀와 음탕한 음악을 바쳐서 그 뜻을 혹하게 하고, 좋은 사냥개와 말을 보내어 그 몸을 수고롭게 하고, 때로 大勢를 보여주어 유인해서 위로 형세를 살펴서 天下와 함께 도모하는 것이다.

'上察' 이하에는 의심컨대 빠진 글이나 誤字가 있는 듯하다.

十二節備라야 乃成武事니 所謂上察天하고 下察地하여 徵已見(현)이라야 乃伐之니이다

이 열두 가지가 구비되어야 비로소 武事를 이룰 수 있습니다. 이른바 '위로 天時를 관찰하고 아래로 地理를 관찰하여 징험이 나타나야 비로소 정벌한다.'는 것입니다."

已上十二節이 全備라야 乃成武事하니 所謂上察天時하고 下察地理하여 徵驗已見이라야 乃伐之니 此文伐之法也라

이상 열두 가지가 완전히 구비되어야 비로소 武事를 이룰 수 있으니, 이른바 '위로 天時를 관찰하고 아래로 地理를 관찰하여 徵驗이 나타나야 비로소 정벌한다.'는 것이니, 이는 文事로 정벌하는 방법이다.

愚謂文王之所以爲文者는 純亦不已而已요 緝熙敬止而已[1]니 雖興兵而伐密伐崇이나 亦順帝之則而已라 故로 詩稱之曰 無然畔援하며 無然歆羨하야 誕先登于岸[2]이라하고 又曰 不聞亦式하고 不諫亦入하며 不顯亦臨하고 無射(역)亦保[3]라하니 所謂詐謀詭道가 豈文王之所用心哉리오

1) 文王之所以爲文者……緝熙敬止而已 : 이 내용은 ≪詩經≫ 〈周頌 維天之命〉에 "하늘의 命이 深遠하여 그치지 않으시니, 드러나지 않겠는가, 文王의 德의 순수함이여.〔維天之命 於穆不已 於乎不顯 文王之德之純〕" 하였는데, ≪中庸≫에 이것을 인용하여 "≪詩經≫에 이르기를 '하늘의 命이 深遠하여 그치지 않는다.' 하였으니, 이는 하늘이 하늘이 된 所以를 말한 것이요, '드러나지 않겠는가. 文王의 德의 순수함이여.' 하였으니, 이는 文王이 文이 되신 所以의 순수함이 또한 그치지 않음을 말한 것이다.〔詩云 維天之命 於穆不已 蓋曰天之所以爲天也 於乎不顯 文王之德之純 蓋曰文王之所以爲文也 純亦不已〕" 하였다. 이에 대해 程伊川은 "天道가 그치지 않는데 文王도 天道에 순수하여 또한 그치지 않았다.〔天道不已 文王純於天道亦不已〕" 하였다.

또 ≪詩經≫ 〈大雅 文王〉에 "深遠하신 文王이여! 아, 敬을 계속하고 밝혀서 공경하

였다.〔穆穆文王 於緝熙敬止〕" 하였으므로 이렇게 말한 것이다.

2) 詩稱之曰……誕先登于岸 : 이 내용은 ≪詩經≫ 〈大雅 皇矣〉에 "上帝께서 文王에게 이르시기를 '그렇게 이것을 버리고 저것을 잡지 말며, 그렇게 흠모하고 부러워하지 말아 크게 먼저 道의 지극한 경지에 오르라.' 하셨다.〔帝謂文王 無然畔援 無然歆羨 誕先登于岸〕"라고 보이는데, ≪集傳≫에 "이는 가설하여 上帝가 文王에게 명하는 말로 한 것이다."라고 해석하였다.

3) 又曰……無射(역)亦保 : 이 내용은 ≪詩經≫ 〈大雅 思齊〉에 文王의 덕을 칭송하여 "溫和하게 궁중에 계시며 엄숙하게 사당에 계시니, 드러나지 않은 곳에도 임한 듯이 하시며 싫어함이 없을 때에도 또한 보전하시었네. 이 때문에 큰 난을 끊지 못하셨으나 빛나고 위대하여 하자가 없으셨으며, 듣지 않아도 또한 법도에 맞으시며 諫하지 않아도 또한 善에 드시었네.〔雝雝在宮 肅肅在廟 不顯亦臨 無射亦保 肆戎疾不殄 烈假不瑕 不聞亦式 不諫亦入〕"라고 보인다.

내가 생각하건대, 文王이 훌륭한 文王이 되신 이유는 순수함이 그치지 않고 계속하고 밝혀 공경하셨기 때문일 뿐이니, 비록 군대를 일으켜 密나라를 정벌하고 崇나라를 정벌하였으나, 上帝의 법칙을 순히 따르셨을 뿐이다.

그러므로 ≪詩經≫에 文王을 칭찬하여 이르기를 "그렇게 이것을 버리고 저것을 잡지 말며, 그렇게 흠모하고 부러워하지 말아, 크게 먼저 道의 지극한 경지에 올랐다.〔無然畔援 無然歆羨 誕先登于岸〕" 하였고, 또 이르기를 "듣지 않아도 또한 법도에 맞으시며, 간하지 않아도 또한 성스러움에 드시며, 드러나지 않은 곳에도 임한 듯이 하시며, 싫어함이 없을 때에도 또한 보전한다.〔不聞亦式 不諫亦入 不顯亦臨 無射亦保〕" 하였으니, 이른바 '속이는 방법'이 어찌 文王이 마음을 쓰신 것이겠는가?

古之聖人은 行一不義하고 殺一不辜하여 而得天下를 皆不爲也[1]라 文王三分天下에 有其二하사 以服事殷하신대 孔子稱其至德[2]하시니 顧不義之事를 文王肯爲之乎아 文王以太公爲師하여 而問文伐之法이어늘 太公喋(첩)喋以謀詐告之하니 亦獨何心哉아 不惟文王厭聽이요 而太公亦難於啓齒矣리라 以文王之世에 周召方興二南之化[3]어늘 而太公以此詐謀啓之하면 春秋戰國之時는 又將如之何哉아 嗚呼라 此는 書之所以難盡信也[4]라 先儒亦曰 尙父는 本有道者니 謀言兵二百三十一篇은 豈近世有爲太公術者所增加歟아하니라 今以此篇文辭考之하면 的非三代聖君賢相授受之言이요 恐是周史依倣而爲之耳니 學者宜詳辯之니라

1) 古之聖人……皆不爲也 : ≪孟子≫ 〈公孫丑 上〉에, 孟子의 제자인 公孫丑가 伯夷와 伊尹과 孔子가 같은 점이 있느냐고 묻자, 孟子는 말씀하기를 "같은 점이 있으니, 100

리 되는 땅을 얻어 군주 노릇하면 모두 제후에게 조회받고 천하를 소유할 수 있지만, 한 가지라도 義롭지 못한 일을 행하고 한 사람이라도 죄 없는 사람을 죽이고서 천하를 얻는 것은 모두 하지 않으셨을 것이니, 이것은 같다.〔曰 有 得百里之地而君之 皆能以朝諸侯有天下 行一不義 殺一不辜而得天下 皆不爲也 是則同〕" 하였다.

2) 文王三分天下……孔子稱其至德 : ≪論語≫ 〈泰伯〉에 "天下를 셋으로 나눔에 그 둘을 소유하고서 殷나라에 복종하여 섬기셨으니, 周 文王의 德은 지극한 德이라고 이를 만하다.〔三分天下 有其二 以服事殷 周之德 其可謂至德也已矣〕" 한 말을 인용한 것이다.

3) 二南之化 : 二南은 ≪詩經≫ 〈國風〉의 첫 부분인 〈周南〉과 〈召南〉으로, 〈周南〉은 文王이 직접 통치한 지역에서 지어진 詩의 통칭이고, 〈召南〉은 부근 제후들의 지역에서 지어진 詩까지 포함하였는데, 文王의 교화가 잘 반영되어 〈周南〉과 〈召南〉은 詩의 正風으로 알려져 있다.

4) 書之所以難盡信也 : ≪孟子≫ 〈盡心 下〉에, 孟子가 이르기를 "≪書經≫을 다 믿으면 ≪書經≫이 없는 것만 못하다. 나는 〈武成〉에서 한두 쪽을 취할 뿐이다.〔盡信書 則不如無書 吾於武成取二三策而已矣〕"라고 한 말씀을 원용한 것이다. ≪書經≫ 〈武成〉은 周 武王이 殷나라 紂王을 정벌하고 돌아와 지은 글인데, 여기에 지나친 표현이 있다 하여 말씀한 것이다.

옛날 聖人은 한 가지라도 義롭지 못한 일을 행하고 한 사람이라도 죄 없는 사람을 죽이고서 天下를 얻는 것을 모두 하지 않으셨다. 文王은 天下를 셋으로 나눔에 그 둘을 소유하고도 복종하여 殷나라를 섬기셨는데, 孔子가 지극한 德이라고 칭찬하셨으니, 의롭지 못한 일을 文王이 즐겨 하셨겠는가?

文王이 太公을 스승으로 삼고 文事로 정벌하는 방법을 물었는데, 太公이 변설을 늘어놓아 모략과 속임수로 고한 것은, 또한 홀로 무슨 마음인가. 비단 文王이 듣기 싫어했을 뿐만 아니라, 太公 또한 입을 열어 말씀하기를 어렵게 여겼을 것이다. 文王의 세대에 周公과 召公이 二南의 교화를 일으켰는데, 太公이 이런 속임수와 계략으로 계도하였다면 春秋戰國時代에는 또 장차 어떠하였겠는가? 아, 이 때문에 글을 다 믿지 못하는 것이다.

先儒가 또한 말하기를 "尙父(太公)는 본래 道가 있는 者이니, 謀・言・兵의 231篇은 아마도 근세에 太公의 병법을 하는 자가 추가하여 보탠 듯하다." 하였다.

이제 이 篇의 글 내용을 가지고 고찰해보면 분명히 三代의 聖君과 賢相이 주고받은 말씀이 아니며, 이는 周나라 太史가 모방하여 만든 듯하니, 배우는 자들이 마땅히 자세히 분변해야 할 것이다.

順啓 第十六　제16편 人心의 順應

順啓者는 順天下人心而啓導之也니 此亦取書義以名篇하니라

順啓란 天下의 인심을 따라 계도하는 것이니, 이 또한 글의 뜻을 취하여 篇名으로 삼은 것이다.

文王이 問太公曰 何如而可爲天下오 太公曰 大蓋天下然後에 能容天下하고 信蓋天下然後에 能約天下하고 仁蓋天下然後에 能懷天下하고 恩蓋天下然後에 能保天下하고 權蓋天下然後에 能不失天下니 事而不疑면 則天運不能移하고 時變不能遷하나니 此六者備然後에 可以爲天下政이니이다

文王이 太公에게 물었다.

"어떻게 하면 天下를 다스릴 수 있는가?"

太公이 대답하였다.

"군주의 도량이 커서 天下를 뒤덮을 만한 뒤에 천하를 포용할 수 있고, 信義가 천하를 뒤덮을 만한 뒤에 천하와 약속할 수 있고, 仁이 천하를 뒤덮을 만한 뒤에 천하를 품을 수 있고, 恩惠가 천하를 뒤덮을 만한 뒤에 천하를 보전할 수 있고, 權道가 천하를 뒤덮을 만한 뒤에 천하를 잃지 않을 수 있습니다. 일을 하면서 의심하지 않으면 天運이 바뀌지 못하고 時變이 옮겨가지 못하니, 이 여섯 가지가 구비된 뒤에야 천하의 정사를 할 수 있습니다.

文王이 問太公曰 何如而可以治天下오 太公對曰 量之大 覆(부)盖天下然後에 能包容天下라 一本에 作天盖天下하니 非也라 信之至 覆盖天下然後에 能約束天下하고 仁之極이 覆盖天下然後에 能懷服天下하고 恩之盛이 覆盖天下然後에 能保守天下하고 權之道 覆盖天下然後에 能不失天下라 擧事而不疑惑이면 則天運亦不能移하고 時變亦不能遷하니 此六者全備然後에 可以爲天下政이라

文王이 太公에게 물었다.

어떻게 하여야 天下를 다스릴 수 있는가?

太公이 대답하였다.

도량의 큼이 온 天下를 뒤덮을 만한 뒤에 천하를 포용할 수 있다.

一本에는 〈'大盖天下'가〉 '天盖天下'로 되어있으니, 잘못이다.

信義의 지극함이 온 천하를 뒤덮을 만한 뒤에 천하와 약속할 수 있고, 仁의 지극함이 온 천하를 뒤덮을 만한 뒤에 천하를 품어 복종시킬 수 있고, 恩惠의 성함이 온 천하를 뒤덮을 만한 뒤에 천하를 보전하여 지킬 수 있고, 權道가 온 천하를 뒤덮을 만한 뒤에 천하를 잃지 않을 수 있다. 일을 거행하면서 의혹하지 않으면 天運이 또한 바뀌지 못하고 時變이 또한 옮겨가지 못하니, 이 여섯 가지가 완전히 구비된 뒤에야 천하의 정사를 할 수 있다.

故로 利天下者는 天下啓之하고 害天下者는 天下閉之하며 生天下者는 天下德之하고 殺天下者는 天下賊之하며 徹天下者는 天下通之하고 窮天下者는 天下仇之하며 安天下者는 天下恃之하고 危天下者는 天下災之하나니 天下者는 非一人之天下니 惟有道者處之니이다

그러므로 天下를 이롭게 하는 자는 천하가 열어주고 천하를 해롭게 하는 자는 천하가 막으며, 천하를 살려주는 자는 천하가 은덕으로 여기고 천하를 죽이는 자는 천하가 해치며, 천하를 형통하게 하는 자는 천하가 형통하게 하고 천하를 곤궁하게 하는 자는 천하가 원수로 여기며, 천하를 편안하게 하는 자는 천하가 믿고 천하를 위태롭게 하는 자는 천하가 재앙을 내립니다. 천하라는 것은 군주 한 사람의 천하가 아니니, 오직 道가 있는 자가 처할 수 있는 것입니다."

故로 利益天下者는 天下開啓之하고 虐害天下者는 天下閉塞之하며 生養天下者는 天下皆德之하고 殺戮天下者는 天下皆賊之하며 能徹天下者는 天下皆通之하고 窮困天下者는 天下皆仇之하며 安定天下者는 天下皆恃之하고 危殆天下者는 天下共災之하나니 天下者는 非一人之天下니 唯有道者 能處之라

그러므로 天下에 이익을 주는 자는 천하 사람이 열어주고, 천하를 포악하게 하고 해치는 자는 천하가 막으며, 천하를 살려주고 길러주는 자는 천하가 모두 은덕으로 여기고, 천하를 살육하는 자는 천하가 모두 해치며, 천하를 형통하게 하는 자는 천하가 모두 형통하게 하고, 천하를 곤궁하게 하는 자는 천하가 원수로 여기며, 천하를 안정시키는 자는 천하가 모두 믿고, 천하를 위태롭게 하는 자는 천하가 함께 재앙을 내린다. 천하라는 것은 군주 한 사람의 천하가 아니니, 오직 道가 있는 자만이 능히 처

할 수 있는 것이다.

三疑 第十七 제17편 세 가지 疑心

三疑者는 欲攻强, 離親, 散衆이나 恐力不能而疑之也라 以武王問三疑故로 以名篇하니라

三疑란 강한 자를 공격하고 친한 자를 이간질하고 무리(병력)를 이산시키고자 하나 힘이 능하지 못할까 두려워하여 의심하는 것이다. 武王이 이 세 가지 의심스러움을 물었으므로, 이를 篇名으로 삼은 것이다.

武王이 問太公曰 予欲立功호되 有三疑하여 恐力不能攻强, 離親, 散衆하노니 爲之奈何오

武王이 太公에게 물었다.
"내가 功을 세우고자 하나 세 가지 의심스러움이 있어서, 힘이 저들의 강함을 공격하지 못하고 친함을 이간질하지 못하고 많은 병력을 이산시키지 못할까 두려우니, 어찌해야 하는가?"

武王이 問太公曰 予欲建立大功이나 有三疑焉하여 恐力不能攻彼之强, 離彼之親, 散彼之衆하노니 將爲之奈何오

武王이 太公에게 물었다.
내가 큰 功을 세우고자 하나 세 가지 의심스러움이 있어서, 힘이 저들의 강함을 공격하지 못하고 저들의 친함을 이간질하지 못하고 저들의 많은 병력을 이산시키지 못할까 두려우니, 장차 어찌해야 하는가?

太公曰 因之인댄 愼謀用財니 夫攻强엔 必養之使强하고 益之使張이니 太强이면 必折하고 太張이면 必缺하나니 攻强以强하고 離親以親하고 散衆以衆이니이다

太公이 대답하였다.

"적의 형세를 이용하려면 계책을 신중히 세우고 재물을 사용하여야 합니다. 강한 적을 공격할 적에는 반드시 적을 길러주어 강하게 만들고, 적을 보태주어 더 크게 만들어주어야 하니, 너무 강하면 반드시 꺾이고 너무 커지면 반드시 망가집니다. 강한 적을 공격하기를 강함으로써 하고, 친한 사람을 이간질시키기를 친한 사람으로써 하고, 많은 병력을 이산시키기를 많은 병력으로써 해야 합니다.

太公對曰 因之인댄 愼其謀하고 用其財耳라 夫攻强者는 必養之使盛强하고 益之使奮張이니 彼太强者는 必然摧折하고 太張者는 必然缺壞라 故로 攻强者는 必以强하고 離親者는 必以親하고 散衆者는 必以衆이니 此皆因其勢而利導之耳라

太公이 대답하였다.

형세를 이용하려면 계책을 신중히 세우고 재물을 사용할 뿐이다. 강한 적을 공격할 경우에는 반드시 적을 길러주어서 강성하게 만들고, 적을 보태주어서 떨치고 크게 만들어주어야 하니, 저들이 너무 강해지면 반드시 꺾이고, 너무 커지면 반드시 무너지게 된다. 그러므로 강한 적을 공격하는 자는 반드시 강함으로써 하고, 친한 사람을 이간질시키는 자는 반드시 친한 사람으로써 하고, 많은 병력을 이산시키는 자는 반드시 많은 병력으로써 하는 것이다.

이는 모두 그 형세를 인하여 인도할 뿐이다.

凡謀之道는 周密爲寶니 設之以事하고 玩之以利하면 爭心必起니이다

무릇 적을 도모하는 방도는 주도면밀함을 보배로 여기니, 일의 기밀로써 베풀어놓고 이익으로써 보여주면 저들의 다투는 마음이 반드시 일어나게 됩니다.

凡謀之道는 以周密爲寶니 設之以事機하고 玩之以貨利하면 彼爭心必起矣라

무릇 적을 도모하는 방도는 주도면밀함을 보배로 삼으니, 일의 기밀로써 베풀어놓고 財貨와 利益으로써 보여주면 저들의 다투는 마음이 반드시 일어나게 된다.

欲離其親인댄 因其所愛와 與其寵人하여 與之所欲하고 示之所利하여 因以疏之하여 無使得志니 彼貪利甚喜면 遺疑乃止니이다

적의 친한 사람을 이간질하고자 하면 적국의 군주가 사랑하는 자와 총애하는 사람을 이용하여 그가 원하는 바를 주고 이롭게 여기는 것을 보여주고서, 인하여

소원히 하여 뜻을 얻지 못하게 하여야 하니, 저들이 이익을 탐하여 매우 좋아하면 우리에 대한 의심이 마침내 그치게 됩니다.

欲離其親信인댄 必因其所愛之臣과 與其寵幸之人하여 與之以所欲하고 示之以所利하여 因以疏而遠之하여 無使其人得志於國이니 彼國之人이 貪利甚喜하면 則其疑乃止矣라 如秦人이 賂郭開以間廉頗, 李牧於趙하고 賂晉鄙之客하여 以間信陵君於魏[1] 是也라

1) 秦人……以間信陵君於魏：郭開는 戰國時代 趙나라 사람으로 秦나라로부터 뇌물을 받고 趙나라의 名將인 廉頗와 李牧을 등용하지 못하게 하였다. 晉鄙는 魏나라의 大將軍이고, 信陵君은 魏나라의 公子인 無忌의 封號이다.

秦나라 장수 王齕(흘)이 趙나라를 공격하여 도성인 邯鄲을 포위하니, 趙나라에서는 魏나라에 구원을 요청하였다. 魏나라에서는 晉鄙로 하여금 趙나라를 구원하게 하였으나, 秦나라에서는 晉鄙의 門客에게 뇌물을 써서 信陵君의 출동을 방해하였다.

적국의 군주가 친애하고 믿는 사람을 이간질하고자 하면 반드시 그가 사랑하는 신하와 총애하는 사람을 이용하여 그가 원하는 바를 주고 이롭게 여기는 것을 보여주고서, 이로 인하여 사랑하고 총애하는 사람을 소원히 하고 멀리해서 그로 하여금 저들 나라에서 뜻을 얻지 못하게 하여야 하니, 적국의 사람들이 이익을 탐하여 매우 좋아하면 우리에 대한 의심이 마침내 중지될 것이다.

예컨대, 秦나라 사람이 郭開에게 뇌물을 주어서 趙나라의 廉頗와 李牧을 이간질하였고, 晉鄙의 문객에게 뇌물을 주어서 魏나라의 信陵君을 이간질한 것이 이것이다.

凡攻之道는 必先塞其明而後에 攻其强하고 毁其大하여 除民之害니이다

무릇 적을 공격하는 방도는 반드시 먼저 저들이 잘 아는 곳을 막은 뒤에 그 강한 곳을 공격하고 크게 해로운 것을 훼손하여 백성들의 폐해를 제거하는 것입니다.

凡攻人之道는 必閉塞其彼之所明而後에 可以攻彼之强이요 毁其大殘大賊하여 以除民之患害라 大字下에 疑有闕文이라

무릇 적을 공격하는 방도는 반드시 저들이 잘 아는 곳을 막은 뒤에, 저들의 강한 곳을 공격하고 크게 해로운 것을 훼손하여 백성들의 환란과 폐해를 제거해야 한다.

'大'자 아래에 아마도 빠진 글자가 있는 듯하다.

淫之以色하고 **啗**(담)**之以利**하고 **養之以味**하고 **娛之以樂**하여 **旣離其親**하고 **必使遠民**호되 **勿使知謀**하고 **扶而納之**하여 **莫覺其意**니 **然後**에 **可成**이니이다

아름다운 女色으로써 음탕하게 하고 利益으로써 유인하고 맛있는 음식으로써 길러주고 음악으로써 즐겁게 해주어 그 친한 사람을 이간질하고는 반드시 백성을 멀리하게 하되, 그로 하여금 이러한 계책을 알지 못하고 받아들이게 해서 그 뜻을 깨닫지 못하게 하여야 하니, 그런 뒤에야 일이 이루어질 수 있습니다.

淫之以美色하고 啗之以厚利하고 養之以滋味하고 娛之以聲樂하여 旣離間其親하고 必使又遠其民호되 勿使彼知其謀하고 扶而納之하여 莫使彼覺其意니 然後에 事可得而成이라

아름다운 여색으로써 음탕하게 하고, 많은 이익으로써 유인하고, 맛있는 음식으로써 길러주고, 음악으로써 즐겁게 해주어 그 친한 사람을 이간질하고는 또 반드시 백성을 멀리하게 만들되, 그로 하여금 우리의 이러한 계책을 알지 못하고 도와 받아들이게 해서 그 뜻을 깨닫지 못하게 하여야 하니, 그런 뒤에야 일이 이루어질 수 있다.

惠施於民호되 **必無愛財**니 **民如牛馬**하여 **數餧食**(삭위사)**之**하고 **從而愛之**니이다

은혜를 백성들에게 베풀되 반드시 재물을 아끼지 말아야 하니, 백성은 소나 말과 같아서 자주 먹이를 먹이고 따라서 사랑하여야 합니다.

惠施於民에 必無愛惜其財니 民如牛馬하여 當頻數餧食之然後에 從而愛之라

은혜를 백성들에게 베풀 적에 반드시 그 재물을 아끼지 말아야 하니, 백성들은 소나 말과 같아서 마땅히 자주 먹이를 먹인 다음에 따라서 사랑해주어야 하는 것이다.

心以啓智하고 **智以啓財**하고 **財以啓衆**하고 **衆以啓賢**이니 **賢之有啓**면 **以王天下**니이다

마음으로써 지혜를 열어주고 지혜로써 재물을 열어주고 재물로써 무리를 열어주고 무리로써 어진 이를 열어주어야 하니, 어진 이를 열어주면 天下에 왕 노릇할 수 있습니다.”

心以開啓其智하고 智以開啓其財하고 財以開啓其衆하고 衆以開啓其賢이니 賢者

有人開啓라 是以로 能王天下라

마음으로써 지혜를 개도해주고 지혜로써 재물을 개도해주고 재물로써 무리를 개도해주고 무리로써 어진 이를 개도해주어야 하니, 어진 이를 사람들이 개도해주기 때문에 天下에 왕 노릇할 수 있는 것이다.

○ 愚按此篇之旨는 大抵言欲攻强, 離親, 散衆인댄 在愼謀用財而已라 故로 下文에 喋喋言謀言財하니 與文伐篇十二節로 意味頗相似라 然이나 此篇은 簡編又多錯亂하니 恐亦後人依倣而爲之者歟인저

○ 내가 살펴보건대, 이 篇의 요지는 대체로 강한 적을 공격하고 친한 사람을 이간질하고 적의 많은 병력을 이산시키고자 하면, 계책을 신중히 세우고 재물을 씀에 달려있을 뿐임을 말하였다. 그러므로 아랫글에 번거롭게 계책을 말하고 재물을 말하였으니, 〈文伐〉편의 열두 가지와 의미가 자못 유사하다. 그러나 이 篇은 簡編에 또 錯亂이 많으니, 또한 後人들이 모방하여 만든 것인 듯하다.

龍韜

龍은 동양적 개념으로 상상의 동물이나, 변화무쌍한 조화와 善을 추구하는 인간에게 동경의 대상으로 인식되었으므로, 이를 篇名으로 삼은 것이다. 이 편에서는 軍의 편성과 그 운용, 장수의 자질과 요건, 참모의 임용 등에 관한 내용이 폭넓게 언급되어 있다.

王翼 第十八 제18편 帝王의 補佐

王翼者는 王之羽翼也니 所謂腹心・謀士・天文・地理・兵法・通粮・奮威・伏金鼓・股肱・通才・權士・耳目・爪牙・羽翼[1]・遊士・術士・方士・法筭凡一十八等에 共用七十二人이라 此但言其行師之際에 在將之左右者 七十二人이니 名雖不同이나 其所以羽翼王者則一이라 故로 總以王翼名篇하니라

1) 股肱……羽翼 : 股肱은 사람의 다리와 팔이고, 羽翼은 새의 깃털과 날개로, 군주나 主將을 보좌하는 중요한 인물을 가리킨다.

王翼이란 王의 羽翼이니, 이른바 腹心과 謀士, 天文과 地理, 兵法과 通粮, 奮威와 伏金鼓, 股肱과 通才, 權士와 耳目, 爪牙와 羽翼, 遊士와 術士, 方士와 法筭 등 모두 18등급에 모두 72명을 사용하는 것이다. 이는 다만 군대를 출동하는 즈음에 장수의 좌우에 있는 자 72명을 말하였을 뿐이니, 명칭은 비록 똑같지 않으나 王者를 羽翼하는 것은 동일하다. 그러므로 총괄하여 王翼을 篇名으로 삼은 것이다.

武王이 問太公曰 王者帥師에 必有股肱羽翼하여 以成威神하나니 爲之奈何오

武王이 太公에게 물었다.

"王者가 군대를 거느릴 적에 반드시 股肱과 羽翼이 있어서 威嚴과 神明을 이루어야 하니, 어찌해야 하는가?"

武王이 **問太公曰 王者帥師而出**에 **必有股肱羽翼之人**하여 **以成王之威神**하니 **爲之奈何**오

武王이 太公에게 물었다.

王者가 군대를 거느리고 출동할 적에 반드시 股肱과 羽翼의 사람이 있어서 왕의 威嚴과 神明을 이루어야 하니, 이를 어떻게 해야 하는가?

太公曰 凡擧兵師에 **以將爲命**이니 **命在通達**이요 **不守一術**이라 **因能授職**하여 **各取所長**하고 **隨時變化**하여 **以爲紀綱**이라 **故**로 **將有股肱羽翼七十二人**하여 **以應天道**하나니 **備數如法**하여 **審知命理**와 **殊能異技**하면 **萬事畢矣**니이다

太公이 대답하였다.

"무릇 군대를 일으켜 출동할 적에는 장수를 司命으로 삼으니, 司命은 여러 가지를 통달해야 하고 한 가지 방법만 지켜서는 안 됩니다. 재능에 따라 직책을 맡겨주어서 각각 所長을 취하고, 때에 따라 변화하여 紀綱으로 삼아야 합니다. 그러므로 장수에게는 股肱과 羽翼 72명이 있어서 天道에 응하니, 숫자를 법과 같이 구비하여 命과 이치를 살펴 알고 특별한 재능과 기이한 技藝를 구비하면 萬事를 잘 끝마칠 수 있습니다."

太公曰 凡擧兵動師엔 **以將爲司命**[1]이니 **司命者**는 **在乎通達**이요 **不只守一術**이라 **因其人之所能**하여 **而授之以職**하여 **各取其所長**하고 **隨時變化**하여 **以爲之大綱小紀**라 **故**로 **爲將者**는 **有股肱羽翼凡七十二人**하여 **以上應天道**하니 **天有七十二候**[2] **故**로 **將有羽翼七十二人**이니 **備數如法**하여 **使審知命理**라 **命**은 **賦之於天**이요 **理**는 **散之於事**니 **理**는 **卽一物各具一太極者也**요 **命**은 **卽萬物體統一太極者也**니 **其實**은 **一理而已**라 **古人行師之際**에 **亦要審知命理**하니 **其不苟也如此**하고 **至於殊能異技**하여도 **亦要悉備**하여 **而萬事可畢矣**라

1) 司命 : 원래 사람의 생명을 맡은 신의 이름인데, 사람을 살리고 죽이는 권력을 소유한 장수를 이르게 되었다. ≪孫子≫ 〈作戰〉에 "병법을 아는 장수는 백성의 司命이다.〔知

兵之將 民之司命〕"라고 보인다.

2) 天有七十二候 : 陰曆에서 자연현상에 따라 1년 12개월을 24절기로 나누고, 닷새를 한 候로 하여 1년의 기후를 72개로 나눈 것인바, 5일을 1候, 3候를 1氣, 6候를 1개월로 하였다. 이에 따라 한 달에 두 절기씩 들어있어 24절기가 이루어진 것이다.

太公이 대답하였다.

무릇 군대를 출동할 적에는 장수를 司命으로 삼으니, 司命인 자는 여러 가지를 통달해야 하고, 한 가지 방법만 지켜서는 안 된다. 사람의 능한 바에 따라 직책을 맡겨주어서 각각 그 所長을 취하고, 또 때에 따라 변화하여 큰 綱과 작은 紀로 삼아야 한다. 그러므로 장수가 된 자는 股肱과 羽翼이 모두 72명이 있어서 위로는 天道에 응하나니, 하늘에 72개의 節侯가 있으므로 장수에게 우익 72명이 있는 것이다. 숫자를 이 법과 같이 구비하여, 命과 이치를 살펴 알게 하는 것이다.

命은 하늘에서 받은 것이요, 이치는 일에 흩어져 있는 것이다. 이치는 바로 한 물건이 각각 한 太極을 갖추고 있는 것이요, 命은 바로 만물이 한 太極을 전체로 갖추고 있는 것이니, 그 실제는 한 이치일 뿐이다. 옛사람이 군대를 운용하는 즈음에 또한 命과 이치를 살펴 알려고 하였으니, 그 구차하지 않음이 이와 같다.

특별한 재능과 기이한 技藝도 빠짐없이 구비하여야 萬事를 제대로 끝마칠 수 있는 것이다.

武王曰 請問其目하노라 **太公曰 腹心一人**은 **主贊謀應卒**[1]하며 **揆**(규)**天消變**하며 **總覽**[2]**計謀**하여 **保全民命**이니이다

1) 卒 : 猝(갑자기)과 같다.

2) 覽 : 攬(잡다)과 같다.

武王이 물었다.

"그 조목을 듣기를 청하노라."

太公이 대답하였다.

"腹心 한 사람은 계책을 돕고 갑자기 일어나는 일에 대응하며, 天象(天文)을 헤아리고 災變을 사라지게 하며, 계책을 총괄하여 백성들의 생명을 보전하는 일을 주관합니다.

武王曰 請問其目如何오 太公對曰 爲腹心者一人이니 主贊襄籌策하고 應答倉卒하며 揆度(탁)天象하고 消弭(미)變異하며 總覽籌謀하여 以保全生民之命이라

武王이 말씀하였다.

묻노니, 그 조목이 어떠한가?

太公이 대답하였다.

腹心이 된 자가 한 사람이 있으니, 계책을 돕고 갑자기 일어나는 일에 대응하며, 天象을 헤아리고 變故와 災異를 사라지게 하며, 계책을 총괄하여 生民(백성)의 목숨을 보전하는 일을 주관한다.

謀士五人은 **圖安危**하고 **慮未萌**하며 **論行能**하고 **明賞罰**하여 **授官位**하며 **決嫌疑**하고 **定可否**니이다

謀士 다섯 사람은 국가의 安危를 도모하고 아직 드러나지 않은 일을 미리 생각하며, 사람의 덕행과 재능을 논하고 賞과 罰을 밝혀서 관직과 지위를 맡겨주며, 嫌疑(의심)를 결단하고 可否를 결정하는 것을 주관합니다.

有智謀之士五人하니 圖謀安危之道하고 思慮未萌之事하며 議論人之德行才能하고 明白功罪之可賞可罰하여 授官位하여 使當其職하며 決事之嫌疑하고 定事之可否라

智謀 있는 선비 다섯 사람이 있으니, 편안하고 위태로운 방도를 도모하고 아직 드러나지 않은 일을 미리 생각하며, 사람의 덕행과 재능을 의논하고 상을 줄 만한 공로와 벌을 줄 만한 죄를 분명히 밝혀서 관직과 지위를 맡겨주어 그 직책에 맞게 하며, 일의 의심스러움을 결단하고 일의 可否를 결정한다.

天文三人은 **主司星曆**하여 **候風氣**하고 **推時日**하며 **考符驗**하고 **校災異**하여 **知天心去就之機**니이다

天文 세 사람은 별과 冊曆을 맡아서 바람과 기후를 살피고 시절과 날짜를 추측하며, 符驗을 상고하고 災異를 비교하여 天心이 떠나고 나아가는 기미를 아는 것을 주관합니다.

通天文者三人은 主司星象曆數[1)]하여 審候風氣之逆順하고 推測時日之吉凶하며 稽考符驗하고 校量災異하여 以審知天心去就之機라

1) 曆數 : 冊曆의 數로 옛날 曆法家들은 해와 달, 별의 운행 度數를 수학으로 풀이하였기

때문에 붙여진 이름이다.

天文을 통달한 자 세 사람은, 별의 象과 曆數를 맡아 바람과 기후의 逆順을 살피고 時日의 吉凶을 추측하며, 符驗을 상고하고 災異를 비교하고 헤아려서 天心이 떠나고 나아가는 기미를 살펴 아는 것을 주관한다.

地利三人은 **主軍行止形勢**와 **利害消息**과 **遠近險易**와 **水涸**(학)**山阻**하여 **不失地利**니이다

地利 세 사람은 군대의 가고 멈추는 형세와, 利害의 사라지고 불어남과, 거리의 멀고 가까움과 지형의 험하고 평탄함과, 물이 마름과 산의 막힘을 살펴서 지형의 편리함을 잃지 않는 것을 주관합니다.

識地利者三人은 **職主三軍行止之形勢**와 **及利害之消息**과 **地利之遠近**과 **地形之險易**와 **水之乾涸**과 **山之阻艱**하여 **而不失地之便利**라

地利를 아는 자 세 사람은, 三軍의 가고 멈추는 형세와, 利害의 사라지고 불어남과, 地利의 멀고 가까움과 地形의 험하고 평탄함과, 물의 마름과 산의 막히고 어려움을 알아서 지형의 편리함을 잃지 않는 것을 주관한다.

兵法九人은 **主講論異同**과 **行事成敗**하며 **簡練兵器**하고 **刺擧非法**이니이다

兵法 아홉 사람은 형세의 異同과 행하는 일의 성패를 강론하며, 兵器를 가려 연습시키고 불법 행동을 적발하는 것을 주관합니다.

曉兵法者九人은 **主講論形勢之異同**과 **行事之成敗**하며 **簡選練習所用之兵器**하고 **刺擧軍中之非法**이라

兵法을 잘 아는 자 아홉 사람은, 형세의 異同과 행사하는 일의 성패를 강론하며, 사용하는 兵器를 정밀하게 가려 연습시키고 군중에서 불법을 저지른 자를 적발하는 것을 주관한다.

通粮四人은 **主度**(탁)**飮食**하여 **備蓄積**하며 **通粮道**하고 **致五穀**하여 (命)〔令〕[1]**三軍不困乏**이니이다

1) (命)〔令〕: 저본의 '命'은 漢文大系本에 의거하여 '令'으로 바로잡았다.

通粮 네 사람은 병사들이 먹고 마시는 것을 헤아려 저축을 미리 대비하며, 군량 수송로를 통하고 五穀을 마련해 오게 해서 三軍으로 하여금 곤궁하고 궁핍하지 않게 하는 것을 주관합니다.

通粮者四人은 主計度飮食하여 備預蓄積하며 通粮餉轉輸之路하고 致五穀之至하여 (命)〔令〕三軍으로 不至於困乏이라

군량을 원활하게 공급하는 자 네 사람은, 병사들이 먹고 마시는 것을 헤아려 저축을 미리 대비하며, 군량을 수송하는 길을 통하고 五穀을 마련해 오게 해서 三軍으로 하여금 곤궁하고 궁핍함에 이르지 않게 하는 것을 주관한다.

奮威四人은 主擇才力하고 論兵革하여 風馳電掣(체)하여 不知所由니이다

奮威 네 사람은 재주와 힘이 있는 병사를 가려 뽑고 병기와 갑옷을 論하여, 바람처럼 달려가고 번개처럼 신속해서 연유하는 바를 알지 못하게 하는 것을 주관합니다.

奮揚威武者四人은 主簡擇才力之士하고 評論兵革하여 如風之馳하고 如電之掣하여 使之不知其所由라

威武를 떨쳐 드날리는 자 네 사람은, 재주와 힘이 있는 병사를 정밀하게 선발하고 병기와 갑옷을 평론하여, 바람처럼 달려가고 번개처럼 신속해서, 그 연유하는 바를 알지 못하게 하는 것을 주관한다.

伏旗鼓三人은 主伏旗鼓하여 明耳目하며 詭(괴)符印하고 謬號令하여 闇忽往來하여 出入若神이니이다

伏旗鼓 세 사람은 깃발을 세우고 눕히며 북을 치고 범추어서 병사들의 귀와 눈을 밝히며, 符信과 印章을 위조하고 號令(암호)을 바꾸어서 갑자기 가고 갑자기 와서 나가고 들어오기를 귀신과 같이 하는 것을 주관합니다.

攝伏旗鼓者三人은 主攝伏旗鼓하여 明三軍之耳目이니 鼓는 所以明耳요 旗는 所以明目이라 言三軍之衆이 視不相見故로 明之以旗하고 言不相聞故로 明之以鼓라

或詭符印하여 使之不可知하고 或謬號令하여 使之不可測하며 闇忽往來하여 出入如神하여 使敵莫能窺我之形也라

깃발을 잡아 세우고 눕히며 북을 치고 그치게 하는 자 세 사람은, 깃발을 잡아 세우고 눕히며 북을 치고 그쳐서 三軍의 귀와 눈을 밝게 하는 것을 주관한다.

북은 귀를 밝히는 것이요, 깃발은 눈을 밝히는 것이다. 三軍의 무리가 보아도 서로 보이지 않으므로 깃발로써 밝히고, 말소리가 서로 들리지 않으므로 북으로써 밝힘을 말한 것이다.

혹 符信과 印章을 위조해서 적으로 하여금 알 수 없게 하고, 혹 號令을 바꾸어서 적으로 하여금 측량할 수 없게 하며, 병사들이 갑자기 가고 갑자기 와서 나가고 들어오는 것을 귀신과 같이 하여 적으로 하여금 우리의 형체를 엿볼 수 없게 한다.

股肱四人은 主任重持難하며 修溝塹하고 治(璧)〔壁〕[1]壘하여 以備守禦니이다

1) (璧)〔壁〕: 저본의 '璧'은 漢文大系本에 의거하여 '壁'으로 바로잡았다.

股肱 네 사람은 중한 직책을 맡고 어려운 일을 관장하며, 도랑과 해자를 수리하고 성벽과 보루를 다스려서 守禦를 갖추는 일을 주관합니다.

爲股肱者四人은 主任重職하고 持難事하며 修理溝塹하고 治(璧)〔壁〕壘하여 以備守禦之具라

股肱이 된 자 네 사람은, 중한 직책을 맡고 어려운 일을 관장하며, 도랑과 해자를 수리하고 성벽과 보루를 정돈하고 다스려서 수비하는 도구를 갖추는 일을 주관한다.

通才二人은 主拾(슴)遺補過하며 應偶賓客하여 論議談語하여 消患解結이니이다

通才 두 사람은 장수의 遺忘(빠뜨리거나 잊음)을 수습해주고 잘못을 보전해주며, 이웃 나라의 빈객(사신)을 응대하여 의논하고 담소해서 환란이 사라지게 하고 맺힌 것(분쟁)을 해결하는 것을 주관합니다.

通才者二人은 主拾上之遺하고 補上之過하며 應偶隣國之賓客하여 使與之論議談語하여 以消災患하고 解結聚라

통달한 재주를 간직한 자 두 사람은, 윗사람의 遺忘을 수습해주고 윗사람의 잘못을

보전해주며, 이웃 나라의 빈객을 응대하여 그들과 함께 의논하고 담소해서 재앙과 환란이 사라지게 하고 분쟁을 해결하는 것을 주관한다.

權士三人은 **主行奇譎**(휼)하고 **設殊異**하여 **非人所識**으로 **行無窮之變**이니이다

權士 세 사람은 기이한 계책과 속임수를 행하고 색다른 일을 만들어내어서 보통 사람들이 알 수 없는 것으로 무궁무진한 변화를 행하는 것을 주관합니다.

知權變之士三人은 主行奇謀譎計하고 施設殊異之事하여 而非人所能識으로 行無窮之變法이라

權變(임기응변)을 아는 선비 세 사람은, 기이한 계책과 속임수를 행하고 특수한 일을 만들어서 사람들이 알 수 없는 것으로 무궁무진하게 변화하는 방법을 행하는 것을 주관한다.

耳目七人은 **主往來聽言視變**하여 **覽四方之事**와 **軍中之情**이니이다

耳目 일곱 사람은 왕래하면서 사람들의 말을 듣고 변동하는 것을 살펴서 사방의 일과 군대의 실정을 관찰하는 것을 주관합니다.

爲耳目者七人은 主往來聽人之言하고 視其變動하여 觀覽四方之事와 與軍中之情이라

耳目이 된 자 일곱 사람은, 왕래하면서 사람들의 말을 듣고 그 변동하는 것을 살펴보아 사방의 일과 軍中의 실정을 관찰하는 것을 주관한다.

爪牙五人은 **主揚威武**하고 **激勵三軍**하여 **使冒難攻銳**에 **無所疑慮**니이다

爪牙 다섯 사람은 군대의 威嚴과 武勇을 드날리고 三軍을 격려하여, 험난함을 무릅쓰고 정예로운 적을 공격함에 의심하고 우려하는 바가 없게 하는 것을 주관합니다.

爲爪牙者五人은 主奮揚威武하고 激勵三軍하여 使冒險難하고 攻銳兵에 而無所疑慮라

맹수의 발톱과 이빨의 역할을 하는 자 다섯 사람은, 위엄과 무용을 드날리고 三軍

을 격려하여, 험난함을 무릅쓰고 적의 정예병을 공격함에 의심하거나 우려하는 바가 없게 하는 것을 주관한다.

羽翼四人은 **主揚名譽**하여 **震遠方**하고 **動四境**하여 **以弱敵心**이니이다

羽翼 네 사람은 장수의 명예를 드날려서 먼 지방을 진동하고 사방 국경을 동요하게 해서 적의 마음을 약화시키는 일을 주관합니다.

爲羽翼者四人은 主播揚名譽하여 震懼遠方하고 動搖四境하여 以弱敵人之心이라

羽翼이 된 자 네 사람은, 장수의 명예를 드날려서 먼 지방을 진동하여 두렵게 하고 적의 사방 국경을 동요시켜 적의 마음을 약화시키는 일을 주관한다.

遊士八人은 **主伺姦候變**하며 **開闔人情**하고 **觀敵之意**하여 **以爲間諜**이니이다

遊士 여덟 사람은 적의 간사함을 살피고 적의 변화를 엿보며, 人情을 여닫고 적의 의도를 관찰하여 간첩을 행하는 일을 주관합니다.

爲遊士者八人은 主伺敵之姦하고 候彼之變하며 開闔人情之向背하고 觀視敵人之意하여 以爲間諜이라

遊士가 된 자 여덟 사람은, 적의 간사한 계책을 살피고 적의 변화를 엿보며, 인정의 향배를 열고 닫으며 적의 의도를 관찰하여 간첩을 행하는 일을 주관한다.

術士二人은 **主爲譎詐**하여 **依託鬼神**하여 **以惑衆心**이니이다

術士 두 사람은 속임수를 만들어서 귀신에 가탁하여 적국 사람들의 마음을 혼란하게 하는 일을 주관합니다.

爲術士者二人은 專主爲譎詐之術하여 依託鬼神하여 以惑亂敵國衆人之心이라

術士가 된 자 두 사람은, 오로지 속이는 방법을 써서 귀신에 가탁하여 적국 사람들의 마음을 미혹시키고 혼란시키는 일을 주관한다.

方士三人은 **主百藥**하여 **以治金瘡**하고 **以痊萬病**이니이다

方士 세 사람은 온갖 藥材를 가지고 金瘡을 치료하고 萬病을 낫게 하는 일을 주관합니다.

爲方士者三人은 專主百藥하여 以治療金瘡하고 以痊萬病이라

方士가 된 자 세 사람은, 오로지 온갖 藥材를 가지고 金瘡을 치료하고 온갖 병을 낫게 하는 일을 주관한다.

法筭二人은 主會計三軍의 營壘粮食과 財用出入이니이다

法筭 두 사람은 三軍의 진영과 보루의 넓고 좁음과 양식(군량)의 많고 적음과 재정의 출입하는 숫자를 회계하는 일을 주관합니다."

能法筭者二人은 專主(計會)〔會計〕[1]三軍營壘之廣狹과 粮食之多寡와 及財用出入之數라

1) (計會)〔會計〕: 저본의 '計會'는 經文과 漢文大系本에 의거하여 '會計'로 바로잡았다.

法筭(數學)에 능한 자 두 사람은, 오로지 三軍의 진영과 보루의 넓고 좁음과 양식의 많고 적음과 재정의 출입하는 수를 회계하는 일을 주관한다.

論將 第十九 제19편 將帥의 재질에 대한 論評

論將者는 評論將帥之賢否也니 以武王問論將故로 以名篇하니라

論將이란 장수의 어질고 어질지 못한 것을 평론하는 것이니, 武王이 장수를 논함을 물었으므로 이를 篇名으로 삼은 것이다.

武王이 問太公曰 論將之道奈何오 太公曰 將有五材十過하니이다

武王이 太公에게 물었다.
"장수를 논하는 방도는 어떻게 해야 하는가?"
太公이 대답하였다.

"장수에게는 다섯 가지 재능과 열 가지 잘못이 있습니다."

武王이 問太公曰 評論將帥之道奈何오 太公對曰 爲將者有五材하고 有十過라

武王이 太公에게 물었다.
장수의 어질고 어질지 못함을 평론하는 방도는 어떻게 해야 하는가?
太公이 대답하였다.
장수 된 자에게는 다섯 가지 재능이 있고 열 가지 잘못이 있다.

武王曰 敢問其目하노라 太公曰 所謂五材者는 勇智仁信忠也니 勇則不可犯이요 智則不可亂이요 仁則愛人이요 信則不欺요 忠則無二心이니이다

武王이 말씀하였다.
"감히 그 조목을 묻노라."
太公이 대답하였다.
"이른바 '다섯 가지 재능'이라는 것은 용맹과 지혜와 인자함과 信實(성실)과 충성이니, 용맹하면 범할 수 없고 지혜로우면 혼란하게 할 수 없고 인자하면 사람을 사랑하고 성실하면 속이지 않고 충성스러우면 두 마음이 없습니다.

武王曰 敢問其目如何오 太公對曰 所謂將之五材者는 勇智仁信忠也니 勇者는 果敢故로 不可犯이요 智者는 多謀故로 不可亂이요 仁者는 惻隱故로 能愛人이요 信者는 以實故로 不可欺요 忠者는 盡己故로 無二心이라

武王이 말씀하였다.
감히 묻노니 그 조목이 어떠한가?
太公이 대답하였다.
이른바 '장수의 다섯 가지 재능'이란 용맹과 지혜와 인자함과 성실함과 충성이니, 용맹한 자는 과감하기 때문에 범할 수가 없고, 지혜로운 자는 계책이 많기 때문에 어지럽힐 수가 없고, 인자한 자는 측은해하는 마음이 있기 때문에 사람을 사랑하고, 성실한 자는 진실하기 때문에 속일 수가 없고, 충성스러운 자는 자기 마음을 다하기 때문에 두 마음이 없는 것이다.

○ 愚按 太公은 論將에 以勇爲首하고 孫子는 論將에 以智爲先하며 太公은 終之以忠하고 孫子는 終之以嚴[1)]은 何也오 夫爲將之道 雖有五나 而其要則在智勇二者

而已라 勇而無智면 則輕死하니 是鬪將也요 智而無勇이면 則心怯하니 特謀將也라 孫子는 論計故로 以智爲先하니 謀定而與人戰이면 則勇有所施요 太公은 論材故로 以勇爲首하니 勇決而謀於成이면 則智有所用이라 故로 勇必以智而後成하고 智必以勇而後行이라 然이나 無仁이면 則失之殘忍하여 而士衆之心離요 無信이면 則失之欺蔽하여 而上下之情隱이라 故로 智勇은 必以仁信輔之也라 中庸論三達德에 曰知, 曰仁, 曰勇하고 而行之以誠[2)]하니 誠者는 信之極也라 太公이 終之以忠은 恐爲將者 不能盡乎己而有二心也니 二其心이면 則事不成矣요 孫子 終之以嚴은 恐爲將者 失於姑息而愛克厥威也니 愛克厥威면 則允罔功矣라 太公, 孫武之言이 各有攸當하니 宜參互考之요 不可執一論也니라

1) 孫子論將……終之以嚴 : ≪孫子≫ 〈始計〉에 "장수는 智・信・仁・勇・嚴이다."라고 하여, 智가 맨 앞에 있고 嚴이 맨 뒤에 있으므로 이렇게 말한 것이다.

2) 中庸論三達德……而行之以誠 : 三達德은 사람이 태어날 때에 누구나 공통적으로 받은 德으로 智・仁・勇을 가리킨다.

≪中庸≫ 20장에 "天下의 達道가 다섯인데 이것을 행하는 것은 셋이니, 君臣間과 父子間과 夫婦間과 兄弟間과 朋友間의 사귐 이 다섯 가지는 天下의 達道이고, 智・仁・勇 이 세 가지는 天下의 達德이니, 이것을 행하는 것은 하나이다.〔天下之達道五 所以行之者三 曰君臣也 父子也 夫婦也 昆弟也 朋友之交也五者 天下之達道也 智仁勇三者 天下之達德也 所以行之者 一也〕"라고 하였는데, 朱子는 ≪集註≫에서 "達道는 天下와 古今에 함께 행하여야 할 길이니, ≪書經≫ 〈虞書 舜典〉에 이른바 '五典(五倫)'이란 것이 이것이다. 智는 이것을 아는 것이요, 仁은 이것을 體行하는 것이요, 勇은 이것을 힘쓰는 것이니, 이것을 達德이라고 이르는 것은 天下와 古今에 함께 얻은 바의 理이기 때문이다. 一은 곧 誠일 뿐이다. 達道는 비록 사람이 똑같이 행하는 것이나 이 세 가지 德이 없으면 이것을 행할 수 없고, 達德은 비록 사람이 똑같이 얻은 것이나 한 가지라도 誠實하지 못함이 있으면 人慾이 사이에 끼어서 德다운 德이 아닌 것이다."라고 해석하였다.

○ 내가 살펴보건대, 太公은 장수를 논할 적에 勇猛을 첫 번째로 삼았고 孫子는 장수를 논할 적에 智慧를 첫 번째로 삼았으며, 太公은 충성으로써 끝마치고 孫子는 엄함으로써 끝마쳤으니, 이는 어째서인가? 장수가 된 도리는 비록 다섯 가지가 있으나, 그 요점은 지혜와 용맹 두 가지에 있을 뿐이다.

용맹하기만 하고 지혜가 없으면 죽음을 가볍게 여기니 이는 전투하는 장수일 뿐이요, 지혜만 있고 용맹이 없으면 마음에 겁이 많으니 다만 智謀가 있는 장수일 뿐이다.

孫子는 계책을 논하였으므로 지혜를 첫 번째로 삼았으니, 智謀가 정해지고서 적과 싸우면 용맹을 베풀 곳이 있으며, 太公은 장수의 재능을 논하였으므로 용맹을 첫 번째로 삼았으니, 용맹하게 결단하고 계책으로 이루면 지혜를 베풀 곳이 있다. 그러므로 용맹은 반드시 지혜를 사용한 뒤에야 이루어지고, 지혜는 반드시 용맹을 사용한 뒤에야 행해지는 것이다.

그러나 인자한 마음이 없으면 잔인함에 잘못되어서 병사들의 마음이 이반하고, 성실함이 없으면 속이고 가리움에 잘못되어서 上下의 情이 숨겨진다. 그러므로 지혜와 용맹은 반드시 인자함과 성실함으로써 돕는 것이다.

≪中庸≫에 三達德을 논하면서 '智·仁·勇'을 말하고 이것을 행하는 것을 성실함으로써 하였으니, 성실은 진실의 극치이다.

太公이 충성으로써 끝마친 것은 장수 된 자가 자기 마음을 다하지 못하여 두 마음을 품을까 두려워한 것이니, 두 마음을 품고 있으면 일이 이루어지지 못한다. 孫子가 엄함으로써 끝마친 것은 장수 된 자가 姑息에 잘못되어서 사랑이 그 위엄을 이길까 두려워한 것이니, 사랑이 위엄을 이기면 진실로 성공하지 못한다.

太公과 孫武의 말이 각각 합당한 바가 있으니, 마땅히 서로 참고하여야 할 것이요, 한 가지를 고집하여 논해서는 안 된다.

所謂十過者는 **有勇而輕死者**하고 **有急而心速者**하고 **有貪而好利者**하고 **有仁而不忍人者**하고 **有智而心怯者**하고 **有信而喜信人者**하고 **有廉潔而不愛人者**하고 **有智而心緩者**하고 **有剛毅而自用者**하고 **有懦而喜任人者**하니이다

이른바 '열 가지 잘못'이라는 것은, 용맹하여 죽음을 가볍게 여기는 자가 있고, 성질이 급하여 속히 서두는 자가 있고, 탐욕스러워 이익을 좋아하는 자가 있고, 인자하여 남을 차마 해치지 못하는 자가 있고, 지혜로우나 겁이 많은 자가 있고, 진실하여 남을 믿기 좋아하는 자가 있고, 淸廉潔白하나 남을 사랑하지 않는 자가 있고, 지혜로우나 마음이 느슨한 자가 있고, 강하고 굳세어 자기 지혜를 마음대로 쓰는 자가 있고, 나약하여 남에게 맡기기를 좋아하는 자가 있습니다.

所謂將之十過者는 有勇敢而輕於死者하고 有性急而欲速者하고 有貪婪(람)而性好利者하고 有仁而不忍於傷人害物者하고 有智而心怯懦者하고 有信而喜於信人者하고 有性廉潔而不肯愛人者하고 有智而心緩慢者하고 有性剛而自用其能者하고

有懦弱而性喜用人者라

이른바 '장수의 열 가지 잘못'이라는 것은, 용감하여 죽음을 가벼이 여기는 자가 있고, 성질이 급하여 신속히 결단하고자 하는 자가 있고, 탐욕스러워 성질이 이익을 좋아하는 자가 있고, 인자하여 차마 사람을 상하게 하고 물건을 해치지 못하는 자가 있고, 지혜로우나 겁이 많고 나약한 자가 있고, 진실하여 남을 믿는 것을 좋아하는 자가 있고, 성질이 청렴결백하나 남을 사랑하는 것을 좋아하지 않는 자가 있고, 지혜로우나 마음이 느슨한 자가 있고, 성질이 강하여 자기 지혜를 마음대로 쓰는 자가 있고, 나약하여 성질이 남의 말을 따르기를 좋아하는 자가 있다.

勇而輕死者는 可暴也요 急而心速者는 可久也요 貪而好利者는 可(貴)〔賂〕[1] 也요 仁而不忍人者는 可勞也요 智而心怯者는 可窘也요 信而喜信人者는 可誑也요 廉潔而不愛人者는 可侮也요 智而心緩者는 可襲也요 剛毅而自用者는 可事也요 懦而喜任人者는 可欺也니이다

1) (貴)〔賂〕: 저본의 '貴'는 ≪直解≫에 의거하여 '賂'로 바로잡았다.

용맹하여 죽음을 가볍게 여기는 자는 갑자기 성나게 할 수 있고, 성질이 급하여 속히 서두는 자는 오랫동안 持久戰을 하여 기다릴 수 있고, 탐욕스러워 이익을 좋아하는 자는 뇌물을 주어 매수할 수 있고, 인자하여 남을 차마 해치지 못하는 자는 수고롭게 할 수 있고, 지혜로우나 마음에 겁이 많은 자는 군색하게 할 수 있고, 진실하여 남을 믿기를 좋아하는 자는 속일 수 있고, 청렴결백하나 남을 사랑하지 않는 자는 모욕을 줄 수 있고, 지혜로우나 마음이 느슨한 자는 급히 습격할 수 있고, 강하고 굳세어서 자기 지혜를 마음대로 쓰는 자는 일로써 번거롭게 할 수 있고, 나약하여 남에게 맡기기를 좋아하는 자는 속일 수 있습니다.

勇而輕死者는 可暴而殺之也요 急而心速者는 可久而待之也라 貴字는 一本作賂하니 言貪而好利면 可賂而誘之也라 仁而不忍人者는 可勞而擾之也요 智而心怯者는 可窘而辱之也요 信而喜信人者는 可用言誑之也요 廉潔而不愛人者는 可侮而慢之也요 智而心緩者는 可襲而取之也요 剛毅而自用者는 可以事〔煩〕[1]之也요 懦而喜任人者는 可以計欺之也라

1) 〔煩〕: '煩'은 저본에 없으나, 漢文大系本에 의거하여 보충하였다.

용맹하여 죽음을 가벼이 여기는 자는 갑자기 격노시켜 죽일 수 있고, 성질이 급하여 速戰速決에 마음을 두는 자는 오랫동안 지구전을 하여 기다릴 수 있다.

'貴'자는 一本에는 '賂'자로 되어있으니, 탐욕스러워 이익을 좋아하면 뇌물을 주어 유인할 수 있음을 말한 것이다.

인자하여 남을 차마 해치지 못하는 자는 수고롭게 하여 어지럽힐 수 있고, 지혜로우나 마음에 겁이 많은 자는 곤궁하게 하여 모욕을 줄 수 있고, 진실하여 남을 믿기를 좋아하는 자는 속임수를 사용하여 기만할 수 있고, 청렴결백하나 사람을 사랑하지 않는 자는 모욕을 주어 업신여길 수 있고, 지혜로우나 마음이 느슨한 자는 기습 공격하여 점령할 수 있고, 강하고 굳세어서 자기 지혜를 마음대로 쓰는 자는 일로써 번거롭게 할 수 있고, 나약하여 남에게 맡기기를 좋아하는 자는 계략으로 속일 수 있는 것이다.

故로 兵者는 國家之大事요 存亡之道라 命在於將하니 將者는 國之輔요 先王之所重也라 故로 置將에 不可不察也니이다

그러므로 전쟁은 국가의 큰일이요, 〈나라가〉 보존되느냐 멸망하느냐의 갈림길입니다. 三軍의 운명이 장수에게 달려있으니, 장수는 나라의 輔弼이요 先王이 소중히 여긴 바입니다. 그러므로 장수를 임명할 적에 살피지 않으면 안 되는 것입니다.

故로 兵者는 國家之大事요 存亡之道와 與三軍之命이 皆在於將하니 將者는 國家之輔佐요 先世聖王之所重也라 故로 人君置將에 不可不審察也라

그러므로 전쟁이란 것은 국가의 큰일이요, 나라가 보존하느냐 멸망하느냐의 갈림길이며 삼군의 운명이 모두 장수에게 달려있으니, 장수는 국가의 輔佐이고 선대 聖王이 소중히 여긴 바이다. 그러므로 군주가 장수를 임명할 적에 자세히 살피지 않으면 안 되는 것이다.

故로 曰 兵不兩勝이요 亦不兩敗라하니 兵出踰境하여 不出十日에 不有亡國이면 必有破軍殺將이니이다 武王曰 善哉라

그러므로 말하기를 '전쟁은 양쪽이 다 승리할 수 없고 또한 양쪽이 다 패할 수 없다.' 하였으니, 군대가 출동하여 국경을 넘어가서 10일이 되기 전에 나라를 망

치는 일이 있지 않으면 반드시 군대를 패망하게 하고 장수를 죽이는 일이 있게 됩니다."

武王이 말씀하였다.

"좋은 말씀이다."

故로 曰 兵不得兩軍皆勝이요 亦不能兩軍皆敗라하니 兵出吾之國하고 踰人之境하여 不出十日之外하여 不有喪亡其國者면 必有破軍殺將者라 武王曰 公言이 善哉라

그러므로 말하기를 "전쟁은 적과 우리의 두 군대가 모두 승리할 수 없고 또한 두 군대가 모두 패할 수 없다." 하였으니, 군대가 우리 국경을 나가고 적의 국경을 넘어가서, 10일을 넘지 않아 자기 나라를 멸망시키는 경우가 있지 않으면 반드시 군대를 패망하게 하고 장수를 죽이는 경우가 있는 것이다.

武王은 "公의 말씀이 좋다." 하였다.

選將 第二十 제20편 將帥의 선발

選將者는 簡選士之能者하여 而任之爲將이니 蓋取書中之義하여 以名篇하니라

選將이란 선비 중에 유능한 자를 잘 가려 임명해서 장수로 삼는 것이니, 글 속의 뜻을 취하여 篇名으로 삼은 것이다.

武王이 問太公曰 王者擧兵에 簡練英權이니 知士之高下는 爲之奈何오

武王이 太公에게 물었다.

"王者가 군대를 출동할 적에 英明하고 權變(임기응변)을 아는 선비를 잘 선발하여야 하니, 선비들의 높낮이를 알려면 어찌해야 하는가?"

武王이 問太公曰 王者擧兵에 簡練英權之人이니 欲知士之高下면 則爲之奈何오

武王이 太公에게 물었다.

王者가 군대를 출동할 적에 英明하고 權變이 있는 사람을 잘 선발하여야 하니, 선비들의 높낮이를 알고자 하면 어떻게 해야 하는가?

太公曰 夫士外貌不與衆情相應者 十五니 有賢而不肖者하니이다

太公이 대답하였다.

"선비는 외모가 마음과 서로 응하지 않는 것이 열다섯 가지가 있으니, 겉은 어진 듯하나 실제로는 不肖한 자가 있습니다.

舊本에 衆情이 作中情하니 下同이요 有賢而不肖者는 作有似賢而實不肖者하니 當從之라 ○ 太公對曰 夫士之外貌不與中情相應者 十五事니 有外似賢而內實不肖者라

舊本에 '衆情'이 '中情'으로 되어있으니 아래도 똑같고, '有賢而不肖者'가 '有似賢而實不肖者'로 되어있으니, 마땅히 이를 따라야 한다.

○ 太公이 대답하였다.

선비의 외모가 가슴속의 마음과 서로 응하지 않는 것이 열다섯 가지 일이 있으니, 외모는 어진 듯하나 내면은 실제로 不肖한 자가 있다.

有溫良而爲盜者하고 有貌恭敬而心慢者하고 有外廉謹而內無恭敬者하고 有精精而無情者하고 有湛(담)湛而無誠者하니이다

성품은 온화하고 선량하나 도둑질하는 자가 있고, 외모는 공경하는 듯하나 마음이 태만한 자가 있고, 외모는 청렴하고 근신한 듯하나 내심에 공경함이 없는 자가 있고, 외모는 정밀하게 자세하나 실정이 없는 자가 있고, 외모는 담담하게 깨끗하나 성실함이 없는 자가 있습니다.

舊本에 作精精而無情者하니 當從之라 ○ 有性溫和良善而反爲盜者하고 有外貌恭敬而心怠慢者하고 有外若廉謹而內無恭敬者하고 有精精然(誅)〔詳〕[1]細而無情實者하고 有湛湛然澄淸而內無誠信者라

1) (誅)〔詳〕: 저본의 '誅'는 漢文大系本에 의거하여 '詳'으로 바로잡았다.

舊本에 '精精而無情者'로 되어있으니, 마땅히 이를 따라야 한다.

○ 성품은 온화하고 선량한 듯하나 도리어 도둑질하는 자가 있고, 외모는 공경하는 듯하나 마음이 태만한 자가 있고, 외모는 청렴하고 삼가는 듯하나 내심에 공경함이 없는 자가 있고, 외모는 정밀하게 자세하나 실정이 없는 자가 있고, 외모는 담담하게

깨끗하나 내심에 성실함이 없는 자가 있다.

有好謀而無決者하고 **有如果敢而不能者**하고 **有悾悾而不信者**하고 **有怳怳惚惚而反忠實者**하니이다

智謀를 좋아하나 결단성이 없는 자가 있고, 과감한 듯하나 내실은 능하지 못한 자가 있고, 외모는 성실한 듯하나 진실하지 못한 자가 있고, 외모는 허황한 듯하나 내면은 도리어 충성스럽고 성실한 자가 있습니다.

有好謀慮而無決斷者하고 有外如果敢而內實不能者하고 有外貌悾悾然專慤而內不信者하고 有怳怳惚惚然多所遺忘而反內忠實者라

智謀와 思慮를 좋아하나 결단성이 없는 자가 있고, 외모는 과감한 듯하나 내면은 실로 능하지 못한 자가 있고, 외모는 悾悾하게 專一하고 충성스러운 듯하나 내심은 진실하지 못한 자가 있고, 외모는 황홀하여 빠뜨리고 실수하는 것이 많은 듯하나 내면은 도리어 충성스럽고 성실한 자가 있다.

有詭激而有功效者하고 **有外勇而內怯者**하고 **有肅肅而反易人者**하고 **有嗃(학)嗃而反靜慤者**하고 **有勢虛形劣**이로되 **而出外**에 **無所不至**하고 **無使不遂者**하니이다 **天下所賤**이나 **聖人所貴**라 **凡人**은 **不知**니 **非有大明**이면 **不見其際**니 **此士之外貌不與中情相應者也**니이다

性情은 괴이하고 과격하나 功效가 있는 자가 있고, 외모는 용맹하나 내실은 겁이 많은 자가 있고, 외모는 엄숙하고 공경스러우나 도리어 남을 깔보는 자가 있고, 외모는 위엄이 있으나 도리어 고요하고 성실한 자가 있고, 기세가 허약하고 형상이 졸렬한 듯하나 밖으로 나가면 이르지 못하는 곳이 없고 使臣으로 가면 임무를 이루지 못함이 없는 자가 있습니다.

天下 사람들이 천하게 여기나, 聖人은 귀하게 여깁니다. 보통 사람들은 알지 못하니, 큰 밝음이 있는 자가 아니면 그 끝을 보지 못합니다. 이는 선비의 외모가 속마음과 서로 응하지 않는 것입니다.”

有心好詭激而作事反有功效者하니 班固敍事詭激이 疑與此詭激之義同하니 謂毁

人之短하고 揚人之長也라 有外勇敢而內怯弱者하고 有貌肅肅然恭敬而反輕易人者하고 有嗃嗃然威嚴而反沈靜專慤者하고 有勢虛形弱이나 而出外에 無所不至하고 無使不成遂者하니 此等之人은 天下衆人所賤이나 而聖人獨貴之也라 聖人官人에 因其材而任之하니 凡人은 所以不知也라 非有知人之大明이면 不能見其際니 此는 士之外貌不與中情相應하여 而爲人賤之耳라

마음은 괴이함과 과격함을 좋아하나 일을 하면 도리어 功效가 있는 자가 있다.

班固가 일을 서술함이 괴이하고 과격하다는 것이 아마도 이 詭激의 뜻과 같은 듯하니, 남의 단점을 비방하고 남의 장점을 치켜세움을 이른다.

외모는 용맹한 듯하나 내심은 겁이 많고 나약한 자가 있고, 외모는 엄숙하여 공경하는 듯하나 도리어 남을 가볍게 여기고 깔보는 자가 있고, 깐깐하여 위엄이 있으나 도리어 침착하고 고요하고 전일하고 진실한 자가 있고, 기세가 허하고 형상이 약하나 밖에 나가면 이르지 못하는 곳이 없고 使臣으로 가면 임무를 완수하지 못함이 없는 자가 있다.

이러한 사람은 天下의 보통 사람들이 천하게 여기나 聖人은 홀로 귀하게 여기는 것이다. 聖人이 사람에게 벼슬을 내려줄 적에 그 재능에 따라 맡기니, 보통 사람들은 이 때문에 알지 못하는 것이다. 사람을 알아보는 큰 밝음이 있는 자가 아니면 그 끝을 보지 못하니, 이는 선비의 외모가 속마음과 서로 걸맞지 아니하여 남에게 천시를 받는 것이다.

武王曰 何以知之오 太公曰 知之有八徵하니이다 一曰 問之以言하여 以觀其詳이요 二曰 窮之以辭하여 以觀其變이요 三曰 與之間諜하여 以觀其誠이요 四曰 明白顯問하여 以觀其德이요 五曰 使之以財하여 以觀其廉이요 六曰 試之以色하여 以觀其貞이요 七曰 告之以難하여 以觀其勇이요 八曰 醉之以酒하여 以觀其態니 八徵皆備하면 則賢不肖別矣리이다

武王이 물었다.

"어떻게 알 수 있는가?"

太公이 대답하였다.

"이것을 아는 데에는 여덟 가지 징험이 있습니다. 첫 번째는 말로 질문하여 자세함을 관찰하는 것이요, 두 번째는 말로 끝까지 힐문하여 臨機應變함을 관찰하

는 것이요, 세 번째는 間諜의 기밀을 주어서 誠實함을 관찰하는 것이요, 네 번째는 숨기지 않고 명백하게 물어서 德行을 관찰하는 것이요, 다섯 번째는 재물을 주어서 淸廉함을 관찰하는 것이요, 여섯 번째는 女色으로 시험하여 곧은 마음을 관찰하는 것이요, 일곱 번째는 患亂의 일을 말해주어 용감함을 관찰하는 것이요, 여덟 번째는 술로써 취하게 하여 態度를 관찰하는 것이니, 여덟 가지 징험이 모두 갖추어지면 어질고 어질지 못함이 구별됩니다."

武王問曰 人之賢否를 何以能知之오 太公對曰 欲知其賢否인댄 有八事徵驗之하니 初一曰 問之以言하여 以觀其詳細요 次二曰 窮究之以辭하여 以觀其權變이요 次三曰 與之以間諜之言하여 以觀其誠實이요 次四曰 明白顯問하여 無有隱情하여 以觀其德行이요 次五曰 使之以財貨하여 以觀其廉潔이요 次六曰 試之以女色하여 以觀其貞正이요 次七曰 告之以患難하여 以觀其勇敢이요 次八曰 醉之以醇酒하여 以觀其態度니 八徵皆全備하면 則賢不肖를 可分別矣라

武王이 물었다.

사람의 어질고 어질지 않음을 어떻게 알 수 있는가?

太公이 대답하였다.

어질고 어질지 않음을 알고자 하면 여덟 가지 징험이 있으니, 첫 번째는 말로 물어서 자세함을 관찰하는 것이요, 다음 두 번째는 말로써 끝까지 힐문하여 臨機應變함을 관찰하는 것이요, 다음 세 번째는 간첩의 기밀을 주어서 誠實함을 관찰하는 것이요, 다음 네 번째는 숨기는 실정이 없이 명백하게 물어서 德行을 관찰하는 것이요, 다음 다섯 번째는 財貨를 가지고 일을 시켜서 淸廉潔白함을 관찰하는 것이요, 다음 여섯 번째는 여색으로 시험하여 곧고 바른 마음을 관찰하는 것이요, 다음 일곱 번째는 환란의 일을 말해주어 용감함을 관찰하는 것이요, 다음 여덟 번째는 독한 술로 취하게 하여 態度를 관찰하는 것이니, 여덟 가지 징험이 모두 완전히 갖추어지면 어질고 어질지 못함을 분별할 수 있는 것이다.

立將 第二十一 제21편 大將의 임명

立將者는 建立大將也니 武王問立將故로 以名篇하니라

立將이란 大將을 세우는 것이니, 武王이 大將을 세우는 방법을 물었으므로, 이를 篇名으로 삼은 것이다.

武王이 **問太公曰 立將之道 奈何**오 **太公曰 凡國有難**이어든 **君避正殿**하고 **召將而詔之曰 社稷安危 一在將軍**하니 **今某國不臣**일새 **願將軍帥師應之**하노라하니이다

武王이 太公에게 물었다.
"장수를 세우는 방도는 어떻게 해야 하는가?"
太公이 대답하였다.
"무릇 나라에 患難이 있거든 군주가 正殿을 피하고 장수를 불러 명하기를 '社稷의 편안하고 위태로움이 오로지 장군에게 달려있으니, 지금 아무 나라가 신하 노릇을 하지 않으므로 장군이 군대를 거느리고 가서 대응하기를 원하노라.'라고 합니다.

武王이 **問太公曰 建立大將之道 奈何**오 **太公對曰 凡國家有患難**이어든 **君避去正殿**하고 **召將而詔告之曰 社稷之安與危 一在將軍**하니 **今某國**이 **不守臣職**일새 **願將軍帥師以應之**라하니라

武王이 太公에게 물었다.
대장을 세우는 방도는 어떻게 해야 하는가?
太公이 대답하였다.
무릇 국가에 患難이 있으면 군주가 正殿을 피하여 떠나고, 장수를 불러 그에게 고하기를 "社稷의 편안함과 위태로움이 오로지 장군에게 달려있으니, 지금 아무 나라가 신하의 직분을 지키지 않으므로 장군이 군대를 거느리고 출동하여 대응하기를 원한다."라고 한다.

將旣受命이어든 **乃命太史卜**호되 **齋三日**하고 **之太廟**하여 **鑽靈龜**하여 **卜吉日**하여 **以授斧越**이니이다

장수가 이미 명령을 받았으면 이에 太史에게 명하여 점치게 하되, 군주가 3일 동안 재계하고 太廟에 가서 신령스런 거북 껍질을 뚫어 吉日을 택해서 장수에게 斧鉞(도끼)을 내려줍니다.

將旣受君命이어든 乃命太史卜之호되 王乃齋三日하고 往太廟하여 鑽靈龜하여 卜問吉日하여 以授其斧越이라 越은 與鉞同이라

장수가 이미 군주의 명령을 받았으면 이에 太史에게 명하여 점을 치게 하되, 왕이 마침내 3일 동안 재계하고 太廟에 가서 신령스런 거북 껍질을 뚫어 길일을 물어 장수에게 斧鉞을 내려주는 것이다. 越은 鉞과 같다.

君은 入廟門하여 西面而立하고 將은 入廟門하여 北面而立이어든 君親操越持首하여 授將其柄하고 曰 從此上至天者를 將軍制之하라하고

이때 군주는 사당 문에 들어가서 서쪽을 향하여 서고, 장수는 사당 문에 들어가서 북쪽을 향하여 서면, 군주가 직접 날이 위로 향한 도끼를 잡되 머리를 쥐고서 그 자루를 장수에게 주면서 말하기를 '이로부터 위로 하늘에 이르기까지를 장군이 통제하라.' 합니다.

人君이 入廟門內하여 西面而立은 就主位也요 大將이 入廟門內하여 北面而立은 就臣位也라 君親操鉞하여 持其首하여 授將以其柄하고 曰 從此上至於天者를 將軍制之라하니라 鉞은 揚也니 有向上之義라 故로 以天言이라 授鉞而以柄者는 欲致果決於人也라

군주가 사당 문으로 들어가서 서쪽을 향하여 서는 것은 주인의 자리로 나아가는 것이요, 대장이 사당 문 안으로 들어가서 북쪽을 향하여 서는 것은 신하의 자리로 나아가는 것이다.

군주가 직접 날이 위로 향한 도끼를 잡되 머리를 쥐고서 장수에게 그 자루를 주면서 말하기를 "이로부터 위로 하늘에 이르기까지를 장군이 통제하라." 한다.

鉞은 날이 위로 솟아있으니, 위를 향하는 뜻이 있으므로 하늘이라고 말한 것이다. 도끼를 주면서 자루를 주는 것은 사람들에게 과감함과 결단함을 다하게 하려 한 것이다.

復操斧持柄하여 授將其刃하고 曰 從此下至淵者를 將軍制之하라

다시 날이 아래로 향한 도끼를 잡되 자루를 쥐고서 그 칼날을 장수에게 주며 말하기를 '이로부터 아래로 깊은 못에 이르기까지를 장군이 통제하라.

君復操斧하여 持其柄하여 授將以其刃하고 曰 從此下至於淵者를 將軍制之하라하니라

斧는 戚也니 有俯下之義라 故로 以淵言이라 授斧而以刃者는 欲致果決於己也라

군주가 다시 날이 아래로 향한 도끼를 잡고 그 자루를 쥐고서 장수에게 그 칼날을 주면서 말한다.

이로부터 아래로 연못에 이르기까지를 장군이 통제하라.

斧는 날이 아래로 굽은 도끼이니, 아래로 굽어보는 뜻이 있으므로 깊은 못이라고 말한 것이다. 도끼를 주면서 칼날을 주는 것은 자신에게 과감함과 결단함을 다하게 하려 한 것이다.

見其虛則進하고 見其實則止하며 勿以三軍爲衆而輕敵하고 勿以受命爲重而必死하며 勿以身貴而賤人하고 勿以獨見而違衆하며 勿以辯說爲必然하라

적의 虛弱함을 보면 前進하고 적의 堅實함을 보면 中止하며, 三軍이 많다 하여 적을 깔보지 말고, 군주의 명령을 받은 것을 중하게 여겨서 반드시 죽으려 하지 말고, 자신의 신분이 귀하다 하여 남을 천하게 여기지 말고, 자신의 독단적인 의견으로 사람들의 의견을 어기지 말고, 辯士들의 말을 반드시 옳다고 여기지 말라.

見其敵之虛則前進하고 見其敵之實則且止라 勿은 禁止之辭니 勿以三軍爲衆盛而輕易敵人하고 勿以受人君之命爲重而期以必死하고 勿以自己之身尊貴而卑賤他人하고 勿以一己之獨見而違衆心하고 勿以辯捷之說爲必然而偏聽하라

적의 허약함을 보면 전진하고, 적의 견실함을 보면 잠시 중지하는 것이다.

勿은 금지하는 말이다.

三軍이 많다 하여 적을 가볍게 여기지 말고, 군주의 명령을 받은 것을 중하게 여겨서 기필코 죽으려 하지 말고, 자신의 신분이 존귀하다 하여 다른 사람을 낮고 천하게 여기지 말고, 자기 한 몸의 독단적인 의견으로 사람들의 마음을 어기지 말고, 言辯이 좋은 사람의 말을 반드시 옳다고 여겨서 편벽되이 듣지 말라.

士未坐어든 勿坐하고 士未食이어든 勿食하며 寒暑必同하라 如此면 士衆이 必盡死力이라하니이다

병사들이 아직 앉지 않았으면 앉지 말고, 병사들이 아직 밥을 먹지 않았으면

먹지 말며, 추위와 더위를 반드시 함께하라. 이와 같이 하면 병사들이 반드시 死力을 다할 것이다.'라고 합니다.

士衆未坐어든 將勿先坐하고 士衆未食이어든 將勿先食하며 大寒大暑에 勿重裘張蓋하고 必與衆同之니 若能如此면 士衆이 必爲之盡死力以前進이라

병사들이 아직 앉지 않았으면 장수가 먼저 앉지 말고, 병사들이 아직 밥을 먹지 않았으면 장수가 먼저 밥을 먹지 말며, 큰 추위와 큰 더위에 갑옷을 껴입거나 일산을 펴지 말고, 반드시 병사들과 苦樂을 함께하여야 하니, 만약 능히 이와 같이 하면 병사들이 반드시 장수를 위해서 死力을 다하여 전진할 것이다.

○ 按此篇에 不言推輪捧轂[1)]하니 恐脫簡耳로라

1) 推輪捧轂 : 戰場으로 나가는 장수에게 임금이 수레바퀴를 밀어줌을 이른다. ≪漢書≫ 〈馮唐傳〉에 "上古시대에 王者가 장수를 전장으로 보낼 적에 무릎 꿇고 수레바퀴를 밀어주며 '도성문 안은 寡人이 통제하고 도성문 밖은 장군이 통제하라.' 하였다.〔上古王者 遣將也 跪而推轂曰 閫以內 寡人制之 閫以外 將軍制之〕"라고 보인다.

○ 살펴보건대, 이 篇에 군주가 장수의 수레바퀴를 밀고 수레 축을 받드는 일을 말하지 않았으니, 아마도 脫簡이 있는 듯하다.

將已受命에 拜而報君曰 臣聞國不可從外治요 軍不可從中御며 二心이면 不可以事君이요 疑志면 不可以應敵이라하니이다 臣旣受命하여 專斧鉞之威하니 臣不敢生還하리니 願君亦垂一言之命於臣하소서 君不許臣하시면 臣不敢將호리이다하니이다

장수가 이미 명령을 받았으면 절하고 군주에게 답하기를 '신이 들으니 「나라는 밖에서 다스릴 수가 없고 군대는 중앙에서 통제할 수가 없으며, 두 마음을 품으면 군주를 섬길 수 없고 의심하는 마음을 품으면 적에게 대응할 수 없다.」 하였습니다. 신이 이미 군주의 명령을 받아서 斧鉞의 위엄을 오로지하였으니, 신은 감히 살아서 돌아오기를 바라지 않을 것입니다. 원컨대 군주 또한 한 말씀의 명령을 신에게 내려주소서. 군주께서 신에게 허락해주지 않으시면 신은 감히 장수 노릇을 못하겠습니다.'라고 합니다.

大將已受命에 拜而報君曰 臣聞國家之事를 不可從外治之요 軍旅之事를 不可從

中御之며 有二心이면 不可以事奉人君이요 有疑志면 不可以往應敵國이라 臣既受君之命하여 專主斧鉞之威하니 臣不敢生還於國하오니 願君亦垂一言之命於臣하소서 君若不許臣하시면 臣不敢爲將이라하니라

大將이 이미 명령을 받았으면 절하고 군주에게 답하기를 "신이 들으니 '국가의 일은 밖에서 다스릴 수가 없고 군대의 일은 중앙에서 통제할 수가 없으며, 장수가 두 마음을 품으면 군주를 받들어 섬길 수 없고 의심하는 마음이 있으면 적국에 가서 대응할 수 없다.'고 하였습니다. 신이 이미 군주의 명령을 받아 斧鉞의 위엄을 오로지 주장하니, 신은 감히 살아서 나라에 돌아오기를 바라지 않습니다. 원컨대 군주께서도 또한 한 말씀의 명령을 신에게 내려주소서. 군주께서 만약 신에게 허락하지 않으시면 신은 감히 장수 노릇을 할 수가 없습니다."라고 한다.

君許之어든 乃辭而行하여 軍中之事를 不聞君命하고 皆由將出하여 臨敵決戰에 無有二心이니 若此면 則無天於上하고 無地於下하며 無敵於前하고 無君於後니이다

군주가 허락하면 마침내 하직하고 떠나가서 軍中의 일을 군주의 명령을 듣지 않고 모두 장수로부터 나오게 해서 적진에 임하여 결전할 적에 두 마음을 품지 않아야 하니, 이와 같이 하면 위에는 하늘이 없고 아래에는 땅이 없으며, 앞에는 가로막는 적이 없고 뒤에는 통제하는 군주가 없게 됩니다.

君已許之어든 乃辭而行하여 軍中之事를 不聽聞於君命하고 皆從大將而出하여 臨敵決戰에 無有疑二之心이니 如此면 則無天於上하니 謂上不制於天也요 無地於下하니 謂下不制於地也요 無敵於前하고 無君於後하니 謂中不制於人也[1]라

1) 軍中之事……謂中不制於人也 : ≪兵學指南演義≫〈旗鼓定法 1 任將篇〉에는 '대장이 군대를 출동하여 표(기둥)를 세우고 물시계를 설치한 다음, 營門을 닫고 淸道를 하면, 군주의 사자나 장관은 물론, 군주를 모시고 오는 신하도 함부로 軍門에 들어올 수 없음'을 강조하면서 이 대목을 인용 예시하고 있다.

군주가 이미 허락하면 장수가 마침내 하직하고 떠나가서, 軍中의 일은 군주의 명령을 듣지 않고 모두 대장으로부터 나오게 해서 적진을 대하여 결전할 적에 의심하는 마음과 두 마음을 품지 않아야 한다. 이와 같이 하면 위에는 하늘이 없으니 위로 하늘에게 통제받지 않음을 이른 것이요, 아래에는 땅이 없으니 아래로 땅에게 통제받지 않음을 이른 것이요, 앞에는 가로막는 적이 없고 뒤에는 통제하는 군주가 없게 되니,

가운데로 사람에게 통제받지 않음을 이른 것이다.

是故로 **智者爲之謀**하고 **勇者爲之鬪**하여 **氣厲靑雲**하고 **疾若馳騖**(무)하여 **兵不接刃而敵降服**이라

이 때문에 지혜로운 자가 국가를 위하여 도모하고 용맹한 자가 국가를 위하여 싸워서, 기운이 靑雲을 능멸하고 빠름이 달리는 말과 같아 군대가 병기를 접촉하지 않아도 적이 항복하는 것입니다.

> **是故**로 **智者爲之盡謀**하고 **勇者爲之赴鬪**하여 **氣淩厲乎靑雲**하니 **動於九天也**요 **疾若馳騖**하니 **勢盛聲烈也**라 **故**로 **兵不用接刃**하고 **而敵自降服**이라
>
> 이 때문에 지혜로운 자가 장수를 위하여 智謀를 다하고, 용맹한 자가 장수를 위하여 싸움에 달려가서 기운이 靑雲을 능멸하니 九天에서 動하는 것이요, 빠름이 달리는 말과 같으니 군대의 기세가 강성하고 소리가 맹렬한 것이다. 그러므로 군대가 칼날을 접촉하지 않아도 적이 저절로 항복하는 것이다.

戰勝於外하고 **功立於內**하여 **吏遷上賞**하고 **百姓歡悅**하여 **將無咎殃**이라 **是故**로 **風雨時節**하고 **五穀豐登**하고 **社稷安寧**이니이다 **武王曰 善哉**라

전쟁하여 밖에서 승리하고 功이 안에서 세워져 관리들은 최고의 賞을 받아 승진하고 백성들은 기뻐하여 장수에게 재앙이 없습니다. 이 때문에 바람과 비가 시절에 맞게 내리고 五穀이 풍성하게 여물고 社稷이 편안한 것입니다."

武王이 말씀하였다.

"좋은 말씀이다."

> **戰旣勝於外**하고 **功又立於內**하여 **爲吏者超遷上賞**하고 **百姓皆歡悅**하여 **將帥無咎殃**이라 **是故**로 **風雨應時節**하고 **五穀皆豐登**하고 **社稷得安寧**이라 **武王曰 公言**이 **善哉**라
>
> 전쟁하여 이미 밖에서 승리하고 功이 또 안에서 세워져 관리가 된 자들이 최고의 賞을 받아 승진하고 백성들이 모두 기뻐하여 장수에게 재앙이 없다. 이 때문에 바람과 비가 時節에 응하고, 오곡이 모두 풍성하게 여물며 社稷이 편안함을 얻는 것이다.

武王은 "公의 말씀이 좋다." 하였다.

將威 第二十二　제22편 將帥의 위엄

將威者는 論將之不可無威也니 有威而可畏를 謂之威라 人畏將之威하면 以守則固하고 以戰則勝矣라 以武王問將何以爲威라 故로 以名篇하니라

將威란 장수에게 위엄이 없어서는 안 됨을 논한 것이니, 위엄이 있어서 두려워할 만함을 威라 이른다. 사람(병사)들이 장수의 위엄을 두려워하면, 지키면 견고하고 싸우면 승리한다. 武王이 '장수는 무엇을 위엄으로 삼는가?'라고 물었으므로, 이를 篇名으로 삼은 것이다.

武王이 問太公曰 將何以爲威며 何以爲明이며 何以禁止而令行고

武王이 물었다.

"장수는 무엇을 위엄으로 삼으며, 무엇을 밝음으로 삼으며, 무엇으로써 금하는 것이 그쳐지고 명령하는 것이 행해지게 하는가?"

武王問曰 大將이 何以爲之威며 何以爲之明이며 何以能禁止而令行고

武王이 물었다.

大將이 무엇을 위엄으로 삼으며, 무엇을 밝음으로 삼으며, 무엇으로써 금하는 것이 그쳐지고 명령하는 것이 행해지게 하는가?

太公曰 將은 以誅大爲威하고 以賞小爲明하고 以罰審爲禁止而令行이니이다

太公이 대답하였다.

"장수는 큰(높은) 사람을 죽이는 것을 위엄으로 삼고, 작은(낮은) 사람에게 상주는 것을 밝음으로 삼으며, 刑罰을 자세히 살피는 것으로 금하는 것이 그쳐지고 명령이 행해지게 합니다.

太公對曰 將은 以能誅其大者로 爲威하고 以能賞其小者로 爲明하고 以用罰詳

審으로 爲禁者止而令者行也라

太公이 대답하였다.

장수는 능히 높은 사람을 죽이는 것을 위엄으로 삼고, 낮은 사람에게 상을 내리는 것을 밝음으로 삼고, 형벌을 사용함에 자세히 살피는 것으로 금하는 것이 그쳐지고 명령이 행해지게 한다.

故로 殺一人而三軍震者는 殺之하고 賞一人而萬人說(열)者는 賞之니 殺貴大하고 賞貴小라 殺其當路貴重之人이면 是刑上極也요 賞及牛豎(수)馬洗廐養之徒면 是賞下通也니 刑上極하고 賞下通이면 是는 將威之所行也니이다

그러므로 한 사람을 죽여서 三軍이 진동하는 자는 죽이고, 한 사람을 상주어서 萬人이 기뻐하는 자는 상을 주니, 죽임은 높은 사람에게 내리는 것을 귀하게 여기고, 상은 낮은 사람에게 내리는 것을 귀하게 여깁니다. 要路를 담당하는 귀중한 사람을 죽이면 이는 형벌이 위로 끝까지 올라가는 것이요, 상이 소를 기르는 머슴과 말똥을 청소하는 사람과 마구간에서 짐승을 기르는 무리들에게까지 미치면 이는 상이 아래로 통하는 것이니, 형벌이 위로 끝까지 올라가고 상이 아래로 통하면, 이는 장수의 위엄이 행해지는 것입니다."

故로 殺戮一人而三軍震懼者는 殺之하고 賞賚一人而萬人喜說者는 賞之니 殺之는 貴其大者요 賞之는 貴其小者라 殺其當要路權貴尊重之人이면 是刑極其上也요 賞及牧牛之豎와 馬洗之夫와 及廐養之徒면 是賞通其下也니 刑能極其上하고 賞能通其下면 此는 將威之所以能行也라

그러므로 한 사람을 죽여서 三軍이 진동하고 두려워하는 자는 죽이고, 한 사람에게 상을 주어서 만인이 기뻐하는 자는 상을 주니, 죽임은 높은 자를 죽이는 것을 귀하게 여기고, 상은 낮은 자에게 내림을 귀하게 여긴다. 要路를 담당하여 권세가 귀하고 존중한 사람을 죽이면 이는 형벌이 위로 끝까지 올라가는 것이요, 상이 소를 기르는 머슴과 말똥을 청소하는 인부와 마구간에서 짐승을 기르는 무리에게까지 미치면 이는 상이 아래에 통하는 것이니, 형벌이 능히 그 위로 끝까지 올라가고 상이 능히 그 아래로 통하면, 이에 장수의 위엄이 행해지는 것이다.

勵軍 第二十三 제23편 군대의 士氣 振作

勵軍者는 激勵軍士하여 使前進也라 武王欲三軍攻城에 爭先登하고 野戰에 爭先赴하니 非激勵其軍이면 安能使之如此리오 故로 以勵軍名篇하니라

勵軍이란 병사들을 격려하여, 그들로 하여금 전진하게 하는 것이다. 武王은 三軍이 적의 城을 공격할 적에 병사들이 앞을 다투어 먼저 올라가고, 들판에서 싸울 적에 앞을 다투어 달려가게 하려 하였으니, 병사들을 격려하지 않으면 어떻게 이와 같이 할 수 있겠는가. 그러므로 勵軍을 篇名으로 삼은 것이다.

武王이 問太公曰 吾欲三軍之衆이 攻城에 爭先登하고 野戰에 爭先赴하며 聞金聲而怒하고 聞鼓聲而喜하노니 爲之奈何오

武王이 太公에게 물었다.
"나는 三軍의 병사들이 적의 城을 공격할 때에 앞을 다투어 올라가고, 들에서 싸울 적에 앞을 다투어 달려가며, 징소리를 들으면 노여워하고 북소리를 들으면 기뻐하게 하고자 하는데, 어찌하면 되겠는가?"

武王이 問太公曰 吾欲三軍之衆이 攻人之城에 爭先登하고 戰於野에 爭先赴하며 聞金聲而止則軍怒하고 聞鼓聲而進則軍喜하노니 爲之奈何오

武王이 太公에게 물었다.
나는 三軍의 병사들이 적의 城을 공격할 때에 앞을 다투어 올라가고, 들에서 싸울 적에 앞을 다투어 달려가며, 싸움을 중지하라는 징소리를 들으면 병사들이 노여워하고, 전진하라는 북소리를 들으면 병사들이 기뻐하게 하고자 하는데, 어떻게 하면 되겠는가?

太公曰 將有三勝이니이다 武王曰 敢聞其目하노라

太公이 대답하였다.
"장수에게는 세 가지 승리하는 방법이 있습니다."
武王이 물었다.

"감히 그 조목을 묻노라."

太公對曰 爲將有三勝이라 武王曰 敢問三勝之目하노라

太公이 대답하였다.
장수가 되어 세 가지 승리하는 방법이 있다.
武王이 말씀하였다.
감히 승리하는 세 가지 조목을 묻노라.

太公曰 將이 冬不服裘하며 夏不操扇하며 雨不張蓋를 名曰 禮將이니 將不身服禮면 無以知士卒之寒暑니이다

太公이 대답하였다.
"장수가 겨울에 갖옷을 입지 않으며 여름에 부채를 잡지 않으며 비가 와도 우산을 펴지 않는 것을 이름하여 '禮儀를 지키는 장수'라 하니, 장수가 몸소 예의를 행하지 않으면 병사들의 추위와 더위를 알지 못합니다."

太公對曰 爲將者 隆冬에 不服重裘는 與士卒同其寒也요 盛夏에 不操紈扇은 與士卒共其熱也요 大雨에 不張傘盖는 與士卒均其濕也라 此名曰 有禮之將이니 爲將而身不服禮면 則無以知士卒之寒暑[1]라

1) 爲將而身不服禮 則無以知士卒之寒暑 : ≪兵學指南演義≫ 〈營陣正彀 2 將禮篇〉에는 '각급 지휘관은 자신의 부대가 휴식하고 있던 자리에서 기다리다가 병사들이 民家에 들어가 휴식하는 것을 확인한 뒤에 들어가야 하며, 군대의 최고 지휘관인 主將도 이와 같이 하는 것'이 禮將이 지켜야 할 자세임을 말하면서 이 부분을 인용하여 강조하고 있다.

太公이 대답하였다.
장수 된 자가 한겨울에 이중의 갖옷을 입지 않는 것은 병사들과 추위를 함께하는 것이요, 무더운 여름철에 깁으로 만든 부채를 잡지 않는 것은 병사들과 더위를 함께 하는 것이요, 큰 비에 우산을 펴지 않는 것은 병사들과 젖음을 함께하는 것이다. 이것을 이름하여 '예의가 있는 장수'라 하니, 장수가 되어서 몸소 예의를 행하지 않으면 병사들의 추위와 더위를 알지 못한다.

出隘塞하고 犯泥塗에 將必先下步를 名曰 力將이니 將不身服力이면 無以知士卒之勞苦니이다

좁은 요새를 나가고 진흙 길을 지날 적에 장수가 반드시 먼저 수레에서 내려 걷는 것을 이름하여 '힘을 바치는 장수'라 하니, 장수가 몸소 힘을 바치지 않으면 병사들의 수고로움과 괴로움을 알지 못합니다.

出隘塞之險하고 犯泥塗之艱에 將必先爲之下步를 名曰 效力之將이니 爲將而身不服力이면 則無以知士卒之勞苦라

좁고 험한 요새지를 나가고 어려운 진흙 길을 지날 적에 장수가 반드시 먼저 수레에서 내려 걸어가는 것을 이름하여 '힘을 바치는 장수'라 하니, 장수가 되어서 몸소 힘을 바치지 않으면 병사들의 수고로움과 괴로움을 알지 못한다.

軍皆定次라야 將乃就舍하고 炊者皆熟이라야 將乃就食하며 軍不擧火어든 將亦不擧를 名曰 止欲將이니 將不身服止欲이면 無以知士卒之飢飽니이다

병사들이 모두 막사를 정하여야 장수가 비로소 막사에 나아가고, 병사들의 밥이 모두 익어야 장수가 비로소 나아가 밥을 먹으며, 병사들이 불을 피워 밥을 짓지 않았으면 장수 또한 불을 피워 밥을 짓지 않는 것을 이름하여 '욕심을 그치는 장수'라 하니, 장수가 몸소 욕심을 그치지 않으면 병사들의 배부름과 굶주림을 알지 못합니다.

軍皆安定幕次라야 將乃方就舍하고 士卒炊者皆熟이라야 將乃方就食하며 軍不擧火以炊면 將亦不先擧를 名曰 能止私欲之將이니 爲將하여 不身服止欲이면 則無以知士卒之飢飽라

병사들이 모두 막사를 편안히 정하여야 장수가 비로소 막사에 나아가고, 병사들의 밥이 모두 익어야 장수가 비로소 나아가 밥을 먹으며, 병사들이 불을 피워 밥을 짓지 않았으면 장수 또한 먼저 불을 피워 밥을 짓지 않는 것을 이름하여 '私慾을 그치는 장수'라 하니, 장수가 되어서 몸소 개인의 욕심을 그치지 않으면 병사들의 배부름과 굶주림을 알지 못한다.

將與士卒로 **共寒暑勞苦飢飽**라 **故**로 **三軍之衆**이 **聞鼓聲則喜**하고 **聞金聲則怒**하여 **高城深池**에 **矢石繁下**라도 **士爭先登**하고 **白刃始合**에 **士爭先赴**니이다

장수는 병사들과 더불어 추위와 더위, 수고로움과 괴로움, 배부름과 굶주림을 함께합니다. 그러므로 三軍의 병사가 북소리를 들으면 기뻐하고 징소리를 들으면 노여워하여, 높은 城과 깊은 해자에 화살과 砲石이 무수히 쏟아지더라도 병사들이 앞을 다투어 올라가고, 흰 칼날이 처음 부딪칠 적에 병사들이 앞을 다투어 달려가는 것입니다.

> 將與士卒로 能共其寒暑, 勞苦, 飢飽라 三軍之衆이 所以聞鼓聲則喜其進하고 聞金聲則怒其退하여 攻人之高城深池에 而矢石繁下로되 士卒相率而爭先登하고 若遇野戰하여 白刃始合이면 士卒踴躍而爭先赴라
>
> 장수는 병사들과 더불어 추위와 더위, 수고로움과 괴로움, 배부름과 굶주림을 함께 한다. 三軍의 병사들이 이 때문에 북소리를 들으면 전진하는 것을 기뻐하고 징소리를 들으면 후퇴하는 것을 노여워하여, 적의 높은 城과 깊은 해자를 공격할 적에 적의 화살과 포석이 무수히 쏟아져도 병사들이 서로 솔선하여 앞을 다투어 먼저 올라가며, 만약 들에서 싸워 흰 칼날이 서로 부딪치게 되면 병사들이 날뛰며 앞을 다투어 달려가는 것이다.

士非好死而樂傷也라 **爲其將知寒暑飢飽之審**하고 **而見寒暑之明也**니이다

이는 병사들이 죽음을 좋아하고 부상당함을 즐거워해서가 아닙니다. 그 장수가 자기들의 추위와 더위, 배부름과 굶주림을 자세히 살펴 알고, 자기들의 추위와 더위를 분명히 보기 때문입니다."

> 士卒이 非好愛其死而歡樂其傷也요 爲其爲將者 能知士卒寒暑飢飽之詳審하고 而見士卒寒暑之昭明也일새라
>
> 병사들이 자기가 죽는 것을 좋아하고 자기가 부상당하는 것을 즐거워해서가 아니다. 그 장수 된 자가 병사들의 추위와 더위, 배부름과 굶주림을 자세히 살펴 알고, 병사들의 추위와 더위를 분명히 보고 보살펴주기 때문인 것이다.

陰符 第二十四 제24편 은밀한 符節

陰符者는 暗爲符節하여 以通主將之意하여 不使人知之也라

陰符란 은밀히 符節을 만들어서 군주와 장수의 뜻을 통하여 남들로 하여금 알지 못하게 하는 것이다.

武王이 問太公曰 引兵深入諸侯之地하여 三軍卒有緩急하여 或利或害어든 吾將以近通遠하며 從中應外하여 以給三軍之用인댄 爲之奈何오

武王이 太公에게 물었다.
"군대를 이끌고 諸侯의 땅에 깊숙이 쳐들어가서 三軍에 갑자기 급한 일이 있어서 혹 이롭고 혹 해로우면, 내 장차 가까운 곳에서 먼 곳에 통지하고 중앙에서 밖에 응하여 三軍의 운용을 공급해야 할 터인데, 이 경우 어떻게 해야 하는가?"

武王이 問太公曰 引兵深入諸侯之地하여 三軍倉卒之間에 有緩急之事하여 或得利하고 或遇害어든 吾將以近通其遠하고 從中以應外하여 以給三軍之所用인댄 則爲之奈何오

武王이 太公에게 물었다.
군대를 이끌고 諸侯의 땅에 깊숙이 쳐들어가서 三軍이 창졸간에 위급한 일이 발생하여 혹 이로움을 얻거나 혹 해로움을 만나면, 내 장차 가까운 곳에서 먼 곳에 통지하고 중앙에서 밖에 응하여 三軍의 쓰이는 바에 공급해야 할 터인데, 이 경우 어떻게 해야 하는가?

太公曰 主與將이 有陰符凡八等하니 有大勝克敵之符는 長一尺이요 破軍殺將之符는 長九寸이요 降城得邑之符는 長八寸이요 卻[1]敵報遠之符는 長七寸이요 警衆堅守之符는 長六寸이요 請粮益兵之符는 長五寸이요 敗軍亡將之符는 長四寸이요 失利亡士之符는 長三寸이니이다

1) 卻 : 却과 같다.

太公이 대답하였다.

"군주와 장수가 사용하는 은밀한 符信이 모두 여덟 등급이 있으니, 크게 승리하여 적을 이긴 것을 알리는 符信은 길이가 1척이고, 적군을 격파하고 적장을 죽인 符信은 길이가 9촌이고, 적의 城을 항복시키고 고을을 얻은 符信은 길이가 8촌이고, 적을 퇴각시켜 먼곳에 알리는 符信은 길이가 7촌이고, 병사들을 경계하여 굳게 지키게 하는 符信은 길이가 6촌이고, 군량을 요청하고 군대의 증원을 요청하는 符信은 길이가 5촌이고, 우리 군대가 패배하고 우리 장수가 죽은 것을 알리는 符信은 길이가 4촌이고, 우리 군대가 싸워 승리하지 못하고 병사들이 죽은 것을 알리는 符信은 길이가 3촌입니다.

太公對曰 主與將이 **有陰符**하여 **往來相通**이 **凡八等**이라 **有大勝克敵之符**하니 **其長一尺**이요 **破人之軍**하고 **殺人之將**은 **其符長九寸**이요 **降人之城**하고 **得人之邑**은 **其符長八寸**이요 **卻退敵人而報遠**은 **其符長七寸**이요 **警吾士衆**하여 **使之堅守**는 **其符長六寸**이요 **請糧益兵**은 **其符長五寸**이요 **吾軍敗北**하고 **將帥亡殁**은 **其符長四寸**이요 **吾軍失利**하여 **亡殁士卒**은 **其符長三寸**이라 **符**는 **與符節之符同**하니 **或以銅**하고 **或以竹爲之**호되 **中分爲二**하여 **右留於君**하고 **左在將所**라가 **有事則陰通而合之**라

太公이 대답하였다.

군주와 장수가 은밀히 사용하는 符信이 있어서 오가며 서로 통하는 것이 모두 여덟 가지가 있다. 크게 승리하여 적을 이긴 것을 알리는 符信이 있으니 그 길이가 1척이고, 적의 군대를 격파하고 적의 장수를 죽인 것을 알리는 符信은 길이가 9촌이고, 적의 성을 항복시키고 적의 고을을 얻은 것을 알리는 符信은 길이가 8촌이고, 적을 퇴각시켜 먼곳에 알리는 符信은 길이가 7촌이고, 우리 병사들을 경계하여 굳게 수비하게 하는 符信은 길이가 6촌이고, 군량을 요청하고 병력의 증원을 요청하는 符信은 길이가 5촌이고, 우리 군대가 패배하고 장수가 죽은 것을 알리는 符信은 길이가 4촌이고, 우리 군대가 승리하지 못하여 병사들이 죽은 것을 알리는 符信은 길이가 3촌이다.

'符'는 符節의 '符'와 같으니, 혹 구리로 만들거나 혹 대나무로 만들되, 절반을 나누어 두 개로 만들어서, 오른쪽 것은 군주가 있는 곳에 남겨두고, 왼쪽 것은 장군의 처소에 보관하고 있다가 일이 있으면 은밀히 통하여 맞추어 보는 것이다.

諸奉使行符稽留者와 **若符事泄**이어든 **聞者, 告者 皆誅之**니이다

모든 使命을 받들고 符信을 행할 적에 지체한 자와, 만약 符信의 일을 누설하

였으면 들은 자와 일러준 자를 모두 죽입니다.

諸奉使行符稽留者와 若符中事漏泄이면 聞者與告者 皆誅殺之라

모든 사명을 받들고 符信을 행할 적에 지체한 자와, 만약 符信 가운데의 일을 누설하였으면 들은 자와 말해준 자를 모두 죽이는 것이다.

八符者는 主將秘聞하여 所以陰通言語하고 不泄中外하여 相知之術이니 敵雖聖智나 莫之能識이니이다 武王曰 善哉라

여덟 가지 符信은 군주와 장수가 비밀스럽게 서로 알려서 은밀히 언어를 통하고 中外에 누설시키지 않고서 서로 알리는 방법이니, 이렇게 하면 적이 아무리 聖스럽고 지혜롭더라도 알지 못할 것입니다."

武王이 말씀하였다.

"좋은 말씀이다."

已上八符者는 主與將秘聞之하여 所以陰通言語하고 不漏泄中外하여 相知之術이니 敵雖有聖智之人이라도 莫之能識也라 武王曰 公言이 善哉라

이상의 여덟 가지 符信은 군주와 장수가 비밀스럽게 서로 알려서 은밀히 언어를 통하고 중외에 누설시키지 않고서 서로 알리는 방법이니, 적에게 비록 聖스럽고 지혜로운 사람이 있더라도 이것을 알지 못할 것이다.

武王은 "公의 말씀이 좋다." 하였다.

陰書 第二十五 제25편 은밀한 書信

陰書者는 暗通主將之言하여 不使人知之也라

陰書란 군주와 장수의 말을 은밀히 통하여 남들로 하여금 알지 못하게 하는 것이다.

武王이 問太公曰 引兵深入諸侯之地하여 主將이 欲合兵하여 行無窮之變하고 圖不

測之利나 **其事繁多**하여 **符不能明**하고 **相去遼遠**하여 **言語不通**이면 **爲之奈何**오

武王이 太公에게 물었다.
"군대를 이끌고 諸侯의 땅에 깊숙이 쳐들어가서 군주와 장수가 군대를 연합하여 무궁한 변화를 행하고 헤아릴 수 없는 많은 이익을 도모하고자 하나, 그 일이 매우 많아서 符信으로는 다 밝힐 수가 없고 서로 멀리 떨어져 있어서 언어로 통할 수 없으면 어떻게 해야 하는가?"

武王이 **問太公曰 若引兵深入諸侯之地**하여 **主與將**이 **欲合兵**하여 **行無窮之變化**하고 **謀不測之利便**이나 **其事繁而且多**하여 **陰符不能明之**하고 **相去道路遼遠**하여 **言語不得相通**이면 **將爲之奈何**오

武王이 太公에게 물었다.
만약 군대를 이끌고 諸侯의 땅에 깊숙이 쳐들어가서 군주와 장수가 군대를 연합하여 무궁한 변화를 행하고 헤아릴 수 없는 많은 이익을 도모하고자 하나, 그 일이 복잡하고 또 많아서 은밀한 符信으로는 다 밝힐 수가 없고, 서로의 거리가 멀리 떨어져 있어서 언어로 서로 통할 수 없으면 장차 어떻게 해야 하는가?

太公曰 諸有陰事大慮엔 **當用書**요 **不用符**니 **主以書遺將**하고 **將以書問主**호되 **書皆一合而再離**하고 **三發而一知**니 **再離者**는 **分書爲三部**요 **三發而一知者**는 **言三人**이 **人操一分**하여 **相參而不知情也**니 **此謂陰書**라 **敵雖聖智**나 **莫之能識**이니이다 **武王曰 善哉**라

太公이 대답하였다.
"모든 비밀스러운 일과 큰 思慮가 있을 적에는 마땅히 書信을 사용하고 符信을 사용하지 말아야 하니, 군주는 서신을 장수에게 보내고 장수는 서신으로 군주에게 묻되, 서신을 모두 한 장을 두 번 잘라 세 쪽으로 나누어 가져서 한 사람만 알게 하여야 하니, 두 번 자른다는 것은 서신을 나누어 세 쪽을 만드는 것이요, 세 쪽을 나누어 가져서 한 사람만 알게 한다는 것은 세 사람이 각자 한 쪽을 가지고 있어서 서로 참조하여 실정을 알지 못하게 함을 말합니다. 이것을 일러 '은밀한 편지〔陰書〕'라고 하니, 적이 아무리 聖스럽고 지혜롭더라도 알지 못할 것입니다."

武王이 말씀하였다.
"좋은 말씀이다."

太公對曰 諸有陰密之事와 與大謀慮엔 當用陰書요 不用陰符니 主用書遺將하고 將用書問主호되 書皆一合而再離하여 三發而一知니 再離者는 謂分其書爲三部라 三部는 上中下를 分爲三分也요 三發而一知者는 言用三人하여 使一人各操一分하여 相參而不知情也라 此謂之陰書니 敵雖有聖智之人이라도 莫之能識이라 武王曰 公言이 善哉라

太公이 대답하였다.

모든 비밀스러운 일과 큰 계략과 사려가 있을 경우에는 마땅히 은밀한 편지를 사용하고 符信을 사용하지 말아야 하니, 군주는 書信을 장수에게 보내고 장수는 서신으로 군주에게 묻되, 서신을 모두 한 장을 두 번 잘라 세 쪽으로 나누어 가져서 한 사람만 알게 하여야 한다. 두 번 자른다는 것은 그 서신을 나누어 세 쪽으로 만듦을 이르니, 세 쪽은 上·中·下로 나누어 3등분하는 것이요, 세 쪽을 나누어 가져서 한 사람만 알게 한다는 것은 세 사람을 사용하여 한 사람마다 그 한 쪽을 갖게 해서 서로 참조하여 실정을 알지 못하게 함을 말한다. 이것을 일러 '은밀한 서신'이라 하니, 적에게 비록 성스럽고 지혜로운 사람이 있더라도 그 내용을 알지 못할 것이다.

武王은 "公의 말씀이 좋다." 하였다.

軍勢 第二十六 제26편 군대의 形勢

軍勢者는 行軍破敵之勢也라 孫子는 論兵勢에 以轉圓石於千仞之山으로 喩其險而不可遏[1]하고 太公은 論軍勢에 以疾雷不及掩耳하고 迅電不及瞑目으로 喩其速而不可禦하니 其義同也라

1) 孫子……喩其險而不可遏 : ≪孫子≫ 〈兵勢〉편에 "남과 전쟁을 잘하는 勢는 둥근 돌을 천 길 높은 산 위에서 굴리는 것과 같으니, 이는 勢이다.〔善戰人之勢 如轉圓石於千仞之山者 勢也〕"라고 보인다.

軍勢(군대의 형세)란 군대를 운용하여 적을 격파하는 형세이다. 孫子는 군세를

논할 적에 둥근 돌을 천 길 높은 산 위에서 굴리는 것으로 그 험하여 막을 수 없음을 비유하였고, 太公은 군세를 논할 적에 빠른 우레에는 미처 귀를 막지 못하고 빠른 번개에는 미처 눈을 감지 못하는 것으로 그 신속하여 막을 수 없음을 비유하였으니, 그 의의가 똑같다.

武王이 **問太公曰 攻伐之道奈何**오 **太公曰 勢因敵之動**하여 **變生於兩陳之間**하고 **奇正發於無窮之源**이라 **故**로 **至事**는 **不語**하고 **用兵**은 **不言**이니이다

武王이 太公에게 물었다.
"적을 공격하고 정벌하는 방도는 어찌해야 하는가?"
太公이 대답하였다.
"形勢는 적의 변동에 따라 만들어지고 權變(임기응변)은 두 진영 사이에서 생겨나오고, 奇와 正은 무궁한 근원에서 나옵니다. 그러므로 지극한 일은 미리 말해주지 않고, 用兵術은 먼저 말하지 않는 것입니다.

武王이 問太公曰 攻伐敵人之道는 奈何오 太公對曰 軍之勢는 因敵家之動而爲之하고 權變之道는 則生於兩陳之間하고 奇與正은 則發於無窮之源이라 故로 至事는 不先語[1)]하고 用兵은 不預言이라 今本에 勢를 誤作資하니 依舊本正之하노라

1) 至事 不先語 : ≪兵學指南演義≫ 〈旗鼓定法 1 喇叭篇〉에는 이 부분을 인용하여 "군사들에게는 단지 주장을 따라가게만 할 것이요, 따라가는 곳을 알게 해서는 안 된다." 하여 작전의 기밀을 강조하고 있다.

武王이 太公에게 물었다.
적을 공격하고 정벌하는 방도는 어떻게 하는가?
太公이 대답하였다.
군대의 형세는 적의 변동에 따라 만들어지고 權變의 방도는 두 진영 사이에서 생겨나오고, 奇와 正은 무궁한 근원에서 나온다. 그러므로 지극한 일은 미리 말해주지 않고, 用兵術은 먼저 말하지 않는 것이다.
今本에 '勢'자를 잘못하여 '資'자로 썼는데, 舊本을 따라 바로잡았다.

且事之至者는 **其言**을 **不足聽也**요 **兵之用者**는 **其狀**을 **不定見也**니 **倏**(숙)**而往**하고 **忽而來**하여 **能獨專而不制者**는 **兵也**니이다

또 일이 지극한 것은 그 말을 믿어 따를 것이 못 되고, 군대를 운용하는 것은 그 형상을 일정하게 볼 수가 없으니, 갑자기 가고 갑자기 와서 능히 홀로 하고 오로지 조처하여 남이 통제할 수 없는 것이 군대입니다.

且事之至者는 其言을 不足聽信也요 兵之用者는 其形狀을 不定見也니 倏然而往하고 忽然而來하여 能獨自專擅(천)하여 而不制於人者는 兵也라

또 일이 지극한 것은 그 말을 믿어 따를 수가 없고, 군대를 운용함은 그 형상을 일정하게 볼 수가 없으니, 갑자기 가고 갑자기 와서 능히 홀로 결단하고 마음대로 조처하여 남에게 제재를 받지 않는 것이 군대이다.

聞則議하고 見則圖니 知則困하고 辨則危니이다

적이 우리의 實情을 들으면 의논하고 실정을 보면 도모할 것이니, 적이 우리의 실정을 알면 곤궁하고 적이 우리의 虛實을 분변하면 위태롭게 됩니다.

使人得聞我之情이면 則必議我之動靜이요 使人得見我之形이면 則必謀我之虛實이니 我之動靜을 彼得知之면 則必爲所困이요 我之虛實을 彼得辨之면 則必爲所危라

적으로 하여금 우리의 실정을 듣게 하면 반드시 우리의 動靜을 의논할 것이요, 적으로 하여금 우리의 형상을 보게 하면 반드시 우리의 허실을 도모할 것이니, 우리의 동정을 적이 알면 우리가 반드시 곤궁을 당하고, 우리의 허실을 적이 분변하면 우리가 반드시 위태롭게 되는 것이다.

故로 善戰者는 不待張軍하고 善除患者는 理於未生하고 勝敵者는 勝於無形하나니 上戰은 無與戰이니이다

그러므로 전쟁을 잘하는 자는 군대를 진열하기를 기다리지 않고, 환난을 잘 제거하는 자는 환난이 생기기 전에 다스리고, 적을 이기는 자는 형체가 없을 때에 이기니, 최고의 전쟁은 적과 싸우지 않는 것입니다.

故로 善戰者는 不待張吾之軍而與之戰이니 謂潛謀密運而取勝也라 善除患者는 理於患未生之初也요 勝敵者는 見微察隱而取勝於無形也니 上戰은 無與人戰이요

而自能取勝於彼也라

그러므로 전쟁을 잘하는 자는 우리 군대를 진열하여 적과 싸우기를 기다리지 않으니, 은밀히 계책을 운용하여 승리를 취함을 이른다. 환난을 잘 제거하는 자는 환난이 생기지 않은 초기에 다스리고, 적을 이기는 자는 적의 은미함을 보고 숨겨진 것을 살펴서 형체가 없는 데에서 승리를 취하니, 최고의 전쟁은 적과 싸우지 않고 자연스레 적에게서 승리를 취하는 것이다.

故로 爭勝於白刃之前者는 非良將也요 設備於已失之後者는 非上聖也며 智與衆同이면 非國師也요 技與衆同이면 非國工也니이다

그러므로 흰 칼날 앞에서 승리를 다투는 자는 훌륭한 장수가 아니요, 이미 잘못한 뒤에 대비하는 자는 최고의 聖人이 아니며, 지혜가 보통 사람과 같다면 나라의 스승이 아니요, 技藝가 보통 사람과 같다면 나라의 工人이 아닙니다.

故로 與人爭勝於白刃之前者는 非謂之良將也요 設備於已失亡之後者는 非謂之上聖也며 智謀與衆人同이면 非謂之國師也요 技藝與衆人同이면 非謂之國工也라

그러므로 적과 시퍼런 칼날 앞에서 승리를 다투는 자는 훌륭한 장수라 이르지 않고, 이미 잘못하여 잃은 뒤에 대비하는 자는 최고의 성인이라 하지 않으며, 智謀가 보통 사람과 같으면 나라의 스승이라고 하지 않고, 기예가 보통 사람과 같으면 나라의 工人이라고 하지 않는 것이다.

事莫大於必克하고 用莫大於玄默하고 動莫大於不意하고 謀莫大於不識이니이다

전쟁의 일은 반드시 승리하는 것보다 더 큰 것이 없고, 전술의 운용은 玄妙하고 은밀한 것보다 더 큰 것이 없고, 출동은 적이 생각하지 않은 곳으로 출동하는 것보다 더 큰 것이 없고, 계책은 적이 알지 못하게 하는 것보다 더 큰 것이 없습니다.

事無有大於必克하니 必克者는 必勝於人也요 用無有大於玄默하니 玄默者는 玄妙而秘默也요 動無有大於不意하니 不意者는 出敵人之不意也요 謀無有大於不識하니 不識者는 謀之深하여 而使敵人不能知也[1)]라

1) 謀無有大於不識……而使敵人不能知也 : ≪兵學指南演義≫ 〈旗鼓定法 1 潛襲篇〉에는 '암호를 사용하고 은밀히 출동하는 것은 모두 속임수로 적을 기만하여 승리하기 위한 방법으로서, 正道를 시행할 수 없을 경우에는 權道를 쓸 수 있음'을 말하면서 이 대목을 인용 예시하고 있다.

전쟁의 일은 반드시 승리하는 것보다 더 큰 것이 없으니, 반드시 승리한다는 것은 반드시 적을 이기는 것이요, 전술의 운용은 현묘하고 은밀한 것보다 더 큰 것이 없으니 玄默은 玄妙하고 비밀스러운 것이요, 출동은 적이 생각하지 않은 곳으로 진출하는 것보다 더 큰 것이 없으니 생각하지 않는다는 것은 적이 예상하지 않은 데로 진출하는 것이요, 계책은 적이 알지 못하게 하는 것보다 더 큰 것이 없으니, 알지 못하게 한다는 것은 계책이 심오해서 적으로 하여금 알지 못하게 하는 것이다.

夫先勝者는 **先見弱於敵而後**에 **戰者也**라 **故**로 **士半而功倍焉**이니이다

먼저 승리하는 자는 싸우기에 앞서 적에게 약함을 보인 뒤에 싸우는 것입니다. 그러므로 병사는 절반만 쓰고도 功은 갑절로 거두는 것입니다.

夫先勝者는 先示怯弱之形於敵而後에 與之戰者也니 示弱於敵而設奇伏이라 故로 士止用其半이로되 而功則倍焉[1)]이라

1) 先示怯弱之形於敵而後……而功則倍焉 : ≪兵學指南演義≫ 〈營陣正彀 2 戰彀篇〉에는 "전쟁에서는 적의 의도를 잘 살피고 잘 속임에 달려있으므로, 처음에는 마치 처녀처럼 약함을 보여주다가, 마지막에는 적의 허점을 틈타 토끼처럼 신속하게 공격해야 한다."는 것을 말하면서, 이 대목을 인용하여 기습의 효과를 강조하고 있다.

먼저 승리하는 자는 싸우기에 앞서 나약한 모습을 적에게 보여준 뒤에 적과 싸우니, 적에게 나약한 것을 보여준 뒤에 奇兵으로 매복을 설치한다. 그러므로 병사를 절반만 쓰고도 功은 갑절로 거두는 것이다.

聖人은 **徵於天地之動**하니 **孰知其紀**리오 **循陰陽之道而從其候**하고 **當天地盈縮**하여 **因以爲常**하며 **物有死生**하니 **因天地之形**이니이다

聖人은 하늘과 땅의 動함에서 징험하니, 누가 그 紀極(끝)을 알겠습니까. 陰과 陽의 道를 따라 그 절후를 따르고, 하늘과 땅이 가득하고 줄어듦을 당하여 이에 따라 떳떳함으로 삼으며, 물건은 죽음과 삶이 있으니 하늘과 땅의 형상을 따릅

니다.

聖人은 徵驗於天地之動하니 誰能知其紀極이리오 順陰陽之道하여 而從其候하고 當天地之盈縮하여 而因以爲恒常之道하며 萬物有死有生하니 皆因天地之形也니 天地之動은 卽陰陽之道也요 陰陽之道는 卽天地之盈縮也라 夏至에 一陰生하여 至十月이면 則純陰矣요 冬至에 一陽生하여 至四月이면 則純陽矣[1]라 陰而陽하고 陽而陰하니 此는 天地之動也요 氣升而盈하고 氣降而縮하여 天地盈縮하니 此는 常道也라 春夏物生은 陽之形也요 秋冬物死는 陰之形也니 陰陽往來하여 成天地之化也라 聖人이 於是乎因之라

1) 夏至一陰生……則純陽矣 : ≪周易≫의 卦는 陽爻와 陰爻가 모두 아래에서 생기기 시작하는바, 동짓달에 陽爻가 하나 생겨나 4월이 되면 純陽의 乾卦가 되고, 5월의 夏至에 陰爻 하나가 아래에서 생기기 시작하여 10월이 되면 純陰의 卦인 坤卦가 된다. 예를 들어 ≪周易≫을 1년 12개월에 배합하면 동짓달은 한 陽爻가 생기는 復卦䷗이고, 섣달은 臨卦䷒, 정월은 泰卦䷊, 2월은 大壯卦䷡, 3월은 夬卦䷪, 4월은 純陽인 乾卦䷀가 된다. 5월은 한 陰爻가 생기는 姤卦䷫, 6월은 遯卦䷠, 7월은 否卦䷋, 8월은 觀卦䷓, 9월은 剝卦䷖, 10월은 純陰의 坤卦䷁가 된다. 이것을 十二辟卦라 하므로 이렇게 말한 것이다.

聖人은 하늘과 땅의 動함에 징험하니, 누가 그 끝을 알겠는가. 陰과 陽의 道에 순응하여 그 절후를 따르고, 하늘과 땅이 가득하고 줄어듦을 당하여 이에 따라 떳떳한 도로 삼으며, 만물은 죽음이 있고 삶이 있으니 모두 하늘과 땅의 형상을 따르는 것이다. 하늘과 땅의 동함은 바로 陰과 陽의 道이며, 陰과 陽의 道는 바로 하늘과 땅이 가득하고 줄어드는 것이다.

夏至에 한 陰이 생겨서 10월에 이르면 순전한 陰이 되고, 冬至에 한 陽이 생겨서 4월에 이르면 순전한 陽이 된다. 陰에서 陽이 되고 陽에서 陰이 되니 이는 하늘과 땅이 동하는 것이요, 氣가 올라가면 가득하고 氣가 내려가면 줄어들어 하늘과 땅이 가득하고 줄어드니 이는 떳떳한 도이다. 봄과 여름에 물건을 낳는 것은 陽의 형상이요, 가을과 겨울에 물건이 죽는 것은 陰의 형상이다. 陰과 陽이 가고 와서 하늘과 땅의 조화를 이루니, 聖人이 이에 따르는 것이다.

故로 曰未見形而戰이면 雖衆이나 必敗라하니 善戰者는 居之不撓하여 見勝則起하고 不勝則止니이다

그러므로 말하기를 '虛實의 형상을 보지 못하고서 싸우면 비록 병력이 많더라도 반드시 패한다.' 하였으니, 전쟁을 잘하는 자는 주둔해있을 적에는 동요하지 않다가 승리할 수 있는 기회를 발견하면 일어나 출동하고 승리하지 못하면 중지합니다.

故로 古人有曰 未見虛實之形而與人戰이면 兵雖衆이나 必敗라하니라 善爲戰者는 處之不撓曲이라가 見有可勝之形則起하고 見有不可勝之形則止라

그러므로 옛사람이 말하기를 "허실의 형상을 보지 못하고서 적과 싸우면 병력이 비록 많더라도 반드시 패한다." 하였다. 전쟁을 잘하는 자는 주둔해있을 적에 동요하거나 굽히지 않다가, 승리할 만한 형상을 보면 일어나 출동하고 승리할 수 없는 형상을 보면 중지하는 것이다.

故로 曰 無恐懼하고 無猶豫니 用兵之害는 猶豫最大요 三軍之災는 莫過狐疑라하니이다

그러므로 말하기를 '두려워하지 말고 猶豫하지 말아야 하니, 用兵의 폐해는 猶豫가 가장 크고 三軍의 재앙은 狐疑보다 더 큰 것이 없다.' 한 것입니다.

故로 曰 無恐懼之色하고 無猶豫之心이니 用兵之害는 惟猶豫不決이 最大요 三軍之災는 不過生於狐疑而已라 猶豫狐疑는 解見吳子[1)]하니라

1) 猶豫狐疑 解見吳子 : ≪吳子≫ 〈治兵〉에 "用兵의 폐해는 猶豫가 가장 크고 三軍의 재앙은 여우처럼 의심하는 데에서 생긴다.〔用兵之害 猶豫最大 三軍之災 生於狐疑〕"라고 하였는데, ≪直解≫에 "猶는 꼬리가 갈라진 원숭이이니, 코가 위로 들려있고 꼬리가 길며, 의심이 많아서 소리가 들리면 미리 나무에 올라가서 오르락내리락하여 일정하지 않으므로, 결단하지 못함을 '猶豫'라고 한다. 여우는 의심이 많아서 강물이 처음 얼면 반드시 귀를 대고 먼저 물소리를 들어서 물소리가 들리지 않아야 얼음 위를 지나가므로, 의심이 많은 것을 '狐疑'라고 한다.〔猶蜼也 卬鼻長尾 性多疑 聞有聲 則豫登木 上下不一 故謂不決曰猶豫 狐多疑 河冰始合 必帖耳先聽 無水聲而後過 故以多疑爲狐疑〕"라고 해석하였다.

그러므로 말하기를 "두려워하는 기색이 없고 猶豫하는 마음이 없어야 하니, 用兵의 폐해는 유예하여 결단하지 못하는 것이 가장 크고, 三軍의 재앙은 狐疑하는 마음에서 나오는 것에 지나지 않을 뿐이다."라고 한 것이다. '猶豫'와 '狐疑'는 해석이 ≪吳子≫에 보인다.

善〔戰〕[1]者는 見利不失하고 遇時不疑하나니 失利後時면 反受其殃이라 故로 智者는 從之而不失하고 巧者는 一決而不猶豫니이다

1) 〔戰〕: 저본에는 없으나 漢文大系本에 의거하여 보충하였다.

전쟁을 잘하는 자는 이로움을 발견하면 놓치지 않고 때(기회)를 만나면 의심하지 않으니, 이로움을 잃고 때에 뒤늦으면 도리어 殃禍를 받습니다. 그러므로 지혜로운 자는 때를 따라 출동하여 잃지 않으며, 공교로운 자는 한번에 결단하고 유예하지 않는 것입니다.

善用兵者는 見利而不失하고 遇時而不疑하나니 若失利後時而動이면 反受其殃禍라 故로 有智者는 順其時而不失其利하고 巧者는 一決而無猶豫之心이라

用兵을 잘하는 자는 이로움을 발견하면 놓치지 않고 때를 만나면 의심하지 않으니, 만약 이로운 시기를 놓치고 때에 뒤늦게 출동하면 도리어 앙화를 받는다. 그러므로 지혜가 있는 자는 그 때를 따라 이로움을 놓치지 않고, 공교로운 자는 한번에 결단하고 유예하는 마음이 없는 것이다.

是以로 疾雷에 不及掩耳하고 迅電에 不及瞑目하여 赴之若驚하고 用之若狂하여 當之者破하고 近之者亡이니 孰能禦之리잇고

이 때문에 빠른 우레에는 미처 귀를 막지 못하고, 빠른 번개에는 미처 눈을 감지 못하여, 달려가기를 놀란 듯이 하고 운용하기를 맹렬하게 해서, 앞을 가로막는 자는 격파되고 가까이 다가오는 자는 멸망하니, 누가 능히 막아내겠습니까.

是以로 急疾之雷엔 人不及掩其耳하고 迅速之電엔 人不及瞑其目하여 赴之也如驚하고 用之也如狂하여 當之者破散하고 近之者滅亡하니 其誰能禦之리오

이 때문에 급하고 빠른 우레에는 사람들이 미처 귀를 막지 못하고, 빠르고 신속한 번개에는 사람들이 미처 눈을 감지 못하여, 달려갈 때에는 놀란 듯이 하고 운용하기를 맹렬하게 해서, 앞을 가로막는 자는 격파되고 가까이 다가오는 자는 멸망하니, 그 누가 능히 이를 막아내겠는가.

夫將이 有所不言而守者는 神也요 有所不見而視者는 明也라 故로 知神明之道

者는 **野無橫敵**하고 **對無立國**이니이다 **武王曰 善哉**라

장수가 사람들이 말하지 않는데 지키는 것은 神(신묘함)이요, 사람들이 보지 못하는데 보는 것은 明입니다. 그러므로 神明의 道를 알면 들에 횡포한 적이 없고, 상대함에 견고하게 세워진 나라가 없는 것입니다."

武王이 말씀하였다.

"좋은 말씀이다."

夫將이 **人有所不能言而我先能守之者**는 **神也**니 **惟神**이라 **是以**로 **守於未言耳**요 **人有所不及見而我先能視之者**는 **明也**니 **惟明**이라 **是以**로 **視於未見耳**라 **故**로 **能知神明之道者**는 **守於未形**하고 **視於未萌**하나니 **則野無暴橫之敵**하고 **對無建立之國**[1]이라 **武王曰 公言**이 **善哉**라

1) 能知神明之道者……對無建立之國 : ≪兵學指南演義≫ 〈營陣正彀 2 謀計篇〉에는 "적이 야간에 습격해 오는 것을 예측하는 방법이 있는가?" 하는 의문에 대하여 이 대목을 인용 예시함으로써 그 해답을 찾고자 하였다.

장수가 사람들이 말하지 않는데 자신이 먼저 지키는 것은 神이니, 오직 신묘하기 때문에 말하지 않을 때에 지키는 것이요, 사람들이 미처 보지 못하는데 자신이 먼저 보는 것은 明이니, 오직 밝기 때문에 보이지 않을 때에 보는 것이다.

그러므로 능히 神明의 도를 아는 자는 형체가 드러나지 않았을 때에 지키고 싹트지 않았을 때에 보니, 이렇게 하면 들에 횡포한 적이 없고, 상대함에 견고하게 세워진 나라가 없는 것이다.

武王은 "公의 말씀이 좋다." 하였다

奇兵 第二十七 제27편 奇兵의 운용

奇兵者는 **出奇取勝**하고 **應變無窮**이라 **太公**이 **因武王之問**하여 **而言其法如此**라 **故**로 **以名篇**하니라

奇兵이란 기병을 출동시키고 기이한 계책을 내어 승리를 취하고 변화에 응하기를 무궁하게 하는 것이다. 太公이 武王의 물음으로 인하여 그 방법을 이와 같이

말하였다. 그러므로 이를 篇名으로 삼은 것이다.

武王이 問太公曰 凡用兵之法은 大要何如오 太公曰 古之善戰者는 非能戰於天上이요 非能戰於地下라 其成與敗 皆由神勢하니 得之者는 昌하고 失之者는 亡이니이다

武王이 太公에게 물었다.

"무릇 用兵하는 방법은 大要가 어떠한 것인가?"

太公이 대답하였다.

"옛날에 전쟁을 잘한 자는 하늘 위에서 싸운 것도 아니요, 땅 아래에서 싸운 것도 아닙니다. 그 성공과 실패가 모두 神妙한 형세에 말미암으니, 이것을 얻은 자는 昌盛하고 이것을 잃은 자는 망합니다.

武王이 問太公曰 凡用兵之法度는 其大要何如오 太公對曰 古人之善戰者는 非能戰於九天之上이요 非能戰於九地之下라 其成與敗 皆由用兵之神勢如何耳니 神勢者는 用兵之勢 神妙莫測也라 故로 得兵勢之神妙者는 其國昌盛하고 失兵勢之神妙者는 其國亡滅이라

武王이 太公에게 물었다.

무릇 용병하는 법도는 그 大要가 어떠한가?

太公이 대답하였다.

옛사람 중에 전쟁을 잘한 자는 九天의 위에서 싸운 것도 아니요, 九地의 아래에서 싸운 것도 아니다. 그 성공과 실패가 모두 용병의 神妙한 勢가 어떠한가에 달렸을 뿐이니, 神妙한 勢란 用兵하는 형세가 神妙하여 측량할 수 없는 것이다. 그러므로 軍勢의 신묘함을 얻은 자는 창성하고 군세의 신묘함을 잃은 자는 그 나라가 멸망하는 것이다.

夫兩陳之間에 出甲陳兵하여 縱卒亂行者는 所以爲變也요

두 陣營 사이에 갑옷을 꺼내고 병기를 진열하여 병사들을 풀어놓고 行列이 혼란한 것처럼 보이는 것은 변화시켜 속이기 위한 것입니다.

夫彼此兩陳之間에 出甲陳兵하여 或縱其士卒하고 或亂其行列者는 所以爲變詐之道也라

적과 우리 두 진영 사이에 갑옷을 꺼내고 병기를 진열하여 혹은 그 병사들을 풀어 놓고 혹은 그 항렬을 혼란하게 하는 것은 변화시켜 적을 속이는 방법을 쓰기 위해서이다.

深草蓊薉(옹예)者는 所以遁逃也요

우거진 풀이 무성한 곳에 陣을 치는 것은 도망하기 위한 것입니다.

處軍에 必依深草蓊薉之地者는 所以爲遁逃之計也라

군대를 주둔할 적에 반드시 풀이 우거져 무성한 지역에 의지하여 진을 치는 것은 도망할 계책을 하기 위해서이다.

溪谷險阻者는 所以止車禦騎也요

계곡이 험하고 막힌 곳을 점거하는 것은 적의 戰車를 저지하고 적의 騎兵을 막기 위한 것입니다.

據溪水山谷之險阻者는 所以止敵之車, 禦敵之騎也라

시냇물과 산골짝의 험하고 막힌 곳을 점거하는 것은 적의 전차를 저지하고 적의 기병을 막기 위한 것이다.

隘塞山林者는 所以少擊衆也요

좁은 요새와 山林이 무성한 곳에 진을 치는 것은 적은 병력으로 많은 적을 공격하기 위한 것입니다.

險隘關塞山阪林木之處는 所以少能擊人之衆也라

험하고 좁은 요새와 산비탈과 숲이 우거진 곳에 진을 치는 것은 적은 병력으로 많은 적을 공격하기 위한 것이다.

坳[1]澤窈冥者는 所以匿其形也요

1) 坳 : 凹와 같다.

움푹 파여 어둡고 저습하고 어두운 곳에 진을 치는 것은 군대의 형상을 숨기기 위한 것입니다.

水澤低坳와 窈冥幽暗者는 所以藏匿其形也라

水澤의 저습한 곳과 어둡고 그윽한 곳에 진을 치는 것은 그 형상을 감추고 숨기기 위한 것이다.

清明無隱者는 所以戰勇力也요

清明하여 숨을 곳이 없는 지역에 진을 치는 것은 용맹과 힘으로 싸우기 위한 것입니다.

清明無所隱蔽者는 所以鬪勇力也라

清明하여 隱蔽함이 없는 곳에 진을 치는 것은 용맹과 힘으로 싸우기 위한 것이다.

疾如流矢하고 擊如發機者는 所以破精微也요

빠름이 날아가는 화살과 같고 공격이 발동하는 機牙처럼 신속하게 하는 것은 精微함을 격파하기 위한 것입니다.

疾如箭鏃之急流하고 擊如弩牙之發動者는 所以破人之精微也라 精微는 言其謀之精詳微妙니 非疾戰이면 不能破之也라

빠름이 화살촉이 급히 날아가는 것과 같고, 공격이 쇠뇌의 機牙가 발동하는 것처럼 신속한 것은 적의 精微함을 격파하기 위한 것이다.

精微란 그 계책이 정밀하고 자세하고 微妙함을 말한 것이니, 급히 싸우지 않으면 격파하지 못한다.

詭伏設奇하여 遠張誑誘者는 所以破軍擒將也요

거짓으로 군대를 매복하고 奇兵을 설치하여 멀리 속이고 유인책을 펼치는 것은

적군을 격파하고 적장을 사로잡기 위한 것입니다.

詭詐隱伏하고 施設奇兵하여 遠張誑誘之計者는 所以破人之軍, 擒人之將也라

거짓 속임수로 군대를 매복시키고 奇兵을 설치하여 멀리 속이고 유인책을 펴는 것은 적의 군대를 격파하고 적의 장수를 사로잡기 위한 것이다.

四分五裂者는 所以擊圓破方也요

우리 군대를 四分五裂시켜 기강이 없는 것처럼 보이는 것은 적의 圓陣(원형의 진영)을 공격하고 적의 方陣(정방형의 진영)을 격파하기 위한 것입니다.

使吾軍四分五裂하여 若無統紀者는 所以擊人之圓, 破人之方也라 方圓은 皆以陳言이라

우리 군대로 하여금 四分五裂되게 하여 기강이 없는 것처럼 보이는 것은 적의 圓陣을 공격하고 적의 方陣을 격파하기 위한 것이다.

方과 圓은 모두 陣營을 가지고 말한 것이다.

因其驚駭者는 所以一擊十也요 因其勞倦暮舍者는 所以十擊百也요

적군의 놀람을 이용하는 것은 한 명으로 열 명의 적을 공격하고, 적군이 지쳐 피로하고 늦게 주둔함을 이용하는 것은 열 명으로 백 명의 적을 공격하기 위한 것입니다.

因彼軍之驚駭者는 所以一擊人之十也요 因彼軍之勞倦暮舍者는 所以十擊人之百也라

적군의 놀람을 이용하는 것은 我軍 한 명으로 열 명의 적을 공격하는 것이요, 적군이 피로하여 지치고 저녁에 주둔함을 이용하는 것은 我軍 열 명으로 백 명의 적을 공격하는 방법이다.

奇技者는 所以越深水, 渡江河也요

기이한 技藝를 쓰는 것은 깊은 물을 넘어가고 江河를 건너기 위한 것입니다.

用奇巧之技하여 爲天潢, 飛江[1]者는 所以越絶深水, 濟渡江河也라

1) 天潢飛江 : 모두 물을 건너갈 때 사용하는 도구로, 본서 〈虎韜 軍用〉에 자세히 보인다.

奇巧한 기예를 사용하여 天潢과 飛江을 만드는 것은 깊은 물을 넘어가고 江河를 건너기 위한 것이다.

强弩長兵者는 所以踰水戰也요

강한 쇠뇌와 긴 병기는 물을 건너가 싸우기 위한 것입니다.

用强弩與長兵者는 所以欲踰水而與人戰也라

강한 쇠뇌와 긴 병기를 사용하는 것은 물을 건너가 적과 싸우고자 하는 것이다.

長關遠候하여 暴疾謬遁者는 所以降城服邑也요

關門을 길게 설치하고 斥候兵을 멀리 보내어 신속히 왕래하고 적을 속여 도망하는 것은 적의 城을 항복시키고 적의 고을을 복종시키려는 것입니다.

長關遠候하여 暴疾往來하고 詐謬遁逃者는 所以降人之城, 服人之邑也라

관문을 길게 설치하고 척후병을 멀리 보내어 빨리 오가며 속임수로 도망하는 것은 적의 城을 항복시키고 적의 고을을 복종시키려는 것이다.

鼓行讙[1]囂(훤효)者는 所以行奇謀也요

1) 讙 : 喧과 같다.

북을 치고 나아가며 시끄럽게 떠드는 것은 기이한 계책을 행하려는 것입니다.

擊鼓前行하여 使士卒讙譁混囂者는 所以行我之奇謀也라

북을 치고 전진하여 병사들로 하여금 시끄럽게 떠들게 하는 것은 우리의 기이한 계책을 행하려는 것이다.

大風甚雨者는 所以搏前擒後也요

큰 바람과 심한 비를 이용하는 것은 적의 앞을 공격하고 뒤를 사로잡는 방법입니다.

因其大風甚雨者는 所以擊人之前, 擒人之後也라

큰 바람과 심한 비를 이용하는 것은 적의 앞을 공격하고 적의 뒤를 사로잡는 방법이다.

僞稱敵使者는 所以絶糧道也요 謬號令하고 與敵同服者는 所以備走北(패)也요

적의 使者라고 거짓으로 칭하는 것은 적의 군량 수송로를 끊기 위한 것이요, 號令을 틀리게 하고 적군과 복식을 똑같게 하는 것은 적의 패주를 대비하기 위한 것입니다.

僞稱敵人之使者는 所以斷彼之糧道也요 詐謬號令하고 與敵同其衣服者는 所以防備彼軍之走北也라

적국의 使者라고 거짓으로 칭하는 것은 적의 군량 수송로를 끊기 위한 것이요, 號令을 속이고 틀리게 하며 적군과 의복을 똑같게 하는 것은 적의 패주를 대비하려는 것이다.

戰必以義者는 所以勵衆勝敵也요

전투할 적에 반드시 의리로 격동하는 것은 병사들을 격려하여 적을 이기기 위한 것입니다.

戰必以義激之者는 所以勵士衆하여 欲以勝敵也라

전투할 적에 반드시 의리로써 격동하는 것은 병사들을 격려해서 적을 이기고자 하는 것이다.

尊爵重賞者는 所以勸用命也요 嚴刑重罰者는 所以進罷(피)怠也니이다

높은 官爵과 후한 賞을 내리는 것은 명령을 따르기를 권면하기 위한 것이요, 刑罰을 엄격하게 하고 罰을 무겁게 하는 것은 피로하고 태만한 병사를 일으키기

위한 것입니다.

尊以爵하고 重以賞者는 所以勸吾用命之士也요 嚴以刑罰者는 所以進吾罷怠之兵也라

높은 벼슬을 주고 후한 상을 내리는 것은 명령을 잘 따르는 우리의 병사들을 권면하기 위한 것이요, 형벌로써 엄격하게 단속함은 우리의 피로하고 태만한 병사들을 일으키기 위한 것이다.

一喜一怒하며 一與一奪하며 一文一武하며 一徐一疾者는 所以調和三軍, 制一臣下也요

한 번 기뻐하고 한 번 노여워하며, 한 번 주고 한 번 빼앗으며, 한 번 文德을 베풀고 한 번 武勇을 쓰며, 〈명령을〉 한 번 느리게 하고 한 번 빨리 하는 것은 三軍을 조화하여 신하들을 통제해서 하나로 만들기 위한 것입니다.

一喜一怒는 以情言也니 喜則人說하고 怒則人畏하나니 因其可喜者하여 喜之하고 因其可怒者하여 怒之하여 不妄喜하고 亦不妄怒也라 一與一奪은 以爵言也니 有功者를 與之하고 有罪者를 奪之하여 不妄與하고 亦不妄奪也라 一文一武는 以政言也니 文以附之하고 武以威之하여 弛張寬猛之相濟也라 一徐一疾은 以令言也니 徐則人力舒로되 徐久則怠矣요 疾則人力詘하니 疾久則害矣라 徐以縱之하고 疾以收之하여 禁舍開塞之得宜也라 凡此四者는 皆所以調和三軍而使之心同하고 制一臣下而使之力齊也라

한 번 기뻐하고 한 번 노여워한다는 것은 감정으로 말한 것이니, 기뻐하면 사람들이 좋아하고 노여워하면 사람들이 두려워하니, 기뻐할 만한 것으로 인하여 기뻐하고 노여워할 만한 것으로 인하여 노여워해서, 함부로 기뻐하지 않고 함부로 노여워하지 않는 것이다.

한 번 주고 한 번 빼앗는다는 것은 官爵을 가지고 말한 것이니, 공이 있는 자에게는 관작을 주고 죄가 있는 자에게서는 관작을 빼앗아서, 관작을 함부로 주지 않고 함부로 빼앗지 않는 것이다.

한 번 文德을 베풀고 한 번 武勇을 쓴다는 것은 政事를 가지고 말한 것이니, 文德을 가지고 사람들을 따르게 하고 武勇을 가지고 사람들을 두렵게 해서, 풀어놓고 옥

죄며 너그럽게 하고 사납게 함을 가지고 서로 구제하는 것이다.

한 번 느리게 하고 한 번 빨리 한다는 것은 명령을 가지고 말한 것이니, 느리게 하면 사람들의 힘이 펴지나 오랫동안 느리게 하면 태만해지고, 빨리 하면 사람들의 힘이 굽혀지나 오랫동안 빨리 하면 해롭다. 느림으로써 풀어주고 빠름으로써 거두어서 금하고 버리며 열고 막음에 마땅함을 얻는 것이다.

무릇 이 네 가지는 모두 三軍을 조화하여 삼군으로 하여금 마음이 똑같게 하고, 신하들을 통제하여 하나로 만들어서 신하들로 하여금 힘이 똑같게 하는 것이다.

處高敞(창)者는 所以警守也요 保險阻者는 所以爲固也요 山林茂穢者는 所以默往來也요 深溝高壘하며 積粮多者는 所以持久也니이다

높고 通明한 곳에 주둔하는 것은 경계하여 수비하려는 것이요, 험하고 막힌 곳을 확보하는 것은 견고하게 수비하기 위한 것이요, 山林이 무성하고 우거진 곳은 은밀히 오가려는 것이요, 해자를 깊이 파고 보루를 높이 쌓고 군량을 많이 비축하는 것은 持久戰을 하기 위한 것입니다.

處高敞之地者는 所以爲我警守也요 保險阻之地者는 所以爲固守之備也요 山林茂盛而幽穢者는 所以默吾之往來也라 深吾之溝塹하고 高吾之壁壘하며 積粮又多者는 所以欲爲持久之計也라

높고 通明한 지역에 주둔하는 것은 우리의 경계와 수비를 위한 것이요, 험하고 막힌 지역을 확보하는 것은 굳게 수비하는 대비를 위한 것이요, 산림이 무성하여 그윽하고 우거진 곳은 우리의 오고 감을 은밀히 하려는 것이다. 우리의 해자와 참호를 깊이 파고 우리의 성벽과 보루를 높이 쌓고 군량을 또 많이 저축하는 것은 지구전을 하기 위한 계책이다.

故로 曰 不知戰攻之策이면 不可以語敵이요 不能分移면 不可以語奇요 不通治亂이면 不可以語變이라하니이다

그러므로 말하기를 '싸우고 공격하는 계책을 알지 못하면 敵을 말할 수 없고, 군대를 나누어 이동시키지 못하면 奇兵을 말할 수 없고, 다스리고 혼란하게 하는 방도를 통달하지 못하면 變化를 말할 수 없다.' 한 것입니다.

故로 曰 不知戰攻之計策이면 不可以與之言敵이요 不能分而移之면 不可以與之言奇요 不通治亂之道면 不可以與之言變이라하니라

그러므로 말하기를 "싸우고 공격하는 계책을 알지 못하면 더불어 敵을 말할 수 없고, 군대를 나누어 이동시키지 못하면 더불어 奇兵을 말할 수 없고, 다스리고 혼란하게 하는 방도를 통달하지 못하면 더불어 變化를 말할 수 없다." 한 것이다.

故로 曰 將不仁이면 則三軍不親하고 將不勇이면 則三軍不銳하고 將不智면 則三軍大疑하고 將不明이면 則三軍大傾하고 將不精微면 則三軍失其機하고 將不常戒면 則三軍失其備하고 將不强力이면 則三軍失其職이라하니이다

그러므로 말하기를 '장수가 인자하지 않으면 三軍이 친애하지 못하고, 장수가 용감하지 않으면 삼군이 정예롭지 못하고, 장수가 지혜롭지 않으면 삼군이 크게 의심하고, 장수가 통달하여 밝지 않으면 삼군이 크게 기울고, 장수가 정밀하고 미묘하지 않으면 삼군이 그 기회를 놓치고, 장수가 항상 경계하지 않으면 삼군이 그 對備를 잃고, 장수가 강력하지 않으면 삼군이 그 職責을 잃는다.' 한 것입니다.

故로 曰 將不寬仁이면 則三軍不相親하고 將不勇敢이면 則三軍不精銳하고 將不智略이면 則三軍大疑而無所恃하고 將不通明이면 則三軍大傾而無所依하고 將不精詳微妙면 則三軍失其發動之機하고 將不時常戒愼이면 則三軍失其備禦之具하고 將不能强力이면 則三軍皆失其職而不守라하니라

그러므로 말하기를 "장수가 너그럽고 인자하지 않으면 삼군이 서로 친애하지 못하고, 장수가 용감하지 않으면 삼군이 정예롭지 못하고, 장수가 智略이 없으면 삼군이 크게 의심하여 믿는 바가 없고, 장수가 통달하여 밝지 않으면 삼군이 크게 기울어 의지할 곳이 없고, 장수가 정밀하고 자세하고 미묘하지 않으면 삼군이 그 발동할 기회를 놓치고, 장수가 때마다 항상 경계하여 삼가지 않으면 삼군이 그 대비하고 막는 도구를 잃고, 장수가 강력하지 않으면 삼군이 그 직책을 잃어 지키지 못한다." 한 것이다.

故로 將者는 人之司命이라 三軍이 與之俱治하며 與之俱亂이니 得賢將者는 兵强

國昌하고 **不得賢將者**는 **兵弱國亡**이니이다 **武王曰 善哉**라

그러므로 장수는 사람(병사)들의 司命입니다. 三軍이 장수와 함께 다스려지고 장수와 함께 혼란해지니, 어진 장수를 얻은 군주는 군대가 강하고 나라가 번창하고, 어진 장수를 얻지 못한 군주는 군대가 약하고 나라가 망합니다.”

武王이 말씀하였다.

“좋은 말씀이다.”

故로 **將者**는 **人之司命**이라 **三軍**이 **與之同其治**하고 **同其亂**하나니 **得賢將者**는 **兵强而國昌**하고 **不得賢將者**는 **兵弱而國亡**이라 **武王曰 公言**이 **善哉**라

그러므로 장수는 사람들의 司命이다. 三軍이 장수와 함께 다스려지고 장수와 함께 혼란해지니, 어진 장수를 얻은 군주는 군대가 강하고 나라가 번창하고, 어진 장수를 얻지 못한 군주는 군대가 약하고 나라가 망하는 것이다.

武王은 “公의 말씀이 좋다.” 하였다.

五音 第二十八　제28편 五音의 활용

五音者는 **宮商角徵**(치)**羽 各有所應也**니 **隨其所應而制之**면 **亦可以佐吾之勝耳**라

五音이란 宮·商·角·徵·羽가 각각 응하는 바가 있으니, 그 응하는 바에 따라 제재하면, 또한 자신의 승리를 도울 수 있는 것이다.

武王이 **問太公曰 律音之聲**이 **可以知三軍之消息**과 **勝負之決乎**아

武王이 太公에게 물었다.

“音律의 소리로 三軍의 사라지고 자라남과 勝負의 결단을 알 수 있는가?”

武王이 **問太公曰 律十二管**[1]**五音之聲**이 **亦可以知三軍之消息及勝負之決乎**아

1) 十二管 : 동양의 음악에 있어 12개의 竹管으로, 12개월을 상징한 것이다. 12律은 6

律(陽律), 6呂(陰呂)로 구성되었는데, 모든 음률의 기본을 이루고 있다. 黃鍾(律)은 11월, 大呂는 12월, 太簇(律)는 정월, 夾鍾(呂)은 2월, 姑洗(律)은 3월, 仲呂(呂)는 4월, 蕤賓(律)은 5월, 林鍾(呂)은 6월, 夷則(律)은 7월, 南呂(呂)는 8월, 無射(律)은 9월, 應鍾(呂)은 10월에 해당되며, 이 중 黃鍾은 宮, 太簇는 商, 姑洗은 角, 蕤賓은 變徵, 林鍾은 徵, 南呂는 羽, 應鍾은 變宮으로 분류된다.

律管은 여덟 칸을 띄워 상생하는데 黃鍾이 林鍾을 낳고 林鍾이 太簇를 낳는다. 또한 律管의 길이는 黃鍾을 기본으로 하여 상생할 때 3분의 1을 빼거나 더하여 黃鍾은 길이가 9寸이고 黃鍾으로부터 여덟 번째 자리는 林鍾인바, 黃鍾의 길이가 9寸이므로 3분의 1을 뺀 6寸이 林鍾의 길이이고 林鍾으로부터 여덟 번째 자리는 太簇인바, 林鍾의 길이가 6寸이므로 3분의 1을 더한 8寸이 太簇의 길이이다. 11월의 黃鍾으로부터 4월의 仲呂까지는 아래로 낳는데 3분의 1씩 줄고, 5월의 蕤賓으로부터 10월의 應鍾까지는 위로 낳는데 3분의 1씩 늘어난다. 이에 대한 자세한 내용은 ≪律呂新書≫에 보인다.

武王이 太公에게 물었다.

音律의 十二管과 五音의 소리로도 三軍의 사라지고 자라남과 勝負의 결단을 알 수 있는가?

太公曰 深哉라 王之問也여 夫律管十二에 其要有五音하니 宮商角徵羽 此眞正聲也니 萬代不易이니이다 五行之神은 道之常也니 金木水火土 各以其勝攻也니이다

太公이 대답하였다.

"심오합니다. 임금님의 질문이여. 律管 열두 개는 그 요점으로 五音이 있는데, 宮·商·角·徵·羽로서 이것이 진정한 소리이니, 萬代에 바뀌지 않습니다. 五行의 神은 道의 떳떳함이니, 金·木·水·火·土가 각기 그 이김을 따라 공격하는 것입니다.

太公對曰 深妙哉라 王之問也여 夫律管有十二하니 謂六律, 六呂也라 六律은 屬陽하고 六呂는 屬陰하니 陽律은 謂黃鍾, 大簇(태주), 姑洗(선), 蕤(유)賓, 夷則(칙), 無射(역)也요 陰呂는 謂大呂, 夾鍾, 仲呂, 林鍾, 南呂, 應鍾也라 其要有五音하니 謂宮商角徵羽라 此眞正聲也니 萬代不改易이요 五行之神은 亦道之經常也니 金木水火土 各以勝攻不勝也라

太公이 대답하였다.

심오하고 신묘하다. 임금의 질문이여. 律管이 열두 개가 있으니, 六律과 六呂를 말한 것이다. 六律은 陽에 속하고 六呂는 陰에 속하니, 陽律은 黃鍾·太簇·姑洗·蕤賓·夷則·無射을 이르고, 陰呂는 六呂·夾鍾·仲呂·林鍾·南呂·應鍾을 이른다. 그 요점은 五音이 있는데, 宮·商·角·徵·羽를 이르니, 이것이 진정한 소리여서 萬代에 바뀌지 않는다. 五行의 神은 또한 道의 떳떳함이니, 金·木·水·火·土가 각기 이김으로써 이기지 못하는 자를 공격하는 것이다.

古者三皇之世에 **虛無之情**으로 **以制剛强**하여 **無有文字**하고 **皆由五行**이라 **五行之道**는 **天地自然**이니 **六甲之分**이요 **微妙之神**이라 **其法**이 **以天淸淨**하여 **無陰雲風雨**어든 **夜半**에 **遣輕騎**하여 **往至敵人之壘**호되 **去九百步外**하여 **遍持律管**하고 **當耳大呼驚之**니이다

옛날 三皇의 세대에는 허무한 정으로 굳세고 강함을 제재하여 文字가 없었고 모두 五行을 따랐습니다. 五行의 道는 천지의 자연이니, 六甲의 나뉨이요 미묘한 神입니다. 그 방법은 하늘이 깨끗하고 화창하여 구름과 바람과 비가 없으면 한밤중에 輕武裝한 騎兵을 내보내서 적의 보루로 가되, 900백 보 밖에서 멈추어 모든 律管을 가지고서 귀에 대고 크게 고함쳐 적을 놀라게 하는 것입니다.

古者에 伏羲, 神農, 軒轅王天下之時를 是謂三皇之世라하니 用虛無之情하여 以制人之剛强이라 此時에 無有文字하고 皆由金木水火土五行之道하니 乃天地自然之理니 六甲之分과 微妙之神也라 六甲之分은 謂甲乙屬木하고 丙丁屬火하고 戊己屬土하고 庚辛屬金하고 壬癸屬水[1] 是也라 微妙之神은 謂木之神曰靑龍이요 火之神曰朱雀이요 土之神曰勾陳이요 金之神曰白虎요 水之神曰玄武[2] 是也라 其法은 以天氣淸淨하여 無陰雲風雨之日에 夜半에 遣輕騎하여 往至敵人之壘호되 約去九百步外하여 徧持十二律管하고 當耳大呼驚之라

1) 六甲之分……壬癸屬水 : 六甲은 天干과 地支를 합해 배열한 六十甲子로, 甲子·甲戌·甲申·甲午·甲辰·甲寅의 여섯 甲이 있어서 붙여진 이름이다. 十干 중에 甲과 乙은 동쪽인 봄에 해당되어 木에 속하고, 丙과 丁은 남쪽인 여름에 해당되어 火에 속하고, 戊와 己는 中央으로 季夏인 6월에 해당되어 土에 속하고, 庚과 辛은 서쪽인 가을에 해당되어 金에 속하고, 壬과 癸는 북쪽인 겨울에 해당되어 水에 속한다.

2) 微妙之神……水之神曰玄武 : 靑龍 등의 神은, 하늘에 28宿의 별자리가 있고 東・西・南・北 각 방위마다 7개의 별자리로 구성되어 있는데, 이들 모양이 용과 범, 새와 거북과 비슷하다 하여 붙인 명칭이다. 동쪽을 靑龍, 서쪽을 白虎, 남쪽을 朱雀, 북쪽을 玄武라고 하며 중앙을 勾陳이라 한다. 勾陳은 鉤陳으로도 표기하는데, 하늘의 紫微宮의 華盖 밑에 있는 여섯 개의 별자리를 이른다. ≪星湖僿說 권2 天地門 鉤陳螣蛇≫

옛날 伏羲, 神農, 軒轅(黃帝)이 天下에 왕 노릇할 때를 일러 '三皇의 세대'라 하니, 허무한 정을 사용하여 사람의 굳세고 강함을 제재하였다. 이때에는 文字가 없었고 모두 金・木・水・火・土 五行의 道를 사용하였는데, 이는 바로 천지자연의 이치이니, 六甲의 나뉨이요 미묘한 神인 것이다.

'六甲의 나뉨'은, 甲과 乙은 木에 속하고, 丙과 丁은 火에 속하고, 戊와 己는 土에 속하고, 庚과 辛은 金에 속하고, 壬과 癸는 水에 속한다고 이르는 것이 이것이다. '微妙한 神'은, 木의 神을 靑龍이라 하고, 火의 神을 朱雀이라 하고, 土의 神을 勾陳이라 하고, 金의 神을 白虎라 하고, 水의 神을 玄武라 하는 것이 이것이다.

그 방법은 天氣가 깨끗하고 화창하여 구름과 바람과 비가 없는 날 한밤중에 경무장한 騎兵을 내보내서 적의 보루로 진격하되, 대략 900보 밖에서 멈추어 12律管을 가지고서 차례로 귀에 대고 크게 고함쳐 놀라게 하는 것이다.

有聲應管하여 **其來甚微**하면 **角聲應管**이니 **當以白虎**요 **徵聲應管**이면 **當以玄武**요 **商聲應管**이면 **當以朱雀**이요 **羽聲應管**이면 **當以勾陳**이요 **五管聲盡不應者**는 **宮也**니 **當以靑龍**이라 **此**는 **五行之符**요 **佐勝之徵**이니 **成敗之機**니이다 **武王曰 善哉**라

소리가 律管에 응하여 그 들려오는 소리가 매우 작으면 角의 소리가 율관에 응하는 것이니 마땅히 白虎로써 이겨야 하고, 徵의 소리가 율관에 응하면 마땅히 玄武로써 이겨야 하고, 商의 소리가 율관에 응하면 마땅히 朱雀으로써 이겨야 하고, 羽의 소리가 율관에 응하면 마땅히 勾陳으로써 이겨야 하고, 五管(五音의 율관)의 소리가 모두 응하지 않는 것은 宮이니 마땅히 靑龍으로써 이겨야 합니다. 이는 五行의 符信이요 승리를 보좌하는 징조이니, 성공하고 실패하는 기틀입니다."

武王이 말씀하였다.

"좋은 말씀이다."

有聲應管하여 其來也甚微면 角聲應管이니 當用白虎勝之니 角聲屬木하고 白虎屬金하니 金能克木故也라 徵聲應管엔 當以玄武勝之니 徵聲屬火하고 玄武屬水하니 水能克火故也라 商聲應管엔 當以朱雀勝之니 商聲屬金하고 朱雀屬火하니 火能克金故也라 羽聲應管엔 當以勾陳勝之니 羽聲屬水하고 勾陳屬土하니 土能克水故也라 五管聲盡不應者는 宮也니 當以青龍勝之라 宮屬土하니 土性重靜故로 聲不應하고 青龍屬木하니 木克土故로 能勝宮이라 此는 五行之符요 佐勝之徵兆니 而成敗之機也라 武王曰 公言이 善哉라

소리가 律管에 응하여 들려오는 소리가 매우 작으면 角의 소리가 율관에 응하는 것이니 마땅히 白虎를 사용하여 이겨야 한다. 角의 소리는 木에 속하고 白虎는 金에 속하니, 金이 木을 이기기 때문이다.

徵의 소리가 율관에 응할 적에는 마땅히 玄武로써 이겨야 한다. 徵의 소리는 火에 속하고 玄武는 水에 속하니, 水가 火를 이기기 때문이다.

商의 소리가 율관에 응할 적에는 마땅히 朱雀으로써 이겨야 한다. 商의 소리는 金에 속하고 朱雀은 火에 속하니, 火가 金을 이기기 때문이다.

羽의 소리가 율관에 응할 적에는 마땅히 勾陳으로써 이겨야 한다. 羽의 소리는 水에 속하고 勾陳은 土에 속하니, 土가 水를 이기기 때문이다.

다섯 율관의 소리가 모두 응하지 않는 것은 宮이니 마땅히 青龍으로써 이겨야 한다. 宮은 土에 속하니, 土의 성질은 무겁고 고요하므로 소리가 응하지 않는 것이요, 青龍은 木에 속하니, 木이 土를 이기기 때문에 宮을 이길 수 있는 것이다.

이는 五行의 符信이요 승리를 보좌하는 징조이니, 성공하고 실패하는 기틀이다.

武王은 "公의 말씀이 좋다." 하였다.

太公曰 微妙之音이 皆有外候하니이다 武王曰 何以知之오 太公曰 敵人驚動이면 則聽之에 聞枹鼓之音者는 角也요 見火光者는 徵也요 聞金鐵矛戟之音者는 商也요 聞人嘯呼之音者는 羽也요 寂寞無聞者는 宮也니 此五者는 聲色之符也니이다

太公이 말하였다.

"微妙한 音이 모두 바깥에 徵候가 있습니다."

武王이 물었다.

"어떻게 아는가?"

太公이 대답하였다.

"적이 놀라 움직이면 들을 적에 북채로 북을 치는 소리가 들리는 것은 角이요, 불빛이 보이는 것은 徵요, 金鐵과 창 소리가 들리는 것은 商이요, 사람이 휘파람 불고 고함치는 소리가 들리는 것은 羽요, 적막하여 아무 소리도 들리지 않는 것은 宮이니, 이 다섯 가지는 소리와 색깔의 符驗입니다."

太公曰 微妙之音이 皆在外候而得이라 武王問曰 何以能知之오 太公對曰 因敵人驚動이면 則聽之에 聞枹鼓之音者는 爲角하니 枹以木爲之故로 屬角이라 見火光者는 爲徵요 聞金鐵矛戟之音者는 爲商이요 聞人嘯呼之音者는 爲羽요 寂寞無聞者는 爲宮이니 此五音亦應五行하니 乃聲色之符也라 色字는 恐誤라

太公이 말하였다.

微妙한 音이 모두 바깥에 徵候가 있어서 알 수 있다.

武王이 물었다.

어떻게 아는가?

太公이 대답하였다.

적이 놀라 움직임을 인하여 들어보아서 북채로 북을 치는 소리가 들리는 것은 角이 되니, 북채는 나무로 만들기 때문에 角에 속하는 것이다. 불빛이 보이는 것은 徵가 되고, 金鐵과 창 소리가 들리는 것은 商이 되고, 사람이 휘파람 불고 고함치는 소리가 들리는 것은 羽가 되고, 적막하여 아무 소리도 들리지 않는 것은 宮이 되니, 이 五音 또한 五行에 응하니, 바로 소리와 색깔의 符驗인 것이다.

〈'聲色'의〉 '色'자는 오자인 듯하다.

兵徵 第二十九 제29편 勝敗의 징조

兵徵者는 兵家勝負之徵兆也라 或凶或吉이 皆先見焉이니 爲將者 不可不知라 故로 武王以爲問에 而太公答之也라

兵徵이란 兵家의 이기고 지는 징조이다. 혹은 凶하고 혹은 吉한 것이 모두 먼저 나타나니, 장수 된 자가 이것을 알지 않으면 안 된다. 그러므로 武王이 질문

한 것에 太公이 대답한 것이다.

武王이 問太公曰 吾欲未戰에 先知敵人之强弱하고 預見勝敗之徵하노니 爲之奈何오

武王이 太公에게 물었다.
"내가 싸우기 전에 적의 강하고 약함을 미리 알고, 이기고 지는 징조를 미리 보고자 하노니, 어떻게 하면 되는가?"

武王이 問太公曰 吾欲於未戰之前에 先知敵人之强弱하고 豫見勝負之徵兆하노니 則爲之奈何오

武王이 太公에게 물었다.
내가 싸우기 전에 적의 강하고 약함을 미리 알고, 이기고 지는 징조를 미리 보고자 하니, 어떻게 하면 되는가?

太公曰 勝敗之徵은 精神先見(현)이라 明將은 察之호되 其效在人하니 謹候敵人出入進退하며 察其動靜과 言語妖祥과 士卒所告니이다

太公이 대답하였다.
"이기고 지는 징조는 정신이 먼저 나타납니다. 현명한 장수는 이것을 살피되 그 효험이 사람에게 있으니, 적이 나가고 들어오는 것과 전진하고 후퇴하는 것을 삼가 살피며, 적의 움직이고 고요함과 언어의 요망하고 상서로움과 적군들이 서로 말하는 것을 살핍니다.

太公對曰 勝負之徵兆는 精神先見於外라 惟明將이 能察之호되 其效驗在人하니 謹候伺敵人之出入進退하고 審察其動靜과 言語之妖祥과 士卒之所相告言者라

太公이 대답하였다.
이기고 지는 징조는 정신이 먼저 밖에 나타난다. 오직 현명한 장수가 이것을 살피는데 그 효험이 사람에게 있으니, 적이 나가고 들어오는 것과 전진하고 후퇴하는 것을 자세히 살피며, 적의 움직이고 고요함과 언어의 요망하고 상서로움과 적군이 서로 고하고 말하는 것을 자세히 살펴보는 것이다.

凡三軍悅懌(역)하고 **士卒畏法**하여 **敬其將命**하며 **相喜以破敵**하고 **相陳以勇猛**하고 **相賢以威武**면 **此**는 **强徵也**니이다

무릇 적의 三軍이 서로 기뻐하고 병사들이 법을 두려워하여 장수의 명령을 공경하며, 서로 적을 격파하는 것을 기뻐하고 서로 勇猛을 말하고 서로 威嚴과 武勇을 훌륭하게 여기면, 이는 적이 강한 징조입니다.

大凡三軍之衆이 心志喜說怡懌(역)하고 士卒皆畏懼法令하여 敬其將命하며 相喜以破敵之期하고 相陳以勇猛之事하고 相賢以威武之勢면 此盛强之徵兆也라

대체로 三軍의 병사들이 마음과 뜻으로 기뻐하고 좋아하며, 병사들이 모두 법령을 두려워하여 장수의 명령을 공경하며, 서로 적을 격파하는 기약을 기뻐하고 서로 용맹한 일을 말하고 서로 위엄과 무용이 있는 기세를 훌륭하게 여기면, 이는 적이 强盛한 징조이다.

三軍數(삭)**驚**하여 **士卒不齊**하며 **相恐以强敵**하고 **相語以不利**하며 **耳目相屬**하여 **妖言不止**하고 **衆口相惑**하며 **不畏法令**하고 **不重其將**이면 **此**는 **弱徵也**니이다

三軍이 자주 놀라서 士卒들이 정돈되지 못하며 서로 적이 강하다고 말하면서 두려워하고 서로 자신들이 불리하다고 말하며, 귀에 대고 서로 요망한 말을 하여 그치지 않고 여러 입이 서로 선동하고 미혹시키며, 법령을 두려워하지 않고 장수를 존중하지 않으면, 이는 적이 약한 징조입니다.

三軍之衆이 頻數驚動하여 士卒之心이 不相齊一하며 相恐以敵人之盛强하고 相語以出師之不利하며 耳目相屬하여 妖言不止已하고 衆口交相扇惑하며 不畏懼法令하고 不重其主將이면 此는 怯弱之徵兆也라

三軍의 병사들이 자주 놀라 움직여서 士卒의 마음이 서로 가지런하고 통일되지 못하며, 적이 강성하다고 말하면서 서로 두려워하고, 자신들의 출병이 불리하다고 서로 말하며, 귀와 눈에 서로 붙여서 요망한 말이 그치지 않고, 여러 입이 서로 선동하고 미혹시키며, 법령을 두려워하지 않고 主將을 존중하지 않으면, 이는 적이 柔弱한 징조이다.

三軍齊整하여 陳勢以固하며 深溝高壘하고 又有大風甚雨之利하며 三軍無故하고 旌旗前指하며 金鐸(탁)之聲이 揚以淸하고 鼙(비)鼓之聲이 宛以鳴이면 此는 得神明之助니 大勝之徵也니이다

三軍이 가지런하고 정돈되어 진영의 형세가 견고하며 해자가 깊고 보루가 높으며, 또 큰 바람과 큰 비의 이로움이 있으며, 三軍이 아무 탈 없고 깃발이 앞을 가리키며, 징 소리와 방울 소리가 드날려 깨끗하고 작은 북과 큰 북의 소리가 완곡하게 울리면, 이는 적이 神明의 도움을 얻은 것이니 크게 승리할 징조입니다.

三軍出入進退에 行伍齊整하여 陳勢堅固하며 守以深溝高壘하고 又有大風甚雨之利하며 三軍無故하고 旌旗前向而指하며 金鐸之聲이 或揚以淸하고 鼙鼓之聲이 或宛以鳴이면 此는 得神明之佑助니 大勝之徵兆也[1]라

1) 旌旗前向而指……大勝之徵兆也 : ≪兵學指南演義≫ 〈營陣正彀 2 行營篇〉에는 "모름지기 天時가 순행하는지 역행하는지 뜻을 살펴 진격할 만하면 진격하고 멈출 만하면 멈추어야 하며, 억지로 출동해서는 안 된다."는 말로 행군 요령을 설명하면서 이 대목을 인용 예시하고 있다.

三軍이 나가고 들어오고 전진하고 후퇴할 적에 行伍(隊伍)가 가지런하고 정돈되어서 진영의 형세가 견고하며, 깊은 해자와 높은 보루로써 지키고 또 큰 바람과 큰 비의 이로움이 있으며, 三軍이 아무 탈 없고 깃발이 앞을 향하여 가리키며, 징 소리와 방울 소리가 혹 드날려 깨끗하고 작은 북과 큰 북의 소리가 혹 완곡히 울리면, 이는 적이 神明의 도움을 얻은 것이니 크게 승리할 징조이다.

行陳不固하고 旌旗亂而相遶하며 逆大風甚雨之利하며 士卒恐懼하여 氣絶而不屬하며 戎馬驚奔하고 兵車折軸하며 金鐸之聲이 下以濁하고 鼙鼓之聲이 濕以沐이면 此는 大敗之徵也니이다

行伍와 陣營이 견고하지 못하고 깃발이 혼란하게 서로 이어져있으며, 큰 바람과 큰 비의 이로움을 거스르며, 士卒들이 두려워하여 士氣가 끊겨서 이어지지 못하며, 戎馬(軍馬)가 놀라 달아나고 兵車의 軸이 부러지며, 징 소리와 방울 소리가 가라앉고 혼탁하며, 작은 북과 큰 북의 소리가 젖어있어 떨치지 못하면, 이는 적이 대패할 징조입니다.

行伍陣勢 俱不堅固하고 旌旗亂而相連遶하며 動則逆大風甚雨之利하며 士卒驚恐畏懼하여 氣絶而不相屬하며 戎馬驚駭奔逸하고 兵車之軸이 或然斷折하며 金鐸之聲이 下以濁은 振之不淸也요 鼙鼓之聲이 濕以沐은 擊之不鳴也니 此는 大敗之徵兆也라

行伍와 陣營의 형세가 모두 견고하지 못하고 깃발이 혼란하게 서로 이어져있으며, 출동하면 큰 바람과 큰 비의 이로움을 거스르고, 士卒들이 놀라고 두려워해서 士氣가 끊겨 서로 이어지지 못하며, 戰馬가 놀라 달아나고 兵車의 軸이 혹 부러지며, 징과 방울 소리가 가라앉아 혼탁하니, 이는 징과 방울을 흔들어도 소리가 맑지 않은 것이요, 작은 북과 큰 북의 소리가 젖어 혼탁하니, 이는 작은 북과 큰 북을 쳐도 소리가 울리지 않는 것이니, 이는 적이 크게 패할 징조이다.

凡攻城圍邑에 城之氣色이 如死灰면 城可屠요 城之氣 出而北이면 城可克이요 城之氣 出而西면 城可降이요 城之氣 出而南이면 城不可拔이요 城之氣 出而東이면 城不可攻이니이다

무릇 적의 城을 공격하고 적의 고을을 포위할 적에, 城의 氣色(구름이나 연기의 색깔)이 꺼진 잿빛과 같으면 그 城을 도륙할 수 있고, 城의 氣色이 나와서 북쪽으로 흘러가면 그 城을 이길 수 있고, 城의 氣色이 나와서 서쪽으로 흘러가면 그 城을 항복시킬 수 있으며, 城의 氣色이 나와서 남쪽으로 흘러가면 그 城을 함락시킬 수 없고, 城의 氣色이 나와서 동쪽으로 흘러가면 그 城을 공격할 수 없습니다.

大凡攻人之城하고 圍人之邑에 城之氣色이 如死灰之狀이면 其城을 必可以屠요 城之氣 若出而北이면 其城을 必可以克이요 城之氣 若出而西면 其城을 必可以降이라 北與西는 屬陰하니 陰主殺故로 其城을 可降而克也[1]라 城之氣 出而南이면 其城을 必不可拔이요 城之氣 出而東이면 其城을 必不可攻이라 南與東은 屬陽하니 陽主生故로 不可攻而拔也[2]라

1) 北與西……可降而克也 : 陰陽五行說에 따르면 金은 서쪽으로 가을에 해당하고, 水는 북쪽으로 겨울에 해당하고, 木은 동쪽으로 봄에 해당하고, 火는 남쪽으로 여름에 해당하는데, 봄과 여름은 만물이 생장하는 반면, 가을과 겨울은 추워서 만물이 죽으므로 이렇게 말한 것이다.

2) 城之氣……不可攻而拔也 : ≪兵學指南演義≫ 〈場操程式 3 攻城篇〉에는 '城을 지키는 조련 방식이, 지역에 맞추어 성을 쌓고 성에 맞추어 병력을 배치하는 등 지키는 방법만을 말하고, 공격하는 방법에 대한 언급이 없음'을 지적하고, 이 대목을 인용하여 攻城의 기본 원리를 제시하였다.

대체로 적의 城을 공격하고 적의 고을을 포위했을 적에, 城의 氣色이 꺼진 잿빛의 모습과 같으면 그 城을 반드시 도륙할 수 있다. 城의 氣色이 만약 나와서 북쪽으로 흘러가면 그 城을 반드시 이길 수 있고, 城의 氣色이 만약 나와서 서쪽으로 흘러가면 그 城을 반드시 항복시킬 수 있다. 북쪽과 서쪽은 陰에 속하니, 陰은 죽임을 주장하기 때문에 그 城을 항복시키고 이길 수 있는 것이다.

城의 氣色이 나와서 남쪽으로 흘러가면 그 城을 반드시 함락시키지 못하고, 城의 氣色이 나와서 동쪽으로 흘러가면 그 城을 반드시 공격할 수 없다. 남쪽과 동쪽은 陽에 속하니, 陽은 살리는 것을 주장하기 때문에 그 城을 공격하거나 함락시킬 수 없는 것이다.

城之氣 出而復入이면 **城主逃北**하고 **城之氣 出而覆**(부)**我軍之上**이면 **軍必病**하고 **城之氣 出高而無所止**면 **用兵長久**니이다

城의 氣色이 나왔다가 다시 들어가면 城主가 패하여 도망하고, 城의 氣色이 나와서 우리 군대의 위를 뒤덮으면 우리 군대가 반드시 병들며, 城의 氣色이 높이 나와서 그치는 곳이 없으면 用兵(전쟁)이 長久하게 됩니다.

城之氣 出而復入者는 **守城之主 必然逃北**니 **出而復入**은 **無主之象也**라 **城之氣 若出而覆我軍之上**이면 **我軍必病**이니 **以城之氣壓我也**일새라 **城之氣 若出高而無所止**면 **主用兵長久**하니 **高而無止**는 **長久之象也**라

城의 氣色이 나왔다가 다시 들어가는 경우는 城을 지키는 城主가 반드시 패하여 도망하니, 나갔다가 다시 들어옴은 주인이 없는 象이다. 城의 氣色이 만약 나와서 우리 군대의 위를 뒤덮으면 우리 군대가 반드시 병들 것이니, 城의 氣色이 우리를 누르기 때문이다. 城의 기운이 만약 높이 나와서 그치는 곳이 없으면 用兵이 長久함을 주장하니, 높아서 그침이 없음은 長久의 형상이다.

凡攻城圍邑에 **過旬不雷不雨**하면 **必亟**(극)**去之**니 **城必有大輔**라 **此所以知可攻**

而攻이요 **不可攻而止**니이다 **武王曰 善哉**라

무릇 적의 城을 공격하고 적의 고을을 포위할 적에, 열흘이 지나도록 천둥이 치지 않고 비가 오지 않으면 반드시 빨리 떠나야 하니, 이 城에는 반드시 크게 보좌하는 사람이 있는 것입니다. 이는 공격할 만함을 알면 공격하고, 공격할 수 없으면 중지하는 것입니다."

武王이 말씀하였다.

"좋은 말씀이다."

大凡攻城圍邑에 **過一旬而天不雷不雨**하면 **必當速去之**니 **城中**에 **必有大輔佐之人**이라 **此所以知可攻則攻之**요 **不可攻則止矣**라 **武王曰 公言**이 **善哉**라

대체로 적의 城을 공격하고 적의 고을을 포위했을 적에, 열흘이 넘도록 하늘에서 천둥을 치지 않고 비가 오지 않으면 반드시 속히 떠나야 하니, 적의 城 안에 반드시 크게 보좌하는 사람이 있는 것이다. 이는 공격할 만함을 알면 공격하고, 공격할 수 없으면 그치는 것이다.

武王은 "公의 말씀이 좋다." 하였다.

農器 第三十 제30편 農器와 兵器

農器者는 **以農器**로 **喩用兵之器也**니 **天下安定**이면 **則武備不修**라 **太公**은 **以農器卽兵器**요 **兵事卽農事**라하니 **此亦周家寓兵於農**[1]**之意也**라

1) 周家寓兵於農 : 周나라 시대에는 항상 복무하는 병사가 별로 없고 井田制度에 따라 農民을 병사로 두어 농사철에는 농사를 짓고 농한기에는 무예를 익히게 하였으며, 전쟁이 있게 되면 농민을 징발하였으므로 이렇게 말한 것이다.

農器란 농기구를 가지고 용병하는 병기를 비유한 것이니, 天下가 안정되면 武備를 닦지 않게 된다. 太公은 '農器가 바로 兵器이고 兵事가 바로 農事이다.' 하였으니, 이 또한 周나라에서 兵事를 농사에 붙여둔 뜻이다.

武王이 **問太公曰 天下安定**하고 **國家無爭**이면 **戰攻之具**를 **可無修乎**며 **守禦之**

備를 **可無設乎**아

武王이 太公에게 물었다.
"천하가 안정되고 국가가 전쟁이 없으면 싸우고 공격하는 기구를 수리하지 않아도 되며, 지키고 방어하는 장비를 설치하지 않아도 되는가?"

武王이 **問太公曰 天下旣以安定**하고 **國家又無所爭**이면 **戰攻之器具**를 **亦可無修乎**며 **守禦之備用**을 **亦可無設乎**아하니 **此**는 **聖人安不忘危**하고 **治不忘亂之意**라

武王이 太公에게 물었다.
천하가 이미 안정되고 국가가 또 전쟁하는 일이 없으면 싸우고 공격하는 기구를 또한 수리하지 않아도 되며, 지키고 방어하는 장비를 또한 설치하지 않아도 되는가?
이는 聖人이 편안하여도 위태로움을 잊지 않고 나라가 다스려져도 혼란함을 잊지 않은 뜻이다.

太公曰 戰攻守禦之具 盡在於人事하니 **耒耜**(뇌사)[1]**者**는 **其行馬蒺藜**(질려)**也**요

1) 耒耜(뇌사) : 耒는 쟁기의 자루이고, 耜는 쟁기의 보습이다. 神農氏는 처음으로 농사짓는 방법을 사람들에게 가르쳤다 하는바, ≪周易≫ 〈繫辭傳 下〉에 "包犧氏가 별세하자, 神農氏가 나오시어 나무를 깎아 쟁기를 만들고 나무를 휘어 쟁기자루를 만들어서 쟁기와 호미의 이로움으로 천하를 가르쳤다.〔包犧氏沒 神農氏作 斲木爲耜 揉木爲耒 耒耨之利 以敎天下〕" 라고 보인다. 包犧氏는 伏羲氏이다.

太公이 대답하였다.
"싸우고 공격하고 지키고 방어하는 기구가 모두 백성들의 농사에 달려있으니, 쟁기자루와 보습은 그 行馬와 蒺藜입니다.

太公對曰 戰攻守禦之器具 盡在於人事하니 **農家之耒耜**는 **其兵家之行馬蒺藜也**라하니라 **耒耜**는 **田器**니 **神農所作**이니 **揉木爲耒**하고 **剡**(염)**木爲耜**하여 **用以耕種也**라 **行馬**는 **以木爲螳螂劍刃扶胥**요 **蒺藜**는 **木蒺藜**니 **二者**는 **皆拒守之器也**라

太公이 대답하였다.
싸우고 공격하고 지키고 막는 기구가 모두 백성들의 농사에 달려있으니, 農家의 쟁기자루와 보습은 바로 兵家의 行馬와 蒺藜이다.
쟁기의 자루와 보습은 농기구로 神農氏가 만든 것이니, 나무를 휘어 쟁기자루를 만

들고 나무를 깎아 보습을 만들어서 이것을 이용하여 밭을 갈고 종자를 심었다. 行馬는 나무를 가지고 螳螂과 劍刃과 扶胥를 만든 것이요, 蒺藜는 木蒺藜이니, 두 가지는 모두 적을 막는 기구이다.

馬牛車輿者는 其營壘蔽櫓也요

말과 소와 수레와 수레바닥판은 바로 진영과 보루의 가리개(울타리와 담)와 방패입니다.

馬는 用之乘하고 牛는 用之耕하고 車輿는 用之하여 載其兵家之營壘蔽櫓也라 車는 大車요 輿는 車底也라 車有輈有軾하고 有輪有軸하고 有轂有轊(예)하고 有輻有軫하니 車其摠名也라 營은 屯營이요 壘는 壁壘니 軍舍止에 所以爲固也라 蔽는 藩垣也니 軍行에 用車輿하여 周匝(잡)圍之라 櫓는 大盾也니 城上露屋과 及戰陣高巢車를 皆曰櫓라

말은 사용하여 타고 소는 사용하여 밭을 갈며 수레와 수레바닥판은 사용하여 군대의 진영과 보루에 쓰는 가리개와 방패를 싣는 것이다.

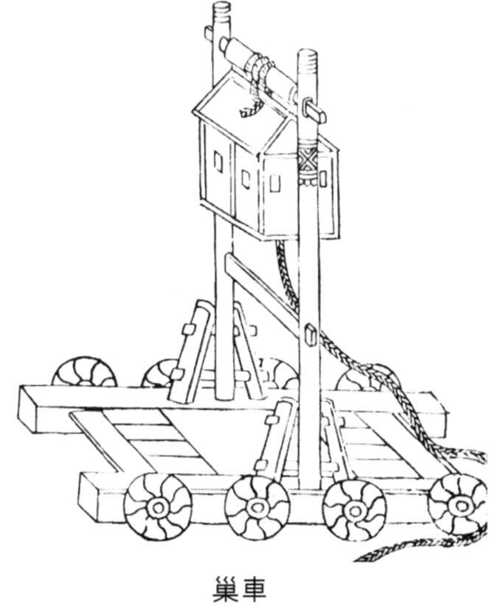

巢車

車는 큰 수레요, 輿는 수레 아래의 바닥판이다. 수레에는 輈(멍에)이 있고 軾(수레 앞 가로나무)이 있고 輪이 있고 軸이 있고 轂(바퀴통)이 있고 轊(굴대 끝)가 있고 輻(바퀴살)이 있고 軫(수레 뒤턱나무)이 있으니, 車는 그 총체적인 명칭이다. 營은 주둔하는 진영이요 壘는 성벽의 보루이니, 군대가 주둔할 때에 견고하게 하는 것이다. 蔽는 울타리와 담이니, 군대가 행군할 때에 수레와 수레바닥판을 사용하여 주위를 가린다. 櫓는 큰 방패이니, 城 위의 드러난 지붕과 싸우고 陣칠 때의 高巢車를 모두 櫓라 한다.

鋤耰(서우)之具는 其矛戟也요

호미와 쇠스랑의 농기구는 바로 창과 가지창입니다.

農家鋤耰之具는 其兵家之矛戟也라 鋤는 除草器也요 耰는 摩田器也라 矛는 夷矛, 酋矛[1)]也요 戟은 有枝兵也라

1) 夷矛酋矛 : 모두 갈래가 달린 창인데, 夷矛는 길이가 2丈 4尺이고 酋矛는 길이가 2丈이다.

農家의 호미와 쇠스랑의 농기구는 바로 兵家의 창과 가지창인 것이다.

호미는 풀을 제거하는 농기구이고, 쇠스랑은 밭을 곱게 다스리는 기구이다. 矛는 夷矛와 酋矛이고, 戟은 가지가 있는 병기이다.

蓑(薜)〔薜〕[1)](사벽)簦笠은 其甲冑干櫓也요

1) (薜)〔薜〕: 저본에는 '薜'로 되어있고, 漢文大系本에는 '薜'으로 되어있으나, ≪漢語大詞典≫의 '蓑薜은 雨具의 이름'이다 한 것에 의거하여 '薜'으로 바로잡았다.

도롱이와 雨衣와 우산과 삿갓은 바로 갑옷과 투구와 방패와 큰 방패〔櫓〕입니다.

農家之蓑(薜)〔薜〕簦笠은 其兵家之甲冑干櫓也라 蓑(薜)〔薜〕은 皆雨衣也니 以草爲之라 簦笠은 皆雨具也니 有柄曰簦이요 無柄曰笠이라 甲冑干櫓는 皆所以扞外而禦內者也라

農家의 도롱이와 雨衣와 우산과 삿갓은 兵家의 갑옷과 투구와 방패와 櫓인 것이다.

蓑와 薜은 모두 雨衣이니, 풀로 만든다. 簦과 笠은 모두 비를 막는 도구이니, 자루가 있는 것을 簦(우산)이라 하고, 자루가 없는 것을 笠(삿갓)이라 한다. 갑옷과 투구와 방패와 櫓는 모두 밖을 막아서 안을 보호하는 것이다.

钁鍤(곽삽)斧鋸杵臼는 其攻城器也요

큰 호미와 삽과 도끼와 톱과 절굿공이는 바로 적의 城을 공격하는 기구입니다.

钁은 大鋤也니 用之斸(촉)土하고 鍤은 鍬也니 用之起土라 斧는 以之斫(작)하고 鋸는 以之斷하고 杵臼는 以之舂(용)하니 其兵家攻城之器也라

钁은 큰 호미이니 이것을 사용하여 흙을 깎고, 鍤은 가래이니 이것으로 흙을 일으킨다. 도끼로는 나무를 찍고, 톱으로는 나무를 자르고, 절굿공이로는 방아를 찧으니, 바로 兵家에서 적의 성을 공격하는 기구이다.

牛馬는 **所以轉輸糧也**요 **鷄犬**은 **其伺候也**요 **婦人織紝**은 **其旌旗也**요 **丈夫平壤**은 **其攻城也**니이다

소와 말은 바로 군량을 수송하는 것이요, 닭과 개는 바로 적을 살피고 엿보는 것이요, 婦人이 베를 짜고 실끈을 짜는 것은 바로 깃발을 만드는 것이요, 丈夫가 흙을 평평하게 고르는 것은 바로 적의 城을 공격하는 것입니다.

牛馬乘載는 所以轉輸糧餉也요 鷄之司晨과 犬之警守는 其兵家伺候之義也라 婦人織紝絹帛纂組는 其兵家旌旗之用也요 丈夫平治土壤은 其兵家攻城之象也라

소와 말에 태우고 싣는 것은 군량을 수송하는 것이요, 닭으로 새벽을 맡게 하고 개로 경계하여 지키게 함은 兵家에서 적을 살피고 엿보는 의의이다. 婦人이 베와 비단을 짜고 실끈을 짜는 것은 兵家의 깃발에 쓰는 것이요, 丈夫가 흙을 고르게 다스림은 兵家의 城을 공격하는 형상이다.

春鏺草棘은 **其戰車騎也**요 **夏薅**(누)[1]**田疇**는 **其戰步兵也**요 **秋刈禾薪**은 **其粮食儲備也**요 **冬實倉廩**은 **其堅守也**니이다

1) 薅(누) : 耨(김매다)와 같다.

봄에 풀과 가시나무를 제거하는 것은 바로 戰車와 騎兵으로 싸우는 방법이요, 여름에 밭두둑을 김매는 것은 바로 步兵으로 싸우는 방법이요, 가을에 벼와 땔나무를 베는 것은 바로 군량을 미리 대비하는 것이요, 겨울에 창고를 충실하게 함은 바로 군대에서 굳게 지키는 방법입니다.

春月에 鏺去草棘은 其戰車騎之法也요 夏月에 耘薅田疇는 其戰步兵之法也요 秋月에 收刈禾薪은 其糧食儲備之用也요 冬月에 充實倉廩은 其堅守之用也라

봄철에 풀과 가시나무를 뽑아 제거하는 것은 戰車와 騎兵으로 싸우는 방법이요, 여름철에 밭두둑을 김매는 것은 步兵으로 싸우는 방법이요, 가을철에 벼와 땔나무를 베고 수확하는 것은 군량을 미리 대비하는 쓰임이요, 겨울철에 창고를 충실히 하는 것은 군대에서 굳게 수비하는 쓰임이다.

田里相伍는 **其約束符信也**요 **里有吏, 官有長**은 **其將帥也**요 **里有周垣**하여 **不**

得相過는 **其隊分也**요 **輸粟取芻**는 **其廩庫也**요 **春秋**에 **治城郭**하고 **修溝渠**는 **其塹壘也**니이다

田里의 사이에 농민들이 서로 伍가 되는 것은 바로 兵家의 약속과 符信이요, 마을에 관리가 있고 관청에 長이 있는 것은 바로 군대의 장수요, 마을에 둘러친 담이 있어서 서로 지나가지 못하게 하는 것은 바로 군대를 나누는 것이요, 곡식을 수송하고 꼴을 채취하는 것은 바로 군대의 창고요, 봄과 가을에 城郭을 다스리고 도랑과 개천을 수리하는 것은 바로 군대의 塹壕와 堡壘입니다.

田里之間에 相聯爲伍는 其兵家之約束符信也요 里有吏主之하고 官有長統之는 其軍中之將帥也라 每里에 有周垣限隔之하여 不得相過越은 其兵家隊伍之分也요 輸運穀粟하고 收取芻草는 其兵家倉廩府庫之備也며 春秋二時에 治城郭之缺壞하고 修溝渠之堙(인)塞은 其兵家塹壘之法也라

田里의 사이에 농민들이 서로 연결하여 伍가 되는 것은 兵家의 약속과 符信이요, 마을에 관리가 있어 주장하고 관청에 長이 있어 통솔하는 것은 바로 군대의 장수이다. 마을마다 둘러친 담으로 막아서 서로 넘어가지 못하게 하는 것은 바로 군대의 隊伍를 나눈 것이요, 곡식을 수송하고 꼴과 풀을 채취하는 것은 바로 군대의 창고와 곳간의 대비이며, 봄과 가을 두 철에 고을의 城郭에 파괴된 곳을 보수하고 도랑과 개천의 막힌 곳을 수리하는 것은 바로 兵家의 참호와 보루의 방법이다.

故로 **用兵之具 盡於人事也**하니 **善爲國者**는 **取於人事**라 **故**로 **必使遂其六畜**[1]하고 **闢其田野**하고 **究其處所**하며 **丈夫治田**에 **有畝數**하고 **婦人**이 **織紝**에 **有尺度**하나니 **其富國强兵之道也**니이다 **武王曰 善哉**라

1) 六畜 : 집에서 기르는 여섯 가지의 가축으로, 소·말·돼지·양·닭·개 등을 가리킨다.

그러므로 用兵의 기구는 백성들의 농사일에 다 갖추어져 있으니, 나라를 잘 다스리는 자는 백성들의 농사에서 취합니다. 그러므로 반드시 백성들로 하여금 六畜을 잘 기르고 田野를 개척하고 거처하는 곳을 마련하게 하며, 丈夫가 밭을 다스림에 정해진 이랑의 수가 있고, 婦人이 베 짜고 실끈을 짬에 정해진 尺數가 있는 것이니, 이는 나라를 부유하게 하고 군대를 강하게 하는 방법입니다."

武王이 말씀하였다.

"좋은 말씀이다."

故로 用兵之具 盡在於人事也라 善治國者는 皆取於人事라 故로 必使百姓遂其六畜하여 無使失時하고 闢其田野하여 無使荒蕪하고 究其處所하여 無使雜居하며 丈夫治田에 有畝數하여 不令廢農事하고 婦人織紝에 有尺度하여 不使廢女工하나니 此乃富國强兵之道也라 武王曰 公言이 善哉라

그러므로 用兵하는 도구가 모두 백성들의 농사일에 갖추어져 있는 것이다. 나라를 잘 다스리는 자는 모두 백성들의 농사에서 취한다. 그러므로 반드시 백성들로 하여금 六畜을 잘 길러서 번식할 시기를 놓치지 않게 하고, 田野를 개척하여 荒蕪地가 없게 하고, 거처하는 곳을 보살펴 뒤섞여 살지 않게 하며, 丈夫가 밭을 다스릴 적에 정해진 이랑 수가 있어서 농사를 폐하지 않게 하고, 婦人이 베를 짜고 실끈을 짬에 일정한 尺數가 있어서 여자의 일을 폐하지 않게 하니, 이는 바로 나라를 부유하게 하고 군대를 강하게 하는 방도이다.

武王은 "공의 말씀이 좋다." 하였다.

虎韜

범〔虎〕은 百獸의 왕으로서, 위엄과 용맹이 뛰어나다 하여 篇名으로 삼은 것이다. 이 편에서는 軍의 병기와 장비, 陣法과 작전 요령 등에 관한 내용이 언급되어 있다. ≪六韜≫를 크게 나누어볼 때, 〈文韜〉·〈武韜〉·〈龍韜〉의 전반부 3편은 주로 전략에 대하여 논한 반면, 〈虎韜〉·〈豹韜〉·〈犬韜〉의 후반부 3편은 주로 전술의 구체적인 방법을 논한 것이 특징이다. 다만 전투에 사용하는 각종 장비의 명칭은 자세히 알 수 없다.

軍用 第三十一　제31편 군대의 장비

軍用者는 軍之器用也라 器用有備하여 以之戰守면 則無患矣리라

軍用이란 군대에서 사용하는 기구이다. 기구를 미리 구비하고서 싸우고 지키면 근심이 없을 것이다.

武王이 問太公曰 王者擧兵에 三軍器用攻守之具의 科品衆寡 豈有法乎아

武王이 太公에게 물었다.
"王者가 군대를 출동함에 三軍이 사용하는 기구와 공격하고 수비하는 도구의 종류와 등급이 많고 적음에 어찌 법도가 있지 않겠는가?"

武王이 問太公曰 王者擧兵征伐에 三軍之器用과 其攻守之具의 科品或衆或寡 豈有法度乎아

武王이 太公에게 물었다.
王者가 군대를 일으켜 征伐할 적에 三軍이 사용하는 기구와 공격하고 수비하는 도

구의 종류와 등급이 혹 많고 혹 적은 것에 어찌 法度가 있지 않겠는가?

太公曰 大哉라 王之問也여 夫攻守之具 各有科品하니 此兵之大威也니이다

太公이 대답하였다.

"훌륭하십니다. 임금님의 질문이여. 공격하고 수비하는 도구는 각각 종류와 등급이 있으니, 이것은 군대의 큰 위엄입니다."

太公對曰 大哉라 王之所問也여 夫攻守之器具 各有科品하니 此兵家之大威也라

太公이 대답하였다.

위대하다. 임금님의 질문이여. 공격하고 수비하는 기구에는 각각 종류와 등급이 있으니, 이는 兵家의 큰 위엄이다.

武王曰 願聞之하노라 太公曰 凡用兵之大數는 將甲士萬人이면 法에 用武衛大扶胥 三十六乘이니 材士強弩矛戟으로 爲翼하고 一車를 二十四人이 推之호되 以八尺車輪하며 車上에 立旗鼓라 兵法에 謂之震駭라하니 陷堅陳하고 敗強敵이니이다

武王이 말씀하였다.

"듣기를 원하노라."

太公이 대답하였다.

"무릇 用兵하는 장비의 대체적인 숫자는, 갑옷 입은 병사 1만 명을 동원하게 되면 그 법에 武衛大扶胥라는 大戰車 36乘을 사용하니, 강한 쇠뇌와 창과 갈래진 창을 휴대한 병사로서 재주가 뛰어난 자를 羽翼으로 삼고, 수레 1대를 24명이 밀되, 8尺의 수레바퀴를 사용하며, 수레 위에 깃발과 북을 세웁니다. 兵法에서 이것을 일러 '震駭'라 하니, 이를 사용하여 적의 견고한 진영을 함락시키고 강한 적을 패퇴시키는 것입니다.

武王曰 願聞科品之異하노라 太公對曰 凡用兵之大數는 將帶甲之士萬人이면 其法에 用武衛大扶胥 三十六乘이니 扶胥는 車之別名也라 材勇之士 持強弩矛戟하여 爲羽翼하고 每一車에 用二十四人하여 推之호되 用八尺車輪하며 車之上에 立旗與鼓라 兵法에 又謂之震駭라하니 用以陷堅陳, 敗強敵也라

武王이 말씀하였다.

종류와 등급의 차이를 듣기를 원한다.

太公이 대답하였다.

무릇 用兵하는 장비의 대체적인 숫자는, 갑옷 입은 병사 1만 명을 동원하게 되면 그 법에 武衛大扶胥라는 大戰車 36乘을 사용하니, 扶胥는 수레의 별칭이다. 강한 쇠뇌와 창과 갈래진 창을 휴대한 병사로서 재주와 용맹이 뛰어난 자를 羽翼으로 삼고 수레 1대마다 24명으로 밀게 하되, 8尺의 수레바퀴를 사용하며, 수레 위에 깃발과 북을 세운다. 兵法에 이것을 일러 '震駭'라 하니, 이것을 사용하여 적의 견고한 진영을 함락시키고 강한 적을 패퇴시키는 장비이다.

武翼大櫓矛戟扶胥[1] 七十二具니 材士强弩矛戟으로 爲翼하고 以五尺車輪호되 絞車連弩[2]自副하니 陷堅陣하고 敗强敵이니이다

1) 武翼大櫓矛戟扶胥 : 큰 방패와 갈고리창과 갈래진 창을 장착한 扶胥가 있는 中戰車로 보인다. 扶胥는 扶蘇로도 쓰며, 兵車 위에 큰 방패를 둘러 만든 보호막을 이른다.

2) 絞車連弩 : 絞車는 무거운 것을 드는 기구이고, 連弩는 화살을 연발로 쏠 수 있는 기구이다.

武翼大櫓矛戟扶胥가 72具이니, 강한 쇠뇌와 창과 갈래진 창을 잡은 재주가 뛰어난 병사를 羽翼으로 삼고, 5척의 수레바퀴를 사용하되 絞車와 연발쇠뇌를 따르게 하니, 적의 견고한 진영을 무찌르고 강한 적을 패퇴시키는 장비입니다.

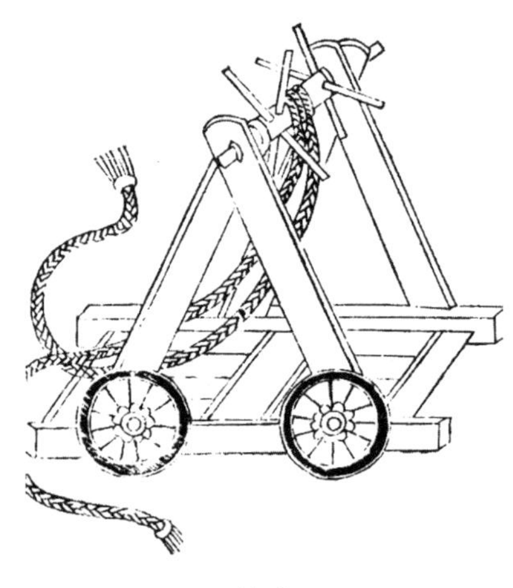

絞車

武翼大櫓는 車上之蔽也니 置矛戟於車上하여 備擊刺(척)也라 材勇之士 持强弩矛戟하여 爲羽翼하고 用五尺車輪호되 以絞車連弩自副하니 亦用以陷堅陣, 敗强敵也라

武翼大櫓는 수레 위를 가리는 방패이니, 갈고리창과 갈래진 창을 수레 위에 배치하여 적의 공격과 찌름에 대비하는 것이다. 쇠뇌와 창과 갈래진 창을 휴대한 재주와 용맹이 뛰어난 병사를 羽翼으로 삼고, 5척의 수레바퀴를 사용하되 絞車와 연발 쇠뇌로 수레를 따르게 하니, 또한 이것을 사용하여 적의 견고한 진영을 무찌르고 강한 적을 패퇴시키는 장비이다.

提翼小櫓扶胥[1] **一百四十(九)〔六具〕**[2]니 **絞車連弩**로 **自副**하고 **以鹿車輪**이니 **陷堅陣**하고 **敗强敵**이니이다

1) 提翼小櫓扶胥 : 작은 방패를 장착한 扶胥가 있는 小戰車로 보인다.

2) (九)〔六具〕: 저본에는 '九'로 되어있으나, 漢文大系本에 의거하여 '六具'로 바로잡았다.

提翼小櫓扶胥가 146대이니, 絞車와 연발쇠뇌를 따르게 하고 작은 鹿車 바퀴를 사용하니, 적의 견고한 진영을 무찌르고 강한 적을 패퇴시키는 장비입니다.

提翼小櫓는 **亦車上之蔽**니 **但比大櫓**에 **差小耳**라 **以絞車連弩自副**하고 **用鹿車輪**하니 **亦以陷堅陣, 敗强敵也**라

提翼小櫓는 또한 수레 위를 가리는 방패이니, 다만 大櫓에 비하여 약간 작을 뿐이다. 絞車와 연발쇠뇌를 따르게 하고 작은 鹿車 바퀴를 사용하니, 또한 이것으로써 적의 견고한 진영을 무찌르고 강한 적을 패퇴시키는 장비이다.

大黃參連弩大扶胥[1] **三十六乘**이니 **材士强弩矛戟**으로 **爲翼**하고 **飛鳧電影**으로 **自副**하니 **飛鳧**는 **赤莖白羽**니 **以銅爲首**하고 **電影**은 **靑莖赤羽**니 **以鐵爲首**하여 **晝則以絳縞長六尺, 廣六寸**으로 **爲光耀**하고 **夜則以白縞長六尺, 廣六寸**으로 **爲流星**이니 **陷堅陣**하고 **敗步騎**니이다

1) 大黃參連弩大扶胥 : 大黃이라는 3연발의 쇠뇌를 장착한 大扶胥가 있는 大戰車로 보인다.

大黃參連弩大扶胥가 36대이니, 강한 쇠뇌와 갈고리창과 갈래진 창을 잡은 병사로서 재주가 뛰어난 자를 羽翼으로 삼고 飛鳧와 電影을 장착하여 따르게 하니, 飛鳧는 붉은 줄기에 흰 깃털을 사용하는데 구리로 머리 부분을 만들고, 電影은 푸른 줄기에 붉은 깃털을 사용하는데 쇠로 머리 부분을 만듭니다.

대낮에는 길이 6尺, 넓이 6寸의 붉은 비단으로 光耀라는 물체를 만들고, 밤에는 길이 6尺, 넓이 6寸의 흰 비단으로 流星이라는 물체를 만드니, 이것을 사용하여 적의 견고한 진영을 무찌르고 步兵과 騎兵을 패퇴시키는 것입니다.

大黃參連弩大扶胥 三十六乘이니 **以材勇之士**로 **持强弩矛戟**하여 **爲羽翼**호되 **上用**

飛鳧電影自副라 飛鳧는 用赤莖白羽호되 以銅爲之首하고 電影은 用青莖赤羽호되 以鐵爲之首라 白晝엔 則以絳色之縞長六尺, 闊六寸으로 爲光耀하고 遇夜면 則以白色之縞長六尺, 闊六寸으로 爲流星하니 取其遠視之有光也라 此는 用以陷堅陣, 敗步騎也라

大黃參連弩大扶胥가 36대이니, 강한 쇠뇌와 갈고리창과 갈래진 창을 휴대한 병사로서 재주와 용맹이 뛰어난 자를 羽翼으로 삼되, 위에 飛鳧와 電影을 사용하여 따르게 한다. 飛鳧는 붉은 줄기에 흰 깃털을 사용하는데 구리로 머리를 만들고, 電影은 푸른 줄기에 붉은 깃털을 사용하는데 쇠로 머리를 만든다.

대낮에는 길이 6척, 넓이 6촌의 붉은 비단으로 光耀라는 물체를 만들고, 밤이 되면 길이 6척, 넓이 6촌의 흰 비단으로 流星이라는 물체를 만드니, 멀리서 볼 적에 빛이 나는 점을 취한 것이다. 이것을 사용하여 적의 견고한 진영을 무찌르고 보병과 기병을 패퇴시키는 것이다.

大扶胥衝車 三十六乘이니 螳螂武士共載하여 可以擊縱橫하여 敗强敵이니이다

大扶胥衝車가 36대이니, 螳螂과 같이 용감한 武士를 함께 태워 縱橫으로 공격해서 강한 적을 패퇴시키는 장비입니다.

衝車는 從傍衝擊者也라 螳螂은 蟲名이니 有奮擊之勢故로 取以爲名이라

衝車는 옆에서 충돌하여 적의 城을 공격하는 戰車이다. 螳螂은 벌레 이름(사마귀)이니, 분발하여 공격하는 형세가 있으므로 이를 취하여 병사의 명칭으로 삼은 것이다.

輜車騎寇는 一名電車니 兵法에 謂之電擊이니 陷堅陣하고 敗步騎니이다

輜車騎寇는 일명 電車라고 하는데 兵法에 이것을 일러 '電擊'이라고 하니, 적의 견고한 진영을 무찌르고 보병과 기병을 패퇴시키는 장비입니다.

輜車騎寇는 疑有誤字라 電車는 言其忽往忽來하여 如電之疾也라 故로 兵法에 謂之電擊이라

輜車騎寇는 의심컨대 誤字가 있는 듯하다. 電車는 갑자기 달려가고 갑자기 달려와서 번개처럼 빠름을 말한 것이다. 그러므로 兵法에 이것을 일러 '電擊'이라 한 것이다.

寇夜來前에 **矛戟扶胥輕車**[1]**一百六十乘**이니 **螳螂武士三人**이 **共載**라 **兵法**에 **謂之霆擊**이니 **陷堅陣**하고 **敗步騎**니이다

1) 矛戟扶胥輕車 : 갈고리창과 갈래진 창을 장착한 扶胥가 있는 輕車로 보인다.

적이 밤중에 우리 진영의 앞으로 올 적에 矛戟扶胥輕車 160대를 사용하니, 수레 1대마다 螳螂과 같이 용감한 武士 3명을 함께 태웁니다. 兵法에 이것을 일러 '霆擊'이라 하니, 적의 견고한 진영을 무찌르고 보병과 기병을 패퇴시키는 장비입니다.

寇遇夜來吾營前이어든 矛戟扶胥輕車一百六十乘이니 每乘螳螂武士三人을 共載라 兵法에 謂之霆擊이니 言其輕疾往來하여 如雷霆之擊也라

적이 야음을 틈타 우리의 진영 앞으로 습격해 오면 矛戟扶胥輕車 160대에, 수레 1대마다 螳螂과 같은 武士 3명을 함께 태운다. 兵法에 이것을 '霆擊'이라 하니, 그 경쾌하고 빠르게 왕래하여 우레와 벼락이 치는 것과 같음을 말한 것이다.

方首鐵棓[1]**維朌**은 **重十二斤**이요 **柄長五尺以上**이 **千二百枚**니 **一名天棓**이며

1) 方首鐵棓 : 머리 부분이 네모진 쇠망치로 보인다. '鐵棓'은 '鐵棒'과 같다.

方首鐵棒維朌은 무게가 12근이고, 자루의 길이가 5척 이상인 것이 1,200개이니, 일명 天棓(天棒)이라 하며,

維朌은 未詳이라 或曰 朌은 大首也니 重一十二斤이라

維朌은 자세하지 않다. 혹자는 "朌은 큰 머리이니, 무게가 12근이다."라고 한다.

大柯斧[1]는 **刃長八寸**이요 **重八斤**이요 **柄長五尺以上**이 **千二百枚**니 **一名天鉞**이며 **方首鐵槌**(퇴)[2]는 **重八斤**이요 **柄長五寸以上**이 **千二百枚**니 **一名天槌**니 **敗步騎群寇**니이다

1) 大柯斧 : 자루가 긴 도끼로 보인다.
2) 方首鐵槌(퇴) : 머리가 네모진 鐵槌로 보인다.

大柯斧는 날의 길이가 8寸, 무게가 8斤이고, 자루의 길이가 5척 이상인 것이

1,200개이니 일명 天鉞이라 하며, 方首鐵槌는 무게가 8斤이고 자루의 길이가 5寸 이상인 것이 1,200개로 일명 天槌라 하니, 적의 많은 보병과 기병을 패퇴시키는 장비입니다.

言三者를 皆可用之하여 敗步騎群寇也라

〈天棒·天鉞·天槌〉 세 가지를 모두 사용하여 적의 많은 보병과 기병을 패퇴시킬 수 있음을 말한 것이다.

飛鉤[1)]는 長八寸이니 鉤芒은 長四寸이요 柄長六尺以上이 千二百枚니 以投其衆이니이다

1) 飛鉤 : 적군이 모여있을 때에 던져 잡아오는 갈고리로, 한 번에 2명의 적을 잡아올 수 있다 하는 바, 적군을 낚아온다 하여 일명 鐵鴟라고도 한다. ≪武備志 器械≫

飛鉤는 길이가 8寸인데, 갈고리의 날〔鉤芒〕의 길이가 4寸이고 자루의 길이가 6尺 이상인 것이 1,200개이니, 적군의 병사들에게 투척하는 장비입니다.

飛鉤

用飛鉤하여 以投敵軍之衆也라

飛鉤를 사용하여 적군의 병사들에게 투척하는 것이다.

三軍拒守에 木螳螂劍刃扶胥[1)] 廣二丈이 百二十具니 一名行馬니이다

1) 木螳螂劍刃扶胥 : 木螳螂과 칼날이 달린 扶胥로 보인다.

三軍이 적과 대치하여 지킬 적에 木螳螂劍刃扶胥로 넓이가 2丈인 것 120개를 사용하니, 일명 行馬라 합니다.

三軍與敵拒守에 用木螳螂劍刃扶胥 廣闊二丈이 一百二十具니 一名曰行馬라

三軍이 적과 대치하여 지킬 적에는 木螳螂劍刃扶胥로 넓이가 2丈인 것 120대를 사용하니, 일명 行馬라 한다.

平易地에 以步兵敗車騎엔 木蒺藜[1)]去地二尺五寸이 百二十具니이다

1) 蒺藜 : 적군의 전진을 방해하는 데 사용하는 장애물로, 나무나 금속으로 만든다. 사방으로 뾰족한 날이 달려있다. 그 모양이 남가새〔蒺藜〕의 열매와 닮아서 이렇게 이름한 것이다.

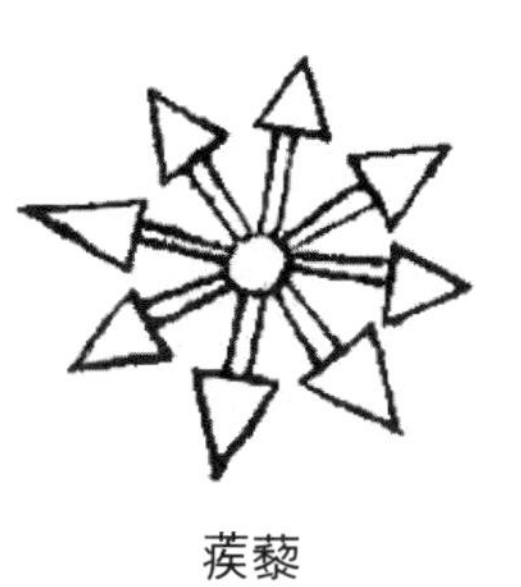
蒺藜

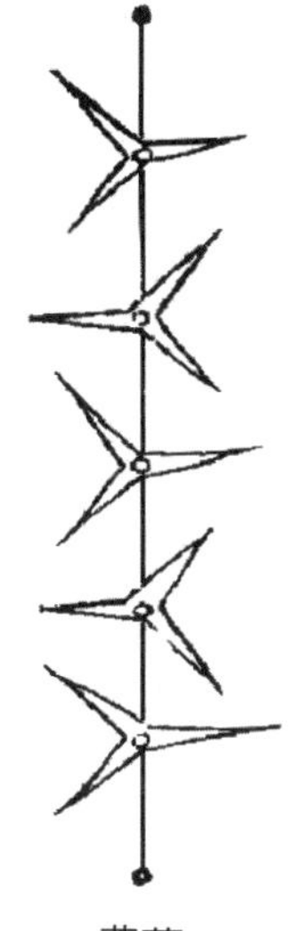
蒺藜

평탄한 지역에서 步兵으로 적의 戰車와 騎兵 부대를 패퇴시킬 적에는 땅 위에서 높이 2尺 5寸인 木蒺藜 120개를 사용합니다.

平易之地에 以步兵敗敵之車騎엔 用木蒺藜去地高二尺五寸 一百二十具라

평탄한 지역에서 步兵으로 적의 전차와 기병 부대를 패퇴시킬 적에는 땅 위에서 높이가 2尺 5寸인 木蒺藜 120개를 사용한다.

敗步騎하고 要窮寇하고 遮走北에 軸旋短衝矛戟扶胥[1)] 百二十具니 黃帝所以敗蚩(치)尤氏[2)]니이다

1) 軸旋短衝矛戟扶胥 : 軸이 짧아 회전하기 쉬운 衝車로 갈고리 창과 갈래진 창이 장착된 扶胥로 보인다.
2) 黃帝所以敗蚩(치)尤氏 : 蚩尤는 당시 軍閥로 머리가 구리로 되어있고 이마가 쇠로 되어있으며 불을 뿜어내는 전설적인 인물인데, 黃帝가 指南車를 만들어 涿鹿에서 싸워 물리쳤다 한다.

적의 보병과 기병을 패퇴시키고 궁지에 몰린 적을 요격하며 패하여 도망하는 적을 차단할 적에는, 軸旋短衝矛戟扶胥 120대를 사용하니, 黃帝가 이것으로 蚩尤氏를 패퇴시켰습니다.

敗敵之步騎하고 要截窮寇하고 遮攔走北에 旋軸短衝矛戟扶胥 用一百二十具니 黃帝昔日所以敗蚩尤氏也라

적의 보병과 기병을 패퇴시키고 궁지에 몰린 적을 차단 공격하며 패하여 도망하는 적을 차단할 적에는, 軸旋短衝矛戟扶胥 120대를 사용하니, 黃帝가 옛날에 이것으로 蚩尤氏를 패퇴시켰다.

敗步騎하고 **要窮寇**하고 **遮走北**호되 **狹路微徑**에 (長)〔張〕[1]**銕蒺藜**니 **芒高四寸**이요 **廣八寸**이요 **長六尺以上**이 **千二百具**니이다

1) (長)〔張〕: 저본의 '長'은 漢文大系本에 의거하여 '張'으로 바로잡았다.

적의 보병과 기병을 패퇴시키고 궁지에 몰린 적을 요격하며 패하여 도망하는 적을 차단할 적에 협소한 길과 좁은 오솔길에는 鐵蒺藜를 깔아놓으니, 촉의 높이가 4寸이고 넓이가 8寸이고 길이가 6尺 이상인 것이 1,200개입니다.

言狹路微徑에 用銕蒺藜하여 以敗步騎하고 要窮急之寇하고 遮走北之人也라

협소한 길과 좁은 오솔길에 鐵蒺藜를 사용하여 적의 보병과 기병을 패퇴시키고 궁지에 몰려 위급한 적을 요격하고 패하여 도망하는 적을 차단함을 말한 것이다.

敗走騎突(瞑)〔暝〕[1]**來前促戰**하여 **白刃接**에 **張地羅**하고 **鋪兩鏃蒺藜**[2]와 **參連織女**[3]호되 **芒間相去二尺**이 **萬二千具**[4]니이다

1) (瞑)〔暝〕: 저본의 '瞑'은 '눈을 감다'의 뜻으로 여기에는 맞지 않으며, 明本의 經文에는 '暝'으로, ≪直解≫에는 "暝으로 되어있으므로 이에 의거하여 '暝'으로 바로잡았다.
2) 鋪兩鏃蒺藜 : 촉이 두 갈래로 된 蒺藜로 보인다.
3) 參連織女 : 蒺藜 셋이 연결된 織女로 보인다.
4) 三軍拒守……萬二千具 : 위의 '三軍拒守'로부터 '萬二千具'까지 다섯 節의 단락은 漢文大系本 ≪六韜直解≫와 크게 다르므로, 아래에 漢文大系本의 전문을 竝起하고 번역문을 함께 싣는다.

  三軍拒守에 木螳螂劍刃扶胥 廣二丈이 百二十具니 一名行馬니 平易地에 以步兵敗車騎니이다

  三軍이 적과 대치하여 지킬 적에 木螳螂劍刃扶胥로 넓이가 2丈인 것 120개를 사용하니, 일명 行馬라 하니, 평탄한 지역에서 步兵으로 적의 전차와 기병 부대를 패퇴시킵니다.

  木蒺藜는 去地二尺五寸이 百二十具니 敗步騎하고 要窮寇하고 遮走北니이다

  木蒺藜는 땅 위에서 높이 2尺 5寸인 것이 120개이니, 적의 보병과 기병을 패퇴시키고 궁지에 몰린 적을 요격하며 패하여 도망하는 적을 차단합니다.

  軸旋短衝矛戟扶胥 百二十具니 黃帝所以敗蚩尤氏니 敗步騎하고 要窮寇하고 遮走北니이다

  軸旋短衝矛戟扶胥가 120대니, 黃帝가 이것으로 蚩尤氏를 패퇴시켰으니, 적의 보병과

기병을 패퇴시키고 궁지에 몰린 적을 요격하며 패하여 도망하는 적을 차단합니다.

狹路微徑에 張鐵蒺藜하니 芒高四寸이요 廣八寸이요 長六尺以上이 千二百具니 敗走騎니이다

협소한 길과 좁은 오솔길에는 鐵蒺藜를 깔아놓으니, 촉의 높이가 4寸이고 넓이가 8寸이고 길이가 6尺 이상인 것이 1,200개이니 적의 기병을 패주시킵니다.

突暝來前促戰하여 白刃接엔 張地羅하고 鋪兩鏃蒺藜와 參連織女하니 芒間相去二尺이 萬二千具니이다

어두울 때에 우리의 진영 앞으로 충돌해 와서 싸움을 재촉하여 시퍼런 칼날로 접전할 적에는, 그물인 地羅를 설치하고 兩鏃蒺藜와 參連織女를 펼쳐놓으니, 촉과 칼날 사이가 서로 2尺이 떨어진 것이 1만 2천 개입니다.

패하여 도망하는 적의 기병이 어두울 때에 우리의 진영 앞으로 충돌해 와서 싸움을 재촉하여 시퍼런 칼날로 접전할 적에는, 그물인 地羅를 설치하고 兩鏃蒺藜와 參連織女를 펼쳐놓되, 촉과 칼날 사이가 서로 2尺이 떨어진 것이 1만 2천 개입니다.

敗走騎及衝突暝黑之時하여 而來前促戰하여 白刃相接이면 則張設地羅하고 鋪兩鏃蒺藜하고 幷參連織女호되 芒刃之間相去二尺이 一萬二千具라

패하여 도망하는 적의 기병이 어두울 때에 우리의 진영 앞으로 충돌해 와서 싸움을 재촉하여 시퍼런 칼날로 접전하게 되면, 그물인 地羅를 설치하고 兩鏃蒺藜를 펼쳐놓고 參連織女를 나란히 배열하되, 촉과 칼날 사이가 서로 2尺이 떨어진 것 1만 2천 개를 사용하는 것이다.

曠野草中에 方胸鋋矛[1)]千二百具니 張鋋矛法은 高一尺五寸이니 敗步騎하고 要窮寇하고 遮走北니이다

1) 方胸鋋矛 : 가슴 부분이 네모진 짧은 창으로 보인다.

넓은 들판과 풀 가운데에서는 方胸鋋矛 1,200개를 사용합니다. 짧은 창을 펼쳐놓는 방법은 높이를 1尺 5寸으로 해야 하니, 적의 보병과 기병을 패퇴시키고 궁지에 몰린 적을 요격하고 패하여 도망하는 적을 차단하는 데에 사용하는 것입니다.

曠野深草之中에 用方胸鋌矛 一千二百具니 張鋌矛之法은 高一尺五寸이니 用以敗敵人之步騎하고 要截窮寇하고 遮隔走北也라

넓은 들판과 무성한 풀이 있는 가운데에서는 方胸鋌矛 1,200개를 사용하는데, 짧은 창을 펼쳐놓는 방법은 높이를 1尺 5寸으로 해야 하니, 이것을 사용하여 적의 보병과 기병을 패퇴시키고 궁지에 몰린 적을 요격하고 패하여 도망하는 적을 차단하는 것이다.

狹路, 微徑, 地陷에 銕械鎖參連이 百二十具니 敗步騎하고 要窮寇하고 遮走北니이다

협소한 길과 작은 오솔길과 땅이 안으로 푹 파인 곳에서는 銕械鎖(쇠사슬) 셋을 연결한 것 120개를 사용해야 하니, 적의 보병과 기병을 패퇴시키고 궁지에 몰린 적을 요격하고 패하여 도망하는 적을 차단하는 데에 사용하는 것입니다.

狹窄之路와 微小之徑과 地內陷에 以銕械鎖參連者 一百二十具니 亦可以敗步騎하고 要窮寇하고 遮走北也라

협소한 길과 작은 오솔길과 땅이 안으로 푹 파인 곳에서는 銕械鎖 셋을 연결한 것 120개를 사용해야 하니, 또한 적의 보병과 기병을 패퇴시키고 궁지에 몰린 적을 요격하고 패하여 도망하는 적을 차단하는 데에 사용하는 것이다.

壘門拒守에 矛戟小櫓[1] 十二具니 絞車連弩自副요 三軍拒守에 天羅, 虎落[2], 鎖連一部 廣一丈五尺이요 高八尺이 百二十具며 虎落劍刃扶胥[3] 廣一丈五尺이요 高八尺이 五百一十具니이다

1) 矛戟小櫓 : 갈고리창과 갈래진 창과 작은 방패를 장착한 수레로 보인다.
2) 虎落 : 城邑과 營寨를 방어하는 데 쓰는 대나무 울타리이다.
3) 虎落劍刃扶胥 : 虎落과 칼날이 장착된 扶胥가 있는 戰車로 보인다.

보루의 문을 막고 지킴에는 矛戟小櫓 12대가 필요하니 絞車와 連弩가 뒤를 따르고, 三軍이 막고 지킴에는 天羅와 虎落을 쇠사슬로 연결시킨 것 한 벌로 넓이가 1丈 5尺이고 높이가 8尺인 것 120개가 필요하며, 虎落劍刃扶胥는 넓이가 1丈

5尺이고 높이가 8尺인 것이 510대가 필요합니다.

此三者는 皆拒禦之器也라

이 세 가지는 모두 적을 막는 도구이다.

渡溝塹飛橋[1)]는 一間에 廣一丈五尺이요 長二丈以上이니 着轉關轆轤(녹로)[2)]八具하고 以環利通索으로 張之니이다

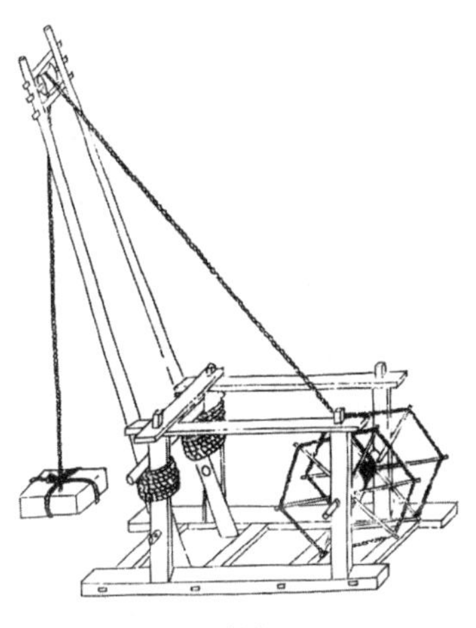
轆轤

1) 渡溝塹飛橋 : 도랑과 참호를 건너갈 때 사용하는 浮橋의 일종이다.
2) 轆轤(녹로) : 사슬이 달려있는 도르래로, 무거운 물건을 들어 올리는 데 쓰는 도구이다.

渡溝塹飛橋는 1칸에 넓이가 1丈 5尺이고 길이가 2丈 이상이니, 회전하는 녹로〔轉關轆轤〕를 장착한 것이 8개이고 고리를 연결한 쇠사슬로 설치합니다.

着以轉關轆轤는 欲易動也요 張以環利通索은 欲堅固也니 此는 踰垠之具也라

회전하는 轆轤를 장착하는 것은 움직이기 쉽게 하고자 해서이고, 고리를 연결한 쇠사슬로 설치하는 것은 견고하게 하고자 함이니, 이는 언덕을 넘어가는 도구이다.

渡大水飛江[1)]은 廣一丈五尺이요 長二丈以上이 八具니 以環利通索으로 張之하고 天浮銕螳螂[2)]은 矩內員[3)]外하여 徑四尺以上이요 環絡自副 三十二具니 以天浮로 張飛江하여 濟大海를 謂之天潢이니 一名은 天船이니이다

1) 渡大水飛江 : 큰 물을 건너갈 때 사용하는 浮橋의 일종이다.
2) 天浮銕螳螂 : 하늘 높이 세워 飛江을 설치할 때 사용하는 철 구조물로 보인다.
3) 員 : 圓과 같다.

渡大水飛江은 넓이가 1丈 5尺이고 길이가 2丈 이상인 것 8개가 필요하니, 고리를 연결한 쇠사슬로 설치하고, 天浮鐵螳螂은 안이 네모지고 밖이 둥글어서 지름이 4尺 이상이고 둥근 고리가 달린 것이 32대입니다 天浮로써 飛江을 설치하

여 큰 물을 건너는 것을 天潢이라 하니, 일명은 天船입니다.

飛江, 天潢은 皆濟大水之具也요 天浮鐵螳螂은 用以張飛江者也라

飛江과 天潢은 모두 큰 물을 건너는 도구이고, 天浮鐵螳螂은 飛江을 설치하는 데 사용하는 것이다.

山林野居에 結虎落柴營[1]호되 環利鐵鎖 長二丈以上이 千二百枚요 環利大通索은 大四寸, 長四丈以上이 六百枚요 環利中通索은 大二寸, 長四丈以上이 二百枚요 環利小微縲는 長二丈以上이 萬二千枚요 天雨는 蓋重車上板호되 結泉鉏鋙(서어)[2]하고 廣四尺, 長四丈以上의 車一具니 以鐵杙張之니이다

1) 柴營 : 나무 섶으로 만든 營寨로 보인다.
2) 結泉鉏鋙(서어) : 확실하지 않으나 鉏鋙로 보아 이빨 모양으로 어긋나게 만들어서 서로 물리게 한 장비로 보인다.

山林이나 平野에 陣을 칠 때에는 虎落과 柴營을 만드는데, 고리를 연결한 쇠사슬은 길이가 2丈 이상인 것이 1,200개이고, 고리를 연결한 큰 쇠사슬은 굵기 4寸에 길이 4丈 이상인 것이 600개이고, 고리를 연결한 중간 정도의 쇠사슬은 굵기 2寸에 길이 4丈 이상인 것이 200개이고, 고리를 연결한 작고 가느다란 끈은 길이 2丈 이상인 것이 1만 2천 개입니다. 비를 막는 天雨는 輜重車의 상판에 덮되, 結泉鉏鋙를 하고, 넓이 4尺에 길이 4丈 이상의 수레가 1대이니, 이는 쇠말뚝을 사용해서 설치합니다.

環利鐵鎖, 通索, 微縲는 卽今之連環鐵索也니 但有大小長短之異耳라 天雨는 蓋車上之板也라 結泉鉏鋙는 刻板爲齒하여 不相値也라 杙은 橛也니 鐵杙은 以鐵爲橛也라

環利鐵鎖와 通索과 微縲는 바로 지금의 고리를 연결한 쇠사슬이니, 다만 크고 작고 길고 짧은 차이가 있을 뿐이다. 天雨는 수레의 위에 판자를 덮어 비를 막는 것이다. 結泉鉏鋙는 판자를 깎아 이빨을 만들어서 서로 마주치지 않게 하는 것이다. 杙은 말뚝이니, 鐵杙은 쇠로 만든 말뚝이다.

伐木天斧는 **重八斤**이요 **柄長三尺以上**이 **三百枚**며 **棨钁**(계곽)은 **刃廣六寸**이요 **柄長五尺以上**이 **三百枚**며 **銅築固爲垂**는 **長五尺以上**이 **三百枚**니이다

나무를 베는 天斧는 무게가 8斤이고 자루의 길이가 3尺 이상인 것이 300개이고, 棨钁(큰 괭이)은 날의 넓이가 6寸이고 자루의 길이가 5尺 이상인 것이 300개이고, 銅築固爲垂는 길이가 3尺 이상인 것이 300개입니다.

斧는 **用以斫**이요 **钁**은 **用以斸**(촉)이라 **銅築固爲垂**는 **未知何用**이라

도끼는 나무를 찍는 데 사용하고, 괭이는 땅을 파는 데 사용하는 것이다. 銅築固爲垂는 어디에 사용하는지 알지 못한다.

鷹爪方胸銕(杷)〔**把**〕[1]는 **柄長七尺以上**이 **三百枚**요 **方胸銕叉**[2]는 **柄長七尺以上**이 **三百枚**요 **方胸兩枝銕叉**[3]는 **柄長七尺以上**이 **三百枚**요 **芟**(삼)**草木大鎌**(겸)[4]은 **柄長七尺以上**이 **三百枚**요 **大櫓刃**은 **重八斤, 柄長六尺以上**이 **三百枚**요 **委環銕杙**[5]은 **長三尺以上**이 **三百枚**요 **椓**(탁)**杙大槌**[6]는 **重五斤, 柄長二尺以上**이 **百二十具**니이다

1) 鷹爪方胸銕(杷)〔把〕: 매발톱 모양의 네모난 쇠고무래이다. 저본의 '杷'는 漢文大系本에 의거하여 '把'로 바로잡았다.
2) 方胸銕叉 : 네모난 쇠도리깨이다.
3) 方胸兩枝銕叉 : 네모난 두 갈래 쇠도리깨이다.
4) 芟(삼)草木大鎌(겸) : 풀과 나무를 베는 큰 낫이다.
5) 委環銕杙 : 고리가 달린 쇠말뚝이다.
6) 椓(탁)杙大槌 : 쇠말뚝을 박는 큰 망치이다.

鷹爪方胸鐵把는 자루의 길이가 7尺 이상인 것이 300개이고, 方胸鐵叉는 자루의 길이가 7尺 이상인 것이 300개이고, 方胸兩枝鐵叉는 자루의 길이가 7尺 이상인 것이 300개이고, 芟草木大鎌은 자루의 길이가 7尺 이상인 것이 300개이고, 大櫓刃은 무게가 8斤이고 자루의 길이가 6尺 이상인 것이 300개이고, 委環鐵杙은 길이가 3尺 이상인 것이 300개이고, 椓杙大槌는 무게가 5斤이고 자루의 길이가 2尺 이상인 것이 120개입니다.

委環銕杙者는 **以銕爲橛**하여 **上連以環也**라 **椓**은 **擊也**라

委環鐵杙이란 쇠를 가지고 말뚝을 만들어서 위에 고리를 연결하는 것이다. 椓은 말뚝을 박을 때에 말뚝을 치는 것이다.

甲士萬人에 **強弩六千**이요 **戟櫓二千**이요 **矛楯二千**이요 **修治攻具**하고 **砥礪兵器巧手 三百人**이니 **此**는 **擧兵之大數也**니이다 **武王曰 允哉**라

갑옷 입은 병사 1만 명에 강한 쇠뇌를 지닌 병사가 6,000명이고, 갈래진 창과 큰 방패를 잡은 병사가 2,000명이고, 갈고리창과 큰 방패를 잡은 병사가 2,000명이며, 공격하는 기구를 수리하고 兵器를 숫돌에 가는 정교한 기술자가 300명이니, 이는 군대를 동원하는 대략적인 숫자입니다."

武王이 말씀하였다.

"그 말씀이 옳다."

修治는 **欲其常完也**요 **砥礪**는 **欲其常銳**라 **允者**는 **信其言也**라

兵器를 수리함은 항상 완전하고자 해서요, 숫돌에 가는 것은 항상 예리하게 하고자 해서이다. 允이란 그 말이 옳음을 믿는 것이다.

三陳 第三十二　제32편 세 가지 陣法

三陳者는 **天地人三陳也**라

三陣이란 天·地·人의 세 가지 陣이다.

武王이 **問太公曰 凡用兵**에 **爲天陳, 地陳, 人陳**은 **奈何**오 **太公曰 日月星辰斗柄**의 **一左一右**하고 **一向一背**를 **此謂天陳**이니이다

武王이 太公에게 물었다.

"군대를 출동할 적에 天陣과 地陣과 人陣을 만드는 것은 어떻게 해야 하는가?"

太公이 대답하였다.

"해와 달과 별과 北斗星 자루가 한 번 왼쪽으로 가고 한 번 오른쪽으로 가며

한 번 향하고 한 번 등지는 것을 따르니, 이것을 일러 '天陣'이라 합니다."

武王이 **問太公曰 凡用兵之法**에 **爲天陳, 地陳, 人陳**하니 **其說如何**오 **太公對曰 取日月星辰斗柄**의 **一左一右, 一向一背之象**이 **此謂之天陳**이라

武王이 太公에게 물었다.
무릇 用兵하는 방법에 天陣・地陣・人陣을 만드니, 그 내용이 어떠한가?
太公이 대답하였다.
해와 달과 별과 北斗星 자루가 한 번 왼쪽으로 가고 한 번 오른쪽으로 가며, 한 번 향하고 한 번 등지는 象을 취하니, 이것을 '天陣'이라 한다.

丘陵水泉이 **亦有前後左右之利**하니 **此謂地陳**이요

구릉과 물과 못은 앞뒤와 左右의 편리함이 있으니, 이것을 일러 '地陣'이라 합니다.

右背山陵하고 **前左水澤**은 **取其便利**니 **此謂之地陳**이라

오른쪽과 등뒤에는 산과 구릉이 있게 하고 앞과 왼쪽에는 물과 못이 있게 함은 그 편리함을 취하는 것이니, 이것을 '地陣'이라 한다.

用車, 用馬하며 **用文, 用武**하니 **此謂人陳**이니이다 **武王曰 善哉**라

戰車를 사용하고 騎馬를 사용하며 文을 사용하고 武를 사용하니, 이것을 '人陣'이라 합니다."
武王이 말씀하였다.
"좋은 말씀이다."

車는 **革車也**요 **馬**는 **騎兵也**라 **文以附衆**하고 **武以威**[1]**敵**하니 **此謂之人陳**이라

1) 威 : 畏의 뜻이다.

車는 革車이고 말은 騎兵이다. 文으로써 사람들을 따르게 하고 武로써 敵을 두렵게 하니, 이것을 '人陣'이라 한다.

疾戰 第三十三　제33편 신속한 戰鬪

疾戰者는 在圍地而戰欲疾也라

疾戰이란 포위된 곳에서 신속히 싸우고자 하는 것이다.

武王이 問太公曰 敵人圍我하여 斷我前後하고 絶我糧道면 爲之奈何오

武王이 太公에게 물었다.
"敵이 우리의 三軍을 포위하여 우리의 앞뒤를 차단하고 우리의 군량 수송로를 끊으면 어찌해야 하는가?"

武王이 問太公曰 敵人이 圍我三軍하여 斷我之前後하고 絶我之糧道면 將爲之奈何오

武王이 太公에게 물었다.
敵이 우리의 三軍을 포위하여 우리의 앞뒤를 차단하고 우리의 군량 수송로를 끊으면 장차 어찌해야 하는가?

太公曰 此는 天下之困兵也라 暴用之則勝하고 徐用之則敗하나니 如此者는 爲四武衝陣하여 以武車驍騎로 驚亂其軍而疾擊之면 可以橫行하리이다

太公이 대답하였다.
"이것은 天下의 곤궁한 군대입니다. 신속히 사용(출동)하면 승리하고 서서히 사용하면 패하니, 이와 같은 경우에는 四武衝陣을 만들어서 무장한 戰車와 날랜 騎兵으로 적군을 놀라게 하여 어지럽히고서, 신속히 공격하면 아군이 자유자재로 橫行할 수 있습니다."

太公對曰 此는 乃天下之困兵也라 暴疾而用之則致勝하고 徐緩而用之則致敗하니 如此者는 爲四武衝陣하여 以武車驍騎로 驚亂其軍而疾擊之면 則可以橫行矣라 四(五)〔武〕[1]衝陣者는 謂以武士로 結爲四陣하여 併力而衝擊之耳라

1) (五)〔武〕: 저본의 '五'는 經文과 漢文大系本에 의거하여 '武'로 바로잡았다.

太公이 대답하였다.

이것은 바로 天下의 곤궁한 군대이다. 신속히 사용하면 승리하고 서서히 사용하면 패하니, 이와 같은 경우에는 四武衝陣을 만들어서 무장한 전차와 날랜 騎兵으로 적군을 놀라게 하여 어지럽히고서, 신속히 공격하면 자유자재로 횡행할 수 있다.

四武衝陣이란 武士를 가지고 네 陣을 만들어서 힘을 합해 충돌하여 공격함을 이른다.

武王曰 若已出圍地하여 **欲因以爲勝**이면 **爲之奈何**오 **太公曰 左軍**은 **疾左**하고 **右軍**은 **疾右**하여 **無與敵人爭道**하고 **中軍**이 **迭前迭後**하면 **敵人**이 **雖衆**이나 **其將**을 **可走**리이다

武王이 물었다.

"만약 포위된 지역을 탈출하고서 인하여 승리하고자 하면 어찌해야 하는가?"

太公이 대답하였다.

"왼쪽 군대는 신속히 왼쪽으로 가고 오른쪽 군대는 신속히 오른쪽으로 가서 적과 길을 다투지 말고, 中軍이 번갈아 전진하고 번갈아 후퇴하면 적이 비록 많더라도 그 장수를 패주시킬 수 있습니다."

武王曰 若我已出圍地하여 欲因之以爲勝이면 將爲之奈何오 太公對曰 左軍은 疾擊而左하고 右軍은 疾擊而右하여 無與敵人爭道니 與敵爭道면 則我之力分이요 亦恐彼有伏也라 令吾中軍으로 更迭而前하고 更迭而後하면 敵人雖衆이나 其將을 可得而走矣라

武王이 물었다.

만약 우리가 포위된 지역을 탈출하고서 인하여 승리하고자 하면 장차 어찌해야 하는가?

太公이 대답하였다.

왼쪽 군대는 신속히 공격하면서 왼쪽으로 가고 오른쪽 군대는 신속히 공격하면서 오른쪽으로 가서 적과 길을 다투지 말아야 하니, 적과 길을 다투게 되면 우리의 힘이 분산되고, 또한 저들에게 매복이 있을까 두렵기 때문이다. 우리 中軍으로 하여금 번갈아 전진하고 번갈아 후퇴하게 하면 적이 비록 많더라도 그 장수를 패주시킬 수 있는 것이다.

必出 第三十四　제34편 탈출의 방법

必出者는 言陷在圍地하여 而務於必出也라

必出이란 포위된 땅에 빠져있으면서 반드시 탈출하려고 힘씀을 말한 것이다.

武王이 問太公曰 引兵深入諸侯之地어늘 敵人이 四合而圍我하여 斷我歸道하고 絶我糧食하며 敵人旣衆하고 糧食甚多하며 險阻又固하면 我欲必出인댄 爲之奈何오

武王이 太公에게 물었다.

"군대를 이끌고 諸侯의 땅에 깊숙이 쳐들어갔는데, 적이 사방으로 모여 우리를 포위해서 우리의 돌아갈 길을 끊고 우리의 군량 수송로를 차단하였으며, 적은 병력이 많고 양식이 매우 풍족하며 지형이 또 險固할 경우, 우리가 반드시 탈출하고자 하면 어찌해야 하는가?"

武王이 問太公曰 若引兵深入諸侯之地어늘 敵人이 四面合而圍我하여 斷我之歸路하고 絶我之糧食하며 敵人之兵旣衆하고 糧食又多하며 險阻又固하면 我欲務在必出인댄 將爲之奈何오

武王이 太公에게 물었다.

만약 군대를 이끌고 諸侯의 땅에 깊숙이 쳐들어갔는데, 적이 사면으로 모여 우리를 포위해서 우리의 돌아갈 길을 끊고 우리의 군량 수송로를 차단하였으며, 적의 병력이 많고 양식이 풍족하며 지형이 또 險固할 경우, 우리가 반드시 탈출하려고 한다면 장차 어찌해야 하는가?

太公曰 必出之道는 器械爲寶요 勇鬪爲首니 審知敵人空虛之地와 無人之處하면 可以必出이니이다

太公이 대답하였다.

"반드시 탈출하는 방도는 兵器가 보배이고 용감하게 싸우는 것이 첫째이니, 적의 빈 땅(사람이 살지 않는 지역)과 사람이 없는 곳(수비하지 않는 지역)을 자세히 알면 반드시 탈출할 수 있습니다.

太公對曰 必出之道는 以器械爲寶하고 以勇鬪爲首니 審知敵人空虛之地와 無人之處하면 可以必奮而出이라

太公이 대답하였다.

반드시 탈출하는 방도는 병기를 보배로 삼고 용감하게 싸우는 것을 첫째로 삼아야 하니, 적의 빈 땅과 사람이 없는 곳을 자세히 알면 반드시 떨쳐 공격하여 탈출할 수 있는 것이다.

將士持玄旗하고 操器械하며 設銜枚夜出호되 勇力飛足冒將之士는 居前平壘하여 爲軍開道하고 材士强弩는 爲伏兵하여 居後하고 弱卒車騎는 居中하여 陳畢徐行하여 愼無驚駭하며 以武衝扶胥로 前後拒守하고 武翼大櫓로 以蔽左右니이다

병사들로 하여금 검정색 깃발을 잡고 병기를 잡게 하며 입에 재갈을 물려 밤중에 출동시키되, 용맹하여 힘이 세고 발이 빨라 적진을 무릅쓰고 적장을 잡을 수 있는 병사는 선두에 있으면서 보루를 만들 땅을 평평하게 골라 후미 부대를 위해 길을 열어주고, 강한 쇠뇌를 가진 재능이 뛰어난 병사들은 伏兵이 되어 뒤에 있으며, 약한 병사와 戰車 부대와 騎兵 부대는 중간 지점에 있게 하여, 진영의 포진이 끝나면 천천히 행군하여 되도록 적을 놀라지 않게 하며, 武衝扶胥를 가지고 앞뒤에서 적을 막아 지키고 武翼大櫓로 왼쪽과 오른쪽을 가리게 합니다.

令將士로 人持玄色之旗하고 操持器械하며 設銜枚하여 以止語라 遇夜而出호되 有勇力能飛走冒將之士로 居前하여 平治營壘하여 與軍開道하고 材勇之士는 持强弩하여 爲伏兵하여 居後하며 弱卒與車騎는 居中하여 陳畢徐徐而行하여 愼無驚駭하며 以武衝扶胥로 前後拒守하고 武翼大櫓로 以蔽左右하여 防其衝突也라 武衝扶胥는 卽大扶胥衝車요 武翼大櫓는 卽矛戟扶胥니 皆用之拒禦(而已)〔者也〕[1]라

1) (而已)〔者也〕: 저본의 '而已'는 漢文大系本에 의거하여 '者也'로 바로잡았다.

병사들로 하여금 사람마다 검정색 깃발을 잡고 병기를 잡게 하며 입에 재갈을 물려 말을 못하게 하는 것이다. 밤중에 출동시키되 용맹하여 힘이 세고 빨리 달려가서 적진을 무릅쓰고 적장을 잡을 수 있는 병사는 선두에 있으면서 진영과 보루를 만들 땅을 고르게 다스려서 병사들의 길을 열어주고, 재주와 용맹이 뛰어난 병사들은 강한 쇠뇌를 갖고 伏兵이 되어서 뒤에 있게 하며, 약한 병사들은 戰車 부대와 騎兵 부대와

함께 중간에 있게 하여, 布陣이 끝나면 천천히 행군하여 되도록 적을 놀라지 않게 하며, 武衝扶胥를 가지고 앞뒤에서 적을 막아 지키고 武翼大櫓로 왼쪽과 오른쪽을 가려서 적의 충돌을 방비하는 것이다.

武衝扶胥는 바로 大扶胥인 衝車이고, 武翼大櫓는 바로 세모진 창과 갈래진 창을 장착한 扶胥이니, 모두 적을 막는 데 사용하는 장비이다.

敵人若驚이어든 **勇力冒將之士**는 **疾擊而前**하고 **弱卒車騎**는 **以屬其後**하고 **材士强弩**는 **隱伏以處**하여 **審候敵人追我**하여 **伏兵**이 **疾擊其後**호되 **多其火鼓**하여 **若從地出**하고 **若從天下**하여 **三軍勇鬪**하면 **莫我能禦**하리이다

적이 만약 놀라 소요하거든 우리의 용감하고 힘이 세어 적진을 무릅쓰고 적장을 공격할 수 있는 병사들은 급히 적을 공격하면서 전진하고, 약한 병사와 戰車 부대와 騎兵 부대는 그 뒤를 이으며, 재능이 뛰어난 병사들은 강한 쇠뇌를 갖고 매복해 숨어서 적이 우리를 추격하는가를 자세히 살펴, 복병이 적의 후미를 신속히 공격하게 합니다. 이때 횃불과 북을 많이 설치하여 우리 군대가 마치 땅에서 솟아나온 듯, 하늘에서 내려온 듯하게 하여 三軍이 용감하게 싸우면, 적이 우리를 막아내지 못할 것입니다."

敵人若驚擾어든 吾勇力冒將之士는 疾擊而前하고 弱卒與車騎는 以屬其後하고 材士强弩는 隱伏而處하여 審候敵人前來追我하여 令伏兵材士强弩로 疾擊其後하고 多其火鼓하여 以亂其耳目하여 若從地而出하고 若從天而下하여 三軍勇鬪而前이면 則敵人不能禦我矣라

적이 만약 놀라 소요하거든 우리의 용감하고 힘이 세어 적진을 무릅쓰고 적장을 공격할 수 있는 병사들은 급히 공격하면서 전진하고, 약한 병사와 戰車 부대와 騎兵 부대들은 그 뒤를 이으며, 재능이 뛰어난 병사들은 강한 쇠뇌를 갖고 매복하여 숨어서 적이 우리의 앞으로 다가와 우리를 추격하는가를 자세히 살핀다.

그리하여 재능이 뛰어나고 용감한 병사로서 강한 쇠뇌를 가진 복병들로 하여금 적의 후미를 신속히 공격하게 하되, 이때 횃불과 북을 많이 설치하여 적의 귀와 눈을 혼란시켜서, 마치 땅에서 솟아나온 듯, 하늘에서 내려온 듯하게 하여 三軍이 용감하게 싸우면서 전진하면, 적이 우리를 막아내지 못할 것이다.

武王曰 有大水, 廣塹, 深坑하여 **我欲踰渡**호되 **無舟楫之備**하고 **敵人屯壘**하여 **限我軍前**하여 **塞**(색)**我歸道**하고 **斥候常戒**하여 **險塞**(새)**盡守**하며 **車騎**는 **要我前**하고 **勇士**는 **擊我後**하면 **爲之奈何**오

武王이 물었다.

"앞에 큰 물과 넓은 참호와 깊은 구덩이가 있어서, 우리가 넘고 건너가려 하나 준비된 배와 노가 없고, 적이 보루에 주둔하고 있어서 우리 군대의 앞을 가로막아 우리가 돌아갈 길을 차단하고 적의 척후병이 항상 경계하여 험한 요새를 모두 지키며, 적의 戰車와 騎兵은 우리의 앞을 막아 공격하고 적의 용감한 병사들은 우리의 뒤를 습격하면 어찌해야 하는가?"

武王問曰 若吾營前에 有大水, 廣塹, 深坑하여 我欲踰渡호되 又無舟楫之備하고 敵人屯壘하여 限隔我軍前하여 塞我之歸道하고 斥度候望之人이 時常戒愼하여 險塞之處를 盡爲固守하며 車騎는 要截我軍前하고 勇士는 襲擊我軍後면 將爲之奈何오 斥候者는 所以望烽燧하고 檢行險阻하고 伺候盜賊者也라

武王이 물었다.

만약 우리 진영 앞에 큰 물과 넓은 참호와 깊은 구덩이가 있어서, 우리가 넘고 건너가려 하나 또 대비한 배와 노가 없고, 적이 보루에 주둔하고 있어서 우리의 군대 앞을 가로막아 우리가 돌아갈 길을 차단하고, 우리를 엿보는 척후병들을 많이 배치하여 때로 항상 경계하고 조심해서 험한 要塞地를 모두 굳게 지키며, 적의 전차와 기병은 우리 군대의 앞을 막아 공격하고 적의 용감한 병사들은 우리 군대의 뒤를 습격하면 장차 어찌해야 하는가?

斥候란 烽燧를 관망하며 험하고 막힌 곳을 순행하고 도적(적)을 살피는 자이다.

太公曰 大水, 廣塹, 深坑은 **敵人所不守**요 **或能守之**라도 **其卒必寡**하리니 **若此者**는 **以飛江轉關與天潢**으로 **以濟吾軍**하고 **勇力材士**는 **從我所指**하여 **衝敵絶陳**하여 **皆致其死**니이다

太公이 대답하였다.

"큰 물과 넓은 참호와 깊은 구덩이는 적이 지키지 않는 곳이요, 혹 지키더라도 그 병력이 반드시 적을 것이니, 이와 같은 경우에는 회전이 자유로운 飛江이나

轆轤(도르래)가 달린 轉關과 天潢을 가지고 우리 군대를 건너게 하고, 용감하고 힘이 세며 재능이 뛰어난 병사들은 내(장군)가 지시하는 바를 따라 전진해서 적과 충돌하고 적진을 끊어서 모두 死力을 바쳐 싸우게 하여야 합니다.

太公對曰 大水, 廣塹, 深坑은 敵人所不守者요 若或能守之라도 其卒必少하리니 如此者는 以飛江轆轤轉關與天潢으로 以濟吾軍하고 勇力材士는 從我所指而前進하여 衝敵絶陳하여 令皆致死以戰이라

太公이 대답하였다.

큰 물과 넓은 참호와 깊은 구덩이는 적이 지키지 않는 곳이요, 만약 지키더라도 그 병사들이 반드시 적을 것이니, 이와 같은 경우에는 飛江과 轉關轆轤와 天潢을 가지고 우리 군대를 건너게 하고, 용맹과 재능이 뛰어난 병사들은 내가 지시하는 바에 따라 전진하여 적과 충돌하고 적진을 끊어서, 모두 死力을 다하여 싸우게 하여야 한다.

先燔吾輜重하고 燒吾粮食하고 明告吏士호되 勇鬪則生하고 不勇則死라하나니이다

먼저 우리의 輜重車를 불태우고 우리의 군량을 불태우고는 관리와 병사들에게 분명하게 고하기를 '용감하게 싸우면 살고 용감하게 싸우지 않으면 죽는다.'라고 합니다.

先燔吾輜重하고 燒吾粮食하여 使士卒無迴顧之心하고 乃明告吏士호되 若武勇而鬪則生하고 不武勇而鬪則死라하나니라

먼저 우리의 輜重車를 불태우고 우리의 군량을 불태워서 병사들로 하여금 뒤돌아보는 생각이 없게 하고, 관리와 병사들에게 분명하게 고하기를 "만약 武勇을 다하여 싸우면 살고 무용을 다하여 싸우지 않으면 죽는다."라고 한다.

已出이어든 令我踵軍으로 設雲火遠候호되 必依草木丘墓險阻하면 敵人車騎 必不敢遠追長驅하리니 因以火爲記하여 先出者로 令至火而止하여 爲四武衝陣이니 如此면 則吾三軍이 皆精銳勇鬪하여 莫我能止하리이다 武王曰 善哉라

이미 출동하였으면 우리의 踵軍으로 하여금 횃불을 진열하고 척후병을 멀리 파견하되 반드시 草木과 丘墓와 험한 곳에 의지하게 하면, 적의 戰車 부대와 騎兵

부대가 반드시 감히 멀리 추격하고 길게 몰고 오지 못할 것이니, 인하여 횃불로 신호하여 먼저 출동한 자들로 하여금 횃불이 있는 곳에 이르러 멈추어 四武衝陣을 만들게 해야 합니다. 이와 같이 하면 우리 三軍이 모두 정예롭고 용감하게 싸워서 적이 우리를 저지하지 못할 것입니다."

武王이 말씀하였다.

"좋은 말씀이다."

已出者어든 令我踵後之軍으로 張設雲火遠候호되 必依倚深草林木丘墓險阻之處하면 敵人之車騎 不知我情하여 必不敢遠追長驅하리니 吾軍因以火爲號하여 先出者로 令至火而止하여 結爲四武衝陣이니 如此면 則吾三軍이 皆精銳勇鬪하여 莫我能止矣라 武王曰 公言善哉라하니라 踵軍은 解見尉繚子[1)]하니라

1) 踵軍 解見尉繚子 : 踵軍은 후속 부대로 ≪尉繚子≫ 〈踵軍令〉에 "이른바 踵軍이란 것은 大軍(本隊)의 전방 100리 지점에 있으면서 전투할 장소로 가는데, 3일 분의 비상식량을 휴대하고 본대보다 먼저 출발하여 본대가 싸움터에 도착하는 즉시 전투할 수 있도록 표를 만들어놓고 이를 본대에 알린다.〔所謂踵軍者 去大軍百里 期於會地 爲三日熟食 前軍而行 爲戰合之表 合表乃起〕"라고 보인다.

이미 군대가 출동하였으면 우리의 踵軍으로 하여금 횃불을 진열하고 척후병을 멀리 파견하되, 반드시 무성한 풀과 숲의 나무와 丘墓와 험한 곳을 의지하게 하면, 적의 戰車 부대와 騎兵 부대가 우리의 실정을 알지 못하여 반드시 감히 멀리 추격하고 길게 몰고 오지 못할 것이니, 우리 군대가 인하여 횃불로 신호하여 먼저 출동한 자들로 하여금 횃불이 있는 곳에 이르러 멈추어 四武衝陣을 결성하게 하는 것이다. 이와 같이 하면 우리 三軍이 모두 정예롭고 용감하게 싸워서 적이 우리를 저지하지 못할 것이다.

武王은 "公의 말씀이 좋다." 하였다.

踵軍은 해석이 ≪尉繚子≫에 보인다.

軍略 第三十五 제35편 군대의 戰略

軍略者는 行軍之謀略也니 謀略不先定이면 不可以行軍矣라

軍略이란 군대를 출동하는 모략(계략)이니, 모략을 먼저 정하지 않으면 군대를

출동할 수 없는 것이다.

武王이 **問太公曰 引兵深入諸侯之地**하여 **遇深谿大谷險阻之水**하여 **吾三軍**이 **未得畢濟**어늘 **而天暴雨**하여 **流水大至**하여 **後不得屬於前**하고 **無舟梁之備**하며 **又無水草之資**면 **吾欲畢濟**하여 **使三軍不稽留**인댄 **爲之奈何**오

武王이 太公에게 물었다.

"군대를 이끌고 諸侯의 땅에 깊숙이 쳐들어가서 깊은 시내와 큰 골짜과 험한 물을 만나 우리의 三軍이 다 건너지 못하였는데, 갑자기 폭우가 내려서 흐르는 물이 크게 불어나 후미 부대가 앞에 있는 선두 부대와 연결되지 못하고, 미리 대비한 배와 교량이 없으며 또 食水와 馬草의 물자가 없을 경우, 우리가 모두 건너가서 三軍이 지체하지 않으려 하면 어찌해야 하는가?"

> 武王이 問太公曰 若引兵深入諸侯之地하여 遇深溪大谷險阻之水하여 吾三軍이 未得畢濟어늘 而天或暴雨하여 流潦之水大至하여 在後者不得屬於前하고 無有舟楫之備預하며 又無水草之資어든 吾欲畢濟吾三軍하여 使無稽留者면 將爲之奈何오
>
> 武王이 太公에게 물었다.
>
> 만약 군대를 이끌고 諸侯의 땅에 깊숙이 쳐들어가서 깊은 시내와 큰 골짝과 험한 물을 만나 우리의 三軍이 다 건너가지 못하였는데, 혹 폭우가 내려서 장맛물이 크게 불어나 후미에 있는 부대가 선두 부대와 연결되지 못하고 미리 대비한 배와 노가 없으며 또 식수와 마초의 물자가 없을 경우, 우리 三軍을 다 건너게 해서 지체함이 없게 하고자 하면 장차 어찌해야 하는가?

太公曰 凡帥師將衆에 **慮不先設**하고 **器械不備**하며 **教不精信**하고 **士卒不習**인댄 **若此**면 **不可以爲王者之兵也**니이다

太公이 대답하였다.

"무릇 병사를 거느리고 군대를 통솔할 적에, 계책을 먼저 세우지 않으며 장비를 갖추지 않으며 가르치기를 정밀하고 미덥게 하지 않으며 병사들이 훈련되지 않았으면, 이와 같은 경우는 王者의 군대라 할 수 없습니다.

太公對曰 凡帥師將衆에 謀慮不先設하고 器械不預備하며 教道不精信하고 士卒不練習인댄 如此면 不可以爲王者之兵也라

太公이 대답하였다.

무릇 병사들을 거느리고 군대를 통솔할 적에, 미리 생각하여 계책을 세우지 않으며 장비를 미리 갖추지 않으며 가르치기를 정밀하고 미덥게 하지 않으며 병사들이 훈련되지 않았으면, 이와 같은 경우는 王者의 군대라 할 수 없는 것이다.

凡三軍이 有大事에 莫不習用器械니 若攻城圍邑엔 則有轒轀(분온), 臨衝하며 視城中엔 則有雲梯, 飛樓하고 三軍行止엔 則有武衝, 大櫓하여 前後拒守하며 絶道遮街엔 則有材士強弩하여 衛其兩旁하며 設營壘엔 則有天羅, 武落, 行馬, 蒺藜하니이다

무릇 三軍이 큰일(전쟁)이 있을 적에는 장비를 익숙히 사용하지 못하는 이가 없어야 합니다. 만약 적의 城을 공격하고 적의 고을을 포위할 경우에는 장갑차인 轒轀과 위에서 아래를 내려다볼 수 있는 臨車와 적진을 측면에서 돌파하는 衝車가 있으며, 적의 성 안을 굽어볼 적에는 雲梯와 飛樓가 있고, 三軍이 출동하고 멈출 적에는 武衝이라는 전차와 큰 방패가 있어서 앞뒤에서 적을 막고 지키며, 적의 길을 끊고 시가지를 차단할 경우에는 강한 쇠뇌를 가진 용감한 병사가 있어서 양옆을 호위하며, 진영과 보루를 설치할 적에는 天羅와 武落, 行馬와 蒺藜가 있습니다.

轒轀車

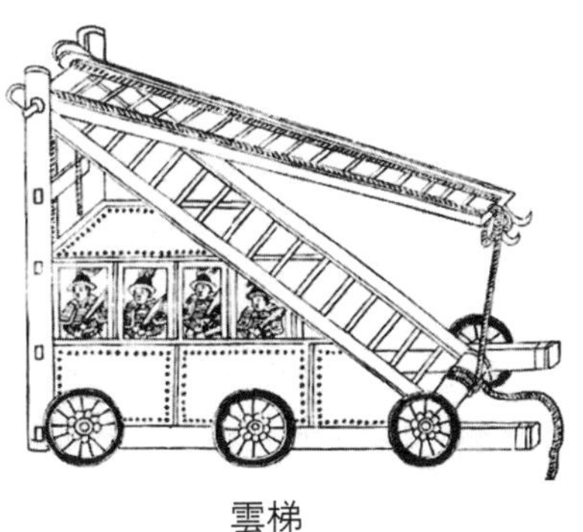
雲梯

凡三軍이 有大事에 莫不習用器械니 若攻人之城하고 圍人之邑엔 則有轒轀, 臨衝하니 轒轀者는 四輪車也니 解見孫子[1)]하니라 臨은 謂臨車니 從上臨下者也요 衝은 謂衝車니 從旁衝突者也라 窺視城中엔 則有雲梯, 飛樓하여 可以平地起望也요 三軍行止엔 則有武衝, 大櫓하여 前後相拒相守하며 絶道遮街엔 則有材士強弩하여

護衛其兩旁하며 張設營壘엔 則有天羅, 武落, 行馬, 蒺藜之具라

1) 轒轀者……解見孫子 : ≪孫子≫ 〈謀攻〉의 ≪直解≫에 "轒轀은 네 바퀴가 달린 수레이니, 큰 나무를 배열하여 만든 것으로 아래에 사람 수십 명을 수용할 수 있는 兵車이다. 위에는 가죽을 씌운 다음 흙으로 덮어서 나무와 돌에 손상되지 않게 하는 것이다.〔轒轀者 四輪車也 排大木爲之 下容數十人 上蒙以皮 覆之以土 使木石不能傷也〕"라고 보인다.

무릇 三軍이 전투하는 큰일이 있을 적에는, 장비를 익숙히 사용하지 못하는 이가 없어야 한다. 만약 적의 城을 공격하고 적의 고을을 포위하게 되면 轒轀과 臨車와 衝車가 있으니, 轒轀은 바퀴가 네 개인 수레이니, 해석이 ≪孫子≫에 보인다.

臨은 臨車를 이르니 위에서 아래를 굽어보는 것이요, 衝은 衝車를 이르니 옆에서 적의 성을 충돌하는 것이다.

그리고 적의 성 안을 엿볼 때에는 雲梯와 飛樓가 있어서 평지에서 높이 세워 바라볼 수가 있고, 三軍이 출동하고 멈출 때에는 武衝大櫓라는 전차와 큰 방패가 있어서 앞뒤에서 서로 막고 지키며, 적의 길을 끊고 시가지를 차단할 경우에는 강한 쇠뇌를 가진 용감한 병사가 있어서 양옆을 호위하며, 진영과 보루를 설치할 경우에는 天羅와 武落, 行馬와 蒺藜의 도구가 있는 것이다.

晝則登雲梯遠望호되 立五色旌旗하고 夜則火雲萬炬하며 擊雷鼓하고 振鼙鐸(비탁)하고 吹鳴笳니이다

낮에는 雲梯에 올라가 멀리 바라보되 五色의 깃발을 세우고, 밤에는 火雲(횃불) 1만 개를 사용하며 雷鼓를 치고 작은 북과 방울을 울리며 鳴笳를 붑니다.

白晝엔 則登雲梯遠望호되 立五色旌旗하여 以變敵人之目하고 遇夜면 則設火雲萬炬하며 擊雷鼓하고 振鼙鐸하고 吹鳴笳하여 以變敵人之耳니 卽孫子晝戰多旌旗하고 夜戰多火鼓[1]之意라

1) 孫子晝戰多旌旗 夜戰多火鼓 : ≪孫子≫ 〈軍爭〉에 "징과 북과 깃발은 사람의 귀와 눈을 통일시키는 것이다. 사람이 이미 통일되면 용감한 자가 홀로 전진할 수 없고 겁이 많은 자가 홀로 후퇴할 수 없으니, 이것은 많은 병력을 운용하는 방법이다. 야간 전투에는 불과 북을 많이 사용하고 주간 전투에는 깃발을 많이 사용하니, 이는 사람의 귀와 눈을 변하게 하는 것이다.〔夫金鼓旌旗者 所以一人之耳目也 人旣專一 則勇者不得獨進 怯者不得獨退 此用衆之法也 夜戰多火鼓 晝戰多旌旗 所以變人之耳目也〕"라고 보인다.

대낮에는 雲梯에 올라가서 멀리 바라보되 五色의 깃발을 세워서 적의 눈을 현란하게 하고, 밤에는 1만 개의 횃불을 진열하며 雷鼓를 치고 작은 북과 방울을 울리고 鳴笳를 불어서 적의 귀를 현란하게 하는 것이다. 이는 바로 ≪孫子≫에 "주간 전투에는 깃발을 많이 사용하고, 야간 전투에는 불과 북을 많이 사용한다."라고 한 뜻이다.

越溝塹엔 **則有飛橋, 轉關轆轤, 鉏鋙**(서어)하고 **濟大水**엔 **則有天潢, 飛江**하고 **逆波上流**엔 **則有浮海, 絶江**하니 **三軍用備**면 **主將何憂**리잇고

도랑과 참호를 넘어갈 경우에는 飛橋와 회전하는 轆轤와 鉏鋙가 있고, 큰 물을 건너갈 경우에는 天潢과 飛江이 있고, 물결을 거슬러 상류로 올라갈 경우에는 浮海와 絶江 같은 선박이 있으니, 三軍이 사용하는 기구가 구비되면 主將이 무엇을 근심하겠습니까?"

越絶溝塹엔 則有飛橋, 轉關轆轤, 鉏鋙之具하고 濟渡大水엔 則有天潢, 飛江之具하고 逆波之上流엔 則有浮海, 絶江之具하니 三軍器用全備면 爲主將者 又何憂乎아

도랑과 참호를 넘어갈 경우에는 飛橋와 회전하는 轆轤와 鉏鋙의 장비가 있고, 큰 물을 건너갈 경우에는 天潢과 飛江의 도구가 있고, 상류로 물결을 거슬러 올라갈 경우에는 浮海와 絶江의 도구가 있으니, 三軍의 器用이 완전히 구비되면 主將이 된 자가 또 무엇을 근심하겠는가.

臨境 第三十六　제36편 國境에서의 對峙

臨境者는 與敵人臨境相拒也라

臨境이란 적과 국경에 임하여 서로 대치하는 것이다.

武王이 **問太公曰 吾與敵人**으로 **臨境相拒**하여 **彼可以來**요 **我可以往**이며 **陣皆堅固**하여 **莫敢先擧**라 **我欲往而襲之**면 **彼亦可以來**리니 **爲之奈何**오

武王이 太公에게 물었다.

"내가 적과 국경에 임하여 서로 대치해서 저들이 올 수도 있고 우리가 갈 수도 있으며, 두 진영이 모두 견고하여 감히 먼저 출동할 수가 없다. 〈이 경우〉 우리가 가서 습격하고자 하면 저들 또한 와서 습격할 수 있을 것이니, 어찌해야 하는가?"

武王이 問太公曰 吾與敵人으로 臨境而相拒守하여 彼軍可以來요 我軍可以往이며 彼我之陣이 皆堅固하여 莫敢先擧動者라 我欲往而襲取之면 彼亦可以來襲我하리니 將爲之奈何오

武王이 太公에게 물었다.

내가 적과 국경에 임하여 서로 막고 지켜서 저들의 군대가 올 수도 있고 우리의 군대가 갈 수도 있으며, 적과 우리의 진영이 모두 견고하여 감히 먼저 출동할 수가 없다. 〈이 경우〉 우리가 가서 습격하여 점령하고자 하면 저들 또한 와서 우리를 습격할 수 있을 것이니, 장차 어찌해야 하는가?

太公曰 分兵三處하여 令我前軍으로 深溝增壘而無出하여 列旌旗하고 擊鼙鼓하여 完爲守備하고 令我後軍으로 多積粮食하여 無使敵人知我意하고 發我銳士하여 潛襲其中하여 擊其不意하고 攻其無備하여 敵人不知我情이면 則止不來矣리이다

太公이 대답하였다.

"군대를 세 곳으로 나누어서, 우리의 선두 부대로 하여금 해자를 깊이 파고 보루를 증축하고 나가지 말게 하고서 깃발을 진열하고 작은 북과 큰 북을 쳐서 완전히 수비하게 하며, 우리의 후미 부대로 하여금 군량을 많이 저축하여 적으로 하여금 우리의 의도를 알지 못하게 하고, 우리의 정예병을 출동시켜 은밀히 적의 중앙을 습격해서 적이 예상하지 않은 곳을 공격하고 적의 대비가 없는 곳을 공격하여 적이 우리의 실정을 알지 못하게 하면, 저들이 멈추고서 공격하러 오지 않을 것입니다."

太公曰 如此者는 分兵爲三處하여 令我前軍으로 深溝增壘而無出하여 列旌旗하고 擊鼙鼓하여 完爲守禦之備하고 令我後軍으로 多積粮食하여 無使敵人知我進退之意라 然後에 發我勇銳之士하여 潛襲其中하여 擊敵人之不意하고 攻敵人之無備니 敵人이 旣不知我情이면 則止而不來矣라

太公이 대답하였다.

이와 같은 경우에는 군대를 세 곳으로 나누어서, 우리의 선두 부대로 하여금 해자를 깊이 파고 보루를 증축하고 나가지 말게 하고서 깃발을 진열하고 작은 북과 큰 북을 쳐서 완전히 수비 태세를 갖추며, 우리의 후미 부대로 하여금 군량을 많이 저축하여 적으로 하여금 우리가 前進할지 後退할지를 알지 못하게 하여야 한다. 그런 뒤에 우리의 용감하고 정예로운 군대를 출동시켜 은밀히 적의 중앙을 습격하여 적이 예상하지 않은 곳을 공격하고 적의 대비가 없는 곳을 공격해야 하니, 적이 이미 우리의 실정을 알지 못하면, 멈추고서 공격하러 오지 않을 것이다.

武王曰 敵人이 **知我之情**하고 **通我之機**하여 **動則得我事**하여 **其銳士**를 **伏於深草**하고 **要我隘路**하여 **擊我便處**면 **爲之奈何**오

武王이 물었다.

"적이 우리의 實情을 알고 우리의 機密을 통달하고 있어, 우리가 출동하면 우리의 사정을 알아 정예병들을 깊은 숲속에 매복시키고 우리의 좁은 길을 요격하여 우리의 편리한 곳을 공격하면 어찌해야 하는가?"

武王問曰 若敵人이 知我之情狀하고 通我之機謀하여 發動則得我事情하여 其精銳之士 或伏於深草하고 或要我隘路하여 擊我便處면 將爲之奈何오

武王이 물었다.

만약 적이 우리의 실정을 알고 우리의 기밀스러운 계책을 통달하여, 우리가 출동하면 우리의 사정을 알아 정예병들이 혹은 깊은 숲 속에 매복하고 혹은 우리의 좁은 길을 요격하여 우리의 편리한 곳을 공격하면 장차 어찌해야 하는가?

太公曰 令我前軍으로 **日出挑戰**하여 **以勞其意**하고 **令我老弱**으로 **曳**(예)**柴揚塵**하며 **鼓呼而往來**하여 **或出其左**하고 **或出其右**호되 **去敵**을 **無過百步**하면 **其將必勞**하고 **其卒必駭**하리니 **如此**면 **則敵人不敢來**요 **吾往者不止**하여 **或襲其內**하고 **或擊其外**하여 **三軍疾戰**이면 **敵人必敗**하리이다

太公이 대답하였다.

"우리의 선두 부대로 하여금 날마다 나가 도전하게 하여 적의 마음을 피로하게

하고, 우리의 노약자들로 하여금 나뭇단을 끌고 달려 먼지를 날리며, 북을 치고 함성을 지르며 왕래하게 하여 혹은 왼쪽으로 나가고 혹은 오른쪽으로 나가되, 적과의 거리가 백 보를 넘지 않게 하면, 敵將은 반드시 피로하고 賊兵들은 반드시 놀랄 것입니다. 이와 같이 하면 적이 감히 진격해 오지 못할 것이요, 우리의 병사들이 멈추지 않고 전진하여 혹은 적의 내부를 습격하고 혹은 적의 외부를 공격하면서 三軍이 급히 싸우면, 적이 반드시 패주할 것입니다."

太公對曰 如此者는 令我前軍日出하여 與彼挑戰하여 以勞其意하고 令我老弱者로 曳柴揚塵하며 擊鼓噪呼而往來하여 以張其勢하며 或出其敵之左하고 或出其敵之右호되 相去敵人을 無過一百步之遠이면 其將必疲勞하고 其卒必驚駭하리니 如此면 則敵人不敢來요 吾往者不止하여 或襲其內하고 或擊其外하여 三軍疾戰이면 敵人必敗矣라

太公이 대답하였다.

이와 같은 경우에는 우리의 선두 부대로 하여금 날마다 나가서 저들에게 도전하게 하여 적의 마음을 피로하게 하고, 우리의 노약자들로 하여금 나뭇단을 끌고 달려 먼지를 날리게 하며 북을 치고 함성을 지르며 왕래하게 하여 軍勢를 과장하며, 혹은 적의 왼쪽으로 나가고 혹은 적의 오른쪽으로 나가되, 적과 서로 거리가 백 보를 넘지 않게 하면, 적장은 반드시 피로하고 적병들은 반드시 놀랄 것이다. 이와 같이 하면 적이 감히 진격해 오지 못할 것이요, 우리의 진격하는 병사들이 발길을 멈추지 아니하여 혹은 적의 안을 습격하고 혹은 적의 바깥을 공격하여 三軍이 급히 싸우면, 적이 반드시 패주할 것이다.

動靜 第三十七 제37편 적의 動靜과 埋伏

動靜者는 覘視敵人動靜하여 設奇伏而勝之也라

動靜이란 적의 동정을 엿보아서 奇兵으로 매복을 설치하여 승리하는 것이다.

武王이 問太公曰 引兵深入諸侯之地하여 與敵人之軍相當하여 兩陣相望에 衆寡

强弱相等하여 **不敢先擧**어든 **吾欲令敵人將帥恐懼**하고 **士卒心傷**하여 **行陣不固**하여 **後陣**은 **欲走**하고 **前陣**은 **數**(삭)**顧**하여 **鼓譟而乘之**하여 **敵人遂走**인댄 **爲之奈何**오

武王이 太公에게 물었다.

"군대를 이끌고 諸侯의 땅에 깊숙이 쳐들어가서 적군과 서로 대치하여 두 진영이 서로 바라보고 있는데, 병력의 많고 적음과 강하고 약함이 서로 비슷하여 감히 먼저 출동하지 못할 경우, 우리가 적의 장수로 하여금 두려워하게 하고 적의 병사들의 마음을 서글프게 해서, 적의 진영이 견고하지 못하여 후미 부대는 도망하려 하고 선두 부대는 진영을 자주 돌아보게 만든 다음, 우리가 북을 치고 함성을 지르면서 기회를 틈타 마침내 적을 패주시키려면 어찌해야 하는가?"

武王이 問太公曰 若引兵深入諸侯之地하여 與敵人之軍相當하여 彼此兩陣相望하고 衆寡强弱之勢相等하여 各不敢先擧어든 吾欲令敵人將帥之心恐懼하고 士卒之心悲傷하여 行陣不堅固하여 後陣은 聞之欲走하고 前陣은 令人數顧하여 吾鼓譟而乘之하여 敵人遂走면 將爲之奈何오

武王이 太公에게 물었다.

만약 군대를 이끌고 諸侯의 땅에 깊숙이 쳐들어가서 적군과 서로 대치하여 피차의 두 진영이 서로 바라보고 있는데, 병력의 많고 적음과 강하고 약한 형세가 서로 비등하여 각각 감히 먼저 출동하지 못하거든, 우리가 적장의 마음을 두렵게 하고 적군들의 마음을 서글프게 해서, 적의 진영이 견고하지 못하여 후미에 있는 부대는 이러한 소식을 듣고 도망하려 하고 선두에 있는 부대는 자주 돌아보게 만든 다음, 우리가 북을 치고 함성을 지르면서 기회를 틈타 마침내 적을 패주시키려면 장차 어찌해야 하는가?

太公曰 如此者는 **發我兵**호되 **去寇十里**에 **以伏其兩旁**하고 **車騎**는 **百里而越其前後**하며 **多其旌旗**하고 **益其金鼓**라가 **戰合鼓譟而俱起**하면 **敵將必恐**하고 **其軍驚駭**하여 **衆寡不相救**하고 **貴賤不相待**하여 **敵人必敗**하리이다

太公이 대답하였다.

"이와 같은 경우에는 우리 군대를 출동시키되, 적과 십 리쯤 떨어지게 하여 적진의 양 곁에 군대를 매복시키고, 전차 부대와 기병 부대는 백 리쯤 떨어진 곳에 앞뒤로 배치하며 깃발을 많이 꽂아놓고 징과 북을 많이 진열하였다가 교전할 적

에 북을 치고 함성을 지르며 함께 일어나면, 적장은 반드시 두려워하고 적군은 놀라서 병력이 많은 부대와 적은 부대가 서로 구원하지 못하고 신분이 높은 자와 낮은 자가 서로 기다리지 못하여, 반드시 패주할 것입니다."

太公對曰 如此者는 發我兵호되 去寇十里而隱伏其兩旁하고 車騎는 百里而踰越其前後하며 多張其旌旗하고 增益其金鼓라가 戰合鼓譟而俱起하면 敵將必恐懼하고 其軍亦驚駭하여 衆寡不相救援하고 貴賤不相等待하여 敵人必至於敗라 百里는 疑其太遠하여 而與十里者로 難相救援也하니 字恐誤라

太公이 대답하였다.

이와 같은 경우에는 우리 군대를 출동시키되, 적과 십 리쯤 떨어지게 하여 적진의 좌우 양 곁에 은밀히 매복을 시키고 전차 부대와 기병 부대는 백 리쯤 떨어진 곳에 앞뒤로 배치하며 깃발을 많이 꽂아놓고 징과 북을 많이 진열하였다가, 교전이 벌어질 경우 북을 치고 함성을 지르며 함께 일어나면, 적장은 반드시 두려워하고 적군은 반드시 놀라서 병력이 많은 부대와 적은 부대가 서로 구원하지 못하고, 신분이 높은 자와 천한 자가 서로 기다리지 못하여 적이 반드시 패주할 것이다.

백 리는 너무 멀리 떨어져 있어서 십 리에 있는 부대와 서로 구원하기가 어려울 듯하니, '百'자는 誤字인 듯하다.

武王曰 敵之地勢 不可伏其兩旁이요 車騎又無以越其前後하며 敵知我慮하여 先施其備하면 吾士卒心傷하고 將帥恐懼하여 戰則不勝하리니 爲之奈何오

武王이 물었다.

"적의 지형이 양쪽에 군대를 매복시킬 수가 없고, 전차 부대와 기병 부대가 또 그 앞뒤를 넘어갈 수가 없으며, 적이 우리의 계책을 알아서 미리 대비를 설치하면, 우리의 병사들이 마음속으로 염려하고 장수들이 두려워하여 싸우면 승리하지 못할 것이니, 어찌해야 하는가?"

武王曰 假若敵之地勢 不可以隱伏其兩旁이요 車騎又無以踰越其前後하며 敵人이 知我謀慮하여 先施其禦備하면 吾士卒反心傷하고 將帥反恐懼하여 與之戰則不能勝하리니 將爲之奈何오

武王이 물었다.

만약 적의 지형이 양쪽에 군대를 매복시킬 수 없고 전차 부대와 기병 부대가 또 그 앞뒤를 넘어갈 수 없으며, 적이 우리의 계책을 알고 있어서 미리 방어하는 대비를 설치하면, 우리 병사들이 도리어 마음속으로 염려하고 우리 장수들이 도리어 두려워해서 적과 싸우면 승리하지 못할 것이니, 장차 어찌해야 하는가?

太公曰 誠哉라 **王之問也**여 **如此者**는 **先戰五日**에 **發我遠候**하여 **往視其動靜**하여 **審候其來**하여 **設伏而待之**호되 **必於死地**에 **與敵相避**하며 **遠我旌旗**하고 **疎我行陣**호되 **必奔其前**하여 **與敵相當**하며 **戰合而走**하고 **擊金而止**하여 **三里而還**이어든 **伏兵乃起**하여 **或陷其兩旁**하고 **或擊其先後**하여 **三軍疾戰**이면 **敵人必走**하리이다 **武王曰 善哉**라

太公이 대답하였다.

"참으로 信實하십니다. 임금님의 질문이시여. 이와 같은 경우에는 전투하기 5일 전에 우리의 斥候兵을 멀리 보내어서 적의 動靜을 살펴 적이 오는 것을 자세히 정탐하고서 매복을 설치하여 기다리되, 반드시 死地에서 적과 서로 피하게 하며, 우리의 깃발을 멀리 진열하고 우리의 진영을 듬성하게 배치하되, 반드시 적진의 앞으로 달려가서 적과 서로 마주치게 하며, 交戰하면 도망하고 징을 치면 중지하여 3리쯤 갔다가 되돌아오거든 이때 복병이 비로소 일어나 적의 양 곁을 무찌르거나 적의 앞뒤를 공격하면서 三軍이 급히 싸우면, 적이 반드시 패주할 것입니다."

武王이 말씀하였다.

"좋은 말씀이다."

太公對曰 誠哉라 王之所問也여 如此者는 先戰五日에 發我遠候之人하여 往視敵之動靜하여 審候其來하여 吾則設伏而待之호되 必於死地에 與敵相避라 避字는 恐是遇字니 言必於死絶之地에 與敵相遇하여 而求一戰이라 遠陳我旌旗하고 疎列我行陣호되 必奔其前하여 務與敵人相當하며 戰合而佯走하고 擊金而(無)〔止〕[1]하여 將及三里而還軍이어든 伏兵乃起하여 或陷敵之兩旁하고 或擊敵之前後하여 三軍併力疾戰이면 敵人必敗走矣리라 武王曰 公言이 善哉라

1) (無)〔止〕: 저본의 '無'는 明本에 의거하여 '止'로 바로잡았는바, 漢文大系本에는 '即止'로 되어있다.

太公이 대답하였다.

참으로 신실하다. 임금의 질문이여. 이와 같은 경우에는 전투하기 5일 전에 우리의 斥候兵을 멀리 출동시켜 나가서 적의 動靜을 살펴 적이 오는 것을 자세히 정탐하고서 우리가 매복을 설치하여 기다리되, 반드시 死地에서 적과 서로 避하게 하여야 한다.

'避'자는 '遇'자인 듯하니, 반드시 死地에서 적과 서로 만나 一戰을 치르려 함을 말한 것이다.

우리의 깃발을 멀리 진열하고 우리의 진영을 듬성하게 배치하되, 반드시 적진의 앞으로 달려가서 되도록 적과 서로 마주치게 하며, 교전하면 거짓으로 패주하고 징을 치면 즉시 중지하여 장차 3리쯤 갔다가 되돌아오거든, 이때 복병이 일어나서 혹은 적의 양 곁을 무찌르고 혹은 적의 앞뒤를 공격하면서 三軍이 힘을 합하여 급히 싸우면, 적이 반드시 패주할 것이다.

武王은 "公의 말씀이 좋다." 하였다.

金鼓 第三十八　제38편 前進과 後退의 명령

金鼓者는 鼓以進之하고 金以止之也라 此以金鼓名篇이로되 而篇內에 却不言金鼓者는 未審何義로라

金鼓란 북을 쳐서 병사들을 전진시키고 징을 쳐서 병사들을 멈추게 하는 것이다. 이 篇은 金鼓를 篇名으로 삼았으나, 篇 안에 金鼓를 말하지 않은 것은 무슨 뜻인지 자세하지 않다.

武王이 問太公曰 引兵深入諸侯之地하여 與敵相當이어늘 而天大寒甚暑하며 日夜霖雨하여 旬日不止하여 溝壘悉壞하고 隘塞不守하며 斥候懈怠하고 士卒不戒하여 敵人夜來에 三軍無備하여 上下惑亂이면 爲之奈何오

武王이 太公에게 물었다.

"군대를 이끌고 諸侯의 땅에 깊숙이 쳐들어가서 적과 서로 대치하였는데, 날씨가 크게 춥거나 더우며, 밤낮으로 장맛비가 내려서 열흘 동안 그치지 아니하여 해자와 보루가 모두 무너지고 좁은 要塞를 지키지 못하며, 斥候兵들이 지쳐서 나

태해지고 병사들이 지쳐서 제대로 경계하지 못하여, 적이 야음을 틈타 쳐들어올 적에 三軍이 대비가 없어서 上下가 의혹하고 소란스러우면 어찌해야 하는가?"

武王이 問太公曰 若引兵深入諸侯之地하여 吾與敵相當이어늘 而天或大寒하고 或甚暑하며 日夜遇霖雨하여 旬日之間에 不能止矣라 軍之溝壘盡壞하고 隘塞不能保守하며 斥候之人懈怠하고 士卒又不戒嚴하여 敵人遇夜而來에 三軍皆無備禦하여 上下疑惑擾亂이면 則爲之奈何오

武王이 太公에게 물었다.

만약 군대를 이끌고 諸侯의 땅에 깊숙이 쳐들어가서 우리와 적이 서로 대치하였는데, 날씨가 크게 춥거나 더우며, 밤낮으로 장맛비를 만나서 열흘 사이에 비가 그치지 않는다. 그리하여 군대의 해자와 보루가 모두 무너지고 좁은 要塞를 확보하여 지키지 못하며, 斥候하는 자들이 지쳐서 나태해지고 병사들이 또 지쳐서 경계를 제대로 하지 못하여, 적이 야음을 틈타 쳐들어올 적에 三軍이 모두 방어하는 대비가 없어서 上下가 의혹하고 소란스러우면 어찌해야 하는가?

太公曰 凡三軍은 以戒爲固하고 以怠爲敗니 令我壘上誰何不絶하고 人執旌旗하여 外內相望하여 以號相命하여 勿令乏音하고 而皆外向하며 三千人이 爲一屯하여 誡而約之하여 各愼其處하면 敵人若來라도 視我軍之警戒하고 至而必還하리니 力盡氣怠어든 發我銳士하여 隨而擊之니이다

太公이 대답하였다.

"무릇 三軍은 경계를 잘하면 견고해지고 나태하면 패합니다. 우리의 보루 위에서 誰何를 묻는 소리가 끊이지 않게 하고 사람마다 깃발을 잡고서 안과 밖이 서로 이어지게 해서 號令으로 서로 명하여 호령 소리가 끊이지 않게 하고 병사들이 모두 밖을 향하게 하며, 3,000명을 한 진영으로 만들어서 경계하고 약속하여 각각 제자리를 신중히 지키게 하면, 적이 만약 오더라도 우리 군대의 경계 태세가 확고함을 보고는 반드시 돌아갈 것이니, 적의 기운이 다하고 사기가 해이해지거든 우리의 정예병을 출동시켜 뒤따라가 공격해야 합니다."

太公對曰 凡三軍은 以戒嚴爲固하고 以怠惰爲敗니 令我壘上典誰何者로 不絶하고 人執旌旗하여 外與內相望하여 以號相命하여 勿令絶音하고 而皆外向하며 三千人이

爲一屯하여 誠告而期約之하여 各謹其所守之處하면 敵人若來라도 視我軍之警戒嚴備하고 至我屯所라가 必然還返하리니 力已竭盡하고 氣已怠惰어든 發我精銳之士하여 隨而擊之라

太公이 대답하였다.

무릇 三軍은 철저히 경계하면 견고해지고 나태하면 패한다. 우리의 보루 위에 誰何를 맡은 자로 하여금 끊이지 않고 심문하게 하고, 사람마다 깃발을 잡고서 안과 밖이 서로 바라보게 해서 號令으로 서로 명하여 호령 소리가 끊이지 않게 하고 병사들이 모두 밖을 향하게 하며, 3,000명을 한 진영으로 만들어서 경계하여 고유하고 약속해서 각각 제자리를 삼가 지키게 하면, 적이 만약 진격해오더라도 우리의 경계 태세가 삼엄하게 갖춰져 있는 것을 보고는 우리 군대가 주둔한 곳에 왔다가 반드시 되돌아갈 것이니, 그리하여 적의 힘이 이미 고갈되고 사기가 이미 해이해지면, 우리의 정예 부대를 출동시켜 뒤따라가 공격해야 한다.

武王曰 敵人이 知我하고 隨之而伏其銳士하여 佯北不止하고 遇伏而還하여 或擊我前하고 或擊我後하고 或薄我壘하면 吾三軍이 大恐하여 擾亂失次하여 離其處所하리니 爲之奈何오

武王이 물었다.

"적이 우리의 실정을 알고 따라오면 정예병을 매복시키고 계속 거짓으로 패주하다가 우리가 저들의 복병이 있는 곳에 이르면 반격하여 혹은 우리의 선두 부대를 공격하고 혹은 우리의 후미 부대를 공격하고 혹은 우리의 진영을 압박하면, 우리의 三軍이 크게 두려워하고 소란하여 머무는 곳을 잃어서 주둔해있는 곳을 이탈하게 될 것이니, 이럴 경우 어찌해야 하는가?"

武王曰 敵人이 知我하고 隨之在後하여 而隱伏其銳士하여 佯爲奔北不止하고 遇伏兵而還返하여 或擊我之前하고 或擊我之後하고 或薄我之壘하면 吾三軍이 大恐懼하여 擾亂失其次舍하여 離其處所하리니 則爲之奈何오

武王이 물었다.

敵들이 우리의 실정을 알고 뒤따라와서 후미에 있으면서 정예 부대를 은밀히 매복시키고 거짓으로 계속 패주하다가 우리가 저들의 복병이 있는 곳에 이르면 반격하여, 혹은 우리의 선두 부대를 공격하고 혹은 우리의 후미 부대를 공격하고 혹은 우리의

진영을 압박하면, 우리의 三軍이 크게 두려워하고 소란하여 그 머무는 곳을 잃고서 주둔해있는 곳을 이탈할 것이니, 이럴 경우 어찌해야 하는가?

太公曰 分爲三隊하여 **隨而追之**호되 **勿越其伏**하고 **三隊俱至**하여 **或擊其前後**하고 **或陷其兩旁**하며 **明號審令**하고 **疾擊而前**이면 **敵人必敗**하리이다

太公이 대답하였다.
"군대를 세 부대로 나누어 뒤따라 추격하되, 적이 매복해있는 곳을 넘어가지 말고 세 부대가 함께 이르러서 혹은 적의 앞뒤를 공격하고 혹은 적의 左右 양 곁을 무찌르며, 우리의 號令을 분명히 하고 급히 공격하면서 전진하면, 적이 반드시 패주할 것입니다."

太公對曰 令我軍으로 分爲三隊하여 隨而追之호되 勿過越其伏兵之處하고 三隊俱至하여 或擊敵之前後하고 或陷敵之兩旁하며 明吾之號하고 審吾之令하여 疾擊而前이면 敵人必敗矣라

太公이 대답하였다.
우리 군대를 세 부대로 나누어 뒤따라 추격하되, 적이 매복해있는 곳을 넘어가지 말고 세 부대가 함께 이르러서 혹은 적의 앞뒤를 공격하고 혹은 적의 좌우 양 곁을 무찌르며, 우리의 號令을 분명히 하고 우리의 命令을 자세히 살펴서 급히 공격하면서 전진하면, 적이 반드시 패주할 것이다.

絶道 第三十九 제39편 군량 수송로의 단절

絶道者는 敵人이 絶我粮道어든 吾欲守之固而無所失也라

絶道란 적이 우리의 군량 수송로를 끊으려 할 경우, 우리가 굳게 지켜서 손실이 없고자 하는 것이다.

武王이 **問太公曰 引兵深入諸侯之地**하여 **與敵相守**에 **敵人**이 **絶我粮道**하고 **又越**

我前後하여 **吾欲戰則不可勝**이요 **欲守則不可久**인댄 **爲之奈何**오

武王이 太公에게 물었다.
"군대를 이끌고 諸侯의 땅에 깊숙이 쳐들어가서 적과 서로 대치해있을 적에 적이 우리의 군량 수송로를 끊고 또 우리 진영의 앞뒤를 넘어가서, 우리가 전투하고자 하면 이길 수가 없고 수비하고자 하면 오래 버틸 수가 없을 경우, 어찌해야 하는가?"

武王이 問太公曰 若引兵深入諸侯之地하여 與敵人兩陣相守에 敵人이 斷絶我糧道하고 又踰越我前後하여 吾欲與之戰則不可勝이요 欲固守則不可久인댄 將爲之奈何오

武王이 太公에게 물었다.
만약 군대를 이끌고 諸侯의 땅에 깊숙이 쳐들어가서 우리와 적 두 진영이 서로 대치해있을 적에, 적이 우리의 군량 수송로를 차단하고 또 우리 진영의 앞뒤를 넘어가서, 우리가 적과 전투하고자 하면 이길 수가 없고 지키고자 하면 오래 버틸 수가 없을 경우, 장차 어찌해야 하는가?

太公曰 凡深入敵人之境엔 **必察地之形勢**하여 **務求便利**하여 **依山林險阻水泉林木**하여 **而爲之固**하고 **謹守關梁**하고 **又知城邑丘墓地形之利**니 **如是**면 **則我軍堅固**하여 **敵人**이 **不能絶我糧道**하고 **又不能越我前後**리이다

太公이 대답하였다.
"무릇 적의 국경에 깊숙이 쳐들어갈 적에는, 반드시 적지의 지형을 잘 살펴 되도록 편리한 곳을 찾아 점령해서 山林과 험한 곳과 水澤과 숲이 있는 곳에 의지하여 견고하게 하고서, 關門의 要塞와 橋梁을 철저히 지키고 또 城邑과 丘墓 등 지형의 편리한 곳을 알아야 하니, 이와 같이 하면 우리 군영이 견고해져서, 적이 우리의 군량 수송로를 차단하지 못하고 또 우리 진영의 앞뒤로 넘어오지 못할 것입니다."

太公對曰 凡引兵深入敵人之境엔 必審察地之形勢하여 務求取便利之處하여 依倚山林險阻水泉林木하여 而爲之堅固하고 謹守關塞橋梁하고 又要知城邑丘墓地

形之利니 如此면 則我軍堅固하여 敵人이 不能斷絶我之粮道하고 又不能絶越我之前後라

太公이 대답하였다.

무릇 군대를 이끌고 적의 국경에 깊숙이 쳐들어갈 적에는, 반드시 적의 지형을 자세히 살펴 되도록 편리한 곳을 찾아 점령해서 山林과 험한 곳과 水澤과 숲이 있는 곳에 의지하여 진영을 견고하게 하고서, 關門의 要塞와 橋梁을 철저히 지키고 또 城邑과 丘墓 등 지형의 편리한 곳을 알아야 하니, 이와 같이 하면 우리 군영이 견고해져서, 적이 우리의 군량 수송로를 차단하지 못하고 또 우리 진영의 앞뒤로 넘어오지 못할 것이다.

武王曰 吾三軍이 過大林廣澤平易之地에 吾候望誤失하여 卒[1)]與敵人相薄[2)]하여 以戰則不勝하고 以守則不固라 敵人이 翼我兩旁하고 越我前後하여 三軍大恐이면 爲之奈何오

1) 卒 : 猝과 같다.
2) 薄 : 迫과 같다.

武王이 물었다.

"우리 三軍이 큰 숲과 넓은 늪과 평탄한 지역을 통과할 적에, 우리의 斥候兵이 偵察을 잘못하여 갑자기 적과 서로 부딪쳐서 전투하면 승리하지 못하고 수비하면 견고하지 못하여, 적이 우리 진영의 양 곁을 충돌하고 우리 진영의 앞뒤로 넘어와서 三軍이 크게 두려워하면 어찌해야 하는가?"

武王問曰 吾三軍이 過大林廣澤及平易之地에 吾候望誤失하여 倉卒與敵人相迫하여 以之戰則不勝하고 以之守則不固라 敵人이 來翼我兩旁하고 越我前後면 吾三軍大恐하리니 則爲之奈何오

武王이 물었다.

우리 三軍이 큰 숲과 넓은 늪과 평탄한 지역을 통과할 적에, 우리의 척후병이 정찰을 잘못하여 갑자기 적과 부딪쳐서 전투하면 승리하지 못하고 수비하면 견고하지 못하여, 적이 와서 우리 진영의 양 곁을 충돌하고 우리 진영의 앞뒤로 넘어오면, 우리의 三軍이 크게 두려워할 것이니 어찌해야 하는가?

太公曰 凡帥師之法은 **常先發遠候**호되 **去敵二百里**하여 **審知敵人所在**하여 **地勢不利**어든 **則以武衝**으로 **爲壘而前**하고 **又置兩踵軍於後**호되 **遠者**는 **百里**요 **近者**는 **五十里**하여 **卽有警急**이어든 **前後相知**하면 **吾三軍**이 **常完堅**하여 **必無毁傷**하리이다 **武王曰 善哉**라

太公이 대답하였다.

"무릇 군대를 통솔하는 방법은, 항상 먼저 척후병을 멀리 출동시키되, 적진에서 200리쯤 떨어지게 하여 적이 있는 곳을 자세히 살펴서 지형이 불리하면 武衝扶胥로 보루를 만들고 전진해야 합니다. 또 두 踵軍을 뒤에 배치하되, 멀리 있는 자는 100리 앞에 있게 하고 가까이 있는 자는 50리 앞에 있게 하여, 만일 위급한 경보가 있을 경우 앞과 뒤가 서로 알려주게 하면, 우리 三軍이 항상 견고하고 완전하여 반드시 손상됨이 없을 것입니다."

武王이 말씀하였다.

"좋은 말씀이다."

太公對曰 凡帥師之法은 常先發遠候之人호되 離去敵人二百里하여 審知敵人所在之處하여 若地勢不利어든 則以武衝扶胥로 爲壘而前하고 又置兩踵軍於後하니 踵軍은 收後之軍也라 遠者는 相去百里하고 近者는 相去五十里하여 卽有警急之事어든 前後皆得相知하면 吾三軍이 常完堅하여 必無有毁傷者라 武王曰 公言이 善哉라

太公이 대답하였다.

무릇 군대를 통솔하는 방법은, 항상 먼저 척후병을 멀리 출동시키되, 적으로부터 200리쯤 떨어지게 하여 적이 있는 곳을 자세히 정찰해서 만약 지형이 불리하면 武衝扶胥로 보루를 만들고 전진해야 한다. 또 두 踵軍을 뒤에 배치하니, 踵軍은 후미를 수습하는 군대로 멀리 있는 자는 서로의 거리가 100리쯤 떨어지게 하고 가까이 있는 자는 50리쯤 떨어지게 하여, 만일 위급한 경보가 있으면 앞과 뒤가 모두 서로 알려주게 하면, 우리 三軍이 항상 견고하고 완전하여 반드시 손상됨이 없을 것이다.

武王은 "公의 말씀이 좋다." 하였다.

略地 第四十 제40편 敵地의 攻略

略地者는 戰勝深入하여 略人之地也라 恐敵有謀故로 武王以爲問에 而太公答之也라

略地란 싸워서 적을 이기고 적지에 깊숙이 쳐들어가서 적의 땅을 공략하는 것이다. 이때 적에게 계략이 있을까 염려되므로 武王이 이것을 질문하자 太公이 대답한 것이다.

武王이 問太公曰 戰勝深入하여 略其地호되 有大城하여 不可下하고 其別軍이 守險하여 與我相拒하여 我欲攻城圍邑이나 恐其別軍卒至而薄我하여 中外相合하여 (拒)〔擊〕[1]我表裏하여 三軍大亂하고 上下恐駭면 爲之奈何오

1) (拒)〔擊〕: 저본의 '拒'는 漢文大系本에 의거하여 '擊'으로 바로잡았다.

武王이 太公에게 물었다.

"싸워서 승리하고 적지에 깊숙이 쳐들어가서 적의 땅을 공략하였으나, 큰 城이 있어서 함락할 수 없고 적의 별동 부대가 험하고 막힌 곳을 지키면서 우리와 대치하여, 우리가 적의 城을 공격하고 적의 고을을 포위하고자 하나, 적의 별동 부대가 갑자기 몰려와 우리를 압박해서 中外에서 서로 合力하여 우리의 외부와 내부를 공격해서 三軍이 크게 혼란하고 上下가 두려워하고 놀라면, 어찌해야 하는가?"

武王이 問太公曰 戰勝深入하여 略其地호되 敵有大城하여 不可下하고 其別軍이 固守險阻하여 與我相拒하여 我欲攻彼之城하고 圍彼之邑이나 恐其別軍卒至而迫我하여 彼中外相合하여 擊我表裏하여 吾三軍大亂하고 上下恐懼驚駭인댄 爲之奈何오

武王이 太公에게 물었다.

싸워서 승리하고 적지에 깊숙이 쳐들어가서 적의 땅을 공략하였으나, 적에게 큰 城이 있어서 함락시킬 수 없고 적의 별동 부대가 험하고 막힌 곳을 지키면서 우리와 대치하여, 우리가 적의 城을 공격하고 적의 고을을 포위하고자 하나, 적의 별동 부대가 갑자기 몰려와 우리를 압박해서 적이 中外에서 서로 合力하여 우리의 외부와 내부를

공격해서, 우리 三軍이 크게 혼란하고 상하가 두려워하고 놀라면, 어찌해야 하는가?

太公曰 凡攻城圍邑에 **車騎必遠**하여 **屯衛警戒**하여 **阻其外內**하여 **中人絶粮**호되 **外不得輸**하면 **城人恐怖**하여 **其將必降**하리이다

太公이 대답하였다.

"무릇 적의 城을 공격하고 적의 고을을 포위할 적에는, 戰車 부대와 騎兵 부대가 반드시 멀리 나가서 주둔하여 호위하고 경계해서 적의 안팎을 가로막아, 城 안에 있는 적군의 군량이 끊기더라도 외부에서 수송하지 못하게 하면, 城 안에 있는 적군이 두려워하여 적장이 반드시 항복할 것입니다."

太公對曰 凡攻人之城하고 圍人之邑에 車騎必遠離城邑하여 屯衛警戒하여 隔阻其外內하여 使不得相通하여 中人斷絶粮食호되 在外不得輸送이면 城中之人이 恐懼畏怖하여 其將必來降矣라

太公이 대답하였다.

무릇 적의 城을 공격하고 적의 고을을 포위할 적에는, 전차 부대와 기병 부대가 반드시 멀리 城邑을 나가서 주둔하여 호위하고 경계해서 안팎을 가로막아 적으로 하여금 서로 통하지 못하게 하여, 城 안에 있는 적군의 군량이 끊기더라도 외부에서 수송하지 못하게 하면, 城 안에 있는 적군이 매우 두려워하여 적장이 반드시 와서 항복할 것이다.

武王曰 中人絶粮호되 **外不得輸**하면 **陰爲約誓**하고 **相與密謀**하여 **夜出窮寇死戰**하며 **其車騎銳士 或衝我內**하고 **或擊我外**하면 **士卒迷惑**하고 **三軍敗亂**하리니 **爲之奈何**오

武王이 물었다.

"城 안에 있는 적군의 군량이 끊겨도 외부에서 수송할 수 없으면, 적이 은밀히 약속하고 서로 은밀히 모의해서 밤에 결사대를 출동시켜 결사적으로 싸우며, 전차와 기병의 정예 부대가 혹 우리의 내부를 충돌하고 혹 우리의 외부를 공격하면, 우리의 병사들이 미혹하고 三軍이 혼란하여 패주할 것이니, 어찌해야 하는가?"

武王問曰 中人이 斷絶粮食호되 在外者不得輸送이면 彼陰爲期約信誓하고 相與秘密而謀하여 遇夜出窮寇하여 與我死戰하며 其車騎銳士 或衝我內하고 或擊我外하면 吾士卒迷失疑惑하고 三軍敗亂而走하리니 則爲之奈何오

武王이 물었다.

城 안에 있는 적군의 군량이 끊겨도 외부에서 수송할 수 없으면, 적이 은밀히 약속하고 서로 은밀히 모의해서 야음을 틈타 결사대를 출동시켜 우리와 결사적으로 싸우며, 적의 전차와 기병의 정예 부대가 혹은 우리의 내부를 충돌하고 혹은 우리의 외부를 공격하면, 우리의 병사들이 혼미하여 의혹하고 三軍이 혼란하여 패주할 것이니, 어찌해야 하는가?

太公曰 如此者는 當分爲三軍하여 謹視地形而處호되 審知敵人의 別軍所在하고 及其大城別堡에 爲之置遺缺之道하여 以利其心하고 謹備勿失이면 敵人恐懼하여 不入山林이면 卽歸大邑하리니 走其別軍하고 車騎遠要其前하여 勿令遺脫이니이다

太公이 대답하였다.

"이와 같은 경우에는 마땅히 군대를 세 부대로 나누어 地形地物을 살펴 군대를 주둔시키되 적의 별동 부대가 있는 곳을 정탐하여 알고, 주위에 있는 큰 城과 별도로 있는 보루에 우리의 수비가 허술하고 결함이 있는 길을 만들어놓아서 이익으로 적의 마음을 유인하고는 철저히 대비하여 잃지 않으면, 적이 두려워하여 산속으로 들어가지 않으면 반드시 큰 고을로 돌아갈 것이니, 적의 별동 부대를 패주시키고 우리의 戰車 부대와 騎兵 부대가 적의 앞을 멀리 가로막아서 한 사람도 빠져나가지 못하게 하여야 합니다.

太公對曰 如此者는 當分軍爲三하여 謹視地形之便利而處之호되 審知敵人別軍所在之處하고 及其大城別堡에 爲之置遺缺之道하여 以利誘其心하고 吾則謹備而勿失이면 敵人이 驚恐畏懼하여 不入於山林이면 卽歸於大邑하리니 旣走其別軍하고 令車騎로 遠要其前하여 勿令有遺脫者라

太公이 대답하였다.

이와 같은 경우에는 마땅히 군대를 세 부대로 나누어 지형의 편리함을 살가 살펴서 군대를 주둔시키되 적의 별동 부대가 있는 곳을 정탐하여 알고, 주위에 있는 큰 城과

별도로 있는 보루에 우리의 수비가 허술하고 흠이 있는 길을 만들어놓아서 이익으로 적의 마음을 유인하고는, 우리가 철저히 대비하고 놓치지 않으면, 적이 놀라고 두려워하여 山林으로 들어가지 않으면 곧바로 큰 고을로 돌아갈 것이니, 적의 별동 부대를 패주시킨 다음 전차 부대와 기병 부대로 하여금 멀리서 적의 앞을 가로막아 빠져나가는 자가 없게 하여야 한다.

中人以爲先出者 得其徑道라하여 **其練卒才士**는 **必出**하고 **其老弱獨在**하리니 **車騎深入長驅**하면 **敵人之軍**이 **必莫敢至**라 **愼勿與戰**하고 **絶其粮道**하여 **圍而守之**하면 **必久其日**이니이다

이렇게 하면, 城 안에 있는 적군은 먼저 탈출한 자가 지름길을 얻어 잘 빠져나갔다고 생각해서, 훈련된 적병과 재능이 있는 적군은 반드시 성을 빠져나가고 노약자만 城 안에 남아있을 것이니, 우리의 전차 부대와 기병 부대가 깊숙이 쳐들어가 승승장구하면, 적군이 반드시 감히 몰려오지 못할 것입니다. 부디 적과 싸우려 하지 말고 적의 군량 수송로를 차단하여 포위하고 지키면, 반드시 오래 버틸 수 있을 것입니다.

城中之人은 以爲先出者 得其徑道而往이라하여 其練卒才士는 必從中出하고 其老弱者獨在하리니 吾車騎然後에 深入長驅하면 敵人之軍이 必莫敢至라 愼勿與之接戰하고 斷絶其粮道하고 環圍而守之하면 必能久其日矣라

城 안에 있는 적군은 먼저 탈출한 자가 지름길을 얻어 잘 빠져나갔다고 생각해서, 훈련된 적병과 재능이 있는 적군은 반드시 城 안에서 빠져나가고 노약자만 성 안에 남아있을 것이니, 그런 뒤에 우리의 전차 부대와 기병 부대가 깊숙이 쳐들어가 승승장구하면 적군이 반드시 감히 몰려오지 못할 것이다. 부디 적과 접전하지 말고 적의 군량 수송로를 차단하고 사면으로 포위하여 지키면, 우리가 반드시 오랫동안 버틸 수 있을 것이다.

無燔人積聚하고 **無毁人宮室**하고 **冢樹社叢**을 **勿伐**하며 **降者**를 **勿殺**하고 **得而勿戮**하여 **示之以仁義**하고 **施之以厚德**하여 **令其士民**으로 **曰 (幸)〔辜〕**[1]**在一人**이라하니 **如此**면 **則天下和服**하리이다 **武王曰 善哉**라

1) (幸)〔辜〕: 저본의 '幸'은 明本에는 '辜'로 되어있고 漢文大系本에는 '罪'로 되어있는바, 幸과 辜는 글자 모양이 비슷하므로 明本에 의거하여 '辜'로 바로잡는다.

적이 쌓아놓은 물건을 불태우지 말고 적의 집을 훼손하지 말고 무덤의 나무와 神社의 숲을 베지 말며, 항복한 자를 죽이지 말고 잡더라도 욕을 보이지 말아서, 仁義를 보이고 厚德을 베풀어서 적의 병사와 백성들로 하여금 '잘못이 우리 임금 한 사람에게 있다.'라고 말하게 하여야 하니, 이와 같이 되면 天下가 화목하고 복종할 것입니다."

武王이 말씀하였다.

"좋은 말씀이다."

無燔燒人積聚之物하고 無毁壞人宮室하고 冢上之樹와 社中之叢을 勿得斬伐하며 來降者를 勿令殺之하고 得士卒이면 勿伐戮之하여 示之以仁義하고 施之以厚德이니 如文王伐崇侯에 緩攻徐戰하여 而示之以仁[1]하고 慕容恪圍段龕(감)에 築室(及)〔反〕畊而施之以德[2]이 是也라 令之彼士民으로 曰 辜在一人이니 若能如此면 則天下皆和服矣[3]라 武王曰 公言이 善哉라

1) 文王伐崇侯……而示之以仁: 崇侯는 殷나라의 紂王에게 아첨하여 어진 제후들을 모함한 자이다. ≪詩經≫ 〈大雅 皇矣〉에 "臨衝이 느릿느릿 움직이니 崇나라 城이 높고도 크도다. 신문할 자를 계속하여 잡으며 귀를 베어 바치기를 천천히 하도다.〔臨衝閑閑 崇墉言言 執訊連連 攸馘安安〕"라고 보이는바, 이는 文王이 崇侯를 정벌할 적에 맹공을 가하지 않아 仁德을 보인 것이므로 이렇게 말한 것이다.

2) 慕容恪圍段龕(감) 築室(及)〔反〕畊而施之以德: 저본의 '及'은 ≪晉書≫ 〈慕容恪傳〉에 의거하여 '反'으로 바로잡았다.

慕容恪은 南北朝時代 前燕의 명장이고, 段龕은 鮮卑族 段氏部族의 酋長으로 前燕을 배반하고 南朝의 東晉과 결탁하여 東晉으로부터 齊公 칭호를 받은 軍閥이다. 段龕의 근거지는 山東省 益都縣에 있는 廣固라는 城이었는데, 뒤에 慕容德이 이곳을 도읍으로 삼기도 하였다. A.D. 356년, 慕容恪이 段龕을 정벌하기 위해 廣固를 공격하였는데 攻城戰을 하지 않고 1년 가까이 포위하자, 마침내 段龕이 성을 나와 항복하였다. ≪晉書 권111 慕容恪傳≫

3) 令之彼士民……則天下皆和服矣: ≪兵學指南演義≫ 〈場操程式 3 納降篇〉에는 '전에는 적을 원수처럼 보았을지라도, 적이 이미 무릎꿇고 항복하여 살려줄 것을 애걸하면 이를 죽이지 말아야 함'이 天理에 합당함을 말하면서, 이 대목을 인용하여 병사들에게 항복한 자들을 함부로 죽이지 말 것을 강조하고 있다.

적이 쌓아놓은 물건을 불태우지 말고 적의 집을 훼손하거나 파괴하지 말고 무덤 위의 나무와 神社 가운데의 숲을 베지 말며, 와서 항복하는 자를 죽이지 말고 적의 병사들을 사로잡았으면 욕보이지 말아서, 仁義를 보이고 厚德을 베풀어야 한다. 예컨대 文王이 崇侯를 정벌할 적에 공격을 늦추고 서서히 싸워서 仁을 보여주었고, 慕容恪이 段龕을 포위할 적에 적의 백성들이 집을 짓고 돌아가 밭을 경작하게 하여 德을 베푼 것이 이것이다.

적국의 병사와 백성으로 하여금 "잘못이 우리 임금 한 사람에게 있다."라고 말하게 하여야 한다. 만약 능히 이와 같이 할 수 있으면 天下가 모두 화목하고 복종할 것이다.

武王은 "公의 말씀이 좋다." 하였다.

火戰 第四十一 제41편 火攻戰術

火戰者는 彼以火攻我어든 吾因火而與之戰也라

火戰이란 적이 불로 우리를 공격할 경우, 우리가 불을 이용하여 적과 싸우는 것이다.

武王이 問太公曰 引兵深入諸侯之地하여 遇深草蓊穢하여 周吾軍前後左右하고 三軍이 行數百里하여 人馬疲倦休止어든 敵人이 因天燥疾風之利하여 燔吾上風하고 車騎銳士 堅伏吾後면 三軍恐怖하여 散亂而走하리니 爲之奈何오

武王이 太公에게 물었다.

"군대를 이끌고 諸侯의 땅에 깊숙이 쳐들어가서 무성한 풀이 우거져 우리 군대의 前後와 左右를 둘러싼 지역을 만나고, 三軍이 수백 리를 행군하여 사람과 말이 모두 피곤해서 휴식하고 있는데, 적이 날씨가 건조하고 바람이 급한 이로움을 이용해서 우리의 진영을 불태우고, 적의 戰車 부대와 騎兵 부대의 정예병이 우리의 후미에 굳게 매복해있으면, 우리 三軍이 두려워하여 어지러이 흩어져 패주할 것이니, 어찌해야 하는가?"

武王이 問太公曰 若引兵深入諸侯之地하여 遇深草蓊穢하여 周匝吾軍前後左右하고

吾三軍이 已行數百里하여 人馬皆疲困勞倦하여 休息止舍어든 敵人이 因天時燥乾하고 有疾風之利하여 燔燒吾上風하고 令車騎銳士로 堅伏吾軍之後하면 吾三軍이 恐懼驚怖하여 分散擾亂而走하리니 將爲之奈何[1)]오

1) 因天時燥乾……將爲之奈何 : ≪兵學指南演義≫ 〈旗鼓定法 1 應變篇〉에는 "〈군대가〉 숲 속과 늪지대를 지나고 산과 험한 곳을 건널 경우, 그 대응 방법은 한 가지로 기필할 수 있는 것이 아니므로, 臨機應變하여 실수가 없도록 하여야 한다."는 점을 설명하면서 이 부분을 인용 예시하고 있다.

武王이 太公에게 물었다.

만약 군대를 이끌고 諸侯의 땅에 깊숙이 쳐들어가서 무성한 풀이 우거져 우리 군대의 전후와 좌우를 둘러싼 지역을 만나고, 우리 三軍이 이미 수백 리를 행군하여 사람과 말이 모두 지쳐 피곤해서 휴식하고 있는데, 적이 건조하고 바람이 빠른 이로움을 틈타서 바람결을 이용하여 우리의 진영을 불태우고, 전차 부대와 기병 부대의 정예병들을 우리 군대의 후미에 굳게 매복해두고 있으면, 우리 三軍이 두려워하고 놀라서 어지러이 흩어져 패주할 것이니, 장차 어찌해야 하는가?

太公曰 若此者는 則以雲梯飛樓로 遠望左右하고 謹察前後하여 見火起어든 卽燔吾前而廣延之하고 又燔吾後하면 敵人苟至라도 卽引軍而却하리이다 按黑地而堅處하면 敵人之來 猶在吾後하여 見火起하고 必遠走하리니 吾按黑地而處하며 强弩材士로 衛吾左右하고 又燔吾前後니 若此면 則敵人不能害我하리이다

太公이 대답하였다.

"이와 같은 경우에는 雲梯와 飛樓를 가지고 좌우를 멀리 관망하고 앞뒤를 철저히 정찰해서 불이 일어나는 것을 보면 즉시 우리 진영의 앞을 태워 불길이 널리 뻗어나가게 하고 또 우리 진영의 뒤를 태우면, 적이 오더라도 즉시 군대를 이끌고 퇴각할 것입니다. 우리가 불태워 검은 땅을 차지하고 굳게 주둔해있으면 적이 쳐들어오더라도 우리의 뒤에 있어서 불이 일어나는 것을 보고 반드시 멀리 도망할 것입니다. 우리가 불탄 자리를 차지하여 굳게 주둔하고 강한 쇠뇌를 발사하는 용감한 병사들이 우리 진영의 좌우를 호위하게 하고, 또 우리 진영의 앞뒤를 불태우게 해야 하니, 이와 같이 하면 적이 우리를 해치지 못할 것입니다."

太公對曰 如此者는 則以雲梯飛樓로 升高하여 遠望左右兩旁하고 謹察吾軍前後하여

若見火起어든 卽先燔吾前而廣延之하고 又燔吾軍之後면 敵人苟至라도 卽引軍而却退라 按黑地之中而堅處하며 强弩材士로 防衛吾左右하고 又燔吾前後니 如此면 則敵人不能害我矣라

太公이 대답하였다.

이와 같은 경우에는 별도로 雲梯와 飛樓를 가지고 높은 곳에 올라가 좌우 양옆을 멀리 관망하고 우리 군대의 앞뒤를 철저히 정찰하여, 만약 불이 일어나는 것을 보면 즉시 우리 진영의 앞을 먼저 태워 불길이 널리 뻗어나가게 하고 또 우리 진영의 뒤를 태우면, 적이 오더라도 즉시 군대를 이끌고 퇴각할 것이다. 우리가 불태워 검은 땅을 차지하고 굳게 주둔해있으며, 강한 쇠뇌를 가진 용감한 병사들이 우리 진영의 좌우를 호위하게 하고 또 우리 진영의 앞뒤를 불태우게 해야 하니, 이와 같이 하면 적이 우리를 해치지 못할 것이다.

○ 愚謂 深草蓊穢之地에 必不得已而欲舍止인댄 卽先於營外에 斬除三二丈之廣하여 使之靜潔하고 若敵人四下焚我어든 我於斬除靜地之外에 亦以火焚之하여 彼火焚而入하고 我火焚而出이면 兩火相遇自滅하리니 若不斬除近營草(焚)〔穢〕[1]하여 吾先焚之하면 恐風勢猛烈하여 反延入我營矣리라 如單于縱火하여 焚李陵於大澤이어늘 陵先於營外放火하여 燒其葭葦하여 奪其火勢[2] 是也라

1) (焚)〔穢〕: 저본의 '焚'은 漢文大系本에 의거하여 '穢'로 바로잡았다.

2) 單于縱火……奪其火勢: 單于는 옛날 匈奴 군주의 칭호이며, 李陵(?~B.C.74)은 前漢의 무장으로 字는 少卿이며 名將 李廣의 손자인데 匈奴에 투항하여 匈奴의 제후가 된 인물이다.

B.C. 99년, 漢 武帝가 貳師將軍 李廣利로 하여금 3만의 騎兵을 이끌고 酒泉으로 진격하게 하였는데, 天山에서 오랑캐의 酋長을 포로로 잡고 1만 여의 首級을 노획하는 등 혁혁한 전과를 세우고 回軍하다가, 匈奴의 대군에게 포위되어 절반이 넘는 병사가 죽어 대패하였다.

이에 분노한 武帝가 騎都尉 李陵으로 하여금 步兵과 騎兵 5천을 거느리고 匈奴를 공격하게 하였는데, 李陵은 匈奴의 대군과 會戰하여 적은 병력으로 匈奴의 1만여 명을 살상하는 등 분전하였다.

한번은 李陵의 군대가 큰 늪지대에 주둔해있었는데, 單于가 火攻을 가할 기미를 보이자, 李陵이 미리 진영의 주위에 있는 마른 갈대와 풀들을 태워 제거하니, 單于는 火攻이 기세를 잃어 위협이 되지 못하자 그대로 퇴각하였다. ≪漢書 권54 李廣蘇建傳≫

○ 내가 생각하건대 무성한 풀이 우거진 지역에 부득이하여 군대를 주둔시키고자 한다면, 즉시 먼저 진영 밖에 두서너 길의 넓이로 풀을 베어 제거해서 깨끗하게 하고, 만약 적이 사방으로 우리 진영을 불태우려 하거든, 우리가 풀을 베어 깨끗이 만들어 놓은 지역 외에도 불을 놓아 태워서, 적이 놓은 불이 타서 들어오고 우리가 놓은 불이 타서 나아가면, 두 불이 서로 만나 저절로 꺼질 것이다. 만약 진영에 가까이 있는 풀을 베어서 우리가 먼저 태우지 않으면, 바람 부는 형세가 맹렬하여 도리어 우리 진영으로 뻗어 들어올까 염려된다.

예컨대 單于가 불을 놓아서 李陵을 큰 늪에서 공격하자, 李陵이 먼저 진영 밖에다가 불을 놓아 갈대를 태워서 불의 형세를 사라지게 한 것이 이것이다.

武王曰 敵人이 **燔吾左右**하고 **又燔吾前後**하여 **烟覆**(부)**吾軍**하고 **其大兵**은 **按黑地而起**면 **爲之奈何**오 **太公曰 若此者**는 **爲四武衝陣**하고 **强弩翼吾左右**니 **其法**은 **無勝亦無負**니이다

武王이 물었다.

"적이 우리 진영의 좌우를 불태우고 또 우리 진영의 앞뒤를 불태워서 연기가 우리의 군대를 뒤덮고, 적의 대군은 불탄 자리를 점령하고 출동하면 어찌해야 하는가?"

太公이 대답하였다.

"이와 같은 경우에는 四武衝陣을 만들고 강한 쇠뇌를 가진 부대로 우리의 좌우를 돕게 하여야 하니, 이 방법은 彼我間에 승리도 없고 또한 패배도 없을 것입니다."

武王이 **問太公曰 敵人**이 **旣燔吾左右**하고 **又燔吾前後**하여 **烟覆吾軍之上**하고 **其大兵**은 **按黑地**하여 **起而襲我**하면 **則爲之奈何**오 **太公對曰 如此者**는 **令吾軍**으로 **爲四武衝陣**하고 **以强弩**로 **翼蔽吾之左右**니 **其法**은 **彼此無勝**이요 **亦無負**라 **謂兩軍皆有備故**로 **無勝無負也**라

武王이 太公에게 물었다.

적이 이미 우리 진영의 좌우를 불태우고 또 우리 진영의 앞뒤를 불태워서 연기가 우리 군대 위를 뒤덮고, 적의 대군이 불탄 자리를 차지하고 일어나서 우리를 습격하면 어찌해야 하는가?

太公이 대답하였다.
이와 같은 경우에는 우리 군대로 하여금 四武衝陣을 만들고 강한 쇠뇌를 쏘는 부대로 하여금 우리 진영의 좌우를 엄호하게 하여야 하니, 이 방법은 피아간에 승리도 없고 또한 패배도 없을 것이다.
이는 두 군대가 모두 철저한 對備가 있기 때문에 피아간에 승부가 없음을 말한 것이다.

壘虛 第四十二 제42편 적의 빈 堡壘

壘虛者는 敵人以虛壘疑我어든 我欲覘而知之也라

壘虛란 적이 빈 堡壘로 우리를 의혹하게 하면, 우리가 그것을 정탐하여 알고자 하는 것이다.

武王이 問太公曰 何以知敵壘之虛實과 自來自去오

武王이 太公에게 물었다.
"어떻게 하면 적의 보루의 虛實과 적이 스스로 오가는 것을 알 수 있는가?"

武王이 問太公曰 以何術로 得知敵人營壘之虛實과 其軍自來自去오

武王이 太公에게 물었다.
무슨 방법으로 적군 진영·보루의 허실과 적군이 스스로 오가는 것을 알 수 있는가?

太公曰 將은 必上知天道하고 下知地利하고 中知人事하여 登高下望하여 以觀敵之變動이니 望其壘면 則知其虛實하고 望其士卒이면 則知其來去니이다

太公이 대답하였다.
"장수는 반드시 위로는 天道를 알고 아래로는 地利를 알고 가운데로는 人事를 알아서, 높은 곳에 올라가 아래로 내려다보아 적의 變動을 관찰하여야 하니, 적의 보루를 바라보면 적의 허실을 알고, 적의 병사들을 관망하면 적이 오가는 것

을 알 수 있습니다.”

太公對曰 爲將者는 必上知天道之順逆하고 下知地利之險易하고 中知人事之得失하여 登高阜以下望호되 若無高阜平地면 則以雲梯飛樓起望하여 以觀敵人之變動이니 望其營壘면 則知其虛與實하고 望其士卒이면 則知其去與來라

太公이 대답하였다.

장수가 된 자는 반드시 위로는 天道의 순하고 거스름을 알고, 아래로는 地利의 험하고 평탄함을 알고, 가운데로는 人事의 잘하고 잘못함을 알아서, 높은 언덕에 올라가서 아래를 내려다보되, 만약 높은 언덕이 없는 평지라면 雲梯나 飛樓를 높게 세워 관망해서 적이 변동하는 것을 관찰하여야 하니, 적의 진영과 보루를 관망하면 적의 허실을 알 수 있고, 적의 병사들을 관망하면 적이 오가는 것을 알 수 있는 것이다.

武王曰 何以知之오 太公曰 聽其鼓無音하고 鐸無聲하며 望其壘上에 多飛鳥而不驚하고 上無氛氣면 必知敵詐而爲偶人也니이다

武王이 물었다.

“어떻게 알 수 있는가?”

太公이 대답하였다.

“적진에서 나는 소리를 들어보아 북소리가 제대로 나지 않고 방울소리가 제대로 울리지 않으며, 바라보아 적진의 위에 나는 새가 많은데도 놀라지 않고 위에 나쁜 기운이 없으면, 적이 속임수로 허수아비를 만들어 세워놓은 것임을 알 수 있습니다.

武王이 問太公曰 何以知其然歟아 太公對曰 聽其鼓에 又無音하고 鐸又無聲하며 望其壘上에 多飛鳥而不驚去하고 營上에 又無氛埃之氣면 必知敵詐而守壘者皆偶人也라 如鄭人見楚幕有烏하고 而知其去[1] 是也라

1) 鄭人見楚幕有烏 而知其去 : ≪孫子≫ 〈行軍〉에 “새들이 보루 위에 모여있는 것은 진영이 빈 것이다.〔鳥集者 虛也〕” 하였는데, ≪直解≫에 “새들이 적의 진영과 보루의 위에 모였으면, 적의 진영이 텅 비어 사람이 없는데도 사람의 모습을 남겨두고 도망갔음을 알 수 있는 것이다. 楚나라가 鄭나라를 정벌할 적에 정나라 사람들이 장차 도망하려 하였는데, 첩자가 보고하기를 ‘초나라 막사에 까마귀가 앉아있으니, 초나라 군대가

도망간 것이다.' 하였다.〔烏集營壘之上 知其空虛無人 乃留形而遁去也 如楚伐鄭 鄭人將奔 諜告曰 楚幕有烏 楚兵去矣〕"라고 하였는바, 이 내용은 ≪春秋左氏傳≫ 莊公 28년에 그대로 보인다.

武王이 물었다.

어떻게 그러함을 알 수 있는가?

太公이 대답하였다.

적진의 소리를 들어보아 북소리가 제대로 나지 않고 또 방울소리가 제대로 울리지 않으며, 보루 위를 관찰하여 나는 새가 많이 있으나 놀라서 떠나가지 않고 또 진영 위에 나쁜 기운이 없으면, 반드시 적이 속임수를 써서 보루를 지키는 자가 모두 허수아비임을 알 수 있는 것이다.

예컨대 鄭나라 사람이 楚나라 막사에 까마귀가 있는 것을 보고서 楚軍이 물러간 것을 안 것이 이것이다.

敵人이 **卒去不遠**하여 **未定而復反者**는 **彼用其士卒太疾也**니 **太疾則前後不相次**요 **不相次則行陣必亂**하리니 **如此者**는 **急出兵擊之**호되 **以少擊衆**이면 **則必敗矣**리이다

적이 갑자기 떠나다가 멀리 가지 않고서 안정되기 전에 다시 돌아오는 것은 저들이 병사들을 너무 급히 사용해서입니다. 병사들을 너무 급히 사용하면 앞뒤가 서로 차례를 지키지 못하고, 앞뒤가 서로 차례를 지키지 못하면 진영이 반드시 혼란해지니, 이와 같은 경우에는 급히 군대를 출동시켜 공격하되, 적은 병력으로 많은 적을 공격하더라도 반드시 패퇴시킬 것입니다."

敵人이 若倉卒而去不遠하여 未定而復反者는 彼用其士卒太疾速也니 太疾則前後不相次序요 不相次序면 則行陣必擾亂하리니 如此者는 急出兵擊之호되 以少卒擊彼之衆이면 則必敗矣라

적이 만약 창졸간에 떠나다가 멀리 가지 않고서 안정되기 전에 다시 돌아오는 것은 저들이 병사들을 너무 급히 사용해서이다. 병사들을 너무 급히 사용하면 앞뒤가 서로 次序가 없고, 앞뒤가 서로 차서가 없으면 진영이 반드시 혼란해지니, 이와 같은 경우에는 급히 군대를 출동시켜 공격하되, 적은 병력으로 적의 많은 병력을 공격하더라도 반드시 패퇴시킬 수 있을 것이다.

豹韜

표범〔豹〕은 행동이 민첩하고 변화무쌍하며 용맹이 뛰어난 맹수라 하여 篇名으로 삼은 것이다. 이 편에서는 군대가 森林지대나 늪지대에서 기동하고 싸우는 방법과, 적지에 깊숙이 쳐들어가서 불리한 여건에 처하였을 때 이를 타개하는 방법 등이 언급되어 있다.

林戰 第四十三　제43편 山林戰

林戰者는 與敵相遇於林木之中하여 而與之戰也라

林戰이란 숲과 나무가 우거져 있는 가운데에서 적과 만나 싸우는 것이다.

武王이 問太公曰 引兵深入諸侯之地하여 遇大林하여 與敵人分林相拒어든 吾欲以守則固하고 以戰則勝인댄 爲之奈何오

武王이 太公에게 물었다.

"군대를 이끌고 諸侯의 땅에 깊숙이 쳐들어가서 큰 숲을 만나 적과 숲을 나누어 대치할 경우, 우리가 지키면 견고하고 싸우면 승리하고자 할진댄 어찌해야 하는가?"

武王이 問太公曰 若引兵深入諸侯之地하여 遇大林하여 與敵人分林而相拒어든 吾欲以守則堅固하고 以戰則取勝인댄 將爲之奈何오

武王이 太公에게 물었다.

만약 군대를 이끌고 諸侯의 땅에 깊숙이 쳐들어가서 큰 숲을 만나 적과 숲을 나누어 대치할 경우, 우리가 지키면 견고하고 싸우면 승리를 취하고자 할진댄 장차 어찌

해야 하는가?

太公曰 使吾三軍으로 **分爲衝陣**하여 **便兵所處**하며 **弓弩爲表**하고 **戟楯爲裏**하며 **斬除草木**하여 **極廣吾道**하여 **以便戰所**하며 **高置旌旗**하고 **謹勑三軍**하여 **無使敵人知吾之情**이니 **是謂林戰**이니이다

太公이 대답하였다.

"우리의 三軍을 나누어 衝陣을 만들어서 병사들이 주둔하기에 편리하게 하며, 활과 쇠뇌를 가진 부대를 외부에 배치하고 창과 방패를 가진 부대를 중앙에 배치하며, 풀과 나무를 베어 제거해서 우리가 통행하는 길을 매우 넓혀 전투하기에 편리하게 하며, 깃발을 높이 꽂아놓고 三軍을 삼가 단속해서 적으로 하여금 우리의 實情을 알지 못하게 해야 하니, 이것을 일러 '林戰(산림 지역의 전투)'이라 합니다.

> **太公對曰 使吾三軍**으로 **分爲四武衝陣**하여 **便兵之所處**하며 **以弓弩爲之表**하고 **以戟楯爲之裏**하며 **斬除草木**하여 **極廣吾往來通行之道**하여 **以便戰鬪之所**하며 **高置吾旌旗**하고 **謹勑吾三軍**하여 **無使敵人知吾之情**이니 **此謂之林戰**이라
>
> 太公이 대답하였다.
>
> 우리의 三軍을 나누어 네 개의 武車衝陣을 만들어서 병사들이 주둔하기에 편리하게 하며, 활과 쇠뇌를 가진 부대를 외부에 배치하고 창과 방패를 가진 부대를 중앙에 배치하며, 草木을 베어 제거해서 우리가 왕래하여 통행하는 길을 매우 넓혀 전투하기에 편리하게 하며, 우리의 깃발을 높이 꽂아놓고 우리의 三軍을 삼가 단속해서 적으로 하여금 우리의 실정을 알지 못하게 해야 하니, 이것을 일러 '林戰'이라 한다.

林戰之法은 **率吾矛戟**하여 **相與爲伍**하고 **林間木疎**어든 **以騎爲輔**하고 **戰車居前**하여 **見便則戰**하고 **不見便則止**니이다

山林에서 전투하는 방법은, 우리의 갈고리 창과 갈래진 창을 잡은 병사들을 인솔하여 서로 隊伍가 되게 하고, 숲 사이에 나무가 성글면 騎兵 부대를 보조로 삼고 戰車 부대를 선두에 있게 하고서, 편리함을 발견하면 싸우고 편리함을 발견하지 못하면 중지해야 합니다.

林戰之法은 率吾矛戟之士하여 相與爲伍하고 林間에 若樹木稀疎어든 則以騎兵爲輔하고 使戰車居前行하여 見利便이면 則與之戰하고 不見利便이면 則且止而不戰也라

산림에서 전투하는 방법은 우리의 갈고리 창과 갈래진 창을 잡은 병사들을 인솔하여 서로 隊伍가 되게 하고, 숲 사이에 만약 나무가 성글면 騎兵 부대를 보조로 삼고 戰車 부대로 하여금 선두에 있게 하고서 편리한 것을 발견하면 적과 싸우고 편리한 것을 발견하지 못하면 우선 중지하고 싸우지 않는 것이다.

林多險阻어든 必置衝陣하여 以備前後하고 三軍疾戰하면 敵人雖衆이나 其將可走라 更(경)戰更息호되 各按其部니 是謂林戰之紀니이다

숲 속에 험하고 막힌 곳이 많으면 반드시 衝陣을 설치하여 앞뒤를 방비하고 三軍이 급히 싸우면, 적이 아무리 많더라도 적장을 패주시킬 수 있습니다. 번갈아 싸우고 번갈아 휴식하되 각각 소속 부대에서 멈추어야 하니, 이것을 '산림에서 전투하는 紀綱'이라 하는 것입니다."

林多險阻之處어든 必置四武衝陣하여 以防備其前後하고 三軍疾戰이면 敵人雖衆이나 其將可走矣라 更戰更息하여 各按其部分이니 此所謂林戰之紀라

숲 속에 험하고 막힌 곳이 많으면 반드시 네 개의 武車衝陣을 설치하여 앞뒤를 방비하고 三軍이 급히 싸우면, 적의 병력이 아무리 많더라도 적장을 패주시킬 수 있다. 번갈아 싸우고 번갈아 휴식하되 각각 소속 부대에서 멈추어야 하니, 이것이 이른바 '산림에서 전투하는 紀綱'이라 하는 것이다.

突戰 第四十四 제44편 突擊戰

突戰者는 突出其兵하여 而與之戰也라

突戰이란 군대를 갑자기 출동시켜 적과 싸우는 것이다.

武王이 問太公曰 敵人이 深入長驅하여 侵掠我地하고 驅我牛馬하며 其三軍大至하여

薄[1)]我城下하면 吾士卒大恐하고 人民係累하여 爲敵所虜하리니 吾欲以守則固하고 以戰則勝인댄 爲之奈何오

1) 薄 : 迫과 같다.

武王이 太公에게 물었다.

"적이 먼 길을 달려 깊숙이 쳐들어와서 우리의 영토를 침략하고 우리의 소와 말을 몰아가며, 적의 三軍이 크게 몰려와서 우리의 城 밑으로 다가와 압박하면, 우리의 병사들이 크게 두려워하고 인민이 포박을 당하여 적에게 사로잡힐 것이니, 우리가 지키면 견고하고 싸우면 승리하고자 할진댄 어찌해야 하는가?"

武王이 問太公曰 敵人이 若深入長驅하여 侵掠我土地하고 驅逐我牛馬하며 其三軍大至하여 迫我城邑之下하면 吾士卒大恐懼하고 人民皆係累縶縛하여 爲敵所驅虜하리니 吾欲以之守則固하고 以之戰則勝인댄 爲之奈何오

武王이 太公에게 물었다.

적이 만약 먼 길을 몰아 깊숙이 쳐들어와서 우리의 영토를 침략하고 우리의 소와 말을 몰아가며, 적의 三軍이 크게 몰려와서 우리의 성 밑으로 다가와 압박하면, 우리의 병사들이 크게 두려워하고 인민들이 모두 포박당하고 구속되어서 적에게 사로잡힐 것이니, 우리가 지키면 견고하고 싸우면 승리하고자 할진댄 어찌해야 하는가?

太公曰 如此者는 謂之突兵이니 其牛馬를 必不得食하여 士卒絶粮하리니 暴擊而前하고 令我遠邑別軍으로 選其銳士하여 疾擊其後호되 審其期日하여 必會於晦하고 三軍疾戰이면 敵人雖衆이나 其將을 可虜하리이다

太公이 대답하였다.

"이와 같은 것을 突兵이라 하니, 적이 우리의 소와 말을 반드시 잡아먹을 겨를이 없어서 적군은 먹을 것이 끊길 것이니, 급히 맹공을 가하면서 전진하고 먼 고을에 있는 우리의 別動隊로 하여금 精銳兵을 선발하여 급히 적의 후미를 공격하게 하되, 싸우는 날짜를 잘 살펴서 반드시 그믐밤에 만나게 하고 三軍이 급히 싸우면, 적이 아무리 많더라도 적장을 사로잡을 수 있습니다."

太公對曰 如此者는 謂之突兵이니 其掠去牛馬를 必不得食하여 士卒이 斷絶粮

食하리니 必暴擊而前하고 令我遠邑別軍으로 選其精銳之士하여 疾擊其後호되 審察其期戰之日하여 必會於月晦之際하고 令我三軍으로 疾與之戰이면 敵人이 雖是衆多나 其將을 可得而虜矣라

太公이 대답하였다.

이와 같은 것을 突兵이라 하니, 적이 노략질해 간 소와 말을 반드시 잡아먹을 겨를이 없어서 적군들은 먹을 것이 끊길 것이니, 반드시 급히 맹공을 가하면서 전진하고, 먼 고을에 있는 우리의 별동대로 하여금 정예병을 선발하여 급히 적의 후미를 공격하게 하되, 싸우는 날짜를 잘 살펴서 반드시 그믐밤에 만나게 하고 우리의 三軍으로 하여금 급히 적과 싸우게 하면, 적군이 아무리 많더라도 적장을 사로잡을 수 있을 것이다.

武王曰 敵人이 分爲三四하여 或戰而侵掠我地하고 或止而收我牛馬하며 其大軍은 未盡至하고 而使寇薄我城下하여 致吾三軍恐懼하면 爲之奈何오

武王이 말씀하였다.

“적이 3, 4개의 부대로 나누어 혹은 싸우면서 우리의 영토를 침략하고, 혹은 주둔해있으면서 우리의 소와 말을 노략질하며, 적의 대군은 아직 다 오지 않고 일부의 병력으로 하여금 우리의 城 밑으로 다가와 압박하여 우리의 三軍을 두려워하게 하면, 어찌해야 하는가?”

武王曰 假若敵人이 分而爲三四하여 或以一軍으로 戰而侵掠我土地하고 或以一軍으로 止而收集我牛馬하며 其大軍은 未盡至하고 而別使寇兵으로 薄我城下하여 致吾三軍驚恐畏懼하면 則爲之奈何오

武王이 물었다.

가령 적이 3, 4개의 부대로 나누어 혹 한 부대는 싸우면서 우리의 영토를 침략하고, 혹 한 부대는 주둔해있으면서 우리의 소와 말을 노략질하며, 적의 대군은 아직 다 오지 않고 별도로 적군으로 하여금 우리 성 아래로 다가와 압박하여 우리 三軍을 놀라고 두려워하게 만들면, 어찌해야 하는가?

太公曰 謹候敵人未盡至어든 則設備而待之호되 去城四里而爲壘하고 金鼓旗

旗를 皆列而張하며 別隊로 爲伏兵하고 令我壘上에 多積强弩하며 百步一突門하고 門有行馬하며 車騎居外하고 勇力銳士는 隱伏而處니이다

太公이 대답하였다.

"잘 정탐하여 적군이 아직 다 오지 않았으면 대비하고 기다리되, 성에서 4리쯤 떨어진 곳에 보루를 설치하고, 징과 북과 깃발을 모두 나열하여 펼쳐놓으며, 別動隊를 매복시키고 우리의 보루 위에 강한 쇠뇌를 발사하는 정예 부대를 많이 배치하되 백 보에 한 개의 突擊門을 내놓고 문에는 行馬를 설치해두며, 戰車 부대와 騎兵 부대는 밖에 있고 용감한 정예병은 숨어 매복해있게 합니다.

太公對曰 謹候敵人未盡至어든 則先設備而待之호되 去城四里而爲屯壘하고 金鼓旌旗를 皆布列而張設하며 使別隊로 另爲伏兵하고 令我壘上에 多積聚强弩하며 百步에 爲一突門하고 門有行馬拒守하며 車騎는 居於營外하고 勇力銳士는 皆隱伏而處라

太公이 대답하였다.

삼가 잘 정탐하여 적군이 아직 다 오지 않았으면 먼저 대비하고 기다리되, 성에서 4리쯤 떨어진 곳에 주둔하는 보루를 만들고 징과 북과 깃발을 모두 나열하여 펼쳐놓으며, 별동대를 따로 매복시키고 우리의 보루 위에 강한 쇠뇌를 발사하는 정예 부대를 많이 배치하되 백 보에 한 개의 突擊門을 내놓고 문에는 行馬를 설치하여 막으며, 전차 부대와 기병 부대는 진영 밖에 있고 용감한 정예병은 모두 숨어 매복해있게 한다.

敵人若至어든 使我輕卒로 合戰而佯走하고 令我城上에 立旌旗하고 擊鼙鼓하여 完爲守備하면 敵人이 以我爲守城이라하여 必薄我城下하리니 發吾伏兵하여 以衝其內하고 或擊其外하며 三軍疾戰하여 或擊其前하고 或擊其後하면 勇者不得鬪하고 輕者不及走하리니 名曰 突戰이라 敵人雖衆이나 其將必走하리이다 武王曰 善哉라

적이 만약 진격해오거든 우리의 輕武裝한 병사들로 하여금 교전하다가 거짓으로 패주하게 하고, 우리의 城 위에 깃발을 세우고 큰 북과 작은 북을 쳐서 수비태세를 완전하게 하면, 적은 우리가 城을 수비한다고 생각하여 반드시 城 아래로 다가와 압박할 것입니다.

이때 우리의 복병을 출동시켜서 적의 내부를 충돌하고 혹은 외부를 공격하며,

三軍이 급히 싸워 혹은 적의 先頭를 공격하고 혹은 적의 後尾를 공격하면, 적의 용감한 자가 제대로 싸우지 못하고 발이 빠른 자가 미처 달아나지 못할 것이니, 이것을 이름하여 '突戰'이라 합니다. 이렇게 하면 적의 병력이 아무리 많더라도 그 장수를 반드시 패주시킬 수 있습니다."

武王이 말씀하였다.

"좋은 말씀이다."

敵人若至어든 使我輕卒로 與彼合戰而佯走하고 令我城上에 立旌旗하고 擊鼙鼓하여 完爲守禦之備하면 敵人이 以我爲守城이라하여 必來迫我城下하리니 然後에 發吾伏兵하여 以衝其內하고 或擊其外하며 三軍疾戰하여 或擊之於前하고 或擊之於後하면 彼勇者不得與我鬪하고 輕者又不及走하리니 此名曰突戰이라 敵人雖衆이나 其將必走리라 武王曰 公言이 善哉라

적이 만약 진격해오거든 우리의 경무장한 병사들로 하여금 적과 교전하다가 거짓으로 패주하게 하고, 우리의 城 위에 깃발을 세우고 큰 북과 작은 북을 쳐서 수비 태세를 완전하게 하면, 적은 우리가 城을 수비한다고 생각하여 반드시 우리의 城 아래로 다가와 압박할 것이다.

그런 뒤에 우리의 복병을 출동시켜서 적의 내부를 충돌하고 혹은 적의 외부를 공격하며, 三軍이 급히 싸워서 혹은 적의 선두를 공격하고 혹은 적의 후미를 공격하면, 적의 용감한 자가 우리와 싸우지 못하고 발이 빠른 자가 또 미처 달아나지 못할 것이니, 이것을 이름하여 '突戰'이라 한다. 이렇게 되면 적의 병력이 비록 많더라도 그 장수를 반드시 패주시킬 수 있을 것이다.

武王은 "公의 말씀이 좋다." 하였다.

敵强 第四十五　제45편 强敵과의 전투

敵强者는 遇敵兵之强而出奇하여 與之戰也라

敵强이란 적의 강한 부대를 만났을 적에 기이한 계책을 내어서 敵과 싸우는 것이다.

武王이 **問太公曰 引兵深入諸侯之地**하여 **與敵人**으로 **衝軍相當**이어늘 **敵衆我寡**하고 **敵强我弱**하며 **敵人夜來**하여 **或攻吾左**하고 (或吾左右)〔**或攻吾右**〕[1)]하면 **三軍震動**하리니 **吾欲以戰則勝**하고 **以守則固**인댄 **爲之奈何**오

1) (或吾左右)〔或攻吾右〕: 저본의 '或吾左右'는 ≪直解≫와 漢文大系本에 의거하여 '或攻吾右'로 바로잡았다.

武王이 太公에게 물었다.

"군대를 이끌고 諸侯의 땅에 깊숙이 쳐들어가서 적군과 충돌하여 서로 대치하였는데, 적은 병력이 많고 우리는 적으며 적은 강하고 우리는 약하다. 그런데 적이 야음을 틈타 쳐들어와서 혹은 우리의 왼쪽을 공격하고 혹은 우리의 오른쪽을 공격하면, 우리의 三軍이 진동하고 놀랄 것이니, 〈이 경우〉 우리가 싸우면 승리하고 지키면 견고하고자 할진댄 어찌해야 하는가?"

武王이 **問太公曰 若引兵深入諸侯之地**하여 **與敵人**으로 **衝軍相當**하여 **敵衆而我寡**하고 **敵强而我弱**하며 **敵人**이 **遇夜而來**하여 **或攻吾之左**하고 **或攻吾之右**하면 **三軍**이 **震動驚駭**하리니 **吾欲用之戰則制勝**하고 **用之守則堅固**인댄 **將爲之奈何**오

武王이 太公에게 물었다.

만약 군대를 이끌고 諸侯의 땅에 깊숙이 쳐들어가서 적군과 충돌하여 서로 대치하였는데, 적은 병력이 많고 우리는 적으며 적은 강하고 우리는 약하다. 그런데 적이 야음을 틈타 쳐들어와서 혹은 우리의 왼쪽을 공격하고 혹은 우리의 오른쪽을 공격하면 우리의 三軍이 진동하고 놀랄 것이니, 〈이 경우〉 우리가 싸우면 승리하고 지키면 견고하고자 할진댄 장차 어찌해야 하는가?

太公曰 如此者를 **謂之震寇**니 **利以出戰**이요 **不可以守**라 **選吾材士强弩車騎**하여 **爲左右**하여 **疾擊其前**하고 **急攻其後**하며 **或擊其表**하고 **或擊其裏**하면 **其卒必亂**하고 **其將必駭**하리이다

太公이 대답하였다.

"이와 같은 것을 '진동하는 적〔震寇〕'이라 하니, 이때에는 출전하는 것이 이롭고 수비해서는 안 됩니다. 우리의 용감한 병사와 강한 쇠뇌 부대와 戰車 부대와 騎兵 부대를 선발하여 左翼과 右翼으로 삼아, 적의 선두를 급히 공격하고 적의 후

미를 급히 공격하며 혹은 적의 외부를 공격하고 혹은 적의 내부를 공격하면, 적군이 반드시 소란하고 적장이 반드시 놀랄 것입니다."

太公對曰 如此者를 謂之震驚之寇니 吾以利出戰이요 不可以持守라 選簡吾材士强弩車騎하여 爲左右翼하여 令疾擊其前하고 急攻其後하며 或擊其表하고 或擊其裏하면 其士卒必擾亂하고 其將帥必驚駭라

太公이 대답하였다.

이와 같은 경우를 '진동하고 놀란 적'이라 하니, 이때에는 우리가 출전하는 것이 이롭고 수비하여 持久戰을 해서는 안 된다. 우리의 용맹한 병사와 강한 쇠뇌 부대와 전차 부대와 기병 부대를 선발하여 좌익과 우익으로 삼아, 적의 선두를 급히 공격하고 적의 후미를 급히 공격하며 혹은 적의 외부를 공격하고 혹은 적의 내부를 공격하면, 적군이 반드시 소란하고 적의 장수가 반드시 놀랄 것이다.

武王曰 敵人이 遠遮我前하고 急攻我後하여 斷我銳兵하고 絶我材士하여 吾內外不得相聞하면 三軍擾亂하여 皆敗而走하리니 士卒無鬪志하고 將吏無守心이면 爲之奈何오

武王이 물었다.

"만약 적군이 멀리 달려와서 우리의 선두를 가로막고 우리의 후미를 맹렬히 공격하여 우리의 정예병을 차단하고 우리의 용맹한 군대를 끊어서, 우리의 안과 밖이 서로 소식을 전하지 못하면, 三軍이 소란하여 모두 패주할 것이다. 이에 병사들은 싸울 마음이 없고 장수와 관리들은 굳게 지킬 마음이 없으면 어찌해야 하는가?"

武王曰 假若敵人이 遠遮我之前하고 急攻我之後하여 斷我銳兵하여 使不得相救하고 絶我材士하여 使不得相合하여 使吾內外로 不得相聞이면 三軍擾亂하여 皆敗散而走하리니 士卒은 無戰鬪之志하고 將吏는 無固守之心이면 則爲奈何오

武王이 물었다.

가령 적군이 멀리 달려와서 우리의 선두를 가로막고 우리의 후미를 맹렬히 공격하여, 우리의 정예병을 차단해서 서로 구원하지 못하게 하고 우리의 용맹한 군대를 끊어서 서로 모이지 못하게 하여 우리의 안팎이 서로 소식을 통하지 못하게 하면, 우리

의 三軍이 소란하여 모두 흩어져 패주할 것이다. 이에 병사들은 싸우려는 마음이 없고 장수와 관리들은 굳게 지키려는 마음이 없으면 어찌해야 하는가?

太公曰 明哉라 王之問也여 當明號審令하고 出我勇銳冒將之士호되 人操炬火하고 二人同鼓하며 必知敵人所在하여 或擊其表裏하고 微號相知하여 令之滅火하고 鼓音皆止하여 中外相應하여 期約皆當하고 三軍疾戰이면 敵必敗亡하리이다 武王曰 善哉라

太公이 대답하였다.

"현명하십니다. 임금님의 질문이시여. 號令을 분명하고 자세하게 내리며, 용감하고 날쌔어 위험을 무릅쓰고 적장을 잡을 수 있는 병사들을 출동시키되, 병사마다 횃불〔炬火〕을 잡게 하고 두 사람이 북을 함께 치게 하며, 반드시 적이 있는 곳을 알아내어 혹은 적의 안팎을 공격하고, 暗號로 서로 알려서 횃불을 모두 끄고 북소리를 모두 그치게 한 다음, 中外가 서로 응하여 기약을 모두 합당하게 하고 三軍이 맹렬히 싸우게 하면, 적이 반드시 패망할 것입니다."

武王이 말씀하였다.

"좋은 말씀이다."

太公對曰 明哉라 王之所問也여 如此者는 當明吾之號하고 審吾之令하고 出我勇銳冒將之士호되 使人人皆操炬火하니 炬는 束葦爲把而燒之也라 二人同擊一鼓하니 所謂夜戰에 多火鼓也라 必察知敵人所在之處하여 或擊其表裏하고 微號相知하여 以之滅火하고 鼓音亦止하여 中外互相接應하여 期約皆當하고 使三軍疾戰이면 敵人必敗亡矣라 武王曰 公言이 善哉라

太公이 대답하였다.

현명하다. 임금님의 질문이여. 이와 같은 경우에는 마땅히 우리의 호령을 분명하고 자세하게 내리며, 우리의 용감하고 날쌔어 위험을 무릅쓰고 적장을 잡을 수 있는 병사들을 출동시키되, 병사마다 모두 횃불〔炬火〕을 잡게 하여야 한다.

炬는 갈대를 묶어 한 줌으로 만들어서 태우는 횃불이다.

두 사람이 함께 한 북을 치게 하니, 이른바 '야간전투에는 불과 북을 많이 사용한다.'는 것이다.

반드시 적이 있는 곳을 알아내어 혹은 적의 안팎을 공격하고, 암호로 서로 알려서 횃불을 끄고 북소리를 또한 중지하게 한 다음, 中外가 서로 응하여 기약을 모두 합당

하게 하고 三軍으로 하여금 맹렬히 싸우게 하면, 적이 반드시 패망할 것이다.

武王은 "公의 말씀이 좋다." 하였다.

敵武 第四十六 제46편 용맹한 敵兵과의 전투

敵武者는 敵人武勇에 卒與相遇하여 欲設計而與之戰也라

敵武란 武勇이 있는 적과 갑자기 만났을 적에, 계책을 세워 적과 싸우고자 하는 것이다.

武王이 問太公曰 引兵深入諸侯之地하여 卒遇敵人甚衆且武하고 武車驍騎[1) 繞我左右하면 吾三軍이 皆震走하여 不可止하리니 爲之奈何오

1) 武車驍騎 : 武車는 견고한 兵車이고, 驍騎는 날쌔고 용감한 騎馬兵이다.

武王이 太公에게 물었다.

"군대를 이끌고 諸侯의 땅에 깊숙이 쳐들어가서 갑자기 적을 만났는데, 적은 병력이 매우 많고 또 용맹스러우며 무장한 戰車와 날랜 騎兵으로 우리의 좌우를 포위하면, 우리 三軍이 모두 놀라 달아나서 멈추게 할 수가 없을 것이니, 어찌해야 하는가?"

武王이 問太公曰 若引兵深入諸侯之地하여 卒然遭遇敵人甚衆而且武하고 武車驍騎 繞我軍之左右하면 吾三軍이 皆震驚奔走하여 不可得而止하리니 將爲之奈何오

武王이 太公에게 물었다.

만약 군대를 이끌고 諸侯의 땅에 깊숙이 쳐들어가서 갑자기 적을 만났는데, 적은 병력이 매우 많고 또 용맹스러우며 무장한 戰車와 날랜 騎兵으로 우리 군대의 좌우를 포위하면, 우리 三軍이 모두 진동하고 놀라 달아나서 중지시킬 수가 없을 것이니, 장차 어찌해야 하는가?

太公曰 如此者를 謂之敗兵이니 善者는 以勝하고 不善者는 以亡이니이다

太公이 대답하였다.
"이와 같은 경우를 '敗兵'이라 이르니, 用兵을 잘하는 자는 승리하고 用兵을 잘하지 못하는 자는 망합니다."

太公對曰 如此者를 謂之敗北之兵이니 善用兵者는 以之而勝하고 不善用兵者는 以之而亡이라

太公이 대답하였다.
이와 같은 것을 일러 '패배한 군대'라 하니, 用兵을 잘하는 자는 이로써 승리하고 用兵을 잘하지 못하는 자는 이로써 망한다.

武王曰 爲之奈何오 太公曰 伏我材士强弩와 武車驍騎하여 爲之左右호되 常去前後三里라가 敵人이 逐我어든 發我車騎하여 衝其左右니 如此면 則敵人擾亂하고 吾走者自止하리이다

武王이 물었다.
"이를 어찌해야 하는가?"
太公이 대답하였다.
"우리의 용감한 병사와 강한 쇠뇌 부대와 무장한 戰車와 날랜 騎兵을 매복시켜 左翼과 右翼으로 삼되 항상 앞뒤로 3리쯤 떨어지게 하였다가, 적이 우리를 추격하거든 우리의 전차 부대와 기병 부대를 출동시켜서 적의 좌우를 충돌하게 하여야 하니, 이와 같이 하면 적이 소란해지고 우리의 도망하던 병사들이 저절로 멈출 것입니다."

武王問曰 如此면 將爲之奈何오 太公對曰 伏我材士强弩와 武車驍騎하여 爲之左右翼호되 常去吾軍前後三里하여 敵人이 若來逐我어든 發我所伏之車騎하여 衝擊其左右니 如此면 則敵人必擾亂하고 吾走者自止矣라

武王이 물었다.
이와 같으면 장차 어찌해야 하는가?
太公이 대답하였다.
우리의 용감한 병사와 강한 쇠뇌 부대와 무장한 戰車와 날랜 騎兵을 매복시켜 좌익과 우익으로 삼되 항상 우리 군대의 앞뒤로 3리쯤 떨어지게 하였다가, 적이 만약 우

리를 추격해오면 우리가 매복시켰던 전차 부대와 기병 부대를 출동시켜서 적의 좌우를 충돌해야 하니, 이와 같이 하면 적이 반드시 소란해지고 우리의 도망하는 병사들이 저절로 멈추게 될 것이다.

武王曰 敵人이 **與我車騎相當**이어늘 **敵衆我少**하며 **敵强我弱**하며 **其來整治精銳**하여 **吾陳**이 **不敢當**이면 **爲之奈何**오

武王이 물었다.

"적이 우리의 전차 부대, 기병 부대와 서로 대치하였는데, 적군은 병력이 많고 우리는 적으며, 적군은 강하고 우리는 약하며, 몰려오는 적이 정돈되고 정예로워서 우리 진영이 감당할 수 없으면, 어찌해야 하는가?"

武王問曰 若敵人이 與我車騎相當이어늘 敵兵衆하고 我兵少하며 敵兵强하고 我兵弱하며 敵人之來에 整治精銳하여 吾三軍之陳이 不敢當이면 將爲之奈何오

武王이 물었다.

만약 적이 우리의 전차 부대와 기병 부대와 서로 대치하였는데, 적군은 병력이 많고 우리는 적으며, 적군은 강하고 우리 군대는 약하며, 적이 몰려올 적에 정돈되고 정예로워서 우리 三軍의 진영이 감당할 수 없으면, 장차 어찌해야 하는가?

太公曰 選我材士强弩하여 **伏於左右**하고 **車騎**는 **堅陳而處**라가 **敵人**이 **過我伏兵**이어든 **積弩**는 **射其左右**하고 **車騎銳兵**은 **疾擊其軍**하여 **或擊其前**하고 **或擊其後**하면 **敵人雖衆**이나 **其將必走**하리이다 **武王曰 善哉**라

太公이 대답하였다.

"우리의 용맹한 병사와 강한 쇠뇌 부대를 선발하여 좌우에 매복시키고 전차 부대와 기병 부대는 진영을 견고히 지키면서 주둔해있다가, 적이 우리의 복병이 있는 곳을 지나가거든 강한 쇠뇌 부대는 적의 좌우를 향해 쇠뇌를 쏘고, 전차 부대와 기병 부대의 정예병은 적군을 급히 공격하여 혹은 적의 선두를 공격하고 혹은 적의 후미를 공격하면, 적이 아무리 많더라도 그 장수가 반드시 패주할 것입니다."

武王이 말씀하였다.

"좋은 말씀이다."

太公對曰 選簡我材士强弩하여 隱伏於左右하고 車騎則堅陳而處라가 若敵人이 過我所伏之兵이어든 使積弩로 射其左右하고 使車騎로 疾擊其軍하여 或擊之於前하고 或擊之於後하면 敵人이 雖是衆多나 其將必走矣라 武王曰 公言이 善哉라

太公이 대답하였다.

우리의 용맹한 병사와 강한 쇠뇌 부대를 선발하여 좌우에 숨겨 매복시키고 전차 부대와 기병 부대는 진영을 견고히 지키면서 주둔해있다가, 만약 적이 우리 복병이 있는 곳을 지나가거든 강한 쇠뇌 부대로 하여금 적의 좌우를 향해 쇠뇌를 쏘게 하고, 전차 부대와 기병 부대로 하여금 적군을 급히 공격하게 하여 혹은 적의 선두를 공격하고 혹은 적의 후미를 공격하면, 적이 아무리 많더라도 그 장수가 반드시 패주할 것이다.

武王은 "公의 말씀이 좋다." 하였다.

烏雲山兵 第四十七 제47편 山地의 烏雲陣法

烏雲山兵者는 遇高山盤石하여 與敵相拒면 必結爲烏雲之陳[1)]하여 以取勝也라

1) 烏雲之陳 : 烏雲陣으로, 뒤의 ≪直解≫에 '까마귀가 흩어지고 구름이 모이듯 변화가 무궁하다 하여 붙여진 이름'이라고 註하였다.

烏雲山兵이란 높은 산과 盤石을 만나서 적과 서로 대치하게 되면 반드시 烏雲陣을 쳐서 승리를 쟁취하는 것이다.

武王이 問太公曰 引兵深入諸侯之地하여 遇高山盤石하여 其上亭亭하여 無有草木하고 四面受敵이면 吾三軍恐懼하고 士卒迷惑하리니 吾欲以守則固하고 以戰則勝인댄 爲之奈何오

武王이 太公에게 물었다.

"군대를 이끌고 諸侯의 땅에 깊숙이 쳐들어가서 높은 산과 盤石을 만났는데, 그

위가 우뚝하여 의지할 만한 풀과 나무가 없고 사면에서 적의 공격을 받으면, 우리의 三軍이 두려워하고 병사들이 의혹될 것이니, 우리가 지키면 견고하고 전투하면 승리하고자 할진댄 어찌해야 하는가?"

武王이 問太公曰 若引兵深入諸侯之地하여 遇高山盤石하여 其直上亭亭然而高聳(용)하여 無有草木障蔽依倚하고 四面受敵이면 吾三軍驚恐畏懼하고 士卒迷亂疑惑하리니 吾欲以之而守則堅固하고 以之而戰則制勝인댄 將爲之奈何오

武王이 太公에게 물었다.

만약 군대를 이끌고 諸侯의 땅에 깊숙이 쳐들어가서 높은 산과 盤石을 만났는데, 그 위가 우뚝하게 솟아있어 가리고 의지할 만한 풀과 나무가 없고 사면에서 적의 공격을 받으면, 우리의 三軍이 놀라 두려워하고 병사들이 혼미하고 의혹될 것이니, 내 이들을 데리고 지키면 견고하고 이들을 데리고 전투하면 승리하고자 할진댄 장차 어찌해야 하는가?

太公曰 凡三軍이 處山之高면 則爲敵所棲하고 處山之下면 則爲敵所囚라 旣以被山而處하면 必爲烏雲之陳이니 烏雲之陳은 陰陽皆備하여 或屯其陰하고 或屯其陽이라 處山之陽이면 備山之陰하고 處山之陰이면 備山之陽하며 處山之左면 備山之右하고 處山之右면 備山之左하여 敵所能陵者엔 兵備其表하고 衢道通谷엔 絶以武車하며 高置旌旗하고 謹勅三軍하여 無使敵人知吾之情이니 是謂山城이니이다

太公이 대답하였다.

"무릇 三軍이 산의 높은 곳에 주둔해있으면 적에게 깃들여있게 되고, 산의 아래에 주둔해있으면 적에게 갇히게 됩니다. 산에 둘러싸인 곳에 주둔하면 반드시 烏雲陣을 쳐야 하니, 烏雲陣은 陰과 陽이 모두 구비되어 혹은 陰地에 주둔하고 혹은 陽地에 주둔합니다.

山의 陽地에 주둔하면 山의 陰地쪽을 방비하고 山의 陰地에 주둔하면 山의 陽地쪽을 방비하며, 山의 왼쪽에 주둔하면 山의 오른쪽을 방비하고 山의 오른쪽에 주둔하면 山의 왼쪽을 방비해야 합니다.

적이 타고 오를 수 있는 곳에는 병력을 배치해서 외부를 방비하고, 큰 길과 통하는 골짝에는 무장한 전차 부대로 차단하며, 깃발을 높이 꽂아놓고 三軍을 철저

히 단속해서 적으로 하여금 우리의 실정을 알지 못하게 하여야 하니, 이것을 일러 '山城'이라 합니다.

太公對曰 凡三軍이 若處山之高峻이면 則爲敵人所棲니 棲者는 如棲集於危巢之上하여 而不得下也요 處山之低下면 則爲敵人所囚니 囚者는 如囚繫於深獄之中하여 而不得出也라 旣以被山而處軍이면 必結爲烏雲之陳이니 烏雲之陳은 聚散無常하여 陰陽皆備하여 或屯聚於陰하고 或屯聚於陽이라 若處山之陽이면 則防備山之陰하고 處山之陰이면 則防備山之陽이니 山之南曰陽이요 山之北曰陰이라 處山之左면 則防備山之右하고 處山之右면 則防備山之左니 山之東曰左요 山之西曰右라 敵人所能陵而上之者는 以兵防備其表하고 衢道通谷엔 則以武衝車絶之라 或曰 以武剛車絶之니 有巾有蓋를 謂之武剛車니 如衛青征匈奴에 度幕結陳하고 以武剛車自環爲營[1)]이 是也라 高置吾之旌旗하고 謹勅吾之三軍하여 無使敵人知吾之情이니 此謂之山城이라

1) 衛青征匈奴……以武剛車自環爲營 : 衛青은 漢 武帝 때에 匈奴를 정벌하여 큰 功을 세운 인물이다. 武剛車는 옛날 戰車의 이름으로 ≪孫子兵法≫에 "巾이 있고 덮개가 있는 것을 武剛車라 하며 싸울 때에 선두로 삼았다.〔有巾有蓋 謂之武剛車 戰時以爲先驅〕"라고 보인다.

太公이 대답하였다.

무릇 三軍이 만약 산의 높은 곳에 주둔하면 적에게 깃들여있는 바가 되니, 깃들여 있다는 것은 높은 둥지의 위에 깃들여있는 것과 같아서 내려올 수가 없는 것이다. 그리고 산의 낮은 곳에 주둔하면 적에게 갇히는 바가 되니, 갇힌다는 것은 깊은 감옥 속에 갇힌 것과 같아서 탈출할 수가 없는 것이다.

산에 둘러싸인 곳에 군대를 주둔하면 반드시 烏雲陣을 쳐야 하니, 烏雲陣은 모이고 흩어지는 것이 일정함이 없어서 陰과 陽이 모두 구비되어, 혹은 陰地에 주둔하기도 하고 혹은 陽地에 주둔하기도 한다. 만약 山의 陽地쪽에 주둔하였으면 山의 陰地쪽을 방비하고 山의 陰地쪽에 주둔하였으면 山의 陽地쪽을 방비해야 하니, 山의 남쪽을 陽地라 하고 山의 북쪽을 陰地라 한다.

山의 왼쪽에 주둔하였으면 山의 오른쪽을 방비하고 山의 오른쪽에 주둔하였으면 山의 왼쪽을 방비해야 하니, 山의 동쪽을 왼쪽이라 하고 山의 서쪽을 오른쪽이라 한다.

적이 타고 올라올 수 있는 곳에는 병력을 배치하여 그 외부를 방비하고, 큰길과 통하는 골짝에는 武衝車로 차단해야 한다.

혹자는 말하기를 "武剛車로 차단한다."라고 하니, 휘장이 있고 뚜껑이 있는 것을 일러 '武剛車'라 한다. 예컨대 衛青이 匈奴를 정벌할 적에 匈奴의 막사가 있는 곳을 건너가 진을 치고, 武剛車를 가지고 스스로 둘러 진영을 친 것이 이것이다.

우리의 깃발을 높이 꽂아놓고 우리의 三軍을 철저히 단속해서 敵으로 하여금 우리의 실정을 알지 못하게 하여야 하니, 이것을 일러 '山城'이라 한다.

行(항)**列已定**하고 **士卒已陳**하며 **法令已行**하고 **奇正已設**이어든 **各置衝陳於山之表**하여 **便兵所處**하고 **乃分車騎**하여 **爲烏雲之陳**하여 **三軍疾戰**하면 **敵人雖衆**이나 **其將可擒**하리이다

行列이 이미 정해지고 병력 배치가 이미 끝나며 법령이 이미 행해지고 奇正의 계책이 이미 갖추어지면 각각 衝陣을 山의 위에 설치하여 병사들이 주둔하기에 편리하게 하고, 이에 전차 부대와 기병 부대를 나누어 烏雲陣을 만들어서 三軍이 급히 싸우면, 적이 아무리 많더라도 그 장수를 사로잡을 수 있습니다."

行列前後已定하고 士卒疏密已陳하며 法令上下已行하고 奇正方略[1]已設이어든 各置爲衝陳於山之表하여 便兵所處하고 乃分車騎하여 布爲烏雲之陳하여 三軍이 皆疾與戰하면 敵人이 雖是衆多나 其將을 必可擒也라

1) 奇正方略 : 이에 대하여 ≪兵學指南演義≫ 〈旗鼓定法 1 設伏篇〉에는 "가령 本陣 안에 앞뒤로 伏兵을 설치하였는데, 正兵이 적을 유인하여 적이 앞의 복병이 있는 지역 안으로 들어오면, 앞에 매복해있던 복병이 나와 正兵을 구원하고, 正兵은 즉시 몸을 돌려 적과 싸우되, 아군이 이기면 뒤에 있는 복병은 움직이지 않고 기다렸다가 철수하며, 상황이 그 반대로 전개될 경우에는 뒤에 매복해있던 복병이 나와 正兵을 구원하고, 正兵은 즉시 몸을 돌려 적과 싸우되, 아군이 이기면 앞에 있는 복병은 움직이지 않고 기다렸다가 철수하여, 상황의 변화에 따라 臨機應變을 적절히 해야 한다."라고 설명하고 있다.

군대의 항렬이 앞뒤로 이미 정해지고 병력의 배치가 이미 진열되었으며 법령이 상하간에 이미 행해지고 奇正의 방략이 이미 마련되었으면, 각기 衝陣을 山의 위에 설치하여 병사들이 주둔하기에 편리하게 하고, 이에 전차 부대와 기병 부대를 나누어 烏雲陣을 펼쳐서 三軍이 모두 급히 싸우면, 적의 병력이 아무리 많더라도 그 장수를 반드시 사로잡을 수 있는 것이다.

烏雲澤兵 第四十八　제48편 濕地의 烏雲陣法

烏雲澤兵者는 遇斥鹵(로)之地하여 與敵相拒에 必結爲烏雲之陳하여 以取勝也라

烏雲澤兵이란 늪이나 뻘밭을 만나서 적과 서로 대치할 적에 반드시 烏雲陣을 설치하여 승리를 취하는 것이다.

武王이 問太公曰 引兵深入諸侯之地하여 與敵人臨水相拒에 敵富而衆하고 我貧而寡하여 踰水擊之면 則不能前이요 欲久其日이면 則粮食少하며 吾居斥鹵之地하여 四旁無邑하고 又無草木하여 三軍이 無所掠取하고 牛馬無所芻牧이면 爲之奈何오

武王이 太公에게 물었다.
"군대를 이끌고 諸侯의 땅에 깊숙이 쳐들어가서 적과 강물을 마주하고 서로 대치했을 적에, 적은 부유하고 병력이 많으며 우리는 가난하고 병력이 적어서 강물을 건너가 공격하면 前進할 수가 없고 날짜를 끌어 오랫동안 버티고자 하면 軍糧이 부족하며, 우리가 늪이나 뻘밭에 주둔해있어 사방에 지원할 고을이 없고 또 의지할 만한 풀과 나무가 없어서 三軍이 노략질할 것이 없고 소와 말을 먹일 꼴이 없으면 어찌해야 하는가?"

武王이 問太公曰 若引兵深入諸侯之地하여 吾與敵人으로 臨水相拒에 敵人은 財物富足하고 而兵又衆多하며 我는 財物貧乏하고 而兵又寡少하여 欲踰水擊之면 則力所不能이요 欲久其日이면 則粮食又少라 斥鹵는 鹹也라 東方謂斥이요 西方謂鹵라 四旁에 皆無城邑하고 又無草木依以爲固하여 三軍之用을 無所掠取하고 牛馬之食을 無所芻牧이면 將爲之奈何오

武王이 太公에게 물었다.
만약 군대를 이끌고 諸侯의 땅에 깊숙이 쳐들어가서 우리가 적과 강물을 마주하고 서로 대치했을 적에, 적은 재물이 풍부하고 병력도 많으며, 우리는 재물이 궁핍하고 병력도 적어서, 강물을 건너가 공격하고자 하면 힘이 미치지 못하고 날짜를 끌어 오랫동안 버티고자 하면 군량이 부족하다.

斥鹵는 소금기가 많아서 짠 땅이다. 東方에서는 '斥'이라 하고, 西方에서는 '鹵'라 한다.

사방에 모두 우리를 지원할 성과 고을이 없고 또 의지하여 견고함으로 삼을 만한 풀과 나무가 없어서, 三軍이 사용할 재물을 노략질할 곳이 없고 소와 말이 먹을 꼴을 취할 곳이 없으면 장차 어찌해야 하는가?

太公曰 三軍無備하고 **牛馬無食**하고 **士卒無糧**이면 **如此者**는 **索便**하여 **詐敵而亟去之**호되 **設伏兵於後**니이다

太公이 대답하였다.

"三軍이 준비가 없고 소와 말이 먹을 것이 없고 병사들이 먹을 군량이 없으면, 이와 같은 경우에는 편리한 방법을 찾아서 적을 속이고 급히 떠나가되, 복병을 후방에 설치해야 합니다."

太公對曰 三軍無備禦之具하고 牛馬無藁草之食하고 士卒無饋餉之糧이면 如此者는 索便하여 以計詐而亟去之호되 設伏兵於後하여 以防其襲我者라

太公이 대답하였다.

三軍이 적을 막을 만한 대비가 없고 소와 말이 먹을 짚과 풀이 없고 병사들이 먹을 군량이 없으면, 이와 같은 경우에는 편리한 방법을 찾아서 계략으로 적을 속이고 일찍 떠나되, 복병을 후방에 설치하여 적이 우리를 습격하는 것을 막아야 한다.

武王曰 敵不可得而詐요 **吾士卒迷惑**하며 **敵人**이 **越我前後**하여 **吾三軍**이 **敗而走**하면 **爲之奈何**오 **太公曰 求途之道**는 **金玉爲主**하여 **必因敵使**니 **精微爲寶**니이다

武王이 물었다.

"적을 속일 수가 없고 우리 병사들이 미혹되며, 적이 우리 진영의 앞뒤로 넘어와서 우리 三軍이 패하여 도망하면 어찌해야 하는가?"

太公이 대답하였다.

"탈출할 길을 찾는 방도는 金과 玉을 사용하되 반드시 적의 使者를 이용해야 하니, 정밀하고 미묘하게 하는 것이 보배가 됩니다."

武王問曰 敵人을 不可得以計而詭詐之요 吾士卒이 迷失疑惑하며 敵人이 又越我

前後하여 吾三軍이 敗亂而走하면 將爲之奈何오 太公對曰 求途之道는 以金玉爲主호되 必因敵使而知之니 精詳微妙爲寶라

武王이 물었다.

적을 계책으로 속일 수 없고 우리의 병사들이 혼미하고 현혹되며, 적이 또 우리 진영의 앞뒤로 넘어와서 우리 三軍이 혼란하여 패주하면 장차 어찌해야 하는가?

太公이 대답하였다.

탈출할 길을 찾는 방도는 金과 玉을 사용하되 반드시 적의 使者를 이용해서 알아야 하니, 정밀하고 미묘하게 하는 것이 보배가 된다.

武王曰 敵人이 知我伏兵하여 大軍不肯濟하고 別將分隊하여 以踰於水하면 吾三軍大恐하리니 爲之奈何오

武王이 물었다.

"적이 우리 군대가 매복한 것을 알고 있어서 대병력이 강물을 건너오려 하지 않고 別將이 군대를 나누어서 강물을 건너오면 우리 三軍이 크게 두려워할 것이니, 어찌해야 하는가?"

武王問曰 敵人이 知我伏兵所在하여 大軍不肯畢濟하고 遣別將分隊하여 以踰於水하면 吾三軍이 於是大恐하리니 將爲之奈何오

武王이 물었다.

적이 우리의 복병이 있는 곳을 알아서 대병력이 다 건너오려 하지 않고 別將을 보내어 군대를 나누어서 강물을 건너오면 우리 三軍이 이에 크게 두려워할 것이니, 장차 어찌해야 하는가?

太公曰 如此者는 分爲衝陳하여 便兵所處하고 須其畢出하여 發我伏兵하여 疾擊其後하고 强弩는 兩旁射其左右하며 車騎는 分爲烏雲之陣하여 備其前後하고 三軍疾戰이니 敵人이 見我戰合하면 其大軍이 必濟水而來하리니 發我伏兵하여 疾擊其後하고 車騎衝其左右하면 敵人雖衆이나 其將可走하리이다

太公이 대답하였다.

"이와 같은 경우에는 군대를 나누어 衝陣을 만들어서 병사들이 주둔하기에 편

리하게 하고, 적이 다 출전하기를 기다렸다가 우리의 복병을 출동시켜 적의 후미를 급히 공격하고, 강한 쇠뇌를 가진 부대는 양옆에서 적의 좌우를 향해 쇠뇌를 발사하며, 戰車 부대와 騎兵 부대는 나누어 烏雲陣을 설치하여 앞뒤를 방비하고 三軍이 급히 싸워야 하니, 적이 우리가 모여 싸우는 것을 보면 대병력이 반드시 강물을 건너올 것입니다.

이때 우리의 복병을 출동시켜서 적의 후미를 급히 공격하고 전차 부대와 기병 부대가 적의 좌우를 충돌하면, 적이 아무리 많더라도 그 장수를 패주시킬 수 있습니다.

太公對曰 如此者는 令吾三軍으로 分爲衝陳하여 便兵所處하고 須其彼軍之畢出然後에 發我隱伏之兵하여 疾擊其後하고 又令强弩로 兩旁射其左右하며 車騎則分爲烏雲之陳하여 防備其前後하고 三軍이 皆爲之疾戰이니 敵人이 見我戰陳旣合하면 其大軍이 必濟水而來薄我하리니 然後에 發我隱伏之兵하여 疾擊其後하고 車騎衝其左右하면 敵人이 雖是衆多나 其將可走矣라

太公이 대답하였다.

이와 같은 경우에는 우리 三軍을 나누어 衝陣으로 만들어서 병사들이 주둔하기에 편리하게 하고, 적이 다 출전하기를 기다린 뒤에 우리가 숨겨놓은 복병을 출동시켜서 적의 후미를 급히 공격하고, 또 강한 쇠뇌를 가진 부대로 하여금 양옆에서 적의 좌우를 향해 발사하며, 전차 부대와 기병 부대는 나누어 烏雲陣을 설치해서 앞뒤를 방비하고 三軍이 모두 급히 싸워야 하니, 적이 우리 진영이 이미 모여 싸우는 것을 보면 대병력이 반드시 강물을 건너와서 우리에게 다가와 압박할 것이다.

그런 뒤에 우리가 숨겨두었던 복병을 출동시켜서 적의 후미를 급히 공격하고 전차 부대와 기병 부대가 적의 좌우를 충돌하면, 적의 병력이 아무리 많더라도 그 장수를 패주시킬 수 있을 것이다.

凡用兵之大要는 當敵臨戰에 必置衝陳하여 便兵所處然後에 以車騎로 分爲烏雲之陳이니 此用兵之奇也라 所謂烏雲者는 烏散而雲合하여 變化無窮者也니이다 武王曰 善哉라

무릇 用兵하는 大要는, 적을 맞아 싸울 적에 반드시 衝陣을 설치하여 병사들이 주둔하기에 편리하게 하여야 합니다. 그런 뒤에 전차 부대와 기병 부대를 나누어

烏雲陣을 설치해야 하니, 이는 用兵의 기이한 계책입니다. 이른바 '烏雲陣'이란 까마귀가 흩어지고 구름이 모이듯 변화가 무궁한 것입니다."

武王이 말씀하였다.

"좋은 말씀이다."

凡用兵之大要는 當敵臨戰에 必置衝陣이니 衝陣者는 選武勇精銳之士하여 結爲四陣하여 以衝擊其左右前後者也라 便兵所處之地然後에 以車騎로 分而爲烏雲之陣이니 此二者는 皆用兵之奇也라 所謂烏雲者는 烏散而雲合하여 變化無窮盡者也라 武王曰 公言이 善哉라

무릇 用兵하는 大要는, 적을 맞아 싸울 적에 반드시 衝陣을 설치하여야 하니, 衝陣이란 武勇이 있는 정예병을 선발하여 네 진영을 만들어서 적의 좌우와 앞뒤를 충격하는 것이다. 병사들이 주둔하기에 편리하게 한 뒤에 전차 부대와 기병 부대를 나누어 烏雲陣을 만드니, 이 두 가지는 모두 用兵의 기이한 계책이다. 이른바 '烏雲陣'이란 까마귀가 흩어지고 구름이 모이듯 변화가 무궁한 것이다.

武王은 "公의 말씀이 좋다." 하였다.

少衆 第四十九　제49편 적은 병력으로 大敵 격퇴

少衆者는 以吾兵之少로 遇敵兵之多하여 欲設奇而取勝也라

少衆이란 우리의 적은 병력을 가지고 적의 많은 병력을 만나 기이한 계책을 펼쳐서 승리를 취하고자 하는 것이다.

武王이 問太公曰 吾欲以少擊衆하고 以弱擊强하노니 爲之奈何오 太公曰 以少擊衆者는 必以日之暮에 伏之深草하고 要之隘路요 以弱擊强者는 必得大國之與와 隣國之助니이다

武王이 太公에게 물었다.

"내가 적은 병력으로 적의 많은 병력을 공격하고 약한 부대로 적의 강한 부대

를 공격하고자 하노니, 어찌해야 하는가?”

太公이 대답하였다.

“적은 병력으로 적의 많은 병력을 공격하는 경우에는 반드시 해가 저물 적에 풀이 우거진 곳에 매복을 설치하고 좁은 길목에서 요격하여야 하며, 약한 부대로 적의 강한 부대를 공격하는 경우에는 반드시 大國의 도움과 이웃 나라의 원조를 얻어야 합니다.”

武王이 問太公曰 吾欲以少擊敵之衆하고 以弱擊敵之强하노니 將爲之奈何오 太公對曰 以少擊敵之衆者는 必以日之暮晩에 隱伏於深草하고 要之於隘路요 以弱擊敵之强者는 必得大國之相與와 隣國之助援이라

武王이 太公에게 물었다.

내가 적은 병력으로 적의 많은 병력을 공격하고 약한 부대로 적의 강한 부대를 공격하고자 하니, 장차 어찌해야 하는가?

太公이 대답하였다.

적은 병력으로 적의 많은 병력을 공격하는 경우에는 반드시 해가 저물 적에 풀이 우거진 곳에 은밀히 매복을 설치하고 좁은 길목에서 요격하여야 하며, 약한 부대로 적의 강한 부대를 공격하는 경우에는 반드시 大國의 도움과 이웃 나라의 원조를 얻어야 한다.

武王曰 我無深草하고 又無隘路하며 敵人已至하여 不適日暮하고 我無大國之與하고 又無隣國之助하면 爲之奈何오

武王이 물었다.

“우리에게 풀이 우거져 매복할 만한 곳이 없고 또 요격할 만한 좁은 길목이 없으며, 적이 이미 몰려와서 해가 기운 때를 만나지 못하고, 우리에게 大國의 도움이 없고 또 이웃 나라의 원조가 없으면 어찌해야 하는가?”

武王問曰 我無深草可以隱伏이요 又無隘路可以要擊이며 敵人已至而薄我하여 不值日之昏暮하고 我無大國之相與하고 又無隣國之助援이면 將爲之奈何오

武王이 물었다.

우리에게 풀이 우거져 군대를 숨겨 매복할 만한 곳이 없고 또 요격할 만한 좁은 길

목이 없으며, 적이 이미 몰려와서 우리를 압박하여 날이 저물 때를 만나지 못하고, 우리에게 大國의 도움이 없고 또 이웃 나라의 원조가 없으면 장차 어찌해야 하는가?

太公曰 妄張詐誘하여 以熒(형)惑其將하며 迂其途하여 令過深草하고 遠其路하여 令會日暮하여 前行未渡水하고 後行未及舍어든 發我伏兵하여 疾擊其左右하고 車騎擾亂其前後하면 敵人雖衆이나 其將可走하리이다 事大國之君하고 下(臨)〔隣〕[1]國之士하며 厚其幣하고 卑其辭니 如此면 則得大國之與와 隣國之助矣리이다 武王曰 善哉라

1) (臨)〔隣〕: 저본의 '臨'은 ≪直解≫와 漢文大系本에 의거하여 '隣'으로 바로잡았다.

太公이 대답하였다.

"속임수로 적을 유인하는 계책을 써서 적장을 현혹시키며, 길을 우회하여 적으로 하여금 풀이 우거진 곳을 지나가게 하고 길을 멀리 돌아서 적으로 하여금 해가 질 무렵에 會戰하게 만들어서 적의 선두 부대가 미처 강물을 건너오지 못하고 후미 부대가 미처 막사에 나아가지 못했으면, 우리의 복병을 출동시켜서 적의 좌우를 급히 공격하고 전차 부대와 기병 부대가 적의 앞뒤를 소란하게 해야 합니다. 아렇게 하면 적이 아무리 많더라도 그 장수를 패주시킬 수 있습니다.

大國의 군주를 잘 섬기고 이웃 나라의 선비에게 낮추며 폐백을 많이 보내고 말을 공손히 낮추어야 하니, 이와 같이 하면 大國의 도움과 이웃나라의 원조를 얻을 것입니다."

武王이 말씀하였다.

"좋은 말씀이다."

太公對曰 妄張詐誘之事하여 以熒惑其將帥라 熒惑은 火星名也니 以其光熒하여 可疑惑人也라 迂其途하여 令過深草之地하고 遠其路하여 令會日之昏暮하여 前行者未及渡水하고 後行者未及就舍어든 發我伏兵하여 疾擊其左右하고 令車騎로 擾亂其前後하면 敵人雖衆이나 其將을 可走矣라 敬事大國之君하고 禮下隣國之士하며 重厚其幣帛하고 卑下其言辭니 如此면 則得大國之所與와 隣國之助援矣라 武王曰 公言이 善哉라

太公이 대답하였다.

속임수로 유인하는 일을 펼쳐서 적의 장수를 현혹〔熒惑〕시켜야 한다.

熒惑은 火星의 이름이니, 그 광채가 빛나서 사람들을 의혹하게 할 수 있다.

길을 우회하여 적으로 하여금 풀이 우거진 지역을 지나가게 하고, 길을 멀리 돌아서 적으로 하여금 해가 어두울 무렵에 會戰하게 만들어서, 적의 선두 부대가 미처 강물을 건너오지 못하고 후미 부대가 미처 막사에 나아가지 못했으면, 우리의 복병을 출동시켜서 적의 좌우를 급히 공격하고, 전차 부대와 기병 부대로 하여금 적의 앞뒤를 소란하게 해야 한다. 이렇게 하면, 적의 병력이 아무리 많더라도 적의 장수를 패주시킬 수 있을 것이다.

大國의 군주를 공경하여 잘 섬기고 이웃 나라의 선비에게 예우하여 낮추며, 폐백을 많이 보내고 말을 공손히 낮추어야 하니, 이와 같이 하면 大國의 도움과 이웃나라의 원조를 얻게 될 것이다.

武王은 "公의 말씀이 좋다." 하였다.

分險 第五十 제50편 險地에서의 分散 對峙

分險者는 遇險阻之地하여 與敵人分守相拒也라

分險이란 험하고 막힌 지역을 만나서 적과 나누어 지키며 서로 대치하는 것이다.

武王이 問太公曰 引兵深入諸侯之地하여 與敵人相遇於險阨之中하여 吾左山而右水하고 敵右山而左水하여 與我分險相拒어든 吾欲以守則固하고 以戰則勝인댄 爲之奈何오

武王이 太公에게 물었다.

"군대를 이끌고 諸侯의 땅에 깊숙이 쳐들어가서 험하고 좁은 가운데에서 적과 서로 만났는데, 우리는 왼쪽에 산이 있고 오른쪽에 물이 있으며, 적은 오른쪽에 산이 있고 왼쪽에 물이 있어, 우리와 험한 곳을 나누어 서로 대치해있을 경우, 우리가 수비하면 견고하고 싸우면 승리하고자 할진댄 어찌해야 하는가?"

武王이 問太公曰 若引兵深入諸侯之地하여 與敵人으로 相遇於險阻阨狹之中하여 吾軍所處者는 左在山而右逼水하고 敵軍所處者는 右在山而左逼水하여 與我分山險而相拒어든 吾欲以之守則堅固하고 以之戰則取勝인댄 將爲之奈何오

武王이 太公에게 물었다.

만약 군대를 이끌고 諸侯의 땅에 깊숙이 쳐들어가서 험하고 좁은 가운데에서 적과 서로 만났는데, 우리 군대가 주둔한 곳은 왼쪽에 산이 있고 오른쪽에 물이 가까이 있으며, 적이 주둔한 곳은 오른쪽에 산이 있고 왼쪽에 물이 가까이 있어서, 산과 험한 곳을 우리와 나누어 서로 대치해있을 경우, 우리가 수비하면 견고하고 싸우면 승리를 쟁취하고자 할진댄 장차 어찌해야 하는가?

太公曰 處山之左엔 急備山之右하고 處山之右엔 急備山之左하며 險有大水로되 無舟楫者는 以天潢으로 濟吾三軍하여 已濟者는 亟廣吾道하여 以便戰所하고 以武衝爲前後하며 列其强弩하여 令行陣皆固하고 衢道谷口에 以武衝絶之하고 高置旌旗니 是爲軍城이니이다

太公이 대답하였다.

"山의 왼쪽에 주둔해있을 적에는 山의 오른쪽을 급히 수비하고, 山의 오른쪽에 주둔해있을 적에는 山의 왼쪽을 급히 수비하며, 험한 곳에 큰 물이 있는데 배와 노가 없을 경우에는 天潢을 가지고 우리 三軍을 건너게 합니다.

이미 건너간 병사들은 급히 우리의 길을 넓혀 전투하기에 편리하게 하고 武衝扶胥로 앞뒤의 진영을 만들며, 강한 弓弩 부대를 길게 배치하여 진영을 모두 견고하게 하고, 큰길과 골짝 입구에는 武衝扶胥로 적의 침입로를 차단하고 깃발을 높이 꽂아놓아야 하니, 이것을 일러 '軍城(교두보)'이라 합니다.

太公對曰 凡處山之左엔 急防備山之右하고 處山之右엔 急防備山之左하며 險有大水로되 無舟楫可渡者면 則用天浮鋏螳螂, 環利通索하여 張飛江을 名曰 天潢이니 以濟吾三軍하여 已濟者는 (極)〔亟〕[1]廣吾通行之道하여 以便戰所하고 以武衝扶胥로 爲前後하며 列其强弩하여 令行陳皆堅固하고 衢道谷口에 亦以武衝絶之하고 高置旌旗니 此謂之軍城이라

1) (極)〔亟〕: 저본의 '極'은 經文에 의거하여 '亟'로 바로잡았다.

太公이 대답하였다.

무릇 山의 왼쪽에 군대를 주둔했을 경우에는 山의 오른쪽을 급히 수비하고, 山의 오른쪽에 주둔했을 경우에는 山의 왼쪽을 급히 수비하며, 험하여 큰 물이 있는데 건널 만한 배와 노가 없을 경우에는 天浮鐵螳蜋과 고리가 달린 쇠사슬을 사용하여 飛江을 설치하는데 이를 이름하여 '天潢'이라 하니, 이것으로 우리 三軍을 건너게 한다.

이미 건너간 병사들은 우리가 통행하는 길을 급히 넓혀 전투하기에 편리하게 하고 武衝扶胥로 앞뒤의 진영을 만들며, 강한 쇠뇌를 가진 부대를 길게 배치하여 진영을 모두 견고하게 하고, 큰길과 골짝 입구에도 武衝扶胥로 적의 침공로를 차단하고 깃발을 높이 꽂아놓아야 하니, 이것을 일러 '軍城'이라 한다.

凡險戰之法은 以武衝爲前하고 大櫓爲衛하며 材士强弩로 翼吾左右하고 三千人이 爲一屯하여 必置衝陳하여 便兵所處하며 左軍以左하고 右軍以右하고 中軍以中하여 竝攻而前호되 已戰者는 還歸屯所하여 更(경)戰更息하여 必勝乃已니이다 武王曰 善哉라

대체로 險地에서 전투하는 방법은 武衝車를 앞세우고 큰 방패로 호위하며, 용맹한 병사와 강한 弓弩 부대로 우리 진영의 좌우를 엄호하고, 3,000명을 한 진영으로 만들어서 반드시 武衝陣을 설치하여 병사들이 주둔하기에 편리하게 해야 합니다. 우리의 왼쪽 군대는 적의 왼쪽 군대를 맡고 오른쪽 군대는 적의 오른쪽 군대를 맡고 中軍은 적의 중군을 맡아서 일제히 공격하면서 전진하되, 이미 싸운 병사는 주둔한 곳으로 돌아와서 반드시 승리할 때까지 번갈아 싸우고 번갈아 휴식하게 해야 합니다."

武王이 말씀하였다.

"좋은 말씀이다."

大凡險戰之法은 以武衝扶胥로 爲前하고 武翼大櫓로 爲衛하며 用材士强弩하여 翼蔽吾之左右하고 三千人이 爲一屯하여 必置四武衝陳하여 以備其兩旁하여 便兵所處之地하며 左軍以擊其左하고 右軍以擊其右하고 中軍以擊其中하여 三軍竝攻而前호되 已與戰者는 還歸屯所하여 更迭而戰하고 更迭而息하여 必取勝乃止라 武王曰 公之言이 善哉라

대체로 험지에서 싸우는 방법은 武衝扶胥를 앞세우고 武翼大櫓(큰 방패)로 호위하게 하며, 용맹한 병사와 강한 弓弩 부대를 사용하여 우리 진영의 좌우를 엄호하고, 3,000명을 한 진영으로 만들어서 반드시 네 개의 武衝陣을 설치하여 진영의 양옆을 방비해서 군대가 주둔하기에 편리하게 해야 한다. 우리 왼쪽 군대는 적의 왼쪽 군대를 공격하고 오른쪽 군대는 적의 오른쪽 군대를 공격하고 중군은 적의 중군을 공격해서 三軍이 일제히 공격하면서 전진하되, 이미 전투에 참여한 병사는 주둔한 곳으로 돌아와서 반드시 승리할 때까지 번갈아 싸우고 번갈아 휴식하게 해야 한다.

武王은 "公의 말씀이 좋다." 하였다.

犬韜

개〔犬〕는 영리하고 충직한 동물로서, 인간에게 순화된 이래 사냥의 도구로 사용되었으므로, 이를 篇名으로 삼은 것이다. 이 편에서는 軍의 分散과 集合, 교육 훈련, 그리고 步兵·騎兵·戰車兵의 편성과 그 운용에 대하여 상세히 논하고, 전시에 兵種別로 통제 지휘하는 방법론을 아울러 열거하고 있다.

分合 第五十一　제51편 離合集散

分合者는 吾三軍을 散爲數處라가 今欲聚爲一陳하여 并力而合戰也라

分合이란 우리의 三軍을 흩어 여러 곳에 주둔시켰다가, 이제 다시 모아 한 陣을 만들어서 힘을 합쳐 싸우고자 하는 것이다.

武王이 問太公曰 王者帥師에 三軍을 分爲數處라가 將欲期會合戰하여 約誓賞罰인댄 爲之奈何오

武王이 太公에게 물었다.
"王者가 군대를 거느리고 출동하여 三軍을 나누어 몇 곳에 주둔시켰다가, 장수가 날짜를 약속하고 모여 〈적과〉 會戰하려고, 〈병사들에게〉 약속을 하고 賞罰을 내리려면 어찌해야 하는가?"

武王이 問太公曰 王者帥師而出하여 三軍을 分爲數處라가 爲將者 欲期會與人合戰하여 約誓賞罰인댄 將爲之奈何오

武王이 太公에게 물었다.

王者가 군대를 거느리고 출동하여 三軍을 나누어 몇 곳에 주둔시켰다가, 장수 된 자가 날짜를 약속하고 모여 적과 會戰하려고, 병사들에게 약속을 하고 賞罰을 내리려면 장차 어찌해야 하는가?

太公曰 凡用兵之法은 **三軍之衆**을 **必有分合之變**이니 **其大將**이 **先定戰地戰日然後**에 **移檄書**하여 **與諸將吏期**니이다 **攻城圍邑**에 **各會其所**호되 **明告戰日**하고 **漏刻有時**하며 **大將**이 **設營而陣**하여 **立表轅門**하고 **淸道而待**호되 **諸將吏至者**를 **校其先後**하여 **先期至者**는 **賞**하고 **後期至者**는 **斬**이니 **如此**면 **則遠近奔集**하고 **三軍俱至**하여 **併力合戰**하리이다

太公이 대답하였다.

"무릇 用兵하는 방법은 三軍의 병력을 반드시 나누고 모으는 변화가 있어야 하니, 大將이 먼저 전투할 지역과 전투할 날짜를 정한 뒤에 檄文을 돌려서 여러 장수·관리들과 약속하여야 합니다.

적의 城을 공격하고 적의 고을을 포위할 적에 각각 그 장소에 모이되, 전투할 날짜를 분명히 고시하고 시각을 정하여 제때에 집결하게 합니다. 大將이 진영을 설치하고 포진하여 轅門에 表柱(표시 기둥)를 세우고 길을 깨끗이 청소하고서 기다려야 한다.

여러 장수와 관리 중에 도착한 자들을 그 先後를 비교해서 시기보다 앞서 도착한 자에게는 賞을 내리고 시기보다 뒤늦게 도착한 자에게는 斬刑을 시행하여야 합니다. 이와 같이 하면 멀고 가까이 있는 자들이 모두 달려와 모이고 三軍이 함께 도착해서 힘을 합쳐 함께 싸울 것입니다."

太公對曰 大凡用兵之法은 三軍之衆을 必有分合之變이니 其大將이 先定會戰之地와 與會戰之日然後에 行移檄書하여 與諸將吏期約이라 攻人之城하고 圍人之邑에 各會聚於相約之處호되 明告將吏以會戰之日하고 漏刻亦有時니 然後에 大將이 設營布陣하여 立表柱於轅門하고 淸道而待之라 轅門은 解見尉繚子書[1)]하니라 諸將吏至者를 校量其先後하여 先期至者는 賞之하고 後期至者는 斬之니 如此면 則遠近皆來會集하고 三軍俱應期而至하여 與吾併力而合戰矣[2)]라

1) 轅門 解見尉繚子書 : 轅門은 수레로 만든 진영의 이름이다. 轅은 수레의 끌채인데,

이것으로 軍門을 만들었다 하여 붙여진 명칭이다.

≪尉繚子≫ 〈將令〉에 "장군이 출전 명령을 받으면 병사들에게 고하기를 '도성문의 밖으로 출동하되 한낮에 營表를 세우고 轅門을 설치하고서 모이기로 약속한다.'〔將軍告曰 出國門之外 期日中 設營表 置轅門 期之〕" 하였는데, ≪直解≫에 "表는 기둥이고 轅門은 군대가 머물러 유숙하는 곳이니, 수레를 차례로 진열하여 울타리로 삼고 수레를 뒤엎어놓아 수레의 끌채로써 문을 만드는 것이다.〔表 柱也 轅門者 軍止宿之處 次車以爲藩 仰車以其轅 表門也〕"라고 보인다.

2) 先期至者……與吾併力而合戰矣 : ≪兵學指南演義≫ 〈旗鼓定法 1 肅靜砲篇〉에는 이 부분을 인용하여 "肅靜은 바로 엄숙히 멈추고 움직이지 말라는 표시로서, 이것을 한계로 삼아 집합시간을 정하고 푯말이 있는 곳으로 병사들을 모이게 하되, 늦게 도착하는 자는 사형에 처한다." 하여 명령 신호 체계의 중요성을 강조하고 있다.

太公이 대답하였다.

대체로 用兵하는 방법은 三軍의 병력을 반드시 나누고 모으는 변화가 있어야 하니, 大將이 미리 會戰할 장소와 會戰할 날짜를 결정한 뒤에 격문을 돌려서 여러 장수·관리들과 약속하여야 한다.

적의 城을 공격하고 적의 고을을 포위할 적에 각각 서로 약속한 장소에 모이되, 장수와 관리들에게 會戰할 날짜를 분명히 고시하고 시각 또한 일정한 때가 있어야 한다. 그런 뒤에 大將이 진영을 설치하고 포진하여 轅門에 表柱를 세우고 길을 깨끗이 청소하고서 기다려야 한다. 轅門은 해석이 ≪尉繚子≫에 보인다.

여러 장수와 관리 중에 도착한 자들을 그 선후를 비교하고 헤아려서 시기보다 앞서 도착한 자에게는 賞을 주고 시기보다 뒤늦게 도착한 자에게는 斬刑을 시행하여야 하니, 이와 같이 하면 멀고 가까운 자들이 모두 달려와 모이고 三軍이 모두 시기에 맞추어 도착해서 우리와 힘을 합쳐 함께 싸울 것이다.

(或)〔武〕[1)]鋒 第五十二 제52편 정예병을 활용한 공격

1) (或)〔武〕: 저본의 '或'은 漢文大系本에 의거하여 '武'로 바로잡았다.

(或)〔武〕鋒者는 選吾武勇鋒銳之士하여 伺其便이면 則出而破敵也라

武鋒이란 武勇이 있고 정예한 우리의 병사를 선발하여 적의 편리한 틈을 기다리고 있다가 틈이 보이면 나가서 적을 격파하는 것이다.

武王이 **問太公曰 凡用兵之要**는 **必有武車, 驍騎, 馳陣, 選鋒**하여 **見可則擊之**니 **如何而可擊**고

武王이 太公에게 물었다.
"무릇 用兵하는 요점은 반드시 무장한 전차〔武車〕와 날랜 기병〔驍騎〕과 용감하게 적진에 달려가는 勇士〔馳陣〕와 선발된 정예 병사〔選鋒〕가 있어서 가능성을 발견하면 적을 공격하는 것이니, 어떤 경우에 공격할 수 있는가?"

> **武王**이 **問太公曰 凡用兵之要法**은 **必有武車, 驍騎, 馳陣, 選鋒**의 **精銳之士**하여 **見敵有可乘之隙**이면 **則擊之**니 **敵勢如何而可擊也**오
>
> 武王이 太公에게 물었다.
> 무릇 用兵하는 요점은 반드시 무장한 전차와 날랜 기병과 용감하게 적진에 달려가는 勇士로 선발된 정예 병사가 있어서 적에게 틈탈 만한 기회가 있으면 공격하는 것이니, 적의 형세가 어떠하면 공격할 수 있는가?

太公曰 夫欲擊者는 **當審察敵人十四變**이니 **變見**(현)**則擊之**면 **敵人必敗**하리이다

太公이 대답하였다.
"적을 공격하려고 하는 자는 마땅히 적의 열네 가지 변화를 자세히 살펴야 하니, 변화가 나타날 경우에 공격하면 적이 반드시 패할 것입니다."

> **太公對曰 夫欲擊敵者**는 **當審察敵人一十四變**이니 **變動之形**이 **旣見**이어든 **則出吾武銳之士**하여 **擊之**면 **敵人必敗矣**라
>
> 太公이 대답하였다.
> 적을 공격하려고 하는 자는 마땅히 적의 열네 가지 변화를 자세히 살펴야 하니, 변화하는 형체가 나타날 경우 우리의 용감하고 精銳한 병사를 출동시켜 공격하면, 적이 반드시 패할 것이다.

武王曰 十四變을 **可得聞乎**아

武王이 말씀하였다.
"열네 가지 변화를 들을 수 있겠는가?"

武王曰 敵人十四變을 亦可得而聞乎아

武王이 말씀하였다.
敵의 열네 가지 변화에 대해서도 들을 수 있겠는가?

太公曰 敵人(所)〔新〕[1]集이면 可擊이요 人馬未食이면 可擊이요 天時不順이면 可擊이요 地形未得이면 可擊이요 奔走면 可擊이요 不戒면 可擊이요 疲勞면 可擊이요 將離士卒이면 可擊이요 涉長路면 可擊이요 濟水면 可擊이요 不暇면 可擊이요 阻難狹路면 可擊이요 亂行이면 可擊이요 心怖면 可擊이니이다

1) (所)〔新〕: 저본의 '所'는 ≪直解≫와 漢文大系本에 의거하여 '新'으로 바로잡았다.

太公이 대답하였다.
"적이 새로 모였으면 공격할 수 있고, 적의 병사와 말이 아직 먹지 못했으면 공격할 수 있고, 天時가 순하지 않으면 공격할 수 있고, 적이 地形을 얻지 못했으면 공격할 수 있고, 적이 분주히 달아나면 공격할 수 있고, 적이 철저히 경계하지 않으면 공격할 수 있고, 적이 피로하면 공격할 수 있고, 적장이 병사들과 괴리되어 있으면 공격할 수 있고, 적이 먼 길을 걸어오면 공격할 수 있고, 적이 물을 건너오면 공격할 수 있고, 적이 한가로운 여가가 없으면 공격할 수 있고, 적이 좁은 길에 막히고 통행하기 어려우면 공격할 수 있고, 적의 行列이 문란하면 공격할 수 있고, 적이 공포심을 품고 있으면 공격할 수 있습니다.

太公對曰 敵人所會集之處에 乘其行列未定이면 則可擊之요 人馬飢餓에 未曾飮食이면 則可擊之라 天時不順은 如隆冬에 士卒寒凍하고 盛夏에 士卒疾疫하며 逆大風甚雨之利하고 遇旱蝗霜雹之災면 皆可擊之라 地形未得은 如困於險阻하고 陷於泥濘하며 車騎不得平地하고 步卒不依山阪이면 皆可擊之라 士卒奔走면 則氣不屬故로 可擊之요 三軍不戒면 心必怠惰故로 可擊之요 士卒疲勞면 則力不全故로 可擊之요 將離士卒이면 則令不一故로 可擊之라 涉長路엔 前後不接故로 可擊之요 濟水엔 必有半渡半出者故로 可擊之요 士卒不閒暇면 必亂而不整故로 可擊之요 阻難狹路엔 力必不齊故로 可擊之라 亂行은 將無節制也라 故로 可擊之요 心怖면 軍奪氣也라 故로 可擊之[1]라 吳子論敵必可擊之道[2]가 與此大同小異하니 恐出於

是라

1) 敵人所會集之處……可擊之 : ≪兵學指南演義≫ 〈旗鼓定法 1 旗幟篇〉에는 '때를 따르고 형세를 헤아려서 적을 상대하여 임기응변하는 것은 진실로 훌륭한 장수만이 할 수 있는 일'임을 말하면서 이 대목을 인용 예시하고 있다.

2) 吳子論敵必可擊之道 : ≪吳子≫ 〈料敵〉에 "무릇 적을 헤아릴 적에 점을 치지 않고도 적과 싸울 수 있는 경우가 여덟 가지이다.〔凡料敵 有不卜而與之戰者八〕"라고 한 내용을 가리키는바, 내용은 다음과 같다.

첫째, 적장이 바람이 심하게 부는 날 추운 아침 일찍 병사들을 기상하게 하여 이동시키고, 얼음을 깨어 강을 건너게 하면서도 병사들의 고통을 아랑곳하지 않는 경우이다.

둘째, 한여름 폭염에 늦게 출발하여 시간에 쫓겨 급히 행군함에 배가 고프고 목이 마른데도 장거리 행군을 강행하는 경우이다.

셋째, 출병한 지 오래되어 식량이 떨어지고 백성이 나라를 원망하며 불길한 징조가 빈번히 일어나는데도 임금이 이를 멈추게 하지 못하는 경우이다.

넷째, 물자가 고갈되고 땔감이 부족한데, 악천후가 거듭되어 현지 조달이 불가능한 경우이다.

다섯째, 병력은 적고 水土가 불리하여, 병사와 軍馬가 질병에 시달리는데도 援兵이 오지 않는 경우이다.

여섯째, 장거리 행군에 해가 저물어 병사들이 피로하고 사기가 저하되어 식사도 하지 못하고 갑옷을 벗은 채로 쉬려고만 할 경우이다.

일곱째, 적의 장수는 재능이 부족하고 장교는 행동이 경솔하며 병사들은 단합되지 않아, 三軍이 걸핏하면 동요하고 부대가 서로 협력하지 않는 경우이다.

여덟째, 陣을 쳤으나 안정되지 못하고 막사를 제대로 짓지 않았으며, 산비탈의 험한 곳에 진지를 세워 절반은 은폐되고 절반은 노출되어있는 경우이다.

太公이 대답하였다.

적이 모인 곳에 그 항렬이 아직 정해지지 않은 틈을 타면 공격할 수 있고, 병사와 말이 굶주리는데 아직 마시고 먹지 못했으면 공격할 수 있는 것이다.

天時가 순하지 않다는 것은, 한겨울에 병사들이 추위에 얼고 무더운 여름에 병사들이 전염병에 걸리며, 큰 바람과 심한 비의 이로움을 거스르고 旱害와 蟲害와 서리와 우박의 재앙을 만난 것이니, 모두 공격할 수 있는 것이다.

地形을 얻지 못했다는 것은, 험한 길에 곤궁하고 진흙에 빠져서 戰車 부대와 騎兵 부대가 평지를 얻지 못하고 步兵이 산비탈을 의지하지 못한 것이니, 모두 공격할 수 있는 것이다.

적의 병사들이 급히 달아나면 기운이 연결되지 않으므로 공격할 수 있고, 三軍이 경계하지 않으면 마음이 반드시 태만하므로 공격할 수 있고, 병사들이 피로하면 힘이 온전하지 못하므로 공격할 수 있고, 적장이 병사들과 괴리되어 있으면 명령이 통일되지 않으므로 공격할 수 있고, 먼 길을 달려오면 앞뒤가 연결되지 못하므로 공격할 수 있고, 물을 건너면 반드시 절반은 건너고 절반은 물에서 나온 자가 있으므로 공격할 수 있고, 병사들이 한가롭지 못하면 반드시 혼란하여 정돈되지 않으므로 공격할 수 있고, 좁은 길에 막혀 통행하기 어려우면 힘이 반드시 통일되지 못하므로 공격할 수 있는 것이다.

行列이 혼란한 것은 장수에게 통제력이 없는 것이므로 공격할 수 있고, 적의 병사들이 공포심을 품고 있으면 병사들의 사기를 빼앗기므로 공격할 수 있는 것이다.

吳子가 적을 반드시 공격할 수 있는 방도를 논한 것이 이와 大同小異하니, 여기에서 나온 듯하다.

練士 第五十三 제53편 병사의 선발과 훈련

練士者는 簡練材勇之士하여 各以類聚之也라

練士란 재주가 있고 용맹한 병사를 정밀하게 선발하고 훈련시켜 각각 비슷한 부류대로 모으는 것이다.

武王이 問太公曰 練士之道 奈何오 太公曰 軍中에 有大勇力하여 敢死樂傷者를 聚爲一卒이니 名曰 冒刃之士니이다

武王이 太公에게 물었다.

"병사를 선발하는 방도는 어떻게 해야 하는가?"

太公이 대답하였다.

"軍中에 큰 용맹과 힘이 있어서 용감하게 죽고 부상당하는 것을 즐거워하는 자들을 모아 한 부대〔卒〕를 만들어야 하니, 이를 이름하여 '冒刃之士'라 합니다.

武王이 問太公曰 簡練士衆之道는 奈何오 太公對曰 凡軍中에 有大勇力하여 果敢

於死하고 喜樂其傷者를 聚而爲一卒이니 百人爲卒이라 名之曰 冒刃之士니 冒刃者는 冒敵之刃而不畏也라

武王이 太公에게 물었다.
병사들을 선발하는 방도는 어찌해야 하는가?
太公이 대답하였다.
무릇 軍中에 큰 용맹과 힘이 있어서 용감하게 죽고 부상당하는 것을 즐거워하는 자들을 모아 한 부대〔卒〕를 만들어야 하니, 100명을 卒이라 한다. 이들을 이름하여 '冒刃之士'라 하니, 冒刃이란 적의 칼날을 무릅쓰고 두려워하지 않는 것이다.

有銳氣하여 壯勇强暴者를 聚爲一卒이니 名曰 陷陳之士니이다

정예로운 기운이 있어서 건장하고 용감하고 강하고 사나운 자들을 모아 한 부대를 만들어야 하니, 이를 이름하여 '陷陣之士'라 합니다.

有精銳之氣하여 壯而且勇하고 强而且暴者를 聚爲一卒하여 名之曰 陷陳之士니 陷陳者는 陷敵之陳而不懼也라

정예로운 기운이 있어서 건장하고 용감하며 강하고 사나운 자들을 모아 한 부대를 만들어 이름하기를 '陷陣之士'라 하니, 陷陣이란 적의 진영을 무찌르면서 두려워하지 않는 것이다.

有奇表長劍하고 接武齊列者를 聚爲一卒이니 名曰 勇銳之士니이다

기이한 儀表와 長劍을 차고서 발걸음을 잇고 行列을 가지런히 하는 자들을 모아 한 부대를 만들어야 하니, 이를 이름하여 '勇銳之士'라 합니다.

有奇表出衆하고 好用長劍하며 接武而齊列者를 聚爲一卒하여 名之曰 勇銳之士니 勇銳는 不怯懦也라

기이한 儀表가 있어 출중하고 長劍을 쓰기 좋아하며 발걸음을 잇고 항렬을 가지런히 하는 자들을 모아 한 부대를 만들어 이름하기를 '勇銳之士'라 하니, 勇銳란 겁을 먹어 나약하지 않은 것이다.

有披距伸鉤하고 强梁多力하여 潰破金鼓하고 絶滅旌旗者를 聚爲一卒이니 名曰 勇力之士니이다

높이 뛰고〔披距〕 쇠갈고리를 펴며 강하고 힘이 많아서 적의 징과 북을 깨뜨리고 적의 깃발을 찢고 없애는 자들을 모아 한 부대를 만들어야 하니, 이를 이름하여 '勇力之士'라 합니다.

披距는 卽超距니 謂跳躍也라 昔에 甘延壽投石投距 絶於等倫[1]하고 王翦士卒이 投石超距[2] 卽此義也라 或曰 披字는 乃投字之誤也라하니라 伸鉤는 能伸銕鉤也라 以其强梁而多力故로 能潰破敵之金鼓하고 絶滅敵之旌旗니 聚爲一卒하여 名曰 勇力之士라

1) 甘延壽投石投距 絶於等倫 : 甘延壽는 前漢 元帝 때 사람으로 字가 君況인데, 소년 시절부터 말타기와 활쏘기를 잘하여 遼東太守가 되었으며 조정에 들어와 諫大夫가 되었다. 이 일은 甘延壽가 陳湯과 함께 西域에 사신 가서 郅支單于의 목을 베었을 때의 일로 ≪漢書≫ 권70에 보인다.

2) 王翦士卒 投石超距 : 超距는 높이 뛰는 것으로 고대에 武功을 연습하는 운동의 하나였다. 王翦은 전국시대 말기 秦나라의 백전노장으로 楚나라를 공격하면서 병사들을 잘 급양하였는데, 하루는 "군중에서 무슨 놀이를 하는가?" 하고 물으니, "병사들이 기운이 넘쳐나 돌을 던지고 超距를 한다." 하므로 이들을 데리고 출격하여 楚軍을 대파하고 楚나라를 멸망시켰다. ≪史記 권73 王翦列傳≫

披距는 바로 超距이니, 높이 뜀을 이른다. 옛날 甘延壽가 돌을 던지고 投距한 것이 보통 사람보다 뛰어났으며, 王翦의 병사들이 돌을 던지고 投距한 것이 바로 이 뜻이다. 혹자는 말하기를 "'披'자는 바로 '投'자의 誤字이다."라고 한다. 伸鉤는 힘이 세어 쇠갈고리를 펼 수 있는 것이다.

강하여 힘이 세기 때문에 적의 징과 북을 깨뜨리고 적의 깃발을 찢고 없앨 수 있는 것이니, 이들을 모아 한 부대를 만들어 이름하기를 '勇力之士'라 한다.

有踰高絶遠하여 輕(卒)〔足〕[1]善走者를 聚爲一卒이니 名曰 寇兵之士니이다

1) (卒)〔足〕 : 저본의 '卒'은 ≪直解≫와 漢文大系本에 의거하여 '足'으로 바로잡았다.

높은 城을 뛰어넘고 먼 길을 달려가서 발이 빠르고 달리기를 잘하는 자들을 모아 한 부대를 만들어야 하니, 이를 이름하여 '寇兵之士'라 합니다.

有能踰高城하고 絶遠道하여 輕足善走者를 聚爲一卒하여 名曰 寇兵之士니 寇는 暴疾也라

적의 높은 성을 뛰어넘고 먼 길을 달려가서 발이 빠르고 달리기를 잘하는 자들을 모아 한 부대를 만들어 이름하기를 '寇兵之士'라 하니, 寇는 빠른 것이다.

有王臣失勢하여 欲復見(현)功者를 聚爲一卒이니 名曰 死鬪之士니이다

임금의 신하 중에 權勢를 잃고서 다시 윗사람에게 功勞를 인정받고자 하는 자들을 모아 한 부대를 만들어야 하니, 이를 이름하여 '死鬪之士'라 합니다.

有先爲王臣이라가 因事失勢하여 欲復見功於上者를 聚而爲一卒하여 名曰 死鬪之士[1)]니 死鬪者는 恨其失勢하여 欲死鬪立功也라

1) 死鬪之士 : ≪兵學指南演義≫ 〈營陣正彀 2 夜營篇〉에는 '지휘관의 은혜와 사랑이 평소 부하들에게 쌓이면 병사들이 적과 대치했을 때에 모두 분발하여 死力을 다해 싸우지 않는 자가 없으며, 병사 중에는 특별히 죽음과 부상을 두려워하지 않는 자가 있음'을 말하면서 이 대목을 인용 예시하고 있다.

예전에 왕의 신하였다가 일로 인하여 권세를 잃고서 다시 윗사람에게 공로를 인정받고자 하는 자들을 모아 한 부대를 만들어 이름하기를 '死鬪之士'라 하니, 死鬪란 권세를 잃은 것을 한하여 죽도록 싸워 공을 세우고자 하는 것이다.

有死將之人의 子弟 欲爲其將報仇者를 聚爲一卒이니 名曰 死憤之士니이다

죽은 장수의 子弟로서 적장에게 원수를 갚고자 하는 자들을 모아 한 부대를 만들어야 하니, 이를 이름하여 '死憤之士'라 합니다.

有將帥死於戰鬪之間하여 其子弟欲與其將報仇者를 聚而爲一卒하여 名曰 死憤之士니 死憤者는 恨其父死而懷憤怒者也라

장수가 전투하다가 죽었는데, 그 자제들 중에 적장과 싸워 원수를 갚고자 하는 자들을 모아 한 부대를 만들어 이름하기를 '死憤之士'라 하니, 死憤이란 그 아버지가 죽은 것을 한하여 분노를 품는 것이다.

有貧窮忿怒하여 **欲快其志者**를 **聚爲一卒**이니 **名曰 必死之士**니이다

貧窮하여 忿怒하는 마음을 품고서 자기 뜻을 쾌하게 이루고자 하는 자들을 모아 한 부대를 만들어야 하니, 이를 이름하여 '必死之士'라 합니다.

有受貧窮하여 心懷忿怒하여 欲快其志者를 聚而爲一卒하여 名曰 必死之士니 必死者는 期於必死而不欲生也라

貧窮함을 받아 마음에 분노를 품고 자기 뜻을 쾌하게 하고자 하는 자들을 모아 한 부대를 만들어 이름하기를 '必死之士'라 하니, 必死란 기필코 죽기를 기약하여 살고자 하지 않는 것이다.

有贅(취)婿人虜하여 **欲掩迹揚名者**를 **聚爲一卒**이니 **名曰 勵鈍之士**니이다

남의 데릴사위가 되거나 포로가 되어서 지난날의 수치스러운 자취를 가리고 이름을 드날리고자 하는 자들을 모아 한 부대를 만들어야 하니, 이를 이름하여 '勵鈍之士'라 합니다.

有出贅爲婿어나 或被人所虜하여 欲掩其贅婿之迹하고 揚美好之名者를 聚而爲一卒하여 名曰 勵鈍之士니 勵鈍者는 激勵鈍兵也라

처가살이를 나가 데릴사위가 되었거나 혹 남에게 사로잡혀 포로가 되고서, 처가살이하거나 포로가 되었던 자취를 가리고 아름다운 이름을 드날리고자 하는 자들을 모아 한 부대를 만들어 이름하기를 '勵鈍之士'라 하니, 勵鈍이란 둔한 병사들을 격려하는 것이다.

有胥靡免罪之人이 **欲逃其恥者**를 **聚爲一卒**이니 **名曰 幸用之士**니이다

죄를 사면받고 胥靡(복역하는 죄수)가 되어 자신의 치욕을 씻고자 하는 자들을 모아 한 부대를 만들어야 하니, 이를 이름하여 '幸用之士'라 합니다.

胥靡者는 聯繫相隨服役也라 免刖剕(월비)之罪하여 爲胥靡하여 欲逃其恥辱者를 聚爲一卒하여 名曰 幸用之士니 幸其得用而免其恥辱也라

胥靡란 연결하여 서로 따라 복역하는 것이다. 발 베는 죄를 사면받아 胥靡가 되어

서 그 치욕을 씻고자 하는 자들을 모아 한 부대를 만들어 이름하기를 '幸用之士'라 하니, 자신이 전쟁에 쓰이어 치욕을 면하는 것을 다행으로 여기는 것이다.

有材技兼人하고 **能負重致遠者**를 **聚爲一卒**이니 **名曰 待命之士**니이다

재능과 기예가 보통 사람보다 뛰어나며 무거운 짐을 지고 먼 길을 갈 수 있는 자들을 모아 한 부대를 만들어야 하니, 이를 이름하여 '待命之士'라 합니다.

有材能技藝兼人하고 又能負任重物而致遠道者를 聚而爲一卒하여 名曰 待命之士라

재능과 기예가 보통 사람보다 크게 뛰어나고 또 무거운 물건을 지고 먼 길을 갈 수 있는 자들을 모아 한 부대를 만들어 이름하기를 '待命之士'라 한다.

此는 **軍之練士**니 **不可不察也**니이다

이것은 군대의 선발된 병사들이니, 살피지 않으면 안 됩니다."

此十一者는 乃軍之練士니 不可不審察也라 吳子論軍之練銳에 只以五者言之[1)]하니 恐出於此라

1) 吳子論軍之練銳 只以五者言之 : ≪吳子≫ 〈圖國〉에 "강한 나라의 군주는 반드시 그 백성을 잘 헤아려서, 백성 중에 담력과 용맹과 기운과 힘이 센 자를 모아 한 부대를 만들며, 나아가 싸우기를 좋아하고 힘을 바쳐 자기의 충성과 용맹을 드러내려 하는 자를 모아 한 부대를 만들며, 높고 먼 곳을 잘 뛰어넘고 발이 빠르고 잘 달리는 자를 모아 한 부대를 만들며, 임금의 신하(높은 지위에 있던 자)로서 지위를 잃고 윗사람에게 공로를 드러내고자 하는 자를 모아 한 부대를 만들며, 예전에 城을 버리고 지키던 곳을 도망하였다가 자신의 치욕을 씻고자 하는 자를 모아 한 부대를 만들었으니, 이 다섯 가지는 모두 군대의 훈련이 잘된 정예병이다."라고 보인다.

이상의 열한 가지는 바로 군대의 선발된 병사이니, 자세히 살피지 않으면 안 된다. 吳子가 군대의 정예병을 선발하는 것을 논할 적에 다만 다섯 가지를 말하였으니, 여기에서 나온 듯하다.

教戰 第五十四 제54편 戰術教育

教戰者는 教之坐作進退, 分合解結之法也라

教戰이란 병사들에게 앉고 일어나고 전진하고 후퇴하고 나뉘고 모이고 해산하고 집결하는 방법을 가르치는 것이다.

武王이 問太公曰 合三軍之衆하여 欲令士卒服習教戰之道인댄 奈何오

武王이 太公에게 물었다.
"三軍의 병사를 모아서 병사들로 하여금 싸움을 가르치는 방도를 익히게 하려면 어찌해야 하는가?"

武王이 問太公曰 會合三軍之衆하여 欲令士卒로 皆服習教戰之道인댄 將如之何오

武王이 太公에게 물었다.
三軍의 병사를 모아서 병사들로 하여금 모두 싸움을 가르치는 방도를 익히게 하고자 하면 장차 어찌해야 하는가?

太公曰 凡領三軍에 必有金鼓之節은 所以整齊士衆者也라 將必明告吏士하고 申之以三令하여 以教操兵起居와 旌旗指麾之變法이니이다

太公이 대답하였다.
"무릇 三軍을 통솔할 적에 반드시 징과 북의 절도가 있는 것은 병사들을 정돈하기 위한 것입니다. 장수는 반드시 먼저 관리와 병사들에게 분명히 고시하고 거듭 세 번을 명령하여 兵器를 잡고서 일어나고 앉는 것과 깃발로 지휘하는 變化의 법을 가르쳐야 합니다.

太公對曰 凡統領三軍에 必有金鼓之節이니 金以止之하고 鼓以進之하니 所以整齊士衆者也라 將帥必先明告吏士하여 申之以三令이니 三令者는 三次號令之요 又令有先後하니 謂令甲, 令乙, 令丙이니 亦三令也라 以教訓操兵起居, 旌旗指麾之變法이니 操兵起居는 卽坐作, 進退, 分合, 解結也요 旌旗指麾는 卽(抵)〔低〕[1)]旗

則超하고 颺旗則戰하며 麾左而左하고 麾右而右也라

1) (抵)〔低〕: 저본의 '抵'는 漢文大系本에 의거하여 '低'로 바로잡았다.

太公이 대답하였다.

무릇 三軍을 통솔할 적에는 반드시 징과 북의 절도가 있어야 한다. 징으로써 멈추고 북으로써 나아가게 하니, 병사들을 정돈하려는 것이다.

장수는 반드시 먼저 관리와 병사들에게 분명히 고시하고 거듭 세 번을 명령해야 한다. 세 번 명령함은 세 차례 명령하는 것이요, 또 명령에 먼저 하고 뒤에 하는 것이 있는데 令甲과 令乙과 令丙을 이르니, 또한 세 번 명령하는 것이다.

兵器를 잡고서 일어나고 앉는 것과 깃발로 지휘하는 變化의 법을 가르쳐야 한다. 병기를 잡고서 일어나고 앉음은 바로 앉고 일어나고 전진하고 후퇴하고 나뉘고 모이고 해산하고 집결하는 것이며, 깃발로 지휘함은 바로 깃발을 내리면 뛰어오르고 깃발을 휘날리면 싸우며 깃발을 왼쪽으로 저으면 왼쪽으로 가고 오른쪽으로 저으면 오른쪽으로 가는 것이다.

故로 敎吏士하여 使一人學戰하여 敎成이어든 合之十人하고 十人學戰하여 敎成이어든 合之百人하고 百人學戰하여 敎成이어든 合之千人하고 千人學戰하여 敎成이어든 合之萬人하고 萬人學戰하여 敎成이어든 合之三軍之衆하고 大戰之法이 敎成이어든 合之百萬之衆이니 故로 能成其大兵하여 立威於天下니이다 武王曰 善哉라

그러므로 관리와 병사들을 가르쳐서 한 사람으로 하여금 전투하는 방법을 배우게 하여 가르침이 이루어지면 열 명에 합치고, 열 사람이 전투하는 방법을 배워서 가르침이 이루어지면 백 명에 합치고, 백 명이 전투하는 방법을 배워서 가르침이 이루어지면 천 명에 합치고, 천 명이 전투하는 방법을 배워서 가르침이 이루어지면 만 명에 합치고, 만 명이 전투하는 방법을 배워서 가르침이 이루어지면 三軍의 병사에 합치며, 크게 싸우는 법을 가르쳐 가르침이 이루어지면 백만의 군대에 합칩니다. 그러므로 큰 병력을 이루어서 天下에 위엄을 세우는 것입니다."

武王이 말씀하였다.

"좋은 말씀이다."

故로 敎吏士之法은 使一人先學戰하여 敎成이어든 合之十人하고 使十人學戰하여 敎旣成이어든 合之百人하고 使百人學戰하여 敎旣成이어든 合之千人하고 使千人學戰하여

教既成이어든 合之萬人하고 使萬人學戰하여 教既成이어든 合之三軍之衆이니 三軍之衆은 三萬七千五百人也[1]라 大戰之法이 三軍教成이어든 合之百萬之衆而摠閱之라 故로 能成其大兵하여 立威於天下[2]라 武王曰 公言이 善哉라 與吳起, 李靖教戰之法으로 大同小異하니 亦恐出於此라

1) 三軍之衆 三萬七千五百人也 : 옛날 軍制에 1軍은 12,500명이므로 3軍은 37,500명이 되는 것이다. 天子國은 6軍, 큰 제후국은 3軍, 작은 제후국은 2軍을 두었다.

2) 能成其大兵 立威於天下 : ≪兵學指南演義≫ 〈旗鼓定法 1 教鍊篇〉에는 '대부대를 다스리기를 소부대를 다스리듯이 질서정연하게 해야 한다.'는 점을 들면서, 이 부분을 인용하여 부대 운용에 있어서의 교육 훈련이 중요함을 강조하고 있다.

그러므로 관리와 병사들을 가르치는 방법은, 한 명으로 하여금 먼저 전투하는 방법을 배우게 해서 가르침이 이루어지면 이것을 열 명에 합치고, 열 명으로 하여금 전투하는 방법을 배우게 해서 가르침이 이루어지면 이것을 백 명에 합치고, 백 명으로 하여금 전투하는 방법을 배우게 해서 가르침이 이루어지면 이것을 천 명에 합치고, 천 명으로 하여금 전투하는 방법을 배우게 해서 가르침이 이루어지면 이것을 만 명에 합치고, 만 명으로 하여금 전투하는 방법을 배우게 해서 가르침이 이루어지면 이것을 三軍의 군대에 합치는 것이다. 三軍의 군대는 37,500명이다.

크게 싸우는 방법을 三軍에게 가르쳐 가르침이 이루어지면 이것을 백 만의 군대를 모아 합쳐서 총괄하여 검열한다. 그러므로 큰 군대를 이루어서 天下에 위엄을 세우는 것이다.

武王은 "公의 말씀이 좋다." 하였다.

이 내용은 吳起와 李靖이 전투를 가르치는 방법과 大同小異하니, 또한 여기에서 나온 듯하다.

均兵 第五十五 제55편 戰車兵과 騎兵과 步兵의 고른 배치

均兵者는 車騎步三者를 視地之險易하여 相參하여 而使其勢力均也라

均兵이란 戰車兵과 騎兵과 步兵 세 가지를, 지형의 험하고 평탄함을 살펴 서로 참고해서 勢力이 고르게 배치하는 것이다.

武王이 **問太公曰 以車**로 **與步卒戰**이면 **一車當幾步卒**하고 **幾步卒當一車**하며 **以騎**로 **與步卒戰**이면 **一騎當幾步卒**하고 **幾步卒當一騎**하며 **以車**로 **與騎戰**이면 **一車當幾騎**하고 **幾騎當一車**오

武王이 太公에게 물었다.

"戰車를 가지고 적의 步兵과 싸우면 우리의 전차 한 대가 적의 보병 몇 명을 당하고 적의 보병 몇 명이 우리의 전차 한 대를 당하며, 騎兵을 가지고 적의 보병과 싸우면 우리의 기병 한 명이 적의 보병 몇 명을 당하고 적의 보병 몇 명이 우리의 기병 한 명을 당하며, 전차를 가지고 적의 기병과 싸우면 우리의 전차 한 대가 적의 기병 몇 명을 당하고 적의 기병 몇 명이 우리의 전차 한 대를 당하는가?"

> **武王**이 **問太公曰 以車**로 **與敵之步卒戰**이면 **一乘車可當幾步卒**하고 **幾步卒可以當一車**며 **以騎兵**으로 **與步卒戰**이면 **一騎兵可當幾步卒**하고 **幾步卒可以當一騎**하며 **以車**로 **與騎戰**이면 **一乘車可當幾騎**하고 **幾騎兵可以當一車**오
>
> 武王이 太公에게 물었다.
>
> 戰車를 가지고 적의 步兵과 싸우면 우리의 전차 한 대가 적의 보병 몇 명을 당할 수 있고 적의 보병 몇 명이 우리의 전차 한 대를 당할 수 있으며, 騎兵을 가지고 보병과 싸우면 우리의 기병 한 명이 적의 보병 몇 명을 당하고 적의 보병 몇 명이 우리의 기병 한 명을 당할 수 있으며, 전차를 가지고 기병과 싸우면 우리의 전차 한 대가 적의 기병 몇 명을 당하고 적의 기병 몇 명이 우리의 전차 한 대를 당할 수 있는가?

太公曰 車者는 **軍之羽翼也**니 **所以陷堅陳, 要强敵, 遮走北也**요 **騎者**는 **軍之伺候也**니 **所以踵敗軍, 絶粮道, 擊便寇也**니이다

太公이 대답하였다.

"전차라는 것은 군대의 羽翼이니 견고한 적진을 무찌르고 강한 적을 요격하고 패주하는 적을 가로막는 것이며, 騎兵이란 적의 기회를 엿보고 살피는 것이니 패주하는 적을 추격하고 적의 군량 수송로를 차단하고 적의 민첩한 자들을 공격하는 것입니다.

太公對曰 車者는 三軍之羽翼也니 羽翼者는 如鳥有羽翼하여 憑之而奮飛也라 故로 車는 所以能陷人之堅陳하고 要寇之强敵하고 遮彼之走北也라 騎者는 三軍之伺候也니 伺候者는 (對)〔待〕[1]敵人有隙이면 則出而乘之也라 故로 騎는 所以能踵人之敗軍하고 絶彼之糧道하고 擊敵之便寇也라

1) (對)〔待〕: 저본의 '對'는 漢文大系本에 의거하여 '待'로 바로잡았다.

太公이 대답하였다.

전차는 三軍의 羽翼이니, 羽翼이란 새에게 날개가 있어서 이것을 의지하여 힘을 내어 나는 것과 같은 것이다. 그러므로 전차는 적의 견고한 진영을 무찌르고 강한 적을 요격하고 패주하는 적을 차단하는 것이다.

騎兵이란 三軍의 伺候이니, 伺候란 적에게 틈이 있기를 기다리고 있다가 틈이 있으면 나가 기회를 틈타 공격하는 것이다. 그러므로 기병은 적의 패주하는 군대를 추격하고 적의 군량 수송로를 차단하고 적의 민첩한 자들을 공격하는 것이다.

故로 車騎不敵戰이면 則一騎不能當步卒一人이요 三軍之衆이 成陳而相當이면 則易(이)戰之法은 一車當步卒八十人하고 八十人當一車하며 一騎當步卒八人하고 八人當一騎하며 一車當十騎하고 十騎當一車하니이다

그러므로 전차 부대와 기병 부대가 맞설 수 없는데 싸우게 되면 기병 한 명이 보병 한 명을 당해내지 못하며, 三軍의 군대가 진을 이루고 서로 맞서 싸우면, 평지에서 전투하는 방법은 전차 한 대가 보병 80명을 당해내고 보병 80명이 전차 한 대를 당해내며, 한 명의 기병이 보병 8명을 당해내고 보병 8명이 한 명의 기병을 당해내며, 전차 한 대가 10명의 기병을 당해내고 10명의 기병이 전차 한 대를 당해냅니다.

故로 車騎不相敵而與人戰이면 則一騎不能當步卒一人이요 使三軍之衆으로 成陳而相當이면 則易地戰陳之法은 一車可當步卒八十人하고 八十人可當一車하며 一騎可當步卒八人하고 八人可當一騎하며 一車可當十騎하고 十騎可當一車라

그러므로 전차 부대와 기병 부대가 서로 맞설 수 없는데 적과 싸우게 되면 한 명의 기병이 보병 한 명을 당해내지 못하며, 三軍의 군대로 하여금 진영을 이루고 서로 맞서 싸우게 하면, 평지에서 싸우고 진을 치는 방법은 전차 한 대가 보병 80명을 당해

내고 보병 80명이 전차 한 대를 당해내며, 한 명의 기병이 보병 8명을 당해내고 보병 8명이 기병 한 명을 당해내며, 전차 한 대가 10명의 기병을 당해내고 10명의 기병이 전차 한 대를 당해내는 것이다.

險戰之法은 **一車當步卒四十人**하고 **四十人當一車**하며 **一騎當步卒四人**하고 **四人當一騎**하며 **一車當六騎**하고 **六騎當一車**니이다

험한 지역에서 전투하는 방법은 전차 한 대가 보병 40명을 당해내고 보병 40명이 전차 한 대를 당해내며, 한 명의 기병이 보병 4명을 당해내고 보병 4명이 한 명의 기병을 당해내며, 전차 한 대가 6명의 기병을 당해내고 6명의 기병이 전차 한 대를 당해냅니다.

險地戰陳之法은 一車可當步卒四十人하고 四十人可當一車하며 一騎可當步卒四人하고 四人可當一騎하며 一車可當六騎하고 六騎可當一車라 盖車騎는 利平地故로 當步兵多하고 步兵은 利險阻故로 當車騎多라

험한 지역에서 싸우고 진을 치는 방법은 전차 한 대가 보병 40명을 당해내고 40명의 보병이 전차 한 대를 당해내며, 한 명의 기병이 보병 4명을 당해내고 4명의 보병이 한 명의 기병을 당해내며, 전차 한 대가 6명의 기병을 당해내고 6명의 기병이 전차 한 대를 당해낼 수 있다.

전차 부대와 기병 부대는 평지를 이롭게 여기기 때문에 〈평지에서는〉 많은 보병을 당해내고, 보병은 험하고 막힌 곳을 이롭게 여기기 때문에 〈험하고 막힌 지역에서는〉 많은 전차와 기병을 당해내는 것이다.

夫車騎者는 **軍之武兵也**니 **十乘敗千人**하고 **百乘敗萬人**하며 **十騎走百人**하고 **百騎走千人**이니 **此其大數也**니이다

전차 부대와 기병 부대는 군대의 武勇이 있는 병력이니, 전차 10대가 천 명의 보병을 패퇴시키고 전차 백 대가 만 명의 보병을 패퇴시키며, 10명의 기병이 보병 백 명을 패퇴시키고, 백 명의 기병이 보병 천 명을 패퇴시키니, 이것이 그 대략의 숫자입니다."

夫車騎者는 乃軍之武兵也니 車十乘이 可敗步卒千人하고 車百乘이 可敗步卒萬

人하며 騎十匹이 可走步卒百人하고 騎百匹이 可走步卒千人이니 此는 用車騎之大數也라 此亦以平易地言之라 故로 車騎能敗走步卒之多也라

전차 부대와 기병 부대는 바로 군대의 무용이 있는 병력이니, 전차 10대가 보병 천 명을 패퇴시킬 수 있고 전차 백 대가 보병 만 명을 패퇴시킬 수 있으며, 기마 10필이 보병 백 명을 패퇴시킬 수 있고 기마 백 필이 보병 천 명을 패퇴시킬 수 있으니, 이는 전차와 기병을 사용하는 대략의 숫자이다.

이 또한 평탄한 땅을 가지고 말하였으므로, 전차와 기병이 많은 보병을 패주시킬 수 있는 것이다.

武王曰 車騎之吏數陣法은 奈何오 太公曰 置車之吏數는 五車에 一長이요 十車에 一吏요 五十車에 一率(수)요 百車에 一將이니 易戰之法은 五車爲列하여 相去四十步요 左右十步요 隊間六十步며 險戰之法은 車必循道하여 十車爲聚하고 二十車爲屯호되 前後相去二十步요 左右六步요 隊間三十六步니 縱橫相去一里하여 各返故道니이다

武王이 물었다.

"전차 부대와 기병 부대의 官吏 수와 진 치는 방법은 어떻게 해야 하는가?"

太公이 대답하였다.

"전차 부대에 배치하는 官吏의 수는, 전차 5대에 1명의 長을 두고, 전차 10대에 1명의 吏를 두고, 전차 50대에 1명의 率를 두고, 전차 100대에 1명의 장수를 둡니다.

平地에서 전투하는 경우에는, 전차 5대를 1列로 만들어서 서로 거리가 40步쯤 떨어지게 하고 左右의 간격이 10步쯤 되게 하고 부대 사이가 60보쯤 떨어지게 하며, 險地에서 전투하는 경우에는, 전차는 반드시 길을 따라가서 전차 10대를 聚로 만들고 전차 20대를 屯으로 만들되 앞뒤의 거리가 서로 20보쯤 되게 하고 左右의 간격이 6보쯤 되게 하며, 부대 사이가 36보쯤 되게 하여야 하니, 1명의 長이 縱橫으로 1리쯤 서로 떨어져서 각각 옛 길로 돌아가게 하여야 합니다.

武王問曰 車騎之吏數與陣法은 奈何오 太公對曰 置車之吏數는 五車에 設一長하고 十車에 置一吏하고 五十車에 立一率하고 百車에 命一將이니 其易地戰陳之

法은 五車爲一列하여 前後相去四十步之遠이요 左右相去十步요 隊間에 用六十步하며 險地戰陳之法은 車必要循行道路하여 十車爲一聚하고 二十車爲一屯호되 前後相去二十步요 左右相去六步요 隊間이 用三十六步니 五車一長이 縱橫相去一里之遠하여 各返歸故道라

武王이 물었다.

전차 부대와 기병 부대의 官吏 수와 진 치는 방법은 어떻게 해야 하는가?

太公이 대답하였다.

전차 부대에 배치하는 관리의 수는, 전차 5대에 1명의 長을 두고, 전차 10대에 1명의 吏를 두고, 전차 50대에 1명의 率를 두고, 전차 100대에 1명의 장수를 둔다.

평지에서 전투하는 경우에는, 전차 5대를 1列로 만들어서 앞뒤 사이의 거리가 서로 40보쯤 떨어지게 하고 左右의 간격이 서로 10보쯤 되게 하고 부대 사이가 60보쯤 떨어지게 하며, 험지에서 전투하는 경우에는, 전차를 반드시 길을 따라 가게 해서 전차 10대를 聚로 만들고 전차 20대를 屯으로 만들되 앞뒤의 거리가 서로 20보쯤 되게 하고 左右의 간격이 서로 6보쯤 되게 하며 부대 사이가 36보쯤 되게 하여야 하니, 전차 5대에 1명의 長이 縱橫으로 1리쯤 서로 떨어져서 각각 옛 길로 돌아가게 하여야 한다.

置騎之吏數는 五騎에 一長이요 十騎에 一吏요 百騎에 一率요 二百騎에 一將이니 易戰之法은 五騎爲列하여 前後相去二十步요 左右四步요 隊間五十步며 險戰者는 前後相去十步요 左右二步요 隊間二十五步니 三十騎爲一屯하고 六十騎爲一輩호되 十騎一吏하여 縱橫相去百步하여 周還[1]各復故處니이다 武王曰 善哉라

1) 還 : 旋과 같다.

기병 부대에 배치하는 관리의 수는, 5명의 기병에 1명의 長을 두고, 10명의 기병에 1명의 吏를 두고, 100명의 기병에 1명의 率를 두고, 200명의 기병에 1명의 장수를 둡니다.

평지에서 전투하는 경우에는, 5명의 기병을 1列로 만들어서 앞뒤의 거리가 서로 20보쯤 떨어지게 하고 左右의 간격이 4보쯤 떨어지게 하고 부대 사이가 50보쯤 되게 하며, 험지에서 전투하는 경우에는, 앞뒤의 거리가 10보쯤 떨어지게 하고 左右의 간격이 2보쯤 떨어지게 하고 부대 사이가 25보쯤 떨어지게 하니, 30명

의 기병을 1屯으로 만들고 60명의 기병을 1輩로 만들되, 10명의 기병에 1명의 吏를 두어 종횡으로 서로 100보쯤 떨어져서 두루 돌아 각각 옛 자리로 돌아오게 하여야 합니다."

武王이 말씀하였다.

"좋은 말씀이다."

置騎之吏數는 **五騎**에 **設一長**하고 **十騎**에 **置一吏**하고 **百騎**에 **立一率**하고 **二百騎**에 **命一將**이니 **其易地戰陳之法**은 **五騎爲一列**하여 **前後相去二十步之遠**이요 **左右相去四步**요 **隊間**이 **用五十步**라 **險地戰陳之法**은 **前後相去十步**요 **左右相去二步**요 **隊間**이 **用二十五步**니 **三十騎爲一屯**하고 **六十騎爲一輩**호되 **十騎**에 **設一吏**하여 **縱橫相去百步**하여 **周還各復歸故處**라 **武王曰 公言**이 **善哉**라

기병 부대에 배치하는 관리의 수는, 5명의 기병에 1명의 長을 두고, 10명의 기병에 1명의 吏를 두고, 100명의 기병에 1명의 率를 세우고, 200명의 기병에 1명의 장수를 임명한다.

평지에서 싸우고 陣 치는 경우에는, 5명의 기병을 1列로 만들어서 앞뒤의 거리가 서로 20보쯤 떨어지게 하고 左右의 간격이 4보쯤 떨어지게 하고 부대 사이가 50보쯤 떨어지게 한다. 그리고 험한 지역에서 싸우고 진 치는 방법은 앞뒤의 거리가 서로 10보쯤 떨어지게 하고 左右의 간격이 서로 2보쯤 떨어지게 하고 부대 사이가 25보쯤 떨어지게 하니, 30명의 기병을 1屯으로 만들고 60명의 기병을 1輩로 만들되 10명의 기병에 1명의 吏를 배치하여 종횡으로 서로 100보쯤 떨어져서 두루 돌아 각각 옛 자리로 돌아오게 하여야 한다.

武王은 "公의 말씀이 좋다." 하였다.

武車士 第五十六　제56편 戰車兵의 선발

武車士者는 **選擇材技之人**하여 **用車以戰**이니 **謂之武車士**라

武車士란 재능과 기예가 뛰어난 사람(병사)을 선발해서 戰車를 사용하여 싸우게 하는 것이니, 이것을 일러 '武車士'라 한다.

武王이 **問太公曰 選車士**를 **奈何**오 **太公曰 選車士之法**은 **取年四十以下**와 **長七尺五寸以上**으로 **走能逐奔馬**하고 **及馳而乘之**하여 **前後左右**에 **上下週**[1]**旋**하며 **能束縛旌旗**하고 **力能彀**(곡)**八石弩**하여 **射前後左右**에 **皆便習者**를 **名曰 武車之士**니 **不可不厚也**니이다

1) 週 : 周와 같다.

武王이 太公에게 물었다.

"전차병의 선발을 어떻게 해야 하는가?"

太公이 대답하였다.

"전차병을 선발하는 방법은, 나이 40세 이하와 신장 7尺 5寸 이상으로 달리는 능력이 달아나는 말을 쫓아가고 달리는 말에 올라타서 前後左右로 말에 오르내리고 두루 돌며, 적의 깃발을 묶어오고 힘이 8石의 쇠뇌를 당길 수 있어서 前後左右로 활을 쏨에 모두 편리하게 익힌 자를 선발하여야 합니다. 이들을 이름하여 '武車之士'라 하니, 우대하지 않으면 안 됩니다."

武王이 問太公曰 選簡車士之法은 奈何오 太公對曰 選簡車士之法은 取其年方四十已下와 身長七尺五寸以上으로 走能追逐奔馬하고 及馳而乘之하여 或前或後와 或左或右에 上下週迴旋轉하고 又能束縛旌旗하며 力能彀八石弩니 八石은 八百斤也라 射前後左右에 皆便利習熟者니 如楚樂伯이 與晉戰할새 左射馬하고 右射人하여 使角不能進[1]하니 此是射前後左右便習者라 名曰 武車之士니 不可不重厚也라

1) 楚樂伯……使角不能進 : 樂伯은 春秋時代 楚 莊王의 신하이다. 이 내용은 B.C. 597년 여름, 晉나라와 楚나라가 鄭나라를 속국으로 만들기 위해 싸운 일로, 角은 귀퉁이에서 협공함을 이른다.

≪春秋左氏傳≫ 宣公 12년에 "楚나라 許伯이 樂伯의 兵車에 御가 되고 攝叔이 車右가 되어 晉軍에 도전하였다. 晉나라의 鮑癸가 이들을 추격하고 또 군대는 左右 양쪽〔兩角〕으로 펼쳐 협공하였다. 그러자 樂伯이 왼쪽으로 晉나라의 말을 쏘고 오른쪽으로 晉나라로 병사들을 향해 쏘니, 晉軍의 兩角이 가까이 오지 못하였다."라고 보인다.

武王이 太公에게 물었다.

전차병을 선발하는 방법을 어떻게 해야 하는가?

太公이 대답하였다.

전차병을 선발하는 방법은, 나이 40세 이하와 신장 7尺 5寸 이상인 자로 달리는 능력이 달아나는 말을 좇아가고 달리는 말에 올라타서 前後左右로 말에 오르내리고 두루 돌며, 또 적의 깃발을 묶어오고 힘이 8石의 쇠뇌를 당길 수 있는 자를 선발해야 한다. 8石은 800斤이다.

前後左右로 활을 쏨에 모두 편리하게 익힌 자는, 예컨대 楚나라 樂伯이 晉나라와 싸울 적에 왼쪽에 있는 자는 말을 쏘고 오른쪽에 있는 자는 사람을 쏘아서 兩角이 나오지 못하게 하였으니, 이것이 바로 前後左右로 활 쏘는 것을 모두 편리하게 익힌 자인 것이다. 이들을 이름하여 '武車之士'라 하니, 소중히 여기고 후대하지 않으면 안 된다.

武(車)〔騎〕[1]士 第五十七 제57편 騎馬兵의 선발

1) (車)〔騎〕: 저본의 '車'는 漢文大系本에 의거하여 '騎'로 바로잡았다.

武車〔騎〕士者는 **選擇材技之人**하여 **乘騎以戰**이니 **謂之武騎士**라

武騎士란 재능과 기예가 뛰어난 병사를 선발하여 기마를 타고 싸우게 하는 것이니, 이것을 일러 武騎士라 한다.

武王이 **問太公曰 選(車)〔騎〕士**를 **奈何**오 **太公曰 選(車)〔騎〕士之法**은 **取年四十以下**와 **長七尺五寸以上**으로 **壯健捷疾**이 **超絶倫等**하고 **能馳騎彀射**하고 **前後左右**에 **周旋進退**하며 **越溝塹**하고 **登丘陵**하며 **冒險阻**하고 **絶大澤**하며 **馳强敵**하고 **亂大衆者**를 **名曰武騎之士**니 **不可不厚也**니이다

武王이 太公에게 물었다.

"騎士를 선발할 때에는 어떻게 해야 하는가?"

太公이 대답하였다.

"騎士를 선발하는 방법은 나이 40세 이하이고 신장이 7尺 5寸 이상으로 기력이 건장하고 걸음이 보통 사람보다 매우 빠르고 말을 달리면서 활을 당겨 쏘고,

前後와 左右로 두루 돌면서 나아가고 물러가며, 참호를 넘어가고 구릉을 올라가며, 험한 곳을 무릅쓰고 큰 늪을 건너가며, 강한 적진으로 달려가고 적의 많은 병력을 혼란시킬 수 있는 자들을 선발해야 합니다. 이들을 이름하여 '武騎之士'라 하니, 후대하지 않으면 안 됩니다."

武王이 問太公曰 選簡騎士之法은 奈何오 太公對曰 選簡騎士之法은 取年方四十已下와 身長七尺五寸以上으로 力氣壯健하고 行步捷疾이 超過等輩하며 能馳騎彀射하고 或前或後와 或左或右에 周迴旋轉하여 以進以退하며 越溝塹之深하고 登丘陵之高하며 冒險阻之艱하고 絶大澤之水하며 馳强勇之敵하고 亂盛大之衆을 名曰 武騎之士니 不可不重厚也라

武王이 太公에게 물었다.
騎士를 선발하는 방법은 어떻게 해야 하는가?
太公이 대답하였다.
騎士를 선발하는 방법은, 나이가 40세 이하이고 신장이 7尺 5寸 이상인 자로 기력이 건장하고 걸음이 빨라서 보통 사람을 뛰어넘으며 말을 타고 달리면서 활을 당겨 쏘고 혹은 전후와 좌우로 두루 돌면서 나아가고 물러가며, 깊은 참호를 넘어가고 높은 구릉을 올라가며, 험하고 막힌 어려움을 무릅쓰고 큰 늪의 물을 건너가며, 강하고 용맹한 적에게 달려가고 많은 적병을 혼란시키는 병사들을 선발해야 한다. 이들을 이름하여 '武騎之士'라 하니, 소중히 하고 후대하지 않으면 안 된다.

戰車 第五十八　제58편 戰車를 이용한 전투

戰車者는 以車與敵戰에 務知其地形之便不便也라

戰車란 전차를 가지고 적과 싸울 적에 地形의 편리하고 편리하지 않음을 알려고 힘쓰는 것이다.

武王이 問太公曰 戰車를 奈何오 太公曰 步貴知變動이요 車貴知地形이요 騎貴知別徑奇道니 三軍이 同名而異用也라 凡車之戰은 死地有十하고 勝地有八하니이다

武王이 太公에게 물었다.
"戰車戰을 어찌해야 하는가?"
太公이 대답하였다.
"步兵은 變動을 아는 것을 귀하게 여기고, 戰車 부대는 地形을 아는 것을 귀하게 여기고, 騎兵은 오솔길과 샛길을 아는 것을 귀하게 여기니, 步兵과 戰車兵과 騎兵 세 군대는 군대라는 명칭은 같으나 쓰임은 다릅니다. 무릇 戰車戰에는 죽을 지형이 열 곳이 있고, 승리하는 지형이 여덟 곳이 있습니다."

武王이 問太公曰 以車로 與敵戰을 奈何오 太公對曰 用步는 貴知敵之變動이요 用車는 貴知地之形勢요 用騎는 貴知山林之別徑奇道니 三軍이 同其名而異其用也라 凡車戰에 死地有十하고 勝地有八[1)]이라

1) 凡車戰……勝地有八 : ≪兵學指南演義≫ 〈旗鼓定法 1 用車篇〉에는 '戰車는 평탄한 지역에서만 운용이 가능하고 험하고, 막혀있는 곳에서는 도리어 궁지에 빠질 수 있다.'는 점을 지적하면서 이 부분을 들고 있다.

武王이 太公에게 물었다.
戰車를 가지고 적과 싸울 적에는 어떻게 해야 하는가?
太公은 대답하였다.
步兵을 사용할 때에는 적의 변동을 아는 것을 귀하게 여기고, 戰車兵을 사용할 때에는 땅의 형세를 아는 것을 귀하게 여기고, 騎兵을 사용할 때에는 산림의 오솔길과 사잇길을 아는 것을 귀하게 여기니, 세 군대가 군대라는 명칭은 같으나 쓰임은 다르다. 무릇 戰車戰에는 죽을 지형이 열 곳이 있고, 승리하는 지형이 여덟 곳이 있다.

武王曰 十死之地는 奈何오 太公曰 往而無以還者는 車之死地也요

武王이 물었다.
"열 곳의 죽을 지형은 어떤 것인가?"
太公이 대답하였다.
"가기만 하고 돌아올 수 없는 곳은 戰車 부대가 죽는 땅(지형)입니다.

武王問曰 戰車十死之地는 奈何오 太公對曰 前往而無以還返者는 乃車之死地也니 死地則無進이라

武王이 물었다.

전차 부대가 죽을 열 곳의 지형은 어떤 것인가?

太公이 대답하였다.

앞으로 가기만 하고 돌아올 수 없는 곳은 바로 戰車 부대가 죽는 땅이니, 죽는 땅에는 전진하지 말아야 한다.

越絶險阻하여 **乘敵遠行**은 **車之竭地也**요

험한 곳을 넘어가서 적의 遠行을 틈타는 곳은 戰車 부대가 멸망하는 땅입니다.

越絶險阻之處하여 以乘敵人之遠行者는 乃車之竭地也니 竭地則無追라

험한 곳을 넘어가서 적의 遠行을 틈타는 곳은 바로 戰車 부대가 멸망하는 땅이니, 멸망하는 땅에는 추격하지 말아야 한다.

前易後險者는 **車之困地也**요

前面이 평탄하고 後面이 험한 곳은 戰車 부대가 곤궁한 땅입니다.

前面平易하고 後面險隘者는 乃車之困地也니 困地則無出이라

前面이 평탄하고 後面이 험한 곳은 바로 戰車 부대가 곤궁한 땅이니, 곤궁한 땅에는 출동하지 말아야 한다.

陷之險阻而難出者는 **車之絶地也**요

험한 곳에 빠져서 나오기 어려운 곳은 戰車 부대가 고립되는 땅입니다.

陷於險阻之處하여 難得而出者는 乃車之絶地也니 絶地則無戰이라

험한 곳에 빠져서 나오기 어려운 곳은 바로 戰車 부대가 고립되는 땅이니, 고립되는 땅에서는 싸우지 말아야 한다.

圮(비)**下漸澤**에 **黑土黏**(점)**埴者**는 **車之勞地也**요

지형이 푹 꺼지고 낮아서 저습한 늪지대에 검은 흙이 찰진 곳은 戰車 부대가

수고로운 땅입니다.

圮壤卑下하여 漸洳澤鹵之處에 有黑土黏埴者는 乃車之勞地也니 勞地則無越이라

지형이 푹 꺼지고 낮아서 저습한 늪지대에 검은 흙이 찰진 곳은 바로 戰車 부대가 수고로운 땅이니, 수고로운 땅은 넘어가지 말아야 한다.

左險右易하고 上陵仰阪者는 車之逆地也요

왼쪽은 험하고 오른쪽은 평탄하며 위로 구릉을 올라가고 산비탈을 올려다보는 곳은 戰車 부대의 거스르는 땅입니다.

左拒險阻하고 右澤平易하며 上越丘陵하고 仰向山阪者는 乃車之逆地也니 逆地則無攻이라

왼쪽에는 험한 곳이 막혀있고 오른쪽에는 늪과 평탄한 곳이 있으며 위로 구릉을 넘어가고 산비탈을 향해 올려다보는 곳은 바로 戰車 부대의 거스르는 땅이니, 거스르는 땅에서는 공격하지 말아야 한다.

殷草橫畝하고 犯歷(之)〔浚〕[1)]澤者는 車之拂地也요

1) (之)〔浚〕: 저본의 '之'는 漢文大系本에 의거하여 '浚'으로 바로잡았다.

무성한 풀이 밭두둑을 뒤덮고 깊은 못을 범하여 지나가는 곳은 戰車 부대의 어긋난 땅입니다.

殷盛之草 橫連田畝하고 犯歷深浚之水澤者는 車之拂地也니 拂地則無留라

무성한 풀이 밭두둑을 뒤덮어 이어있고 깊은 물과 못을 범하여 지나가는 곳은 戰車 부대의 어긋난 땅이니, 어긋난 땅에서는 지체하지 말아야 한다.

車少地易하여 與步不敵者는 車之敗地也요

戰車가 적고 지세가 평탄하여 적의 보병과 맞서 싸울 수 없는 곳은 戰車 부대가 패하는 땅입니다.

車乘寡少하고 地勢平易하여 與步兵不能相敵者는 乃車之敗地也니 敗地則無止라

戰車의 대수가 적고 지세가 평탄하여 적의 보병과 서로 맞서 싸울 수 없는 곳은 바로 戰車 부대가 패하는 땅이니, 패하는 땅에서는 머물지 말아야 한다.

後有溝瀆하고 **左有深水**하고 (石)〔右〕[1)]**有峻阪者**는 **車之壞地也**요

1) (石)〔右〕: 저본의 '石'은 漢文大系本에 의거하여 '右'로 바로잡았다.

뒤에 도랑이 있고 왼쪽에 깊은 물이 있고 오른쪽에 높은 산비탈이 있는 곳은 戰車 부대가 무너지는 땅입니다.

後有溝瀆而不能退하고 左有深水하고 右有峻阪하여 而不能馳者는 乃車之壞地也니 壞地則無前이라

뒤에 도랑이 있어서 후퇴하지 못하고 왼쪽에는 깊은 물이 있고 오른쪽에는 높은 산비탈이 있어서 달릴 수 없는 곳은 바로 戰車 부대가 무너지는 땅이니, 무너지는 땅에서는 전진하지 말아야 한다.

日夜霖雨하여 **旬日不止**하여 **道路潰陷**하여 **前不能進**하고 **後不能解者**는 **車之陷地也**니 **此十者**는 **車之死地也**라 **故**로 **拙將之所以見擒**이요 **明將之所以能避也**니이다

밤낮으로 장맛비가 내려서 열흘 동안 그치지 아니하여 道路가 무너져서 앞으로 전진하지 못하고 뒤로 벗어날 수 없는 곳은 戰車 부대가 빠지는 땅입니다.

이 열 곳은 戰車 부대가 죽는 지형이므로, 졸렬한 장수는 사로잡히고 현명한 장수는 능히 피하는 것입니다."

日夜有霖雨하여 旬日不止已하여 道路皆潰陷하여 吾欲前不能進하고 後不能解脫者는 此車之陷地也니 陷地則謀出이라 已上十者는 皆車之死地也라 故로 無謀之將은 所以見擒於人이요 明智之將은 所以能避去也라

밤낮으로 장맛비가 내려서 열흘 동안 그치지 아니하여 道路가 모두 무너져서 우리가 전진하고자 해도 전진하지 못하고 후퇴하고자 해도 벗어날 수 없는 곳은 戰車가 빠지는 땅이니, 빠지는 땅에서는 벗어날 것을 도모해야 한다.

이상 열 곳은 모두 戰車 부대가 죽는 지형이다. 그러므로 智謀가 없는 장수는 남에게 사로잡히고 현명하고 지혜로운 장수는 능히 피하여 떠나가는 것이다.

武王曰 八勝之地는 **奈何**오 **太公曰 敵之前後行陳未定**이면 **卽陷之**요 **旌旗擾亂**하고 **人馬數**(삭)**動**이면 **卽陷之**요 **士卒**이 **或前或後**하고 **或左或右**면 **卽陷之**요 **陳不堅固**하여 **士卒前後相顧**면 **卽陷之**요 **前往而疑**하고 **後往而怯**이면 **卽陷之**요 **三軍卒驚**하여 **皆薄而起**면 **卽陷之**요 **戰於易地**하여 **暮不能解**면 **卽陷之**요 **遠行而暮舍**하고 **三軍恐懼**면 **卽陷之**니 **此八者**는 **車之勝地也**니이다

武王이 물었다.

"여덟 곳의 승리하는 지형은 어떤 것인가?"

太公이 대답하였다.

"적의 앞뒤 行列과 陣營이 안정되지 못했으면 즉시 무찌르고, 깃발이 혼란하고 사람과 말이 자주 놀라 움직이면 즉시 무찌르고, 적의 병사들이 혹 앞에 있고 혹 뒤에 있으며 혹 왼쪽에 있고 혹 오른쪽에 있으면 즉시 무찌르고, 적의 진영이 견고하지 못하여 적의 병사들이 앞뒤에서 서로 돌아보면 즉시 무찌르고, 앞으로 가면서 의심하고 뒤로 가면서 겁을 먹으면 즉시 무찌르고, 적의 三軍이 갑자기 놀라서 모두 급박하게 일어서면 즉시 무찌르고, 평지에서 전투하면서 저녁이 되어도 갑옷을 벗지 못하면 즉시 무찌르고, 적이 멀리 행군하여 저녁에 머물며 적의 三軍이 두려워하면 즉시 무찔러야 하니, 이 여덟 가지는 전차가 승리하는 지형입니다.

武王問曰 戰車八勝之地는 奈何오 太公對曰 敵之前後行伍 陳勢未定이면 卽馳而陷之요 敵之旌旗擾亂하고 人馬頻數驚動이면 卽馳而陷之요 敵之士卒이 或前或後하고 或左或右하여 而無定止면 卽馳而陷之요 敵人이 行陳不堅固하여 士卒前後相顧望이면 卽馳而陷之요 敵人이 欲前往而疑惑하고 後往而恐怯이면 卽馳而陷之요 敵人三軍이 倉卒驚擾하여 皆迫而起면 卽馳而陷之요 與敵人戰於平易之地에 日已昏暮로되 不能解脫이면 卽馳而陷之요 遠行於路에 日暮方止하고 三軍이 又驚恐畏懼면 卽馳而陷之니 此八者는 皆車之勝地也라

武王이 물었다.

전차가 승리하는 여덟 곳의 지형은 어떤 것인가?

太公이 대답하였다.

적의 앞뒤 항렬과 진영이 안정되지 못했으면 즉시 달려가서 무찌르고, 적의 깃발이

혼란하고 사람과 말이 자주 놀라 움직이면 즉시 달려가서 무찌르고, 적의 병사들이 혹 앞에 있고 혹 뒤에 있으며 혹 왼쪽에 있고 혹 오른쪽에 있어서 일정하게 멈춤이 없으면 즉시 달려가서 무찌르고, 적의 항렬과 진영이 견고하지 못해서 적의 병사들이 앞뒤에서 서로 돌아보면 즉시 달려가서 무찌르고, 적이 앞으로 가고자 하면서도 의혹하고 뒤로 가고자 하면서도 두려워하면 즉시 달려가서 무찌르고, 적의 三軍이 갑자기 놀라서 모두 급박하게 일어서면 즉시 달려가서 무찌르고, 적과 평탄한 지형에서 싸울 적에 날이 이미 어두웠는데도 적이 아직 갑옷을 벗지 못하였으면 즉시 달려가서 무찌르고, 적이 길을 遠行하여 해가 저물어서야 비로소 멈추고 三軍이 또 놀라 두려워하면 즉시 달려가서 무찔러야 하니, 이 여덟 가지는 모두 전차가 승리하는 지형이다.

將明於十害八勝이면 **敵雖圍周千乘萬騎**라도 **前驅旁馳**하여 **萬戰必勝**이니이다 **武王曰 善哉**라

장수가 열 가지 해로운 지형과 여덟 가지 승리하는 지형에 밝으면, 적이 비록 천 대의 戰車와 만 필의 騎馬로 우리를 견고히 포위하더라도, 앞으로 몰고 옆에서 치달려 만 번 싸워도 반드시 승리할 것입니다."

武王이 말씀하였다.

"좋은 말씀이다."

爲將者明於此十害八勝이면 敵人이 雖圍周於我를 車千乘, 騎萬匹이라도 吾驅之而前하고 馳之於兩旁하여 萬戰必勝矣라 武王曰 公言이 善哉라

장수 된 자가 이 열 가지 해로운 지형과 여덟 가지 승리하는 지형에 밝으면, 적이 비록 천 대의 戰車와 만 필의 騎馬로 우리를 견고히 포위하더라도, 우리가 몰아 앞으로 가고 양옆에서 치달리면 만 번 싸워도 반드시 승리할 것이다.

武王은 "公의 말씀이 좋다." 하였다.

戰騎 第五十九 제59편 騎兵을 이용한 전투

戰騎者는 以騎與敵戰하여 而欲取勝也라

戰騎란 기병을 가지고 적과 싸워서 승리를 취하고자 하는 것이다.

武王이 **問太公曰 戰騎**를 **奈何**오 **太公曰 騎有十勝九敗**하니이다

武王이 太公에게 물었다.
"騎兵戰을 어떻게 해야 하는가?"
太公이 대답하였다.
"騎兵戰에는 열 가지 승리하는 것이 있고, 아홉 가지 패배하는 것이 있습니다."

武王이 **問太公曰 以騎**로 **與敵戰**을 **奈何**오 **太公對曰 用騎兵取勝之術**이 **有十**하고 **敗地有九**라

武王이 太公에게 물었다.
騎兵을 가지고 적과 어떻게 싸워야 하는가?
太公이 대답하였다.
騎兵을 사용하여 승리를 취하는 방법이 열 가지가 있고, 패하는 지형이 아홉 가지가 있다.

武王曰 十勝奈何오 **太公曰 敵人始至**하여 **行陳未定**하고 **前後不屬**이어든 **陷其前騎**하고 **擊其左右**하면 **敵人必走**하리이다

武王이 물었다.
"열 가지 승리는 어떤 것인가?"
太公이 대답하였다.
"적이 처음 도착하여 行列과 陣營이 안정되지 못하고 앞뒤가 연결되지 못하였거든, 앞에 있는 적의 기병을 무찌르고 좌우를 공격하면, 적이 반드시 패주할 것입니다.

武王問曰 騎之十勝은 **奈何**오 **太公對曰 敵人初至**하여 **行列陳勢未定**하고 **前後不相聯屬**이어든 **吾卽陷其前騎**하고 **或擊其左右**하면 **敵人必走矣**라

武王이 물었다.
기병의 열 가지 승리는 어떤 것인가?

太公이 대답하였다.

적이 처음 도착하여 항렬과 진영의 형세가 안정되지 못하고 앞뒤가 서로 연결되지 못하였거든, 우리가 즉시 그 앞의 기병을 무찌르고 혹은 좌우를 공격하면, 적이 반드시 패주할 것이다.

敵人行陳이 **整齊堅固**하고 **士卒欲鬪**어든 **吾騎翼而勿去**하여 **或馳而往**하고 **或馳而來**호되 **其疾如風**하고 **其暴如雷**하여 **白晝如昏**하며 **數更**(삭경)**旌旗**하고 **變易衣服**이면 **其軍**을 **可克**하리이다

적의 行列과 陣營이 정돈되고 견고하며 적의 병사들이 싸우고자 하거든, 우리 기병이 좌우에 있어 떠나지 말고서 혹은 달려가고 혹은 달려오되, 폭풍처럼 빠르고 우레와 같이 맹렬해서 대낮에도 먼지가 일어나 날이 어두운 듯하며, 자주 깃발을 바꾸고 의복을 바꾸면, 적군을 이길 수 있습니다.

敵人行列陣勢 整齊堅固하고 士卒이 欲與我鬪어든 令吾騎兵으로 翼其左右而勿去하여 或馳之而往하고 或馳之而來하여 其勢如風之迅疾하고 如雷之暴猛하여 使白晝如昏暗하며 數更換吾之旌旗하고 變易吾之衣服이면 其軍을 必可克矣라

적의 항렬과 진영의 형세가 정돈되고 견고하며 적의 병사들이 우리와 싸우고자 하거든, 우리의 기병으로 하여금 좌우에 있어 떠나지 말게 하여, 혹은 달려가고 혹은 달려와서 그 형세가 폭풍처럼 빠르고 우레처럼 맹렬하여 대낮에 먼지가 일어나 어두울 때와 같게 하며, 자주 우리의 깃발을 바꾸고 우리의 의복을 바꾸면, 적군을 반드시 이길 수 있는 것이다.

敵人이 **行陳不固**하고 **士卒不鬪**어든 **薄**[1)]**其前後**하고 **獵其左右**하여 **翼而擊之**하면 **敵人必懼**하리이다

1) 薄 : 迫과 같다.

적의 行列과 陣營이 견고하지 못하고 적의 병사들이 용감히 싸우지 못하거든, 앞뒤를 압박하고 좌우를 사냥하듯이 하여 양쪽에서 나래처럼 펼쳐 공격하면, 적이 반드시 두려워할 것입니다.

敵人이 行陳不堅固하고 士卒不敢鬪어든 吾乃薄其前後하고 獵其左右하여 翼兩旁而疾擊之하면 敵人必懼矣라

적의 항렬과 진영이 견고하지 못하고 병사들이 용감히 싸우지 못하거든, 우리가 적의 앞뒤를 압박하고 좌우를 사냥하듯이 하여 좌우 양옆에서 나래처럼 펼쳐 급히 공격하면, 적이 반드시 두려워할 것이다.

敵人이 暮欲歸舍에 三軍恐駭어든 翼其兩旁하여 疾擊其後하고 薄其壘口하여 無使得入이면 敵人必敗하리이다

적이 저녁에 돌아가 쉬고자 할 적에 三軍이 두려워하거든, 좌우 양옆을 나래처럼 펼쳐 적의 後尾를 급히 공격하고 보루의 입구를 압박하여 적군으로 하여금 진영으로 들어가지 못하게 하면, 적이 반드시 패할 것입니다.

敵人이 値天暮하여 欲歸舍次에 三軍恐懼驚駭어든 吾乃翼其兩旁하여 疾擊其後하고 迫其壘口하여 無使得入其屯營이면 敵人必敗矣라

적이 날이 저물어 돌아가 머물고자 할 적에 三軍이 두려워하고 놀라거든, 우리가 좌우 양옆에서 나래처럼 펼쳐 급히 적의 후미를 공격하고 보루의 입구를 압박하여 적으로 하여금 주둔하는 진영으로 들어가지 못하게 하면, 적이 반드시 패할 것이다.

敵人이 無險阻保固어든 深入長驅하여 絶其粮道하면 敵人必飢하리이다

적진의 지형이 험하고 막혀서 견고하게 수비할 곳이 없거든, 우리가 멈추지 않고 달려 깊숙이 쳐들어가서 적의 군량 수송로를 차단하면, 적이 반드시 굶주릴 것입니다.

敵人이 若無險阻保固어든 吾當深入長驅하여 斷絶其粮道하면 敵人必飢矣라

적진의 지형이 만약 험하고 막혀서 견고하게 수비할 곳이 없거든, 우리가 멈추지 않고 달려 깊숙이 쳐들어가서 적의 군량 수송로를 차단해야 하니, 이렇게 하면 적이 반드시 굶주릴 것이다.

地平而易하여 四面見敵이어든 車騎陷之하면 敵人必亂하리이다

적진의 지형이 평탄하여 사면에서 적진이 보이거든, 戰車와 騎兵으로 무찌르면 적이 반드시 혼란할 것입니다.

敵人所處之地가 平而且易하여 四面見敵於人이어든 吾以車騎陷之면 敵人必亂矣라

적이 주둔하고 있는 지형이 평탄하고 또 낮아서 사면으로 적진이 보이거든, 우리가 전차와 기병으로 무찌르면 적이 반드시 혼란할 것이다.

敵人奔走하고 士卒散亂이어든 或翼其兩旁하고 或掩其前後하면 其將을 可擒하리이다

적이 급히 도망하고 병사들이 흩어져 혼란하거든, 그 양옆을 나래처럼 펼쳐 공격하거나 그 앞뒤를 엄습하면, 적장을 사로잡을 수 있습니다.

敵人士卒이 奔走散亂이어든 吾或翼擊其兩旁하고 或掩襲其前後하면 其將을 可擒矣라

적의 병사들이 달아나고 흩어져 혼란하거든, 우리가 양옆을 나래처럼 펼쳐 공격하거나 앞뒤를 엄습하면, 적장을 사로잡을 수 있을 것이다.

敵人暮返에 其兵甚衆하면 行陳必亂하리니 令我騎로 十而爲隊하고 百而爲屯하며 車五而爲聚하고 十而爲群하여 多設旌旗하고 雜以强弩하여 或擊其兩旁하고 絶其前後하면 敵將을 可虜하리니 此는 騎之十勝也니이다

적이 저녁에 돌아갈 적에 병력이 매우 많으면 行列과 陣營이 반드시 혼란할 것이니, 우리 기병 10명을 1隊로 만들고 100명을 1屯으로 만들며, 전차 5대를 1聚로 만들고 10대를 1群으로 만들어서 깃발을 많이 꽂아놓고 강한 弓弩 부대를 섞어 배치해서 혹은 적의 양옆을 나래처럼 펼쳐 공격하고 혹은 적의 앞뒤를 차단하면, 적장을 사로잡을 수 있을 것입니다.

이것이 기병의 열 가지 승리하는 방법입니다."

敵人日暮而返에 其兵士甚衆하면 其行伍陳勢必亂하리니 令我騎兵으로 十而爲一隊하고 百而爲一屯하며 車五而爲一聚하고 十而爲一群하여 多設置旌旗하고 錯雜以

强弩하여 或翼擊其兩旁하고 或斷絶其前後하면 敵將을 可虜矣라 此已上은 乃騎之十勝也라

적이 해가 저물어 돌아갈 적에 병력이 매우 많으면 行列과 陣營의 형세가 반드시 혼란할 것이니, 우리 기병 10명을 1隊로 만들고 100명을 1屯으로 만들며, 전차 5대를 1聚로 만들고 전차 10대를 1群으로 만들어서 깃발을 많이 꽂아놓고 강한 弓弩 부대를 뒤섞어 배치해서 혹은 적의 양옆을 나래처럼 펼쳐 공격하고 혹은 그 앞뒤를 차단하면 적장을 사로잡을 수 있을 것이다.

이상은 바로 기병의 열 가지 승리인 것이다.

○ 按十勝而止有八[1)]하니 恐脫簡耳라

1) 十勝而止有八 : 위에 '騎有十勝九敗'라 하였는데, 실제 나열한 것은 여덟 가지에 불과하므로 이렇게 말한 것이다.

○ 살펴보건대 열 가지 승리인데 다만 여덟 가지만 있으니, 脫簡이 있는 듯하다.

武王曰 九敗는 奈何오 太公曰 凡以騎陷敵而不能破陳하고 敵人佯走라가 以車騎로 返擊我後하면 此는 騎之敗地也니이다

武王이 물었다.

"아홉 가지 패하는 지형은 어떤 것인가?"

太公이 대답하였다.

"무릇 騎兵을 가지고 적을 무찌르다가 적진을 격파하지 못하고, 적이 거짓으로 패주하다가 戰車 부대와 기병 부대로 우리의 후미를 반격하면, 이는 기병이 패하는 지형입니다.

武王問曰 騎之九敗는 奈何오 太公對曰 凡以騎兵陷敵이나 而不能破散其陳하고 敵人佯敗而走라가 以車騎로 返邀擊我後하면 此는 騎兵之敗地也라

武王이 물었다.

기병의 아홉 가지 패하는 지형은 어떤 것인가?

太公이 대답하였다.

무릇 기병을 가지고 적을 무찌르다가 적진을 격파하여 해산시키지 못하고, 적이 거짓으로 패주하다가 전차 부대와 기병 부대로 우리의 후미를 반격하면, 이는 기병이

패하는 지형이다.

追北踰險하여 **長驅不止**에 **敵人**이 **伏我兩旁**하고 **又絶我後**하면 **此**는 **騎之圍地也**니이다

도망하는 적을 추격하여 험한 곳을 넘어가서 멈추지 않고 멀리 몰고갔는데, 적이 우리의 좌우에 복병을 설치하고 또 우리의 후미를 차단하면, 이는 기병이 포위되는 지형입니다.

吾追敵人之奔北하여 踰越險阻하여 長驅不止에 敵人이 伏我兩旁하고 又斷絶我後하면 此乃騎兵之圍地也라

우리가 도망하는 적을 추격하여 험한 곳을 넘어가서 멈추지 않고 멀리 몰고 갔는데, 적이 우리의 좌우에 군대를 매복하고 또 우리의 후미를 차단하면, 이것은 바로 기병이 포위되는 지형이다.

往而無以返하고 **入而無以出**이면 **是謂陷於天井**이요 **頓**[1]**於地穴**이니 **此**는 **騎之死地也**니이다

1) 頓 : 屯과 같다.

지형이 가기만 하고 돌아올 수 없고 들어가기만 하고 나올 수 없으면, 이것을 일러 '天井에 빠지고 地穴에 주둔했다.'고 하니, 이는 기병이 죽는 지형입니다.

往而無以還返하고 入而無從以出이면 是謂陷於天井之內요 頓於地穴之中이니 此乃騎兵之死地也라

지형이 가기만 하고 돌아올 수 없으며 들어가기만 하고 나올 수 없으면, 이것을 일러 '天井의 안에 빠지고 地穴의 가운데에 주둔했다.' 하는 것이니, 이는 바로 기병이 죽는 지형이다.

所從入者隘하고 **所從出者遠**하여 **彼弱可以擊我强**하고 **彼寡可以擊我衆**이면 **此**는 **騎之沒地也**니이다

지형이 따라 들어가는 곳은 좁고 따라 나오는 곳은 멀어서, 적의 약한 군대가 우리의 강한 군대를 공격할 수 있고 적의 적은 병력이 우리의 많은 병력을 공격

할 수 있으면, 이는 기병이 전몰하는 지형입니다.

所從入者狹隘하고 所從出者迂遠하여 彼弱可以擊我之强하고 彼寡可以擊我之衆이면 此乃騎兵之沒地也라

지형이 따라 들어가는 곳은 좁고 따라 나오는 곳은 멀어서, 적의 약한 군대가 우리의 강한 군대를 공격할 수 있고 적의 적은 병력이 우리의 많은 병력을 공격할 수 있으면, 이는 바로 기병이 전몰하는 지형이다.

大澗深谷과 翳茂林木이면 此는 騎之竭地也니이다

큰 시내와 깊은 골짝과 숲이 무성하여 가려있으면, 이것은 기병이 멸망하는 지형입니다.

凡遇大澗深谷과 及林木翳茂之處하면 此는 乃騎之竭地也라

무릇 큰 시내와 깊은 골짝과 숲과 나무가 무성하여 가려진 곳을 만나면, 이는 바로 기병이 멸망하는 지형이다.

左右有水하고 前有大阜하고 後有高山하여 三軍은 戰於兩水之間하고 敵居表裏하면 此는 騎之艱地也니이다

왼쪽과 오른쪽에 물이 있고 앞에 큰 언덕이 있고 뒤에 높은 산이 있어서, 우리의 三軍은 두 물 사이에서 싸우고 적은 안과 밖에 있으면, 이는 기병의 어려운 지형입니다.

左右有深水하고 前面有大阜하고 後又有高山하여 吾三軍은 戰於兩水之間하고 敵人은 居於表裏하면 此는 乃騎兵之艱地也라

왼쪽과 오른쪽에 깊은 물이 있고 앞에 큰 언덕이 있고 뒤에 또 높은 산이 있어서, 우리의 三軍은 두 물 사이에서 싸우고 적은 안과 밖에 있으면, 이것은 바로 기병의 어려운 지형이다.

敵人이 絶我粮道하여 往而無以還이면 此는 騎之困地也니이다

적이 우리의 군량 수송로를 차단하여 가기만 하고 돌아올 수 없으면, 이것은 기병의 곤궁한 지형입니다.

敵人이 斷絶我粮道하여 有往之路나 而無還返之道면 此는 乃騎兵之困地也라

적이 우리의 군량 수송로를 차단하여 갈 길은 있으나 돌아올 길이 없으면, 이것은 바로 기병의 곤궁한 지형인 것이다.

汙下沮澤하여 進退漸洳면 此는 騎之患地也니이다

지형이 낮은 늪지대여서 전진하고 후퇴함에 진흙에 빠지면, 이것은 기병의 환란의 지형입니다.

汙下沮澤之中에 進退泥濘漸洳면 此는 乃騎兵之患地也라

지형이 낮은 늪지대 가운데여서 전진하고 후퇴함에 진흙에 빠지면, 이것은 바로 기병의 환란의 지형이다.

左有深溝하고 右有坑阜하여 高下如平地하여 進退誘敵이면 此는 騎之陷地也니 此九者는 騎之死地也라 明將之所以遠避요 闇將之所以陷敗也니이다

왼쪽에 깊은 도랑이 있고 오른쪽에 높은 언덕이 있어서, 높은 곳에서 내려다볼 적에 평지와 같아 전진하고 후퇴함에 적이 쳐들어오도록 유도되면, 이것은 기병이 함몰하는 지형입니다.

이 아홉 가지는 기병이 죽는 지형이니, 현명한 장수는 멀리 피하고 어두운 장수는 빠져 패하는 것입니다."

左有深浚之溝하고 右有坑阜之險하여 高下只如平地하여 進退則誘敵之來면 此는 乃騎兵之陷地也라 此已上九者는 皆騎之敗地也니 明智之將은 所以能遠避요 昏闇之將은 所以必陷敗也라

왼쪽에 깊은 도랑이 있고 오른쪽에 높은 언덕의 험함이 있어서 높은 곳에서 내려다볼 적에 다만 평지와 같아서 전진하고 후퇴함에 적이 쳐들어오도록 유도되면, 이것은 바로 기병이 함몰하는 지형인 것이다.

이상 아홉 가지는 모두 기병이 패하는 지형이니, 현명하고 지혜로운 장수는 멀리

피하고 어두운 장수는 반드시 빠져 패하는 것이다.

○ 愚按 車騎之敗를 皆以地言者는 謂吾自陷於地形之未便而致敗요 非人敗之也라 吾能審而避之면 則豈能敗之哉아 車騎之勝을 皆以敵言者는 謂敵有可乘之形이면 卽馳而勝之也니 敵若無可乘之形이면 則豈能勝之哉아 故로 敗者는 自敗也요 非人敗之며 勝者는 非自勝也요 因人之形而取勝也라 孫子曰 兵因敵而制勝[1)]이라하니 其此之謂歟인저

1) 孫子曰 兵因敵而制勝 : ≪孫子≫ 〈虛實〉에 "군대의 형체는 물과 비슷하니, 물의 형체는 높은 곳을 피하고 낮은 곳으로 달려가고, 군대의 형체는 적의 實한 곳을 피하고 虛한 곳을 공격한다. 물은 땅에 따라 흐르고 군대는 적에 따라 승리하는 것이다. 그러므로 군대는 일정한 형세가 없고 물은 일정한 형체가 없는 것이니, 적에 따라 변화하여 승리하는 것을 神妙하다 이른다.〔夫兵形 象水 水之形 避高而趨下 兵之形 避實而擊虛 水因地而制流 兵因敵而制勝 故兵無常勢 水無常形 能因敵變化而取勝者 謂之神〕"라고 보인다.

○ 내가 살펴보건대 전차 부대와 기병 부대의 패배를 모두 지형을 가지고 말한 것은, 내가 스스로 지형이 편리하지 않은 곳에 빠져서 패하는 것이요, 남이 우리를 패하게 만드는 것이 아님을 말한 것이다. 내가 잘 살펴서 피하면 적이 어찌 우리를 패하게 할 수 있겠는가.

전차와 기병의 승리를 모두 적을 가지고 말한 것은, 적에게 틈탈 만한 형세가 있으면 즉시 달려가 공격해서 승리함을 말한 것이니, 적에게 만약 틈탈 만한 형세가 없다면 어찌 적을 이길 수 있겠는가. 그러므로 패하는 것은 스스로 패하는 것이요 남이 패하게 만드는 것이 아니며, 승리하는 것은 스스로 승리하는 것이 아니요 남의 형세를 인하여 승리를 취하는 것이다.

孫子가 말하기를 "군대는 적을 인하여 승리를 만든다." 하였으니, 이것을 말함일 것이다.

戰步 第六十　제60편 步兵을 이용한 전투

戰步者는 以步兵으로 與車騎戰하여 而欲取勝也라

戰步란 步兵을 가지고 적의 戰車 부대와 騎兵 부대와 싸워서 승리를 취하고자

하는 것이다.

武王이 **問太公曰 步兵**이 **與車騎戰**을 **奈何**오 **太公曰 步兵**이 **與車騎戰者**는 **必依丘陵險阻**하여 **長兵强弩**는 **居前**하고 **短兵弱弩**는 **居後**하여 **更**(경)**發更止**니 **敵之車騎雖衆而至**나 **堅陣疾戰**하고 **材士强弩**로 **以備我後**니이다

武王이 太公에게 물었다.
"步兵이 적의 戰車 부대와 騎兵 부대와 싸울 경우에는 어떻게 해야 하는가?"
太公이 대답하였다.
"步兵이 적의 戰車 부대와 騎兵 부대와 싸울 경우에는, 반드시 구릉과 험한 곳에 의지해서, 긴 兵器와 강한 弓弩를 사용하는 부대는 전면에 있고 짧은 병기와 약한 궁노를 사용하는 부대는 후면에 있어서 번갈아 출동하고 번갈아 중지해야 하니, 적의 戰車와 騎兵이 비록 많이 몰려오더라도 진영을 굳게 수비하고 맹렬히 싸우며, 재능이 뛰어난 병사와 강한 弓弩 부대로 우리의 후미를 방비해야 합니다."

武王이 問太公曰 步兵이 與車騎戰을 爲之奈何오 太公對曰 步兵이 若與車騎戰이면 必依丘陵險阻之地하여 以長兵强弩居前하고 以短兵弱弩居後하여 更迭而發하고 更迭而止니 敵人車騎雖衆而至나 吾堅陣疾戰하고 以材士强弩로 防備其後라

武王이 太公에게 물었다.
步兵이 적의 戰車 부대와 騎兵 부대와 싸울 경우에는 어떻게 해야 하는가?
太公이 대답하였다.
步兵이 만약 적의 戰車 부대와 騎兵 부대와 싸우게 되면, 반드시 구릉과 험한 지형에 의지해서, 긴 兵器와 강한 弓弩 부대를 전면에 배치하고 짧은 병기와 약한 궁노 부대를 후면에 배치하여 번갈아 출동하고 번갈아 중지해야 하니, 적의 戰車와 騎兵이 비록 많이 몰려오더라도 우리가 진영을 굳게 수비하고 맹렬히 싸우며, 재능이 있는 병사와 강한 弓弩 부대로 그 후미를 방비하여야 한다.

武王曰 吾無丘陵하고 **又無險阻**하며 **敵人之至 旣衆且武**하여 **車騎翼我兩旁**하고

獵我前後면 **吾三軍恐怖**하여 **亂敗而走**하리니 **爲之奈何**오

武王이 말씀하였다.

"우리에게는 구릉이 없고 또 험한 곳이 없으며, 몰려오는 적군은 병력이 많고 또 용맹도 있어서 적의 戰車와 騎兵이 우리의 양옆을 날개처럼 펼쳐 공격하고 우리의 앞뒤를 사냥하듯이 공격하면, 우리의 三軍이 공포에 질려서 어지러이 패주할 것이니, 어떻게 해야 하는가?"

武王問曰 吾無丘陵險阻而依之하고 **敵人之至 既衆**하고 **且多武勇**하여 **以車騎**로 **翼擊我兩旁**하고 **獵取我前後**하면 **吾三軍**이 **驚恐畏怖**하여 **皆亂敗而走**하리니 **則爲之奈何**오

武王이 물었다.

우리에게는 의지할 만한 구릉과 험한 곳이 없고, 몰려오는 적군은 병력이 많고 또 용맹한 자도 많아서 戰車와 騎兵으로 우리의 좌우를 날개처럼 펼쳐 공격하고 우리의 앞뒤를 사냥하듯이 공격하면, 우리의 三軍이 놀라고 두려워하여 모두 어지러이 패주할 것이니, 어떻게 해야 하는가?

太公曰 令我士卒로 **爲行馬, 木蒺藜**하고 **置牛馬隊伍**하며 **爲四武衝陣**이라가 **望敵車騎將來**어든 **均置蒺藜**하고 **掘地匝**(잡)**後**호되 **廣深五尺**이니 **名曰命籠**이라 **人操行馬**하고 **進步闌車以爲壘**하여 **推而前後**하여 **立而爲屯**하며 **材士强弩**로 **備我左右**니 **然後**에 **令我三軍**으로 **皆疾戰而不解**[1]니이다 **武王曰 善哉**라

1) 皆疾戰而不解 : ≪直解≫에는 '必得解免'으로 되어있어 '위기를 탈출하게 되는 것'으로 해석하여야 하는바, 本文과 서로 맞지 않는다. 誤字가 있는 것으로 보이나 明本과 漢文大系本이 모두 이렇게 되어있으므로 어쩔 수 없이 本文은 '해이하지 않은 것'으로, ≪直解≫는 '위기를 면하는 것'으로 번역하였다.

太公이 대답하였다.

"우리의 병사로 하여금 行馬와 木蒺藜를 만들고 소와 말의 대오를 배치하게 하며, 네 개의 武衝陣을 만들었다가 적의 戰車와 騎兵이 몰려오는 것이 보이거든 蒺藜를 골고루 땅에 펼쳐놓고, 뒤에 있는 땅을 빙 둘러 파놓되 넓이와 깊이를 5尺으로 하여야 하니, 이것을 일러 '命籠'이라 합니다.

병사마다 行馬를 잡고 앞으로 나아가 전차로 가로막아 보루를 만든 다음 전차를 밀어 전진하고 후퇴하면서 전차를 세워 주둔할 진영을 만들며, 재능이 뛰어난 병사와 강한 弓弩 부대로 우리의 좌우를 방비해야 하니, 이렇게 한 뒤에 우리의 三軍으로 하여금 모두 맹렬히 싸우고 해이하지 않게 하여야 합니다."

武王이 말씀하였다.

"좋은 말씀이다."

太公對曰 令我士卒로 爲行馬木蒺蔾하고 置牛馬隊伍니 牛馬隊伍는 如爾朱兆圍齊神武於高陵山에 神武連繫牛驢爲隊하여 而塞其闕[1])之類 是也라 又令銳士로 結爲四武衝陣이라가 望敵車騎將來어든 均置蒺蔾하고 掘地周匝호되 廣深各五尺이니 名曰命籠이라 令人操行馬하여 進(退)〔步〕[2])闌車以爲壘하여 推而前하고 推而後하여 立之以爲屯하며 材士强弩로 備禦左右니 然後에 令我三軍으로 皆與之疾戰이면 而必得解免이라 武王曰 公言이 善哉라

1) 爾朱兆圍齊神武於高陵山……而塞其闕 : 爾朱兆(?~533)는 南北朝時代 北魏의 權臣이고, 神武는 高歡(496~547)으로 뒤에 아들 高洋이 北齊를 창건하여 神武帝로 추존되었다.

爾朱兆가 後魏(北魏)의 孝莊帝(拓跋子攸)를 시해하자 神武帝가 河北에서 義兵을 일으켰다. 爾朱兆가 이를 토벌하고자 爾朱天光 등과 함께 鄴 땅 남쪽에 집결하였는데, 병력이 모두 20만으로 병사와 戰馬가 정예롭고 강성하였다. 이때 神武帝는 戰馬가 2천 필이 채 못 되고 步卒이 3만 명에 미치지 못하였다. 양군이 韓陵山에서 격돌하였는데, 爾朱兆의 大軍이 神武帝를 포위하고 포위망에 빈틈을 보여주어 탈출하게 하였으나, 神武帝는 오히려 圓陣을 만들고 소와 당나귀를 연결하여 스스로 탈출할 길을 막았다. 그리하여 병사들이 결사적으로 싸워 사면으로 奮擊해서 爾朱兆의 대군을 대파하였다. ≪通典 권160 兵典≫

≪孫子≫ 〈九地〉의 ≪直解≫에 "爾朱兆 등이 20만의 병력으로 北齊의 神武帝를 高陵山에서 포위했을 적에, 신무제는 말이 겨우 2천 필이었고 보병이 채 3만 명이 못 되었다.〔爾朱兆等 以二十萬衆 圍齊神武於高陵山時 神武有馬二千 步不滿三萬〕"라고 보인다.

2) (退)〔步〕 : 저본의 '退'는 漢文大系本에 의거하여 '步'로 바로잡았다.

太公이 대답하였다.

우리의 병사로 하여금 行馬와 木蒺蔾를 만들고 소와 말의 대오를 배치하게 해야 하

니, 소와 말의 대오는 爾朱兆가 齊나라의 神武帝를 高陵山에서 포위했을 적에 神武帝가 소와 당나귀를 연결하여 대오를 만들어서 포위가 허술한 곳을 막은 것과 같은 따위가 이것이다.

또 정예병으로 하여금 네 개의 武衝陣을 만들어놓았다가 적의 戰車와 騎兵이 몰려오는 것이 보이면 蒺藜를 골고루 땅에 펼쳐놓고, 뒤에 있는 땅을 빙 둘러 파놓되 넓이와 깊이를 각각 5尺으로 해야 하니, 이것을 이름하여 '命籠'이라 한다.

그리고 병사들로 하여금 行馬를 잡고 밀고 나아가 전차로 가로막아 보루를 만든 다음 밀어 전진하고 밀어 후퇴하면서 전차를 세워 주둔할 진영을 만들게 하며, 재능이 뛰어난 병사와 강한 弓弩 부대로 좌우를 방비해야 하니, 이렇게 한 뒤에 우리의 三軍으로 하여금 모두 적과 맹렬히 싸우게 하면 반드시 위기에서 면하게 될 것이다.

武王은 "公의 말씀이 좋다." 하였다.

三略直解

三略直解序　≪三略直解≫의 서문

三者는 上中下三卷也요 略者는 謀略也라 世以爲黃石公書니 授張子房於圯(이)橋者也라 按漢書藝文志云 張良, 韓信序次兵法이 凡百八十二家러니 刪取要用하여 定著三十五家[1)]로되 竝不言有三略者요 漢成帝時에 任宏[2)]論次兵書하여 分權謀, 形勢, 陰陽, 技巧[3)]四種하여 共五十三家로되 而三略亦不載焉이라

1) 張良韓信序次兵法……定著三十五家 : 張良(?~B.C. 168)은 字가 子房으로, 아버지와 할아버지가 모두 韓나라에서 정승을 지냈는데, 韓나라가 秦나라에게 멸망당하자, 복수하기 위해 始皇帝를 博浪沙에서 저격하였으나 실패하고 숨어살던 중 下邳의 흙다리 위에서 한 老人(黃石公)을 만나 太公의 兵法을 전수받으니, 이것을 ≪三略≫이라 하며, 一說에는 黃石公의 ≪素書≫라 한다.

그 후 秦나라의 학정에 民衆이 봉기하자 劉邦의 策士가 되어 項羽를 멸망시키고 漢나라 왕조를 일으켜 蕭何・韓信과 함께 開國三傑로 알려졌으며, 陳平과 함께 智謀가 뛰어난 사람으로 세상에 알려졌다.

高祖(劉邦)가 천하를 통일한 뒤에 齊나라의 부유한 지역 3만 戶를 떼어주겠다고 하였으나, 張良은 이를 사양하고 인구가 적은 留 땅에 봉해져 留侯라 하였으며, 만년에는 부귀를 버리고 신선인 赤松子를 따라 神仙術을 배우겠다며 은거하였다. ≪史記 권55 留侯世家≫

韓信(?~B.C. 196)은 前漢의 名將으로 高祖를 도와 천하를 통일하고 楚王에 봉해졌으나, 후에 淮陰侯로 격하되고 陳豨의 亂에 반란을 모의하였다 하여 呂后에게 참살당하였다. 兵法書를 만든 내용은 ≪漢書≫ 권30 〈藝文志〉에 보인다.

2) 任宏 : 漢 成帝는 서적이 없어지는 것을 걱정하여 陳農 등에게 遺書를 수집하도록 명하고 劉向・任宏 등에게 經籍・兵書・術書 등을 교정하게 하였는바, 이 내용이 ≪漢書≫ 권30 〈藝文志 儒林傳〉에 보인다.

3) 權謀……技巧 : ≪新刊增補三略≫에 "權謀는 奇・正의 權變에 대한 智謀요, 形勢는 地利의 험하고 평탄한 지형이요, 陰陽은 時・日에 대한 五勝의 說이니, 五勝은 五行이 서로 이기는 것이요, 技巧는 器械로 공격과 수비에 필요한 도구(병기와 장비)이다." 하였다.

≪三略≫의 '三'은 上·中·下의 3卷이고 '略'은 謀略이다. 세상에서 말하기를 "≪三略≫은 黃石公의 책이니, 흙다리〔圯橋〕에서 張子房에게 준 것이다."라고 한다.

살펴보건대 ≪漢書≫ 〈藝文志〉에 이르기를 "張良과 韓信이 兵法을 차례로 엮은 것이 모두 182家였는데, 삭제해서 중요하게 쓸 수 있는 것만을 뽑아 35家를 정하여 만들었다."고 하였으나, 모두 ≪三略≫이 있다고 말하지 않았고, 漢 成帝 때에 任宏이 兵書를 논하여 차례로 엮으면서 權謀·形勢·陰陽·技巧의 네 종류로 나누어서 모두 53家를 취하였는데, 여기에도 ≪三略≫이 기재되지 않았다.

史稱張良이 **少匿下邳**할새 **與父老遇於圯橋**하여 **出書一編**하고 **曰 讀此**면 **則爲王者師**라하고 **遂去**어늘 **旦日視之**하니 **乃太公兵法也**라 **通鑑綱目**에 **亦曰 張良與沛公遇於留**하니 **良數**(삭)**以太公兵法說**(세)**沛公**한대 **公善用之**하여 **常用其策**이라 **與他人言**이면 **輒不省**한대 **良曰 沛公**은 **殆天授**라하고 **遂不去**라하니라 **正義曰 七錄**[1] **云 太公兵法一帙三卷**이라하고 **唐李靖亦云 張良所學**은 **太公六韜三略**이 **是也**[2]라하니라 **然則三略**은 **本太公書**어늘 **而黃石公或推演之**하여 **以授子房**하니 **所以兵家者流 至今因以爲黃石公書也**리라

1) 正義曰 七錄 : ≪正義≫는 ≪史記≫의 주석서인 ≪史記正義≫로, 唐나라 則天武后 때의 張守節이 지은 것이며, ≪七錄≫은 南朝時代 梁 武帝 때의 阮孝緖가 지은 것으로 書誌의 일종인 目錄을 다룬 책이다.

2) 唐李靖亦云……是也 : 李靖(571~649)은 처음에는 隋나라 馬邑의 縣丞이었으나, 唐 高祖 李淵에게 사로잡혀 참형에 처해질 뻔하였다가 처형 직전 항변하여 죽음을 면하였다. 후에 太宗 李世民의 인정을 받고 그의 부장이 되어 수나라 말기 여러 群雄들을 平定하는 데에 활약하였으며, 行軍摠管으로 군대를 이끌고 큰 공을 세워 衛國公에 봉해지고 太宗의 昭陵에 陪葬되었다.

그의 저서인 ≪李衛公問對≫는 당대의 대표적인 兵書로 武經七書의 하나인데, 여기에서 "張良이 배운 것은 ≪六韜≫와 ≪三略≫이고, 韓信이 배운 것은 田穰苴의 ≪司馬法≫과 孫武의 ≪孫子≫이다.〔張良所學 六韜三略 是也 韓信所學 穰苴孫武 是也〕"라고 하였다.

역사서에 칭하기를 "張良은 젊어서 下邳에 숨어 지낼 적에 父老(老人)와 흙다리에서 만났는데, 노인은 책 한 권을 내놓으면서 '이 책을 읽으면 王者의 스승이 된다.'라 하고 마침내 떠나갔는데, 아침에 보니 바로 ≪太公兵法≫이었다." 한다.

≪通鑑綱目≫에도 또한 이르기를 "張良과 沛公이 留 땅에서 처음 만났는데, 張良이 여러 번 ≪太公兵法≫을 가지고 沛公을 설득하자 沛公이 항상 그 계책을 사용하였다. 張良이 다른 사람에게 兵法을 말하면 번번이 살펴보지 않으니, 張良이 말하기를 '沛公은 아마도 하늘이 나에게 주었는가 보다.'라고 하고, 마침내 떠나가지 않았다."라고 하였다.

그리고 ≪史記正義≫에 이르기를 "≪七錄≫에 ≪太公兵法≫은 1질 3권이다."라고 하였고, 唐나라 李靖 또한 말하기를 "張良이 배운 것은 太公의 ≪六韜≫와 ≪三略≫이다." 하였다.

그렇다면 ≪三略≫은 본래 太公의 책인데 黃石公이 혹 확대하고 부연해서 張子房(張良)에게 준 것이니, 이 때문에 兵家의 부류들이 지금까지 黃石公의 책이라고 하는가 보다.

宋張商英[1]**又云 素書**는 **乃黃石公所授子房者也**라 **世人**은 **多以三略爲是**라하니 **盖傳之者誤耳**라 **素書者**는 **晉亂**에 **有盜發子房塚**하여 **於枕中獲之**하니 **上有秘戒**호되 **不許傳於不神不聖之人**이라하고 **又摘取書中數語**하여 **以證子房之事**라 **且曰 自漢以來**로 **章句文辭之學熾**하여 **而知道之士極少**하니 **如諸葛亮, 王猛, 房喬, 裵度**[2]**等**은 **雖號爲一時賢相**이나 **至於先(天)〔王〕**[3]**大道**하여는 **曾未知其髣髴**하니 **此書所以不傳於不道不神不聖不賢之人也**라하니라

1) 宋張商英 : 字가 天覺이고 號가 無盡居士로, 北宋 徽宗 때 尙書左僕射를 지냈다. ≪宋史 권351 張商英列傳≫

2) 諸葛亮王猛房喬裵度 : 모두 역대의 名相들이다. 諸葛亮은 三國時代 蜀漢의 名相이다. 王猛은 五胡十六國 때 先秦의 名相이다. 房喬는 房玄齡으로 喬는 그의 이름이고 玄齡은 字인데, 字로 행세하였는바 唐 太宗의 名相이다. 裵度는 唐 憲宗의 名相이다.

3) (天)〔王〕 : ≪新刊增補三略≫에 "俗本에는 先王이 先天으로 되어있으니, 잘못이다. 張商英의 ≪素書≫ 序文을 살펴보면 先王으로 되어있으므로 이제 이것을 따른다.〔俗本 作先天 非 考商英素書序文 則作先王 今從之〕" 하였으므로 이에 의거하여 바로잡았다.

宋나라의 張商英은 또 말하기를 "≪素書≫는 바로 黃石公이 張子房에게 전수해 준 것이다. 세상 사람들은 대부분 ≪三略≫을 이것이라고 하는데, 이는 전한 자들이 잘못한 것이다. ≪素書≫라는 것은 晉나라의 亂에 도둑이 張子房의 무덤을

발굴하여 베개 속에서 얻었으니, 위에 비밀스런 경계가 있었는바, '신묘하지 못하고 성스럽지 못한 사람에게 전함을 허락하지 않는다.'라고 했다." 하였고, 또 책 속의 몇 마디 말을 뽑아 취하여 張子房의 일을 증명하였다.

또 말하기를 "漢나라 이래로 章句와 文辭의 학문이 치성하여 道를 아는 人士가 지극히 적었다. 예컨대 諸葛亮, 王猛, 房喬, 裴度 등은 비록 한 시대의 어진 재상으로 이름났으나 先王의 大道에 이르러서는 일찍이 그 髣髴한 모습도 알지 못하였으니, 이 책이 이 때문에 道를 알지 못하고 신묘하지 못하고 성스럽지 못하고 어질지 못한 사람에게 전해지지 않은 것이다."라고 하였다.

今觀素書하면 **原始章**에 **首論道德仁義(仁)〔禮〕**[1]하니 **本三略下卷中文**이어늘 **因而推廣之耳**라 **下文**의 **賢人君子**는 **明於盛衰之道**하고 **通乎成敗之數**하고 **審乎理亂之勢**하고 **達乎去就之理**라 **故**로 **潛居抱道**하여 **以待其時**하나니 **若時至而行**이면 **則能極人臣之位**하고 **得機而動**이면 **則能成絶代之功**이라 **是以**로 **其道足高而名揚於後世**[2]라하고 **及能有其有者**는 **安**하고 **貪人之有者**는 **殘**하고 **舍己以敎人者**는 **逆**하고 **正己以化人者**는 **順**이라하니 **皆三略全文而少變之耳**라

1) (仁)〔禮〕: 저본의 '仁'은 아래 〈下略〉과 ≪素書≫에 의거하여 '禮'로 바로잡았다. ≪新刊增補三略≫에는 "俗本에는 '義'자 아래에 또 '仁'자가 있으니, 衍文이다.〔俗本 義字下 又有仁字 衍〕" 하였다.

2) 其道足高而名揚於後世 : 이 내용이 ≪三略≫ 〈下略〉에도 보인다.

지금 ≪素書≫를 보면 〈原始〉章에서 첫 번째로 道·德·仁·義·禮를 논하였으니, 본래 ≪三略≫ 下卷 가운데의 글인데, 따라서 미루어 넓혔을 뿐이다.

아랫글에서 "賢人과 君子는 盛衰의 道에 밝고 成敗의 數를 통달하고 治亂의 형세를 살피고 去就의 이치를 통달하였다. 그러므로 은거하여 道를 간직해서 때를 기다리니, 만약 때가 와서 행하면 人臣의 지위를 지극히 하고 기회를 얻어 動하면 絶代의 功을 이룬다. 이 때문에 그 道가 충분히 높고 이름이 후세에 드리워진다."라고 하였고, 또 "능히 자신이 소유할 만한 것을 소유하는 자는 편안하고, 남이 소유한 것을 탐하는 자는 쇠잔하고, 자기 몸을 버리고 남을 가르치는 자는 거스르고, 자기 몸을 바루어 남을 교화시키는 자는 순하다."라고 하였으니, 모두 ≪三略≫의 全文을 다소 바꾸었을 뿐이다.

其後五章도 亦是雜取古書中語하여 而更(경)換字樣하여 聯屬之하니 非秦漢以前古書라 況商英之言은 多涉虛無라 觀其曰 雖有雖無之謂道요 非有非無之謂神이요 有而無之之謂聖이요 無而有之之謂賢[1)]이라하고 又曰 老子[2)]는 言其體故로 云 禮者는 忠信之薄而亂之首[3)]라하고 黃石公은 言其用故로 云 道德仁義禮不可無一焉이라하니 此其深於斯道者之言也라하니라 素書果出於子房塚中이면 而隋唐以來로 名儒碩士何故無一言及之리오 恐是後人依倣而爲之者니 所以宋先正程朱輩[4)]俱不暇論也라 今亦未敢必以爲然일새 姑明其大槩하여 係於三略直解下하여 以俟知者焉하노라

1) 雖有雖無之謂道……無而有之之謂賢 : 이 내용은 張商英이 지은 黃石公의 ≪素書≫ 〈原序〉에 그대로 보인다. '雖有雖無之謂道'가 一本에는 '離有離無之謂道'로 되어있는바, 이 경우에는 '有를 떠나고 無를 떠난 것을 道라 하고'로 해석하여야 한다.

2) 老子 : ≪新刊增補三略≫에 "老子는 姓이 李이고 이름이 耳이니 周나라 柱下史로, 글 5천 자를 지으니, ≪道德經≫이라 한다.〔姓李 名耳 周柱下史 著書五千言 號道德經〕" 하였다.

3) 禮者 忠信之薄而亂之首 : 이 내용이 ≪道德經≫ 下篇에 그대로 보인다.

4) 先正程朱輩 : ≪新刊增補三略≫에 "先正은 先賢을 칭한다. 程은 二程으로 伯子(兄)는 이름이 顥인데 세상에서 明道先生이라 칭하고, 叔子(弟)는 이름이 頤인데 세상에서 伊川先生이라 칭한다. 朱는 바로 朱文公(朱熹)이니, 세상에서 晦菴先生이라 칭한다.〔先正 先賢之稱 二程 伯子名顥 世稱明道先生 叔子名頤 世稱伊川先生 朱 卽朱文公 世稱晦菴先生〕" 하였다.

그리고 그 뒤 5章 또한 옛 책 가운데의 말을 뒤섞어 취하여 글자 모양을 바꾸어서 연결하였으니, 秦·漢 이전의 옛 책이 아니다. 더구나 張商英의 말은 대부분 허무맹랑함에 가깝다.

그가 말하기를 "비록 有이나 無인 것을 道라 하고, 有도 아니고 無도 아닌 것을 神이라 하고, 有이나 無가 된 것을 聖이라 하고, 無이나 有가 된 것을 賢이라 한다."라고 하였고, 또 "老子는 그 體를 말하였기 때문에 '禮는 忠信이 박해져서 亂의 첫 번째가 된다.'고 하였고, 黃石公은 그 用을 말하였기 때문에 '道·德·仁·義·禮에 한 가지도 없어서는 안 된다.'고 하였으니, 이것이 이 道에 깊은 자의 말이다."라고 하였다.

≪素書≫가 과연 張子房의 무덤에서 나왔다면, 隋·唐 이래로 유명한 학자와 큰 선비가 무슨 연고로 한마디 말씀도 언급함이 없었겠는가. 이는 후인들이 모방

하여 지은 것인 듯하다. 이 때문에 宋나라 先正(先代의 賢人)인 程子·朱子와 선배들이 모두 논할 겨를이 없었던 것이다.

지금 또한 감히 반드시 옳다고 할 수가 없으므로, 우선 그 대략을 밝혀 ≪三略直解≫의 아래에 달아서 아는 자를 기다리는 바이다.

上略

夫主將之法은 **務攬英雄之心**하여 **賞祿有功**하며 **通志於衆**이라 **故**로 **與衆同好**면 **靡不成**하고 **與衆同惡**이면 **靡不傾心**하나니 **治國安家**는 **得人也**요 **亡國破家**는 **失人也**니 **含氣之類**[1] **咸願得其志**하나니라

1) 務攬英雄之心……含氣之類 : ≪新刊增補三略≫에 "攬은 잡음이다. 풀의 精秀를 '英'이라 하고, 짐승 중에 무리를 거느리는 것을 '雄'이라 한다. 靡는 없음이다. 含氣는 ≪漢書≫ 〈禮樂志〉에 '사람이 陰陽의 기운을 간직하고 있다.' 하였는데, 註에 '函'은 含과 같다.〔攬 摠持也 草之精秀者爲英 獸之將群者爲雄 靡 無也 含氣 漢書禮樂志曰 人函陰陽之氣 註 函與含同〕" 하였다.

主將의 法은 힘써 영웅의 마음을 거두어서 功이 있는 자에게는 賞과 祿俸을 내리며, 여러 사람들과 上下의 뜻을 통하게 하는 것이다. 그러므로 여러 사람들과 좋은 일을 함께하면 이루지 못함이 없고, 여러 사람들과 나쁜 일을 함께하면 마음이 기울지 않음이 없는 것이다.

나라를 다스리고 집을 편안히 함은 훌륭한 사람을 얻었기 때문이요, 나라를 망치고 집을 깨뜨림은 훌륭한 사람을 잃었기 때문이니, 生氣를 머금은 무리가 모두 그 뜻을 얻기를 원하게 된다.

夫爲主將[1]之法은 務延攬英雄之心하여 厚賞祿其有功之人하며 通上下之志於衆이라 故로 與衆人同爲美事면 靡有不成者요 與衆人同作惡事면 靡有不傾者[2]니 治國安家는 得賢智之人而用之也요 亡國破家는 失賢智之人而不用也라 故로 含氣有生之類 皆願得遂其所志[3]니라 或曰 好惡(오)皆去聲[4]이라하니 未知是否로라

1) 夫爲主將 : ≪新刊增補三略≫에 "主는 주재하고 관장함이니, 국가의 安危를 주장하고 三軍의 司命을 거느린 것이다. 혹자는 '萬乘의 군주와 군대를 총괄하는 장수이다.' 한다.〔主 宰也掌也 主國家之安危 將三軍之司命 或曰 萬乘之主 摠兵之將〕" 하였다.

2) 與衆人同作惡事 靡有不傾者 : ≪新刊增補三略≫에 "'同好同惡'란 甘苦(苦樂)를 함께 한다.'고 말한 뜻과 같다. 傾은 나에게 마음을 쏟지 않음이 없는 것이다.〔同好同惡者 猶言同甘苦之意也 傾 無不傾心於我也〕" 하였다.

3) 含氣有生之類 皆願得遂其所志 : ≪新刊增補三略≫에 "萬物로 삶을 얻은 종류가 모두 그 뜻하는 바를 얻는 것이다.〔萬物得生之類 各得其所志也〕" 하였다.

4) 或曰 好惡(오)皆去聲 : 好를 좋아할 '호', 惡를 미워할 '오'로 읽어야 함을 말한 것으로, 이 경우 與衆同好와 與衆同惡는 '사람들이 좋아하는 일을 함께하고, 사람들이 싫어하는 일을 함께하는 것'으로 해석하여야 한다.

≪新刊增補三略≫에도 "살펴보건대, '여러 사람과 좋아함을 함께하고 싫어함을 함께한다.'는 것은 바로 '백성들이 좋아하는 바를 좋아하고 백성들이 싫어하는 바를 또한 싫어한다.'는 뜻이니, 劉寅의 註에 '여러 사람들과 함께 나쁜 일을 한다.'고 한 것은 本意를 잃은 듯하다.〔按 與衆同好同惡 卽民之所好亦好之 民之所惡亦惡之意 劉註以爲與衆人同作惡事 似失本意〕"라고 하여, 好를 좋아할 '호', 惡를 미워할 '오'로 보았다.

主將이 된 자의 法은 힘써 영웅의 마음을 거두어서 功이 있는 사람에게 많은 賞과 祿俸을 내리며, 여러 사람들과 上下의 뜻을 통하게 하는 것이다. 그러므로 여러 사람들과 함께 좋은 일을 하면 이루지 못하는 것이 있지 않고, 여러 사람들과 함께 나쁜 일을 하면 마음을 기울이지 않음이 없는 것이다.

나라를 다스리고 집을 편안히 함은 어질고 지혜로운 사람을 얻어서 썼기 때문이요, 나라를 망치고 집을 깨뜨림은 어질고 지혜로운 사람을 잃어서 쓰지 못하기 때문이다. 그러므로 기운을 머금은 생명이 있는 무리들이 모두 그 뜻하는 바를 이루기를 원하는 것이다.

혹자는 말하기를 "好와 惡는 모두 去聲이다." 하였으니, 옳은지 모르겠다.

軍讖曰 柔能制剛하고 **弱能制强**[1)]이라하니 **柔者**는 **德也**요 **剛者**는 **賊也**며 **弱者**는 **人之所助**요 **强者**는 **人之所攻**이니라

1) 軍讖曰……弱能制强 : ≪軍讖≫은 전쟁의 승패를 예언적으로 서술한 중국 고대의 兵法書이다. 그러나 현재 남아있지 않아 확인할 길이 없으며, 따라서 인용문이 어디까지인지도 확실하지 않아 '弱能制强'까지를 인용문으로 보았으나, '人之所攻'까지로 보기도 한다.

≪軍讖≫에 이르기를 "부드러운 것이 굳셈을 제재하고 약한 것이 강함을 제재한다." 하였으니, 부드러운 것은 德이고 굳센 것은 賊이며, 약한 자는 사람들이 도와주고 강한 자는 사람들이 공격한다.

讖者[1]는 驗也니 言將來之驗也라 其書有曰 柔者能制其剛[2]하고 弱者能制其强이라하니 夫柔者는 非柔懦而不立也요 示之柔하여 以制其剛也며 弱者는 非怯弱而不振也요 示之弱하여 以制其强也니 如漢文帝以柔而制趙佗(타)[3]하고 孫臏以弱而制龐涓[4]之類 是也라 柔者德也는 謂柔嘉維則[5]이 爲德이니 若柔而過中이면 又非德也요 剛者賊也는 謂剛愎(퍅)不仁이 爲賊이니 若剛而得中이면 又非賊也라 弱而有德者는 衆人之所助援이라 故로 古人有濟弱扶傾者[6]하니 所以弱者는 人多助也라 若弱而無德이면 誰肯助之리오 强而不仁者는 衆人之所攻擊이라 古人有禁暴救亂者[7]하니 所以强者는 人多攻也라 若强而仁이면 孰肯攻之리오 今本에 柔能制下에 皆欠剛(柔)〔弱〕[8]能制四字하니 悉依舊本增之하노라

1) 讖者 : ≪新刊增補三略≫에 "軍政의 讖書이니 秘訣의 뜻을 말한다. 秦나라에 錄圖가 있어서 '秦나라를 망하게 할 자는 胡이다.' 하였고 漢나라에 赤伏符가 있어서 '四七의 즈음에 불〔火〕이 主가 된다.' 하였으니, 이는 모두 圖讖이다.〔軍政讖書也 言秘訣之意 秦有錄圖 亡秦者胡也 漢有赤伏符 四七之際 火爲主 是皆讖〕" 하였다.

2) 柔者能制其剛 : ≪新刊增補三略≫에 "≪周易≫에 '하늘에 있는 道를 陰과 陽이라 하고 땅에 있는 道를 柔와 剛이라 한다.' 했다.〔易曰 在天之道曰陰與陽也 在地之道 曰柔與剛也〕" 하였다.

3) 漢文帝以柔而制趙佗(타) : 趙佗는 眞定 사람으로 秦나라 말엽 혼란기에 南越國을 창건하고 황제를 자칭하였다. 秦나라는 천하를 통일한 다음 중국의 남부 지방을 모두 점령하고 桂林·南海·象郡 등을 설치하였는데, 趙佗는 이때 南海郡의 龍川令으로 있었다.

二世皇帝 때에 南海의 尉인 任囂가 병들어 곧 죽게 되자, 趙佗를 불러 말하기를 "내 들으니, 秦나라가 무도하여 천하가 함께 괴로워하므로 陳勝 등이 난을 일으키니, 項羽와 劉邦 등이 州郡에서 각기 군대를 일으켜 중국이 소란하다 한다. 나는 도둑들이 이곳까지 쳐들어올까 염려되므로 군대를 일으켜 이 지방으로 들어오는 길을 차단하려 한다. 이 때문에 公을 불렀다." 하고 죽자, 趙佗가 그의 뒤를 이어 南海尉가 되었다.

그 후 趙佗는 중국이 혼란한 틈을 타서 남부 지방을 다 차지하고 스스로 南越武帝라 칭하며 황제의 제도인 黃屋左纛을 사용하여 황제와 똑같이 행세하였다. 漢 文帝는 즉위한 다음 제후와 사방 오랑캐들에게 자신이 황제가 되었음을 알리고 陸賈를 南越에 보내어 스스로 황제가 된 趙佗를 질책하니, 趙佗는 잘못을 시인, 황제의 제도를 버리고 신하로 복종하였다. ≪史記 권113 南越列傳≫

4) 孫臏以弱而制龐涓 : 孫臏은 戰國時代 齊나라 출신의 將軍이자 兵法家인 孫武의 손자이고, 손무와 같이 孫子로 불리는바, ≪孫臏兵法≫의 저자이다. 魏나라 출신인 龐涓과 함께 鬼谷子에게 병법을 배웠는데, 龐涓이 먼저 魏나라에서 장수로 등용되자 孫臏의 재능을 시기하고 죄를 가하여 발을 자르니(臏이란 바로 발이 잘린 것을 이름), 孫臏은 齊나라로 도주하여 목숨을 구하였다.

B.C. 341년, 魏나라가 趙나라와 연합하여 韓나라를 공격하자, 韓나라는 齊나라에 구원을 요청하였다. 이에 齊 威王은 田忌를 장수로 삼고 孫臏을 軍師로 삼아 韓나라를 구원하게 하였다. 이때 孫臏은 魏나라 땅에 들어가 첫날에는 10만 개의 아궁이(취사장)를 만들게 하고, 다음날에는 5만 개, 또 다음날에는 3만 개로 차츰 줄여서, 적에게 아군이 약하여 도망자가 속출하는 것처럼 보이게 하였다.

魏나라 장수 龐涓은 齊軍의 군세가 보잘것없는 것이라고 판단하고, 소수의 경무장한 기병만 거느리고 행군 속도를 배가하여 齊軍의 뒤를 추격하였다. 손빈은 복병을 배치하기에 알맞은 馬陵 쪽으로 진로를 잡아 龐涓 軍을 유인하고 매복을 설치하였다. 龐涓의 魏軍이 이곳에 이르자, 매복해있던 齊나라의 弩手들이 일제히 魏軍을 향해 발사하였다. 魏軍은 큰 혼란에 빠져 전멸하였고 龐涓 또한 스스로 목을 찔러 죽으니, 齊나라는 이로 인하여 魏나라 군대를 대파하고 太子 申을 사로잡았다. ≪史記 권65 孫子列傳≫

5) 柔嘉維則 : 부드러움과 아름다움이 모범이 되는 것으로, ≪詩經≫ 〈大雅 蒸民〉에 "仲山甫의 德이 부드럽고 아름다워 모범이 된다.〔仲山甫之德 柔嘉維則〕"라고 하였는데, 朱子의 ≪集傳≫에 "柔嘉維則은 그 법칙(모범)을 넘지 않는 것이니, 그 법칙을 넘으면 이는 약함이 되니, 柔嘉라고 이를 수 없다.〔柔嘉維則 不過其則也 過其則 斯爲弱 不得謂之柔嘉矣〕"라고 注하였다.

6) 古人有濟弱扶傾者 : ≪新刊增補三略≫에 "예컨대 小白(齊 桓公)이 周 襄王의 지위를 定하여 微弱한 데에서 구제하고 기울어지고 위태로운 데에서 붙들어 세웠으니, 이는 五霸 중에서 가장 앞서는 것이다.〔如小白 定周襄王之位 濟之於微弱 扶之於傾危 此五霸之最先也〕" 하였다.

7) 古人有禁暴救亂者 : ≪新刊增補三略≫에 "湯王이 桀王을 정벌함과 武王이 紂王을 정벌함과 같은 것이 이것이다.〔如湯之伐桀 武王之伐紂 是也〕" 하였다.

8) (柔)〔弱〕: 저본의 '柔'는 經文에 의거하여 '弱'으로 바로잡았다.

讖이란 징험이란 뜻이니, 장래의 징험을 말한 것이다. ≪軍讖≫에 이르기를 "부드러운 것이 굳셈을 제재하고, 약한 것이 강함을 제재한다." 하였으니, 부드러움이란 유약하여 서지 못하는 것이 아니요 부드러움을 보여서 그 굳셈을 제재하는 것이며, 약함이란 나약하여 떨치지 못하는 것이 아니요 약함을 보여서 그 강함을 제재하는 것이다. 예컨대 漢 文帝가 부드러움으로 趙佗를 제재하고, 孫臏이 약함으로 龐涓을 제재한 따위가 이것이다.

'부드러운 것은 德'이라는 것은 부드러움과 아름다움이 모범이 되어 德이 됨을 말한 것이니, 만약 부드러우면서 中道를 지나치면 또 德이 아니요, '굳센 것은 賊'이라는 것은 강하고 고집스러워 어질지 못한 것이 賊이 됨을 말한 것이니, 만약 강하면서 중도를 얻으면 또 賊이 아니다.

약하면서 덕이 있는 자는 여러 사람들이 도와주고 구원해준다. 그러므로 옛사람 중에 약한 이를 구제하고 기우는 이를 붙든 자가 있었으니, 약한 자는 도와주는 사람이 많은 것이다. 만약 약하기만 하고 덕이 없으면 누가 기꺼이 도와주겠는가.

강하고 어질지 못한 자는 여러 사람들이 공격한다. 옛사람 중에 포악함을 금하고 혼란을 구제한 자가 있었으니, 강한 자는 공격하는 사람이 많은 것이다. 만약 강하면서 어질다면 누가 공격하려 하겠는가.

今本에 '柔能制' 아래에 모두 '剛弱能制' 네 글자가 빠져있는데, 한결같이 舊本을 따라 증가시켰다.

柔有所設하며 剛有所施하며 弱有所用하며 强有所加하니 兼此四者하여 而制其宜니라

부드러움을 베풀 곳이 있으며, 굳셈을 베풀 곳이 있으며, 약함을 쓸 곳이 있으며, 강함을 가할 곳이 있으니, 이 네 가지를 겸하여 그 마땅함에 맞게 하여야 한다.

柔有所設은 不妄設也요 剛有所施는 不妄施也요 弱有所用은 不妄用也요 强有所加는 不妄加也니 兼此剛柔强弱四者하여 制其宜而行之라 上文에 言剛者賊也와 强者人之所攻은 戒人之過於剛與强也요 此言剛有所施와 强有所加는 勉人剛强而適其宜也라 始如處女는 柔有所設也요 後如脫兎[1]는 剛有所施也요 令軍減竈는 弱有所用也요 萬弩齊發[2]은 强有所加也니 但要制其宜而行之耳라 今本에 强有下에 無所字하니 亦依舊本正之하노라

1) 始如處女……後如脫兎 : ≪新刊增補三略≫에는 "≪孫子≫ 〈九地篇〉에 '처음에는 처녀와 같이 나약하게 행동하여 적이 문을 열어놓거든, 뒤에는 그물을 빠져나가는 토끼와 같이 신속히 행동하여 적이 미처 막지 못하게 한다.'라고 하였으니, 이는 처음에는

闔中의 처녀와 같이하여 약함을 보여주어서 적으로 하여금 공격할 수 있는 門을 열어 주게 하고, 뒤에는 그물을 빠져나가는 토끼와 같이 신속히 행동하여 적으로 하여금 미처 우리를 대비하지 못하게 하는 것이다.〔孫子九地篇曰 始如處女 敵人開戶 後如脫兎 敵不及拒 言始如闔中之女以示弱 使敵人開可攻之門 後如脫網之兎 使敵人不及設備以拒我也〕" 하였다.

2) 令軍減竈……萬弩齊發 : ≪新刊增補三略≫에 "취사장을 줄이고 쇠뇌를 발사한 것은 바로 孫臏이 龐涓을 射殺한 일이다.〔減竈發弩 卽孫臏殺龐涓之事〕" 하였다.

'부드러움을 베풀 곳이 있다.'는 것은 함부로 베풀지 않는 것이요, '굳셈을 베풀 곳이 있다.'는 것은 함부로 쓰지 않는 것이요, '약함을 쓸 곳이 있다.'는 것은 함부로 쓰지 않는 것이요, '강함을 가할 곳이 있다.'는 것은 함부로 가하지 않는 것이니, 굳셈과 부드러움, 강함과 약함 이 네 가지를 겸하여 마땅하게 만들어 행해야 한다.

윗글에 '굳센 것은 賊'이라는 것과 '강한 자는 사람들이 공격한다.'라고 한 것은 사람들이 지나치게 굳세고 강한 것을 경계한 것이요, 여기에서 '굳셈을 베풀 곳이 있고 강함을 가할 곳이 있다.'고 한 것은 사람들에게 굳세고 강하면서 그 마땅함에 맞게 함을 권면한 것이다.

처음에 處女와 같이 나약하게 행동하는 것은 부드러움을 베푼 것이요, 뒤에 그물을 빠져나가는 토끼와 같이 신속히 행동하는 것은 굳셈을 쓴 것이요, 〈孫臏이〉 군대로 하여금 아궁이 수를 줄이게 한 것은 약함을 쓴 것이요, 만 명의 弩手를 매복시켜 일제히 발사함은 강함을 가한 것이니, 다만 그 마땅함에 맞게 행하고자 할 뿐이다.

今本에는 '强有' 아래에 '所'자가 없었는데, 또한 舊本을 따라 바로잡았다.

端末이 **未見**이면 **人莫能知**라 **天地神明**도 **與物推移**하나니 **變動無常**하여 **因敵轉化**[1)]하며 **不爲事先**하고 **動而輒隨**라 **故**로 **能圖制無(彊)〔疆〕**[2)]하며 **扶成天威**하여 **康正八極**하고 **密定九夷**하나니 **如此謀者**[3)]는 **爲帝王師**니라

1) 變動無常 因敵轉化 : ≪新刊增補三略≫에 "變은 權變이고 化는 造化이다. 有에서 無로 가는 것을 '變'이라 하고, 無에서 有로 가는 것을 '化'라 하며, 變은 化의 점진함이고 化는 變의 완성이다. 형체를 인하여 바뀌는 것을 '化'라 하고 봄에 낳고 겨울에 떨어지는 것을 '變'이라 하니' 이는 天地가 운행하는 이치이며, 奇를 바꾸어 正으로 만들고 禍를 바꾸어 福으로 만들어서 神出鬼沒하듯이 하니 이는 兵家의 道이다. 그 微妙함에 있어서 天地의 無窮한 이치와 다름이 없다. 그러므로 더듬어도 그 끝을 얻지 못하고 미루어도 그 그침을 연구하지 못하는 것이다.〔變 權變也 化 造化也 自有而無 謂之變 自無而有 謂之化 變者 化之漸

化者 變之成 因形而易 謂之化 春生而冬落 謂之變 此天地運行之理也 轉奇而爲正 轉禍而爲福 神出鬼沒 此兵家之道也 其在微妙 無以異於天地無窮之理也 故探之而莫得其涯 推之而莫究其止也〕" 하였다.

2) (彊)〔疆〕: 저본의 '彊'은 漢文大系本에 의거하여 '疆'으로 바로잡았다.

3) 如此謀者 : 一本에는 '如'가 '知'로 되어있는바, 이 경우에는 '이와 같은 계책을 아는 자'라고 해석하여야 한다.

처음과 끝이 보이지 않으면 사람들이 알지 못한다. 天地의 神明도 사물에 따라 변화하니, 변동함에 일정함이 없어서 敵에 따라 변화하며, 남보다 먼저 일을 시작하지 않고 적이 동하면 곧 따라야 한다. 그러므로 능히 도모하고 제어함이 끝이 없으며, 하늘의 위엄을 붙들어 이루어서 八極을 편안히 바르게 하고 九夷를 평정하는 것이니, 이와 같이 도모하는 자는 帝王의 스승이 된다.

大凡天下之事 端倪本末[1)]이 未曾顯見이면 人莫得而知也라 天地之神明[2)]은 卽所謂二氣之良能[3)]也라 天之道는 春而夏하고 夏而秋하고 秋而冬하고 冬而復春矣요 地之道는 生而長하고 長而收하고 收而藏하고 藏而復生矣니 興亡盛衰와 榮枯代謝[4)]는 是與物推移者也라 故로 爲將者 或奇或正[5)]하여 變動無常하여 因敵之强弱虛實而轉化焉이라 不爲事先은 謂不先人而首事也라 人動而我輒隨而應之라 故로 能謀制無(彊)〔疆〕而扶成天威하여 康正乎八極하고 密定乎九夷하나니 如此謀者는 眞可爲帝王之師라 此는 子房所以佐漢高하여 滅秦項[6)]하고 定四海하여 謂帝王者師也라 八極者는 四方四維之盡處也[7)]요 九夷者는 畎夷, 于夷, 方夷, 黃夷, 白夷, 赤夷, 元夷, 風夷, 陽夷가 是也라

1) 端倪本末 : ≪新刊增補三略≫에 "端에서 시작하고 末에서 끝나니, '端倪'란 首尾란 말과 같다.〔始於端 終於末 猶言首尾也〕" 하였다.

2) 天地之神明 : ≪新刊增補三略≫에 "방소가 없고 형체가 없어서 묘하여 측량할 수 없는 것을 '神'이라 하고, 눈으로 보는 바에 보지 못하는 것이 없는 것을 '明'이라 하니, 측량하기 어려운 것은 神보다 더한 것이 없고, 하늘에 있는 것은 해와 달보다 더 밝은 것이 없다.〔無方無體 妙之莫測 曰神 目之所睹 無所不見 曰明 難測者莫過於神 在天者莫明於日月〕" 하였다.

3) 二氣之良能 : 二氣는 陰과 陽 두 기운을 가리키며, 良能은 저절로 능함을 이른다. 橫渠 張載는 "鬼·神은 陰·陽 두 기운의 良能이다." 하였다.

4) 代謝 : ≪新刊增補三略≫에 "代는 바뀜이요, 謝는 시들어 떨어지는 것이다.〔代 替也

謝 凋落也〕" 하였다.

5) 或奇或正 : 奇는 奇兵이고 正은 正兵으로, 적이 보는 앞에서 正正堂堂하게 포진하고 있는 군대를 正兵이라 하고, 장수가 때에 따라 은밀히 출동시켜 游擊(게릴라)戰을 하거나 매복시킨 군대를 奇兵이라 한다.

6) 子房所以佐漢高 滅秦項 : 子房은 張良의 字이다. 漢高는 漢 高祖로 劉邦의 묘호이며, 秦項은 秦나라와 項羽를 가리킨다.

7) 八極者 四方四維之盡處也 : 四方은 東(震)·西(兌)·南(離)·北(坎)이고, 四維는 西北(乾)·東北(艮)·東南(巽)·西南(坤)을 가리키는 바, 곧 八方의 끝을 이른다.

대체로 천하의 일은 始와 終, 本과 末이 일찍이 드러나지 않으면 사람들이 알 수가 없다. 천지의 신명은 곧 이른바 陰·陽 두 기운의 良能이라는 것이다. 하늘의 道는 봄에서 여름, 여름에서 가을, 가을에서 겨울, 겨울에서 다시 봄이 되며, 땅의 道는 낳아 길러주고 길러 거두고 거두어서 감추고 감추었다가 다시 낳아주니, 興亡과 盛衰, 榮枯와 代謝는 사물과 더불어 변화하는 것이다. 그러므로 장수가 된 자는 혹은 奇兵을 쓰고 혹은 正兵을 써서 변동함에 일정함이 없어서 적의 强弱과 虛實에 따라 변화해야 하는 것이다.

'不爲事先'은 남보다 먼저 일을 시작하지 않는 것이다. 남이 동하면 내가 곧 따라 응한다. 그러므로 능히 도모하고 제어함이 끝이 없으며, 하늘의 위엄을 붙들어 이루어 八極을 편안히 바로잡고 九夷를 평정하는 것이니, 이와 같이 도모하는 자는 참으로 帝王의 스승이라고 이를 만하다. 이는 子房(張良)이 漢 高祖를 보좌하여 秦나라와 項羽를 멸망시키고 四海를 평정하여 제왕의 스승이 된 이유이다.

八極은 四方과 四維의 다한 곳이요, 九夷는 畎夷, 于夷, 方夷, 黃夷, 白夷, 赤夷, 元夷, 風夷, 陽夷이다.

故로 曰 莫不貪强이언마는 鮮能守微니 若能守微면 乃保其生이라하니라

그러므로 말하기를 "강함을 탐하지 않는 자가 없지만 능히 幾微를 지키는 자는 적으니, 만약 기미를 잘 지키면 비로소 그 생명을 보존한다." 하였다.

故로 曰 人人이 莫不貪求其强이언마는 少有能持其機微者[1]하니 若能持守幾微면 則知足知止하여 乃能明哲而保其生也라하니라 此는 子房所以不擇齊三萬戶하고 而願封於留하여 全身遠害하여 而托以從赤松子遊而去也[2]라

1) 少有能持機微者 : ≪新刊增補三略≫에는 機가 幾로 되어있고, "幾는 動함이 은미한

것이니, 吉凶에 앞서 나타나는 것이다.〔幾者 動之微 吉凶之先見者也〕" 하였다.

2) 子房所以不擇齊三萬戶……而托以從赤松子遊而去也 : 漢 高祖가 천하를 통일한 뒤에 張良에게 齊나라 지역의 부유한 가호 3만 戶를 가려 封하려 하였으나, 張良은 "제가 처음 폐하를 留 땅에서 만났으니, 留 땅에 봉해지면 충분합니다."라고 하여 작은 留 땅에 봉해졌으며, 말년에는 "人間의 일을 버리고 赤松子를 따라 놀며 神仙術을 배우겠다."라 하고 은거하였다. 뒤에 開國功臣인 韓信과 彭越, 英布와 陳豨 등이 모두 죽임을 당했으나 張良은 이로써 명예와 몸을 보존할 수 있었다.

赤松子는 옛날의 神仙으로 곡식을 먹지 않고 不老長生했다 한다.

≪新刊增補三略≫에 "살펴보건대 이 章을 明나라 趙光裕의 ≪正義≫에는 '만일 剛·柔와 强·弱의 微妙한 用을 지킨다면 비로소 生民을 보전할 수 있다.' 하였으니, 말뜻이 또한 통한다.〔按 此章 明趙光裕正義曰 若能守剛柔强弱微妙之用 乃可保其生民 語義亦通〕" 하였다.

그러므로 말하기를 "사람마다 모두 강함을 탐하고 구하지만 그 幾微를 잘 지키는 자가 적으니, 만약 기미를 잘 잡아 지키면 만족함을 알고 그칠 줄을 알아서 비로소 明哲하여 그 생명을 보존할 수 있다."라고 한 것이다.

이는, 子房(張良)이 齊나라의 3만 戶를 택하지 않고 留 땅에 봉해져서 몸을 온전히 하고 해로움을 멀리하고자 하여, 赤松子를 따라 노닐겠다고 핑계를 대면서 떠나갔던 이유이다.

聖人은 存之하사 以應事機하시니 舒之면 彌四海하고 卷之면 不盈杯라 居之에 不以室宅하고 守之에 不以城郭이요 藏之胸臆而敵國服이니라[1)]

1) ≪新刊增補三略≫에는 "살펴보건대 이 節은 ≪素書≫의 '숨어살면서 道를 간직하고 때를 기다려서 만약 때가 이르러 道를 행하면 人臣의 지위를 지극히 하고 기회를 얻어 動하면 絶代의 功을 이루며, 만일 때를 만나지 못하면 그대로 일생을 마칠 뿐이다.'라는 뜻이니, 보는 자가 자세히 살펴야 할 것이다. 彌는 가득함이다. 아래 章에 '彌光'의 彌이니, '더욱'의 뜻이다. 內城을 '城'이라 하고 外城을 '郭'이라 한다. 臆은 가슴의 살이다. 또 다른 뜻은 '意'자와 같으니 음이 億(억측)이다.〔按此節 潛居抱道 以待其時 若時至而行 則能極人臣之位 得機而動 則能成絶代之功 如其不遇 沒身而已之意也 觀者詳之 彌 滿也 下章彌光之彌 益也 內城曰城 外城曰郭 臆 胸肉也 又義與意同 音億〕" 하였다.

聖人은 이것을 보존하여 일의 기회에 응하시니, 이것을 펴면 四海에 가득하고, 이것을 거두면 한 잔에 차지 않는다. 이것을 보관함에 방과 집을 사용하지 않고,

이것을 지킴에 성곽을 사용하지 않고, 이것을 가슴속에 감추어두면 적국이 복종하는 것이다.

聖人은 存之方寸[1)]하사 以應酬事機하니 舒而放之면 則彌滿乎四海하고 卷而收之면 則不盈乎一杯니 卽中庸集註所謂放之則彌六合하고 卷之則退藏於密[2)]이 是也라 今本에 皆作坯字하니 誤也라 居之에 不用室宅하고 守之에 不用城郭은 言道體在乎心하니 是는 以心居之하고 以一守之하여 所以不用屋宅與城郭也라 心在胸臆而爲身之主하여 妙[3)]衆理而宰萬物이라 故로 曰 藏之胸臆而天下服이라하니 此는 子房所以運籌帷幄[4)]之中하여 決勝千里之外也[5)]라

1) 方寸 : ≪新刊增補三略≫에 "心體를 가리켜 말한 것이다.〔指心體而言〕" 하였다.

2) 中庸集註所謂放之則彌六合 卷之則退藏於密 : ≪中庸集註≫에 "中은 천하의 正道요, 庸은 천하의 定理이다. 이 책은 바로 孔門에서 傳授해오는 心法이다. 이 책이 처음에는 한 이치를 말하였고, 가운데에는 흩어져 萬事가 되었고, 끝에는 다시 합하여 한 이치가 되었으니, 이것을 펼치면 六合〔宇宙〕에 가득하고, 거두면 은밀한 마음속에 물러가 감추어져서 그 맛이 무궁하니, 모두 진실한 學問이다."라고 한 程子의 말이 보인다.

3) 妙 : ≪新刊增補三略≫에 "妙에는 自然이 하나로 합쳐서 운용하여 측량할 수 없는 뜻이 있다.〔妙有自然合一運用不測之意〕" 하였다.

4) 帷幄 : ≪新刊增補三略≫에 "곁에 있는 것을 '帷'라 하고, 宮室을 모방한 것을 '幄'이라 한다.〔在旁曰帷 象宮室曰幄〕" 하였다.

5) 子房所以運籌帷幄之中 決勝千里之外也 : 帷幄은 장막 안을 이른다. 漢 高祖는 즉위 5년(B.C. 206) 여름에, 洛陽의 南宮에 술자리를 베풀고 여러 신하들에게 자신이 천하를 얻은 이유를 말하면서 "帷幄의 가운데에서 계책을 정하여 천 리의 밖에서 승리를 결단함은 내가 子房만 못하고, 국가를 진정시키고 백성을 어루만지면서 군량을 공급하여 糧道를 끊어지지 않게 함은 내가 蕭何만 못하고, 백만의 무리를 연합하여 싸우면 반드시 승리하고 공격하면 반드시 점령함은 내가 韓信만 못하다. 이 세 사람은 모두 人傑인데 내가 이들을 등용하였으니 이 때문에 내가 천하를 취한 것이요, 項羽는 范增 한 사람이 있었으나 제대로 쓰지 못하였으니 이 때문에 나에게 사로잡혔던 것이다." 하였는바, 高祖의 이 말로 인하여 張良과 蕭何·韓信을 開國三傑로 일컫게 되었다.

聖人은 이것을 方寸에 보존하여 일의 기회에 酬應한다. 이것을 놓아서 펼치면 四海에 가득하고 이것을 말아서 거두면 한 잔에 차지 않으니, 바로 ≪中庸集註≫에 이른

바 "펼치면 六合(天地四方)에 가득하고, 거두면 은밀한 마음속에 물러가 감춰진다.〔放之則彌六合 卷之則退藏於密〕"는 것이 이것이다.

杯는 今本에 모두 '坯'자로 썼으니 잘못이다.

'이것을 보관함에 방과 집을 사용하지 않고, 이것을 지킴에 성곽을 사용하지 않는다.'는 것은 道體가 마음속에 있으니, 이는 마음으로 이것을 머물러두고 한결같음으로 이것을 지켜서 집과 성곽을 사용하지 않는 것임을 말한 것이다. 마음이 가슴속에 있어 몸의 주재가 되어서 여러 가지 이치를 묘하게 운용하고 만물을 주재한다. 그러므로 이것을 가슴속에 보관하면 천하가 복종한다고 한 것이다. 이는 子房이 帷幄 가운데에서 계책을 정하여 천 리 밖의 승리를 결단한 것이다.

軍識曰 能柔能剛이면 **其國彌光**하고 **能弱能强**이면 **其國彌彰**하고 **純柔純弱**이면 **其國必削**하고 **純剛純强**이면 **其國必亡**이라하니라

≪軍讖≫에 이르기를 "능히 부드럽고 능히 굳세면 그 나라가 더욱 빛나고, 능히 약하고 능히 강하면 그 나라가 더욱 드러나며, 순수하게(한결같이) 부드럽고 순수하게(한결같이) 약하면 그 나라의 영토가 반드시 줄어들고, 순수하게(한결같이) 굳세고 순수하게(한결같이) 강하면 그 나라가 반드시 망한다." 하였다.

軍讖有曰 爲主將者 能柔能剛이면 則其國愈益光顯이니 如文王囚於羑(유)里之庫에 其臣南宮适, 散宜生이 求美女善馬하여 獻紂而出之[1)]하니 是能柔也요 伐崇伐密하여 一怒而安天下[2)]하니 是는 能剛也라 如日月之照臨하여 光於四方하고 顯於西土[3)]하니 其國이 豈不光乎아 爲主將者 能弱能强이면 則其國愈益彰明이니 如齊威王이 使孫臏, 田忌救趙할새 臏使齊軍入魏地하여 爲十萬竈하고 明日爲五萬竈하고 又明日爲三萬竈하니 是能弱也요 候至馬陵하여 萬弩齊發하니 是能强也라 進敗魏軍하여 虜太子申하고 威震海內하니 其國이 豈不彰乎아

1) 文王囚於羑(유)里之庫……獻紂而出之 : ≪新刊增補三略≫에는 "羑里는 地名이니, 혹자는 '殷나라 감옥 이름이다.'라고 한다.〔羑里 地名 或曰 殷獄名〕" 하였다.

殷나라 말기에, 崇侯 虎가 周 文王을 紂王에게 참소하니, 紂王은 文王을 羑里라는 곳에 가두었다. 이에 文王의 신하인 南宮适과 散宜生이 有莘氏의 미녀와 驪戎에서 생산된 文馬와 有熊氏의 駟馬 아홉과, 그리고 진귀한 보물들을 모아서 은나라의 총신인 費仲을 매수하여 紂王에게 바치니, 紂王은 기뻐하여 文王을 풀어주고 서쪽 제후의

우두머리인 西伯으로 삼아 정벌을 마음대로 할 수 있게 하였다. ≪史記 권4 周本紀≫

駟馬 아홉은, 옛날 수레 1대에 말 4필이 끌고 이것을 駟馬라 하였는바, 곧 4×9=36 필이 된다.

2) 伐崇伐密 一怒而安天下 : 文王이 崇나라를 정벌한 것은 ≪詩經≫ 〈大雅 皇矣〉에 "臨車와 衝車가 강성하니 崇나라 城이 견고하도다. 이에 정벌하고 이에 군대를 풀어놓으며 이에 끊고 이에 멸망시키시니 四方에서 어기는 이가 없도다.〔臨衝茀茀 崇墉仡仡 是伐是肆 是絶是忽 四方以無拂〕"라고 보이며, 密나라를 정벌한 일도 같은 시에 "密나라 사람이 不恭하여 감히 大邦인 周나라에 항거해서 阮나라를 침공하려고 共 땅에 가므로, 王께서 赫然히 노하시고 이에 그 군대를 정돈하여 침략하러 가는 무리들을 막아서, 周나라의 福을 돈독히 하여 천하의 기대에 부응하셨다.〔密人不恭 敢距大邦 侵阮徂共 王赫斯怒 爰整其旅 以按徂旅 以篤于周祜 以對于天下〕"라고 보이는데, ≪孟子≫ 〈梁惠王下〉에 孟子가 齊 宣王과 용맹을 좋아함을 논하면서 이 詩를 인용하고 "文王이 한 번 노하여 천하의 백성을 편안하게 하셨다.〔文王一怒而安天下之民〕"라고 하였으므로, ≪詩經≫과 ≪孟子≫를 들어 이렇게 말한 것이다.

3) 日月之照臨……顯於西土 : ≪書經≫ 〈周書 泰誓 下〉에, 武王이 文王의 德을 칭송하여 "아! 우리 文考께서 日月이 비추고 임하듯이 하여 四方에 빛나시며 西土에 드러나셨다.〔嗚呼 惟我文考 若日月之照臨 光于四方 顯于西土〕"라고 말한 것이 보인다. 文考는 武王의 아버지인 文王이다.

≪軍讖≫에 이르기를 "主將이 된 자가 능히 부드럽고 능히 굳세면 그 나라가 더욱더 빛나고 드러난다."라고 하였으니, 예컨대 周 文王이 羑里의 감옥에 갇히자 그 신하인 南宮适과 散宜生이 미녀와 좋은 말을 구하여 紂王에게 바쳐서 탈출시켰으니 이는 능히 부드러운 것이요, 〈文王이〉 崇나라를 정벌하고 密나라를 정벌하여 한 번 노하여 천하를 편안하게 하였으니 이는 능히 굳센 것이다. 〈文王은〉 해와 달이 땅을 굽어 비추는 것과 같이 하여 사방에 빛나고 서쪽 지방에 드러났으니, 그 나라가 어찌 빛나지 않겠는가.

"主將이 된 자가 능히 약하고 능히 강하면 그 나라가 더욱더 드러나고 밝아진다." 하였으니, 예컨대 齊 威王이 孫臏과 田忌로 하여금 趙나라를 구원하게 할 적에 孫臏이 齊나라 군대로 하여금 魏나라 땅에 들어가서 10만 개의 아궁이를 만들게 하고 다음날에는 5만 개의 아궁이를 만들게 하고 또 다음날에는 3만 개의 아궁이를 만들게 하였으니 이는 능히 약한 것이요, 魏나라 군대가 馬陵에 이르기를 기다려서 1만 명의 弩手를 매복시켜 일제히 발사하게 하였으니 이는 능히 강한 것이다. 진격하여 魏나라 군대를 패퇴시켜서 太子 申을 사로잡고 위엄을 海內에 떨쳤으니, 그 나라가 어찌 드러나지 않겠는가.

若爲主將者 純用柔하고 純用弱이면 則其國必然衰削이니 如韓魏或獻地하고 或請朝하여 求媚於秦하여 以幸一日之安[1]하니 是는 純柔純弱也라 卒致宗社傾危하니 其國이 豈不削乎아 爲主將者 純用剛하고 純用强이면 則其國必然喪亡이니 如項羽破章邯하고 殺子嬰하고 圍漢王於(滎)〔滎〕[2]陽하고 敗漢兵於睢(수)水라가 後至陰陵하여 不肯渡江而東[3]하니 是는 純剛純强也라 八千兵散에 至以自刎하니 其國이 豈不亡乎아 今本에 純柔純弱下에 皆無其國必削四字하니 亦依舊本增之하노라

1) 韓魏或獻地……以幸一日之安 : 戰國時代 末期에 秦나라가 강성해지자, 齊・楚・燕・趙・魏・韓의 六國이 蘇秦의 合從策으로 동맹을 맺어 秦나라와 대치하고 있었는데, 상대적으로 약소국이었던 韓나라와 魏나라가 連衡論을 주장한 張儀의 설득에 넘어가, 먼저 합종의 동맹을 깨고 秦나라에 땅을 떼어 바치고 秦나라에 들어가 조회하며 秦나라에 잘 보여 나라를 보존할 것을 구했으나, 국세가 점차 쇠약해져 결국 六國이 함께 멸망하였다.

2) (滎)〔滎〕: 저본의 '滎'은 漢文大系本에 의거하여 '滎'으로 바로잡았다.

3) 項羽破章邯……不肯渡江而東 : 項羽(B.C. 232~B.C. 202)는 秦나라 말기의 武將으로, 숙부인 項梁과 함께 기병하여 여러 제후들의 맹주가 되어 秦나라 장수 章邯을 격파하고 秦나라의 도성인 咸陽에 들어가 秦王 子嬰을 죽였으며, 漢王 劉邦과 싸워 滎陽에서 포위하고 睢水에서 대파하여 연전연승하였으나, 垓下의 一戰에서 高祖(劉邦)에게 대패하고 도망하다가 陰陵에서 길을 잃고 烏江에 이르렀는데, 烏江의 亭長이 "江東은 땅이 천 리이니 충분히 왕 노릇할 수 있다."며 江東으로 다시 돌아가 재기할 것을 권유하였으나, 項羽는 "내가 강동의 자제 8천 명을 데리고 長江을 건너왔는데, 지금 한 사람도 살아서 돌아가는 자가 없으니 내가 강동의 父兄을 볼 면목이 없다." 하여, 渡江하지 않고 대군을 상대로 홀로 싸우다가 몸이 지치자 스스로 목을 찔러 죽었다. ≪史記 권7 項羽本紀≫

만약 主將이 된 자가 한결같이 부드러움을 쓰고 한결같이 약함을 쓰면 그 나라가 반드시 쇠약해지고 영토가 줄어들 것이니, 예컨대 韓나라와 魏나라가 혹은 秦나라에 땅을 바치고 혹은 秦나라에 조회할 것을 청하여 秦나라에 잘 보이기를 구해서 하루의 편안함을 요행으로 바랐으니, 이는 한결같이 부드럽고 한결같이 약하기만 한 것이다. 그리하여 끝내 宗廟와 社稷이 기울고 위태롭게 만들었으니, 그 나라가 어찌 줄어들지 않겠는가.

主將이 된 자가 한결같이 굳셈을 쓰고 한결같이 강함을 쓰면 그 나라가 반드시 패망하게 되니, 예컨대 項羽가 章邯을 격파하고 秦王 子嬰을 죽이고 漢王을 滎陽에서

포위하고 漢나라 군대를 睢水에서 격파하였으나, 뒤에 陰陵에 이르러 揚子江을 건너 동쪽으로 가려 하지 않았으니, 이는 한결같이 굳세고 한결같이 강하기만 한 것이다. 8천 명의 군대가 해산하자 스스로 목을 찔러 죽음에 이르렀으니, 그 나라가 어찌 망하지 않겠는가.

今本에는 '純柔純弱' 아래에 모두 '其國必削' 네 글자가 없는데, 또한 舊本을 따라 덧붙였다.

夫爲國之道는 **恃賢與民**이니 **信賢**을 **如腹心**하고 **使民**을 **如四肢**하면 **則策無遺**니라

나라를 다스리는 방도는 어진 선비와 백성을 믿는 것이니, 어진 선비를 믿기를 자신의 배와 심장과 같이 하고, 백성을 부리기를 자신의 四肢와 같이 하면 계책이 유실되지 않는다.

夫治國之道는 倚恃賢士與衆民이니 聽信賢人之言을 如自己之腹心하고 役使衆民을 如自己之四肢면 則其策無遺失也라

나라를 다스리는 방도는 어진 선비와 백성을 의지하고 믿는 것이니, 어진 사람의 말을 자기의 배와 심장과 같이 따르고 믿으며, 백성을 자기의 四肢와 같이 부리면 계책이 유실되지 않는다.

所適에 **如肢體相隨**하고 **骨節相救**하니 **天道自然**이라 **其巧無間**이니라

가는 곳마다 四肢와 身體가 서로 따르고 骨節이 서로 구원하듯이 하니, 이는 天道의 自然이라 그 공교함이 간격이 없는 것이다.

凡有所往에 如四肢與身體相隨從하고 骨節相救護[1]하니 此는 天道之自然이라 其巧[2]無間隙也라[3]

1) 如四肢與身體相隨從 骨節相救護 : ≪兵學指南演義≫ 〈營陣正彀 2 握奇篇〉에는 '마음이 四肢를 운용한다는 것은 중앙의 남는 부분을 대장이 장악해서 사면과 팔방이 모두 이를 기준으로 하여, 마치 몸이 팔뚝을 부리고 팔뚝이 손가락을 부리는 것과 같음'을 말하면서, 이 대목을 인용 예시하고 있다.

2) 巧 : ≪新刊增補三略≫에 "巧는 天地의 미묘한 機巧이다.〔天地微妙之機巧也〕" 하였다.

3) ≪新刊增補三略≫에는 "살펴보건대 ≪荀子≫ 〈議兵篇〉에 '어진 사람은 上下가 서로

사랑하여 100명의 장수가 한 마음이고 三軍이 힘을 함께하여 신하가 군주에 있어서와 아랫사람이 윗사람에 있어서 자식이 아버지를 섬기고 아우가 형을 섬기듯이 하며 손과 팔이 머리와 눈을 방어하고 가슴을 가리듯이 한다." 하였으니, 뜻이 이 章과 같다.〔按荀子議兵篇曰 仁人上下 百將一心 三軍同力 臣之於君也 下之於上也 若子之事父 弟之事兄 若手臂之扞頭目而覆胸臆也 意與此章同〕" 하였다.

무릇 가는 곳마다 四肢와 身體가 서로 따르고 骨節이 서로 구원하고 보호하듯이 하니, 이는 天道의 自然이다. 따라서 그 공교함이 간격이 없는 것이다.

軍國之要[1)]는 察衆心하여 施百務니라

1) 軍國之要 : ≪新刊增補三略≫에 "군대의 모습으로 國都에 들어가지 않고 국도의 모습으로 군대에 들어가지 않는다. 그러나 군대에 있는 모습은 마땅히 병사들을 격려해야 하고, 국도에 있는 모습은 마땅히 선비와 백성들을 다스려야 하니, 국가의 存亡이 군대에 달려 있으므로 군대로써 우선을 삼은 것이다.〔軍容不入于國 國容不入于軍 然在軍容 當勵兵衆 在國容 當治士民 國之存亡 係於軍 故以軍爲先也〕" 하였다.

군대와 국가의 중요한 방도는 사람들의 마음을 살펴서 온갖 事務를 베푸는 것이다.

軍國之要道는 審察衆心하여 而施設百務니 百務者는 言事務之多也[1)]라 今本에 作施肯務하니 亦依舊本正之하노라

1) 軍國之要道……言事務之多也 : ≪兵學指南演義≫〈旗鼓定法 1 吹打篇〉에는 '병사들의 마음을 잘 살펴 온갖 사무를 처리하고 밤낮으로 조심하여 응수하기를 게을리 하지 않는 것이 참으로 대장이 할 일'이라는 것을 말하면서, 이 부분을 인용하여 대장은 公과 私의 구분을 엄격히 할 것을 강조하고 있다.

군대와 국가를 다스리는 중요한 방도는 사람들의 마음을 자세히 살펴서 온갖 事務를 베푸는 것이니, 百務라는 것은 사무가 많은 것을 말한다.

今本에는 '施百務'가 '施肯務'로 되어있는데, 또한 舊本을 따라 바로잡았다.

危者를 安之하고 懼者를 歡之하고 叛者를 還之하고 寃者를 原之니라

위태로운 자를 편안히 해주고, 두려워하는 자를 기쁘게 해주고, 배반하여 떠나가는 자를 돌아오게 하고, 원통한 자를 용서하는 것이다.

危殆者則扶而安之[1)]하고 畏懼者則喩而歡之[2)]하고 叛去者則致而還之[3)]하고 寃抑者則有而原之[4)]라

1) 危殆者則扶而安之 : ≪新刊增補三略≫ "예컨대 漢 光武帝가 王郎을 斬首하고 관리와 백성 중에 王郎과 交通하여 光武帝를 비방한 글 몇 천 장을 얻었으나 다 살펴보지 않고는 장수들을 모아놓고 불태우며 말하기를 '불안해하는 자들로 하여금 스스로 편안하게 하는 것이다.'라고 한 것이 이것이다.〔如漢光武斬王郎 得吏民與郎交關謗毁者數千章 皆不省 會諸將燒之曰 令反側者自安 是也〕" 하였다.

2) 畏懼者則喩而歡之 : ≪新刊增補三略≫ "예컨대 漢 光武帝 때에 馮異가 關中을 다스리고 있었는데, 成都 사람들이 말하기를 '馮異의 위엄과 권력이 지극히 重하여 백성들이 〈馮異에게〉 마음을 두고 있다.' 하니, 馮異가 두려워하여 글을 올려 사죄하자, 光武帝가 詔書로 答하기를 '馮將軍이 국가에 있어 의리로는 君臣간이고 은혜로는 父子간과 같은데 무슨 혐의가 있어서 두려워하는 뜻이 있는가.' 한 따위이다.〔如漢光武時馮異治關中 成都人有言曰 異威權至重 百姓歸心 異惶懼 上書陳謝 詔報曰 將軍之於國家 義爲君臣 恩猶父子 何嫌何疑而有懼意之類〕" 하였다.

3) 叛去者則致而還之 : ≪新刊增補三略≫에 "예컨대 魏나라 公子 無忌가 비록 兵符를 훔친 죄가 있으나 용서하여 돌아오게 한 따위이다.〔如魏公子無忌 雖有竊符之罪 赦以還之之類〕" 하였다.

4) 寃抑者則有而原之 : ≪新刊增補三略≫에 "예컨대 漢 高祖가 季布의 죄를 용서해준 것이 이것이다. 살펴보건대 이는 모두 백성을 다스리는 말이다. 그러나 그 일이 서로 비슷하므로 우선 비유한 것이니, 보는 자가 자세히 살펴야 한다.〔如漢高祖釋季布之罪是也 按此皆治民之言 然以其事之相近 姑比倫也 觀者詳之〕" 하였다.

위태로운 자는 붙들어 편안히 해주고, 두려워하는 자는 타일러 기쁘게 해주고, 배반하여 떠나가는 자는 불러서 돌아오게 하고, 억울한 자는 너그럽게 용서하는 것이다.

訴者를 察之하고 卑者를 貴之하고 强者를 抑之하고 敵者를 殘之니라

하소연하는 자를 살펴주고, 낮은 자를 귀하게 해주고, 강한 자를 억제하고, 대적하는 자를 해치는 것이다.

來訴者則審而察之[1)]하고 卑微者則尊而貴之[2)]하고 强梁者則禁而抑之하고 敵我者則殘而滅之라[3)]

1) 來訴者則審而察之 : ≪新刊增補三略≫에 "예컨대 漢 昭帝가 나이 14세에 上官桀의

속임수를 안 것과 같은 것이 이것이다.〔如漢昭帝年十四 識上官桀之詐 是也〕" 하였다.

2) 卑微者則尊而貴之 : ≪新刊增補三略≫에 "예컨대 秦 穆公이 百里奚에 있어서와 唐 太宗이 李靖에 있어서와 같은 따위이다.〔如穆公之於百里奚 太宗之於李靖之類〕" 하였다.

3) ≪新刊增補三略≫에는 "살펴보건대 이 위의 여덟 章은 모두 백성을 다스리는 것을 가지고 말하였다.〔按此上八章 皆就治民而言〕" 하였다.

와서 하소연하는 자는 자세히 살펴주고, 낮고 미천한 자는 높여서 귀하게 해주고, 강하고 횡포를 부리는 자는 금하여 억제하고, 나를 대적하는 자는 해쳐서 멸망시키는 것이다.

貪者를 豐之하고 欲者를 使之하고 畏者를 隱之하고 謀者를 近之니라

탐욕스러운 자를 풍부하게 해주고, 하고자 하는(욕망이 있는) 자를 부리고, 두려워하는 자를 숨겨주고, 智謀가 있는 자를 가까이하는 것이다.

性貪者則豐而富之[1]하고 願欲者則順而使之[2]하고 有畏者를 隱之[3]하여 使勿出하고 有謀者를 近之하여 使籌畫이라

1) 性貪者則豐而富之 : ≪新刊增補三略≫에 "漢 高祖가 韓信에게 千里의 땅을 떼어주고 秦 始皇帝가 王翦에게 楚나라를 정벌한 뒤에 田宅을 下賜한 것은 이는 모두 장수의 재주가 많고 성품이 탐욕스러운 따위이다.〔漢高之於韓信 捐千里之地 秦王之於王翦 請田宅於伐楚之後 此皆才足性貪之類也〕" 하였다.

2) 願欲者則順而使之 : ≪新刊增補三略≫에 "毛遂가 平原君에게 스스로 천거한 따위이다.〔毛遂自薦於平原君之類〕" 하였다.

3) 有畏者 隱之 : ≪新刊增補三略≫에 "살펴보건대 '두려움이 있는 것을 숨긴다.'는 것은 적이 꺼리고 두려워하는 바가 있으면 은밀히 숨기는 것이니, 예컨대 秦나라가 趙나라에서 趙括을 장수로 삼았다는 말을 듣고는 마침내 은밀히 白起를 上將軍으로 삼고, 軍中에 명령하기를 '감히 武安君(白起)이 장수가 된 사실을 누설하는 자가 있으면 斬刑에 처하겠다.'라고 한 것과 같은 따위가 이것이다.〔按畏者隱之 言敵有所忌畏者 隱而諱之 如秦聞趙以趙括爲將 乃陰使白起爲上將 令軍中 有敢泄武安君將者 斬之之類 是也〕" 하였다.

성품이 탐욕스러운 자는 풍부하게 하여 부유하게 해주고, 원하고 바라는 자는 그의 뜻을 따라 부리고, 두려움이 있는 자는 숨겨주어서 나가지 말게 하고, 智謀가 있는 자는 가까이해서 계책을 세우게 하여야 한다.

讒者를 **覆之**하고 **毁者**를 **復之**하고 **反者**를 **廢之**하고 **橫者**를 **挫之**니라

참소하는 자를 전복시키고, 훼방하는 자를 보복하고, 반역하는 자를 폐하고, 횡포를 부리는 자를 꺾는 것이다.

讒佞者則傾而覆之하고 敵毁辱我者則令人復之호되 有不當復者면 姑忍之하여 以伺其便耳라 反逆者則廢滅其身與家니 上言叛者還之는 是謀背本國而往他國者니 若能還之면 古人猶赦之也어니와 此言反者廢之는 是反逆不道하여 謀危社稷者라 故로 當廢而滅之也[1]라 暴橫者則挫其威하여 使不復橫也라[2]

1) 此言反者廢之……當廢而滅之也 : ≪新刊增補三略≫에 "漢 景帝 때에 吳·楚가 배반하자, 周亞夫를 보내어 정벌해서 평정한 따위이다.〔漢景帝時 吳楚反 遣周亞夫伐定之類〕" 하였다.

2) ≪新刊增補三略≫에 "살펴보건대 위 章의 '貪者豐之'부터 아래 章의 '降者脫之'까지는 모두 장수를 어거함을 가지고 말하였다. 그러므로 여기서는 '장수 중에 참소하고 아첨하는 자는 마땅히 傾覆시켜야 하지만, 장수 중에 훼방을 당한 자는 또한 마땅히 반복하여 그 실제를 살펴주어야 한다.'고 말한 것이다. 장수 중에 반복하여 신의가 없음은 蜀漢의 李平과 같은 자이니, 마땅히 그 몸을 버리고 쓰지 말아야 하니, 위에서 말한바 '백성들이 배반하고 他國으로 향한 자는 오히려 돌아오게 하여 용서한다.'는 것과는 다르다. 劉寅의 註는 잘못된 듯하다.〔按自上章貪者豐之 至下章降者脫之 皆就御將而言 故此言將之讒佞者 旣當傾覆之 而將之被毁者 又當反覆而審其實也 將之反覆不信 如蜀漢之李平者 當廢其身而勿用 非如上章所稱民之叛向他國者 猶可還而赦之也 劉註似失矣〕" 하였다.

참소하고 아첨하는 자는 기울여 전복시키고, 적이 나를 훼방하고 욕하는 자는 사람으로 하여금 보복하게 하되, 마땅히 보복하지 않아야 할 경우에는 우선 참고 편리한 틈을 기다려야 한다.

반역하는 자는 그 몸과 집을 폐하여 멸망시킨다. 위에서 말한 '배반하여 떠나가는 자를 돌아오게 한다.'는 것은 本國을 배반하고 他國으로 갈 것을 도모하는 자이니, 만약 돌아오게만 할 수 있으면 古人도 오히려 용서하였다. 그러나 여기서 말한 '반역하는 자를 폐한다.'는 것은 반역하고 不道하여 社稷을 위태롭게 하기를 도모하는 자이므로 마땅히 폐하여 멸해야 하는 것이다. 횡포를 부리는 자는 그 위엄을 꺾어서 다시는 횡포를 부리지 못하게 하는 것이다.

滿者를 **損之**하고 **歸者**를 **招之**하고 **服者**를 **活之**하고 **降**(항)**者**를 **脫之**니라

뜻이 가득한 자를 줄여서 덜고, 귀순하는 자를 초치하고, 복종하는 자를 살려주고, 항복하는 자를 죽음에서 벗어나게 하여야 한다.

志盈滿者則減損之[1)]하고 欲歸順者則招來之하고 已服從者則全活之하고 願降附者則解脫之라

1) 志盈滿者則減損之 : ≪新刊增補三略≫에 "唐나라의 李密과 漢나라의 梁冀와 같은 경우이다. 梁冀는 한 家門이 前後에 7명의 侯와 3명의 皇后와 6명의 貴人과 2명의 大將軍과 夫人과 여자로서 食邑을 갖고 君이라 칭한 자가 7명이었고 公主에게 장가든 자가 3명이었고 그 나머지 卿과 將帥와 尹과 校가 57명이었으니, 이는 지나치게 만족한 자의 종류이다.〔如唐之李密 漢之梁冀 冀之一門 前後七侯 三皇后 六貴人 二大將軍 夫人女食邑稱君者七 尙公主者三人 其餘卿將尹校 五十七人 此滿者之類也〕" 하였다.

뜻이 가득하여 자만한 자는 줄여서 덜고, 귀순하고자 하는 자는 초치하여 오게 하고, 이미 복종한 자는 온전히 살려주고, 항복하여 따르기를 원하는 자는 죽음을 벗어나게 해주어야 한다.

獲固어든 守之하고 獲阨이어든 塞之하고 獲難이어든 屯之[1)]하고 獲城이어든 割之하고 獲地어든 裂之하고 獲財어든 散之니라

1) 獲固……屯之 : ≪新刊增補三略≫에 "군대를 무장하여 지키는 것을 '屯'이라 한다. 險固한 곳과 협소하고 막힌 길로 보전하기 어려운 땅을 이른다.〔勒兵而守曰屯 謂險固之處 阨狹之路 難保之地也〕" 하였다.

견고한 곳을 얻었으면 지키고, 험한 요새를 얻었으면 막고, 어려운 곳을 얻었으면 주둔시키고, 城을 얻었으면 떼어주고, 토지를 얻었으면 나누어주고, 財貨를 얻었으면 흩어주어야 한다.

得堅固之處則守之하고 得險阨之處則塞之하고 得艱危之處則屯之하고 得城池則割以與人하고 得土地則裂以封人하고 得財貨則散以濟人이라[1)]

1) ≪新刊增補三略≫에 "살펴보건대 이 여섯 가지 일은 얻는 것을 가지고 말하였다. 朱鹿崗이 말하였다. '「獲固守之」부터 「獲難屯之」까지는 酈生(酈食其)이 이른바 「하늘(백성)의 하늘(양식)을 아는 자는 王業을 이룰 수가 있으니, 원컨대 沛公은 급히 進軍하여 滎陽을 차지해서 敖倉의 곡식을 점거하고 成皐의 험한 지역을 막고 太行山의 길을 차단하고 蜚狐의 어구를 막고 白馬의 나루터를 지키라.」고 한 것이 이것이다. 「獲

城割之」부터 「獲財散之」까지는 宋 太祖가 장수에게 命하여 蜀을 정벌할 적에 諭示하기를 「획득한 州邑은 마땅히 나와 함께할 것이요 內帑庫를 모두 기울여서 士卒들에게 賞을 줄 것이다. 국가에서 바라는 것은 오직 疆土뿐이다.」 하니, 이에 장수와 관리들이 결사적으로 싸워서 이르는 곳마다 모두 함락시키고 마침내 蜀을 평정한 것이 이것이다.'〔按此六事 就所獲者言之 朱鹿崗曰 獲固守之 至獲難屯之 酈生所謂知天之天者 王事可成 願沛公急進兵 收取滎陽 據敖倉之粟 塞成皐之險 杜太行之路 距蜚狐之口 守白馬之津 是也 獲城割之 至獲財散之 宋太祖命將伐蜀 諭之曰 所得州邑 當與我 傾竭帑庫 以賞士卒 國家所欲 惟土疆耳 于是 將吏死戰 所至皆下 遂平蜀 是也〕" 하였다.

견고한 곳을 얻었으면 지키고, 험한 要害處를 얻었으면 막고, 어렵고 위태로운 곳을 얻었으면 군대를 주둔시키고, 城과 해자를 얻었으면 떼어서 남에게 주고, 토지를 얻었으면 떼어서 남을 봉해주고, 재화를 얻었으면 흩어서 남을 구제하여야 한다.

敵動이어든 **伺之**하고 **敵近**이어든 **備之**하고 **敵强**이어든 **下之**하고 **敵佚**이어든 **去之**하고 **敵陵**이어든 **待之**하고 **敵暴**어든 **綏之**하고 **敵悖**어든 **義之**하고 **敵睦**이어든 **携之**니라

적이 움직이거든 살피고, 적이 가까이 있거든 대비하고, 적이 강하거든 몸을 낮추고, 적이 편안하거든 떠나가고, 적이 기세가 등등하여 능멸하거든 기다리고, 적이 포악하거든 편안하게 하고, 적이 패악한 짓을 하거든 의롭게 하고, 적이 和睦하거든 離間시켜야 한다.

敵人將動이어든 吾則伺其便[1)]하고 敵人相持地近이어든 吾當修其備하고 敵人勢力盛强이어든 吾當以卑下驕之[2)]하고 敵人之力閑佚이어든 吾當遠而去之[3)]하고 敵人之勢憑陵이어든 吾當待其衰하고 敵人之氣剛暴어든 吾當安其衆이라 或曰 綏는 當作需라하니 亦待之也라 敵人狂悖어든 吾以義服之하고 敵人親睦이어든 吾與携(待)〔持〕之[4)]라

1) 吾則伺其便 : ≪新刊增補三略≫에 "事機의 편리함을 엿본다는 뜻이다.〔窺伺機便之意〕" 하였다.

2) 吾當以卑下驕之 : ≪新刊增補三略≫에 "陸經翼이 말하기를 '句踐이 吳나라를 섬길 적에 臣妾이 되기를 청하였고, 陸遜이 荊州를 도모할 적에 거짓으로 關雲長(關羽)에게 편지를 보내어 겸손하게 낮추고 스스로 委託한 따위가 이것이다.' 했다.〔陸經翼曰 句踐事吳 請爲臣妾 陸遜圖荊州 詐爲致書雲長 謙下自託之類 是也〕" 하였다.

3) 吾當遠而去之 : ≪新刊增補三略≫에 "敵이 전쟁할 지역에 먼저 주둔하여 편안함으로

써 수고로운 우리를 기다리고 있으면 적의 銳鋒을 피하고 빈틈을 엿본다는 뜻이다.〔敵先處戰地 以佚待勞 則避其鋒銳 伺其空隙之意〕" 하였다.

4) 敵人親睦 吾與携(待)〔持〕之 : ≪新刊增補三略≫에 "俗本에는 '特'자가 대부분 '待'로 되어있으니 잘못이다. 살펴보건대 携는 이간시킴이요 분리시킴이다. '敵睦携之'는 적이 만약 君臣간에 서로 친밀하면 마땅히 계략으로써 이간시켜야 하니, 예컨대 陳平이 項羽로 하여금 范增을 소원하게 한 것과 같은 것이요, 이웃나라와 서로 화목하면 마땅히 계략으로써 이간시켜야 하니, 예컨대 張儀가 楚나라로 하여금 齊나라와 絶交하게 한 것과 같은 것이니, 劉寅의 註는 잘못된 듯하다.〔俗本 多作待 誤 按携 離也分也 敵睦携之 言敵若君臣相親 當以計間之 如陳平之使項羽疏范增 隣援相和 當以計離之 如張儀之使楚絶齊也 劉註似失〕" 하였다. 저본에는 '待'로 되어있으나, 이에 의거하여 '持'로 바로잡았다.

적이 장차 움직이려 하면 우리가 그 편리한 틈을 엿보고, 적과 서로 대치한 곳이 가까우면 우리가 그 대비를 철저히 하여야 하고, 적의 세력이 강성하면 우리가 몸을 낮추어 적을 교만하게 만들어야 하고, 적의 힘이 한가하고 편안하면 우리가 멀리 떠나가야 하고, 적의 기세가 등등하여 우리를 능멸하면 그 기세가 쇠하기를 기다려야 하고, 적의 기운이 강포하면 우리가 마땅히 그 무리를 편안하게 하여야 한다.

혹자는 말하기를 "'綏'는 마땅히 '需'가 되어야 한다."라고 하니, 또한 기다리는 것이다.

적이 방자하고 패악하면 우리가 의리로써 복종시키고, 적이 親睦하면 우리가 이간시켜야 한다.

順擧면 **挫之**하고 **因勢**면 **破之**하나니 **放言**을 **過之**하고 **四網**으로 **羅之**[1]니라

1) 四網 羅之 : ≪新刊增補三略≫에 "옛날에 芒氏가 처음으로 그물을 만들어서 실을 엮어 새를 그물질하였다. 韓文公(韓愈)의 이른바 '禮로써 그물을 만들어서 선비를 그물질하여 데려갔다.'고 한 뜻이다.〔古者 芒氏初作羅 以絲罟鳥也 韓文公所謂 以禮爲羅 羅而致之之意〕" 하였다.

내가 人心에 순응하여 擧事하면 적을 꺾을 수 있고, 적의 形勢를 따르면 적을 깨뜨릴 수 있으니, 말을 함부로 하는 자를 귀양 보내고, 어진 이를 사방으로 그물 펼치듯이 망라하여 초치하여야 한다.

吾順人心而擧事면 則能挫敵之威[1]하고 吾因敵虛實之勢而出奇면 則能破其衆이라 聞放浪之言이면 則過謫之는 恐惑衆也요 招延賢士호되 當張四網而羅取之는 欲致

其用也[2)]라

1) 吾順人心而擧事 則能挫敵之威 : ≪新刊增補三略≫에 "살펴보건대 이는 仁者로써 不仁한 자를 정벌하고 義로운 자로써 의롭지 못한 자를 정벌한다는 뜻이니, 湯王이 桀王을 정벌한 것과 武王이 紂王을 정벌한 것은 모두 하늘의 뜻에 順應하고 人心에 순응한 것이다. 漢 高祖가 義帝를 위하여 發喪하고 楚나라의 義帝를 살해한 자를 공격하자, 天下의 〈民心이〉 모두 돌아가고 따랐으므로 項羽가 날로 곤궁해지고 위축된 것이 이것이다.〔按此則以仁伐不仁 以義伐不義之意 湯之伐桀 武王之伐紂 皆應天順人也 漢高祖爲義帝發喪 擊楚之殺義帝者 天下皆歸附 而項羽日以窮蹙 是也〕" 하였다.

2) 聞放浪之言……欲致其用也 : ≪新刊增補三略≫에 "살펴보건대 '放言過之'는 辯士들이 적의 아름다움을 말하는 것과 같은 따위가 이것이다.〔按放言過之 若辯士談說敵美之類 是也〕" 하였다.

내가 人心에 순응하여 擧事하면 적의 위엄을 꺾을 수 있고, 내가 적의 虛實의 형세를 따라 기이한 계책을 내면 적의 무리를 격파할 수 있다. 함부로 하는 말을 들으면 그를 견책하여 귀양 보내는 것은 무리를 미혹시킬까 두려워해서요, 어진 선비를 초치하되 마땅히 사방에 그물을 펼치듯이 망라하여 취함은 그 쓰임을 다하고자 해서이다.

得而勿有하고 居而勿守하고 拔而勿久하고 立而勿取니라

재물을 얻거든 소유하지 말고, 남의 거처를 얻었으면 지키지 말고, 城을 공략할 적에는 오래 지체하지 말고, 군주를 세웠거든 취하지 말아야 한다.

得人財則當散하여 勿以爲己有하고 取人之所居어든 勿安於所守하고 拔人之城[1)]엔 當以速이요 勿用久하고 敵已立君而主社稷[2)]이어든 勿用攻而取니 如齊人已立法章하여 爲王而拒어늘 燕欲取之而不能하고 後至於敗[3)] 是也라[4)]

1) 拔人之城 : ≪新刊增補三略≫에 "城邑을 격파하고 점령함이 나무를 뽑아 그 뿌리까지 함께 얻는 것과 같은 것이다.〔破城邑而取之 若拔樹木 竝得其根本也〕" 하였다.

2) 社稷 : ≪新刊增補三略≫에 "社는 토지의 神이고 稷은 곡식의 神이니, 나라를 세우게 되면 祭壇을 설치하여 제사한다. 趙岐가 말하기를 '社는 五土의 神에게 제사하는 것이요 稷은 五穀의 神에게 제사하는 것이니, 기장은 흙이 아니면 자랄 수 없고 흙은 기장이 아니면 낳고 낳는 징험을 볼 수가 없으니, 그 功效와 이익이 똑같고 균등하여 사람을 기른다.〔社 土神 稷 穀神 建國則設壇壝以祀之 趙岐曰 社 所以祭五土之神 稷 所以祭五穀之神 稷非土 無以生 土非稷 無以見生生之驗 以其同功均利以養人也〕" 하였다.

3) 齊人已立法章……後至於敗：法章은 戰國時代 齊 湣王의 아들이다. 湣王은 즉위한 뒤 燕나라를 격파하고 宋나라를 멸망시키자 자만심에 빠져 제후들과 전쟁을 일삼았다. 齊나라에게 패하여 위기에 빠졌던 燕 昭王은 樂毅를 上將軍으로 삼고 齊나라를 공격하게 하니, 湣王은 도망하다가 죽임을 당하고 齊나라는 一敗塗地하여 70여 개 城邑을 모두 잃었다. 齊나라 사람들은 도망해 있던 王子 法章을 王으로 세우고 田單을 장수로 삼아 卽墨을 지키면서 결사항전하였다.

이때 燕 昭王이 죽고 樂毅와 사이가 좋지 않았던 태자가 惠王으로 즉위하자, 田單이 반간책을 써서 "樂毅가 齊나라의 왕이 되려고 한다."라고 소문을 퍼뜨렸다. 이에 간신들이 樂毅를 참소하자, 惠王이 樂毅를 의심하여 騎劫에게 대장군의 직위를 대신하게 하고 樂毅를 불러들이니, 樂毅는 趙나라로 망명해버렸다. 田單은 곧바로 戰列을 정비하여 일거에 騎劫을 죽이고 燕軍을 대패시켰으며, 이후 승승장구하여 잃어버렸던 70여 개 城邑을 모두 회복하였다. ≪史記 권80 樂毅列傳≫, ≪史記 권82 田單列傳≫

4) ≪新刊增補三略≫에 "살펴보건대 趙光裕가 말하기를 '「居而勿守」란 적의 쌓아둔 물건을 얻으면 사람들에게 나누어주고 스스로 지키지 않는 것이요, 「拔而勿久」란 적의 城을 함락할 적에 마땅히 오랫동안 거처해서는 안 되는 것이요, 「立而勿取」란 이미 적의 後孫을 세웠으면 다시 취해서는 안 되는 것이다.' 하였으니, 또한 통한다.〔按趙光裕曰 居而勿守者 得敵居積 則散于衆而不自守也 拔而勿久者 拔敵城 不宜久處也 立而勿取者 旣立敵後 不可復取也 亦通〕" 하였다.

남의 재물을 얻었으면 마땅히 흩어주어서 자기의 소유로 삼지 말고, 남이 거처하는 곳을 취했으면 지키는 바를 편안히 여기지 말고, 남의 城을 공략할 적에는 마땅히 속히 공략해야 하고 오랫동안 지체하지 말며, 적이 이미 군주를 세워 社稷을 주관하게 하였으면 공격하여 취하지 말아야 한다.

예컨대 齊나라 사람이 이미 法章을 세워서 王으로 삼고 항거하자, 燕나라가 齊나라를 취하고자 하였으나 승리하지 못하고 뒤에 敗戰에 이른 것이 이것이다.

爲者則己요 有者則士니 焉知利之所在리오 彼爲諸侯요 己爲天子하여 使城自保하며 令士自處니라

國政을 하는 자는 자신이요, 성공이 달려있는 자는 병사들이니, 어찌 이로움이 있는 바를 알겠는가. 저들은 諸侯의 직책을 행하고 자신은 天子의 임무를 행해서, 城으로 하여금 스스로 보존하며 선비로 하여금 스스로 처하게 하여야 한다.

○ 此節은 疑有闕文誤字라 或曰 爲國政者는 在自己요 有成功者는 在衆士니 何以知利之所在리오 彼爲諸侯之職이요 己爲天子之任하여 使天下之城으로 自保守하며 令天下之士로 自處置니 言在上에 不能任賢守城하여 而權出於衆也라하니 未知是否로라[1)]

1) ≪新刊增補三略≫에 "살펴보건대 '敵動'으로부터 여기까지는 모두 적을 기다리는 것을 가지고 말하였다. 혹자는 말하기를 '도모하여 적을 격파하는 것은 자기이고, 성공하여 재물을 소유하는 것은 병사이다. 「어찌 이로움이 있는 바를 어찌 알겠는가.」라는 것은 이익을 이롭게 여겨서 그 이익을 독점하지 않는 것이다. 「저〔彼〕가 諸侯가 된다.」는 것은 바로 張良의 이른바 「천하의 떠돌이 선비로서 漢王을 따르는 자들이 다만 밤낮으로 咫尺의 땅을 바라고자 한다.」는 것이요, 「자기가 天子가 된다.」는 것은 바로 鄧禹가 말한바 「光武帝의 위엄과 德이 四海에 가해지기를 바란다.」는 것이다. 「城으로 하여금 스스로 보전하게 한다.」는 것은 천하의 城으로 하여금 국가를 위하여 보전하고 지키게 하는 것이요, 「선비로 하여금 스스로 處置하게 한다.」는 것은 智謀 있는 선비로 하여금 功業으로써 스스로 처치하게 하는 것이니, 이는 적을 이기고 나라를 안정시키는 지극한 功이다.' 하였으니, 우선 기록하여 아는 자를 기다리노라.〔按自敵動至此 皆就待敵而言 或曰 爲謀而破其敵者 己也 成功而有其財者 士也 焉知利之所在者 不以利爲利而專其利也 彼爲諸侯者 卽張良所謂天下游士從漢王者 徒欲日夜望咫尺之地者也 己爲天子者 卽鄧禹所稱願光武威德 加於四海者也 使城自保者 使天下之城 爲國家保守也 令士自處者 使智謀之士 以功業自處也 此正克敵定國之極功也 姑錄之 以俟知者〕" 하였다.

○ 이 節은 아마도 빠진 글과 誤字가 있는 듯하다.

혹자는 말하기를 "국정을 하는 것은 자신에게 달려있고, 성공이 있는 것은 여러 선비들에게 달려있으니, 어찌 이로움이 있는 바를 알겠는가. 저들은 諸侯의 직책을 행하고 자신은 天子의 임무를 행해서 천하의 城으로 하여금 저절로 보존하여 지키게 하고, 천하의 선비로 하여금 스스로 처치하게 하여야 하니, 이는 윗자리에 있으면서 어진 이에게 맡기지 못하고 城을 지켜내지 못하여 권세가 여러 사람에게서 나오는 것을 말한 것이다."라고 하니, 그 말이 옳은지는 모르겠다.

世能祖祖호되 鮮能下下[1)]하나니 祖祖는 爲親이요 下下는 爲君이니라

1) 世能祖祖 鮮能下下 : ≪新刊增補三略≫에 "살펴보건대 이는 先祖를 높이는 禮는 행하기 쉽고, 아래를 어루만지는 道는 행하기 어려움을 말한 것이다. 그러나 윗사람이 九州를 함께 꿰뚫는 정신이 있은 뒤에야 天下에 뜻이 같은 자를 통솔하여 백성들이 각각 자기의 사

사로운 뜻을 버리고 오직 윗사람의 뜻에 따라 시키는 대로 할 수 있는 것이다.〔按此言尊祖之禮易行 而撫下之道難行也 然上之人有九州共貫之精神 而後可以統天下之同 民各釋其私意 惟上意所使也〕" 하였다.

세상에서는 능히 先祖를 할아버지로 받드나 능히 아랫사람에게 몸을 낮추지는 못하니, 先祖를 높임은 어버이를 위하는 것이요, 아랫사람에게 낮춤은 君主를 위하는 것이다.

世之人君이 **能以尊祖之禮祀其祖**호되 **少有能以撫下之道字其下者**하니 **以尊祖之禮祀其祖**는 **是爲親也**요 **以撫下之禮字其下**는 **是爲君也**라[1)]

1) ≪新刊增補三略≫에 "살펴보건대 위의 '祖'자는 높여 공경하는 뜻이 있고, 아래의 '下'자는 낮추어 卑下하는 뜻이 있다.〔按上祖字 有尊而敬之之意 上下字 有卑而下之之意〕" 하였다.

세상의 人君이 능히 할아버지를 높이는 禮로 그 先祖에게 제사 지내나, 아랫사람을 어루만지는 道로 그 아랫사람을 사랑하는 자는 적으니, 할아버지를 높이는 禮로 선조에게 제사 지내는 것은 바로 어버이를 위하는 것이요, 아랫사람을 어루만지는 禮로 아랫사람을 사랑하는 것은 바로 군주를 위하는 것이다.

下下者는 **務耕桑**하여 **不奪其時**하고 **薄賦斂**하여 **不匱其財**하고 **罕徭(요)役**[1)]하여 **不使其勞**면 **則國富而家娛**하나니 **然後**에 **選士以司牧**[2)]**之**니라

1) 薄賦斂……罕徭(요)役 : ≪新刊增補三略≫에 "土地에서 곡식을 생산하여 가을에 윗사람에게 바치는 것을 '賦'라 하고, 봄에 아랫사람에게 징수하는 것을 '斂'이라 한다. 徭는 부림이니, 戶口에 따른 부역을 '徭'라 하고, 몸에 따른 부역을 '役'이라 한다.〔土之所生 秋以供上曰賦 春以徵下曰斂 徭 使也 戶役曰徭 身役曰役〕" 하였다.
2) 司牧 : 백성을 맡아 기르는 것으로, 일반적으로는 君主를 가리키나, 여기서는 지방 수령을 지목한 것이다.

아랫사람에게 낮춘다는 것은 백성들이 밭을 갈고 뽕나무 가꾸는 것을 힘쓰게 하여 농사철을 빼앗지 않고, 세금을 적게 거두어 재물을 궁핍하지 않게 하고, 賦役을 적게 하여 백성들로 하여금 수고롭지 않게 하는 것이다.

이렇게 하면 나라가 부유해지고 집안이 즐거워하니, 그런 뒤에 훌륭한 선비를 뽑아서 백성들을 맡아 기르게 하여야 한다.

下下者는 務耕田蠶桑하여 不侵奪其耕作之時月하고 輕薄賦斂하여 不匱竭其日用之財貨하고 罕少徭役하여 不使令民力之勞困이니 如此면 則國富足而家娛樂하나니 然後에 選用賢士하여 以司牧之라

'아랫사람에게 낮춘다.'는 것은, 백성들에게 밭을 갈고 누에 치고 뽕나무 가꾸는 것을 힘쓰게 하여 경작하는 철과 달을 침탈하지 않고, 거두는 세금을 가볍고 적게 하여 날마다 쓰는 財貨를 고갈되지 않게 하고, 賦役을 적게 하여 백성들의 힘이 수고롭고 곤궁하지 않게 하는 것이다.

이와 같이 하면 나라가 풍족하고 집안이 즐거울 것이니, 그런 뒤에 어진 선비를 선발하여 등용해서 백성들을 맡아 기르게 하는 것이다.

蕭何曰 養民以致賢人[1)]이라한대 胡氏曰[2)] 天之立君은 以爲民也요 君之求臣은 以行保民之政也요 臣之事君은 以行養民之術也라 故로 世主無養民之心이면 則天下之賢人君子 不爲之用하여 而上之所得者 莫非殘民害物之人이라 是以로 民心日離하고 君勢日孤하니 亡秦之轍[3)]을 可以鑑矣라 蕭何有見乎此러니 而高祖聞言卽悟하니 漢業之興이 不亦宜哉아하니라 三略에 先言養民之法하고 而後云選士도 亦此義歟인저

1) 蕭何曰 養民以致賢人 : 蕭何는 沛縣의 아전 출신으로, 秦나라 말기 혼란을 틈타 劉邦이 봉기하자 그를 도와 천하를 통일시키고 漢나라 왕조를 열게 한 開國功臣이다.

項羽가 秦나라를 멸망시킨 다음 여러 장수들을 分封하면서 의도적으로 劉邦의 공을 깎아내리고 지역이 궁벽한 漢中에 봉하자, 劉邦이 크게 노하여 項羽와 一戰을 벌이려 하였다. 이에 蕭何가 말리면서 "지금 項羽와 싸우다가 죽는 것보다는 차라리 漢中에서 왕 노릇하면서 백성을 잘 기르고 賢人을 초치하여 힘을 기르다가 기회를 보아 東進하여 천하를 도모하는 것이 낫다."라고 설득하니, 劉邦이 크게 깨닫고 漢中에서 힘을 키우고 韓信, 陳平 등 뛰어난 인재들을 모아 마침내 項羽를 패망시키고 천하를 차지하였다.

2) 胡氏曰 : 胡氏는 北宋의 학자인 胡宏을 가리킨 것으로 五峰先生이라 칭하였다.

3) 亡秦之轍 : ≪新刊增補三略≫에 "앞에 가던 수레가 전복되면 뒤에 가는 수레가 마땅히 거울 삼아야 한다.〔前車旣覆 後車宜鑑〕" 하였다.

蕭何가 말하기를 "백성을 길러 어진 사람을 초치한다." 하였는데, 胡氏가 말하기를 "하늘이 군주를 세움은 백성을 위하려는 것이요, 군주가 신하를 구함은 백성을 보호하는 정사를 행하려는 것이요, 신하가 군주를 섬김은 백성을 기르는 방법을 행하려는

것이다. 그러므로 세상의 군주가 백성을 기르려는 마음이 없으면 천하의 賢人 君子들이 군주를 위해 자기 몸을 바치지 않아서, 위에서 얻는 인물이 모두 백성을 괴롭히고 물건을 해치는 사람인 것이다. 이 때문에 民心이 날로 離反되고 국가의 형세가 날로 외로워지니, 망한 秦나라의 전철을 거울로 삼을 수 있다. 蕭何가 이것을 보고 알았는데, 高祖가 蕭何의 말을 듣고 즉시 깨달았으니, 漢나라 帝業의 흥왕함이 마땅하지 않겠는가." 하였다.

≪三略≫에 백성을 기르는 방법을 먼저 말하고, 선비를 선발하여 등용하는 것을 뒤에 말한 것도 또한 이 뜻일 것이다.

夫所謂士者는 **英雄也**라 **故**로 **曰 羅其英雄**이면 **則敵國窮**[1)]이라하니라

1) 羅其英雄 則敵國窮 : ≪新刊增補三略≫에 "위 章에 '사방의 그물로 網羅한다.'는 뜻이니, 거듭 말하여 맺은 것이다.〔上章 四網羅之之意 重言以結之也〕" 하였다.

이른바 '선비'는 영웅이다. 그러므로 "그 영웅을 망라하여 등용하면 적국이 곤궁해진다." 한 것이다.

夫所謂士者는 英雄이 是也라 故로 曰 網羅[1)]其英雄而用之면 則敵國窮困이라하니 言國無英雄爲之謀畫經理면 則百職皆廢而困窮矣라 猶孟子所謂不信仁賢則國空虛[2)]之義라[3)]

1) 網羅 : ≪新刊增補三略≫에 "그물로 새를 잡는 것을 '羅'라 한다.〔以網取鳥曰羅〕" 하였다.

2) 孟子所謂不信仁賢則國空虛 : 이 내용은 ≪孟子≫ 〈盡心 下〉에 "仁賢을 믿지 않으면 나라가 텅 비고, 禮義가 없으면 上下가 혼란하고, 政事가 없으면 財用이 넉넉하지 못하다.〔不信仁賢則國空虛 無禮義則上下亂 無政事則財用不足〕"라고 보인다.

3) ≪新刊增補三略≫에 "살펴보건대 漢 高祖가 韓信을 얻어 大將으로 삼고 陳平을 등용하여 謀臣으로 삼았으니, 韓信과 陳平은 본래 楚나라 사람이었다. 漢 高祖가 隨何를 보내어 英布를 설득하니 英布는 楚나라의 勇將이었고, 또 梁나라 땅을 떼어 彭越에게 주었으니 彭越 또한 처음에는 中立하여 楚나라를 위하다가 또 漢나라를 위한 자이다. 네 사람이 이미 돌아옴에 項王(項羽)이 또한 따라 곤궁하고 위축되었으니, 이것이 이른바 '그 英雄을 망라하면 敵國이 곤궁해진다.'는 것이다.〔按 漢高祖 得韓信爲大將 用陳平爲謀臣 信平本楚人也 遣隨何 說英布 布 楚之梟將也 捐梁地 啗彭越 越亦始中立 且爲楚 且爲漢者也 四人旣歸 而項王亦隨而窮蹙 此所謂羅其英雄而敵國窮者也〕" 하였다.

이른바 '선비'는 영웅이다. 그러므로 "그 영웅을 망라하여 등용하면 적국이 곤궁해진

다.” 하였으니, 나라에 국가를 위하여 도모하고 계획하고 경리하는 영웅이 없으면 온갖 직무가 모두 폐지되어 곤궁해짐을 말한 것이다. ≪孟子≫에 이른바 ‘어진 이를 믿지 않으면 나라가 텅 빈다.’라는 뜻과 같다.

英雄者는 **國之幹**이요 **庶民者**는 **國之本**이니 **得其幹**하고 **收其本**하면 **則政行而無怨**이니라

영웅은 나라의 버팀목이요 서민은 나라의 근본이니, 버팀목을 얻고 근본을 거두면 정사가 행해지고 원망이 없게 된다.

英雄者는 國家之幹蔽요 庶民者는 國家之根本이니 得其幹蔽하고 收其根本이면 則政化行而人無怨이라 幹은 築墻兩旁木이니 以制板者라 左傳[1]僖公十〔一〕年에 有曰 禮者는 國之幹也[2]라하고 又木之正出者 爲幹[3]이라

1) 左傳 : ≪新刊增補三略≫에 “左丘明은 魯나라 사람이니, 孔子가 ≪春秋≫를 짓자 左丘明이 傳을 지어서 그 事實을 설명했다.〔左丘明 魯人 孔子作春秋 丘明爲傳 以記其事〕” 하였다.

2) 禮者 國之幹也 : ≪新刊增補三略≫에 “周나라 內史 過의 말이다. 나라에 禮가 있음은 나무가 根幹을 기다려 똑바로 서는 것과 같은 것이다.〔周內史過之言也 國之有禮 猶木之待幹而立也〕” 하였다.

3) 左傳僖公十〔一〕年……爲幹 : 魯 僖公 11년(B.C. 649), 周 襄王이 卿인 召武公과 大夫인 內史 過를 보내어 晉 惠公에게 爵名을 내려주었는데, 惠公이 玉을 받으면서 태만하였다.

過가 돌아와서 襄王에게 아뢰기를 “晉侯는 아마도 후손이 없을 것입니다. 왕께서 爵名을 내리시는데 瑞玉을 받으면서 태만하였으니, 먼저 스스로 버린 것입니다. 어찌 後嗣가 있겠습니까. 禮는 나라의 버팀목이요, 敬은 禮의 수레 깔판입니다. 공경하지 않으면 禮가 행해지지 않고 禮가 행해지지 않으면 上下가 어두워지니, 어찌 세상에 길게 보존할 수 있겠습니까.〔晉侯其無後乎 王賜之命 而惰於受瑞 先自棄也已 其何繼之有 禮國之幹也 敬禮之輿也 不敬則禮不行 禮不行則上下昏 何以長世〕”라고 하였다. ≪春秋左氏傳 僖公 11년≫

幹은 나무의 줄기가 곧바로 나온 것으로 根幹을 가리킨다. 가지가 곁에서 나온 것은 幹이 될 수 없는바, 이 경우 ‘禮는 나라의 根幹’으로 해석하여야 한다.

저본의 ‘十年’은 ≪春秋左氏傳≫에 의거하여 ‘十一年’으로 바로잡았다.

영웅은 국가의 幹蔽(버팀목으로 보호하는 장벽)이고 서민은 국가의 근본이니, 그 幹蔽를 얻고 그 근본을 거두면 政事와 教化가 행해지고 백성들의 원망이 없게 된다.

幹은 담을 쌓을 때 양 곁에 대는 나무(버팀목)로 판자를 제어하는 것이다. ≪春秋左氏傳≫ 僖公 11년에 "禮는 나라의 버팀목이다." 하였으며, 또 나무의 줄기가 바르게 나온 것을 幹이라 한다.

夫用兵之要는 **在崇禮而重祿**이니 **禮崇則智士至**하고 **祿重則義士輕死**라 **故**로 **祿賢**에 **不愛財**하고 **賞功**에 **不踰時**하면 **則下力并**하여 **敵國削**이니라

用兵의 요체는 禮節을 높이고 祿俸을 무겁게 하는 데에 있으니, 예절이 높으면 지혜로운 선비가 찾아오고, 녹봉이 무거우면 의로운 선비가 죽음을 가볍게 여긴다. 그러므로 어진 이에게 녹봉을 줄 적에 재물을 아끼지 않고, 功이 있는 이에게 賞을 줄 적에 때를 넘기지 않으면, 아랫사람들이 힘을 함께 써서 적국의 영토가 줄어들게 되는 것이다.

夫用兵之要道는 在崇其禮節而重其祿秩이니 禮節崇이면 則有智之士至하나니 如燕昭師事郭隗하여 而致樂毅之至[1] 是也요 祿秩重이면 則有義之士輕易其死하나니 如公子光以專諸之子爲卿하여 而得鱄設諸之死[2] 是也[3]라 故로 以祿養賢者에 不愛惜其財하고 賞賚有功者에 不踰過其時하면 則下之力并하여 而所敵之國이 削而敗하나니라

1) 燕昭師事郭隗 而致樂毅之至 : 戰國時代 말기 燕나라는 齊나라의 침공을 받아 燕王噲가 죽고 나라가 멸망 직전에 이르렀는데, 이때 太子 平이 즉위하니 바로 昭王이다. 昭王은 즉위하자 절치부심하며 부국강병을 도모하여 전란에 죽고 부상한 백성들을 위로하였으며, 한편으로는 천하의 인재를 구하고자 하였다.

이에 郭隗에게 방법을 묻자, 대답하기를 "왕께서 현자를 구하고자 하신다면 먼저 저부터 우대하시면 저보다 더 현명한 자들이 어찌 천 리를 멀다 하여 오지 않겠습니까." 하였다. 이에 소왕이 黃金臺를 지어 郭隗를 스승으로 섬겼는데, 이로부터 훌륭한 인재들이 계속하여 燕나라를 찾아왔다.

마침 魏나라 출신의 명장 樂毅를 얻게 되자 樂毅를 上將軍으로 삼고 제후들의 병력을 인솔하여 齊나라에 복수전을 전개해서, 湣王을 죽게 하고 齊나라의 70여 개 城邑을 모두 차지하였다. ≪史記 권80 樂毅列傳≫

2) 如公子光以專諸之子爲卿 而得鱄設諸之死 : 公子 光은 춘추시대 吳王 諸樊의 아들이

다. 吳王 壽夢에게는 諸樊·餘祭·餘昧·季札의 네 아들이 있었는데, 季札이 현명하니 壽夢은 季札을 후계자로 삼으려 하였으나 季札이 사양하므로 차례로 형제들에게 물려주어 季札에 이르게 하려 하였다. 王位가 諸樊과 餘祭를 거쳐 餘昧에 이르렀는데, 餘昧가 죽자 季札에게 王位를 승계하게 하려 하였으나, 季札이 굳이 사양하므로 餘昧의 아들 僚를 吳王으로 세웠다.

公子 光은 王位가 季札에게 가지 않을 바에는 자신이 嫡長孫으로서 마땅히 즉위해야 한다고 하여 王位 승계에 불만을 품고, 力士이며 刺客인 專諸를 심복으로 끌어들여 吳王 僚를 시해하고 스스로 王이 되니, 이가 바로 闔閭(闔廬)이다. 專諸는 吳王 僚를 匕首로 찔러 죽였으나 그 자리에서 武士들에게 잡혀 처참하게 죽임을 당하였는데, 闔閭는 王이 된 뒤에 그의 功을 잊지 않고 專諸의 아들을 卿으로 重用하였다.

專諸는 鱄設諸로도 표기한다.

3) 如公子光以專諸之子爲卿……是也 : ≪新刊增補三略≫에 "≪史記≫를 살펴보건대, 專諸가 별세한 뒤에 公子 光이 王이 되어서 처음으로 그 아들을 봉하여 卿으로 삼은 것이요, 아들을 봉하여 專諸의 死力을 얻은 것이 아니니, 劉寅의 註는 잘못되었다. 예컨대 燕나라 太子 丹이 荊軻를 上卿으로 삼고 날마다 門下에 가서 太牢(성대한 음식)로 받들고 특별한 물건을 장만하여 그가 하고자 하는 대로 따라주어 荊軻의 死力을 얻었으니, 이는 녹봉이 무거운 자의 증험이 될 수 있다.〔按史 專諸旣死 公子光爲王 始封其子爲卿 非封子而得諸之死也 劉註誤 如燕太子丹 待荊軻爲上卿 日造門下 供太牢 具異物 以恣其所欲 而得軻之死 此可爲祿重者之驗矣〕" 하였다.

用兵하는 요체는 예절을 높이고 녹봉과 품계를 무겁게 하는 데에 있다. 예절이 높아지면 지혜 있는 선비가 찾아오니, 예컨대 燕 昭王이 郭隗를 스승으로 섬겨서 樂毅가 오도록 만든 것이 이것이다. 녹봉과 품계가 무거우면 의리가 있는 선비가 자신의 죽음을 가볍게 여기니, 예컨대 公子 光이 專諸의 아들을 卿으로 삼아 鱄設諸(專諸)의 死力을 얻은 것이 이것이다.

그러므로 녹봉으로 어진 이를 기를 적에 그 재물을 아까워하지 않고 공 있는 자에게 賞을 줄 적에 그 때를 넘지 않으면, 아랫사람들이 힘을 함께 써서 적국의 영토가 줄어들고 패망하는 것이다.

夫用人之道는 **尊以爵**하고 **贍**(섬)**以財**하면 **則士自來**하며 **接以禮**하고 **勵以義**하면 **則士死之**[1]니라

1) 贍(섬)以財……則士死之 : ≪新刊增補三略≫에 "贍은 만족함이요 勵는 힘씀이다. 공경하고 공손하고 사양함을 '禮'라 한다.〔贍 足也 勵 勉也 恭敬遜辭曰禮〕" 하였다.

인재를 등용하는 방도는, 官爵으로 높여주고 財物로 풍족하게 해주면 선비들이 저절로 찾아오며, 禮로써 접대하고 義로써 장려하면 선비들이 목숨을 바친다.

夫任用人才之道는 尊之以爵하고 贍之以財하면 則賢士自來하며 接之以禮하고 勵之以義하면 則義士爲我死之라

인재를 임용하는 방도는, 관작으로써 높여주고 재물로써 풍족하게 해주면 어진 선비가 저절로 찾아오며, 禮로써 접대하고 義로써 장려하면 의로운 선비가 나를 위해서 목숨을 바치는 것이다.

夫將帥者는 必與士卒로 同滋味而共安危라야 敵乃可加[1)]라 故로 兵有全勝이요 敵有全因이니라

1) 敵乃可加 : ≪新刊增補三略≫에 "'敵乃可加'란 敵에게 兵力을 加할 수 있음을 말한 것이다.〔敵乃可加 言可以加兵於敵也〕" 하였다.

將帥는 반드시 士卒들과 滋味(맛있는 음식)를 함께하고 편안함과 위태로움을 함께하여야 비로소 적을 침공할 수 있다. 그러므로 우리 군대에게는 온전한 승리가 있고 적에게는 온전한 이용함이 있는 것이다.

夫爲將帥者는 必與士卒로 同食滋味하고 而共處安危니 然後에 士卒感激奮發하여 而敵乃可加[1)]라 因字[2)]는 未詳이라 或曰 當作湮이니 言吾兵有全勝이면 則敵有全沒者라하니 未知是否로라

1) 同食滋味……而敵乃可加 : ≪兵學指南演義≫ 〈營陣正彀 2 將禮篇〉에는 '장수가 자신만 챙기고 병사들이 헐벗고 굶주리는 것을 생각지 않는 사례'를 지적하면서, 이 대목을 인용 예시하여 '장수가 병사들에게 은혜를 베풀지 않으면 목숨을 바쳐 싸울 군사가 없음'을 경계하고 있다.

2) 因字 : ≪新刊增補三略≫에 "살펴보건대 적에게는 온전한 因함이 있으니, 바로 ≪孫子≫에 이른바 '물은 땅을 인하여 흐르고 군대는 적을 인하여 승리한다.'는 뜻이다.〔按敵有全因 卽孫子所謂水因地而制流 兵因敵而制勝之意〕" 하였다.

將帥가 된 자는 반드시 士卒들과 함께 滋味를 먹고 편안함과 위태로움에 함께 거처하여야 하니, 그런 뒤에 士卒들이 감격하고 분발하여 적에게 비로소 침공을 가할 수 있는 것이다.

'因'자는 자세하지 않다. 혹자는 말하기를 "마땅히 '湮'이 되어야 하니, 우리 군대가 온전히 승리하면 적이 온전히 戰歿하는 것이다."라고 하니, 옳은지는 모르겠다.

昔者에 **良將之用兵**에 **有饋簞醪**[1]**者**어늘 **使投諸河**하고 **與士卒同流而飮**하니 **夫一簞之醪 不能味一河之水**로되 **而三軍之士 思爲致死者**는 **以滋味之及己也**일새니라

1) 有饋簞醪 : ≪新刊增補三略≫에 "높은 분에게 음식을 올리는 것을 '饋'라 하고 또 '餉'이라 한다. 簞은 밥을 담는 그릇이니, 둥근 것을 '簞'이라 하고 네모진 것을 '笥'라 한다. 醪는 汁과 찌꺼기가 함께 있는 술이다.〔進食於尊曰饋 又餉也 簞 盛飯食者 圓曰簞 方曰笥 醪 汁滓酒也〕" 하였다.

옛날에 훌륭한 장군이 군대를 운용할 적에, 대그릇에 술을 선물한 자가 있었는데, 이것을 강물에 던지게 하고 士卒들과 흐르는 물을 함께 마셨으니, 한 대그릇의 술이 강물을 맛있게 하지는 못하였으나, 三軍의 병사들이 死力을 바칠 것을 생각했던 것은 滋味가 자기에게 미쳤기 때문이었다.

昔者에 良將之用兵에 有人饋獻簞醪者하니 簞은 竹器니 漆之면 可盛酒라 河는 北方流水之通名이라 是時에 三軍皆渴하니 一簞之酒 不足飮之라 故로 使投之河하여 與士卒同流而共飮하니 三軍之士 思爲致死者는 以滋味之能及己而將不獨飮也일새라 按此是句踐事[1]니 豈黃石公引之하여 而增廣其說歟아 或〔句〕[2]踐之前에 別有以酒投諸河而飮三軍者歟아

1) 饋獻簞醪者……按此是句踐事 : 이 내용은 ≪孫子≫ 〈地形〉의 ≪直解≫에 "越王 句踐이 막걸리를 강물에 던지고 함께 마시자 병사들이 기뻐하였다.〔句踐投醪 而兵衆喜〕"라고 보인다. 句踐은 春秋時代 越나라의 임금이다.

楚나라 장수 子發이 秦나라를 공격할 적에 양식이 떨어져 병사들은 쭉정이 곡식을 나누어 먹는데, 자신은 조석으로 좋은 음식을 먹었다. 子發이 秦軍을 격파하고 돌아오자, 어머니는 문을 걸어 닫고 받아들이지 않은 채 사람을 시켜 다음과 같이 아들을 책망하였다.

"너는 越王 句踐이 吳나라를 칠 적에 하였던 일을 듣지 못했단 말인가. 어떤 이가 술 한 통을 바쳤는데 句踐은 그 술을 강의 상류에 쏟아 붓게 하고서 병사들과 함께 강 하류에서 그 물을 마셨다고 한다. 한 통의 술을 강물에 쏟아 부었다고 해서 그 강물이 술맛을 낼 리가 없는데도 병사들은 모두 감격하여 목숨을 바쳐 싸우려 하였다. 너는 장수가 되어서 병사들이 쭉정이 곡식을 나누어 먹는데, 혼자서만 조석으로 좋은 음식

을 먹었으니, 이게 어찌된 일이냐?" ≪列女傳 권1 母儀傳≫

2) 〔句〕: 저본에는 '句'가 없으나 越王 句踐은 句가 姓氏인지 확실하지 않으며, 句踐으로 표기된 곳이 많이 있는바, 앞의 '按此是句踐事'에 의거하여 보충하였다.

옛날에 훌륭한 將帥가 用兵할 적에, 어떤 사람이 대그릇에 술을 바쳤다. 簞은 대나무 그릇인데 여기에 옻칠을 하면 술을 담을 수 있다. 河는 북방의 흐르는 물의 통칭이다.

이때 三軍이 모두 목말라하였으니, 한 대그릇의 술로는 충분히 마시게 할 수가 없었다. 그러므로 이것을 강물에 던지게 하고 士卒들과 함께 흐르는 강물을 같이 마셨으니, 三軍의 군사들이 死力을 바칠 것을 생각했던 것은 將帥가 홀로 마시지 않고 滋味가 자기에게 미쳤기 때문이다.

살펴보건대 이것은 바로 越王 句踐의 일이니, 아마도 黃石公이 인용하면서 그 말을 더 보탰는가 보다. 아니면 혹 句踐 이전에 별도로 술을 강물에 던져 三軍에게 마시게 한 자가 있었는가.

軍讖曰 軍井未達이어든 **將不言渴**하며 **軍幕未辦**이어든 **將不言倦**하며 **軍竈**(조)**未炊**어든 **將不言飢**하며 **冬不服裘**하고 **夏不操扇**하고 **雨不張蓋**하니 **是謂將禮**라하니라

≪軍讖≫에 이르기를 "군대의 우물에서 아직 물이 나오지 않으면 將帥가 목마름을 말하지 않으며, 군대의 천막이 아직 갖추어지지 않았으면 將帥가 피곤함을 말하지 않으며, 군대의 부엌에서 아직 밥을 짓지 못했으면 將帥가 배고픔을 말하지 않으며, 겨울에는 갖옷을 입지 않고 여름에는 부채를 잡지 않고 비가 와도 우산을 펴지 않으니, 이것을 '將帥의 禮'라 한다." 하였다.

軍讖有曰 軍井을 鑿而未通이어든 將不先言渴以求飮하며 軍幕을 施而未完이어든 將不先言倦以求息하며 軍竈를 設而未炊어든 將不先言飢以求食이라 冬雖寒而不敢服裘는 蓋欲與士卒同其寒也요 夏雖熱而不敢操扇은 蓋欲與士卒共其熱也요 雨雖濕而不敢張蓋는 蓋欲與士卒共其濕也니 是謂爲將之禮라

≪軍讖≫에 말하였다.

군대의 우물을 파서 아직 물이 나오지 않았으면 將帥가 먼저 목마름을 말하여 마시기를 구하지 않으며, 군대의 천막을 쳐서 아직 완전하지 못했으면 將帥가 먼저 피곤함을 말하여 휴식을 구하지 않으며, 군대의 부엌을 설치하였으나 아직 밥을 짓지 못

했으면 將帥가 먼저 굶주림을 말하여 밥 먹기를 구하지 않아야 한다.

겨울에 비록 날씨가 춥더라도 감히 갖옷을 입지 않는 것은 士卒들과 그 추위를 함께하고자 하는 것이요, 여름에 비록 날씨가 덥더라도 감히 부채를 잡지 않는 것은 士卒들과 그 더움을 함께하고자 하는 것이요, 비가 와서 비록 옷이 젖더라도 감히 우산을 펼치지 않는 것은 士卒들과 그 옷 젖는 것을 함께하고자 하는 것이니, 이것을 일러 '將帥의 禮'라 하는 것이다.

與之安하며 **與之危**하나니 **故**로 **其衆**을 **可合而不可離**요 **可用而不可疲**니 **以其恩**[1)]**素蓄**하고 **謀素合也**일새라 **故**로 **曰 蓄恩不倦**이면 **以一取萬**이라하니라

1) 其恩 : ≪新刊增補三略≫에 "恩은 德에서 시작되고, 惠는 仁에서 시작된다.〔恩始於德 惠始於仁〕" 하였다.

병사들과 함께 편하고 병사들과 함께 위태롭게 한다. 그러므로 그 무리를 모을 수는 있으나 離散하게 할 수는 없고, 쓸 수는 있으나 피곤하게 할 수는 없으니, 평소 은혜가 쌓이고 평소 계책이 부합하였기 때문이다. 그러므로 "은혜 쌓기를 게을리하지 않으면 한 명으로 만 명을 취한다."라고 한 것이다.

與之同其安하며 與之同其危라 故로 其衆人之心을 可合而不可離요 衆人之力을 可用而不可疲니 蓋以其恩惠素蓄而謀計素合也[1)]일새라 故로 古人有言호되 蓄恩惠而不倦怠면 以吾一而取人之萬也라하니 非謂一人而可取萬人이요 蓋此一人之恩을 蓄之不倦이면 而萬人自歸之也라

1) 蓋以其恩惠素蓄而謀計素合也 : ≪新刊增補三略≫에 "예컨대 趙 襄子가 晉陽에서 포위되었을 적에 智氏와 韓氏, 魏氏 三家가 물을 대어서 城이 물에 잠기지 않은 곳이 〈겨우〉 세 쪽이었고 부엌에 물이 잠겨 개구리가 새끼를 쳤으나 백성들이 배반할 뜻이 없었으니, 이는 평소 은혜가 쌓이고 평소 계책이 부합함과 같은 따위가 이것이다.〔如趙襄子 被圍於晉陽也 三家圍而灌之 城不浸者三版 沈竈産蛙 民無反意 此恩所蓄 謀素合之類是也〕" 하였다.

병사들과 편안함을 함께하고 병사들과 위태로움을 함께한다. 그러므로 여러 사람의 마음을 모을 수는 있으나 이산시킬 수가 없고, 여러 사람의 힘을 쓸 수는 있으나 피곤하게 할 수가 없는 것이니, 평소 은혜가 쌓이고 평소 계책이 부합하였기 때문이다.

그러므로 옛사람이 말하기를 "게을리하지 않고 은혜를 쌓으면 우리의 한 명으로 만

명의 적을 취한다." 하였으니, 한 사람이 만 명을 취할 수 있다고 말한 것이 아니요, 이 한 사람의 은혜를 게을리하지 않고 쌓으면 만 명이 저절로 귀의한다는 말일 것이다.

軍讖曰 將之所以爲威者는 **號令也**요 **戰之所以全勝者**는 **軍政也**요 **士之所以輕戰者**는 **用命也**라하니 **故**로 **將無還令**하여 **賞罰必信**[1]을 **如天如地**라야 **乃可使人**이요 **士卒用命**이라야 **乃可越境**이니라

1) 號令也……賞罰必信 : ≪新刊增補三略≫에 "還은 돌아옴이니, 無還令은 바로 ≪書經≫에 '명령을 냄은 오직 행할 뿐이요 되돌리지 않는다.'는 뜻이다. ≪司馬法≫에 이르기를 '賞은 때를 넘기지 않고 罰은 대열을 옮기지 않는다.' 하였다. '賞은 때를 넘기지 않는다.'는 것은 백성들이 善한 이로움을 빨리 얻게 하고자 해서이고, '罰은 대열을 옮기지 않는다.'는 것은 백성들이 不善한 해로움을 빨리 보게 하고자 해서이다. 그러므로 賞은 원수에게 주는 것을 꺼리지 않고, 罰은 친척에게 주는 것을 꺼리지 않는 것이다. 예컨대 漢 高祖가 평소에 미워하던 雍齒가 큰 功이 있자 什方侯를 封하였고, 諸葛亮이 평소에 사랑하던 馬謖이 물을 버리고 山으로 올라가서 城을 버리고 점거하지 않자 울면서 馬謖을 斬首하였고, 秦 孝公이 백성들을 모집하여 나무를 옮기게 하고 賞을 주는 것을 廢하지 않은 것과 같으니, 이는 모두 信賞必罰을 지킨 것이다.〔還 反也 無還令 卽書令出惟行 不惟反之意 司馬法曰 賞不踰時 罰不遷列 賞不踰時者 欲民速得爲善之利 罰不遷列者 欲民速覩爲不善之害 故賞不忌讐 罰不忌親 如漢高祖平生所憎雍齒有大功 封什方侯 諸葛亮平生所愛馬謖 舍水上山 不下據城 泣斬馬謖 秦孝公之募民不廢徙木 此皆賞罰必信者也〕" 하였다.

≪軍讖≫에 이르기를 "將帥가 위엄으로 삼는 것은 號令이요, 전투에 완전히 승리하는 것은 군대의 政事요, 士卒들이 싸움을 가볍게 여기는 이유는 장군의 명령을 따르기 때문이다." 하였다.

그러므로 將帥가 취소하는 명령이 없어서 賞과 罰을 기필코 내리며 믿게 하기를 하늘과 같이 하고 땅과 같이 하여야 비로소 사람을 부릴 수 있고, 士卒들이 장군의 명령을 따라야 비로소 적의 국경을 넘어갈 수 있는 것이다.

軍讖有曰 將帥之所以爲威者는 號令之嚴[1]也요 戰鬪之所以全勝者는 軍政之明也요 士卒之所以輕戰者는 用將之命也라하니 故로 將無還反之令하여 罰欲必而賞欲信也를 如天之春夏秋冬不失其期하며 如地之生長收藏不失其時라야 乃可以使人이요 士卒聽用將命이라야 乃可以越人之境이라

1) 號令之嚴 : ≪新刊增補三略≫에 "북을 치는 것을 '號'라 하고, 깃발을 사용하는 것을 '令'이라 한다.〔擊鼓曰號 用旗曰令〕" 하였다.

≪新刊增補三略≫에 "嚴은 위엄과 사나움이다. 軍政이 정돈되고 號令이 한결같으면 〈병사들이 장수를〉 바라볼 수는 있어도 가까이 갈 수는 없고 두려워할 수는 있어도 犯할 수는 없는 것이다.〔嚴 威厲也 軍政整齊 號令如一 則可望而不可近 可畏而不可犯也〕" 하였다.

≪軍讖≫에 이르기를 "將帥가 위엄으로 삼는 것은 號令의 엄함이요, 전투에 완전히 승리하는 것은 군대의 정사가 밝기 때문이요, 士卒들이 싸움을 가볍게 여기는 이유는 장군의 명령을 따르기 때문이다." 하였다.

그러므로 將帥가 반환(취소)하는 명령이 없어서 罰을 기필코 내리고 賞을 믿게 하고자 하기를, 봄과 여름과 가을과 겨울이 그 시기를 잃지 않는 것과 같이 하고, 땅이 낳고 기르고 거두고 갈무리하는 것이 그 시기를 잃지 않는 것과 같이 하여야 비로소 사람을 부릴 수 있으며, 士卒들이 將帥의 명령을 듣고 따라야 비로소 적의 국경을 넘어갈 수 있는 것이다.

夫統軍持勢者는 **將也**요 **制勝敗敵者**는 **衆也**라 **故**로 **亂將**은 **不可使保軍**이요 **乖衆**은 **不可使伐人**이니 **攻城不可拔**이요 **圍邑則不廢**하나니 **二者無功**이면 **則士力疲敝**하고 **士力疲敝**하면 **則將孤衆特**[1]이라 **以守則不固**하고 **以戰則奔北**(배)[2]하나니 **是謂老兵**이니라

1) 將孤衆特 : 저본의 '特'이 漢文大系本에는 ≪直解≫와 함께 '悖'로 되어있으나, ≪新刊增補三略≫에는 '特'으로 되어있는바, '悖'는 '어기다', '거스르다'의 뜻이며, 特은 特立獨行이라 하여 孤特의 뜻이 있으므로 아래와 같이 해석하였다.

2) 將孤衆特……以戰則奔北(배) : ≪新刊增補三略≫에 "特은 독특함이다. 北는 어그러지고 등지는 이름이다. 그러므로 도망하여 패함을 '北'라 하니, 음은 背이다. 살펴보건대 이 책은 바로 韻이 달려있는 글이니, 北은 마땅히 本字(북)대로 읽어야 하니, 特과 北은 韻이 같다.〔特 獨也 北者 乖背之名 故以奔敗爲北 音背 按此書 乃有韻之文 北 當讀如字 特北同韻〕" 하였다.

군대를 통솔하여 威勢를 유지하는 것은 將帥이고, 싸움에서 승리하여 적을 패퇴시키는 것은 병사들이다. 그러므로 어지러운 將帥로는 군대를 보호하게 해서는 안 되고, 어그러진 병사로는 남을 정벌하게 해서는 안 된다.

城을 공격함에 함락시키지 못하고 고을을 포위함에 쓸어버리지 못하니, 두 가지에 功이 없으면 병사들의 힘이 피폐해지고, 병사들의 힘이 피폐해지면 將帥가

외롭고 병사들이 孤單해진다. 지키면 견고하지 못하고, 전투하면 패하여 도망하니, 이것을 일러 '지친 군대'라 하는 것이다.

夫總統三軍하여 握持威勢者는 大將之權也요 制我之勝하여 以敗敵者는 衆人之力也라 故로 自亂之將은 不可使保護三軍이요 乖錯之衆은 不可使攻伐敵人이라 以亂將[1]으로 馭[2]乖衆이면 攻城則不可拔이요 圍邑則不可廢니 二者에 旣無功이면 則士卒之力이 皆疲敝하고 士力疲敝하면 則將孤於上하고 衆特於下라 以之而守則不固하고 以之而戰則奔北하나니 此謂之老兵이라 春秋傳에 以師曲爲老[3] 是也라

1) 馭 : 御와 같다.

2) 以亂將 馭乖衆 : ≪新刊增補三略≫에 "살펴보건대 亂將은 法을 어지럽히는 장수이고 乖衆은 어긋나고 떠나는 무리이니, 劉寅의 註는 뜻이 분명하지 못한 듯하다.〔按亂將 亂法之將也 乖衆 乖離之衆也 劉註意義似未瑩〕" 하였다.

3) 春秋傳 以師曲爲老 : 魯나라 宣公 12년(B.C. 597) 晉나라 장수 荀林父가 鄭나라를 속국으로 삼는 문제로 楚나라와 邲 땅에서 싸울 때의 일이다.

당시 楚나라는 군대를 출동한 지 오래되었는데, 鄭나라 皇戌가 晉나라 군중으로 와서 말하기를 "우리 鄭나라가 楚나라를 따르는 것은 社稷을 지키기 위함이요, 결코 晉나라에 두 마음을 품은 것이 아닙니다. 楚軍은 자주 승리하여 마음이 교만하고 군대가 출동한 지 오래되어 지쳐있으며〔其師老矣〕 晉軍의 공격을 대비하지 않고 있으니, 晉軍이 楚軍을 공격하고 우리 鄭軍이 뒤를 잇는다면 楚軍을 반드시 패퇴시킬 수 있을 것입니다." 하였다.

荀林父는 이 말을 듣고 기어이 결전을 하려 하였으나, 欒武子(欒書)가 말하기를 "돌아가신 大夫 子犯(狐偃)이 말씀하기를 '군대는 출동하는 명분이 정직하면 壯이 되고 명분이 바르지 못하면 老가 된다.〔師直爲壯 曲爲老〕'라고 했습니다."라고 하며 결전을 반대하였는데, 결국 荀林父의 晉軍은 楚軍과 싸워 크게 패하였다. ≪春秋左氏傳 宣公 12년≫

壯은 싸워 힘이 센 것이며, 老는 늙고 지쳐 힘이 없는 것이다.

三軍을 통솔하여 위세를 장악하는 것은 대장의 권한이고, 우리가 승리하도록 만들어서 적을 패퇴시키는 것은 병사들의 힘이다. 그러므로 스스로 혼란스러운 장수로 三軍을 보호하게 해서는 안 되고, 어그러진 병사로 적을 공격하게 해서는 안 되는 것이다.

혼란스러운 장수가 어그러진 병사를 제어하면, 城을 공격할 경우 함락시키지 못하고, 고을을 포위할 경우 무너뜨릴 수 없으니, 두 가지에 功이 없으면 士卒들의 힘이

모두 피폐해지고, 士卒들의 힘이 피폐해지면 將帥가 위에서 외롭고 병사가 아래에서 孤單해진다. 이런 군대로는 지키면 견고하지 못하고 싸우면 패하여 도망하니, 이것을 일러 '지친 군대'라 한다.

≪春秋左氏傳≫에 "군대의 출동 명령이 바르지 못한 것을 老라 한다."라고 한 것이 이것이다.

兵老면 **則將威不行**하고 **將無威**면 **則士卒輕刑**하고 **士卒輕刑**이면 **則軍失伍**하고 **軍失伍**면 **則士卒逃亡**하고 **士卒逃亡**이면 **則敵乘利**하고 **敵乘利**면 **則軍必喪**이니라

군대가 지치면 將帥의 위엄이 행해지지 못하고, 將帥가 위엄이 없으면 士卒들이 형벌을 가볍게 여기고, 士卒들이 형벌을 가볍게 여기면 군대가 隊伍를 잃고, 군대가 隊伍를 잃으면 士卒들이 도망하고, 士卒들이 도망하면 적이 이로운 틈을 타고, 적이 이로운 틈을 타면 군대가 반드시 패망한다.

兵老면 則將之威令이 不行於下하고 將無威令이면 則士卒輕上之刑而不畏懼하고 士卒旣輕刑이면 則軍必失行伍而不整하고 軍旣失伍면 則士卒必逃亡者多하고 士卒旣逃亡이면 則敵人必乘利而動하고 敵人旣乘利면 則吾軍必至於喪敗라

군대가 지치면 장군의 위엄과 명령이 아래에 행해지지 못하고, 將帥가 위엄과 명령이 없으면 士卒들이 윗사람의 형벌을 가볍게 여겨서 두려워하지 않고, 士卒들이 형벌을 가볍게 여기면 군대가 반드시 行伍(隊伍)를 잃어 정돈되지 못하고, 군대가 隊伍를 잃으면 士卒들이 반드시 도망하는 자가 많게 되고, 士卒들이 도망하면 적이 반드시 이로운 틈을 타서 출동하고, 적이 이로운 틈을 타면 우리 군대가 반드시 패망함에 이르게 된다.

軍讖曰 良將之統軍也는 **恕己而治人**하나니 **推惠施恩**이면 **士力日新**하여 **戰如風發**하고 **攻如河決**이라하니 **故**로 **其衆**을 **可望而不可當**이요 **可下而不可勝**이니 **以身先人**이라 **故**로 **其兵**이 **爲天下雄**이니라

≪軍讖≫에 이르기를 "훌륭한 장수가 군대를 통솔할 적에는 자기 마음을 미루어 병사들을 다스리니, 은혜를 미루어 베풀어서 병사들의 힘이 날로 새로워져, 전투할 적에 폭풍이 일어난 듯이 하고 공격할 적에 黃河를 터놓은 듯이 한다."

하였다.

그러므로 그 군대를 바라볼 수는 있으나 당해낼 수가 없고 남에게 낮출 수는 있으나 이기게 할 수는 없으니, 자신이 사람들에게 솔선하기 때문에 그 군대가 천하의 최고가 되는 것이다.

軍讖有日 良將之統御三軍也는 **以恕己之心而治人**하나니 **推己及物**이 **爲恕**라 **是**는 **推愛己之心**하여 **以愛人**이니 **所以推惠施恩**하여 **而士力日新也**라 **戰鬪**를 **如風發之迅疾**하고 **攻擊**을 **如河決之猛烈**이라 **故**로 **其衆**을 **但可望而不可當**이요 **可下人而不可勝我也**니 **將能以身先人**이라 **故**로 **其兵**이 **爲天下之雄焉**이라

≪軍讖≫에 이르기를 "훌륭한 장수가 三軍을 통솔할 적에는 자기를 사랑하는 마음으로 남을 다스리니, 자기 마음을 미루어 남에게 미치는 것을 '恕'라 한다. 이는 자기를 아끼는 마음을 미루어서 남을 아끼는 것이니, 이 때문에 은혜를 미루어 베풀어 병사들의 힘이 날로 새로워져서, 전투하기를 폭풍이 일어나는 것처럼 빠르게 하고, 공격하기를 黃河水를 터놓은 것처럼 맹렬히 한다." 하였다.

그러므로 그 군대를 다만 바라볼 수는 있으나 당해낼 수가 없고, 남에게 낮출 수는 있으나 나를 이기게 할 수는 없으니, 이는 장수가 능히 자신으로써 남에게 솔선하기 때문에 그 군대가 천하의 최고가 되는 것이다.

軍讖曰 軍은 **以賞爲表**하고 **以罰爲裏**[1]라하니 **賞罰明**이면 **則將威行**하고 **官人得**이면 **則士卒服**하고 **所任賢**이면 **則敵國畏**하나니라

1) 以賞爲表 以罰爲裏 : ≪新刊增補三略≫에 "表裏는 先後라는 말과 같다.〔表裏 猶言先後〕" 하였다.

≪軍讖≫에 이르기를 "군대는 賞을 겉으로 삼고 罰을 속으로 삼는다." 하였으니, 賞과 罰이 분명하면 將帥의 위엄이 행해지고, 관직을 제수하는 것이 도리에 맞으면 士卒들이 복종하고, 임용한 사람이 어질면 적국이 두려워하는 것이다.

軍讖有日 行軍에 **以賞爲之表**하고 **以罰爲之裏**라하니 **賞罰嚴明**이면 **則將之威令行**하고 **授官任人**이 **得其道**면 **則士卒服**하고 **所任用者 皆賢而有德**이면 **則敵畏**[1]라

1) 賞罰嚴明……則敵畏 : ≪兵學指南演義≫ 〈場操程式 3 賞罰篇〉에는 '상벌은 장수의 가장 중요한 임무로서 도리에 맞게 시행하지 않으면 화의 근원이 됨'을 경계하면서,

이 대목을 인용하여 軍權을 쥐고 있는 자들에게 賞罰의 시행을 신중히 할 것을 경계하고 있다.

≪軍讖≫에 이르기를 "軍을 운용할 적에 賞을 겉으로 삼고 罰을 속으로 삼는다." 하였으니, 賞과 罰이 엄격하고 분명하면 將帥의 위엄과 명령이 행해지고, 관직을 제수하고 사람을 등용함이 그 도리에 맞으면 士卒들이 복종하고, 임용한 자가 모두 어질고 德이 있으면 적국이 두려워하는 것이다.

軍讖曰 賢者所適에 其前無敵이라하니 故로 士는 可下而不可驕요 將은 可樂而不可憂요 謀는 可深而不可疑니라

≪軍讖≫에 이르기를 "어진 자가 가는 곳에는 그 앞을 막을 적이 없다." 하였다. 그러므로 〈군주가〉 선비에게는 몸을 낮추어야 하고 교만하게 대해서는 안 되며, 將帥는 즐겁게 해주어야 하고 근심하게 해서는 안 되며, 계책은 깊게(철저하게) 하고 의심스럽게(自信이 없게) 해서는 안 되는 것이다.

軍讖有曰 賢者所往에 其前無人可敵[1)]이라하니 如樂毅之往齊에 齊誰能與之敵哉리오 故로 士는 可以禮下之而不可以驕요 將은 可樂之而不可使憂니 如燕昭之於樂毅에 能下而樂之하니 此齊所以敗而燕所以勝也요 至燕惠王하여는 則驕而憂之하니 此毅所以去而燕所以敗也[2)]라 爲謀를 可深而不可疑니 謀疑則事不成矣라

1) 其前無人可敵 : ≪新刊增補三略≫에 "≪孟子≫의 이른바 '仁者에게는 대적할 자가 없다.'는 뜻이다.〔孟子所謂仁者無敵之意〕" 하였다.

2) 樂毅之往齊……此毅所以去而燕所以敗也 : 樂毅는 戰國時代 燕나라의 장수이다. 燕昭王의 신임을 받고 齊나라를 공격하여 제나라를 패망 직전에 몰아넣었으나, 昭王의 뒤를 이은 惠王의 불신을 받고 趙나라로 망명하자 燕나라는 크게 패하였다.

≪軍讖≫에 이르기를 "어진 자가 가는 곳에는 그 앞을 대적할 사람이 없다." 하였으니, 예컨대 樂毅가 齊나라로 쳐들어갈 적에 齊나라의 누가 그와 대적할 수 있었겠는가.

그러므로 〈군주가〉 선비에게는 禮로써 낮추어야 하고 교만하게 대해서는 안 되며, 장수는 즐겁게 해주어야 하고 근심하게 해서는 안 된다. 예컨대 燕 昭王이 樂毅에게 몸을 낮추고 즐겁게 하였으니, 이 때문에 齊나라가 패하고 燕나라가 승리하게 되었으

며, 燕 惠王의 경우에는 樂毅에게 교만하게 대하고 근심하게 하였으니, 이 때문에 樂毅가 燕나라를 떠나가서 결국 燕나라가 패망하게 된 것이다.

계책을 세울 적에는 철저하고 완벽하게 하고 의심스러워 자신이 없게 해서는 안 되니, 계책이 의심스러우면 일이 이루어지지 못한다.

士驕면 **則下不順**하고 **將憂**면 **則內外不相信**하고 **謀疑**면 **則敵國奮**하나니 **以此攻伐**이면 **則致亂**이니라

〈군주가〉 선비를 교만하게 대하면 아랫사람들이 순종하지 않고, 장수를 근심하게 하면 안과 밖이 서로 믿지 않고, 계책이 의심스러우면 적국이 분발하니, 이런 군대를 거느리고 남의 나라를 공격하고 정벌하면 혼란을 초래한다.

待士而驕면 則在下之人不順하나니 士는 民之望也라 故로 驕其士면 則下之人亦不順矣라 將而使之憂면 則內外不相信하나니 君治內하고 將治外라 故로 將有憂心이면 則內外不相信矣니 憂者는 憂其讒佞之譖己也라 主將之謀 疑而不定이면 則敵國必奮而勝我矣니 以此로 攻伐敵人이면 則自致其亂이라

〈군주가〉 선비를 대하면서 교만하게 하면 아랫사람들이 순종하지 않으니, 선비는 백성들이 우러러보는 대상이므로 선비를 교만하게 대하면 아랫사람들 또한 순종하지 않는 것이다.

장수를 근심하게 하면 안과 밖이 서로 믿지 않으니, 군주는 안을 다스리고 장수는 밖을 다스리므로 장수에게 근심하는 마음이 있으면 안과 밖이 서로 믿지 않게 되는 것이다.

'근심한다'는 것은 讒訴하는 자와 姦臣들이 자기를 모함할까 근심하는 것이다.

主將의 계책이 의심스러워 결정하지 못하면 적국이 반드시 분발하여 우리를 이길 것이니, 이런 군대를 거느리고 적을 공격하고 정벌하면 스스로 혼란을 초래하게 된다.

夫將者는 **國之命也**니 **將能制勝**이면 **則國家安定**이니라

장수는 국가의 운명을 맡은 자이니, 장수가 적을 제압하여 승리할 수 있으면 국가가 안정된다.

夫將者는 國家之司命[1)]也니 將能制勝於敵이면 則國家自然定矣라

1) 國家之司命 : ≪新刊增補三略≫에 "국가 安危의 命을 주관하는 것이다.〔主國家安危之命也〕" 하였다.

장수는 국가의 운명을 맡은 자이니, 장수가 적을 제압하여 승리할 수 있으면 국가가 절로 안정된다.

軍讖曰 將能淸能淨하며 **能平能整**하며 **能受諫**하며 **能聽訟**하며 **能納人**하며 **能採言**하며 **能知國俗**하며 **能圖山川**하며 **能表險難**[1]하며 **能制軍權**이라하니라

1) 能圖山川 能表險難 : ≪新刊增補三略≫에 "圖는 經畫이고 表는 識別함이다. 難은 去聲(막힘)이다.〔圖 經畫也 表 識別也 難 去聲〕" 하였다.

≪軍讖≫에 이르기를 "장수는 능히 청렴하고 능히 깨끗하며, 능히 공평하고 능히 정돈되며, 능히 남의 諫言을 받아들이며, 능히 訟事를 다스리며, 능히 人才를 받아들이며, 능히 남의 말을 채택하며, 능히 적국의 風俗을 알며, 능히 山川의 地圖를 잘 그리며, 능히 험난한 곳을 표시하며, 능히 軍權을 통제하여야 한다." 하였다.

軍讖有曰 將은 要能淸이니 淸則不可干以私요 要能淨[1]이니 淨則不可欺以詐요 要能平이니 平則處心均而人自順이요 要能整이니 整則能率下而士不亂이요 要能受諫이니 受諫則衆善進而無遺謀요 要能納人이니 納人則衆賢集而無遺才요 要能採言이니 人之言이 有是有非하니 是者를 採而聽之하고 無稽[2]者則不聽也라 要能知敵國之風俗이니 敵國風俗이 各有所尙하니 知其所尙이면 則隨其俗而爲之備요 要能圖山川之形勢[3]니 山川形勢가 各有遠近險易之不同[4]하니 圖其形勢면 則知地利而易爲戰守之機라 要能表白其險難之處니 險難之處를 能表白之하면 則無應變之失이요 要能制三軍之權이니 三軍之權은 將之所以御下威敵者也라 苟能制之면 則三軍服威하고 士卒用命하여 戰無强敵하고 攻無堅陣矣라

1) 淨 : ≪新刊增補三略≫에 "淨은 靜과 같으니, 편안하고 和함이다.〔靜同 安和也〕" 하였다.

2) 無稽 : ≪新刊增補三略≫에 "옛날에 상고하지 않은 것이니, ≪書經≫에 이르기를 '상고함이 없는 말을 듣지 말라.' 했다.〔不考於古也 書曰 無稽之言 勿聽〕" 하였다.

3) 要能圖山川之形勢 : ≪新刊增補三略≫에 "漢 光武帝가 隗囂를 공격할 적에 馬援을 불러 묻자, 馬援이 인하여 아뢰기를 '隗囂의 장수들은 흙이 무너지듯 하는 形勢가 있고, 우리가 군대로 進擊하면 반드시 격파할 形象이 있습니다.' 하였으며, 또 光武帝

앞에서 쌀을 모아 산골짝을 만들어서 지형을 그려 여러 군대가 좁은 길을 따라 왕래할 것을 보여주며 분명히 분석하였다. 光武帝가 말하기를 '오랑캐가 나의 눈 안에 들어있다.' 하고는 進軍하여 마침내 隴 지방을 평정하였으니, 이는 山川을 잘 그린 따위가 이것이다.〔漢光武 擊隗囂時 召馬援問之 援因言 隗囂將帥有土崩之勢 及兵進 有必破之狀 又於帝前 聚米爲山谷 指畫形勢 開示衆軍所從道徑往來 分析昭然可曉 帝曰 虜在吾目中矣 因進軍 遂平隴 此能圖山川之類 是也〕" 하였다.

4) 山川形勢 各有遠近險易之不同 : ≪新刊增補三略≫에 "≪孫子≫의 이른바 '地란 遠近과 險夷와 廣狹과 死生'의 따위이다.〔孫子所謂地者 遠近險易廣狹死生之類〕" 하였다.

≪軍讖≫에 말하였다.

장수는 능히 청렴하여야 하니 청렴하면 사사로움으로 범할 수가 없고, 능히 고요하여야 하니 고요하면 속임수로 속일 수가 없고, 능히 공평하여야 하니 공평하면 마음을 둠이 균일하여 사람들이 저절로 순종하고, 능히 정돈되어야 하니 정돈되면 능히 아랫사람들을 통솔하여 병사들이 혼란하지 않고, 능히 남의 간언을 받아들여야 하니 간언을 받아들이면 여러 좋은 의견이 나와서 버려지는 계책이 없고, 능히 인재를 받아들여야 하니 인재를 받아들이면 여러 賢者들이 모여서 버려지는 인재가 없게 된다.

능히 남의 말을 채택하여야 하니, 사람의 말에는 옳고 그른 것이 있으니 옳은 것은 채택하여 따르고 황당무계한 것은 듣지 않는 것이다. 능히 적국의 풍속을 알아야 하니, 적국의 풍속은 각기 숭상하는 바가 있으니 그 숭상하는 바를 알면 그 풍속에 따라 대비를 한다. 능히 山川의 형세를 그릴 수 있어야 하니, 산천의 형세는 각각 멀고 가까움과 험하고 평탄함이 똑같지 않으니 그 형세를 그리면 地利를 알아 싸우고 守備하는 기회를 활용하기가 쉽다.

능히 그 험난한 곳을 표시하여 밝혀야 하니, 험난한 곳을 능히 표시하여 밝히면 臨機應變함에 잘못이 없게 된다. 능히 三軍의 권세를 통제하여야 하니, 三軍의 권세는 장수가 아랫사람들을 통솔하고 적을 두렵게 하는 것이다. 장수가 만약 三軍을 제대로 통제하면 三軍이 위엄에 복종하고 士卒들이 명령을 따라서, 싸우면 강한 적이 없고 공격하면 견고한 陣營이 없는 것이다.

故로 **曰 仁賢之智**와 **聖明之慮**와 **負薪〔之言〕**[1]과 **廊廟**[2]**之語**와 **興衰之事**를 **將所宜聞**이라 **將者能思士如渴**이면 **則策從焉**이니라

1) 〔之言〕 : 저본에 없으나 ≪直解≫와 漢文大系本에 의거하여 보충하였다.

2) 負薪〔之言〕 廊廟 : ≪新刊增補三略≫에 "一本에는 '負薪'의 아래에 '之言' 두 글자가 있으

니, 負薪은 나무를 採取하는 자이다. 廊은 宮殿의 행랑이고 廟는 宗廟이니, 옛날에 국가에 大事가 있으면 반드시 廊廟에서 먼저 도모했다.〔一本 負薪下 有之言二字 負薪 採樵者也 廊 殿廡 廟 宗廟 古者國有大事 必先謀於廊廟〕" 하였다.

그러므로 이르기를 "仁者와 賢者의 智略과, 성스럽고 밝은 자의 생각과, 나무꾼의 말과, 조정에 있는 大臣의 말과, 홍망성쇠의 일을 將帥는 마땅히 들어서 알아야 한다. 將帥가 선비를 생각하기를 목마를 때 물을 구하듯이 하면 훌륭한 계책이 따르게 된다.

故로 曰 仁賢之智略과 聖明之謀慮와 及負薪之言과 廊廟之語와 前代興衰之事를 將所宜聞也라하니라 將能思士를 如渴之欲飮이면 則策無不從焉이라

그러므로 다음과 같이 말한다.

仁者와 賢者의 智略과, 성스럽고 밝은 자의 생각과, 나무꾼의 말과, 조정에 있는 대신의 말과, 前代의 홍망성쇠의 일을 장수는 마땅히 들어서 알아야 한다. 장수가 선비를 생각하기를 목마를 때 물을 마시고 싶어 하는 것과 같이 하면 훌륭한 계책이 따르지 않음이 없는 것이다.

夫將拒諫則英雄散하고 策不從則謀士叛하고 善惡同則功臣倦하고 專己則下歸咎하고 自伐則下少功하고 信讒則衆離心하고 貪財則奸不禁하고 內顧則士卒淫[1]이니라

1) 內顧則士卒淫 : ≪新刊增補三略≫에 "內顧는 妻妾을 사사로이 하는 것이고, 淫은 女色을 탐하는 것이다.〔內顧 私妻妾也 淫 貪色也〕" 하였다.

장수가 諫爭하는 말을 거절하면 英雄이 흩어져 떠나가고, 計策을 따르지 않으면 智謀 있는 선비들이 배반하고, 善한 자와 惡한 자를 똑같이 대우하면 功臣들이 나태해지고, 자기 마음대로 주장하면 아랫사람들이 허물을 장수에게 돌리고, 스스로 자기 공로를 과시하면 아랫사람들이 功이 적고, 참소하는 말을 믿으면 병사들이 배반하는 마음을 품고, 재물을 탐하면 간사한 사람을 금하지 못하고, 가족을 돌아보면 士卒들이 방탕하게 된다.

夫將者拒絶諫諍이면 則英雄皆離散矣요 人之籌策을 不能聽從이면 則知謀之士皆叛去矣[1]요 善者를 當賞하고 惡者를 當罰이어늘 善惡不分하여 而雷同[2]視之면 則

功臣皆倦怠而不爲用矣[3)]요 專任私智면 則下皆歸咎於上矣요 自伐其善이면 則下之人이 少有成功矣요 聽信讒言이면 則士衆皆離心矣요 貪取財貨면 則姦邪之人을 不可禁矣요 有內顧之心이면 則士卒皆好淫矣라

1) 知謀之士 皆叛去矣 : ≪新刊增補三略≫에 "韓信과 陳平은 본래 楚나라 사람이었는데, 〈項羽가 그들의〉 말을 듣지 않고 계획을 쓰지 않으므로 楚나라에서 도망하여 漢나라로 돌아간 따위가 이러한 사례이다.〔信平 本楚人 言不聽 畫不用 故亡楚歸漢之類 是也〕" 하였다.

2) 雷同 : ≪新刊增補三略≫에 "남의 말을 듣고 附和함을 '雷同'이라 이르니, 우레가 소리를 내면 물건이 함께 응하는 것과 같은 것이다.〔聞人之言而附和之 謂之雷同 如雷之發聲而物同應之也〕" 하였다.

3) 功臣皆倦怠而不爲用矣 : ≪新刊增補三略≫에 "項羽는 〈부하 중에〉 功이 있어서 마땅히 封해주게 되면 새겨놓은 印이 망가지는데도 차마 주지 못하였다. 그러므로 功臣들이 모두 게을러져서 끝내 남의 사로잡히는 바가 되었다.〔項羽有功當封 刻印刓 忍不能與 故功臣皆倦怠 而終爲人所擒矣〕" 하였다.

장수가 간쟁하는 말을 거절하면 영웅이 모두 離散되고, 남의 좋은 계책을 들어 따르지 못하면 智謀 있는 선비들이 모두 배반해 떠나가고, 善한 자에게는 마땅히 賞을 주고 악한 자에게는 마땅히 罰을 주어야 하는데 善한 자와 惡한 자를 구분하지 아니하여 똑같이 대하면 功臣들이 모두 태만해져서 제대로 쓰이지 못하고, 장수가 자기 개인의 지혜를 오로지 쓰면 아랫사람들이 모두 윗사람에게 허물을 돌리고, 자기의 공로를 스스로 자랑하면 아랫사람들이 성공하는 일이 적고, 참소하는 말을 듣고 믿으면 병사들이 모두 배반하는 마음을 품고, 재화를 탐하여 취하면 간사한 사람들을 금지할 수 없고, 안으로 가족을 돌아보는 마음이 있으면 사졸들이 모두 방탕함을 좋아하게 된다.

將이 有一則衆不服하고 有二則軍無式하고 有三則下奔北하고 有四則禍及國이니라

장수가 이 중에 한 가지를 가지고 있으면 병사들이 복종하지 않고, 두 가지를 가지고 있으면 병사들이 본받을 것이 없고, 세 가지를 가지고 있으면 아랫사람들이 패하여 달아나고, 네 가지를 가지고 있으면 禍가 국가에 미친다."라고 하는 것이다.

已上八事之中에 將或有一事면 則衆心不服矣요 有二事면 則軍無法式矣요 有三

事면 則下奔北矣요 有四事면 則禍及於國矣요 若八事俱全이면 則身死家殘하고 國亦破滅하리니 其任將者 可不愼歟아

이상 여덟 가지 일 가운데 장수에게 혹 한 가지라도 있으면 병사들의 마음이 복종하지 않고, 두 가지 일이 있으면 병사들이 본받을 것이 없고, 세 가지 일이 있으면 아랫사람들이 패하여 달아나고, 네 가지 일이 있으면 화가 국가에 미치며, 만약 여덟 가지 일이 모두 다 있으면 몸이 죽고 집안이 망하며 나라 또한 파멸할 것이니, 장수를 임명하는 것을 신중히 하지 않을 수 있겠는가.

軍讖曰 將謀는 欲密이요 士衆은 欲一이요 攻敵은 欲疾이라하니 將謀密이면 則姦心閉(별)하고 士衆一이면 則軍心結하고 攻敵疾이면 則備不及設하나니 軍有此三者면 則計不奪이니라

≪軍讖≫에 이르기를 “장수의 계책은 비밀스러워야 하고, 장병들의 마음은 전일해야 하고, 적을 공격함은 빨리 해야 한다.” 하였으니, 장수의 계책이 비밀스러우면 간사한 마음이 막히고, 병사들의 마음이 전일해지면 병사들의 마음이 단결되고, 적을 신속히 공격하면 적의 대비가 미처 갖춰지지 못하니, 군대에 이 세 가지가 있으면 계책을 남에게 빼앗기지 않는다.

軍讖有曰 將之謀計는 欲秘密而不泄하고 士衆之心은 欲專一而不散하고 攻擊敵人은 欲疾速而不遲라하니 將之謀密이면 則姦宄[1]之心閉하여 而不得張矣라 閉는 音鼈(별)이니 閉也라 今本作閑하니 非라 書皆押韻[2]이라 故로 下云 士衆專一이면 則軍心固結하고 攻敵疾速이면 則防備之具 不及施設이라하니 行軍而有此三者면 則計不爲人所奪矣[3]라

1) 姦宄 : ≪新刊增補三略≫에 “밖에 있는 것을 ‘姦’이라 하고, 안에 있는 것을 ‘宄’라 한다.〔在外曰姦 在內曰宄〕” 하였다.

2) 閉音鼈(별)……書皆押韻 : 이 글은 모두 韻을 놓았음을 말한 것이다. ‘將謀欲密’의 ‘密’과, ‘士衆欲一’의 ‘一’과, ‘攻敵欲疾’의 疾과, 아래의 密·閉·一·結·疾·設·奪이 모두 韻字이다. 그리하여 ‘閉’를 ‘폐’로 읽을 경우 韻이 맞지 않으므로 ‘별’로 읽어야 함을 말한 것이다.

3) 士衆專一……則計不爲人所奪矣 : ≪兵學指南演義≫ 〈旗鼓定法 1 潛襲篇〉에는 ‘암호를 사용하고 은밀히 출동하는 것은 모두 속임수로 적을 기만하여 승리하기 위한 방법

으로써, 正道를 시행할 수 없을 때에는 權道를 쓸 수도 있음'을 말하면서 이 대목을 인용 예시하고 있다.

≪軍讖≫에 이르기를 "장수의 계책은 비밀스러워 누설되지 않아야 하고, 장병들의 마음은 전일하여 흩어지지 않아야 하고, 적을 공격함은 신속히 하여 지체하지 않아야 한다." 하였으니, 장수의 계책이 비밀스러우면 간사한 마음이 닫혀서 펼 수가 없는 것이다.

'閉'은 음이 '鼈'이니 '닫힘〔閉〕'이다. 今本에는 '閑'으로 되어있으니, 잘못이다. 이 글은 모두 韻을 달았다.

그러므로 아랫글에 "병사들의 마음이 전일하면 병사들의 마음이 굳게 단결되고, 적을 공격하기를 신속히 하면 적이 방비하는 도구를 미처 설치하지 못한다." 하였으니, 군대를 운용하면서 이 세 가지가 있으면 계책을 남에게 빼앗기지 않게 된다.

將謀泄(설)이면 **則軍無勢**하고 **外闚**(규)[1]**內**면 **則禍不制**하고 **財入營**이면 **則衆奸會**하나니 **將有此三者**면 **軍必敗**하나니라

1) 闚(규) : ≪新刊增補三略≫에 "'闚'는 窺와 같으니, 조금(살며시) 보는 것이다.〔闚 窺同 小視也〕" 하였다.

장수의 계책이 누설되면 군대의 위세가 없고, 밖에서 안을 엿보면 禍를 막지 못하고, 재물이 軍營으로 들어오면 여러 간악한 자들이 모여드니, 장수에게 이 세 가지가 있으면 군대가 반드시 패한다.

將之計謀泄이면 則軍無威勢矣요 外人得以闚視吾內[1]면 則禍患을 不可得而制矣요 財貨入營이면 則衆奸皆會聚矣니 爲將而有此三者면 則軍必敗亡矣라

1) 外人得以闚視吾內 : ≪新刊增補三略≫에 "韓信이 趙나라를 공격할 적에 사람을 시켜 엿보고서 趙나라가 廣武君의 計策을 쓰지 않음을 안 것이 이것이다.〔韓信擊趙時 使人間視 知其不用廣武君策 是也〕" 하였다.

장수의 계책이 누설되면 군대의 위세가 없게 되고, 밖에 있는 적이 우리의 안을 엿보게 되면 禍와 害를 막을 수 없고, 재화가 軍營으로 들어오면 여러 간악한 자들이 모두 모이게 되니, 장수 된 자에게 이 세 가지가 있으면 군대가 반드시 패망한다.

將無慮면 **則謀士去**하고 **將無勇**이면 **則士卒恐**하고 **將妄動**이면 **則軍不重**하고 **將遷**

怒[1)]면 **則一軍懼**하나니라

1) 將妄動……將遷怒 : ≪新刊增補三略≫에 "不重은 위엄과 厚重함이 없는 것이다. 遷은 옮김이니, 甲에게 성낸 것을 乙에게 옮기는 것이다.〔不重 無威重也 遷 移也 怒於甲 移於乙也〕" 하였다.

장수에게 원대한 생각이 없으면 智謀 있는 선비들이 떠나가고, 장수에게 용맹이 없으면 士卒들이 두려워하고, 장수가 경망스럽게 행동하면 병사들이 신중하지 못하고, 장수가 분노를 다른 사람에게 옮기면 온 군대가 두려워한다.

將無遠慮면 則智謀之士亦去矣요 將無才勇이면 則士卒亦有畏恐之心矣요 將妄亂而動이면 則軍亦不持重矣요 將遷移忿怒면 則一軍皆懼矣[1)]라

1) 將無遠慮…… 則一軍皆懼矣 : ≪兵學指南演義≫ 〈營陣正彀 2 禁勸篇〉에는 '장수가 용맹하거나 겁을 내는 것은 신중히 하여야 할 일임'을 말하면서, 이 대목을 인용 예시하여 장수가 겁을 먹으면 목숨을 바쳐 싸울 군사가 없다고 경계하고 있다.

장수에게 원대한 생각이 없으면 지모 있는 선비들이 떠나가고, 장수에게 재주와 용맹이 없으면 사졸들 또한 두려워하는 마음을 갖게 되고, 장수가 경망스러워 어지럽게 행동하면 병사들 또한 신중하지 못하고, 장수가 분노를 다른 사람에게 옮기면 온 군대가 모두 두려워하게 된다.

軍讖曰 慮也, 勇也는 **將之所重**이요 **動也, 怒也**는 **將之所用**이라하니 **此四者**는 **將之明誡也**니라

≪軍讖≫에 이르기를 "생각(깊은 사려)과 용맹은 장수가 소중히 여기는 것이요, 행동거지와 분노는 장수가 신중히 하는 것이다." 하였으니, 이 네 가지는 장수의 밝은 경계이다.

軍讖有曰 慮也, 勇也는 將之所宜重者요 動也, 怒也는 將之所宜用者라하니 言慮與勇은 不可無며 而動不可妄이요 怒不可遷也라 此四者는 爲將之明誡니 不可不察也라

≪軍讖≫에 이르기를 "생각과 용맹은 장수가 마땅히 소중히 여겨야 할 것이요, 행동거지와 분노는 장수가 마땅히 신중히 써야 한다." 하였으니, 생각과 용맹은 없어서는 안 되며 행동을 경망스럽게 해서는 안 되고 분노를 다른 사람에게 옮겨서는 안 됨을

말한 것이다. 이 네 가지는 장수 된 자의 밝은 경계이니, 살피지 않으면 안 된다.

軍讖曰 軍無財면 士不來하고 軍無賞이면 士不往이라하니라

≪軍讖≫에 이르기를 "군대에 재물이 없으면 士卒들이 오지 않고, 군대에 상이 없으면 지혜롭고 용맹한 사졸들이 가지 않는다." 하였다.

軍讖有曰 軍中無財면 則士卒[1)]不來하고 軍中無賞이면 則士卒不往이라하니라 上言財入營則衆姦會는 乃爲將貪求私取之財也요 此言軍無財士不來는 乃爲國積聚公用之財也라

1) 士卒 : ≪新刊增補三略≫에 "살펴보건대 士는 바로 謀士와 勇士의 따위이니, 다만 士卒을 말한 것이 아니다. 아래도 이와 같다.〔按士 卽謀士勇士之類 非只言士卒也 下倣此〕" 하였다.

≪軍讖≫에 이르기를 "軍中에 재물이 없으면 士卒들이 오지 않고, 군중에 상이 없으면 사졸들이 가지 않는다." 하였다.

위에서 '재화가 군영으로 들어오면 여러 간악한 자들이 모인다.'고 한 것은 장수가 되어서 탐하고 구하여 사사로이 취하는 재물이요, 여기에서 '군대에 재물이 없으면 사졸이 오지 않는다.'고 말한 것은 바로 나라를 다스기 위해 저축하는 公用의 재물인 것이다.

軍讖曰 香餌之下에 必有死魚하고 重賞之下에 必有勇夫[1)]라하니라

1) 香餌之下……必有勇夫 : ≪新刊增補三略≫에 "餌는 쌀가루를 쪄서 깨끗하게 만든 것을 '餌'라 하니, 단단하고 깨끗함이 玉으로 만든 귀걸이와 같다. 낚시로 물고기를 낚는 자는 향기로운 낚시 밥이 있으므로 '香餌'라고 한 것이다. ≪六韜≫에 이른바 '낚시 밥으로 물고기를 취하면 물고기를 잡을 수 있고, 녹봉으로 사람을 취하면 사람이 힘을 다할 수 있다.'는 뜻이다. 夫는 丈夫이니, 사람의 身長이 8尺이므로 군대에는 丈夫라는 칭호가 있다. 勇은 果敢함이니, 하늘을 꿰뚫을 만큼 우뚝 솟아난 자이다. 기회를 보면 發하고 敵을 만나면 싸우며 적진을 무찔러 기필코 쳐들어가고 포위를 당하면 반드시 탈출하여, 비록 위태로우나 두려워하지 않고 비록 패하나 좌절하지 않으니, 이런 사람을 일러 '勇夫'라 한다.〔餌 粉米蒸屑曰餌 堅潔若玉珥 釣啗魚者 有飶其香 故曰香餌 六韜所謂以餌取魚 魚可殺 以祿取人 人可竭之意 夫 丈夫 人丈八尺 故師有丈夫之稱 勇 果敢也 貫天卓出者也 見機則發 遇敵則鬪 陷陣必入 被圍必出 雖危不懼 雖敗不挫也 此謂之勇夫〕" 하였다.

≪軍讖≫에 이르기를 "향기로운 낚싯밥 아래에는 반드시 죽는 물고기가 있고, 무거운 賞 아래에는 반드시 용맹스러운 丈夫가 있다." 하였다.

軍讖有曰 釣者香餌之下에 必有死魚하고 國家重賞之下에 必有勇夫라하니라

≪軍讖≫에 이르기를 "낚시꾼의 향기로운 낚싯밥 아래에는 반드시 죽는 물고기가 있고, 국가의 중한 賞 아래에는 반드시 용맹스러운 丈夫가 있다." 하였다.

故로 禮者는 士之所歸요 賞者는 士之所死니 招其所歸[1]하고 示其所死하면 則所求者至하나니라

1) 招其所歸 : ≪新刊增補三略≫에 "招其所歸는 선비가 돌아갈 곳으로 부르는 것이다.〔招之以士之所歸也〕" 하였다.

그러므로 禮라는 것은 선비들이 歸依하는 것이요, 賞이라는 것은 士卒들이 목숨을 바치는 것이니, 귀의하는 것으로 부르고 목숨을 바치는 것으로 보여주면 구하는 자들이 몰려오게 된다.

故로 禮者는 士之所願歸요 賞者는 士之所輕死니 招其士之所歸하고 示其士之所死하면 則所求者皆至矣니라

그러므로 禮라는 것은 선비들이 귀의하기를 원하는 것이요, 賞이라는 것은 사졸들이 목숨을 가볍게 여기는 것이니, 선비들이 귀의할 것 즉 예로 부르고, 사졸들이 목숨을 바칠 것 즉 상을 보여주면, 구하는 자들이 다 이르게 되는 것이다.

故로 禮而後悔者는 士不止하고 賞而後悔者는 士不使하나니 禮賞不倦이면 則士爭死하나니라

그러므로 禮遇한 뒤에 후회하면 선비들이 머물지 않고, 賞을 준 뒤에 후회하면 사졸들이 따르지 않으니, 禮와 賞을 게을리하지 않으면 사졸들이 다투어 목숨을 바친다.

故로 以禮待人而後有悔者는 士不肯止矣니 舊本에 作往이나 止는 用韻하니 今從之하노라 以賞與人而後有悔者[1]는 士不爲之使矣니 禮與賞을 用之不倦이면 則士

爭爲之死矣라[2)]

1) 以賞與人而後有悔者 : ≪新刊增補三略≫에 "처음에는 예리하나 마지막에는 게으른 것이다. ≪詩經≫에 '처음은 있지 않음이 없으나 능히 끝을 맺는 이가 적다.' 하였으니, 이 말은 이것을 말함일 것이다.〔銳於始而怠其終也 詩云 靡不有初 鮮克有終 其斯之謂歟〕" 하였다.

2) ≪新刊增補三略≫에 "살펴보건대 上章으로부터 여기까지는 모두 禮遇하고 賞을 주기를 게을리하지 않는 뜻이다.〔按自上章至此 皆禮賞不倦之意〕" 하였다.

그러므로 禮로써 남을 대우한 뒤에 후회하면 선비들이 즐겨 머물지 않는 것이다. 舊本에는 '止'가 '往'으로 되었는데, '止'는 韻字로 썼으니, 지금 이를 따른다.

賞을 남에게 준 뒤에 후회하면 사졸들이 따르지 않으니, 禮와 賞을 쓰기를 게을리하지 않으면 사졸들이 다투어 윗사람을 위해서 목숨을 바칠 것이다.

軍讖曰 興師之國은 **務先隆恩**하고 **攻取之國**은 **務先養民**이라하니 **以寡勝衆者**는 **恩也**요 **以弱勝强者**는 **民也**니라

≪軍讖≫에 이르기를 "군대를 일으키려는 나라는 먼저 은혜를 높이는 데 힘쓰고, 적을 공격하고 점령하려는 나라는 먼저 백성을 기르는 데 힘써야 한다." 하였으니, 적은 수로 많은 적을 이기는 것은 은혜이고, 약한 군대로 강한 적을 이기는 것은 백성이다.

軍讖有曰 欲將興師之國은 務先隆盛其恩[1)]하고 謀欲攻取之國은 務先撫養其民[2)]이라하니 以寡少而勝衆者는 恩使之也요 以怯弱而勝强者는 民助之也라

1) 務先隆盛其恩 : ≪新刊增補三略≫에 "은혜가 천하를 뒤덮으면 군대를 일으킬 수 있다는 것은 이것을 말함일 것이다.〔恩蓋天下 可以興師 此之謂歟〕" 하였다.

2) 務先撫養其民 : ≪新刊增補三略≫에 "〈越王〉 句踐이 10년 동안 백성들을 낳고 모은 것과 燕 昭王이 죽은 사람을 조문하고 孤兒들을 위문함과 같은 것이 이것이다.〔若句踐之十年生聚 燕昭之弔死問孤 是也〕" 하였다.

≪軍讖≫에 이르기를 "장차 군대를 일으키려 하는 나라는 먼저 그 은혜를 융숭히 하는 데 힘써야 하고, 적을 공격하여 점령할 것을 도모하는 나라는 먼저 그 백성을 어루만지고 기르는 데 힘써야 한다." 하였으니, 적은 수를 가지고 많은 적을 이기는 것은 은혜로 부리기 때문이고, 겁이 많고 약한 군대로 강한 적을 이기는 것은 백성들이

도와주기 때문이다.

故로 **良將之養士**는 **不易於身**이라 **故**로 **能使三軍如一心**이면 **則其勝**을 **可全**이니라

그러므로 훌륭한 장수는 士卒을 기를 적에 자기 몸을 기르는 것과 조금도 바꾸어(다르게) 하지 않는다. 그러므로 능히 三軍을 한마음이 되게 하면 승리를 온전히 할 수 있는 것이다.

故로 良將之養士는 如養自己之身하여 而不可少改易也[1]하니 能養士如此라 故로 能使三軍으로 如一人之心이면 則其勝을 可全得也라

1) 良將之養士……而不可少改易也 : ≪新刊增補三略≫에 "士卒과 더불어 苦樂을 함께 한다는 뜻이다.〔與士卒 同甘苦之意〕" 하였다.

그러므로 훌륭한 장수는 士卒을 자기 몸과 같이 길러서 조금도 고치거나 바꿔서는 안 되니, 士卒 기르기를 이와 같이 하기 때문에 능히 三軍을 한 사람의 마음과 같게 하는 것이다. 이렇게 하면 그 승리를 온전히 얻을 수 있는 것이다.

軍識曰 用兵之要는 **必先察敵情**이니 **視其倉庫**하며 **度**(탁)**其粮食**하며 **卜其强弱**하며 **察其天地**하며 **伺其空隙**이라하니라

≪軍識≫에 이르기를 "用兵의 중요한 방도는 반드시 먼저 적의 실정을 살피는 것이니, 창고를 살피며 양식을 헤아리며 적의 강하고 약함을 점치며 天時와 地利를 살피며 적의 빈틈을 엿보아야 한다." 하였다.

軍識有曰 用兵之要道는 必先審察敵人之情이니 視其倉庫[1]之有無하며 度其粮食之多少하며 卜其勢力之强弱하며 察其天時地利[2]之得失하며 伺其敵人之空隙이라하니라[3]

1) 倉庫 : ≪新刊增補三略≫에 "곡식을 쌓아두는 곳을 '倉'이라 하고, 金銀寶貨를 저장해 두는 곳을 '庫'라 한다.〔積穀曰倉 藏貨曰庫〕" 하였다.

2) 天時地利 : ≪新刊增補三略≫에 "≪孫子≫에 이른바 '天時와 地利를 얻은 자는 승리하고, 天時와 地利를 잃은 자는 패한다.'는 것과 같은 것이다.〔若孫子所謂得天時地利者勝 失天時地利者敗 是也〕" 하였다.

3) ≪新刊增補三略≫에 "살펴보건대 이 章은 國家가 장차 무리를 동원하고 군대를 일으

키고자 하면 군주와 신하가 반드시 먼저 廟堂의 위에서 계책을 결정하여 彼我의 실정을 비교하고 헤아려서 勝負의 數를 알아야 하는 것이다.〔按此章 國家將欲動衆興師 君臣必先定計於廟堂之上 校量彼我之情 而知其勝負之數 是也〕" 하였다.

≪軍讖≫에 이르기를 "用兵의 중요한 방도는 반드시 먼저 적의 실정을 살펴야 하니, 창고의 있고 없음을 살펴보며 양식의 많고 적음을 헤아리며 적의 세력이 강하고 약함을 점치며 天時와 地利의 득실을 살피며 적의 빈틈을 살펴야 한다." 하였다.

故로 **國無軍旅之難而運粮者**는 **虛也**요 **民菜色**[1)]**者**는 **窮也**니 **千里饋粮**이면 **士有飢色**[2)]하고 **樵蘇後爨**(찬)이면 **師不宿飽**하나니라

1) 菜色：≪新刊增補三略≫에 "굶주려서 채소를 먹으면 얼굴에 病色이 있으므로 '菜色'이라 한 것이다.〔飢而食菜 則色病 故云菜色〕" 하였다.

2) 國無軍旅之難而運粮者……士有飢色：≪新刊增補三略≫에 "旅는 무리이다. 또 1만 2,500명을 '軍'이라 하고, 500명을 '旅'라 한다.〔旅 衆也 又萬二千五百人 爲軍 五百人爲旅〕" 하였다.

그러므로 나라에 군대의 난(병란)이 없는데도 양식을 수송해 가는 것은 국고가 텅 비었기 때문이요, 백성들이 얼굴에 채소의 기색(부황의 기색)이 있는 것은 곤궁하기 때문이다. 천 리 멀리 양식을 수송해 가면 병사들이 굶주린 기색이 있고, 나무를 하고 풀을 벤 뒤에 밥을 지어서 먹는다면 병사들이 오랫동안 배부르지 못하다.

故로 國家無軍旅之難而輸運粮食者[1)]는 知其內虛也요 民有菜色者는 知其國之貧窮也니 千里饋送粮食者는 則士有飢餒之色하고 樵蘇後炊爨而食이면 師無隔宿之飽[2)]라 采薪曰樵요 刈草曰蘇라

1) 輸運粮食者：≪新刊增補三略≫에 "≪孟子≫의 이른바 '河內 지방에 흉년이 들면 河內의 백성을 河東 지방으로 옮기고 河東의 곡식을 河內로 옮기며, 河東 지방에 흉년이 들면 또한 이와 똑같이 한다.'는 따위이다.〔猶孟子所謂河內凶則移其民於河東 移其粟於河內 河東凶亦然之類也〕" 하였다.

2) 樵蘇後炊爨而食 師無隔宿之飽：≪兵學指南演義≫〈旗鼓定法 1 吹打篇〉에는 '들 가운데에 장병을 노숙시키고 있는 자들은 軍糧과 馬草를 마련하는 방법을 미리 살펴 조처하여야 함'을 말하면서, 이 대목을 인용하여 군량과 마초의 조달이 대장의 중요한 임무임을 강조하고 있다.

그러므로 국가에 군대의 난이 없는데도 양식을 수송해 가면 국고가 텅 비어있는 것을 알 수 있고, 백성들이 채소의 기색이 있으면 그 국가의 빈궁함을 알 수 있다.천 리 멀리 양식을 수송해 먹이면 병사들이 굶주린 기색이 있고, 나무를 하고 풀을 벤 뒤에 밥을 지어서 먹는다면 군사들이 오랫동안 배부르지 못한다.

나무 섶을 채취하는 것을 '樵'라 하고, 풀을 베는 것을 '蘇'라 한다.

夫運粮千里면 **無一年之食**하고 **二百里**면 **無二年之食**하고 **三百里**면 **無三年之食**하나니 **是謂國虛**니 **國虛則民貧**이요 **民貧則上下不親**이니 **敵攻其外**하고 **民盜其內**하면 **是謂必潰**[1)]니라

1) 夫運粮千里……是謂必潰 : ≪新刊增補三略≫에 "≪孫子≫ 〈作戰〉에 '國家가 군대 때문에 가난해지는 것은 먼 곳으로 양식과 물자를 수송해서이니, 먼 곳으로 수송하면 백성이 가난해진다.' 하였고, ≪管子≫에 '곡식을 300리를 수송하면 나라에 1년의 저축이 없게 되고, 곡식을 400리를 수송하면 나라에 2년의 저축이 없게 되고, 곡식을 500리를 수송하면 군사들이 굶주린 기색이 있게 된다. 수송하는 물건이 道路에서 소모되고 농부와 밭을 가는 소가 모두 남쪽의 이랑을 잃으니, 이제 70만 家戶의 힘을 가지고 천 리 멀리 양식을 공급하여 10만의 병사들에게 양식을 공급하면 백성들이 어찌 가난하지 않겠는가.' 하였으니, 뜻이 이 章과 동일하다.〔孫子作戰篇曰 國之貧於師者 遠輸 遠輸則百姓貧 管子曰 粟行三百里 則國無一年之積 粟行四百里 則國無二年之積 粟行五百里 則衆有饑色 所齋之物 耗于道路 農夫耕牛 俱失南畝 今以七十萬家之力 千里饋粮 供給十萬之粟 百姓安得不貧乎 意與此章同〕" 하였다.

천 리 멀리 양식을 운반하면 1년 동안 먹을 것이 없게 되고, 200리에 운반하면 2년 동안 먹을 것이 없게 되고, 300리에 운반하면 3년 동안 먹을 것이 없게 되니, 이것을 일러 '나라가 텅 비었다.'고 하는 것이다.

나라가 텅 비면 백성들이 가난하고, 백성들이 가난하면 上下가 친애하지 못하니, 적이 그 밖에서 공격하고 백성들이 그 안에서 도둑질하면, 이것을 일러 '반드시 궤멸한다.'고 하는 것이다.

夫運粮千里면 則國無一年之食하고 運粮二百里면 則國無二年之食하고 運粮三百里면 則國無三年之食이니 上既云千里하니 恐百字皆千字之誤也로라 無粮食이면 是는 國內空虛하니 國內空虛면 則民亦貧餒요 民既貧餒면 則上下不相親이니 敵人或攻之於外하고 民貧而盜之於內면 是謂必潰之國也[1)]라

1) 民旣貧餒……是謂必潰之國也 : ≪兵學指南演義≫ 〈營陣正彀 2 利害篇〉에는 '장수는 불리한 상황을 유리한 상황으로 전환시킬 것을 생각하고, 유리한 상황이 전개되면 그것이 불리한 상황으로 변화할 수도 있음을 예측해야 함'을 말하면서, 이 대목을 인용 예시하여 '장수가 용병의 해로움을 다 알지 못하면 용병의 이로움도 다 알지 못한다.'는 점을 지적하고 있다.

천 리 멀리 양식을 운반하면 나라에 1년 먹을 양식이 없게 되고, 200리에 양식을 운반하면 나라에 2년 먹을 양식이 없고, 300리에 양식을 운반하면 나라에 3년 먹을 양식이 없게 된다. 위에서 이미 '천 리'라고 말했으니, '百'자는 모두 '千'자의 잘못인 듯하다.

양식이 없으면 이는 국고가 텅 빈 것이니, 국고가 텅 비면 백성들 또한 가난하여 굶주리고, 백성들이 가난하여 굶주리면 上下가 서로 친애하지 못하니, 적이 혹 밖에서 공격하고 백성들이 가난하여 안에서 도둑질하면, 이것을 일러 '반드시 궤멸할 나라'라고 하는 것이다.

軍讖曰 上行虐이면 **則下急刻**이요 **賦重斂數**(삭)하며 **刑罰無極**이면 **民相殘賊**이니 **是謂亡國**이라하니라

≪軍讖≫에 이르기를 "윗사람이 포학함을 행하면 아랫사람들이 급하고 각박해지며, 賦役이 무겁고 세금을 자주 거두며 刑罰이 끝이 없으면 백성들이 서로 해치니, 이것을 일러 '망할 나라'라고 한다." 하였다.

軍讖有曰 上行暴虐[1]이면 則下之人이 皆急迫苛[2]刻이요 賦於民者重하고 斂於民者數하며 刑罰之用이 無有窮極이면 則民相殘相賊[3]이니 是謂將亡之國이라하니라 此一節은 言煩刑重斂之禍하니라

1) 上行暴虐 : ≪新刊增補三略≫에 "桀王과 紂王의 行事와 같은 것이다.〔如桀紂之行事也〕" 하였다.

2) 苛 : ≪新刊增補三略≫에 "음은 何이니 微細한 풀이다. 미세한 풀을 가지고 세밀한 政事를 비유한 것이며, 또 급함이고 번거로움이다.〔音何 細草也 以細草諭細政也 又急也 煩也〕" 하였다.

3) 相殘相賊 : ≪新刊增補三略≫에 "仁을 상함을 '殘'이라 하고, 義를 해침을 '賊'이라 한다.〔傷仁曰殘 害義曰賊〕" 하였다.

≪軍讖≫에 말하였다.

위에서 포학함을 행하면 아랫사람들이 모두 급하고 각박해지며, 백성에게 무겁게 부역을 시키고 백성에게 자주 세금을 거두며 형벌을 끝이 없이 쓰면 백성들이 서로 해치니, 이것을 일러 '장차 망할 나라'라 한다.

이 한 節은 형벌을 번거롭게 하고 세금을 무겁게 거두는 禍를 말하였다.

軍讖曰 內貪外廉하여 **詐譽取名**하며 **竊公爲恩**하여 **令上下昏**하며 **飾躬正顔**하여 **以獲高官**을 **是謂盜端**이라하니라

≪軍讖≫에 이르기를 "안으로는 貪慾스러우면서 겉으로는 淸廉한 체하여 거짓으로 칭찬받을 일을 해서 명예를 취하며, 왕실(국고)을 도둑질하여 사사로운 은혜로 삼아서 윗사람과 아랫사람들로 하여금 昏愚하게 만들며, 몸을 잘 꾸미고 얼굴빛을 정직한 체하여 높은 관직을 얻는 것을 일러 '도적을 일으키는 단서'라 한다." 하였다.

軍讖有曰 內務貪求하고 外似廉潔하여 詐爲虛譽하여 以取美名하며 盜竊公室하여 以爲私恩하여 致令上下皆昏暗하여 而耳目如無所見聞하며 務飾躬而正顔하여 以獲取國之高官重爵을 是謂起盜之端也라하니라 此一節은 言姦詐欺蔽[1)]之禍하니라

1) 欺蔽 : ≪新刊增補三略≫에 "그 군주를 속이고 그 賢者를 은폐하는 것이다.〔欺其君 蔽其賢也〕" 하였다.

≪軍讖≫에 말하였다.

안으로는 탐하고 구하는 것에 힘쓰면서 겉으로는 淸廉潔白한 체하여 거짓으로 헛된 칭찬을 받을 일을 해서 아름다운 명예를 취하며, 왕실을 도둑질하여 사사로운 은혜로 삼아 윗사람과 아랫사람들로 하여금 모두 昏愚하게 만들어서 사람들의 耳目이 보고 듣는 바가 없는 듯이 하며, 힘써 몸을 꾸미고 얼굴빛을 정직하게 하여 국가의 높은 관직과 중한 관작을 얻는 것을 일러 '도적을 일으키는 단서'라고 한다.

이 한 節은 간사하여 君主를 속이고 賢者를 은폐하는 禍를 말하였다.

軍讖曰 群吏朋黨하여 **各進所親**하여 **招擧姦枉**하고 **抑挫仁賢**하여 **背公立私**하여 **同位相訕**을 **是謂亂源**이라하니라

≪軍讖≫에 이르기를 "여러 관리들이 朋黨을 지어 각각 친한 사람을 등용하여,

간사하여 부정한 사람을 불러 천거하고 仁者와 賢者를 억눌러서, 공정함을 배반하고 사사로움을 세워 같은 지위에 있으면서 서로 비방하는 것을 일러 '亂의 근원'이라 한다." 하였다.

軍識有曰 軍吏相爲朋黨하여 各進其所親愛之人하여 招迎擧薦者 皆姦邪矯枉之徒요 抑止挫辱者 皆仁德賢能之士라 背棄公道하고 樹立私恩하여 雖在同位나 亦相訕謗을 是謂生亂之源也라하니라 此一節은 言群小朋黨之禍하니라

≪軍識≫에 말하였다.

여러 관리들이 서로 朋黨을 지어서 각각 자기가 친애하는 사람을 등용하여, 불러들여 천거하는 자가 모두 간사하고 겉으로 꾸미는 부정한 무리이고, 억누르고 욕을 보이는 자는 모두 仁德이 있고 어질고 능한 선비이다. 공정한 도를 배반하여 버리고 사사로운 은혜를 세워서 비록 같은 지위에 있더라도 서로 비방하는 것을 일러 '亂을 일으키는 근원'이라 한다.

이 한 節은 여러 小人들이 朋黨하는 禍를 말하였다.

軍識曰 强宗聚姦하여 無位而尊하여 威無不震하며 葛藟相連하여 種德立恩하며 奪在位權하고 侵侮下民하여 國內譁諠호되 臣蔽不言을 是謂亂根이라하니라

≪軍識≫에 이르기를 "강한 宗親이 서로 모여 간악한 짓을 행하여 爵位가 없으면서도 높은 체하여 그 위세를 두려워하지 않는 이가 없으며, 간악한 자들과 칡넝쿨과 댕댕이넝쿨처럼 서로 연결하여 사사로운 德을 심고 사사로운 은혜를 세우며, 지위가 있는 자의 권력을 침탈하고 아래에 있는 백성들을 침해하고 업신여겨서 국내에서 시끄럽게 떠들되, 大臣이 은폐하고 말하지 않는 것을 일러 '亂의 본원'이라 한다." 하였다.

軍識有曰 强大之宗이 相聚爲姦하여 無有爵位호되 妄自尊大하여 擅立威勢하여 而人無不震懼하며 依附朋姦을 如葛藟之相連繫라 葛藟는 皆草名이니 蔓生者也라 種植小惠하고 樹立私恩하며 攘奪有位之權하고 侵侮在下之民하여 使國內之人으로 譁諠不止호되 爲大臣者 蔽而不言을 是謂爲亂之根也라하니라 此 一節은 言强宗(檀)〔擅〕[1]權之禍하니라

1) (檀)〔擅〕: 저본의 '檀'은 漢文大系本에 의거하여 '擅'으로 바로잡았다.

≪軍識≫에 말하였다.

강대한 宗親이 서로 모여 간악한 짓을 행하여서 작위가 없으면서도 망령되이 스스로 높은 체하여 위엄과 세력을 제멋대로 세워서 사람들이 두려워하지 않는 이가 없으며, 간악한 朋黨들을 붙좇기를 칡넝쿨과 댕댕이넝쿨이 서로 의지하고 연결하듯이 한 것이다.

칡넝쿨과 댕댕이는 모두 풀 이름이니, 蔓生하는 것이다.

작은 은혜를 심고 사사로운 은혜를 세우며 지위가 있는 자의 권력을 빼앗고 아래에 있는 백성들을 침해하고 업신여겨, 국내의 사람들이 끊임없이 시끄럽게 떠들어 대는데도 대신이 된 자가 은폐하고 말하지 않는 것을 일러 '亂을 일으키는 근본'이라 한다.

이 한 節은 강한 宗親이 권력을 독단하는 禍를 말하였다.

軍識曰 世世作姦하여 **侵盜縣官**[1)]하며 **進退求便**하고 **委曲弄文**하여 **以危其君**을 **是謂國姦**이라하니라

1) 縣官 : ≪新刊增補三略≫에 "縣官은 官家라는 말과 같으니, 아래 註에 宰邑의 官이라고 칭한 것은 잘못이다.〔縣官 猶言官家 下註 稱以宰邑之官 非〕" 하였다.

≪軍識≫에 이르기를 "대대로 간악한 짓을 하여 縣官의 직임을 침탈하고 도둑질하며, 나아가고 물러남에 자신의 편리함을 추구하며, 부정한 방법으로 文法(법조문)을 농간해서 그 君主를 위태롭게 하는 것을 일러 '나라의 간악함'이라 한다." 하였다.

軍識有曰 世世蹈襲[1)]하여 作爲姦惡하여 侵欺盜竊於宰邑之官하며 或進或退에 求取便利於己하고 委曲弄其文法[2)]하여 以危殆在上之君을 是謂一國之姦人也라하니라 此一節은 言世族姦欺之禍하니라

1) 蹈襲 : ≪新刊增補三略≫에 "官爵을 받고 爵位를 世襲하는 것이다.〔蹈官襲爵也〕" 하였다.

2) 委曲弄其文法 : ≪新刊增補三略≫에 "委 또한 굽음이니, 漢나라 張湯의 이른바 '法條文을 농간한다.'는 것이다.〔委 亦曲也 漢張湯所謂舞文之法也〕" 하였다.

≪軍識≫에 말하였다.

대대로 蹈襲하여 간악한 짓을 해서 邑宰의 관직을 침탈하고 도둑질하며, 혹 나아가고 혹 물러남에 오직 자기에게 편리함을 취하며, 부정한 방법으로 文法을 농간하여 윗자리

에 있는 君主를 위태롭게 하는 것을 일러 '한 나라의 간사한 사람'이라 한다.
이 한 節은 世族이 간사하게 속이는 禍를 말하였다.

軍讖曰 吏多民寡하며 **尊卑相若**하며 **强弱相虜**[1])호되 **莫適禁禦**하여 **延及君子**하면 **國受其害**라하니라

1) 虜 : 一本에는 '虞'로 되어있고, '陵'으로 되어있는 본도 있다. 虞는 헤아리는 것으로 상대방의 공격을 대비함을 이르며, 陵은 능멸하다의 뜻이다. ≪新刊增補三略≫에는 "虜는 掠(노략질)과 같으니, 서로 침해함을 이른다." 하였다.

≪軍讖≫에 이르기를 "관리가 많고 백성이 적으며, 높은 이와 낮은 이가 서로 비슷하며, 강한 이와 약한 이가 서로 노략질하되 〈윗자리에 있는 자가〉 적절히 금하고 막지 못해서 뻗어 君子들에게까지 미치면, 나라가 그 해로움을 받는다." 하였다.

軍讖有曰 爲吏者多하고 爲民者少하며 尊卑相若은 言人無尊卑也요 强弱相虜는 言以强陵弱也니 在上者 莫適禁止禦防之하여 禍延及於君子하면 而國家亦受其害矣라하니라 此一節은 言法令不行之禍하니라

≪軍讖≫에 말하였다.
관리 된 자가 많고 백성이 된 자가 적으며, '높은 이와 낮은 이가 서로 같다.'는 것은 사람이 높고 낮음의 차등이 없음을 말한 것이요, '강한 이와 약한 이가 서로 노략질한다.'는 것은 강한 자로서 약한 자를 능멸함을 말한 것이니, 윗자리에 있는 자가 적절히 이것을 금지하고 막지 못하여 화가 君子들에게까지 뻗어 미치면, 국가 또한 그 해로움을 받는다.
이 한 節은 法令이 행해지지 않는 禍를 말하였다.

軍讖曰 善善不進하고 **惡惡**(오악)**不退**하여 **賢者隱蔽**하고 **不肖在位**하면 **國受其害**라하니라

≪軍讖≫에 이르기를 "善한 이를 좋게 여기되 등용하지 못하고, 惡한 이를 미워하되 물리치지 못해서 賢者가 숨어서 가려지고 不肖한 자가 지위에 있으면, 국가가 그 폐해를 받는다." 하였다.

軍識有曰 善其善호되 不能進而用之하고 惡其惡호되 不能退而遠之하여 賢者隱蔽不用하고 不肖者任之在位하면 而國亦受其害矣라하니라 此一節은 言不能進善退惡之禍하니라

≪軍識≫에 말하였다.

善한 이를 좋게 여기되 능히 등용하여 쓰지 못하고, 惡한 이를 미워하되 능히 물리쳐 멀리하지 못하여, 賢者가 숨고 가려져서 등용되지 못하고 不肖한 자가 임용되어 지위에 있으면, 국가가 그 폐해를 받는다.

이 한 節은 善한 이를 등용하지 못하고 惡한 이를 물리치지 못하는 禍를 말하였다.

軍識曰 枝葉强大하여 比周居勢하며 卑賤陵貴하여 久而益大호되 上不忍廢하면 國受其敗라하니라

≪軍識≫에 이르기를 "가지와 잎이 너무 강하고 커서 朋黨들이 두루 권세 있는 자리에 있으며, 낮고 천한 사람이 귀한 사람들을 능멸하여 오래되어 더욱 커지는데도 윗사람이 차마 버리지 못하면 나라가 패망하게 된다." 하였다.

軍識有曰 根本弱而枝葉强大하여 黨比周徧하여 居於勢要之地하며 卑賤之人이 得以欺陵尊貴之人하여 久而益大호되 爲上者不忍廢之하면 而國亦受其敗矣라하니라 此一節은 言本弱末强之禍하니라

≪軍識≫에 말하였다.

根本이 약하고 가지와 잎이 너무 강하고 커서 朋黨들이 두루 널려있어서 권세가 높은 중요한 자리에 있으며, 낮고 천한 사람이 높고 귀한 사람을 능멸하여, 오래되어 더욱 커지는데도 윗자리에 있는 자가 차마 버리지 못하면 나라 또한 패망하게 된다.

이 한 節은 根本이 약하고 枝葉이 강한 禍를 말하였다.

軍識曰 佞臣在上이면 一軍皆訟하나니 引威自與하여 動違於衆하며 無進無退하여 苟然取容하며 專任自己하여 擧措伐功하며 誹謗盛德하고 誣述庸庸하여 無善無惡히 皆與己同하며 稽留行事하여 命令不通하며 造作苛政하여 變古易常이라 君用佞人이면 必受禍殃이라하니라

≪軍讖≫에 이르기를 "姦臣이 위에 있으면 온 군대가 모두 다투니, 위엄을 이끌어 스스로 재능이 있다고 자부를 해서 모든 행동이 사람들과 어긋나며, 나아가고 물러나는 도리를 알지 못해서 구차히 용납됨을 취하며, 오로지 자신의 지혜에 맡겨서 모든 일에 자신의 공로를 자랑하며, 훌륭한 德이 있는 사람을 비방하고 공이 있는 사람들을 무함하여, 善과 惡을 가리지 않고 모두 자기와 함께하며, 행하는 일을 지체하여 명령이 통하지 않으며, 까다로운 정사를 만들어서 옛날 法을 고치고 常道를 바꾼다. 君主가 이와 같은 간신을 쓰면 반드시 殃禍를 받는다." 하였다.

軍讖有曰 諛佞[1)]之臣在上이면 一軍之人皆訟[2)]하나니 彼乃牽引威勢하여 自許其能하여 動作則違於衆이라 無進無退는 言不知進退하고 而苟合取容於上이라 專任自己之智하여 一擧一措에 夸伐功能하며 誹謗盛德之士하고 誣述有功之人하니 庸은 功也라 禮曰 保庸은 安有功也[3)]라하고 又曰 勞也라하니라 一說에 虛妄稱述庸下之人이라하니 謂盛德之士를 反誹謗之하고 庸下之人을 反稱述之니 所謂無善無惡하고 皆欲與己合也라 稽留行事는 謂臨事不謹也요 命令不通은 謂廢格君命也니 造作苛刻之政하여 變亂古道하고 改易常法이라 爲君者 好用諛佞之人이면 必受禍害殃咎也라하니라 此一節은 言佞臣用事之禍하니라

1) 佞 : ≪新刊增補三略≫에 "교묘하게 아첨하고 민첩하게 말함을 '佞'이라 한다.〔巧諂捷急曰佞〕" 하였다.
2) 訟 : ≪新刊增補三略≫에 "〈訟은〉 責함이니, 자기의 잘못을 발견하고 마음속으로 자책하는 것이다.〔責也 見其過而內自訟也〕" 하였다.
3) 禮曰……安有功也 : ≪周禮≫ 〈天官 太宰〉에 "다섯 번째는 保庸이다.〔五曰保庸〕" 하였는데, 鄭玄의 注에 "保庸은 功이 있는 자를 편안하게 하는 것이다.〔保庸 安有功也〕" 라고 보인다.

≪軍讖≫에 말하였다.

아첨하고 말 잘하는 신하가 윗자리에 있으면 온 군대의 사람들이 모두 다투니, 저들이 마침내 위엄과 권세를 이끌어 스스로 자신의 재능을 자부하여 행동하면 사람들과 어긋난다.

'나아감도 없고 물러남도 없다.'는 것은 나아가고 물러나는 도리를 알지 못하고 구차히 영합하여 윗사람에게 용납되고자 하는 것이다.

오로지 자기의 지혜에 맡겨서 모든 조처에 자신의 功과 才能을 자랑하며, 훌륭한 德이 있는 선비를 비방하고 功이 있는 사람을 무함하여 말하니, 庸은 功이다. ≪禮經≫에 이르기를 '保庸은 功이 있는 사람을 편안히 하는 것이다.' 하였고, 또 이르기를 '공로이다' 하였다.

一說에 '용렬하고 낮은 사람을 허망하게 稱述하는 것이다.' 하였다. 훌륭한 德이 있는 선비를 도리어 비방하고 용렬하고 낮은 사람을 도리어 칭술함을 이르니, 이른바 '善과 惡을 가리지 않고 모두 자기에게 영합하게 하려 한다.'는 것이다.

'행하는 일을 지체한다.'는 것은 일을 당하여 삼가지 않는 것을 말한 것이요, '명령이 통하지 않는다.'는 것은 군주의 명령을 폐하고 막음을 이른다. 까다롭고 각박한 정사를 만들어 옛 道를 고쳐 어지럽히고 떳떳한 法을 變易하는 것이다. 君主 된 자가 이와 같이 아첨하고 말 잘하는 사람을 등용하기 좋아하면 반드시 禍害와 災殃을 받는다.

이 한 節은 姦臣이 권력을 행사하는 禍를 말하였다.

軍讖曰 姦雄相稱하여 **障蔽主明**하며 **毁譽竝興**하여 **壅塞主聽**하며 **各阿所私**하여 **令主失忠**이라하니라

≪軍讖≫에 이르기를 "姦雄이 서로 칭찬하여 君主의 밝음(눈)을 가려 막으며, 훼방하는 말과 칭찬하는 말이 함께 일어나서 君主의 귀를 막으며, 각각 사사로이 친한 사람을 편들어 君主로 하여금 忠臣을 잃게 한다." 하였다.

軍讖有曰 姦雄之人이 互相稱譽하여 障蔽人主之明하며 毁譽相竝而興하여 壅塞人主之聽이라 毁者는 讒人之短이요 譽者는 稱人之美니 此는 姦雄之人이 善者를 反毁之하고 不善者를 反譽之하니 所以壅塞人主之聽明하여 使不能分別善惡而用舍之也라 人主旣不能分別善惡이라 故로 奸雄이 各阿比其所私하여 令人主로 失其忠臣而不見用也라 此一節은 言姦雄蔽主之禍하니라

≪軍讖≫에 말하였다.

간사한 사람들이 서로 상대방을 칭찬하여 君主의 밝음을 가려 막으며, 훼방하는 말과 칭찬하는 말이 서로 함께 일어나서 君主의 귀를 막는다.

'毁'는 남의 단점을 모함하는 것이고, '譽'는 남의 아름다움을 칭찬하는 것이니, 이는 간사한 사람들이 善한 자를 도리어 훼방하고 善하지 못한 자를 도리어 칭찬하여 군주

의 총명을 가리고 막아서, 선한 사람과 악한 사람을 분별하여 제대로 등용하고 버리지 못하게 하는 것이다. 군주가 선한 사람과 악한 사람을 분별하지 못하기 때문에 奸雄이 각각 자기와 사사로이 친한 사람을 편들어 군주로 하여금 忠臣을 잃어 등용하지 못하게 하는 것이다.

이 한 節은 姦雄이 군주를 掩蔽하는 禍를 말하였다.

故로 **主察異言**이라야 **乃覩其萌**이요 **主聘儒賢**이라야 **姦雄乃遁**이요 **主任舊齒**라야 **萬事乃理**요 **主聘巖穴**이라야 **士乃得實**이요 **謀及負薪**이라야 **功乃可述**이요 **不失人心**이라야 **德乃洋溢**[1]이니라

1) 主任舊齒……德乃洋溢 : ≪新刊增補三略≫에 "齒는 나이이니, 舊齒는 耆德이란 말과 같다. 洋溢은 德이 성대하고 충만하여 〈세상에〉 流布됨을 가지고 말한 것이다.〔齒 年也 舊齒 猶言耆德 洋溢 以德之盛滿流布者而言〕" 하였다.

그러므로 君主가 괴이한 말을 살펴야 비로소 그 싹(나쁜 싹)을 보며, 군주가 儒賢을 초빙하여야 姦雄들이 비로소 은둔하며, 군주가 옛 신하인 원로에게 맡겨야 만사가 비로소 다스려지며, 군주가 바위 굴(山林)에 있는 隱士를 초빙하여야 선비들이 비로소 실제를 얻으며, 계책이 나무꾼에게까지 미쳐야 功業을 비로소 기술할 수 있으며, 人心을 잃지 않아야 德이 비로소 四海에 넘쳐나는 것이다.

故로 人主能審察異言이라야 乃能覩其事之將萌者矣요 人主能聘用儒士賢才라야 姦雄者皆遠遁而不敢出矣요 人主能用故舊耆德之士면 則萬事皆得其理矣요 人主能聘用巖穴[1]隱逸이면 則士乃得其實矣니 得其實은 言非徒取其名也라 人主謀及負薪微賤之人이면 則功業可述矣요 人主下不失衆人之心이면 則德洋溢[2]於四海矣라 上文에 凡十引軍讖하여 言不能用賢之禍라 故로 末以此六事結之하니 蓋欲人主行此六事하고 而戒彼十禍也니 其丁寧之意 深矣로다

1) 巖穴 : ≪新刊增補三略≫에 "石窟을 '巖'이라 하니 舜임금이 巖廊에서 노닐었고, 土室을 '穴'이라 하니 呂望이 낚싯줄을 던지러 물가로 간 것이다.〔石窟曰巖 舜遊巖廊 土室曰穴 呂望所以投綸而逝也〕" 하였다.

2) 洋溢 : ≪新刊增補三略≫에 "洋溢은 流行하여 충만한 뜻이다.〔流行充滿之意〕" 하였다.

그러므로 군주가 괴이한 말을 제대로 살펴야 비로소 그 일이 장차 싹틀 것을 볼 수 있고, 군주가 儒士와 賢才를 초빙하여 등용하여야 간웅들이 모두 멀리 숨어 감히 나

오지 못하고, 군주가 故舊의 원로와 德이 있는 선비를 등용하면 만사가 모두 그 조리를 얻어 다스려지고, 군주가 능히 바위 굴에 있는 隱士를 초빙하여 등용하면 선비들이 비로소 실제를 얻으니, 실제를 얻는다는 것은 다만 그 虛名만 취하는 것이 아니다. 군주가 계책을 미천한 나무꾼에게까지 미치면 功業을 기술할 수 있고, 군주가 아래로 사람들의 마음을 잃지 않으면 德이 四海에 넘쳐난다.

윗글에는 모두 열 번 ≪軍讖≫을 인용하여 어진 이를 등용하지 못하는 禍를 말하였다. 그러므로 끝에는 이 여섯 가지 일을 가지고 맺었으니, 군주로 하여금 이 여섯 가지 일을 시행하고 저 열 가지 화를 경계하게 하려 한 것이니, 그 丁寧한 뜻이 깊다.

中略

夫三皇[1)]은 無言而化流四海라 故로 天下無所歸功하니라

1) 三皇 : 중국 상고시대 신화 속의 聖君들인 太昊伏羲氏·炎帝神農氏·黃帝軒轅氏를 이른다. 伏羲氏는 천하를 다스릴 적에 龍馬가 黃河에서 나오자 그 무늬를 본떠서 ≪周易≫의 八卦를 그렸다고 하며, 神農氏는 쟁기와 보습을 만들어 백성들에게 농사짓는 방법을 가르치고 온갖 藥草를 맛보아 醫藥을 처음으로 만들었다고 하며, 軒轅氏는 신하인 蒼頡을 시켜 처음 글자를 만들었으며 창과 방패, 배와 수레를 만들어 백성들에게 文明을 가르쳤다고 한다.

三皇은 말씀이 없이도 敎化가 四海에 흘러 퍼졌다. 그러므로 천하가 功을 돌릴 곳이 없었던 것이다.

夫上古之世에 三皇爲君하여 無言而化流四海라 故로 天下之人이 無所歸功이라 三皇者는 伏羲, 神農, 軒轅[1)]也니 此時에 風氣[2)]方開하여 大朴未散하여 其民易治라 故로 人君이 無用多言而化自行也라

1) 伏羲神農軒轅 : ≪新刊增補三略≫에 "伏羲氏가 처음 犧牲을 사용하였으므로 號를 伏羲라 하였고, 神農氏가 처음 쟁기자루와 보습을 사용하여 농사짓는 것을 가르쳤으므로 號를 神農이라 하였고, 軒轅氏가 처음 수레와 면류관을 사용하였으므로 호를 軒轅이라 했다.〔始用犧牲 故號伏羲 始敎耒耜 故號神農 始服軒冕 故號軒轅〕" 하였다.
2) 風氣 : ≪新刊增補三略≫에 "天地가 처음 開闢할 적에 만물이 기운〔氣〕을 얻어서 비로소 이뤄지고, 〈세찬〉 바람을 맞고 자라므로 비로소 견고해진다.〔天地初闢 萬物得氣而始成 受風而始堅〕" 하였다.

上古의 세대에는 三皇이 군주가 되어서 말씀이 없이도 敎化가 四海에 흘러 퍼졌다. 그러므로 천하의 사람들이 功을 돌릴 곳이 없었던 것이다.

三皇은 伏羲·神農·軒轅이니, 이때에는 風氣가 막 열려서 큰 질박함이 아직 흩어지지 않아 백성을 다스리기가 쉬웠다. 그러므로 人君이 많은 말을 하지 않고도 교화

가 저절로 행해진 것이다.

帝者는 體天則(칙)地하여 有言有令하여 而天下太平하고 君臣讓功하여 四海化行호되 百姓이 不知其所以然이라 故로 使臣에 不待禮賞有功[1)]하고 美而無害하니라

1) 不待禮賞有功 : ≪新刊增補三略≫에 "'不待禮賞有功'은 마땅히 한 句가 되어야 한다.〔不待禮賞有功 當作一句〕" 하였다.

帝는 하늘을 體行하고 땅을 본받아서 말씀이 있고 명령이 있어서 천하가 太平하고, 君臣이 功을 서로 사양하여 사해에 교화가 행해졌으나 백성들은 그러한 이유를 알지 못하였다. 그러므로 신하를 부릴 적에 공이 있는 이를 예우하거나 상주지 않고도 아름답고 해로움이 없었던 것이다.

帝者는 體天之道하고 法地之理하여 有言有令하여 施於兆民하여 而致天下太平하고 君臣相讓其功[1)]하여 而敎化行乎四海호되 百姓亦不知其所以然하니 所謂其民皞皞而不知爲之者[2)]라 故로 使臣에 不待禮賞有功이로되 盡美而無害하니라 帝는 五帝니 少昊, 顓頊, 高辛, 唐堯, 虞舜也라 言令讓功之事는 載在典籍[3)]하니 皆可考焉이라 言은 出於口者也요 令은 施於竹帛者也라

1) 君臣相讓其功 : ≪新刊增補三略≫에 "≪書經≫ 〈大禹謨〉에 '舜임금이 禹王에게 命할 적에 六府와 三事가 진실로 다스려져서 萬世토록 영원히 힘입는 것, 이것이 바로 너의 功이다.'라고 했다.〔書曰 大禹謨舜命禹 六府三事允治 萬世永賴 是乃功〕" 하였다.
2) 所謂其民皞皞而不知爲之者 : 皞皞는 廣大하여 스스로 만족한 모양이다. ≪孟子≫ 〈盡心 上〉에 "霸者의 백성들은 매우 즐거워하고, 王者의 백성들은 皞皞하다. 죽여도 원망하지 않으며 이롭게 하여도 功으로 여기지 않는다. 그러므로 백성들이 날로 改過遷善을 하면서도 누가 그렇게 만드는지를 알지 못한다.〔霸者之民 驩虞如也 王者之民 皞皞如也 殺之而不怨 利之而不庸 民日遷善而不知爲之者〕"라고 한 말을 인용한 것이다.
3) 典籍 : ≪新刊增補三略≫에 "三皇의 책을 '典'이라 이르고, 五帝의 책을 '籍'이라 이른다.〔三皇之書謂之典 五帝之書謂之籍〕" 하였다.

帝는 하늘의 도를 체행하고 땅의 이치를 본받아서 말씀이 있고 명령이 있어서 억조 백성에게 시행하여 천하가 태평함을 이룩하고, 君臣이 서로 자신의 공로를 사양하여 교화가 사해에 행해졌으나 백성들은 그 所以然을 알지 못하였으니, 이른바 '그 백성들이 皞皞하여 누가 시키는가를 알지 못한다.'는 것이다. 그러므로 신하를 부릴 적에 공

이 있는 이를 예우하거나 상 주지 않아도 극진히 아름답고 해로움이 없었던 것이다.

帝는 五帝이니 少昊·顓頊·高辛(帝嚳)·唐堯·虞舜이다. 말씀과 명령과 功을 사양한 일은 典籍에 기재되어 있으니, 모두 상고할 수 있다. 말씀은 입에서 나온 것이요, 명령은 竹帛에 베풀어진 것이다.

王者는 **制人以道**하여 **降心服志**[1]하고 **設矩備衰**하여 **四海會同**하여 **王職不廢**하나니 **雖甲兵之備**라도 **而無鬪戰之患**하여 **君無疑於臣**하고 **臣無疑於主**하여 **國定主安**하고 **臣以義退**하니 **亦能美而無害**하니라

1) 降心服志 : ≪新刊增補三略≫에 "마음〔心〕은 몸〔身〕을 감추는 주체이고 神明의 집이다. 마음이 가는 것을 '志'라 한다.〔心 藏身之主 神明之舍 心之所之 謂之志〕" 하였다.

王者는 사람을 道로써 제재하여 마음을 낮추고 뜻을 굴복시키고, 법도를 만들어 쇠할 때에 대비해서 四海의 諸侯가 회동하여 왕자의 직책이 무너지지 않았다. 비록 갑옷과 병기를 구비하더라도 전투하는 근심이 없어서, 군주는 신하를 의심하지 않고 신하는 군주를 의심하지 않아서 나라가 안정되고 군주가 편안하며 신하가 의리로써 물러났으니, 또한 능히 아름답고 해로움이 없었던 것이다.

王者는 制人以道하니 道는 謂父子君臣夫婦長幼朋友之道라 制者는 制爲禮節等級하여 使上下不亂이니 如此면 則能降人之心하고 服人之志요 又設立規矩法度하여 以備衰世하여 使四海[1]諸侯로 皆來會同하여 而王職不廢也라 矩는 法度之器니 所以爲方者也라 衆見曰會요 殷見(현)[2]曰同이라 雖甲兵備具나 而無鬪戰之患하여 爲君者無疑於臣하고 爲臣者無疑於君하여 國家人主 皆安定하고 而臣告老致仕[3]하여 以義而退하니 亦能盡美而無害라 王은 三王이니 夏禹, 商湯, 周之文武也라 君臣無所相疑는 如禹之於伯益과 湯之於伊尹과 文武之於周召太公에 同心一德[4]하니 豈有所疑哉아

1) 四海 : ≪新刊增補三略≫에 "天池이니 온갖 냇물을 받아들이는 것을 '바다(海)'라 한다. 九夷·八狄·七戎·六蠻을 '四海'라 이르니, 海는 어둡다는 뜻으로 매우 멀어 어두운 뜻을 취한 것이다. 동쪽을 '滄海'라 하고 서쪽을 '瀚海'라 하고 남쪽을 '溟海'라 하고 북쪽을 '渤海'라 한다. 또 四海를 통틀어 '裨海'라 한다.〔天池 以納百川曰海 九夷八狄七戎六蠻 謂之四海 海者 晦也 取其荒遠冥昧之稱 東曰滄海 西曰瀚海 南曰溟海 北曰渤海 又四海 通謂之裨海〕" 하였다.

2) 殷見(현) : ≪新刊增補三略≫에 "殷은 성함이니, 六服의 諸侯가 모두 와서 조회하는 것을 '殷見'이라 한다.〔殷盛也 六服盡爲來朝日 殷見〕" 하였다. 六服은 王畿에서 멀고 가까운 차이에 따라 여섯 등급의 제후를 나눈 것으로 侯服·甸服·男服·采服·衛服·蠻服이다.

3) 致仕 : ≪新刊增補三略≫에 "禮에 '신하의 나이가 70세가 되면 벼슬을 내놓는다.'라고 했다.〔禮 人臣年七十 致其仕〕" 하였다.

4) 禹之於伯益……同心一德 : 伯益은 舜임금의 신하였는데 禹王이 舜임금으로부터 선양을 받아 즉위하자 禹王을 섬겼으며, 뒤에 禹王은 伯益을 후계자로 천거하였으나 백성들이 동의하지 않아 아들 啓가 세습하였다.

湯王은 이름이 履이고 天乙이라고도 칭하였으며, 武功을 이루었다 하여 成湯으로도 칭하였다.

伊尹은 이름이 摯로 有莘의 들에서 농사를 지었는데, 商의 湯王이 등용하여 夏나라를 정벌하고 商王朝를 세웠다.

文武는 周나라 文王과 武王의 병칭으로 文王은 이름이 昌이고 武王은 發이며, 周公은 이름이 旦으로 文王의 아들이고 武王의 아우이며, 太公은 姜太公으로 氏가 呂이기 때문에 呂尙 또는 呂望으로 불리었는바, 周公과 함께 文王과 武王을 보좌하여 殷나라를 정벌하고 周 王朝를 세웠다.

夏의 禹王과 商의 湯王과 周의 文王·武王을 三王이라 하여 五帝 이후 가장 훌륭한 정치가 시행된 시대로 일컬어진다.

王者는 사람을 道로써 제재하니, 道는 父子·君臣·夫婦·長幼·朋友의 도리를 이른다. 制라는 것은 禮節과 等級을 제정하여 上下가 어지럽지 않게 하는 것이니, 이와 같이 하면 능히 사람의 마음을 낮추고 사람의 뜻을 굴복시킬 수 있다. 또 規矩와 法度를 설립하여 쇠한 세상을 대비해서 四海의 諸侯들로 하여금 모두 會同하러 오게 하여 왕자의 직책을 무너지지 않게 하였다.

'矩'는 표준의 기물이니 네모난 것을 만드는 것이다. 여럿이 뵙는 것을 '會'라 하고, 천하의 제후가 모두 모여 성대히 뵙는 것을 '同'이라 한다.

비록 갑옷과 병기가 구비되었으나 전투할 근심이 없어서 군주 된 자가 신하를 의심하지 않고 신하 된 자가 군주를 의심하지 않아서, 국가와 군주가 모두 안정되고 신하가 告老하고 致仕하여 義로써 물러가니, 또한 능히 극진히 아름다워 해로움이 없었다.

王은 三王이니, 夏의 禹王, 商의 湯王, 周의 文王·武王이다. 군주와 신하가 서로 의심하는 바가 없었던 것은, 예컨대 禹王이 伯益에 있어서와, 湯王이 伊尹에 있어서와, 文王·武王이 周公과 召公·太公에 있어서 마음이 같고 덕이 한결같았으니, 어찌 의심하는 바가 있었겠는가.

霸者는 **制士以權**하며 **結士以信**하며 **使士以賞**하니 **信衰則士疏**하고 **賞虧則士不用命**하니라

霸者는 선비를 權道로 제재하며 선비를 信義로 맺으며 선비를 賞으로 부리니, 신의가 쇠하면 선비가 소원해지고 상이 없으면 선비가 명령을 따르지 않는다.

霸者는 制士用權道하며 結士用信實하며 使士用賞賜하니 若上之信衰면 則士亦疏하고 上之賞虧면 則士亦不肯用命이라 霸는 若以太公之時論之하면 卽夏昆吾, 商大彭, 豕韋之類[1]가 爲是요 若以黃石公之時言之하면 則齊桓, 晉文[2]之類가 爲是라

1) 夏昆吾商大彭豕韋之類 : 昆吾·大彭·豕韋는 당시 제후들의 霸者이다. 孟子의 五霸에 대하여, 趙岐는 "齊 桓公, 晉 文公, 秦 穆公, 宋 襄公, 楚 莊王이다." 하였고, 丁公著는 "夏나라의 昆吾, 商나라의 大彭과 豕韋, 周나라의 齊 桓公과 晉 文公이다." 하였다. ≪孟子 告子 下≫

2) 齊桓晉文 : ≪新刊增補三略≫에 "齊 桓公은 이름이 小白이고 성이 姜氏이니 呂望의 후손이며, 晉 文公은 이름이 重耳이니 叔虞의 후손이다." 하였다.

霸者는 선비를 제재할 적에 權道를 사용하며 선비를 취할 적에 信實함을 사용하며 선비를 부릴 적에 賞을 하사하는 방법을 사용하였으니, 만약 윗사람의 신실함이 쇠하면 선비 또한 소원해지고 윗사람의 상이 없으면 선비 또한 명령을 따르려 하지 않는다.

霸者는, 만약 太公의 때를 가지고 논한다면 夏나라의 昆吾, 商나라의 大彭과 豕韋 등이 이것이요, 만약 黃石公의 때를 가지고 말한다면 齊 桓公과 晉 文公 등이 이것이다.

軍勢曰 出軍行師에 **將在自專**이니 **進退**를 **內御**하면 **則功難成**이라하니라

≪軍勢≫에 이르기를 "군대를 출동하고 군대를 운행함에는 장수가 마음대로 수행함을 중시하니, 나아가고 물러나는 것을 궁중에서 제재하면 功을 이루기 어렵다." 하였다.

軍勢는 論兵家之形勢也니 其書에 有曰 凡出軍行師에 爲將者在自專其任이니 若進若退를 而君自內御之하면 則功勳[1]을 難得而成矣[2]라하니라

1) 功勳 : ≪新刊增補三略≫에 "수고로움으로 나라를 안정시킴을 功이라 하고, 功이 자손에게 미침을 勳이라 한다.〔以勞定國曰功 功及子孫曰勳〕" 하였다.

2) 凡出軍行師……難得而成矣 : ≪兵學指南演義≫ 〈旗鼓定法 1 任將篇〉에는 '대장이 군대를 출동하여 표를 세우고 물시계를 설치한 다음, 영문을 닫고 淸道를 하면, 군주의 사자나 장관은 물론, 군주를 모시고 오는 신하도 함부로 군문에 들어올 수 없음'을 강조하면서, 이 대목을 인용 예시하고 있다.

≪軍勢≫는 兵家의 형세를 논한 책이니, 이 책에 이르기를 "무릇 군대를 출동하고 군대를 운행함에 장수 된 자가 스스로 그 임무를 마음대로 수행함을 중시하니, 만약 나아가고 물러나는 것을 군주가 안에서 제재하면 功勳을 이루기 어렵다." 하였다.

軍勢曰 使智使勇하며 **使貪使愚**라하니 **智者**는 **樂立其功**하고 **勇者**는 **好行其志**하고 **貪者**는 **邀趨其利**하고 **愚者**는 **不顧其死**하나니 **因其至情而用之**는 **此軍之微權也**라하니라

≪軍勢≫에 이르기를 "지혜로운 선비를 부리고 용맹한 선비를 부리며, 탐욕스러운 사람을 부리고 우매한 사람을 부린다." 하였다.

지혜로운 자는 공을 세우는 것을 즐거워하고, 용감한 자는 자기의 뜻을 행하는 것을 좋아하고, 탐하는 자는 그 이익을 위해 달려감을 좋아하고, 우매한 자는 죽음을 돌아보지 않으니, 지극한 情에 따라 사용하는 것은 군대의 은미한 權道이다.

軍勢有曰 爲主將者 當使有智謀之士하며 使有勇敢之士하며 使貪財之人하며 使愚昧之人이라하니 有智謀之士는 喜樂建立其功하고 有勇敢之士는 好愛行其所志하고 貪財之人은 專務邀趨貨利하고 愚昧之人은 進戰不顧其死하나니 能因其至情而用之는 此行軍之微權也라 微權은 權之微妙者也라

≪軍勢≫에 이르기를 "主將이 된 자는 마땅히 智謀가 있는 선비를 부리고 勇猛이 있는 선비를 부리고 재물을 탐하는 사람을 부리고 우매한 사람을 부려야 한다." 하였다.

지모가 있는 선비는 자기의 공을 세우는 것을 좋아하고, 용맹이 있는 선비는 자기의 뜻한 바를 행하기를 좋아하고, 재물을 탐하는 사람은 오로지 재화와 이익에 달려가기를 힘쓰고, 우매한 사람은 나가 싸울 적에 자기의 죽음을 돌아보지 않으니, 능히 그 지극한 정에 따라 사용하는 것은 군대를 운용하는 미묘한 권도〔微權〕이다. '微權'은

權度 중의 미묘한 것이다.

軍勢曰 無使辯士談說敵美는 爲其惑衆이요 無使仁者主財는 爲其多施而附於下라하니라

≪軍勢≫에 이르기를 "辯士로 하여금 적의 아름다움을 말하지 못하게 함은 사람들을 미혹시키기 때문이요, 仁慈한 자로 하여금 재물을 주관하게 하지 않는 것은 많이 베풀어서 아랫사람을 따르게 하기 때문이다." 하였다.

軍勢有曰 無使辯給之士 談說敵國之美는 爲其惑亂於衆이요 無使仁者[1] 主掌財用은 爲其多惠施而親附於下라하니라

1) 仁者 : ≪新刊增補三略≫에 "살펴보건대 여기의 仁者는 오직 어진 마음과 어질다는 소문만 있을 뿐, 마땅히 베풀어야 할 방법을 알지 못하는 자이다.〔按 仁者 惟仁心仁聞而不知有爲當施者〕" 하였다.

≪軍勢≫에 이르기를 "口辯이 좋은 선비로 하여금 적국의 아름다움을 말하지 못하게 함은 사람들을 미혹시키고 어지럽히기 때문이요, 인자한 자로 하여금 재물을 주관하게 하지 않는 것은 은혜를 많이 베풀어서 친히 아랫사람들을 따르게 하기 때문이다." 하였다.

軍勢曰 禁巫祝[1]하여 不得爲吏士卜問軍之吉凶이라하니라

1) 巫祝 : ≪新刊增補三略≫에 "무당〔巫〕은 神을 섬기는 자이고 축관〔祝〕은 神에게 기도하고 축원하는 자이다." 하였다.

≪軍勢≫에 이르기를 "巫堂과 祝願하는 사람을 금지하여 관리와 병사로 하여금 군대의 吉凶을 점쳐 묻지 못하게 하여야 한다." 하였다.

軍勢有曰 禁止巫祝之人하여 不得與吏士卜問軍中之吉凶이라하니 亦恐其惑衆也라[1]

1) ≪新刊增補三略≫에 "살펴보건대 이 章은 요상〔祥〕함을 금지하고 의심스러움을 제거하는 뜻을 말하였으니, 옛사람의 이른바 '法令을 자세히 살피면 ≪周易≫점을 치지 않아도 吉함을 얻고, 功을 귀하게 여기고 수고한 사람을 길러주면 기도하고 제사하지 않아도 福을 얻는다.'는 것이니, 그 뜻이 또한 互文이다.〔按此章 言禁祥去疑之意 古人所謂

明法審令 不筮而獲吉 貴功養勞 不禱祠而得祚 其意亦互文〕" 하였다.

《軍勢》에 이르기를 "무당과 축원하는 사람을 금지하여 관리와 군사들로 하여금 軍中의 吉凶을 점쳐 묻게 해서는 안 된다." 하였으니, 이 또한 사람들을 미혹시킬까 두려워해서이다.

軍勢曰 使義士에 **不以財**라하니 **故**로 **義者**는 **不爲不仁者死**하고 **智者**는 **不爲闇主謀**[1)]하나니라

1) 義者……不爲闇主謀 : 《新刊增補三略》에 "'爲'자는 모두 去聲이다. '闇'은 暗과 같으니, 밝지 못한 것이다. 百里奚가 虞나라를 떠나자 虞나라가 망하였고 秦나라로 가자 秦나라가 霸者가 되었으니, 이는 어두운 군주를 위하여 도모하지 않은 것이다. 豫讓이 일찍이 范氏와 中行氏를 섬겼는데, 智伯(智瑤)이 이들을 滅亡시켰으나 이들을 위해 원수를 갚지 않았고, 도리어 智伯의 신하가 되어서는 智伯이 죽자 원수를 갚고자 하다가 죽었으니, 이것은 不仁한 자를 위하여 죽음을 바치지 않았다고 이를 만하다.〔爲 竝去聲 闇暗同 不明也 百里奚去虞而虞亡 之秦而秦霸 此不爲闇主謀也 豫讓嘗事范中行氏 智伯滅之 不爲報仇 反質於智伯 智伯死 欲報仇而死 此可謂不爲不仁者 效死也〕" 하였다.

《軍勢》에 이르기를 "의로운 선비를 부릴 적에 재물로써 하지 않는다." 하였다. 그러므로 의로운 자는 不仁한 자를 위하여 죽지 않고, 지혜로운 자는 어두운 군주를 위하여 도모하지 않는 것이다.

軍勢有曰 使有義之士에 當以禮요 不以財라하니 故로 有義之士는 不爲不仁者效死니 言不仁者는 不能使人以禮하니 雖有財나 義士亦不爲之死라 有智[1)]之士는 不爲昏闇之主謀하니 言闇主는 不能使人以禮하니 雖有財나 智士亦不與之謀也라[2)]

1) 有智 : 《新刊增補三略》에 "智는 명철함이니, 마음에 아는 바가 있는 것이다. 사람의 情을 통달하고 일의 기미를 보아서, 속임수를 쓰는 자가 속이지 못하고 참소하는 말이 들어가지 못하여, 변화에 응함이 일정한 방소가 없고 禍를 바꾸어 福으로 만드는 자이다.〔明 哲也 心有所知也 達人之情 見事之微 詐不能欺 讒不能入 應變無方 轉禍爲福者也〕" 하였다.

2) 《新刊增補三略》에 "살펴보건대 昏愚한 군주는 사람의 어질고 어리석음을 알지 못하고 일의 마땅하고 마땅하지 못함을 결정하지 못한다. 그러므로 지혜로운 자가 그를 위하여 쓰임이 되지 않는 것이다.〔按 昏暗之主 不能識人之賢愚 不能決事之當否 故智者不爲之用〕" 하였다.

≪軍勢≫에 이르기를 "의리가 있는 선비를 부릴 적에 마땅히 禮로써 해야 하고 재물로써 해서는 안 된다." 하였다. 그러므로 의리가 있는 선비는 不仁한 자를 위하여 목숨을 바치지 않으니, 不仁한 자는 남을 禮로써 부리지 못하니, 비록 재물이 있더라도 義로운 선비는 그를 위하여 죽지 않음을 말한 것이다. 지혜가 있는 선비는 어두운 군주를 위하여 도모하지 않으니, 어두운 군주는 사람을 禮로써 부리지 못하니, 비록 재물이 있더라도 지혜로운 선비는 그와 함께 도모하지 않음을 말한 것이다.

主不可以無德이니 **無德則臣叛**하고 **不可以無威**니 **無威則失權**[1)]하나니라

1) 失權 : ≪新刊增補三略≫에 "權은 저울의 추이니 물건의 가볍고 무거움을 저울질하여 그 평평함을 얻는 것이다. 權은 저울추이고 柄은 도끼자루이니, 일을 처리하는 權變이다. 權은 남의 윗자리에 있는 자가 쥐고 있는 권력이니, 아랫사람에게 옮겨줘서는 안 된다.〔稱錘也 所以稱物之輕重而得其平者也 權 是稱權 柄 是斧柄 處事之變也 居人上者所執 不可下移也〕" 하였다.

군주는 德이 없어서는 안 되니 德이 없으면 신하가 배반하고, 威嚴이 없어서는 안 되니 위엄이 없으면 권세를 잃는다.

人主治國에 **不可以無德**이니 **無德則臣下皆離叛**하고 **臨民**에 **不可以無威**니 **無威則失人主之權**이라 **行道而有得於心**을 **謂之德**이요 **有威而可畏**를 **謂之威**니 **德以附之**하고 **威以臨之**하나니 **無德無威**면 **則無以治國而君臨兆**[1)]**民矣**라

1) 兆 : ≪新刊增補三略≫에 "兆는 많음이니, 10億을 '兆'라 한다." 하였다.

군주가 나라를 다스릴 적에 德이 없어서는 안 되니 德이 없으면 신하들이 모두 離反하고, 백성에게 임할 적에 위엄이 없어서는 안 되니 위엄이 없으면 군주의 권세를 잃는다.

道를 행하여 마음에 얻음이 있는 것을 德이라 하고, 위엄이 있어서 두려워할 만한 것을 威라 한다. 德으로써 따르게 하고 위엄으로써 군림하니, 德이 없고 위엄이 없으면 나라를 다스려서 億兆 백성에게 군림할 수가 없는 것이다.

臣不可以無德이니 **無德則無以事君**이요 **不可以無威**니 **無威則國弱**하고 **威多則身蹶**하나니라

신하는 德이 없어서는 안 되니 德이 없으면 君主를 섬길 수 없고, 威嚴이 없어

서는 안 되니 위엄이 없으면 나라가 약해지고, 위엄이 많으면 몸이 쓰러진다.

臣不可以無德이니 無德則無以事奉人君이요 臣不可以無威니 無威則國勢衰弱이라 夫人臣之威는 當行於敵國이요 施於士衆이니 則國勢盛强이어니와 若威多震主면 則身反顚蹶矣[1)]라

1) 若威多震主 則身反顚蹶矣 : ≪新刊增補三略≫에 "韓信이 군주를 두렵게 하는 위엄을 보유하고 賞을 줄 수 없는 功을 간직하였으므로 뒤에 顚覆됨에 이른 것이 바로 이것이다.〔韓信戴震主之威 挾不賞之功 後至於顚蹶 是也〕" 하였다.

신하는 덕이 없어서는 안 되니 덕이 없으면 군주를 섬겨 받들 수가 없고, 신하는 위엄이 없어서는 안 되니 위엄이 없으면 국가의 권세가 쇠약해진다. 신하의 위엄은 마땅히 적국에서 행해지고 병사들에게 베풀어져야 하니, 이렇게 되면 나라의 형세가 성하고 강해지지만, 만약 위엄이 많아 군주를 두렵게 하면 몸이 도리어 쓰러지게 된다.

故로 聖王御世에 觀盛衰하고 度(탁)得失하여 而爲之制라 故로 諸侯는 二師요 方伯[1)]은 三師요 天子는 六師니 世亂이면 則叛逆生하고 王澤竭이면 則盟誓하여 相誅伐[2)]하나니라

1) 方伯 : 諸侯 중에 한 지방의 우두머리로 동쪽 지방의 우두머리를 東伯, 서쪽 지방의 우두머리를 西伯이라 칭하였는데, 뒤에는 道伯을 일컫는 말로도 사용되었다.
2) 聖王御世……相誅伐 : ≪新刊增補三略≫에 "御는 臨御하는 것이다. 度은 음이 鐸이다. 王澤은 王者의 덕택이다. 聖王의 덕택은 물이 못에 가득한 것과 같으므로 또한 敎化와 恩澤이 다하는 것이다.〔御 臨御也 度音鐸 王澤 王者之德澤也 聖王之德澤 如澤水之盈滿 故又化澤竭盡也〕" 하였다.

그러므로 聖王이 세상을 어거할(다스릴) 때에는 盛衰를 관찰하고 得失을 헤아려서 법제를 만드는 것이다. 이 때문에 諸侯는 2師이고 方伯은 3師이고 天子는 6師이니, 세상이 어지러우면 반역이 생기고, 王者의 은택이 고갈되면 맹세하여 서로 誅伐하는 것이다.

故로 聖王御世에 觀望氣化之盛衰하고 量度人事之得失하여 而爲之法制라 故로 諸侯之國은 二師니 二師는 二軍也요 方伯之國은 三師니 三師는 三軍也요 天子之國은 六師니 六師는 六軍也라 此師字는 與六師移之[1)]之義同이요 非五旅爲師니

萬二千五百人耳[2)]라 世亂은 是無聖王在上이니 則叛逆之人生하고 王澤竭은 是御世之道衰니 則諸侯盟誓[3)]하여 以相征伐이라

1) 六師移之：≪新刊增補三略≫에 "≪周禮≫에 '諸侯가 한 번 조회 오지 않으면 관작을 貶下하고, 두 번 조회 오지 않으면 封地를 줄이고, 세 번 조회 오지 않으면 六軍을 동원하여 군주의 자리를 바꾸고 죄를 문책한다.' 했다.〔周禮 諸侯一不朝則貶其爵 再不朝則削其地 三不朝則六師移之 問罪〕" 하였다.

2) 此師字……萬二千五百人耳：六師는 6軍으로 天子의 군대를 이른다. '六師移之'는 ≪孟子≫ 〈告子 下〉에 "〈제후가〉 한 번 조회하지 않으면 그 官爵을 貶하고, 두 번 조회하지 않으면 그 땅을 떼어내고, 세 번 조회하지 않으면 軍師를 동원하여 군주를 바꿔놓는다.〔一不朝則貶其爵 再不朝則削其地 三不朝則六師移之〕"라고 보인다.

　옛날 군대 편제에 대하여 ≪周禮≫ 〈地官 小司徒〉에 "5명을 伍라 하고, 5伍를 兩이라 하고, 4兩을 卒이라 하고, 5卒을 旅라 하고, 5旅를 師라 하고, 5師를 軍이라 한다.〔五人爲伍 五伍爲兩 四兩爲卒 五卒爲旅 五旅爲師 五師爲軍〕"라고 보인다. 卒은 100명, 旅는 500명, 師는 2,500명, 軍은 12,500명인바, 여기서 말한 師는 2,500명의 師가 아니고, 바로 軍과 같은 12,500명임을 강조한 것이다.

3) 盟誓：≪新刊增補三略≫에 "피를 마시는 것을 '盟'이라 하고, 信義를 맺는 것을 '誓'라 한다. 犧牲을 사용하는 것이 똑같지 않아서 天子는 소와 말을 사용하고 諸侯는 개와 돼지를 사용하고 大夫 이하는 닭을 사용한다.〔歃血曰盟 結信曰誓 用牲不同 天子牛馬 諸侯犬豕 大夫以下用鷄〕" 하였다.

그러므로 聖王이 세상을 다스릴 적에 氣化의 성세를 관망하고 人事의 득실을 헤아려 法制를 만들었다. 제후의 나라는 2師였으니 2師는 2軍이요, 방백의 나라는 3師였으니 3師는 3軍이요, 천자의 나라는 6師였으니 6師는 6軍이다. 여기의 '師'자는 '6師를 동원하여 제후국의 군주를 바꿔놓는다.'는 뜻과 같고, '5旅를 師라 한다.'는 師가 아니니, 바로 12,500명이다.

'세상이 어지럽다.'는 것은 聖王이 윗자리에 있지 않은 것이니, 이렇게 되면 반역하는 사람이 나오고, '왕자의 은택이 고갈되었다.'는 것은 세상을 다스리는 방도가 쇠한 것이니, 이렇게 되면 제후들이 자기들 마음대로 맹세하여 서로 정벌하게 된다.

德同勢敵하여 無以相傾이어든 乃攬英雄之心하여 與衆同好惡(오)니 然後에 加之以權變이라 故로 非計策이면 無以決嫌定疑요 非譎奇면 無以破姦息寇요 非陰計면 無以成功이니라

德이 같고 세력이 비등하여 서로 기울게 할 수가 없으면 이에 영웅의 마음을 거두어 잡아서 사람들과 좋아함과 싫어함을 함께하게 해야 하니, 그런 뒤에야 權變을 가할 수 있다. 그러므로 계책이 아니면 혐의스러움을 결정할 수가 없고, 속임수와 기이한 계책이 아니면 간사함을 깨뜨려 적의 침략을 그치게 할 수 없고, 은밀한 계책이 아니면 성공할 수 없는 것이다.

德與之同하고 勢與之敵하여 無得以相傾이어든 乃延攬英雄之心하여 與士衆同好同惡[1]니 然後에 加之以權變[2]之術이라 故로 非籌策이면 無以決嫌而定疑니 如薛公之策英布[3]와 于謹之策蕭繹[4]이 是也라 非譎奇면 無以破姦而息寇니 譎奇는 謂謀之譎詐奇異者니 如陳平六出奇計之類[5] 是也라 非陰密之計면 無以成就事功이니 陰計는 謂謀之秘密者니 機事不密則害成이라 故로 陰計可以成功也라

1) 與士衆同好同惡 : ≪新刊增補三略≫에 "살펴보건대 이것은 바로 〈上略〉 首章의 뜻이니, 다시 말하여 英雄을 맞이하고 사람들과 좋아하고 싫어함을 함께한다는 뜻을 거듭 밝힌 것이다.〔按 此卽上略首章之旨 重言以申明延攬英雄 與衆同好惡之意也〕" 하였다.

2) 權變 : ≪新刊增補三略≫에 "權變은 權謀와 奇變이다." 하였다.

3) 薛公之策英布 : 英布는 黥布로 六縣 사람인데, 項羽 밑에서 큰 공을 세워 九江王으로 봉해졌다가 漢 高祖(劉邦)에게 귀순하여 淮南王에 봉해진 인물이다.

漢 高祖 11년(B.C. 196)에 黥布가 배반하자, 高祖가 薛公을 불러 물으니, 대답하기를 "만일 黥布가 上策으로 나오면 山東 지방은 漢나라의 소유가 아닐 것이요, 中策으로 나오면 승패를 알 수 없고, 下策으로 나오면 陛下께서 베개를 높이 베고 누우셔서 漢나라에 아무 일이 없을 것입니다." 하였다.

高祖가 묻기를 "黥布의 계책이 장차 어디로 나오겠는가?" 하니, 薛公은 "黥布는 驪山에서 부역하던 무리로서 스스로 萬乘의 군주가 되었으니, 이는 모두 자신을 위하고 후손을 돌아보지 아니하여 반드시 下策으로 나올 것입니다."라고 대답하였는데, 黥布는 과연 下策을 따르다가 멸망하였다. ≪史記 권91 黥布列傳≫

薛公은 옛날 楚나라의 令尹이었다.

4) 于謹之策蕭繹 : 蕭繹은 梁 元帝이다. 西魏에서 于謹을 보내 그를 江陵에서 토벌할 적에 長孫儉이 于謹에게 묻기를 "蕭繹의 계책이 장차 어떻게 나오겠는가?" 하니, 于謹이 대답하기를 "漢水와 沔水 지역에 병력을 과시하되 병력을 모두 인솔하여 揚子江을 건너가서 곧바로 丹陽을 점령하는 것이 上策이요, 城 안에 있는 거주민을 이주시키고 물러가 子城을 확보하고 城堞을 높이 쌓아 지원군이 이르기를 기다리는 것이 中策이요, 만약 이동하는 것을 어렵게 여겨서 羅郭(羅城)을 점거하여 지키면 이것이 下策입

니다." 하였다.

長孫儉이 "정녕 무슨 계책으로 나오겠는가?" 하니, 대답하기를 "蕭氏는 강남 지방을 점거하여 몇십 년을 면면히 이어왔는데, 지금 中原에 사변이 많아 밖을 경략할 겨를이 없으며, 또 蕭繹은 나약하고 智謀가 없어서 의심이 많고 결단력이 적으며, 사람들은 처음을 도모하는 것을 어렵게 여겨서 모두 살고 있는 고을을 연연해하고 옮겨가는 것을 싫어하니, 마땅히 羅郭을 保守하여 반드시 下策을 쓸 것입니다." 하였는데, 뒤에 모두 그의 말과 같이 되었다. ≪孫子 虛實≫

5) 陳平六出奇計之類 : 漢나라의 策士인 陳平이 漢 高祖 劉邦을 따라 여섯 번 기이한 계책을 낸 것을 이른다.

淸나라 錢大昭가 지은 ≪漢書辨疑≫ 〈陳平傳〉에 "첫 번째는 楚나라 項羽의 謀士인 范增과 장수인 鍾離眜 등을 이간시킨 것이고, 두 번째는 高祖가 滎陽에 포위되었을 적에 한밤중에 女子 2,000명을 滎陽의 東門으로 내보내 楚나라 장병들이 이것을 구경하느라 해이해진 틈을 타서 高祖를 위기에서 빠져나오게 한 것이고, 세 번째는 韓信이 齊나라를 평정하고 齊나라의 임시 王이 될 것을 청하자, 高祖를 설득하여 그대로 齊王으로 봉하게 해서 韓信의 도움으로 끝내 천하를 얻은 것이고, 네 번째는 楚王으로 봉한 韓信을 제거하기 위해 高祖가 雲夢이라는 못으로 구경간다고 거짓으로 말하여 韓信이 高祖를 배알하러 오자 武士들을 시켜 韓信을 포박해서 淮陰侯로 강등시킨 것이고, 다섯 번째는 高祖가 匈奴의 冒頓單于(묵특선우)와 싸우다가 匈奴의 속임수에 빠져 平城에 포위되었을 적에 冒頓單于의 아내인 閼氏(연지)에게 뇌물을 써서 高祖를 풀어주게 한 것이고, 여섯 번째는 자세하지 않으나 高祖가 반란을 일으킨 臧荼(도)와 陳豨·黥布를 직접 정벌할 때에 있었을 것으로 추측된다." 하였다.

德이 서로 같고 권세가 서로 비등하여 서로 기울게 할 수 없으면 이에 영웅의 마음을 널리 거두어 잡아서 병사들과 좋아함을 함께하고 싫어함을 함께하게 해야 하니, 그런 뒤에 權變의 술수를 가할 수 있다. 그러므로 계책이 아니면 혐의를 결정할 수가 없으니, 예컨대 薛公이 英布의 계책을 헤아린 것과 于謹이 蕭繹의 계책을 헤아린 것이 이것이다.

속임수와 기이한 계책이 아니면 간사함을 깨뜨려 적의 침략을 그치게 할 수가 없으니, 속임수와 기이한 계책이란 계책의 속임수와 기이한 것을 이르니, 예컨대 陳平이 여섯 번 기이한 계책을 낸 따위가 이것이다.

은밀한 계책이 아니면 공을 성취할 수가 없으니, 은밀한 계책이란 계책 중에 비밀스러운 것을 이르는바, 기밀의 일이 비밀스럽지 않으면 害가 이루어진다. 그러므로 은밀한 계책이 성공할 수 있는 것이다.

聖人은 **體天**하고 **賢人**은 **法地**하고 **智者**는 **師古**하나니라

聖人은 하늘을 體行하고, 賢人은 땅을 본받으며, 지혜로운 자는 옛것을 본받는다.

上古에 聖人은 體天而行하니 天道는 無爲而成化하고 聖人은 無爲而成治라 賢人은 法地而行하니 地道有爲라야 方成生長之功이요 賢人亦有爲라야 方成安民之治니 若春不種이면 地何以生이며 夏不耘이면 地何以長이리오 是以로 必待有爲而成功也라 賢人은 非聖人比也니 安能以無爲而成治哉리오 智者는 師古而行하나니 書曰 事不師古는 匪說(열)攸聞[1]이라하고 詩曰 古訓是式[2]이라하니 故로 師古[3]而行은 惟智者能之라

1) 書曰……匪說(열)攸聞 : 說은 殷나라 高宗(武丁)의 어진 재상인 傅說로, 이 내용은 ≪書經≫ 〈商書 說命 下〉에 "傅說이 말하기를 '王이여! 聞見이 많은 사람을 구함은 이 일을 세우기 위해서입니다. 옛 가르침을 배워야 얻음이 있을 것이니, 일을 옛것을 본받지 않고서 능히 장구하게 하는 것은 제가 들은 바가 아닙니다.' 하였다.〔說曰 王 人求多聞 時惟建事 學于古訓 乃有獲 事不師古 以克永世 匪說攸聞〕"라고 보인다.

2) 詩曰 古訓是式 : ≪詩經≫ 〈大雅 烝民〉에 "仲山甫의 덕이 유순하고 아름다워 법칙(모범)이 되니, 威儀가 빼어나고 顔色이 훌륭하며 조심하여 공경하고 두려워하며 옛 교훈을 이에 본받으며 위의를 힘쓰며 天子에게 순종하며 밝은 命을 사방에 펴도다.〔仲山甫之德 柔嘉維則 令儀令色 小心翼翼 古訓是式 威儀是力 天子是若 明命使賦〕"라고 보인다. 仲山甫는 樊侯의 字로, 周 宣王의 名臣이다.

3) 故師古 : 一本에는 故가 없고 '蓋法古(옛것을 본받다.)'로 되어있다.

上古時代에 聖人은 하늘을 體行하였으니, 하늘의 道는 作爲함이 없이 교화를 이루고, 성인은 작위함이 없이도 다스림을 이룬다.

賢人은 땅을 본받아 행하니, 땅의 도는 작위함이 있어야 비로소 생장하는 공을 이룰 수 있고, 賢人 또한 작위함이 있어야 비로소 백성을 편안히 하는 다스림을 이룰 수 있으니, 만약 봄에 播種하지 않으면 땅이 어떻게 낳게 하며, 여름에 김매지 않으면 땅이 어떻게 곡식을 자라게 하겠는가. 이 때문에 반드시 작위함이 있어야 공이 이루어지는 것이다. 賢人은 聖人에 견줄 바가 아니니, 어찌 작위함이 없이 다스림을 이룰 수 있겠는가.

지혜로운 자는 옛날을 본받아서 행하니, ≪書經≫에 이르기를 "옛일을 본받지 않는 것은 傅說이 들은 바가 아니다.〔事不師古 匪說攸聞〕" 하였고, ≪詩經≫에 이르기를 "옛

날 가르침을 본받는다.〔古訓是式〕" 하였다. 그러므로 옛것을 본받아 행함은 오직 지혜로운 자만이 가능한 것이다.

是故로 三略은 爲衰世作[1]이니 上略은 設禮賞하고 別姦雄하고 著成敗요 中略은 差德行하고 審權變이요 下略은 陳道德하고 察安危하고 明賊賢之咎하니라

1) 三略 爲衰世作 : 尹鑴는 ≪白湖集≫ 권22 〈黃石公三略跋〉에서 "≪삼략≫이란 책은 霸者의 책이다. 그 책에서 이르기를 '≪삼략≫은 쇠한 세상을 위하여 지었다.' 하였으니, 부득이했던 것이다. 아, 王道가 행해지지 않음으로써 霸者가 되려는 도모가 일어난 것이니, 한갓 세상이 쇠했을 뿐만 아니라 德 또한 강등된 것이다. 덕은 이미 先王에 미치지 못하거니와, 道 또한 쇠한 세상을 다스릴 수 없고 보니, 敗亡과 危厄이 뒤를 따라 백성을 살리는 도리가 거의 사라지게 되었다. 이것이 곧 ≪삼략≫이란 책을 짓게 된 까닭이다.〔三略之書 伯(패)者之書也 其言曰 三略 爲衰世作 非得已也 嗚乎 王道不行而伯圖興 非徒世之衰 亦德之降也 蓋德旣不及乎先王 而道又不足以御衰世 則敗亡危厄隨之 而生民之理 或幾乎息矣 此三略之書所以作也〕" 하였다.

이 때문에 ≪三略≫은 쇠한 세상을 위하여 지었으니, 〈上略〉은 禮遇하고 賞 주는 일을 진술하고 姦雄을 구별하여 성패를 드러냈으며, 〈中略〉은 德行을 차별하고 權變을 살폈으며, 〈下略〉은 道德을 말하고 安危를 살피고 賢者를 해치는 잘못을 밝혔다.

是故로 三略之書는 爲衰世而作也니 上略一卷은 陳說禮賞之事하고 辨別姦雄之人하고 著顯成敗之迹이요 中略一卷은 差別德行하고 審察權變이요 下略一卷은 敷陳道德하고 審察安危하고 明辨賊害賢士之殃咎라 按此節以下로 至中卷末은 疑是黃石公推演之言이니 學者詳之니라

이 때문에 ≪三略≫은 쇠한 세상을 위하여 지은 것이니, 〈上略〉 1권은 예우하고 상 주는 일을 陳說하고 간사하고 뛰어난 사람을 辨別하고 성패의 자취를 드러내어 밝혔으며, 〈中略〉 1권은 덕행을 차별하고 權變을 살폈으며, 〈下略〉 1권은 도덕을 펴서 말하고 安危를 살피고 어진 선비를 해치는 재앙과 허물을 밝게 분별하였다.

살펴보건대, 이 節 이하로 中卷의 끝부분까지는 아마도 黃石公이 미루어 부연한 말인 듯하니, 배우는 자들이 자세히 살펴야 할 것이다.

故로 **人主深曉上略**이면 **則能任賢擒敵**이요 **深曉中略**이면 **則能御將統衆**이요 **深曉下略**이면 **則能明盛衰之源**하고 **審治國之紀**[1)]하나니라

1) 深曉上略……審治國之紀 : ≪新刊增補三略≫에 "曉는 밝음이다. 紀는 벼릿줄이니 큰 것을 '綱'이라 하고 작은 것을 '紀'라 한다.〔曉明也 紀維也 大曰綱 小曰紀〕" 하였다.

그러므로 군주가 〈上略〉을 깊이 깨달으면 능히 국정을 賢者에게 맡겨 적을 사로잡고, 〈中略〉을 깊이 깨달으면 능히 장수를 어거하여 무리를 거느릴 수 있고, 〈下略〉을 깊이 깨달으면 능히 盛衰의 근원을 밝게 알고 나라를 다스리는 紀綱을 살필 수 있는 것이다.

故로 **人主深曉上略**이면 **則能任賢用人**하여 **擒取敵將**이니 **上略**에 **設禮賞**은 **所以能任賢也**요 **著成敗**는 **所以能擒敵也**라 **人主深曉中略**이면 **則能御治將帥**하고 **統屬士衆**이니 **中略**에 **差德行**하고 **審權變**은 **所以能御將統衆也**라 **人主深曉下略**이면 **則能明辨盛衰之根源**하고 **審察治國之綱紀**니 **下略**에 **陳道德**하고 **察安危**하고 **明賊賢之咎**는 **所以能明盛衰之源**하고 **審治國之紀也**라

그러므로 군주가 〈上略〉을 깊이 깨달으면 현자에게 국정을 맡기고 훌륭한 인재를 등용하여 적장을 사로잡을 수 있으니, 〈上略〉에 예우하고 상을 주는 것을 가설한 것은 현자에게 國政을 맡기려 한 것이요, 成敗를 드러내어 밝힌 것은 적을 사로잡으려 한 것이다.

군주가 〈中略〉을 깊이 깨달으면 능히 장수를 어거하고 병사들을 통솔할 수 있으니, 〈中略〉에 德行을 차별하고 權變을 살핀 것은 장수를 어거하고 병사들을 통솔하려 한 것이다.

군주가 〈下略〉을 깊이 깨달으면 성쇠의 근원을 밝게 변별하고 나라를 다스리는 기강을 살피게 되니, 〈下略〉에 도덕을 말하고 安危를 살피고 현자를 해치는 허물을 밝힌 것은 성쇠의 근원을 밝게 알고 나라를 다스리는 기강을 살피려 한 것이다.

人臣이 **深曉中略**이면 **則能全功保身**이니라

신하가 〈中略〉을 깊이 깨달으면 공을 온전히 하고 몸을 보전할 수 있다.

人臣이 **深曉中略**이면 **則能全功而保身**이니 **中略**에 **審權變**하니 **人臣知權變之道**면 **所以能全功保身也**라 **不言上略下略者**는 **但論人臣全功保身之事也**라

신하가 〈中略〉을 깊이 깨달으면 능히 공을 온전히 하고 몸을 보전할 수 있다. 〈中略〉에 權變을 살폈으니, 신하가 권변의 도를 알면 공을 온전히 하고 몸을 보전할 수 있게 된다.

〈上略〉과 〈下略〉을 말하지 않은 것은 다만 신하가 공을 온전히 하고 몸을 보전하는 일을 논했기 때문이다.

夫高鳥死에 **良弓藏**하고 **敵國滅**에 **謀臣亡**[1)]하나니 **亡者**는 **非喪其身也**요 **謂奪其威**하고 **廢其權也**니라

1) 高鳥死……謀臣亡 : 이 말은 漢나라의 개국공신 韓信이 鍾離昧의 일에 연루되어 모반죄로 체포되었을 때 한 말이다. "과연 사람들의 말과 같구나. '교활한 토끼가 죽으면 훌륭한 사냥개가 삶아지고, 높이 나는 새가 다하면 좋은 활이 감춰지고, 적국이 멸망하면 도모하는 신하가 망하게 된다.〔狡兎死 良狗烹 高鳥盡 良弓藏 敵國破 謀臣亡〕' 하였는데, 천하가 이미 평정되었으니, 내가 삶아지는 것은 당연한 일이다." ≪史記 권92 淮陰侯列傳≫

≪新刊增補三略≫에 "살펴보건대 이것은 越나라 大夫 文種의 말인 듯하다.〔按 此疑是大夫種之言〕" 하였다.

높이 나는 새가 죽으면 좋은 활이 감춰지고, 적국이 멸망하면 도모하는 신하가 망하니, 망한다는 것은 그 몸을 잃는 것이 아니요 위엄을 빼앗기고 권세를 잃음을 말한 것이다.

夫高鳥之死면 **則良弓藏之於府庫**하고 **敵國旣破滅**이면 **則謀臣皆亡去**하나니 **亡者**는 **非喪亡其身也**요 **謂人君奪其威**하고 **廢其權**하여 **不令總兵柄也**라 **此下**는 **又言人主保全功臣之道**하니라

높이 나는 새가 죽으면 좋은 활이 창고에 감춰지고, 적국이 파괴되고 멸망하면 도모하는 신하가 모두 망하여 떠나가니, 망한다는 것은 그 몸을 망치는 것이 아니요 군주가 위엄을 빼앗고 권세를 잃어 병권을 통솔하지 못하게 되는 것이다.

이 아래에는 또 군주가 功臣을 보전하는 방도를 말하였다.

封之於朝하여 **極人臣之位**하여 **以顯其功**하며 **中州**[1)]**善國**으로 **以富其家**하며 **美色珍玩**으로 **以悅其心**하나니라

1) 中州 : ≪新刊增補三略≫에 "中州는 中土라는 말과 같다. 珍은 보배이고 玩은 희롱함이

다.〔中州 猶中土 珍 寶也 玩 弄也〕" 하였다.

功臣을 조정에서 봉하여 人臣의 지위를 지극히 해서 공로를 드러내며, 중국의 좋은 나라로 그 집을 부유하게 하며, 아름다운 여색과 진귀한 보배로 그 마음을 기쁘게 한다.

封之於朝하여 使極人臣之位하여 以彰顯其功하며 與之中州善國하여 使納貢賦하여 以富其家하며 賜之美女珍玩하여 以娛悅其心이니 此는 漢光武宋太祖保全功臣之術[1)]이요 非上古聖帝明王所以保全功臣之道라

1) 漢光武宋太祖保全功臣之術 : 漢 光武는 後漢의 光武帝인 劉秀이고, 宋 太祖는 北宋의 太祖인 趙匡胤이다. 前漢을 일으킨 高祖 劉邦은 천하를 통일한 뒤에 韓信을 楚王에, 彭越을 魏王에, 黥布를 淮南王에 봉했으나 韓信과 彭越을 의심하여 모두 죽이니, 黥布와 陳豨 등이 모두 두려운 마음을 품고 배반하다가 죽임을 당하였다. 光武帝는 이것을 거울삼아 開國에 큰 功이 있는 鄧禹와 馮異 등에게 큰 封地와 軍權을 주지 않고 대신 잘 우대하여 부귀를 누리며 즐겁게 살게 하였다.

唐나라 이후 五代時代에는 軍功이 있는 자에게 아침에는 王으로 봉하였다가 저녁에는 죽이는 일이 빈번하였다. 宋 太祖는 이것을 거울삼아 功이 있는 신하들에게 軍權을 주지 않고 부귀를 끝까지 누리게 하였으며, 심지어는 諫臣을 한 명도 죽이지 않는 王朝를 만들었다.

功臣을 조정에서 봉하여 신하의 지위를 지극하게 해서 그 공을 밝게 드러내며, 중국의 좋은 나라를 봉해주어서 貢物과 賦稅를 바치게 하여 그 집을 부유하게 하며, 아름다운 여인과 진귀한 보물을 하사하여 그 마음을 기쁘게 해주었으니, 後漢의 光武帝와 宋 太祖가 공신을 보전한 방법이요, 上古時代의 聖스러운 황제와 현명한 왕이 공신을 보전한 방도는 아니다.

夫人衆一合이면 而不可卒離요 權威一與면 而不可卒移니 還師罷軍은 存亡之階라 故로 弱之以位하고 奪之以國이니 是謂霸者之略이라 故로 霸者之作은 其論駁也[1)]니라

1) 不可卒移……其論駁也 : ≪新刊增補三略≫에 "卒은 급함이다. 還은 음이 旋이니 돌아옴이요, 駁은 잡됨이다.〔卒 急也 還 音旋 反也 駁 雜也〕" 하였다.

군대를 한번 모으면 갑자기 해산할 수 없고 권세와 위엄을 한번 주면 갑자기

옮길 수 없으니, 장수가 凱旋하여 군대를 해산하는 것은 존망의 계제이다. 그러므로 지위를 약화시키고 나라를 빼앗는 것이니, 이것을 일러 '霸者의 지략'이라 한다. 그러므로 패자가 나옴은 그 의논이 雜駁한 것이다.

夫人衆一合이면 而不可倉卒以離之요 權威一與면 而不可倉卒以移之니 還師罷軍之日은 存亡之階梯也[1)]라 故로 弱之以位하여 不使執大權하고 奪之以國하여 不使居要地니 此謂霸者之謀略이라 故로 霸者之作은 其論駁雜也[2)]라 弱之以位하고 奪之以國은 此漢高所以僞遊雲夢하여 擒楚王信하여 奪其國하고 而降封爲淮陰侯也[3)]라 論者以爲漢雜霸道라하니 於此에 亦可見矣라

1) 存亡之階梯也 : ≪新刊增補三略≫에 "成功하고 돌아와서 角巾을 쓰고 자기의 집으로 돌아감은 몸을 보존하는 기틀이요, 兵權을 탐하여 군주로 하여금 의심하고 꺼리게 하는 것은 몸을 망치는 階梯이다.〔成功而還 角巾歸第 存身之機 貪握兵權 使之疑忌 亡身之階梯也〕" 하였다.

2) 霸者之作 其論駁雜也 : 王者는 仁義를 행하여 순수한 반면, 霸者는 權謀術數를 구사하므로 그 의논이 잡박하다 한 것이다.

3) 此漢高所以僞遊雲夢……而降封爲淮陰侯也 : 漢 高祖는 천하를 통일한 다음 韓信을 楚王에 봉했으나 그의 재능과 封地가 큰 것에 불안을 느끼던 중 韓信이 장차 배반할 것이라는 소문이 들려왔다. 그러나 제재할 길이 없었는데, 陳平이 "皇帝께서 楚나라와 가까운 雲夢으로 유람을 가신다고 하면 韓信이 반드시 皇帝를 배알하러 올 것이니, 이때 사로잡으면 됩니다."라고 계책을 내었다. 高祖가 거짓으로 유람을 간다고 하며 雲夢에 이르러서는, 高祖를 뵈러 온 韓信을 사로잡아 長安으로 데리고 가서 淮陰侯로 강등시켰다. 韓信은 이에 불만을 품고 陳豨와 내통하여 반란을 획책하다가 죽임을 당하였다.

군대를 한번 모으면 갑자기 해산할 수 없고 권세와 위엄을 한번 주면 갑자기 옮길 수 없으니, 장수가 개선하여 군대를 해산하는 날은 존망의 계제이다. 그러므로 지위를 약화시켜서 큰 권세를 잡지 못하게 하고 나라를 빼앗아서 중요한 자리에 있지 못하게 하는 것이니, 이것을 일러 霸者의 모략이라 한다. 그러므로 霸者가 나옴은 그 의논이 잡박한 것이다.

지위를 약화시키고 나라를 빼앗은 것은, 漢 高祖가 거짓으로 雲夢에 유람하여 楚王 韓信을 사로잡아서 그 나라를 빼앗고 강등하여 淮陰侯로 봉한 경우이다. 의논하는 자가 말하기를 "한나라는 王道와 霸道를 섞어 썼다." 하니, 여기에서도 볼 수 있다.

存社稷하고 **羅英雄者**는 **中略之勢也**라 **故**로 **勢主秘焉**하나니라

社稷을 보존하고 영웅을 망라하는 것은 〈中略〉의 권세이다. 그러므로 권세 있는 군주가 비밀로 간직하는 것이다.

存守社稷하고 搜羅英雄者는 乃中略之權勢也라 故로 權勢之主 秘密而不肯泄焉이라

社稷을 보존하여 지키고 영웅을 망라하는 것은 바로 〈中略〉의 권세이다. 그러므로 권세를 잡은 군주가 비밀로 간직하고 누설하려고 하지 않는 것이다.

下略

夫能扶天下之危者는 則據天下之安하고 能除天下之憂者는 則享天下之樂하고 能救天下之禍者는 則獲天下之福[1]하나니라

1) 夫能扶天下之危者……則獲天下之福 : ≪新刊增補三略≫에 "살펴보건대 이 章은 바로 湯王이 桀王을 정벌하고 武王이 紂王을 정벌한 것과 漢 高祖가 秦나라와 項羽를 멸망시킨 것이 이것이다.〔按 此章卽湯之伐桀 武王之伐紂 漢高祖之滅秦項 是也〕" 하였다.

능히 천하의 위태로움을 붙들어주는 자는 천하의 편안함을 차지하고, 능히 천하의 근심을 제거하는 자는 천하의 즐거움을 누리고, 능히 천하의 禍를 구제하는 자는 천하의 福을 얻는다.

夫人이 能扶持天下衆人之危者는 則據天下之安하고 能除去天下衆人之憂者는 則享天下之樂하고 能救天下衆人之禍者는 則獲天下之福[1]이라

1) 能救天下衆人之禍者 則獲天下之福 : ≪新刊增補三略≫에 "≪敬篇≫에 이르기를 '正當한 이치로 順從하는 자는 福을 받고, 非理로 역행하는 자는 禍를 받는다.' 했다.〔敬篇云 以正理從順者 福也 以非理逆行者 禍也〕" 하였다.

능히 천하 사람들의 위태로움을 부지할 수 있는 자는 천하의 편안함을 차지하고, 능히 천하 사람들의 근심을 제거하는 자는 천하의 즐거움을 누리고, 능히 천하 사람들의 禍를 구제하는 자는 천하의 福을 얻는다.

故로 澤及於民이면 則賢人歸之하고 澤及昆蟲이면 則聖人歸之하나니 賢人所歸엔 則其國强하고 聖人所歸엔 則六合同이니라

그러므로 德澤이 인민에게 미치면 賢人이 돌아오고, 덕택이 곤충에게까지 미치면 聖人이 돌아오는 것이다. 賢人이 돌아오는 곳에는 그 나라가 강하고, 聖人이

돌아오는 곳에는 六合이 함께한다.

故로 德澤及於人民이면 則賢人來歸之하고 德澤及於昆蟲[1)]이면 則聖人來歸之하나니 賢人之所歸엔 則其國盛强하고 聖人之所歸엔 則六合和同이라 六合은 天地四方也라

1) 德澤及於昆蟲 : ≪新刊增補三略≫에 "역사책에서 말한 '湯王의 덕이 금수에게까지 미쳤다.'는 말과 같은 따위이다.〔猶史所稱湯德及禽獸之類〕" 하였다.

그러므로 덕택이 인민에게 미치면 賢人이 돌아오고, 덕택이 곤충에게까지 미치면 聖人이 돌아오는 것이다. 賢人이 돌아오는 곳에는 그 나라가 강성하고, 聖人이 돌아오는 곳에는 六合이 화합하여 함께한다. 六合은 하늘과 땅과 사방이다.

求賢以德이요 致聖以道라 賢去則國微하고 聖去則國乖하나니 微者는 危之階요 乖者는 亡之徵이니라

德으로써 賢人을 구하고 道로써 聖人을 초치해야 한다. 현인이 떠나가면 나라가 衰微(衰弱)해지고 성인이 떠나가면 나라가 어그러지니, 쇠미해짐은 위태로움의 계제요, 어그러짐은 멸망의 징조이다.

人君求賢에 當以德이요 致聖에 當以道라 德不盛則賢不至요 道不隆則聖不歸니 人君欲求賢致聖이로되 而不修道德이면 亦安能致之來哉리오 賢人若去면 則國家衰微하고 聖人若去면 則國家乖舛(괴천)하나니 微者는 危殆之階梯요 乖者는 亡滅之徵兆라 如穆生去而楚危[1)]와 微子去而殷亡[2)]이 是也라

1) 穆生去而楚危 : 穆生은 楚 元王의 門客이다. 漢 高祖는 천하를 통일한 뒤에 막내아우인 劉交를 楚王에 봉하였으니, 이가 바로 元王이다. 元王은 서책을 좋아하여 魯나라의 申公과 穆生·白公과 함께 浮丘伯에게서 ≪詩經≫을 배웠는데, 楚나라에 봉해지자 세 사람을 中大夫로 중용하였다. 穆生이 술을 좋아하지 않았으므로, 元王은 술자리를 베풀 때마다 특별히 穆生을 위해 단술을 장만하였으며 元王의 아들 夷王 또한 그렇게 하였는데, 손자인 王戊가 즉위하여서는 시간이 지나자 단술을 마련하지 않았다.

이에 穆生은 말하기를 "단술을 마련하지 않으니 王의 마음이 태만해진 것이다. 내가 떠나가지 않으면 楚나라 사람이 장차 나를 죄인으로 만들어 시장에서 재갈을 물릴 것이다."라고 하고 떠났다. 그 후 王戊가 吳王 濞와 함께 반란을 일으켰다가 실패하여

申公과 白公도 함께 화를 당하였으나, 穆生은 무사할 수 있었다. ≪漢書 권36 楚元王交傳≫

2) 微子去而殷亡 : 微子는 이름이 啓로, 殷나라 紂王의 庶兄인데, 微는 나라 이름이고 子는 爵位이다. 紂王이 무도한 짓을 자행하므로 자주 諫하였으나 듣지 않자 宗祀를 보존하기 위해 殷나라를 떠나 은둔하였는데, 뒤에 周 武王이 宋나라에 봉하여 湯王의 제사를 받들게 하였다.

≪論語≫ 〈微子〉에 "微子는 떠나가고 箕子는 종이 되고 比干은 간하다가 죽었는데, 孔子께서 말씀하시기를 '殷나라에 세 仁者가 있었다.'라고 하셨다.〔微子去之 箕子爲之奴 比干諫而死 孔子曰 殷有三仁焉〕"라고 보인다.

군주가 賢人을 구할 적에는 마땅히 德으로써 하여야 하고, 聖人을 초치할 적에는 마땅히 道로써 하여야 한다. 덕이 성하지 않으면 현인이 이르지 않고 도가 높지 않으면 성인이 귀의하지 않으니, 인군이 현인을 구하고 성인을 초치하고자 하면서 도와 덕을 닦지 않는다면 또한 어떻게 초치하여 오게 할 수 있겠는가. 만일 현인이 떠나가면 국가가 쇠미해지고, 만일 성인이 떠나가면 국가가 어그러지니, 쇠미해짐은 위태로움의 계제요, 어그러짐은 멸망의 징조이다.

예컨대 穆生이 떠나감에 楚나라가 위태로워지고, 微子가 떠나감에 殷나라가 망한 것이 이것이다.

賢人之政은 **降人以體**하고 **聖人之政**은 **降人以心**하나니 **體降**이면 **可以圖始**요 **心降**이면 **可以保終**이니 **降體以禮**요 **降心以樂**(악)[1]이니라

1) 降人以體 降心以樂(악) : ≪新刊增補三略≫에 "≪詩經≫에 '이미 君子를 만나보면 내 마음이 가라앉는다.' 하였으니, '降'자는 마땅히 本字(내릴 강)대로 읽어야 한다.〔詩云 旣見君子 我心則降 降者當讀如字〕" 하였다.

賢人의 정사는 남에게 낮춤을 몸으로써 하고, 聖人의 정사는 남에게 낮춤을 마음으로써 한다. 몸으로 남에게 낮추면 처음을 도모할 수 있고 마음으로 남에게 낮추면 끝을 보전할 수 있으니, 몸을 낮춤은 禮로써 하고 마음을 낮춤은 樂으로써 한다.

賢人之爲國政은 降人以體하고 聖人之爲國政은 降人以心하나니 以體降人이면 可以謀其始요 以心降人이면 可以保其終이니 降吾之體以下人에 當以禮요 降吾之心以下人에 當用樂이라

현인이 국정을 다스릴 적에는 남에게 몸으로써 낮추고, 성인이 국정을 다스릴 적에는 남에게 마음으로써 낮춘다. 몸으로써 남에게 낮추면 처음을 도모할 수 있고, 마음으로써 남에게 낮추면 끝을 보전할 수 있으니, 나의 몸을 낮추어서 남에게 낮출 때에는 마땅히 禮로써 하여야 하고, 나의 마음을 낮추어서 남에게 낮출 때에는 마땅히 樂으로써 하여야 한다.

所謂樂(악)**者**는 **非金石絲竹也**라 **謂人樂**(락)**其家**하고 **謂人樂其族**하고 **謂人樂其業**하고 **謂人樂其都邑**하고 **謂人樂其政令**하고 **謂人樂其道德**이니 **如此君人者**라야 **乃作樂**(악)**以節之**하여 **使不失其和**[1]하나니라

1) 乃作樂(악)以節之 使不失其和 : ≪新刊增補三略≫에 "節은 조절함이요 제재함이다. ≪通論≫에 '작은 즐거움을 '喜'라 하고 큰 즐거움을 '樂'이라 한다.' 하였다. 음악은 사람의 마음에서 나와 管絃에 펼쳐지니, 聖人이 天下의 즐거움을 함께한 뒤에야 비로소 음악을 만들어 절제하였으니, 帝嚳의 雲門, 帝堯의 咸池, 帝舜의 大韶, 禹王의 大夏, 湯王의 大濩, 武王의 大武와 같은 음악이 이것이다.〔節 操也制也 通論曰 小曰喜 大曰樂 樂出於人心 布於管絃 有聖人者 同天下之樂 然後乃作樂以節之 如帝嚳雲門 帝堯咸池 舜之大韶 禹之大夏 湯之大濩 武之大武 是也〕" 하였다.

이른바 樂이라는 것은 쇠와 돌과 실(현악기)과 대나무(관악기)가 아니라, 사람들이 자기 집을 즐거워하고 사람들이 자기 친족들과 즐거워하고, 사람들이 생업을 즐거워하고 사람들이 都邑을 즐거워하고, 사람들이 정사와 명령을 즐거워하고 사람들이 도덕을 즐거워함을 이르니, 이와 같이 인민에게 군주 노릇하는 자라야 비로소 음악을 만들어 절제해서 和함을 잃지 않게 하는 것이다.

所謂樂者는 非金石絲竹之類也라 金은 鍾也요 石은 磬也요 絲는 琴瑟也요 竹은 簫管也라 盖謂人樂居其家하고 謂人樂會其族하고 謂人樂守其業하고 謂人樂處其都邑하고 謂人樂奉其政令하고 謂人樂聞其道德이니 如此君主斯人者라야 乃作樂以節之하여 使不失其本然之和也라

이른바 樂이라는 것은 쇠와 돌과 현악기와 관악기의 따위가 아니다. 金은 鍾이고, 돌은 編磬이고, 현악기는 거문고와 비파이고, 관악기는 퉁소와 피리이다.

이는 사람들이 자기 집에 사는 것을 즐거워하고 사람들이 친족과 모이는 것을 즐거워하고, 사람들이 생업을 지키는 것을 즐거워하고 사람들이 도읍에 거주하는 것을 즐

거워하고, 사람들이 정사와 명령을 받드는 것을 즐거워하고 사람들이 도덕을 듣는 것을 즐거워함을 이른 것이니, 이와 같이 인민에게 군주 노릇하는 자라야 비로소 음악을 만들어 절제해서 그 본연의 화합을 잃지 않게 하는 것이다.

故로 有德之君은 以樂樂(악락)人하고 無德之君은 以樂樂身하나니 樂人者는 久而長하고 樂身者는 不久而亡이니라

그러므로 德이 있는 군주는 음악으로써 남을 즐겁게 하고, 덕이 없는 군주는 음악으로써 자신을 즐겁게 하니, 남을 즐겁게 하는 자는 오래도록 장구하고, 자신을 즐겁게 하는 자는 오래가지 못하여 망한다.

故로 有德之君은 以樂樂天下之人하나니 卽孟子所謂與人樂樂之義요 無德之君은 以樂樂自己之一身하나니 卽孟子所謂獨樂樂[1]之義라 以樂樂人者는 其國祚久而長하고 以樂樂身者는 其國祚不久而亡[2]이라

1) 孟子所謂與人樂樂之義……卽孟子所謂獨樂樂 : '與人樂樂'은 다른 사람과 함께 음악을 즐기는 것이고, '獨樂樂'은 혼자서 음악을 즐기는 것이다.

≪孟子≫ 〈梁惠王 下〉에, 孟子가 齊 宣王과 음악을 말씀하면서, 宣王에게 "홀로 음악을 즐기는 것과 다른 사람과 음악을 즐기는 것이 어느 것이 더 즐겁습니까?" 하고 물으니, 宣王이 "남과 함께하는 것만 못합니다." 하였다. 孟子가 "적은 사람과 음악을 즐김과 많은 사람과 음악을 즐김이 어느 것이 더 즐겁습니까?" 하고 물으니, 宣王이 "많은 사람과 함께하는 것만 못합니다."〔曰 獨樂樂 與人樂樂孰樂 曰 不若與人 曰 與少樂樂 與衆樂樂孰樂 曰 不若與衆〕라고 대답한 내용이 보인다.

2) 以樂樂身者 其國祚不久而亡 : ≪新刊增補三略≫에 "商나라 紂王이 桑間과 濮上의 음탕한 음악을 만들고서 밤낮으로 음악에 빠져 나라를 멸망하고 몸을 죽임과 같은 따위이다. '여러 사람들과 즐거워한다.'는 것은 위의 註에 보인다.〔如商紂作桑間(條)〔濮〕上靡靡之樂 晝夜沈溺 亡國滅身之類 衆樂 上見註〕" 하였다. ≪新刊增補三略≫ 원문의 '條'는 ≪禮記≫ 〈樂記〉에 의거하여 '濮'으로 바로잡았다.

그러므로 덕이 있는 군주는 음악으로써 천하의 사람을 즐겁게 하니, 이는 곧 ≪孟子≫에 이른바 "다른 사람과 함께 음악을 즐긴다.〔與人樂樂〕"는 뜻이요, 덕이 없는 군주는 음악으로써 자기의 한 몸을 즐거워하니, 이는 곧 ≪孟子≫에 이른바 "홀로 음악을 즐긴다.〔獨樂樂〕"는 뜻이다. 음악으로써 남을 즐겁게 하는 자는 그 國祚(國運)가 오래도록 장구하고, 음악으로써 자기 몸을 즐겁게 하는 자는 國祚가 오래가지 못하여

망한다.

釋近謀遠者는 **勞而無功**하고 **釋遠謀近者**는 **佚而有終**하나니 **佚政**은 **多忠臣**하고 **勞政**은 **多怨民**하나니라

가까운 것을 버려두고 먼 것을 도모하는 자는 수고롭기만 하고 功이 없으며, 먼 것을 버려두고 가까운 것을 도모하는 자는 편안하면서도 좋은 끝마침이 있으니, 백성을 편안하게 하는 정사에는 충성하는 신하가 많고, 백성을 수고롭게 하는 정사에는 원망하는 백성이 많다.

舍近而圖謀其遠者는 則勞而無功하니 如秦越韓魏而攻齊[1] 是也라 舍遠而圖謀其近者는 則佚而有終하니 如范雎說(세)秦하여 遠交而近攻[2]이 是也라 佚政則國多忠藎[3]之臣하고 勞政則下多怨懟之民이라

1) 秦越韓魏而攻齊 : 戰國時代 말기에 秦 昭王은 외숙인 穰侯 魏冉에게 국정을 일임하였는데, 魏冉은 가까이 있는 韓나라와 魏나라를 넘어가 齊나라를 공격하였다. 昭王 26년(B.C. 281)에는 趙나라의 關津을 점령하였는데, 이를 趙나라에 돌려주는 대가로 趙나라로부터 원병을 얻어서 齊나라를 공격하다가, 齊 襄王이 보낸 蘇代의 설득에 넘어가 공격을 중지하였으며, 昭王 36년(B.C. 271)에는 客卿 竈에게 명해서 齊나라의 剛·壽를 공격하여 자신의 영지인 陶邑을 넓히도록 하였다. ≪史記 권72 穰侯列傳≫

2) 范雎說(세)秦 遠交而近攻 : 范雎는 魏나라 사람으로 魏나라 中大夫 須賈를 섬겼는데, 오해를 받아 相國 魏齊에게 모진 매를 맞고 거의 죽을 지경에 이르렀다가 겨우 목숨을 부지하고는, 秦나라 사신 王稽를 따라 秦나라에 들어가 昭王에게 魏冉이 韓·魏를 넘어가서 齊나라를 공격하는 것은 잘못된 계책이라며 대신 遠交近攻策을 쓸 것을 권유하였다. 이에 昭王은 穰侯 魏冉을 내치고 范雎를 재상으로 삼아 遠交近攻策을 써서 六國을 피폐시키고 천하통일의 기초를 세웠다. ≪史記 권79 范雎列傳≫

3) 忠藎 : ≪新刊增補三略≫에 "藎은 進이니, 충성과 사랑이 돈독해서 나아가고 나아가 그치지 않는 것이다.〔藎 進也 忠愛之篤 進進不已也〕" 하였다.

가까운 것을 버려두고 먼 것을 도모하는 자는 수고롭기만 하고 공이 없으니, 예컨대 秦나라가 韓나라와 魏나라를 넘어 齊나라를 공격한 것이 이것이다. 먼 것을 버려두고 가까운 것을 도모하는 자는 편안하면서도 좋은 끝마침이 있으니, 范雎가 秦王을 설득하여 먼 나라와 사귀고 가까운 나라를 공격한 것이 이것이다. 백성을 편안하게

하는 정사에는 나라에 忠藎한 신하가 많고, 백성을 수고롭게 하는 정사에는 아래에 원망하는 백성이 많다.

故로 **曰 務廣地者**는 **荒**하고 **務廣德者**는 **强**하며 **能有其有者**는 **安**하고 **貪人之有者**는 **殘**하나니 **殘滅之政**는 **累世受患**하고 **造作過制**면 **雖成**이나 **必敗**라하니라

그러므로 이르기를 "토지를 넓히기를 힘쓰는 자는 황폐해지고 덕을 널리 베풀기를 힘쓰는 자는 강해지며, 능히 자기 소유를 보유하는 자는 편안하고 남의 소유를 탐하는 자는 해로우니, 남을 해롭게 하고 무너뜨리는 정사는 누대에 걸쳐 화를 받으며 제작함이 제도를 지나치면 비록 이루어지더라도 뒤에 반드시 패한다." 한 것이다.

故로 曰 務廣求土地者는 必荒而不能治하고 務廣施德惠者는 必强而無敵하며 能有自己之當有者는 則國安하고 貪人之有而强取之者는 則國殘이라하니 如東胡貪冒頓(묵특)千里馬閼氏(연지)하고 智伯貪趙蔡皐狼之地라가 皆爲所滅[1)]이 是也라 殘滅之政은 使子孫累世受患하고 造作過其制度면 雖成이나 而後必敗하나니 如秦造阿房過制라가 二世而亡[2)]이 是也라 素書에 引能有其有者安하고 貪人之有者殘二句하여 以足第五章之義하니라

1) 東胡貪冒頓(묵특)千里馬閼氏(연지)……皆爲所滅 : 冒頓은 蒙古 일대의 騎馬 民族을 통합하여 帝國을 건설한 匈奴의 單于이고, 東胡는 蒙古 高原 동부에 있었던 수렵 민족들이 연맹한 부족국가로, 뒤에 冒頓에 의해 匈奴에 服屬되었다.

冒頓이 처음 單于가 되자, 東胡가 冒頓을 시험하기 위해 사자를 보내 千里馬를 요구하였는데, 冒頓은 순순히 千里馬를 내어주었다. 東胡가 다시 사자를 보내 單于의 애첩인 閼之를 달라고 하자, 冒頓은 또 애첩을 내어주었다. 이에 교만해진 東胡가 匈奴와의 경계에 있는 천여 리의 황무지를 달라고 요구하자, 冒頓은 "땅은 나라의 근본인데 어찌 땅을 내어줄 수 있단 말인가." 하고, 東胡를 급습하여 그 왕을 죽이고 나라를 멸망시켰다. ≪史記 권110 匈奴列傳≫

智伯은 春秋時代 말기 晉나라의 六卿 가운데 가장 강성했던 智氏 집안의 智襄子 瑤를 가리키며, 皐狼은 원래 蔡나라 땅이었는데 晉나라의 六卿 가운데 하나인 趙氏가 점령해 있던 땅이다. 智伯 瑤가 卿을 세습한 다음 韓氏와 魏氏에게 땅을 떼어달라고 요구하여 뜻대로 되자, 趙襄子에게도 땅을 떼어줄 것을 요구하였다. 趙襄子가 이를 거절하자 智伯 瑤가 韓氏・魏氏와 함께 趙襄子를 공격하니, 趙襄子는 晉陽으로 도망

하였다. 趙襄子는 晉陽城에서 농성하면서 韓氏와 魏氏를 설득하여 밀약을 맺고 함께 智伯 瑤를 협공하여 智氏를 멸망시켰다. ≪資治通鑑 권1 周紀≫

2) 秦造阿房過制 二世而亡 : 秦 始皇帝는 천하를 통일하고 난 뒤에 황제로서의 위엄을 보이고자 도성인 咸陽에 阿房宮이라는 큰 궁궐을 건축하였는데, 웅장함과 화려함이 역대 최고였으나, 과중한 부역으로 백성들이 도탄에 빠졌다. 始皇帝가 죽고 二世皇帝인 胡亥가 즉위하자, 학정을 이기지 못한 백성들이 사방에서 봉기하여 결국 秦나라는 천하를 통일한 지 2대 만에 멸망하였으며, 阿房宮도 落成을 보지 못한 채 咸陽으로 쳐들어간 項羽에게 불타고 말았다.

그러므로 이르기를 "날마다 토지를 넓히기를 구하는 자는 반드시 황폐하여 다스려지지 못하고, 덕과 은혜를 널리 베풀기를 힘쓰는 자는 반드시 강하여 대적하는 자가 없으며, 능히 자기 소유를 보유하는 자는 나라가 편안하고, 남의 소유를 탐하여 억지로 취하려는 자는 나라가 해롭다." 하였으니, 예컨대 東胡가 冒頓의 천리마와 閼氏를 탐하고, 智伯이 趙氏의 皐狼 땅을 탐하다가 모두 멸망당한 것이 이것이다.

"남을 해롭게 하고 무너뜨리는 정사는 자손이 누대에 걸쳐 화를 받으며, 제작함이 제도를 지나치면 비록 이루어지더라도 뒤에 반드시 패한다." 하였으니, 예컨대 秦나라가 阿房宮을 지을 적에 너무 제도를 지나치게 하였다가 2대 만에 멸망한 것이 이것이다.

≪素書≫에는 "능히 자신의 소유를 보유하는 자는 편안하고 남의 소유를 탐하는 자는 해롭다.〔能有其有者安 貪人之有者殘〕"라는 두 句를 인용하여 제5장의 뜻을 충족시켰다.

舍己而敎人者는 逆하고 正己而化人者는 順하니 逆者는 亂之招요 順者는 治之要[1)]니라

1) 舍己而敎人者……治之要 : ≪新刊增補三略≫에 "道와 業을 가지고 남을 가르치는 것을 '敎'라 이르고, 몸소 위에서 행하여 風化가 아래에까지 動하게 함을 '化'라 이른다.〔以道業誨人 謂之敎 躬行於上 風動於下 謂之化〕" 하였다.

자기를 버려두고 남을 가르치는 자는 거스르고, 자기를 바로잡고 남을 교화하는 자는 순하니, 거스름은 亂을 초래하고 순함은 다스림의 요체가 된다.

舍己之身以敎人者는 其事逆하고 正己之身以化人者는 其理順하니 逆者는 乃亂之招요 順者는 乃治之要라 正己化人은 卽董子所謂正身以正朝廷하고 正朝廷以正百官하고 正百官以正萬民[1)]之義니 己身不正하고 而欲化民이면 其可得乎아 素書에

引此二句於末章이로되 而增逆者難從, 順者易行, 難從則亂, 易行則理四句하여 以廣其義耳라

1) 董子所謂正身以正朝廷……正百官以正萬民 : 董子는 前漢 武帝 때의 학자인 董仲舒를 높여 칭한 것이다. 武帝는 景帝를 이어 즉위하자 처음으로 年號를 사용하여 建元이라 칭하고, 建元 원년(B.C. 140)에 조칙을 내려 賢良方正하고 直言極諫하는 선비를 천거하게 하여 古今의 정치하는 방도를 직접 策問하였는바, 이 구절은 이때 董仲舒가 策問에 답한 내용 중의 일부이다. ≪漢書 권56 董仲舒列傳≫

자기 자신을 버려두고서 남을 가르치는 자는 그 일이 거슬리고, 자기 자신을 바로잡고서 남을 교화하는 자는 그 이치가 순하니, 거슬림은 바로 난을 초래하고 순함은 바로 다스림의 요체가 된다.

자기를 바로잡아 남을 교화하는 것은 바로 董子(董仲舒)의 이른바 "자기 자신을 바로잡아 朝廷을 바로잡고, 조정을 바로잡아 百官을 바로잡고, 백관을 바로잡아 萬民을 바로잡는다."는 뜻이니, 자기 자신이 바르지 못하면서 백성을 교화하고자 하면 어찌 될 수 있겠는가.

≪素書≫에 이 두 句를 끝 장에 인용하였는데, 여기에 "거스르는 자는 따르기 어렵고 순한 자는 행하기 쉬우니, 따르기 어려우면 어지럽고 행하기 쉬우면 다스려진다.〔逆者難從 順者易行 難從則亂 易行則理〕"는 네 句를 더 보태서 그 뜻을 넓혔다.

道德仁義禮五者는 一體也라 道者는 人之所蹈요 德者는 人之所得이요 仁者는 人之所親이요 義者는 人之所宜요 禮者는 人之所體니 不可無一焉이니라

道·德·仁·義·禮 다섯 가지는 一體이다. 道는 사람이 행하는 바요, 德은 사람이 얻은 바요, 仁은 사람이 친애하는 바요, 義는 사람이 마땅히 행해야 할 바요, 禮는 사람이 체행하는 바이니, 한 가지도 없어서는 안 된다.

道德仁義禮五者는 原於天而具於心하니 其體則一也라 然이나 大用之流行은 則各有異耳라 道者는 事物當然之理니 人之所踐行者也요 德者는 行道而有所得也요 仁者는 愛之理니 親親, 仁民, 愛物이 皆人之所親이로되 但有厚薄之不同也[1]라 義者는 處物而得其宜也요 禮者는 節文度數[2]니 人之所體而行之也라 五者에 不可無一焉이라 然이나 仁義禮智는 德也라 道는 散之萬事하고 德은 備於一心하니 分而言之하면 各有體有用이요 統而論之하면 其原皆出於天하여 而體則歸於一也라

素書엔 引此一節하고 而推廣其意以成文耳라

1) 親親仁民愛物……但有厚薄之不同也 : ≪孟子≫ 〈告子 上〉에 "君子가 물건에 대해서는 사랑하기만(아끼기만) 하고 仁하지 않으며 백성(사람)에 대해서는 仁하기만 하고 親하지 않으니, 친척을 친애하고서 백성을 仁하게 하고 백성을 仁하게 하고서 물건을 사랑하는 것이다.〔君子之於物也 愛之而弗仁 於民也 仁之而弗親 親親而仁民 仁民而愛物〕" 라고 보이는바, 朱子는 ≪集註≫에서 "物은 禽獸와 草木을 이른다. 사랑한다는 것은 취함이 때가 있고 씀이 절도가 있음을 이른다."라고 註하였다.

親·仁·愛는 가까이 친애하고 仁德을 베풀고 아끼는 것이어서 모두 사랑이라 할 수 있는데, 세밀히 나누면 親親은 어버이나 친척을 친애하는 것이고 仁民은 사람을 人道로 대하는 것이고, 愛物은 물건을 아끼고 함부로 죽이지 않는 것이어서 厚하고 薄한 차이가 있다.

2) 節文度數 : ≪新刊增補三略≫에 "天理의 節文이요 人事의 儀則이다." 하였다.

道·德·仁·義·禮 다섯 가지는 하늘에 근원하여 마음에 갖춰져 있으니, 그 本體는 하나이다. 그러나 大用의 유행은 각각 다름이 있다. 道는 사물의 당연한 이치이니 사람이 실천하여 행하는 것이요, 德은 道를 행하여 얻음이 있는 것이요, 仁은 사랑하는 이치이니 어버이를 친애하고 백성을 인자하게 대하고 물건을 사랑하는 것이 다 사람이 친애하는 것인데, 다만 厚·薄의 차이가 있는 것이다. 義는 사물에 대처하여 그 마땅함을 얻는 것이요, 禮는 節文과 度數이니 사람이 체행하여 행하는 것이다. 다섯 가지 중에 어느 하나도 없어서는 안 된다.

그러나 仁·義·禮·智는 德이다. 道는 만 가지 일에 흩어져 있고 德은 한 마음에 갖춰져 있으니, 나누어서 말하면 각각 體와 用이 있고, 통합하여 논하면 그 근원이 모두 하늘에서 나와 體는 하나로 돌아간다.

≪素書≫에는 이 한 節을 인용하고 그 뜻을 미루어 넓혀서 글을 이루었다.

故로 夙興夜寐는 禮之制也요 討賊報讐는 義之決也요 惻隱之心[1]은 仁之發也요 得己得人은 德之路也요 使人均平하여 不失其所는 道之化也니라

1) 夙興夜寐……惻隱之心 : ≪新刊增補三略≫에 "夙은 일찍이란 뜻이고, 興은 일어남이다. 惻은 서글퍼함이 간절한 것이고, 隱은 애통함이 깊은 것이다.〔夙早也 興起也 惻 傷之切也 隱 痛之深也〕" 하였다.

그러므로 일찍 일어나고 밤늦게 잠은 禮의 제재요, 역적을 토벌하고 원수를 갚음은 義의 결단이요, 측은해하는 마음은 仁의 발로요, 자기에게 얻음이 있고 남

에게 얻음이 있음은 德의 길이요, 사람으로 하여금 고르게 해서 그 살 곳을 잃지 않게 함은 道의 교화이다.

故로 早興夜寐하여 不失其節은 皆禮之制也요 討賊虐之人하고 報君父之讐는 皆義之決也요 惻怛隱痛之心은 仁之發見(현)者也[1]요 既有得於己하고 又有得於人은 乃德之路也니 得己者는 得之於心也요 得人者는 得人心之歸也라 使人均平如一하여 而不失其所는 乃道之化也니 道之化는 謂政敎化人之道也라 此亦以其大用之流行者로 言之하니 若論其體하면 則微妙而難見耳라

1) 皆義之決也……仁之發見(현)者也 : ≪新刊增補三略≫에 "義는 마음의 制裁함이고 일의 마땅함이다. 仁은 마음의 德이고 사랑하는 원리이다." 하였다.

그러므로 일찍 일어나고 밤늦게 자서 절도를 잃지 않음은 모두 禮의 제재요, 해치거나 포학한 사람을 토벌하고 君父의 원수를 갚음은 모두 義의 결단이요, 측은해하고 애통해하는 마음은 仁의 발로요, 자기에게 얻음이 있고 또 남에게 얻음이 있는 것은 바로 德의 길이니, 자기에게 얻는다는 것은 자기 마음속에 얻는 것이요, 남에게 얻는다는 것은 인심이 돌아옴을 얻는 것이다. 사람들로 하여금 고르고 한결같이 해서 그 살 곳을 잃지 않게 함은 바로 道의 교화이니, 도의 교화는 정사와 교육으로 사람을 교화하는 도를 이른다.

이 또한 大用의 유행하는 것을 가지고 말하였으니, 만약 본체를 논한다면 미묘하여 알기 어렵다.

出君下臣을 名曰命이요 施於竹帛[1]을 名曰令이요 奉而行之를 名曰政이니라

1) 竹帛 : ≪新刊增補三略≫에 "竹은 대나무를 깎아서 엮은 것이고 帛은 비단이니, 옛날에 종이가 없었으므로 일이 있을 때엔 이 내용을 대나무와 비단에 쓴 것이다.〔竹 削竹而編之也 帛 繒也 古者無紙 故有事則書之竹帛也〕" 하였다.

군주에게서 나와서 신하에게 내려지는 것을 命이라 하고, 竹帛에 베풀어지는 것을 令이라 하고, 받들어 행하는 것을 政이라 한다.

出於君하여 下於臣을 名曰命이요 施之於竹帛을 名曰令이요 百官奉而行之하여 布於四海를 名曰政이라

군주에게서 나와 신하에게 내려지는 것을 命이라 하고, 竹帛에 베풀어지는 것을 令

이라 하고, 백관이 받들어 행하여 四海에 펴는 것을 政이라 한다.

夫命失이면 則令不行하고 令不行이면 則政不立하고 政不立이면 則道不通하고 道不通이면 則邪臣勝하고 邪臣勝이면 則主威傷이니라

命이 잘못되면 令이 행해지지 못하고, 令이 행해지지 못하면 政이 확립되지 못하고, 政이 확립되지 못하면 道가 통하지 못하고, 道가 통하지 못하면 간사한 신하가 이기고, 간사한 신하가 이기면 군주의 위엄이 손상된다.

命은 王言也니 王言有所失이면 則施於竹帛之令이 亦不能行하고 令旣不行이면 則百官奉行之政이 亦不能立하고 政旣不立이면 則三綱五常之道[1)]亦不能通하고 道旣不通이면 則邪臣由是而勝하고 邪臣旣勝이면 則人主威權亦傷矣라

1) 三綱五常之道 : 인간이 지켜야 할 倫理·道德으로 三綱은 신하가 군주에게 충성하고〔君爲臣綱〕, 자식이 부모에게 효도하고〔父爲子綱〕, 부인이 남편에게 정조를 지키는 것〔夫爲婦綱〕이며, 五常은 五倫으로 父子有親, 君臣有義, 長幼有序, 夫婦有別, 朋友有信을 가리킨다.

命은 왕의 말이니, 왕의 말에 잘못이 있으면 竹帛에 베풀어지는 令 또한 행해지지 못하고, 令이 행해지지 못하면 백관이 받들어 행하는 政事 또한 확립되지 못하고, 政事가 확립되지 못하면 三綱·五常의 道 또한 통하지 못하고, 道가 통하지 못하면 간사한 신하가 이로 말미암아 이기고, 간사한 신하가 이기면 군주의 위엄과 권세 또한 손상된다.

千里迎賢은 其路遠하고 致不肖는 其路近하니 是以로 明君은 舍近而取遠이라 故로 能全功尙人하여 而下盡力하나니라

천 리의 賢者를 맞이함은 그 길이 멀고, 不肖한 사람을 오게 함은 그 길이 가까우니, 이 때문에 현명한 군주는 가까움을 버리고 멂을 취한다. 그러므로 공을 온전히 하고 훌륭한 사람을 높여서 아랫사람들이 힘을 다하는 것이다.

千里迎賢은 其路甚遠하고 招致不肖之人은 其路甚近하니 言賢者難求하고 而不肖易致也라 是以로 明君은 舍不肖之在近하고 而迎賢者於千里之遠이라 故로 能全功尙人하여 而在下者務盡其力이라

천 리의 현자를 맞이함은 그 길이 매우 멀고, 불초한 사람을 오게 함은 그 길이 매우 가까우니, 현자는 구하기 어렵고 불초한 사람은 오게 하기 쉬움을 말한 것이다. 이 때문에 현명한 군주는 가까이에 있는 불초한 자를 버리고 천 리 먼 곳에서 현자를 맞이한다. 그러므로 능히 공을 온전히 하고 훌륭한 사람을 높여서 아래에 있는 자가 그 힘을 다하기를 힘쓰는 것이다.

廢一善이면 **則衆善衰**하고 **賞一惡**이면 **則衆惡歸**하나니 **善者 得其祐**하고 **惡者 受其誅**하면 **則國安而衆善至**하나니라

한 명의 善한 사람을 폐기하면 여러 선한 사람들이 쇠하고, 한 명의 惡한 사람에게 賞 주면 여러 악한 사람들이 돌아오니, 선한 자가 복을 얻고 악한 자가 주벌을 받으면 나라가 편안하고 선한 사람들이 이른다.

廢一善而退之하면 則衆善皆衰하고 賞一惡而進之하면 則衆惡皆歸하나니 若善者得其爲善之福하고 惡者受其爲惡之誅하면 則國家安寧하고 而衆善皆至라

한 명의 善한 사람을 폐기하여 물리치면 여러 선한 사람들이 다 쇠하고, 한 명의 惡한 사람에게 상 주면 여러 악한 사람들이 다 돌아오니, 만약 선한 자가 선행을 한 福을 얻고 악한 자가 악행을 한 주벌을 받는다면 국가가 안정되고 선한 자들이 다 오게 된다.

衆疑면 **無定國**이요 **衆惑**이면 **無治民**이니 **疑定惑還**이라야 **國乃可安**이니라

여러 사람이 의심하면 안정된 나라가 없고, 여러 사람이 미혹하면 평안한 백성이 없으니, 의심이 진정되고 미혹이 돌려져야 나라가 비로소 편안할 수 있다.

衆人皆疑면 則無安定之國이요 衆人皆惑이면 則無平治之民이니 衆疑皆定[1)]하고 衆惑皆回라야 國家乃可安也라

1) 衆人皆惑……衆疑皆定 : ≪新刊增補三略≫에 "惑은 迷惑됨이니 따를 바를 알지 못하는 것이요, 疑는 의심하는 것이니 서로 믿지 못하는 것이다.〔惑 迷惑也 不知所從 疑 二疑也 不相信也〕" 하였다.

여러 사람이 모두 의심하면 안정된 나라가 없고, 여러 사람이 모두 미혹하면 평안한 백성이 없으니, 여러 의심이 모두 진정되고 여러 미혹이 모두 돌려져야 국가가 비

로소 편안할 수 있는 것이다.

一令逆이면 **則百令失**하고 **一惡施**면 **則百惡結**이라 **故**로 **善施於順民**하고 **惡加於凶民**하면 **則令行而無怨**이니라

한 가지 명령이 이치에 어긋나면 온갖 명령이 잘못되고, 한 가지 악한 정사가 베풀어지면 온갖 악이 모인다. 그러므로 선한 정사가 순한 백성에게 베풀어지고 악한 정사가 흉한 백성에게 가해지면 명령이 행해지고 원망이 없게 된다.

一令旣逆이면 則百令皆失하고 一惡旣施면 則百惡遂結이라 故로 國家之善令이 施於順服之民하고 惡令이 施於凶頑之民이면 則君令行而下無所怨이라 善令은 如飮射讀法[1]之類요 惡令은 如鞭(朴)〔扑〕[2]械繫之類라

1) 飮射讀法 : 飮은 鄕飮酒禮이고 射는 鄕射禮를 이르는데, 옛날에 지방관이 백성들의 친목을 도모하고 禮敎를 가르치기 위해 鄕飮酒禮를 행하게 되면 먼저 활쏘기 대회인 鄕射禮를 행하였다. 讀法은 백성들이 반드시 알아야 할 법령을 읽어주고 알려주는 제도이다.

≪新刊增補三略≫에 "백성들을 모아 권하고 경계하는 명령을 읽게 하는 것이니, 藍田呂氏(呂大臨)가 매월 鄕約을 읽게 한 類가 이것이다.〔聚民讀勸誡之令 如藍田呂氏 每月讀鄕約之類 是也〕" 하였다.

2) (朴)〔扑〕: 저본의 '朴'은 ≪書經≫ 〈虞書 舜典〉의 "채찍은 官府의 형벌로 만들고, 회초리는 學校의 형벌로 만든다.〔鞭作官刑 扑作敎刑〕"에 의거하여 '扑'로 바로잡았다.

한 가지 명령이 이치에 어긋나면 온갖 명령이 다 잘못되고, 한 가지 악한 정사가 이미 베풀어지면 온갖 악이 마침내 모인다. 그러므로 국가의 좋은 명령이 순히 복종하는 백성에게 베풀어지고, 악한 명령이 흉악한 백성에게 베풀어지면 군주의 명령이 행해지고 아래에서 원망하는 바가 없게 된다.

좋은 명령이란 시골에서 술을 마시고 활쏘기를 하고 法을 읽는 것과 같은 따위이고, 악한 명령이란 채찍질하고 형틀로 구류하는 것과 같은 따위이다.

使怨治怨이면 **是謂逆天**이요 **使讐治讐**면 **其禍不救**니 **治民使平**하고 **致平以淸**이면 **則民得其所**하고 **而天下寧**이니라

원한이 있는 사람으로 하여금 원한을 다스리게 하면 이것을 일러 '하늘을 거스

른다.' 하고, 원수로 하여금 원수를 다스리게 하면 그 화를 막지 못하니, 백성을 다스려 고르게 하고 고름을 이루기를 깨끗함으로써 하면 백성들이 제자리를 얻어 천하가 편안하게 된다.

使怨者로 治怨人이면 是謂逆天之理요 使讐者로 治讐人이면 其禍를 遂不可救니 如秦二世使趙高로 治李斯之獄[1]이 是也라 治民에 要使之平均이니 孔子云 不患寡而患不均[2]이라하시고 詩云 赫赫師尹이여 不平謂何[3]오하니 故로 治民에 必欲使之平均也라 致民之均平에 當淸其心하여 而無纖毫私欲之染이면 則民得其所하여 而天下安寧이라

1) 二世使趙高 治李斯之獄：二世는 秦 二世皇帝인 胡亥이고, 趙高는 宦官으로 二世의 사부이며, 李斯는 楚나라 사람으로 秦 始皇帝를 도와 六國을 통합하는 데 큰 功을 세워 丞相이 된 인물이다.

始皇帝는 長子인 扶蘇가 직간을 자주하자, 멀리 북쪽으로 보내어 蒙恬의 군대를 감독하게 하였는데, 동쪽 지방을 순행하던 중 병이 위독해지자 扶蘇를 불러오게 하면서 有故時에는 帝位를 승계하라고 하였다. 그러나 始皇帝가 갑자기 서거하자, 딴마음을 품은 趙高가 李斯를 유인하여 國喪을 발표하지 않고 詔書를 위조하여 扶蘇에게 사약을 내려 죽게 하고 胡亥를 二世皇帝로 세웠다. 趙高는 權力을 독점하기 위해 李斯가 반란을 도모한다고 모함하니, 二世皇帝는 趙高로 하여금 李斯의 죄를 다스리게 하였다. 趙高는 이 틈을 타 李斯의 三族을 멸하고, 더 나아가 二世皇帝까지 시해하여 秦나라는 결국 망하였으며, 李斯와 趙高는 姦臣의 대표적인 인물이 되었다.

2) 孔子云 不患寡而患不均：≪論語≫ 〈季氏〉에 "나(丘)는 들으니, 나라를 소유하고 집을 소유한 자는 백성이 적음을 근심하지 않고 고르지 못함을 근심하며, 가난함을 근심하지 않고 편안하지 못함을 근심한다고 한다. 고르면 가난함이 없고 和하면 적음이 없고 편안하면 기울어짐이 없다.〔丘也聞 有國有家者 不患寡而患不均 不患貧而患不安 蓋均無貧 和無寡 安無傾〕"라고 하였는데, 朱子는 ≪集註≫에서 "寡는 백성이 적음을 이르고, 貧은 재물이 궁핍함을 이른다. 均은 각기 분수를 얻음을 이르고, 安은 上下가 서로 편안함을 이른다.〔寡謂民少 貧謂財乏 均謂各得其分 安謂上下相安〕"라고 하였다.

3) 詩云……不平謂何：師尹은 太師 尹氏로 周 幽王 때의 執政大臣이라 하나 확실하지 않으며, 赫赫은 기세가 등등함을 이른다.

≪詩經≫ 〈小雅 節南山〉에 "높은 저 南山이여. 초목이 골짜기에 가득히 있도다. 赫赫한 太師 尹氏여. 고르지 않으니 일러 무엇 하리오. 하늘이 거듭 병을 내리니 喪亂이 크고 많으며 백성들의 말이 아름다움이 없는데도 일찍이 징계하여 서글퍼하지 않

는구나.〔節彼南山 有實其猗 赫赫師尹 不平謂何 天方薦瘥 喪亂弘多 民言無嘉 憯莫懲嗟〕"라 고 보이는바, 이는 家父(보)라는 신하가, 王이 太師 尹氏를 중용하여 나라가 혼란한 것을 풍자한 시라 한다.

원한이 있는 자로 하여금 원한이 있는 사람을 다스리게 하면 이것을 일러 '하늘의 이치를 거스른다.' 하고, 또 원수로 하여금 원수진 사람을 다스리게 하면 그 화를 마침내 막지 못하니, 예컨대 秦 二世皇帝가 趙高로 하여금 李斯의 옥사를 다스리게 한 것이 이것이다.

백성을 다스림에는 고르게 하여야 하니, 孔子께서 이르시기를 "적음을 근심하지 않고 고르지 못함을 근심한다." 하셨고, ≪詩經≫에 이르기를 "赫赫한 太師 尹氏여. 고르지 않으니 일러 무엇 하리오.〔赫赫師尹 不平謂何〕" 하였다. 그러므로 백성을 다스릴 적에는 반드시 고르게 하고자 하는 것이다.

백성을 고르게 하려 할 적에는 마땅히 자기 마음을 깨끗이 하여 털끝만큼도 사욕에 물듦이 없게 하면, 백성들이 제자리를 얻어 천하가 편안하게 되는 것이다.

犯上[1)]者를 尊하고 貪鄙者를 富하면 雖有聖主라도 不能致其治니라

1) 犯上 : ≪新刊增補三略≫에 "도리를 배반하고 떳떳함을 어지럽히는 것을 '犯上'이라 이르니, 예컨대 漢나라의 王莽, 董卓과 같은 따위이다.〔背理亂常 謂之犯上 如漢之王莽董卓之類〕" 하였다.

윗사람을 범하는 자를 높여주고 탐욕스럽고 비루한 자를 부유하게 해주면, 비록 성스러운 군주가 있더라도 훌륭한 정치를 이루지 못한다.

干犯在上者를 反尊之以爵하고 貪殘卑鄙者를 反富之以祿이면 雖有聖主在上이라도 不能致天下之治라

윗자리에 있는 사람을 범하는 자를 도리어 官爵으로써 높여주고, 탐욕스럽고 비루한 자를 도리어 祿俸으로써 부유하게 해주면, 비록 성스러운 군주가 윗자리에 있더라도 천하의 훌륭한 정치를 이루지 못한다.

犯上者를 誅하고 貪鄙者를 拘[1)]하면 則化行而衆惡消하나니라

1) 犯上者誅 貪鄙者拘 : ≪新刊增補三略≫에 "拘는 잡음이니, 예컨대 舜임금이 驩兜를 추방하고 共工을 流配시키고 鯀을 귀양보내고 三苗를 멀리 추방함과 같은 것이 이것이다.〔拘

執也 如舜放驩兜 流共工 殛鯀 竄三苗 是也〕" 하였다.

윗사람을 범하는 자를 주벌하고 탐욕스럽고 비루한 자를 구속하면, 教化가 행해지고 악한 사람들이 사라지게 된다.

干犯在上者를 以刑誅之하고 貪殘卑鄙者를 以法拘之면 則教化行而衆惡皆消矣라

윗자리에 있는 사람을 범하는 자를 형벌로써 주벌하고, 탐욕스럽고 비루한 자를 法으로써 구속하면, 교화가 행해지고 여러 악한 사람들이 모두 사라지게 된다.

淸白之士는 不可以爵祿得이요 節義之士는 不可以威刑脅[1]이니라

1) 淸白之士……不可以威刑脅 : ≪新刊增補三略≫에 "脅은 위엄과 힘으로 서로 두렵게 하는 것이다. 淸白은 마음이 공평하고 깨끗하며 행실이 潔白한 것이다.〔脅 以威力相恐也 淸白 心平淸 行潔白也〕" 하였다.

淸白한 선비는 官爵과 祿俸으로써 얻을 수 없고, 節義가 있는 선비는 威嚴과 刑罰로써 위협할 수 없다.

士之志行淸白者는 不可以爵祿得이니 如齊之魯仲連[1]과 漢之嚴光, 周黨[2]이 是也요 士之有節義者는 不可以威刑脅이니 如樂毅之於王蠋[3]과 白公之於宜僚[4]가 是也라

1) 齊之魯仲連 : 魯仲連은 戰國時代 齊나라 말기의 高士이다. 그는 기이한 계책을 잘 냈으나 얽매여 사는 것을 싫어하여 벼슬하지 않고 趙나라에 은거하고 있었다.

秦나라가 趙나라를 공격하여 수도 邯鄲을 포위하자, 여러 제후들이 秦나라를 두려워하여 감히 趙나라를 구원하지 못하였다. 魏의 安釐(희)王은 新垣衍이란 辯士를 趙나라에 보내, 秦나라 임금을 황제로 섬기면 포위를 풀 것이라는 계책을 고하게 하였는데, 이 말을 들은 魯仲連이 "포악한 秦나라가 방자하게 황제를 칭한다면 나는 차라리 東海에 빠져 죽겠다."라고 하니, 여러 제후들이 이 말을 듣고 연합하여 秦나라 군대를 패퇴시켰다.

齊나라 장군 田單이 齊王에게 천거하여 벼슬을 내리려 하자, 魯仲連은 바닷가로 도망하면서 말하기를 "내가 부귀하고서 남에게 굽히며 살기보다는 차라리 빈천한 채 세상을 가볍게 여기면서 마음대로 살겠다.〔吾與富貴而詘於人 寧貧賤而輕世肆志焉〕" 하였다. ≪史記 권83 魯仲連列傳≫

2) 漢之嚴光周黨 : 嚴光과 周黨은 모두 後漢 초기의 隱士이다. 嚴光은 字가 子陵으로 젊

어서 光武帝 劉秀와 同門修學하였는데, 光武帝가 王莽을 토벌하고 황제가 되었으나 한 번도 찾아가지 않았다. 光武帝가 특별히 불러 諫議大夫를 제수하였으나 벼슬을 굳이 사양하고 富春山에 은거하여 七里灘에서 낚시질로 세월을 보냈다. ≪後漢書 권83 逸民列傳 嚴光≫

周黨은 太原 廣陵 사람으로 字가 伯況인데 지조를 지키고 행실을 잘 닦았다. 王莽이 漢나라를 찬탈하자 사방에서 의병과 도적떼가 일어났으나, 그가 사는 廣武 지방에 이르면 모두들 피해서 지나가고 들어가지 않았다. 뒤에 光武帝의 부름을 받고 관직을 제수받았으나 병을 칭탁하고 두문불출하였으며 끝내 취임하지 않았다. ≪後漢書 권113 周黨傳≫

3) 樂毅之於王蠋：樂毅는 戰國時代 燕나라의 장수이고, 王蠋은 畫邑 사람으로 齊나라의 충신이다.

樂毅는 연합군을 거느리고 齊 湣王과 濟西에서 싸워 대승하고 승승장구하여 齊나라의 도성인 臨淄까지 함락시켰다. 樂毅는 王蠋이 어질다는 소문을 듣고는 畫邑 30리에 일체 들어가지 못하도록 하고 王蠋을 燕나라로 데려가려 하였으나, 王蠋은 "湣王이 나의 말을 듣지 않으므로 물러나 들에서 농사를 짓고 있었는데, 이제 나라가 망하고 군주가 도망하였으니, 나만 홀로 살 수 없다. 忠臣은 두 군주를 섬기지 않고 烈女는 두 남편을 거치지 않는다." 하고, 스스로 목을 찔러 자결하였다. ≪史記 권82 田單列傳≫

4) 白公之於宜僚：白公은 이름이 勝으로 楚 平王의 손자이고 太子 建의 아들인데, 吳나라로 망명해 있다가 令尹 子西의 주선으로 楚나라에 돌아가 白公에 봉해졌다.

宜僚는 성이 熊으로 楚나라의 용사인데, 500명을 당해냈다 하며 탄환을 잘 던져 백발백중의 솜씨가 있었다.

白公 勝이 熊宜僚로 하여금 子西를 죽이게 하였으나 이를 거절하였으며, 칼로 위협하였으나 宜僚는 조금도 동요하지 않고 태연자약하니, 白公 勝이 마침내 포기하였다. 뒤에 楚나라가 宋나라와 싸울 적에 楚軍이 위기에 빠지자 熊宜僚가 가슴을 헤치고 적의 칼날을 받으며 군대 앞에서 탄환을 희롱하니, 宋나라 장병들이 넋을 잃고 구경하다가 楚軍의 역습에 대패하였는바, 楚 莊王은 이 싸움에서 승리하여 돌아와 霸者가 되었다. ≪春秋左氏傳 哀公 16년≫, ≪淮南子 道應訓≫

뜻과 행실이 청백한 선비는 관작과 녹봉으로써 얻을 수 없으니, 예컨대 齊나라의 魯仲連과 漢나라의 嚴光과 周黨 같은 사람이요, 절의가 있는 선비는 위엄과 형벌로써 위협할 수 없으니, 예컨대 樂毅가 王蠋에 있어서와, 白公이 熊宜僚에 있어서와 같은 경우이다.

故로 **明君**이 **求賢**에 **必觀**[1]**其所以而致焉**하니 **致淸白之士**인댄 **修其禮**요 **致節義之士**인댄 **修其道**니 **然後**에 **士可致而名可保**니라

1) 必觀 : ≪新刊增補三略≫에 "일상적인 일을 보는 것을 '視'라 하고, 非常한 일을 보는 것을 '觀'이라 한다." 하였다.

그러므로 현명한 군주가 賢者를 구할 적에 반드시 그 초치하는 방법을 살펴서 초치하니, 청백한 선비를 초치하려면 禮를 닦아야 하고, 절의가 있는 선비를 초치하려면 道를 닦아야 한다. 그런 뒤에야 선비를 초치하고, 훌륭한 이름을 보전할 수 있는 것이다.

故로 明君은 欲求賢士면 必觀視其所以致之之術이니 欲致淸白之士인댄 當修其禮요 欲致節義之士인댄 當修其道니 然後에 賢士可致之來하고 而名可保於成也라

그러므로 현명한 군주는 어진 선비를 구하고자 하면 반드시 그 초치하는 방법을 살펴보니, 청백한 선비를 초치하려고 하면 마땅히 禮를 닦아야 하고, 절의가 있는 선비를 초치하고자 하면 마땅히 道를 닦아야 한다. 이렇게 한 뒤에야 어진 선비를 초치하여 오게 하고, 훌륭한 이름을 이루어 보전할 수 있는 것이다.

夫聖人君子는 **明盛衰之源**하고 **通成敗之端**하고 **審治亂之機**하고 **知去就之節**하나니라

聖人과 君子는 盛衰의 근원에 밝고 成敗의 단서를 통달하며 治亂의 기미를 살피고 去就의 절도를 안다.

夫聖人君子는 明乎盛衰之源하고 通乎成敗之端하고 審乎治亂之機하고 知乎去就之節이라 聖人은 神明不測之號요 君子는 才德出衆之稱이라 源은 如水之源이니 國家將盛[1]將衰[2]에 必有本源이요 端者는 端倪也니 國家將成將敗에 必有端倪之先見者也요 機者는 國家將治將亂에 必有發動之機요 節은 限量也니 士之去就에 必有節이요 不可妄爲之也라 四者는 惟聖人君子라야 能明之通之審之知之니 所謂至誠之道 可以前知[3]者 是也라 曰源曰端曰機는 非至誠前知면 其孰能之리오 素書에 引此語호되 更爲賢人君子는 明於盛衰之道하고 通乎成敗之數하고 審乎理亂之勢하고 達乎去就之理라하니 其義深矣로다

1) 國家將盛 : ≪新刊增補三略≫에 "漢 光武帝 때에 五星이 奎星에 모이고, 아름다운 벼

가 있어 한 줄기에 아홉 개의 이삭이 나왔던 조짐이 이것이다.〔漢光武帝時 五星聚奎 嘉禾一莖 有九穗之兆 是也〕" 하였다.

2) 國家將盛將衰 : ≪新刊增補三略≫에 "王莽이 漢 平帝를 鴆毒으로 살해하자, 北海의 逢萌이 친구들에게 이르기를 '三綱이 끊어졌으니 떠나가지 않으면 禍가 장차 사람들에게 미칠 것이다.' 하고는 마침내 처자식을 버리고 바다를 항해하여 遼東에 나그네가 되어서 스스로 '吳市門의 병졸이다.'라고 한 것이 바로 이러한 예이다.〔王莽鴆殺平帝 北海逢萌 謂友人曰 三綱絶矣 不去 禍將及人 乃棄妻子 浮海客於遼東 自云吳市門卒 是也〕" 하였다.

3) 至誠之道 可以前知 : ≪中庸≫ 제24장에 "至誠의 道는 일이 닥쳐오기 전에 미리 알 수 있으니, 국가가 장차 일어나려 할 적에는 반드시 상서로운 조짐이 있으며 국가가 장차 망하려 할 적에는 반드시 妖怪스러운 일이 있어, 이것이 蓍草占과 거북점에 나타나며 四體에 動한다. 그리하여 禍와 福이 장차 이를 적에 좋을 것을 반드시 먼저 알며 좋지 못할 것을 반드시 먼저 안다. 그러므로 至誠은 神과 같은 것이다.〔至誠之道 可以前知 國家將興 必有禎祥 國家將亡 必有妖孽 見乎蓍龜 動乎四體 禍福將至 善必先知之 不善必先知之 故至誠如神〕"라고 보인다.

聖人과 君子는 성쇠의 근원에 밝고 성패의 단서를 통달하며 치란의 기미를 살피고 거취의 절도를 안다.

聖人은 神明하여 측량할 수 없음을 이르고, 君子는 재주와 덕이 출중함을 이른다. 源이란 물의 근원과 같으니, 국가가 장차 성하거나 쇠하려 할 적에 반드시 본원이 있게 되며, 端이란 단서이니, 국가가 장차 성공하거나 패망하려 할 적에는 반드시 단서가 먼저 나타난다. 機란 국가가 장차 안정되거나 혼란해지려 할 적에 반드시 발동하는 기틀이 있는 것이며, 節이란 限量이니 선비가 떠나고 나아감에 반드시 절도가 있고 함부로 하지 않는 것이다.

이 네 가지는 오직 성인과 군자만이 능히 밝고 통달하고 살피고 알 수 있는 것이니, 이른바 '지극히 성실한 도는 미리 알 수 있다.'는 것이다. 근원과 단서와 기틀은 지극히 성실하여 미리 아는 자가 아니면 그 누가 이에 능하겠는가.

≪素書≫에는 이 말을 인용하였는데, "현인과 군자는 성쇠의 도에 밝고 성패의 수를 통달하며 치란의 형세를 살피고 거취의 이치를 통달한다."라고 고쳤으니, 그 뜻이 깊다.

雖窮이나 **不處亡國之位**하고 **雖貧**이나 **不食亂邦之粟**이니라

비록 곤궁하더라도 망하는 나라의 爵位에 처하지 않으며, 비록 가난하더라도

어지러운 나라의 祿俸을 먹지 않는다.

雖窮宴나 不處亡國之爵位하고 雖貧乏이나 不食亂國之穀祿이니 卽孔子所謂危邦不入, 亂邦不居[1)]者也라

1) 孔子所謂危邦不入亂邦不居 : ≪論語≫ 〈泰伯〉에 "위태로운 나라에는 들어가지 않고 어지러운 나라에는 살지 않으며, 天下에 道가 있으면 나타나고 道가 없으면 숨어야 한다.〔危邦不入 亂邦不居 天下有道則見 無道則隱〕"라고 보인다.

≪新刊增補三略≫에 "나라가 아직 위태로움에 이르지는 않았으나 紀綱이 이미 문란하므로 亂邦이라 이른 것이다. '亂邦不居'는 百里奚가 혼란한 나라의 곡식(녹봉)을 먹지 않은 것과 같다.〔雖未至危 而綱紀已紊 故謂之亂邦 百里奚不食亂邦之粟〕" 하였다.

비록 곤궁하더라도 망하는 나라의 爵位에 처하지 않으며, 비록 가난하고 궁핍하더라도 어지러운 나라의 祿俸을 먹지 않으니, 이는 바로 孔子가 이른바 "위태로운 나라에는 들어가지 않고, 어지러운 나라에는 살지 않는다."라는 것이다.

潛名抱道者 時至而動이면 則極人臣之位하고 德合於己면 則建殊絶之功이라 故로 其道高而名揚於後世하나니라

이름을 숨기고 道를 간직한 자가 때가 이르러 出仕하면 人臣의 지위를 지극히 하고, 德이 자기와 부합하면 매우 뛰어난 공을 세운다. 그러므로 그 道가 높고 이름이 후세에 드날리는 것이다.

潛名者는 不沽[1)]名者也라 潛名抱道之士 時至而動이면 則能極人臣之位하고 君之德이 與己相合이면 則能成絶代之功이라 故로 其道隆高하고 而名譽稱揚於後世니 如伊尹, 傅說이 躬(耘)〔耕〕[2)]版築[3)]하여 潛名抱道라가 及遇成湯高宗하야는 德與己合하여 功成名遂하여 後世無比[4)]라 素書에 引此語호되 改爲潛居抱道하여 以待其時라가 若時至而行이면 則能極人臣之位하고 得機而動이면 則能成絶代之功이요 如其不遇면 沒身而已也라 是以로 其道足高而名揚於後世라하니 此蓋有益於功名矣로라

1) 不沽 : ≪新刊增補三略≫에 "沽는 팖이니 남에게 알려지지 않은 것이다.〔賣也 不聞於人也〕" 하였다.

2) (耘)〔耕〕: 저본의 '耘'은 明本에 의거하여 '耕'으로 바로잡았다.

3) 版築 : ≪新刊增補三略≫에 "양쪽 곁에 판자를 끼고 흙을 쌓는 것을 '版築'이라 한다. 伊尹은 有莘의 들에서 농사를 지었는데, 湯王이 세 번 사람을 보내어 초빙하자, 마침내 湯王을 도왔다. 傅說이 胥靡(罪人)를 위하여 傅巖에서 版築을 하였는데, 武丁의 꿈에 하늘이 훌륭한 보필을 내려주시므로 찾아서 정승으로 삼았다.〔版築兩傍挾板而築土曰版築 伊尹耕於有莘之野 湯三使往聘之 遂相湯 傅說爲胥靡 版築於傅巖 武丁夢 上帝賚以良弼 求以爲相〕" 하였다.

4) 伊尹傅說……後世無比 : 伊尹은 商나라 湯王의 賢相이고, 傅說은 商나라 高宗(武丁)의 賢相이다.

伊尹은 夏나라 말기 세상이 혼란에 빠지자 有莘이라는 나라의 들에서 농사를 짓고 은둔하였는데, 湯王의 초빙을 받고 출사하여 끝내 湯王을 도와 夏의 桀王을 토벌하고 商 王朝를 열었다.

傅說은 집이 가난하여 傅巖에서 판자로 담을 쌓는 일을 하고 있었는데, 高宗이 어진 보필을 염원한 끝에 꿈속에서 그의 모습을 보고 畵像을 그려 물색해서 정승으로 임명하였는바, ≪書經≫의 〈說命〉은 바로 高宗이 傅說을 정승으로 임명하는 과정과 서로 문답한 내용을 서술한 것이다.

이름을 숨긴다는 것은 이름을 팔지(자랑하지) 않는 것이다. 이름을 숨기고 道를 간직한 선비는 때가 이르러 出仕하면 人臣의 지위를 지극히 하고, 군주의 德이 자기와 부합하면 세상에 드문 매우 뛰어난 공을 이룬다. 그러므로 그 道가 높고 명예가 후세에 드날리는 것이다. 예컨대 伊尹과 傅說이 몸소 농사를 짓고 版築을 하여 이름을 숨기고 도를 간직하고 있다가, 成湯과 高宗을 만나게 되어서는 덕이 자기와 부합하여 공이 이루어지고 이름이 이루어져서 후세에 견줄 자가 없게 된 것과 같은 것이다.

≪素書≫에는 이 말을 인용하였는데, "이름을 숨기고 도를 간직하고서 때를 기다리다가, 만약 때가 이르러 행하면 인신의 지위를 지극히 하고 기틀을 얻어 동하면 세상에 드문 매우 뛰어난 공을 이루며, 만일 때를 만나지 못하면 그대로 일생을 마칠 뿐이다. 이 때문에 그 도가 충분히 높고 이름이 후세에 드날린다."라고 고쳤으니, 이는 功名에 유익함이 있는 것이다.

聖王之用兵은 非樂之也요 將以誅暴討亂也라

聖王이 用兵을 하는 것은 전쟁을 좋아해서가 아니요, 장차 포악함을 주벌하고 난리를 토벌하려고 해서이다.

聖王之用兵은 非喜而好之也요 將以誅暴君, 討亂臣也[1)]라

1) 聖王之用兵……討亂臣也 : ≪新刊增補三略≫에 "兵은 흉기이다. 聖人이 부득이하여 사용하니, 이는 백성들이 塗炭에 빠졌기 때문이다. 그러므로 사람을 죽여서 사람들을 편안하게 할 수 있으면 죽여도 괜찮은 것이고, 적국을 공격하여 적국의 백성들을 사랑할 수 있으면 공격해도 괜찮은 것이다. 이는 모두 포악한 군주를 誅伐하고 백성을 慰問하는 것이다.〔兵者凶器也 聖人不得已而用之 爲其生民之塗炭也 故殺人安人 殺之可也 攻其國 愛其民 攻之可也 皆誅其君 弔其民也〕" 하였다.

聖王이 용병을 하는 것은 전쟁을 좋아해서가 아니요, 장차 포악한 군주를 주벌하고 어지러운 신하를 토벌하려고 해서이다.

夫以義誅不義는 **若決江河而漑爝火**요 **臨不測而擠欲墜**니 **其克**이 **必矣**[1]니라

1) 若決江河而漑爝火……必矣 : ≪新刊增補三略≫에 "'漑'는 음이 蓋(개)이니 물을 대는 것이고, '爝'은 음이 雀(작)이고 또 다른 음은 肖(초)이니 횃불이다. 擠는 밀침이고, 墜는 음이 錘(추)이다.〔漑 音蓋 灌注也 爝 音雀 又音肖 炬火也 擠 排也 墜 音錘〕" 하였다.

의로움으로써 不義를 주벌하는 것은 長江과 大河를 터서 작은 횃불에 물을 대는 것과 같으며, 측량할 수 없이 깊은 못에 임하여 떨어지고자 하는 사람을 떠미는 것과 같으니, 반드시 승리할 것이다.

夫以義而誅不義는 **若決長江大河之水**하여 **而灌漑爝火**하고 **臨不測之淵**하여 **而擠欲墜之人**이니 **其克**이 **必矣**[1]라

1) 夫以義而誅不義……必矣 : ≪兵學指南演義≫ 〈營陣正彀 2 作戰篇〉에는 '적을 공격함에 법도가 있어서 함부로 나아가 적을 함부로 죽이지 말아야 하니, 仁義를 구비한 장수가 아니면 이러한 전투의 심오한 의미를 알 수 없음'을 말하면서, 이 대목을 인용 예시하여 장수들이 殺生을 삼갈 것을 강조하고 있다.

의로움으로써 불의를 주벌하는 것은 長江과 大河의 물을 터서 작은 횃불에 물을 대는 것과 같으며, 측량할 수 없이 깊은 못에 임하여 떨어지고자 하는 사람을 떠미는 것과 같으니, 반드시 승리할 것이다.

所以優游恬淡[1]**而不進者**는 **重傷人物也**라 **夫兵者**는 **不祥之器**니 **天道惡之**언마는 **不得已而用之**[2]하니 **是天道也**니라

1) 優游恬淡 : ≪新刊增補三略≫에 "優游는 자유로운 모양이고, 恬淡은 편안하고 고요한 모

양이고, 祥은 좋음이다.〔優游 自如貌 恬淡 安靜貌 祥 善也〕" 하였다.

2) 夫兵者……不得已而用之 : ≪老子≫ 31장에 "좋은 兵器는 상서롭지 못한 물건이요, 군자가 사용하는 기물이 아니니, 부득이하여 사용한다.〔夫佳兵者 不祥之器 非君子之器 不得已而用之〕"는 구절이 있다.

여유롭고 침착하여 서둘러 나아가지 않는 것은 사람과 물건을 해치는 일을 어렵게 여겨 신중히 하기 때문이다. 兵器란 상서롭지 못한 器物이니, 天道가 미워하지만 부득이하여 사용하니, 이것이 天道이다.

聖王所以優游恬淡하여 **不肯剛勇而進者**는 **重傷害人物也**라 **夫兵者**는 **不祥之器**니 **專主殺伐**하나니 **天道好生**이라 **故**로 **惡之**언마는 **聖人不得已而用兵**하니 **是亦天道也**[1]라 **天道春生夏長**하여 **物盛而極**이라 **故**로 **秋冬嚴霜凜雪**로 **亦用收斂殺伐之耳**라

1) 聖王所以優游恬淡……是亦天道也 : ≪兵學指南演義≫ 序文에서 '兵學指南'의 뜻을 설명하는 대목에 "隊伍를 편성하여 연습하는 것을 兵이라 하고, 전수받아서 아는 것을 學이라 하고, 방법을 열어 뜻을 보여주는 것을 指라 하고, 한 가지를 주장하여 방향을 정하는 것을 南이라 한다." 하고, "≪三略≫에 이르기를 '兵은 吉하지 못한 器物이다.' 하였고, ≪尉繚子≫에 '兵은 凶器이다.' 하였으니, 사람들이 함부로 군대를 운용할까 두려워해서였다."라고 설명하고 있다.

聖王이 여유롭고 침착하여 강함과 용맹을 써서 진격하기를 즐겨하지 않는 까닭은 사람과 물건을 해치는 일을 어렵게 여겨 신중히 하기 때문이다. 兵器란 상서롭지 못한 기물이니, 오로지 살생과 토벌을 주장한다. 天道는 살려주기를 좋아하기 때문에 〈병기를 사용하는 것을〉 미워하지만, 성인이 부득이하여 병기를 사용하는 것 또한 천도이다.

天道는 봄에 낳고 여름에 자라게 하니 물건이 성하면 지극해진다. 그러므로 가을과 겨울에는 엄한 서리와 추운 눈으로 收斂하고 殺伐하는 것이다.

夫人之在道는 **若魚之在水**하니 **得水而生**이요 **失水而死**라 **故**로 **君子常懼而不敢失道**하나니라

사람이 道에 있는 것은 물고기가 물에 있는 것과 같다. 〈물고기는〉 물을 얻으면 살고 물을 잃으면 죽는다. 그러므로 군자는 항상 두려워하여 감히 道를 잃지 않는 것이다.

夫人在道中은 若魚在水中하니 魚得水而能生이요 失水而必死하니 喩人不可無道라 有道則存이요 無道則亡이라 故로 君子常常戒懼하여 而不敢失道하니 此卽中庸의 道也者는 不可須臾離也니 君子戒愼乎其所不睹하며 恐懼乎其所不聞[1)]之義라

1) 中庸……恐懼乎其所不聞 : 이 내용은 ≪中庸≫ 첫 章에 보인다.

사람이 道 가운데에 있는 것은 물고기가 물 가운데에 있는 것과 같다. 물고기는 물을 얻으면 살고 물을 잃으면 반드시 죽으니, 이는 사람이 道가 없어서는 안 됨을 비유한 것이다.

道가 있으면 보존되고 도가 없으면 망한다. 그러므로 군자가 항상 경계하고 두려워하여 감히 도를 잃지 않으니, 이는 바로 ≪中庸≫에 "道라는 것은 잠시도 떠나서는 안 되니, 군자는 보지 않는 바에도 경계하고 두려워하며 듣지 않는 바에도 두려워한다."는 뜻이다.

豪傑秉職이면 國威乃弱이요 殺生이 在豪傑이면 國勢乃竭이요 豪傑低首면 國乃可久요 殺生在君이면 國乃可安이요 四民用虛면 國乃無儲요 四民用足이면 國乃安樂이니라

豪傑이 관직을 잡고 있으면 국가의 권위가 약해지고, 사람을 살리거나 죽이는 것이 호걸에게 달려있으면 국가의 권위가 고갈되고, 호걸이 머리를 낮추면 국가가 장구하고, 사람을 살리고 죽이는 것이 군주에게 달려있으면 국가가 편안하고, 四民의 財用이 공허하면 국가에 저축이 없게 되고, 四民의 재용이 풍족하면 국가가 안락하게 된다.

豪傑之人이 秉持百官之職이면 國之威勢乃衰弱而不振矣요 殺生之權이 在豪傑이면 國之威勢乃窮竭矣니 如魯三家, 晉六卿[1)]之類라 豪傑[2)]低首하여 而不敢專權恃勢면 國祚乃可長久요 殺生之權이 在人君이면 國家乃可安寧이요 農工商賈를 謂之四民[3)]이니 四民之用이 空虛면 國家乃無儲積矣요 四民之用이 豐足이면 國家乃安而且樂矣라

1) 魯三家晉六卿 : 魯三家는 春秋時代 魯나라의 세 公族인 孟孫氏·叔孫氏·季孫氏를 이른다. 이들은 桓公의 자손들로 國政을 전횡하여 그 권세가 公室보다 더욱 강성해서

魯나라 임금은 유명무실한 존재가 되었다.

晉六卿은 春秋時代 晉나라의 권세를 잡았던 范氏·中行氏·智氏·趙氏·魏氏·韓氏를 이른다.

2) 豪傑 : ≪新刊增補三略≫에 "≪素書≫에 '행실이 충분히 儀表가 될 만하고 지혜가 충분히 혐의를 결단할 만하고 信義가 약속을 지킬 수 있고 청렴이 재물을 나누어줄 수 있으면 이는 사람의 豪이며, 직책을 지켜 廢하지 않고 義理에 처하여 〈마음을〉 바꾸지 않고 혐의스러움을 당하고도 구차히 면하려 하지 않고 이익을 보고도 구차히 얻으려 하지 않으면 이는 사람의 傑이다.' 했다.〔素書云 行足以爲儀表 智足以決嫌疑 信可以守約 廉可以使分財 此人之豪也 守職而不廢 處義而不回 見嫌而不苟免 見利而不苟得 此人之傑也〕" 하였다.

3) 農工商賈 謂之四民 : 四民은 네 종류의 백성으로, 원래 士·農·工·商을 이른다. 商은 行商이고, 賈는 물건을 한곳에 쌓아놓고 파는 장사꾼이다.

호걸스러운 사람이 百官의 관직을 잡고 있으면 국가의 위엄과 권세가 마침내 쇠약해져서 떨쳐지지 못하고, 사람을 살리거나 죽이는 권한이 호걸에게 달려있으면 국가의 위세가 마침내 고갈하게 되니, 예컨대 魯나라의 三家와 晉나라의 六卿과 같은 따위이다.

호걸이 머리를 낮추어서 감히 권력을 독차지하거나 세력을 믿지 않으면 국운이 비로소 장구할 수 있고, 사람을 살리고 죽이는 권한이 군주에게 있으면 국가가 비로소 안녕할 수 있다. 農·工·商·賈를 四民이라 하니, 四民의 재용이 공허하면 국가에 마침내 저축이 없게 되고, 四民의 재용이 풍족하면 국가가 마침내 편안하고 즐겁게 된다.

賢臣內면 則邪臣外하고 邪臣內면 則賢臣斃하나니 內外失宜하면 禍亂이 傳世[1)]하나니라

1) 傳世 : ≪新刊增補三略≫에 "傳世는 '歷世'라는 말과 같다. 斃는 음이 敝(폐)로 죽음이니, 仁義를 간직하고 공경히 죽음을 받아들인다는 뜻이다.〔傳世猶言歷世也 斃 音敝 死也 懷仁抱義 祗受其斃之意〕" 하였다.

어진 신하가 안에 있으면 간사한 신하가 밖에 있고, 간사한 신하가 안에 있으면 어진 신하가 죽으니, 안과 밖이 마땅함을 잃으면 禍와 亂이 代를 잇게 된다.

賢[1)]臣在內用事면 則邪臣皆屛之於外하고 邪臣在內用事면 則賢臣皆致於死地하나니 如宋哲宗元祐間에 用賢臣司馬光, 范純仁, 呂大防[2)]等이면 則邪臣章

惇, 安燾, 呂惠卿, 王中正[3]等이 屛之於外하고 紹聖間에 用邪臣楊畏, 章惇, 蔡卞, 呂惠卿, 張商英[4]等이면 則謫貶正臣范純仁以下三十餘人하고 又追貶司馬光等一十餘人하고 竄呂大防, 劉摯, 梁燾하여 皆致之死地하여 而欲盡殺元祐諸賢이라 內外之職失宜면 則禍亂傳世니 豈有安寧乎아 此宋所以釀成靖康[5]之亂[6]하여 而金人[7]之禍無已也라

1) 賢 : 一本에는 이 위에 '自古' 두 글자가 더 있다.
2) 司馬光范純仁呂大防 : 모두 北宋의 名相들이다. 司馬光은 溫國公에 봉해져 司馬溫公으로 불리는바, 神宗·哲宗 때에 벼슬하였는데, 王安石의 新法을 반대한 舊法黨의 領袖로서 명성이 높았으며, ≪資治通鑑≫의 저자이기도 하다.
   范純仁은 名相 范仲淹의 아들로, 哲宗 때에 尙書僕射 겸 中書侍郞을 역임하면서 선정을 펼쳐 名臣의 반열에 올랐으며 字가 堯夫, 시호가 忠宣이다.
   呂大防은 藍田 사람으로 字가 微仲인데, 直諫으로 명망이 높았다. 英宗이 즉위하자 監察御史가 되고 神宗 熙寧 원년(1067)에 求言에 응하여 直言을 서슴지 않았으며, 哲宗 때에 尙書左丞에 오르고 汲郡公에 봉해졌다.
3) 章惇安燾呂惠卿王中正 : 北宋의 姦臣들로 王安石에게 붙어 新法黨을 만들고, 司馬光·范純仁·呂大防 등 명현들을 元祐黨人으로 몰아 축출하였다.
4) 楊畏……張商英 : 楊畏와 蔡卞, 張商英 역시 北宋의 姦臣들이다.
5) 靖康 : ≪新刊增補三略≫에 "靖康은 宋 徽宗의 연호(1126~1127)이다. 哲宗이 별세하고 徽宗이 帝位를 이었는데 간사한 사람을 등용하기를 더욱 좋아해서 많은 小人들이 조정에 가득하였다. 欽宗에게 傳位하였는데, 오래지 않아 金나라 군대가 汴京으로 쳐들어와서 〈徽宗과 欽宗〉 두 황제가 모두 북쪽으로 잡혀가는 禍가 있었다.〔靖康 宋徽宗年號 哲宗崩 徽宗嗣位 又喜任姦邪 群小人滿朝 傳位欽宗 未久 金兵入汴 二帝俱有北轅之禍〕" 하였다.
6) 靖康之亂 : 靖康은 北宋 欽宗의 年號(1126~1127)로, 靖康의 난리는 宋나라 徽宗·欽宗이 金나라로 잡혀간 것을 가리킨다.
7) 金人 : ≪新刊增補三略≫에 "金나라는 본래 女眞의 部落이었는데, 遼나라를 멸망시키고 그 疆土를 모두 차지하여 國號를 '金'이라 했다.〔金本女眞部落 滅遼 竝其地 國號曰金〕" 하였다.

賢臣이 안에서 일을 하면 간사한 신하가 모두 밖으로 물러나고, 간사한 신하가 안에서 일을 하면 어진 신하가 모두 죽을 곳으로 밀려나니, 예컨대 宋 哲宗 元祐 연간에 어진 신하인 司馬光·范純仁·呂大防 등을 등용하면 간사한 신하인 章惇·安燾·王中正 등이 밖으로 물러나고, 紹聖 연간에 간사한 신하인 楊畏·章惇·蔡卞·呂惠卿·張

商英 등을 등용하고는 정직한 신하인 范純仁 이하 30여 명을 좌천시키고 또 司馬光 등 10여 명을 추후에 폄직하였으며, 呂大防·劉摯·梁燾를 귀양 보내어 모두 죽을 땅으로 보내어서 元祐의 여러 賢者들을 모두 죽이고자 한 경우이다.

內外의 관직이 마땅함을 잃으면 禍와 亂이 대대로 이어지니, 어찌 편안함이 있겠는가. 이는 송나라가 靖康의 난리를 자초하여 金나라 사람들의 화가 끊임이 없었던 이유이다.

大臣疑主[1]면 **衆姦集聚**하고 **臣當君尊**이면 **上下乃昏**하고 **君當臣處**면 **上下失序**하나니라

1) 疑主 : ≪新刊增補三略≫에 "疑主는 權勢가 군주와 비슷한 것이니, 珷玞疑玉('珷玞(무부)'라는 옥돌이 玉과 비슷함)의 '疑'자와 같다. 혹자는 '比肩함이고 유사함이다.' 하니, 劉寅의 註는 잘못되었다.〔疑主 權疑於主也 猶珷玞疑玉之疑字 或曰 擬也似也 劉註非〕" 하였다.

大臣이 군주를 의심하면 간사한 자들이 모두 모여들고, 신하가 군주의 높은 자리를 차지하면 上下가 마침내 혼란하고, 군주가 신하의 자리를 담당하면 상하가 질서를 잃는다.

大臣이 有疑主之心이면 則衆姦皆集聚矣요 大臣이 當君之尊이면 則上下乃昏惑矣요 人君이 當臣之處면 則上下失序矣니 臣當君尊은 是下侵上權也요 君當臣處는 是上行下職也[1]라

1) 臣當君尊……是上行下職也 : ≪新刊增補三略≫에 "예컨대 燕王 噲가 國政을 子之에게 맡기자, 子之가 南面하고 王의 일을 수행하고, 噲가 도리어 子之의 신하가 된 것과 같은 사례가 이것이다.〔如燕王噲 屬國於子之 子之南面行王事 而噲反爲子之之臣 是也〕" 하였다.

大臣에게 君主를 의심하는 마음이 있으면 간악한 자들이 모두 모여들고, 대신이 군주의 높은 자리를 차지하면 상하가 마침내 혼란스럽고, 군주가 신하의 자리를 담당하면 상하가 질서를 잃는다.

신하가 군주의 높은 자리를 차지함은 아랫사람이 윗사람의 권세를 침탈하는 것이요, 군주가 신하의 자리를 담당함은 윗사람이 아랫사람의 직책을 행하는 것이다.

傷賢者는 **殃及三世**하고 **蔽賢者**는 **身受其害**하고 **嫉賢者**는 **其名不全**하고 **進賢者**는 **福流子孫**이라 **故**로 **君子**는 **急於進賢**하여 **而美名彰焉**하나니라

賢人을 해치는 자는 殃禍가 三代에 미치고, 현인을 은폐하는 자는 자신이 그 해로움을 받고, 현인을 질투하는 자는 명예가 보전되지 못하고, 현인을 등용하는 자는 복이 자손에게까지 전한다. 그러므로 군자는 어진 이를 등용함을 급하게 여겨서 아름다운 이름이 드러나는 것이다.

傷害賢者는 殃禍[1]及於三世하고 蒙蔽賢者는 自身受其患害하고 嫉妬賢者는 其名譽不能保全하고 薦進賢者는 福澤流於子孫이니 傷賢은 如弘恭, 石顯之殺蕭望之[2]와 武三思之殺五王[3]과 侯覽之殺陳蕃, 李膺[4]이요 蔽賢은 如臧文仲之下展禽[5]이요 嫉賢은 如龐涓之刖孫臏[6]이라 進賢은 如宋三司使李士衡保任才吏數百하고 力薦呂文靖公, 陳文惠公, 張鄧公[7]하여 後皆至宰相이 是也라

1) 殃禍 : ≪新刊增補三略≫에 "사람의 害를 '禍'라 하고, 하늘의 罰을 '殃'이라 한다.〔人害曰禍 天罰曰殃〕" 하였다.

2) 弘恭石顯之殺蕭望之 : 弘恭과 石顯은 前漢 成帝 때의 환관이며, 蕭望之는 宣帝・元帝로부터 재상의 자질을 인정받은 인물로 成帝의 사부이다.

弘恭과 石顯은 成帝의 총애를 믿고 온갖 비행을 저질렀는데, 蕭望之가 자신들에게 방해가 된다고 여기고 成帝를 충동질해서 蕭望之를 압박하여, 그로 하여금 자살하게 하였다. 成帝는 자신이 잘못하여 어진 사부를 죽게 했다며 눈물을 흘리며 반성했으나 끝내 弘恭과 石顯을 처벌하지 못하였는데, 이로 인해 漢나라는 환관이 발호하게 되어 쇠락의 길을 걷게 되었으며, 끝내 외척인 王莽이 찬탈하여 나라가 망하였다.

3) 武三思之殺五王 : 武三思(?~707)는 則天武后의 조카로 한때 權柄을 잡은 權臣이며, 五王은 則天武后 말년에 권력을 농간하던 張易之・張昌宗 등을 제거하고 폐위되었던 中宗을 다시 복위시키는 데 공을 세운 平陽王 敬暉, 扶陽王 桓彦範, 漢陽王 張柬之, 南陽王 袁恕己, 博陵王 崔玄暉를 가리킨다.

則天武后는 中宗과 睿宗을 차례로 폐위시키고 자신이 직접 황제가 되어 국호를 周로 바꾸고는 자신의 친정 집안인 武씨를 대거 등용하고 친정조카인 武三思에게 나라를 물려주려 하였는데, 말년에 狄仁傑의 諫言에 마음을 돌려 房州에 유폐되었던 큰아들 中宗을 다시 불러와 皇太子로 삼았다.

長安 4년(704) 武后가 위독해지자, 張柬之와 崔玄暉가 中臺右丞 敬暉와 司刑少卿 桓彦範, 相王府司馬 袁恕己와 함께 모의하여, 張易之・張昌宗 등을 죽이고 武后로 하여금 皇太子에게 전위하게 하였다. 이에 中宗이 즉위하여 국호를 다시 唐으로 고치고 연호를 神龍으로 바꾸었는데, 황후가 된 韋氏가 武三思와 사통하고 함께 권력을 독단하였다. 武三思는 중종 등극의 공신들인 敬暉 등 다섯 명의 권력을 빼앗기 위하

여 먼저 그들을 王으로 봉한 다음 모두 죄를 뒤집어씌워 죽였다. ≪舊唐書 권91 中宗本紀≫

4) 侯覽之殺陳蕃李膺：侯覽은 後漢 桓帝 때의 宦官으로, 말을 잘하고 교활해서 桓帝・靈帝의 신임을 얻어 中常侍가 되고 高鄕侯에 봉해졌다. 太傅 陳蕃과 司隷校尉 李膺은 당시의 명사들로, 환관의 발호를 막기 위해 노력한 충신들이다.

桓帝 때 일어난 1차 黨錮의 禍로 많은 명사들이 금고되고 환관들이 권력을 독점하여 폐단이 심화되었는데, 167년 靈帝가 12세의 어린 나이로 즉위하자, 외척 竇武가 李膺・陳蕃 등과 힘을 합하여 환관들을 제거하려다가 사전에 누설되어 竇武와 陳蕃이 모두 살해당하였다.

이어 169년에 侯覽이 또다시 張儉 등이 파당을 이루었다고 무고하여 李膺・杜密 등을 주륙하고 黨人과 太學生들을 대거 체포하였으며, 이들과 관련이 있는 자들을 모두 폐출하거나 禁錮하였는바, 이것이 2차 黨錮의 禍이다. 後漢은 黨錮의 禍로 인하여 결국 黃巾賊의 난을 불러오게 되고 차츰 혼란에 빠져 멸망하였다.

5) 臧文仲之下展禽：臧文仲은 魯나라의 대부인 臧孫辰이며, 展禽 역시 魯나라의 大夫인 柳下惠로 이름은 獲이며 禽은 그의 字이다.

臧文仲이 柳下惠를 은폐한 일은 ≪論語≫ 〈衛靈公〉에 "臧文仲은 지위를 도둑질한 자일 것이다. 柳下惠의 어짊을 알고서도 더불어 조정에 서지 아니하였구나.〔臧文仲 其竊位者與 知柳下惠之賢而不與立也〕"라고 보인다.

6) 龐涓之刖孫臏：龐涓은 孫臏과 함께 鬼谷子에게서 兵法을 배웠으나 자신이 魏나라의 장수가 되자, 孫臏의 재능을 시기하여 불러다가 발뒤꿈치를 잘라 세상에 나오지 못하게 하였다.

7) 宋三司使李士衡……張鄧公：李士衡(959~1032)은 李仕衡으로도 표기하는바, 字가 天均으로 秦州 成紀 사람이다. 北宋 太宗 淳化 연간에 進士에 급제하고, 眞宗 때 河北都轉運使와 三司使 등을 역임하였으며, 仁宗 때 尙書左丞이 되었다.

范仲淹이 지은 〈宋故同州觀察使李公神道碑銘〉에 "公은 성품이 강개하고 변론을 잘하였으며, 사람을 알아보는 데 밝아 재주가 뛰어난 관리 수백 명을 보증하여 임용하였고, 일찍이 呂文靖公, 陳文惠公을 강력히 천거하였으며, 또 일찍이 太傅 張鄧公을 천거하였다.〔公性慷慨 善辯論 明於知人 凡保任才吏數百員 嘗力薦呂文靖公 陳文惠公 又嘗薦太傅張鄧公〕"라고 보인다. ≪范文正集 권11≫

文靖公은 呂夷簡의 諡號이고, 文惠公은 陳堯佐의 시호이며, 鄧公은 鄧國公에 봉해진 張士遜을 이른다.

呂夷簡(979~1044)은 壽州 사람으로 字가 坦夫이다. 眞宗 때에 權知開封府가 되고, 仁宗 때에 同中書門下平章事가 되었으며, 許國公에 봉해지고 太尉로 致仕하였다.

陳堯佐(963~1044)는 婺州 사람으로 자가 希元이고 知餘子라 自號하였다. 벼슬이 參知政事와 同中書門下平章事에 이르렀고 太子太師로 致仕하였는데, 학문을 좋아하고 詩·書·畵에 모두 뛰어났으며 志節이 높고 直諫을 잘하여 ≪名臣言行錄≫에도 등재되었다.

張士遜(964~1049)은 陰城 사람으로 字는 順之이다. 太宗 淳化 연간에 進士에 급제, 벼슬이 同中書門下平章事에 이르렀으며 시호는 文懿이다.

현인을 해치는 자는 殃禍가 3대에까지 미치고, 현인을 은폐하는 자는 자신이 해로움을 받고, 현인을 질투하는 자는 명예가 보전되지 못하고, 현인을 추천하여 등용하는 자는 복과 은택이 자손에게까지 전한다.

현인을 해치는 것은 예컨대 弘恭과 石顯이 蕭望之를 살해하고 武三思가 五王을 죽이고 侯覽이 陳蕃·李膺을 죽인 것과 같은 경우이고, 현인을 은폐하는 것은 臧文仲이 柳下惠를 은폐한 것과 같은 경우이고, 현인을 질투하는 것은 龐涓이 孫臏을 미워하여 발뒤꿈치를 자른 것과 같은 경우이다.

현인을 추천하여 등용한 것은 宋나라의 三司使인 李士衡이 재주가 있는 관리 수백 명을 보증하여 임용하고, 呂文靖公(呂夷簡)·陳文惠公(陳堯佐)·張鄧公(張士遜)을 강력히 추천하여 뒤에 모두 재상에 이르게 한 것 같은 경우이다.

利一害百이면 **民去城郭**이요 **利一害萬**이면 **國乃思散**이요 **去一利百**이면 **人乃慕澤**이요 **去一利萬**이면 **政乃不亂**이니라

한 사람을 이롭게 하고 백 사람을 해롭게 하면 백성들이 城郭을 버리고 지키지 않으며, 한 사람을 이롭게 하고 만 사람을 해롭게 하면 나라 사람들이 마침내 흩어질 것을 생각하며, 한 사람을 제거하여 백 사람을 이롭게 하면 사람들이 마침내 은택을 사모하며, 한 사람을 제거하여 만 사람을 이롭게 하면 정사가 마침내 어지럽지 않게 된다.

利一人而害百人이면 則民去城郭[1]而不守矣요 利一人而害萬人이면 則國中思欲散亂矣라 去一人而利百人이면 則人人思慕恩澤矣요 去一人而利萬人이면 國政不致於危亂矣라

1) 城郭 : ≪新刊增補三略≫에 "10리의 城과 7리의 郭이다. '城'은 盛과 같으니, 백성을 담는 그릇이다.〔十里之城 七里之郭 城與盛同 所以盛民之器也〕" 하였다.

한 사람을 이롭게 하고 백 사람을 해롭게 하면 백성들이 성곽을 버리고 지키지 않으며, 한 사람을 이롭게 하고 만 사람을 해롭게 하면 나라 사람들이 흩어질 것을 생각한다.

한 사람을 제거하여 백 사람을 이롭게 하면 모든 사람들이 은택을 사모하고, 한 사람을 제거하여 만 사람을 이롭게 하면 나라의 정사가 위태롭거나 어지러움에 이르지 않게 된다.

譯註者 略歷

成百曉

忠南 禮山 出生
家庭에서 父親 月山公으로부터 漢文 修學
月谷 黃璟淵, 瑞巖 金熙鎭 先生 師事
民族文化推進會 國譯硏修院 修了
高麗大學校 教育大學院 漢文教育科 수료
한국고전번역원 부설 고전번역교육원 名譽漢學教授(現)
傳統文化硏究會 副會長(現) 해동경사연구소 소장(現)
古典國譯賞 受賞

論文 및 譯書

〈艮齋의 性理說小考〉〈燕岩의 學問思想研究〉
四書集註 《詩經集傳》 《書經集傳》 《周易傳義》
《古文眞寶》 《牛溪集》 등 數十種 國譯
《宣祖實錄》 《宋子大全》 《茶山集》 《退溪集》 등 共譯

李鍾德

忠南 牙山 出生
兢庵 金淵雷 先生 師事
民族文化推進會 國譯硏修院 수료
高麗大學校 教育大學院 漢文教育科 수료
高麗大學校 中央圖書館 漢籍室
國史編纂委員會 古典研究委員
成均館 翰林院 교수
傳統文化研究會, 成均館大學校 社會教育院, 韓國古典飜譯院 國譯硏修院 강사
延世大學校 國學研究院 강사 및 諮問委員

譯書

《荷齋日記》 《愚山經義問答》 《備邊司謄錄》 등 共譯

東洋古典譯註叢書72
武經七書直解2
譯註 六韜直解 · 三略直解 정가 26,000원

2013년 12월 30일 초판 발행
2014년 1월 30일 초판 2쇄

譯 註 成百曉 李鍾德
編 輯 古典國譯編輯委員會
發行人 李啓晃

發行處 社團法人 傳統文化硏究會
서울시 종로구 낙원동 284-6 낙원빌딩 411호
전화 : (02)762-8401 전송 : (02)747-0083
전자우편 : juntong@juntong.or.kr
홈페이지 : juntong.or.kr
사이버書堂 : cyberseodang.or.kr
온라인서점 : book.cyberseodang.or.kr
등록 : 1989. 7. 3. 제1-936호

인쇄처 : 한국법령정보주식회사(02-462-3860)
총 판 : 한국출판협동조합(070-7119-1750)

ISBN 978-89-91720-95-4 94150
978-89-85395-71-7(세트)

※ 이 책은 2013년도 교육부 고전문헌 국역지원사업 지원비에 의해 초판 간행.

전통문화연구회 도서목록

基礎漢文教材 - 懸吐完譯 成百曉 譯

- 四字小學 / 習字教本 6,000원/4,000원
- 推句 · 啓蒙篇 / 習字教本 5,000원/4,000원
- 明心寶鑑 7,000원
- 童蒙先習 · 擊蒙要訣 12,000원
- 註解千字文 / 習字教本 9,000원/3,000원

東洋古典國譯叢書

- 論語集註-개정증보판 成百曉 譯註 22,000원
- 孟子集註-개정증보판 成百曉 譯註 25,000원
- 大學 · 中庸集註-개정증보판 成百曉 譯註 8,000원
- 詩經集傳 上 · 下 成百曉 譯註 25,000원
- 書經集傳 上 · 下 成百曉 譯註 25,000원
- 周易傳義 上 · 下 成百曉 譯註 35,000원
- 小學集註 成百曉 譯註 25,000원
- 古文眞寶 後集 成百曉 譯註 25,000원
- 海東小學 成百曉 譯註 15,000원
- 孝經大義 鄭太鉉 譯註 10,000원
- 校勘直譯 黃帝內經靈樞/素問 洪元植 校譯 27,000원

東洋古典譯註叢書

- 春秋左氏傳 1~8 鄭太鉉 譯 18,000원/20,000원/25,000원
- 莊子 1~4 安炳周·田好根 共譯 22,000원
- 古文眞寶 前集 成百曉 譯註 25,000원
- 心經附註 成百曉 譯註 30,000원
- 近思錄集解 1~3 成百曉 譯註 16,000원/25,000원
- 禮記集說大全 1 辛承云 譯註 25,000원
- 國語 1~2 許鎬九 외 譯註 16,000원/18,000원
- 通鑑節要 1~9 成百曉 譯註 18,000원/25,000원/30,000원
- 唐詩三百首 1~3 宋載卲 외 譯註 20,000원/25,000원
- 唐宋八大家文抄 韓愈 1 鄭太鉉 譯註 22,000원
- 〃 歐陽脩 1 李相夏 譯註 25,000원
- 〃 王安石 1~2 申用浩·許鎬九 共譯 25,000원
- 〃 蘇軾 1~5 成百曉 譯註 22,000원
- 〃 蘇轍 1~3 金東柱 譯註 20,000원/22,000원
- 〃 蘇洵 李章佑 외 譯註 25,000원
- 〃 曾鞏 宋基采 譯註 25,000원
- 〃 柳宗元 1~2 宋基采 譯註 22,000원
- 十三經注疏 論語注疏 1 鄭太鉉·李聖敏 譯註 25,000원
- 東萊博議 1~2 鄭太鉉·金炳愛 譯註 25,000원
- 顔氏家訓 1 鄭在書·盧暻熙 共譯 22,000원
- 說苑 1 許鎬九 譯註 25,000원
- 孫武子直解 · 吳子直解 成百曉·李蘭洙 譯註 26,000원

漢字漢文敎育叢書

- 漢字教育新講 李應百 외 10,000원
- 교양인을 위한 한자 · 한문 金基昌 外 12,000원
- 형성자 중심 한자교육시험백과 金鐘赫 25,000원
- 실용교양한문 李相鎭 15,000원
- 한문과 교육과정 변천과 내용체계 연구 元容錫 15,000원
- 한문과 교수-학습 모형 金載暎 13,000원
- 한자 자원 교육론 韓殷洙 16,000원
- 漢字漢文教育論叢 上 · 下 鄭愚相 25,000원

◆ 敎授用 指導書 四字小學 咸賢贊 10,000원
- 〃 推句 · 啓蒙篇 咸賢贊 10,000원
- 〃 註解千字文 李忠九 15,000원
- 〃 明心寶鑑 李明洙 10,000원
- 〃 童蒙先習 田好根 8,500원
- 〃 擊蒙要訣 咸賢贊 15,000원

◆ 袖珍本 懸吐 기초한문교재 10,000원
- 〃 論語 · 大學 · 中庸 10,000원
- 〃 孟子 10,000원
- 〃 詩經 · 書經 · 周易 9,000원/12,000원
- 〃 小學 · 孝經 13,000원
- 〃 古文眞寶 前集 · 後集 10,000원/13,000원

동양문화총서

- 漢字部首解說 李忠九 편저 15,000원
- 동양사상 정규훈 외 20,000원
- 훈민정음의 세계문자화 方錫淙 저 12,000원

문화문고

- 논어 · 대학 · 중용 조수익 박승주 공역 10,000원
- 맹자 조수익 박승주 공역 10,000원
- 100자에 담긴 한자문화 이야기 김경수 저 9,000원
- 한자한문전통교재 조수익 이성민 공역 10,000원
- 소학 박승주 조수익 공역 10,000원
- 목민심서 이계황 엮음 10,000원
- 고문진보 산문선 신용호 조수익 공역 10,000원
- 사소절 선비집안의 작은예절 이동희 편역 10,000원

◆ 경전으로 본 세계종교 60,000원
편저자 : 길희성 김영경 김용표 이기동 이강수 이정배 홍성엽
- 그리스도교, 도교, 동학, 불교, 유교, 이슬람교, 힌두교

創世記 譯註 方錫淙 譯註 25,000원